Exploring Arduino

익스플로링 아두이노

2판

WILEY 한빛아카데미 Hanbit Academy, Inc.

지은이 Jeremy Blum

Jeremy Blum은 코넬 대학교에서 전기 컴퓨터 공학 전공으로 학사 및 석사 학위를 받았으며 현재 Shaper 사(shapertools.com)의 엔지니어링 디렉터로 일하고 있다. Shaper 사에 몸담기 전에는 구글에서 수석 엔지니어로 근무하며 구글 글래스를 포함한 여러 제품을 개발했다. 그의 글과 동영상은 전기공학 및 임베디드 소프트웨어 설계를 배우고자 하는 수백만 명의 사람들이 사용하고 있으며 『익스플로링 아두이노』는 여러 언어로 번역되어 전 세계에서 교재로 사용되고 있다.

기술 감수 Derek Molloy

Derek Molloy 박사는 아일랜드에 있는 더블린 시티 대학교의 전기공학과 부교수로 재직 중이다. 그는 학부 및 대학원에서 임베디드 시스템에서의 객체 지향 프로그래밍, 디지털 및 아날로그 시스템, 연결 기반 임베디드 시스템 등을 가르치고 있다. 컴퓨터 및 머신 비전, 임베디드 시스템, 3D 그래픽 및 시각화, e-러닝 등과 관련된 연구를 진행하고 있다.

옮긴이 허경용

연세대학교에서 전자공학과 학사와 석사를 취득하였다. 이후 플로리다 대학교에서 인공지능 관련 연구로 박사를 취득하였으며, 현재 동의대학교 전자공학과 교수로 재직 중이다. 주 관심 분야는 인공지능, 오픈 소스 하드웨어, 사물인터넷 디바이스 등이며, 이와 관련한 연구를 진행하고 있다. 저서로는 『아두이노 상상을 스케치하다』(제이펍, 2014), 『사물인터넷을 품은 아두이노』(제이펍, 2016), 『따라 하면서 배우는 아두이노』(한빛아카데미, 2016), 『ATmega128로 배우는 마이크로컨트롤러 프로그래밍』(제이펍, 2016), 『사물인터넷을 위한 ESP8266 프로그래밍』(제이펍, 2017), 『따라 하면서 배우는 마이크로컨트롤러』(한빛아카데미, 2019) 등이 있다.

익스플로링 아두이노 2판

초판발행 2021년 6월 21일
3쇄발행 2024년 1월 15일

지은이 Jeremy Blum / **옮긴이** 허경용 / **펴낸이** 전태호
펴낸곳 한빛아카데미(주) / **주소** 서울시 서대문구 연희로2길 62 한빛아카데미(주) 2층
전화 02-336-7112 / **팩스** 02-336-7199
등록 2013년 1월 14일 제2017-000063호 / **ISBN** 979-11-5664-536-8 93000

총괄 박현진 / **책임편집** 김평화 / **기획** 김평화 / **편집** 강다인 / **진행** 임여울
디자인 표지 이지민, 이아란 내지 박정우 / **전산편집** 백지선 / **제작** 박성우, 김정우
영업 김태진, 김성삼, 이정훈, 임현기, 이성훈, 김주성 / **마케팅** 길진철, 김호철, 심지연

이 책에 대한 의견이나 오탈자 및 잘못된 내용에 대한 수정 정보는 아래 이메일로 알려주십시오.
잘못된 책은 구입하신 서점에서 교환해 드립니다. 책값은 뒤표지에 표시되어 있습니다.

홈페이지 www.hanbit.co.kr / 이메일 question@hanbit.co.kr

아두이노 세계에서 항해하고 있는 여러분에게

2013년 이 책의 초판을 출판했을 때 다음과 같은 말로 책을 시작했었다.

여러분은 완벽한 타이밍을 만났다. 사람들이 자주 말하는 것처럼 "우리는 미래에 살고 있다."

이 표현이 스스로를 궁지에 몰아넣었다는 생각이 든다. 2013년이 '미래'였다면 지금은 어떻게 불러야 할까? '먼 미래'? 또는 '미래의 미래'? 요점은 발전의 속도는 한층 빨라졌고 임베디드 하드웨어나 소프트웨어에 대한 간단한 지식으로도 할 수 있는 일이 계속 늘어나고 있다는 점이다.

이 책의 초판이 출판된 이후로도 전자공학과 소프트웨어는 하루가 다르게 접근하기가 쉬워지고 있다. 2013년에는 하드웨어를 인터넷에 연결하기가 쉽지 않았으므로 관련 내용을 책에 포함하지 못했다. 또한 사물인터넷(IoT)이란 단어도 알려지기 시작하긴 했지만 모호한 단어였다. 그러나 지금은 전 세계에서 통용되는 단어 중 하나가 되었다. 또한 현재 판매되고 있는 거의 모든 제품에는 마이크로컨트롤러가 포함되어 있다. 모든 전자제품이 똑똑해지고 있으며 제품 대부분은 스마트폰이나 인터넷으로 연결되어 있다. 블루투스를 사용하는 무선 헤드셋으로 스마트폰 통화를 하면서 블루투스 기능을 갖춘 칫솔을 사용하는 세상이 올 거라고 누가 알았겠는가?

이렇게 세상이 변함에 따라 『익스플로링 아두이노』의 새로운 판을 낼 때가 되었다는 생각이 들었다. 2판에서는 초판에서 다룬 내용을 확장하였다. 모든 프로젝트에 새로운 내용과 설명을 추가하고, 초판에서 명확하지 않은 점들을 없앴다. 또한 무선 연결, 새로운 아두이노 하드웨어, 아두이노 생태계와 소프트웨어의 변화 등 많은 새로운 내용을 추가하였다.

왜 아두이노인가?

불과 얼마 전까지만 하더라도 마이크로컨트롤러를 사용하여 몇 분 내로 주변환경을 제어할 수 있을 것이라곤 생각하지 못했다. 마이크로컨트롤러는 비교적 간단한 명령을 사용하여 복잡한 시스템의 작동을 정의할 수 있는 능력을 제공하는 프로그래밍 가능한 집적회로(IC)를 말한다. 아두이노라는 마이크로컨트롤러 플랫폼의 가능성은 무한하며 전자, 프로그래밍, 인간-컴퓨터 상호 작용, 예술, 제어 시스템 등의 다양한 세계를 탐험할 수 있는 훌륭한 도구가 될 것이다. 이 책에서는 아두이노를 사용하여 동작 감지, 무선 제어 시스템 구축, 인터넷을 통한 통신 등 다양한 작업을 수행해 볼 것이다.

공학과는 무관한 비전공자부터 임베디드 시스템 설계를 시작하려는 경험 많은 베테랑에 이르기까지 모든 사람에게 아두이노는 훌륭한 시작점이 되어줄 것이다. 아두이노를 시작하는 데 적당한 참고 자료를 찾고 있는가? 이 책이 바로 그런 목적을 충족시켜 줄 것이다. 이 책에서는 여러 프로젝트를 살펴볼 것이며, 프로젝트 진행을 위한 핵심적인 코드 구현, 전형적인 사용 방법, 회로도 등은 학습을 마친 후에도 참고용으로 사용할 수 있다. 또한 이 책에서 다루는 전기공학, 시스템 디자인, 프로그래밍 등에 관한 내용은 특정 플랫폼에 국한된 것이 아니므로 아두이노를 사용하지 않는 다른 프로젝트에도 적용할 수 있다.

누구를 위한 책인가?

이 책은 아두이노를 사용하고자 하는 모든 수준의 독자를 대상으로 한다. 각 장들은 서로 연결되어 있고, 이전 장에서 다룬 개념과 프로젝트 구성 요소를 이용하여 깊이 있는 내용으로 발전시켜 나간다. 하지만 걱정할 필요는 없다. 새롭고 복잡한 개념이 소개될 때마다 관련 내용을 다룬 곳을 알려주어 찾아볼 수 있도록 할 것이다.

이 책은 독자가 프로그래밍이나 전기공학에 대한 지식이 거의 없다고 가정한다. 초판의 독자들로부터 받은 피드백을 통해 복잡하고 혼동될 수 있는 개념은 가능한 한 상세하게 설명하려고 하였다. 하지만 다양한 수준의 독자를 고려하여 특정 개념에 대한 상세한 설명은 별도의 요소로 분리하여 나타내었다. 이 상세 설명은 아두이노를 사용하는 데 꼭 필요한 것은 아니지만, 관심이 있는 독자에게는 특정 주제에 대한 깊이 있는 내용을 제공해 줄 것이다.

이 책에서 배울 내용

이 책은 아두이노를 도구로 사용하여 다양한 개념을 실질적인 방법으로 경험할 수 있도록 해 주는 전기공학, 컴퓨터 과학, 제품 설계, 추상적인 사고 등에 대한 소개서이다. 이 책에서 아두이노 프로젝트를 위해 하드웨어를 구성할 때는 단순히 부품을 연결하는 방법뿐만 아니라 회로도를 읽는 방법, 특정 기능을 위해 특정 부품이 사용되는 이유 그리고 다른 프로젝트를 수행할 때 적당한 부품을 선택할 수 있도록 데이터시트를 읽는 방법 등을 함께 배우게 될 것이다. 소프트웨어를 작성할 때 완전한 프로그램 코드를 제공하지만, 최종 프로그램 작성은 몇 번의 단계를 통해 점진적으로 이루어진다. 이러한 단계적인 접근은 특정 프로그램의 기능, 올바른 코드 형식화 방법, 알고리즘에 대한 이해 등을 높이는 데 도움이 된다.

이 책에서는 물리적인 개념, 알고리즘, 디지털 설계 원리, 아두이노를 위한 프로그래밍 개념 등을 설명한다. 이 책의 프로젝트를 통해 훌륭한 아두이노 개발자로 거듭날 뿐만 아니라 더욱 복잡한 시스템을 개발하고 다른 영역과 다른 플랫폼에서도 적용할 수 있는 기술을 제공할 수 있기를 바란다.

감사의 글

이 책의 초판이 출판된 이후, 독자들로부터 『익스플로링 아두이노』를 통해 많은 것들을 배울 수 있었다는 피드백을 받았다. 뿐만 아니라 책의 가치를 높일 수 있도록 수정해야 하는 것들에 대한 건설적인 비판들도 많이 받았다. 이 모든 것들을 마음에 새기고 지난 수년 동안 그 내용을 검토해 나갔다. 2판을 낼 때 염두에 둔 것은, 초판의 독자들에게 좋은 평가를 받은 쉬운 접근 방법을 유지하면서 초판보다 유용한 정보를 더 많이 담아 보자는 것이었다. 『익스플로링 아두이노』의 초판에 피드백을 보내준 모든 독자에게 감사드린다.

Contents

Contents

이제 아두이노 IDE를 실행해 보자. 아두이노에 첫 번째 프로그램을 업로드할 준비가 끝났다. 지금까지 과정에서 문제가 없는지 확인하기 위해 보드의 내장 LED를 깜빡거리도록 하는 블링크 예제를 업로드해 볼 것이다. 대부분의 아두이노 보드에는 (아두이노 우노의 경우 13번 핀에 연결된) 내장 LED가 포함되어 있다. [파일] → [예제] → [01.Basics] → [Blink] 메뉴 항목을 선택하면 블링크 예제가 새로운 창으로 열린다. 먼저 블링크 스케치를 아두이노 보드에 업로드해 보고, 이후 장에서 원하는 동작을 수행하도록 스케치를 작성하는 데 필요한 스케치의 구성 요소들을 분석해 볼 것이다.

프로그램을 아두이노 보드에 업로드하기 전에 현재 사용하는 보드의 종류와 보드가 연결된 포트를 아두이노 IDE에 알려주어야 한다. [툴] → [보드] → [Arduino AVR Boards] 메뉴에서 연결된 보드의 종류를 확인한다. 책에서는 아두이노 우노('Arduino Uno')를 사용하지만 다른 보드를 사용한다면 그에 맞는 보드를 선택한다(다른 보드를 사용하는 경우에도 내장 LED가 포함되어 있는 것으로 가정한다. 실제로 대부분의 보드가 내장 LED를 포함하고 있다).

프로그래밍 이전에 마지막으로 할 일은 아두이노 보드가 어느 포트에 연결되어 있는지 아두이노 IDE에 알려주는 것이다. [툴] → [포트] 메뉴에서 아두이노 보드에 할당된 포트를 선택한다. 윈도우 운영체제를 사용한다면 포트는 COM*와 같은 형식으로 표시되며 *는 시리얼 포트 번호이다.

Tip 컴퓨터에 여러 개의 시리얼 장치가 연결되어 있다면 아두이노 보드의 USB 연결을 해제하고 어떤 COM 포트가 메뉴에서 사라지는지 확인해 보자. 다시 USB 케이블을 연결했을 때 나타나는 COM 포트가 아두이노 보드에 할당된 포트이므로 이를 선택하면 된다.

리눅스와 macOS의 경우 시리얼 포트는 /dev/tty.usbmodem* 또는 /dev/tty.usbserial*로 표시된다. 이때 *는 영문자와 숫자로 이루어지는 문자열이다.

이제 첫 번째 프로그램을 업로드할 준비가 끝났다. 아두이노 IDE 툴바의 왼쪽 두 번째 버튼인 업로드 버튼(◉)을 누른다. 아두이노 IDE의 아래쪽에 있는 상태바에 스케치 컴파일과 업로드 진행 상황이 표시된다. 아두이노 보드의 TX와 RX LED는 컴퓨터에서 아두이노로 데이터가 전송되고 있음으로 나타내는 LED로, 이들 LED가 깜빡거린다면 업로드가 진행되고 있는 것이다. 업로드가 완료되면 아두이노 보드의 내장 LED가 1초에 한 번씩 깜박인다. 이로써 첫 번째 아두이노 프로그램을 성공적으로 업로드하였다!

3. 첫 번째 프로그램 자세히 살펴보기

아두이노를 위한 프로그램의 기본 구조를 이해하기 위해 [그림 1-12] 블링크 프로그램의 구조를 살펴보자.

| Tip |

주어진 작업을 더욱 쉽고 효과적으로 수행하는 방법을 알려준다.

```
      tone(SPEAKER, NOTE_D);
    while (digitalRead(BUTTON_E))
      tone(SPEAKER, NOTE_E);
    while (digitalRead(BUTTON_G))
      tone(SPEAKER, NOTE_G);
    while (digitalRead(BUTTON_A))
      tone(SPEAKER, NOTE_A);

    // 모든 버튼이 눌러지지 않은 경우 음 재생을 멈춤
    noTone(SPEAKER);
}
```

loop() 함수 내의 while() 루프는 버튼이 눌러진 경우 해당 주파수를 사용하여 tone() 함수를 계속 호출한다. 버튼 상태는 while() 루프의 조건문에서 바로 검사하므로 버튼 상태를 저장하기 위한 임시 변수를 사용할 필요는 없다. digitalRead() 함수는 버튼 입력이 HIGH일 때 논리 TRUE를 반환하므로 while() 루프 내에서 조건 검사를 위해 사용할 수 있다. 코드를 간단히 하기 위해 루프 내에 포함되는 문장이 하나뿐이라면 이 코드에서처럼 중괄호를 생략할 수 있다. 루프 내에 여러 문장이 있다면, 이전 예에서와 같이 중괄호를 사용해야 한다.

Note 초소형 피아노의 데모 동영상은 exploringarduino.com/content2/ch6에서 확인할 수 있다.

요약

- 스피커는 공기 중으로 전파되는 압력파를 만들어 내고, 이 압력파가 귀에서 소리로 인식된다.
- 전류를 변화시키면 자기장이 유도되고 자기장의 변화에 따라 스피커는 소리를 만들어낸다.
- tone() 함수는 임의의 주파수와 임의의 재생 시간을 갖는 음을 만들어 낼 수 있다.
- 아두이노에서 사용하는 C/C++ 언어에서는 일련의 데이터를 나열하기 위해 배열을 사용할 수 있다.
- 스피커의 볼륨은 스피커와 직렬로 연결된 가변저항을 사용하여 조절할 수 있다.

152 PART 02. 주변환경과 대화하기

| Note |

함께 보면 도움이 될 수 있는 동영상에 대한 링크, 온라인 참고 자료 등의 추가 정보를 알려준다.

| QR 코드 |

실행 결과 및 관련 동영상을 확인할 수 있는 QR 코드를 제공한다.

| 요약 |

각 장에서 배운 내용을 요약한다.

필요한 부품

해당 장의 실습을 따라하는 데 필요한 부품을 소개한다.

필요한 부품

- 아두이노 우노
- A-B 타입 USB 케이블
- 브레드보드
- 점퍼선
- 푸시버튼(5개)
- 220Ω 저항
- 10kΩ 저항(5개)
- 10kΩ 가변저항
- 8Ω 스피커

들어가기 전에

해당 장의 내용을 왜 배우는지, 무엇을 배우는지 설명한다.

들어가기 전에

사람은 오감을 가지고 있으며 오감을 통해 아두이노와 상호작용 할 수 있다. 하지만 미각을 사용해서 전자장치와 상호작용 하는 것은 상상하기 어렵다. 아두이노를 맛보는 것을 생각할 수 있는가? 후각 역시 마찬가지다. 전자장치에서 냄새가 난다면 무언가 타고 있다는 이야기이므로 하고 있는 작업을 즉시 중단해야 한다. 그렇다면 남은 것은 촉각, 시각, 청각이다. 이미 가변저항이나 버튼과 상호작용하기 위해 촉각을 사용했고, 시각을 통한 상호작용에 LED를 사용했다. 마지막 남은 청각은 어떤가? 이 장에서는 아두이노로 소리를 만들어 내서 쉽게 피드백을 받을 수 있는 방법을 알아본다.

아두이노로 소리를 만들어 내는 방법은 여러 가지가 있다. 그중 가장 간단한 방법은 `tone()` 함수를 사용하는 방법으로 이 장의 예제에서도 대부분 `tone()` 함수를 사용한다. 보다 복잡한 음악 재생 기능을 아두이노에 추가하려면 전용 처리장치를 포함하고 있는 다양한 실드(shield)를 사용할 수 있다. 실드는 아두이노에 특정 기능을 추가하기 위해 아두이노 위에 적층하여 사용하는 확장 보드를 말한다. 아두이노 듀에를 가지고 있다면 아두이노 듀에에 있는 디지털 아날로그 변환기(DAC)를 사용하여 직접 소리를 재생할 수 있다.

H-브리지는 정지, 전진, 후진, 브레이크 등 4개의 상태를 가진다. 정지 상태에서 모든 스위치는 열린 상태에 있으며 모터는 회전하지 않는다. 전진 상태에서는 대각선 방향의 2개 스위치가 닫힌 상태에 있어 전류는 9V에서 모터를 거쳐 그라운드로 흐른다. 후진 상태에서는 전진 상태에서 열린 상태에 있는 2개 스위치가 닫힌 상태에 있다. 전진과 후진 상태에서 모터에 가해지는 전류의 극성이 반대가 되므로 모터는 서로 반대 방향으로 회전한다. H-브리지가 브레이크 상태에 있으면 관성에 의한 모터의 움직임이 멈추게 되고 모터 회전이 멈춘다.

여기서 잠깐! H-브리지에서의 단락

H-브리지를 사용할 때 생각해야 할 점 중 하나는 4개의 스위치가 모두 닫히면 어떤 일이 일어날까 하는 점이다. 4개의 스위치가 모두 닫히면 9V와 그라운드가 직접 연결되는 단락 회로가 된다. 9V 배터리를 단락시켜 본 적이 있다면 두 번 다시 경험하고 싶지 않다고 생각했을 것이다. 단락된 배터리는 빠른 속도로 열이 발생하고, 부풀어지면 폭발하거나 액이 흘러나올 수도 있다. 또한 단락은 배터리가 연결된 다른 회로에 손상을 줄 수 있다. 심지어 H-브리지를 사용할 때 프로그램을 잘못 작성하면 드문 경우이긴 하지만 하드웨어 일부가 파손될 수도 있다.

이 예제에서는 텍사스 인스트루먼트에서 4개의 반(half) H-브리지 드라이버로 만든 L293D칩을 사용하였다. L293D칩에는 과열로 부품이 파손되는 것을 방지하기 위한 차단 기능이 포함되어 있지만, 사용 과정에서 주의할 필요가 있다. 또한 L293D 칩에는 플라이백 다이오드가 포함되어 있으므로 트랜지스터를 사용할 때와 같이 외부에 별도로 다이오드를 연결할 필요가 없다.

Warning 부품의 파손을 방지하기 위해, 스위치의 상태를 바꾸기 전에 항상 칩을 비활성 상태로 두는 것이 좋다. 이러한 습관은 모터의 회전 방향을 빠르게 바꿀 때도 단락이 발생하지 않도록 해준다. L293D 칩을 제어하기 위해서는 3개의 핀을 사용한다. 하나는 위쪽 게이트 2개를 제어하기 위해 사용하고 또 하나는 아래쪽 게이트 2개를 제어하기 위해 사용한다. 나머지 하나는 회로의 활성 상태를 제어하기 위해 사용된다.

- **H-브리지 회로 구성**

앞에서 설명한 내용에 주의하면서 회로를 구성해 보자. 여기서 사용할 L293D H-브리지 칩은 4개의 반 H-브리지 회로로 구성되어 있다. 2개의 반 H-브리지 회로를 연결하면 [그림 4-5]와 같은 전(full) H-브리지 회로를 구성할 수 있다. 이 예제에서는 하나의 DC 모터를 구동하기 위해 4개 중 2개의 반 H-브리지를 사용한다. 더 복잡한 시스템을 만들고자 한다면 L293D 칩의 4개 반 H-브리지를 모두 사용하여 2개의 DC 모터를 구동할 수 있다. 예를 들어 RC 자동차를 만드는 경우라면 좌우의 바퀴를 제어하기 위해 2개의 DC 모터를 사용해야 한다. 실제로 회로를 구성하기 전에 [그림 4-6]의 L293D 칩 핀 맵과 제어 방법을 살펴보자.

IC에서 핀 번호는 항상 왼쪽 위에서 시작하고 반시계 방향으로 번호가 증가한다. IC 칩은 1번 핀 위치

여기서 잠깐

다루고 있는 주제나 연관된 주제에 대해 추가 설명을 제공한다.

Warning

과정을 수행할 때 각별히 주의해야 할 사항을 알려준다.

강의 보조 자료

한빛아카데미 홈페이지에서 '교수회원'으로 가입하신 분은 인증 후 교수용 강의 보조 자료를 제공받을 수 있습니다. 한빛아카데미 홈페이지 상단의 〈교수전용공간〉 메뉴를 클릭하세요.

http://www.hanbit.co.kr/academy

소스 코드와 부품 목록

실습에 필요한 소스 코드, 부품 목록, 구입처는 다음 경로에서 내려받을 수 있습니다.

- 한빛아카데미 홈페이지 접속 → [도서명] 검색 → 도서 상세 페이지의 [부록/예제소스]
- 저자 운영 카페 : http://cafe.naver.com/sketchurimagination

Tip 이 책에서 사용되는 다양한 부품 중에는 국내에서 쉽게 구할 수 없는 부품이 일부 포함되어 있습니다. 홈페이지에서 제공하는 부품 목록에서는 이러한 부품을 대신해 사용할 수 있는 부품을 제시합니다. 교체된 부품의 사용법이 책과 차이가 있는 경우에는, 교체된 부품으로 이 책의 내용을 실습할 수 있도록 부품 사용법을 온라인 부록으로 제공합니다. 책이 출판된 이후에도 부품이나 사용 방법이 달라질 수 있으므로 위의 홈페이지를 방문해 최신 정보를 확인하기 바랍니다.

실습에 필요한 도구

이 책의 실습을 진행하려면 아두이노 프로젝트에 사용하는 부품 외에 다음과 같은 도구와 재료가 필요합니다.

- 컴퓨터
- 인두기와 납
- 멀티미터
- 소형 스크류 드라이버 세트
- 핀셋
- 전선 절단기와 스트리퍼
- 글루건
- 확대경

아누이노를 처음 만나는 이들을 위한 최고의 선택

아두이노가 무엇이기에 우리는 이토록 아두이노에 열광하고 있는 것일까? 아두이노에 대한 뜨거운 관심은 온라인 서점에서 마이크로컨트롤러 관련 책을 검색해 보면 쉽게 알 수 있다. 아두이노 이전에 마이크로컨트롤러와 관련된 책은 ATmega, PIC, ARM 등에 관한 책이 대부분이었다. 하지만 아두이노의 등장 이후 아두이노 자체에 대한 책은 물론이고, 아두이노를 다양한 분야에 적용하는 책 역시 많아졌다. 아두이노는 더이상 마이크로컨트롤러의 한 종류가 아닌, 다양한 분야에서 활용 가능한 범용 플랫폼으로 자리잡고 있다.

아두이노에 대한 책이 많이 출판되면서 선택의 폭은 넓어졌지만, 동시에 어떤 책을 선택하면 좋을지에 대한 고민도 늘었다. 아두이노를 바라보는 시각이 다양한 것처럼 내용을 풀어가는 방법 역시 다양하다. 전자장치를 만드는 데 필요한 간단한 전자부품의 활용법부터 시작하는 책이 있는가 하면, 아두이노 프로그램을 작성하는 데 필요한 C/C++ 언어에서 시작하는 책도 있고, 아두이노와 함께 사용할 수 있는 다양한 주변장치를 이용하여 프로젝트 중심으로 풀어가는 책도 있다. 과연 어떤 책이 나에게 맞는 것일까?

『익스플로링 아두이노(2판)』은 이 모든 내용을 어느 것 하나 간과하지 않고 모두 다루는 친절함을 보여준다. 이 책의 초판이 많은 독자들의 선택을 받았다는 것은 어디서부터 아두이노를 시작할지 모르는 독자들에게 훌륭한 가이드라인을 제공했다는 점을 방증한다. 또한 2판에서 무선 통신 부분이 보완되었다는 점은 4차 산업혁명과 사물인터넷 환경에서 필요한 아두이노의 역할을 반영하고 있다는 점에서 환영할 만하다. 한정된 지면 내에서 필요한 내용을 자연스럽게 연결하고 어색하지 않게 설명하고 있다는 점이 이 책의 가장 큰 장점이다. 이 책은 어디서부터 아두이노를 시작할지 어려움을 겪는 독자에게 아두이노를 알아가기 위해 필요한 다양한 요소들을 설명해 주고, 어디에 아두이노를 적용할지 결정하지 못한 독자에게는 아두이노를 활용할 수 있는 다양한 예를 제시해 준다.

지금까지보다 앞으로의 아두이노가 우리의 일상에 더 큰 영향을 미칠 것임은 부정하기 어렵다. 가까운 미래에 우리는 언제 어디에서나 아두이노를 접하게 될 것이며, 이 책은 그러한 미래를 준비하기 위한 좋은 시작점이 되어줄 것이다. 이 책의 원서를 읽으면서 이러한 점을 확신하였기에 감히 이 책의 번역을 시작하게 되었다. 짧지 않은 기간 동안 아두이노를 사용해본 경험이 이 책의 번역에 도움이 될 것으로 생각하였지만, 이는 절반만이 사실이었다. 다른 사람의 시각에서 바라보는 아두이노는 새로운 아두이노의 면면을 살펴보는 흥미롭고 유익한 시간이었다.

가능한 한 쉽게 이해할 수 있도록 책의 내용을 번역하고자 하였지만, 여전히 어색한 부분이 눈에 띈다. 어색한 내용 대부분은 역자의 미숙한 역량으로 인한 것이었음을 고백해야겠다. 2판을 번역하는 작업은 스스로 가지고 있던 아두이노에 대한 편견을 깨는 과정이었던 만큼, 그 결과인 이 책이 아두이노와 친해지고자 하는 많은 사람들의 벗이 되어주기를 빌어본다.

옮긴이 **허경용**

Wiley 출판사에 다시 한번 감사드린다. Wiley는 이 책을 집필하는 과정에서 훌륭한 파트너였으며, Wiley가 있어 2판까지 출판할 수 있었다. 특히 Jim Minatel, Adaobi Obi Tulton, Dr. Derek Molloy, Marylouise Wiack, Athiyappan Lalith Kumar에게 감사드린다.

이 책에서 부품을 쉽게 구할 수 있도록 협력해 주신 Adafruit의 훌륭한 직원들께도 감사드린다. Adafruit는 오픈 소스 하드웨어 및 소프트웨어 커뮤니티에 많은 기여를 하고 있으며, Adafruit의 우수한 제품과 콘텐츠가 있어 지금과 같은 엔지니어가 될 수 있었다.

『익스플로링 아두이노』의 초판을 쓸 때는 석사 과정 중에 있었다. 학위는 오래 전에 마쳤고, 지금은 Shaper 사에서 일하고 있다. 항상 격려해 주고 멋진 하드웨어를 제공해 준 Shaper 사와 (이전에 몸담았던) 구글의 동료들에게도 감사드린다.

코넬 대학교의 교수님들, 특히 Francois Guimbretiere 교수님께 감사하다는 말씀을 드리고 싶다. 교수님의 강의를 통해 아두이노를 처음으로 접할 수 있었다. 교수님께서는 이 책의 첫 번째 판을 바로 그 교과목의 교재로 사용하셨고, 나는 코넬 대학교에 도움을 줄 수 있는 방법이 있다는 것을 알게 되어 정말 기뻤다.

마지막으로 나를 참아 주시고 항상 격려해 주신 부모님, 형제, 아내, 친구들에게 감사드린다. 주변에 이렇게 멋진 사람들이 있다는 것은 행운이라고 생각한다.

지은이 **Jeremy Blum**

Contents

PART 03 통신 인터페이스

PART 04 고급 기능

Contents

CHAPTER
01

아두이노 시작하기

CONTENTS

필요한 부품

- 아두이노 우노
- A-B 타입 USB 케이블

들어가기 전에

취미로 새로운 것을 배워보고 싶은 사람, 열정적인 전기전자 분야 종사자 또는 코드가 실행되고 있는 하드웨어에 대한 이해를 높이고 싶은 소프트웨어 개발자 누구에게든 첫 번째 아두이노 프로젝트를 시작하고 동작시켜 보는 것은 놀라운 경험이 될 것이다. 이 장에서는 아두이노로 실제로 무엇을 할 수 있는지를 알아본다. 먼저 아두이노 하드웨어와 프로그래밍 환경 및 프로그래밍 언어에 대해 살펴본 후 첫 번째 프로그램을 작성하여 동작시켜 볼 것이다. 아두이노가 제공하는 기능을 이해한다면 LED를 점멸하는 첫 번째 프로그램을 쉽게 작성할 수 있을 것이다.

Note 아두이노 플랫폼의 소개 동영상은 exploringarduino.com/content2/ch1에서 볼 수 있다.

SECTION 01 아두이노 생태계 탐험

아두이노를 사용하는 프로젝트에는 다음 3가지 요소가 필요하다.

- 공식 또는 호환 아두이노 보드
- 외부 하드웨어(실드 또는 직접 제작한 회로로, 이 책에서 이들 하드웨어를 아두이노와 함께 사용하는 방법을 살펴볼 것이다.)
- 아두이노 통합개발환경(IDE)

이들 3가지 구성 요소를 함께 사용함으로써 아두이노로 많은 것들을 구현할 수 있다.

아두이노 환경에서 사용할 수 있는 보드에는 여러 가지가 있다. 이 책에서는 대부분 아두이노에서 설계하고 제작한 공식 아두이노 보드를 사용한다. 하지만 마지막 장 일부에서는 아두이노 보드에 블루투스나 와이파이와 같은 기능을 추가하기 위해 서드파티에서 디자인한 아두이노 호환 보드를 사용한다.

많은 서드파티에서 공식 아두이노 보드와 소프트웨어 및 하드웨어에서 호환되는 보드를 판매하고 있다. 이 중에는 공식 아두이노 보드와 비교했을 때 디자인과 기능이 거의 같은 보드도 있지만, 공식 아두이노 보드에는 없는 기능이 추가된 보드도 있다. 이 책에서 사용하는 공식 및 호환 보드는 모두 동일한 아두이노 IDE를 사용해 프로그램을 작성할 수 있다. 필요한 경우에는 프로젝트에 따라 서로 다른 아두이노 보드를 사용할 때 주의할 점들을 설명할 것이다. 하지만 이 책의 프로젝트 대부분은 아두이노 우노를 사용한다. 이는 아두이노 우노가 아두이노를 배우기 위한 실제적인 입문 보드로 자리 잡고 있기 때문이다. 아두이노 우노 대신 Adafruit METRO 328과 같은 호환 보드를 사용할 수도 있는데, 이는 이들 두 보드가 기능적으로 완전히 같기 때문이다. 이 책에서 보여주는 사진 일부와 홈페이지에서 제공되는 동영상에서도 아두이노 우노가 아닌 Adafruit METRO 328 보드가 사용된 예를 확인할 수 있다. 인터넷에서 찾을 수 있는 튜토리얼 대부분은 아두이노 우노나 아두이노 우노 호환 보드를 사용하고 있다. 만약 Adafruit METRO 328과 같은 아두이노 우노 호환 보드를 사용하려면 별도로 드라이버를 내려받아 설치해야 할 수도 있다.

Warning **복제품 주의** 공식 아두이노 보드와 아두이노 호환 보드는 (이 책에서 언급하고 있는) 믿을 수 있는 곳에서 구입하도록 하자. 저가형 부품을 사용하여 인기 있는 아두이노 보드의 복제품을 만드는 회사가 많으니 주의해야 한다.

먼저 모든 아두이노 보드에서 공통으로 찾아볼 수 있는 기본적인 기능부터 살펴보자. 이후 보드에 따른 차이점을 살펴봄으로써 다른 프로젝트를 진행할 때 적절한 보드를 선택할 수 있도록 할 것이다.

여기서 잠깐! 아두이노의 분열과 개혁

아두이노 생태계에 대한 이야기를 하기 전에 아두이노의 분열과 개혁이라는 조금은 불편할 수 있는 이야기를 해야겠다. 이 책의 1판과 2판이 출판되는 사이에 아두이노에 관여하고 있던 사람들 사이에 분쟁이 있었다. 자세한 이야기를 하진 않을 것이고 개인적으로 어느 편을 들 생각도 없다. 아두이노는 Arduino.cc와 Arduino.org의 두 개 사이트로 대표되는 그룹으로 나뉘어졌고, 각 그룹이 조금씩 다른 하드웨어와 소프트웨어를 제공하면서 아두이노라는 이름을 독점하기 위해 분쟁을 벌였다. 다행히도 양측의 분쟁은 잘 마무리되어 다시 하나의 아두이노로 돌아왔다. 이 책에서는 Arduino.cc에서 판매하고 있는 하드웨어를 기준으로 한다. 아마도 이 책을 읽고 있을 때쯤에는 사이트 역시 하나로 통합되어 있을 것이다.

1. 아두이노의 기능

모든 아두이노 보드에는 몇 가지 주요 성능과 기능이 있다. [그림 1-1]의 아두이노 우노는 이 책에서 사용할 기본 보드로, 다음은 주로 사용하게 될 기능을 그룹으로 묶은 것이다.

- **마이크로컨트롤러**: 모든 아두이노 보드의 핵심은 마이크로컨트롤러다. 마이크로컨트롤러는 아두이노의 두뇌에 해당한다.
- **프로그래밍**: 프로그래밍 인터페이스를 통해 아두이노에 (스케치 또는 펌웨어라 불리는) 소프트웨어를 업로드할 수 있다.
- **입출력**: 입출력(Input/Output, I/O) 회로를 통해 센서, 액추에이터 등과 아두이노를 연결할 수 있다.
- **전원**: 아두이노에 전원을 공급하는 방법은 여러 가지가 있다. 대부분의 아두이노 보드에는 (USB와 배터리가 함께 연결된 경우와 같이) 전원 소스가 여러 개 연결된 경우 자동으로 하나를 선택하는 회로가 포함되어 있다.

▪ 마이크로컨트롤러

모든 아두이노의 중심에는 마이크로컨트롤러(MCU, microcontroller unit)가 있다. 아두이노 우노를 포함하여 모든 초기 아두이노 보드에는 아트멜(Atmel)에서 AVR 아키텍처를 기반으로 제작한 8비트의 ATmega 마이크로컨트롤러가 포함되어 있다. [그림 1-1]의 아두이노 우노 역시 8비트 ATmega 마이크로컨트롤러의 하나인 ATmega328P를 사용한다. 생각하고 있는 대부분의 프로젝트를 수행할 때는 8비트의 MCU로 충분하며 오히려 더 간단한 마이크로컨트롤러로도 가능하다. 이 책의 대부분의 예제에서도 8비트의 MCU를 포함하고 있는 아두이노 우노를 사용한다.

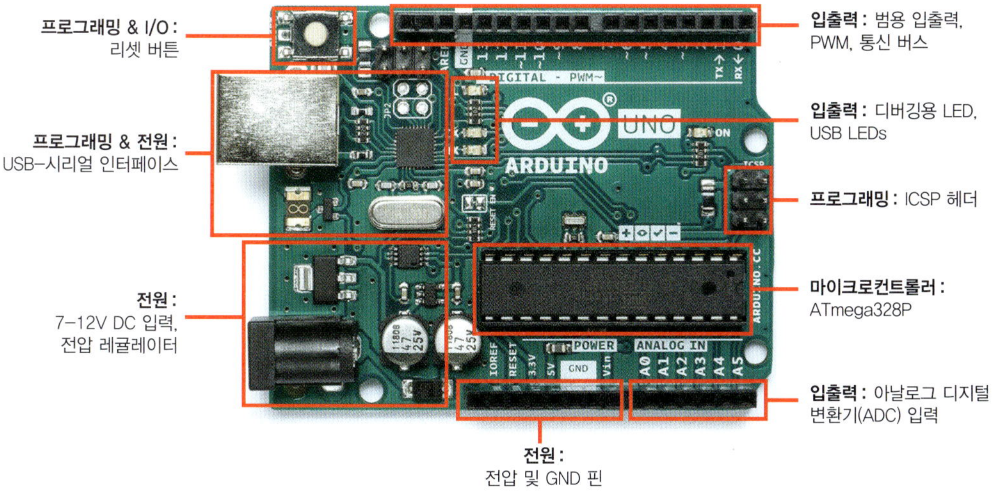

[그림 1-1] 아두이노 우노 구성 요소(출처: 아두이노, arduino.cc)

Note **마이크로칩(Microchop)과 아트멜(Atmel)** PIC 시리즈 마이크로컨트롤러로 널리 알려진 칩 제조사인 마이크로칩이 2016년 아트멜을 인수 합병하였다. 합병 후 마이크로칩에서 ATmega 마이크로컨트롤러를 계속 생산하고 있기 때문에 ATmega 마이크로컨트롤러 칩의 제조사로 마이크로칩과 아트멜이 혼용되어 사용되고 있다. 하지만 어느 회사에서 생산하였는지와 무관하게 동일한 부품 번호(part number)를 가지고 있다면 동일한 기능을 하는 칩이므로 걱정하지 않아도 된다.

여기서 잠깐! AVR 아키텍처를 사용하지 않는 마이크로컨트롤러

음악을 작곡하고, 웹 서버를 운영하고, 큰 크기의 LED 디스플레이를 구동하는 것과 같이 규모가 큰 프로젝트를 진행하고 싶을 때는 어떻게 해야 할까? 8비트 MCU에 효율적인 코드를 만들어 넣으면 가능할 수도 있지만, 일부 프로젝트에서는 빠르고 높은 처리 능력을 갖춘 프로세서가 필요할 수 있다.

이러한 요구에 부응하기 위해 아두이노는 인텔(x86과 ARC(Argonaut RISC Core)) 아키텍처와 Arm(Advanced RISC Machine) 아키텍처 기반의 프로세서를 사용한 아두이노 보드를 출시하고 있다. 예를 들어 아두이노 듀에(Due)는 32비트의 Arm Cortex-M3 마이크로컨트롤러를 사용한다. Cortex 시리즈 프로세서는 8비트의 AVR MCU와 비교하면 처리 속도가 빠르고 다양한 주변장치를 더 많이 연결하여 사용할 수 있으므로 듀에를 사용하여 음악을 연주할 수 있다. 또 다른 아두이노 보드 중에는 와이파이나 블루투스 기능을 내장한 보드도 있으며 이들 보드 역시 처리 능력이 8비트 AVR MCU보다 높다. 이 장의 뒷부분에서 기능이 추가된 보드들을 소개할 것이고 이 보드들을 사용하여 프로젝트를 진행해 볼 것이다.

MCU 아키텍처는 추상화를 통해 숨겨져 있으므로 프로그램을 작성하거나 아두이노를 사용할 때 복잡한 아키텍처를 이해할 필요는 없다. 다음 목록은 위에서 언급한 아키텍처와 마이크로컨트롤러를 정리한 것으로 마이크로컨트롤러를 사용한 프로젝트에서 사용된 하드웨어를 이해하고 싶을 때 도움이 될 것이다.

- **8비트 아키텍처**: 주소, 정수 그리고 주요 데이터 타입을 나타내기 위해 8비트 숫자를 기본으로 하는 MCU 아키텍처를 말한다.
- **32비트 아키텍처**: 주소, 정수 그리고 주요 데이터 타입을 나타내기 위해 32비트 숫자를 기본으로 하는 MCU 아키텍처를 말한다.
- **마이크로칩(구 아트멜)**: 마이크로컨트롤러 제조사로, 마이크로칩과 아트멜 모두 AVR MCU와 Arm 프로세서를 생산한다. 대부분의 아두이노 보드가 마이크로칩/아트멜에서 생산한 프로세서를 사용하고 있다.
- **AVR**: 아트멜에서 ATmega MCU를 위해 개발한 마이크로컨트롤러 아키텍처를 말한다.
- **Arm**: ARM이라는 동일한 이름의 회사에서 개발한 32비트 및 64비트 프로세서 아키텍처를 통칭한다. Arm 아키텍처는 마이크로칩을 포함한 여러 회사에 지적 재산권 형태로 라이선스를 판매하며, 라이선스를 구매한 회사에서 임베디드 아키텍처 디자인에 적용하여 실제 칩을 생산한다.
- **Cortex-M 시리즈**: Cortex M0, M3 등이 포함되며 Arm 아키텍처 중 마이크로컨트롤러를 위한 아키텍처를 말한다.

아두이노에 사용된 마이크로컨트롤러는 컴파일 과정에서 생성된 기계어 코드를 저장하고 이를 실행하는 역할을 한다. 아두이노를 위한 프로그램에서는 아날로그 디지털 변환기(ADC), 범용 입출력(GPIO 또는 I/O) 핀, 통신 버스(I^2C, SPI, UART 등), 시리얼/USB 인터페이스 등 마이크로컨트롤러의 주변장치에 접근하여 원하는 동작을 수행한다. 아두이노 PCB(Printed Circuit Board) 위에 동박[1]을 통해 만들어진 경로는 마이크로컨트롤러의 작고 사용하기 어려운 핀을 핀 헤더로 연결해 주므로 핀 헤더에 점프선이나 실드를 연결하여 마이크로컨트롤러가 제공하는 기능을 쉽게 사용할 수 있다. 아두이노 우노의 경우 16MHz의 세라믹 레조네이터나 크리스탈이 마이크로컨트롤러의 클록 핀에 연결되어 있다. 클록은 모든 명령어의 실행 기준을 제시하는 역할을 한다. 프로그램을 재시작하기 위해서는 리셋 버튼을 사용하면 된다. 대부분의 아두이노 보드에는 디버그 목적으로 사용할 수 있는 디버그 LED가 13번 핀에 연결되어 있으므로 ('블링크(Blink)' 프로그램이라고 흔히 이야기하는) LED를 점멸하는 첫 번째 프로그램을 실행하기 위해 추가로 부품을 연결할 필요는 없다.

프로그래밍 인터페이스

일반적으로 마이크로컨트롤러를 위한 프로그램은 C나 어셈블리어로 작성하며 [그림 1-2]와 같은 전용 프로그래머[2]를 사용하여 ICSP(In-Circuit Serial Programming) 인터페이스를 통해 마이크로컨트롤러에 업로드한다. 아두이노의 중요한 특징 중 하나는 USB 케이블만 연결하면 전용 프로그래머 없이 프로그램을 업로드할 수 있다는 점이다. 이를 가능하게 해주는 것이 아두이노의 부트로더

1 옮긴이_ 동박은 보드/기판 위에 그림처럼 그려진 선으로, 종이에 잉크로 문자를 출력하듯이 PCB 위에 회로를 동박(구리)으로 프린트한다. 동박으로 프린트된 회로 끝 부분에는 부품을 연결할 수 있는 동그란 구멍이 있고 구멍 주위에도 동박이 있어 납땜을 하여 부품을 연결할 수 있다.

2 옮긴이_ 마이크로컨트롤러를 위한 펌웨어를 컴퓨터에서 마이크로컨트롤러로 옮겨 설치하는 전용 하드웨어를 프로그래머라고 한다.

다. 부트로더는 (ICSP 헤더를 사용하여) 보드 생산 시점에 마이크로컨트롤러에 설치되어 판매되며, 부트로더는 별도의 프로그래머 없이 USART(Universal Synchronous/Asynchronous Receiver/Transmitter) 시리얼 통신을 통해 프로그램을 업로드할 수 있도록 해 준다.(부트로더의 기능에 대해서는 다음 페이지의 '아두이노 부트로더와 펌웨어 설정'을 참고하면 된다.)

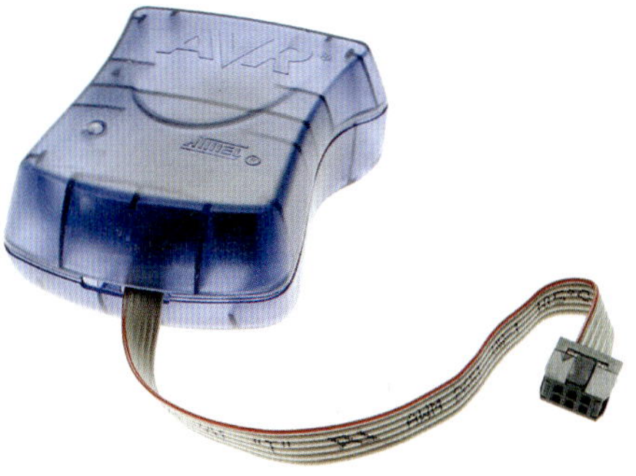

[그림 1-2] AVRISP mkII 프로그래머(출처 : Microchip Technology Incorporated)

아두이노 우노나 메가2560의 경우 아두이노 보드 내에 있는 두 번째 마이크로컨트롤러(사용하는 보드의 버전에 따라 ATmega16U2 또는 ATmega8U2)가 USB 커넥터와 메인 마이크로컨트롤러의 USART 핀 사이에서 중개 역할을 한다. ATmega32U4를 메인 마이크로컨트롤러로 사용하는 아두이노 레오나르도는 마이크로컨트롤러 칩 자체에 USB 인터페이스가 포함되어 있어 두 번째 마이크로컨트롤러가 필요하지 않다. Cortex M0 아키텍처를 사용하는 마이크로컨트롤러를 사용하는 아두이노 제로 역시 USB 기능이 마이크로컨트롤러에 포함되어 있어 별도의 USB 지원 칩이 사용되지 않는다. 이전 버전의 아두이노 보드에서는 FTDI사의 USB-시리얼 변환 칩이 USB와 ATmega의 USART 포트 간 인터페이스를 위해 ATmega16U2 대신 사용되었으며, 지금도 아두이노 호환 보드를 만드는 경우 흔히 사용되고 있다.

입력/출력: GPIO, ADC, 통신 버스

프로젝트를 진행할 때 아두이노에서 가장 많이 신경을 써야 하는 부분은 범용 입출력(GPIO)과 ADC 핀이다. 범용 입출력 핀과 ADC 핀은 프로그램을 통해 개별적으로 제어할 수 있으며 디지털 입력 또는 출력에 사용된다. ADC 핀은 디지털 입출력 이외에 아날로그 입력 핀으로 사용될 수 있으므로 흔히 센서에서 입력되는 0~5V 사이 전압 측정을 위해 사용된다. 범용 입출력과 ADC 핀 대부분은 특별한 기능을 수행하기 위해 멀티플렉서로 연결되어 있어 하나 이상의 기능을 수행할 수 있다. 기본 기능 이외에 추가되는 기능에는 통신 인터페이스, 시리얼 인터페이스, 펄스 폭 변조 신호 출력, 외부 인터럽트 등이 포함되며, 이 책의 뒷부분에서 살펴볼 것이다.

전원

대부분의 프로젝트에서는 USB 연결을 통해 공급되는 5V 전원을 사용하게 된다. 하지만 컴퓨터와 연결하지 않고 아두이노를 동작시키고 싶다면 다른 전원 공급 방법을 생각해야 한다. 대부분의 아두이노 보드는 (7~12V 사이 전압이 추천되는 전압 범위이긴 하지만) 6~20V 사이 전압을 직류 배럴 잭이나 VIN 핀에 연결하면 레귤레이터를 거쳐 만들어진 5V 전압이 사용된다. 일부 아두이노는 5V 논리 레벨에서 동작하지만 3.3V 레벨을 사용하기도 한다. 아두이노 우노와 같이 5V 레벨을 사용하는 아두이노 보드에서의 전원은 다음과 같이 구성되어 있다.

- 5V는 아두이노의 모든 부분에서 사용된다. 예를 들어 디지털 입출력 핀의 출력을 HIGH에서 LOW로 변경하면 실제 출력은 5V에서 0V로 변한다.
- 3.3V 전압을 출력하는 핀 역시 핀 헤더에 마련되어 있으므로 3.3V를 사용하는 실드나 외부 회로를 사용할 수 있다.

달리 설명하지 않은 경우라면 이 책의 프로젝트는 5V 아두이노 보드를 사용하는 것으로 가정한다.

여기서 잠깐! 아두이노 부트로더와 펌웨어 설정

부트로더는 아두이노의 메인 마이크로컨트롤러에 있는 프로그램 메모리의 정해진 위치에 설치된 특별한 프로그램을 가리킨다. 일반적으로 AVR 마이크로컨트롤러는 ICSP를 통해 프로그램을 업로드하며 ICSP는 SPI(Serial Peripheral Interface) 통신을 사용한다. ICSP를 사용하는 것은 간단하지만 STK500이나 AVRISP mkII([그림 1-2])와 같은 전용 하드웨어 프로그래머가 필요하다.

아두이노 보드에 전원을 넣어 부팅을 시작하면 아두이노 보드는 먼저 부트로더를 실행하여 몇 초 동안 대기한다. 대기 중에 MCU의 UART 시리얼 인터페이스를 통해 아두이노 IDE의 프로그래밍 명령을 수신하면 아두이노 IDE로부터 프로그램을 받아 MCU의 프로그램 메모리에 프로그램을 설치한다. 대기 중에 프로그래밍 명령을 수신하지 못하면 최근에 업로드하여 프로그램 메모리에 설치되어 있는 프로그램을 실행한다.

아두이노 IDE에서 '업로드' 명령을 보내면 USB-시리얼 칩(아두이노 우노의 경우 ATmega16U2 또는 ATmega8U2)은 메인 MCU를 리셋하여 부트로더 모드를 유지하도록 한다. 이후 아두이노 IDE는 프로그램을 전송하기 시작하며 부트로더 모드에 있는 MCU는 UART 연결을 통해 (USB-시리얼 변환 칩이 USB 통신을 사용하여 수신하고 UART 통신을 사용하여 전송하는) 프로그램을 수신하게 된다.

부트로더는 외부 하드웨어 없이 USB를 통해 간단하게 프로그래밍을 가능하게 해 준다는 장점이 있지만 다음과 같은 두 가지 단점도 있다.

- 프로그램 메모리를 소비한다. 복잡한 스케치를 작성한다면 부트로더가 차지하고 있는 약 2KB 크기의 프로그램 메모리가 아쉬울 수 있다.
- 부트로더는 부팅 과정에서 프로그래밍 명령을 검사하므로 몇 초 동안 초기 실행이 지연된다.

프로그래머(또는 프로그래머로 동작하도록 프로그래밍 된 다른 아두이노 보드)를 가지고 있다면 부트로더를 없애고 프로그래머를 ICSP 헤더에 연결하여 직접 프로그램을 업로드할 수도 있다. 이때 아두이노 IDE에서는 [스케치] → [프로그래머를 이용해 업로드] 명령을 사용하면 된다.

2. 아두이노 보드

이 책에서 모든 아두이노 보드를 다룰 수는 없다. 이미 많은 아두이노 보드가 출시되어 있고 다양한 기능을 추가한 새로운 아두이노 (호환) 보드가 다양한 제조사에서 출시되고 있다. 이 책에서는 흔히 사용되는 아두이노 보드 위주로 설명한다. 다음은 흔히 사용되는 아두이노 보드와 그 특징이다.

아두이노 우노([그림 1-3])는 대표적인 아두이노 보드이자 입문자용 아두이노 보드로 이 책에서도 아두이노 우노를 주로 사용한다. 아두이노 우노는 ATmega328P를 메인 MCU로 사용한다.

[그림 1-3] 아두이노 우노(출처: 아두이노, arduino.cc)

아두이노 메가2560([그림 1-4])은 마이크로칩/아트멜의 ATmega2560을 메인 MCU로 사용하고 있으며 54개의 범용 입출력 핀을 통해 많은 장치를 연결하여 사용할 수 있다. 아두이노 메가2560은 아두이노 우노보다 메모리가 크고, ADC 채널이 많으며, 4개의 하드웨어 시리얼 인터페이스를 가지고 있어 (1개의 하드웨어 시리얼 인터페이스만을 가지고 있는) 아두이노 우노의 업그레이드 버전으로 생각할 수 있다. 하지만 아누이노 우노보다 1.5배 가격이 비싸다.

[그림 1-4] 아두이노 메가2560(출처: 아두이노, arduino.cc)

아두이노 레오나르도와 아두이노 마이크로([그림 1-5]와 [그림 1-6])는 모두 USB 인터페이스를 내장하고 있는 ATmega32U4를 메인 마이크로컨트롤러로 사용하고 있다. 따라서 이들 보드는 USB-시리얼 변환을 위해 두 번째 MCU가 필요하지 않다. 이러한 점은 가격 경쟁력에서도 장점이 있지만, 조이스틱이나 키보드와 같은 간단한 USB 장치를 쉽게 만들 수 있다는 차별성을 부여한다. USB 장치 제작과 관련된 내용은 8장에서 다룬다. 아두이노 마이크로는 아두이노 레오나르도와 기능 면에서는 동일하지만 브레드보드에 꽂아 사용할 수 있는 형태의 작은 크기로 만들어져 있다는 점에서 차이가 있다.

[그림 1-5] 아두이노 레오나르도(출처: Pololu Robotics & Electronics, pololu.com)

[그림 1-6] 아두이노 마이크로(출처: 아두이노, arduino.cc)

아두이노 듀에([그림 1-7])는 아두이노에서 Arm 아키텍처를 사용한 첫 번째 보드다. 아두이노 듀에는 Arm Cortex-M3 아키텍처를 사용한 SAM3X 마이크로컨트롤러를 사용한다. 아두이노 듀에는 더 높은 정밀도의 ADC, 해상도 조절이 가능한 펄스 폭 변조 신호, 디지털 아날로그 변환기(DAC), USB 호스트 기능, 84MHz 클록 등을 사용할 수 있다.

[그림 1-7] 아두이노 듀에(출처: Pololu Robotics & Electronics, pololu.com)

이외에도 다양한 아두이노 보드가 판매되고 있다. 이 책을 읽다 보면 생각하고 있는 복잡한 기능을 구현하기 위해 이 책에서 주로 사용하는 아두이노 보드 이외의 다른 아두이노 보드를 사용하고 싶어질 수 있다. 필요한 기능이 명확하다면 SparkFun, Adafruit, Pololu 등의 회사에서 판매하고 있는 아두이노 호환 보드 중에서 적절한 보드를 선택할 수 있다. 아두이노는 오픈 소스 플랫폼이므로 그야말로 수백 종류의 호환 보드가 판매되고 있다. 이 책에서 언급하는 회사의 제품들은 모두 저자가 직접 테스트하고 동작을 확인한 믿을 수 있는 제품들이다. 온라인으로 아두이노 복제품을 구입하는 경우에는 리뷰를 참고하여 정상적으로 동작하는지 확인하고 구입하는 것이 좋다. 확실하지 않다면 아두이노에서 판매하는 제품이나, 앞에서 언급한 회사에서 판매하는 믿을 수 있는 제품을 구입하도록 하자.

블루투스와 와이파이 기능의 경우 아두이노가 다른 회사에 비해 발 빠르게 대응하지 못하고 있다. 블루투스나 와이파이 기능이 필요하다면 Adafruit.com에서 판매하고 있는 아두이노 호환 보드 중 참고 자료가 많은 Feather 시리즈 보드를 추천한다. 블루투스와 와이파이를 사용한 무선 프로젝트에서 Feather 시리즈 보드를 사용하는 방법은 이 책의 마지막 장에서 다룬다. [그림 1-8]은 Adafruit에서 블루투스 기능을 추가하여 만든 아두이노 호환 보드다.

[그림 1-8] Adafruit Feather 32U4 Bluefruit LE(출처: Adafruit, adafruit.com)

이 책에서 배우는 내용은 아두이노와 비슷한 프로그래밍 인터페이스와 마이크로컨트롤러 보드를 사용하는 플랫폼에서도 사용할 수 있다. Particle에서 만든 Photon([그림 1-9])은 와이파이 기능이 추가된 마이크로컨트롤러로, 아두이노와 비슷한 프로그래밍 언어를 사용하고 있다. 저자는 집에서 스마트폰으로 독서등과 블라인드를 제어하기 위해 Particle Photon을 사용하고 있다.

[그림 1-9] Particle Photon(출처: Adafruit, adafruit.com)

SECTION 02

첫 번째 프로그램 만들기

이 책에서 사용할 아두이노 하드웨어를 이해했다면 이제 아두이노 IDE를 설치하거나 웹 IDE에 접속하여 첫 번째 프로그램을 작성해 보자. 이 책에서는 내려받아 설치한 아두이노 IDE를 주로 사용한다. 그럼 먼저 아두이노 소프트웨어를 내려받아 보자.

여기서 잠깐! 아두이노 클라우드 IDE

이 책에서 아두이노 클라우드 IDE를 사용하지는 않지만, 아두이노 IDE를 설치하여 사용하는 대신 클라우드 IDE를 사용해도 무방하다. arduino.cc에 가입하고 로그인한 후 create.arduino.cc/editor 페이지에 접속해 보자. 아두이노 보드에 프로그램 업로드를 위한 브라우저 플러그인을 설치하면 아두이노 IDE와 비슷한 방법으로 코드를 작성하고 업로드할 수 있다.

1. 아두이노 IDE 내려받아 설치하기

아두이노 웹사이트인 arduino.cc에 접속한 후 'SOFTWARE'를 클릭하면 [그림 1-10]과 같이 소프트웨어를 내려받을 수 있는 페이지를 볼 수 있다. 소프트웨어 내려받기 페이지에서 운영체제에 맞는 최신 버전의 아두이노 IDE를 내려받을 수 있다.

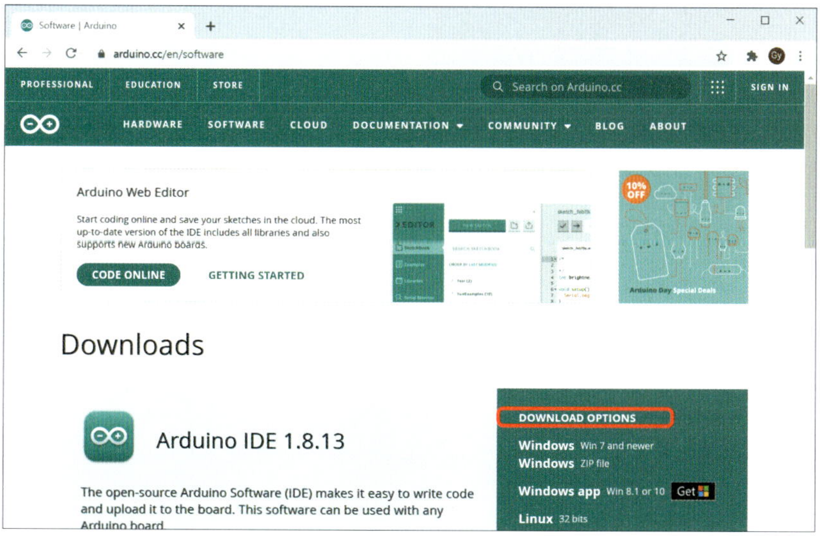

[그림 1-10] 아두이노 IDE를 내려받을 수 있는 arduino.cc 페이지

윈도우 운영체제를 사용한다면 'Windows ZIP file'이 아니라 'Windows Win 7 and newer' 항목을 눌러 설치 파일을 내려받는 것을 추천한다. 설치 파일을 실행하고 기본 설정대로 아두이노 IDE를 설치하면 필요한 장치 드라이버까지 자동으로 설치해 준다. macOS나 리눅스 사용자는 압축 파일을 내려받아 압축을 해제한 후 응용 프로그램 폴더로 끌어다 놓으면 된다.

2. IDE 실행과 아두이노 연결

아두이노 IDE를 설치하고 실행할 준비가 되었으므로 [그림 1-11]과 같이 USB를 통해 컴퓨터에 아두이노 보드를 연결해 보자. 리눅스와 macOS 운영체제를 사용하는 경우에는 장치 드라이버가 자동으로 설치된다.

[그림 1-11] USB를 통해 아두이노 우노를 컴퓨터에 연결

Note IDE를 설치하거나 아두이노 보드를 연결하는 데 문제가 있는가? Arduino.cc에서는 모든 운영체제와 아두이노 하드웨어에 대해 문제 해결 방법을 제공하고 있으므로 문제가 있다면 blum.fyi/install-arduino를 방문해 보기 바란다.

이제 아두이노 IDE를 실행해 보자. 아두이노에 첫 번째 프로그램을 업로드할 준비가 끝났다. 지금까지 과정에서 문제가 없는지 확인하기 위해 보드의 내장 LED를 깜빡이게 하는 블링크 예제를 업로드해 볼 것이다. 대부분의 아두이노 보드에는 (아두이노 우노의 경우 13번 핀에 연결된) 내장 LED가 포함되어 있다. [파일] → [예제] → [01.Basics] → [Blink] 메뉴 항목을 선택하면 블링크 예제가 새로운 창으로 열린다. 먼저 블링크 스케치를 아두이노 보드에 업로드해 보고, 이후 장에서 원하는 동작을 수행하도록 스케치를 작성하는 데 필요한 스케치의 구성 요소들을 분석해 볼 것이다.

프로그램을 아두이노 보드에 업로드하기 전에 현재 사용하는 보드의 종류와 보드가 연결된 포트를 아두이노 IDE에 알려주어야 한다. [툴] → [보드] → [Arduino AVR Boards] 메뉴에서 연결된 보드의 종류를 확인한다. 책에서는 아두이노 우노('Arduno Uno')를 사용하지만 다른 보드를 사용한다면 그에 맞는 보드를 선택한다.(다른 보드를 사용하는 경우에도 내장 LED가 포함되어 있는 것으로 가정한다. 실제로 대부분의 보드가 내장 LED를 포함하고 있다.)

프로그래밍 이전에 마지막으로 할 일은 아두이노 보드가 어느 포트에 연결되어 있는지 아두이노 IDE에 알려주는 것이다. [툴] → [포트] 메뉴에서 아두이노 보드에 할당된 포트를 선택한다. 윈도우 운영체제를 사용한다면 포트는 `COM*`와 같은 형식으로 표시되며 *는 시리얼 포트 번호이다.

Tip 컴퓨터에 여러 개의 시리얼 장치가 연결되어 있다면 아두이노 보드의 USB 연결을 해제하고 어떤 COM 포트가 메뉴에서 사라지는지 확인해 보자. 다시 USB 케이블을 연결했을 때 나타나는 COM 포트가 아두이노 보드에 할당된 포트이므로 이를 선택하면 된다.

리눅스와 macOS의 경우 시리얼 포트는 `/dev/tty.usbmodem*` 또는 `/dev/tty.usbserial*`로 표시된다. 이때 *는 영문자와 숫자로 이루어지는 문자열이다.

이제 첫 번째 프로그램을 업로드할 준비가 끝났다. 아두이노 IDE 툴바의 왼쪽 두 번째 버튼인 업로드 버튼(➔)을 누른다. 아두이노 IDE의 아래쪽에 있는 상태바에 스케치 컴파일과 업로드 진행 상황이 표시된다. 아두이노 보드의 TX와 RX LED는 컴퓨터에서 아두이노로 데이터가 전송되고 있음을 나타내는 LED로, 이들 LED가 깜빡거린다면 업로드가 진행되고 있는 것이다. 업로드가 완료되면 아두이노 보드의 내장 LED가 1초에 한 번씩 깜박인다. 이로써 첫 번째 아두이노 프로그램을 성공적으로 업로드하였다!

3. 첫 번째 프로그램 자세히 살펴보기

아두이노를 위한 프로그램의 기본 구조를 이해하기 위해 [그림 1-12] 블링크 프로그램의 구조를 살펴보자.

```
1 /*
2   Blink
3
4   Turns an LED on for one second, then off for one second, repeatedly.
5
6   Most Arduinos have an on-board LED you can control. On the UNO, MEGA and ZERO
7   it is attached to digital pin 13, on MKR1000 on pin 6. LED_BUILTIN is set to
8   the correct LED pin independent of which board is used.
9   If you want to know what pin the on-board LED is connected to on your Arduino
10  model, check the Technical Specs of your board at:
11  https://www.arduino.cc/en/Main/Products
12
13  modified 8 May 2014
14  by Scott Fitzgerald
15  modified 2 Sep 2016
16  by Arturo Guadalupi
17  modified 8 Sep 2016
18  by Colby Newman
19
20  This example code is in the public domain.
21
22  http://www.arduino.cc/en/Tutorial/Blink
23 */
24
25 // the setup function runs once when you press reset or power the board
26 void setup() {
27   // initialize digital pin LED_BUILTIN as an output.
28   pinMode(LED_BUILTIN, OUTPUT);
29 }
30
31 // the loop function runs over and over again forever
32 void loop() {
33   digitalWrite(LED_BUILTIN, HIGH);   // turn the LED on (HIGH is the voltage level)
34   delay(1000);                       // wait for a second
35   digitalWrite(LED_BUILTIN, LOW);    // turn the LED off by making the voltage LOW
36   delay(1000);                       // wait for a second
37 }
```

[그림 1-12] 블링크 프로그램(줄 번호 표시)

코드가 동작하는 방식을 하나씩 살펴보자.

1. **줄 1~23** : 여러 줄로 표시되는 주석이다. 주석은 코드를 문서화하는 데 중요한 역할을 한다. 여러 줄 주석은 /*로 시작하고 */로 끝난다. 이들 기호 사이에 있는 내용은 컴파일에 사용되지 않는다. 여러 줄 주석은 프로그램 설명과 같이 많은 설명이 필요한 내용을 기록하기 위해 사용한다.
2. **줄 25** : 한 줄로 표시되는 주석이다. 임의의 위치에 // 기호를 표시하면 컴파일러는 같은 줄에서 기호 이후에 있는 모든 내용을 무시한다. 한 줄 주석은 코드의 특별한 줄을 설명하기 위한 목적으로 사용하거나 문제가 될 것으로 생각되는 코드를 줄 단위로 실행하지 않도록 지정하기 위해 흔히 사용된다.

3. **줄 26~29** : `void setup()`은 모든 아두이노 프로그램에 포함되어야 하는 2개의 함수 중 하나로, **함수**는 특정 작업을 수행하는 코드의 모음을 이야기한다. `setup()` 함수의 중괄호 사이에 오는 코드는 프로그램이 시작될 때 한 번만 실행된다. `setup()` 함수는 핀의 입출력 설정, 통신 인터페이스의 초기화 등과 같이 한 번만 실행하면 되는 작업을 위해 사용된다. 블링크 프로그램에서는 LED가 연결된 핀을 출력으로 설정한다. 출력으로 설정되면 핀으로 데이터를 출력하여 특정 작업을 지시할 수 있고, 입력으로 설정되면 현재 핀의 상태를 알아올 수 있다.

4. **줄 28** : 아두이노의 디지털 핀은 입력 또는 출력으로 동작할 수 있으며 입력 또는 출력 중 하나를 선택하기 위해 사용하는 함수가 `pinMode()`다. 명시적으로 출력으로 설정하지 않은 모든 핀은 기본적으로 입력으로 설정된다. `setup()` 함수에서 핀을 출력으로 설정하면 프로그램이 실행 중인 동안에는 계속 출력 상태로 남아 있다.(물론 메인 루프에서 입력으로 변경할 수 있다.) 핀을 출력으로 설정하면 핀에 1이나 0의 값을 대입할 수 있다.(아두이노 우노와 같은 5V 기반 보드에서는 대입되는 값에 따라 5V나 0V가 핀에 가해진다.) 핀에 가해지는 값을 읽고 싶다면 핀을 입력으로 설정하면 된다. 다음 장에서 디지털 데이터 입출력에 대해 자세히 다룰 것이다.

   `pinMode()` 함수는 2개의 매개변수를 갖는다. 매개변수는 함수가 동작하기 위해 필요한 정보를 전달하는 역할을 하며, 명령(또는 함수 이름) 다음에 나오는 괄호 안에 위치한다. `pinMode()` 함수의 첫 번째 매개변수는 입출력 방향을 설정할 핀을 나타낸다. 아두이노 우노에서 내장 LED는 13번 핀에 연결되어 있으므로 첫 번째 매개변수는 13으로 써도 무방하다. 하지만 아두이노에서는 미리 정의된 단어(word)를 사용하는 것이 좋다. 미리 정의된 단어를 사용하면 아두이노 스케치를 추상화하여 하나의 스케치를 서로 다른 하드웨어를 사용하는 여러 아두이노 보드에서 사용할 수 있다. 아두이노 컴파일러는 이들 단어를 하드웨어의 종류에 따라 구체적인 명령으로 변환한다. 예를 들어, `LED_BUILTIN`이라는 단어는 내장 LED가 연결된 핀 번호로 변환된다. 아두이노 우노에서 `LED_BUILTIN`은 '13'으로 바뀌지만, 아두이노 MKR1000에서는 내장 LED가 6번 핀에 연결되어 있으므로 '6'으로 바뀐다. 이처럼 단순히 숫자를 사용하는 대신 미리 정의된 단어를 사용하면 작성하는 스케치의 이식 가능성을 높일 수 있다. 즉 하나의 스케치가 여러 아두이노 보드에서 사용될 수 있다. 다음 장에서는 또다른 특별한 단어인 변수에 대해 알아볼 것이다. 변수는 숫자, 문자 등의 데이터에 붙인 의미 있는 이름을 말한다.

   `pinMode()` 함수의 두 번째 매개변수는 핀의 입출력 방향을 나타내며 `INPUT` 또는 `OUTPUT`의 값을 지정한다. `INPUT`과 `OUTPUT`은 또 다른 종류의 미리 정의된 특별한 단어로, 컴파일러에서 아두이노 보드의 MCU를 설정하는 데 사용한다. 블링크 예제에서는 LED를 켜거나 끄기 위해 핀을 사용하므로 핀을 출력으로 설정했다.(입력으로 설정한 경우 핀은 트랜지스터라는 내부 스위치를 사용하여 전류 '소스' 또는 '싱크'로 동작할 수 있다.)

5. **줄 32~37** : 모든 아두이노 프로그램에 포함되어야 하는 2개의 함수 중 다른 하나는 `void loop()`다. `loop` 함수의 내용은 아두이노 보드가 켜져 있는 동안 반복해서 호출된다. 아두이노가 부팅될 때 한 번만 실행되더라도 `loop` 함수는 포함시켜야 하며, 이 경우 반복 작업이 없으므로 `loop` 함수

의 몸체는 비워두면 된다.

6. **줄 33** : `digitalWrite()`는 출력 핀의 상태를 설정하기 위해 사용하는 명령으로, 핀을 5V 또는 0V 상태로 설정할 수 있다. (전류 제한을 위한 저항을 통해) 핀에 LED가 연결되어 있는 경우, 5V 상태로 설정하면 LED가 켜진다.(자세한 내용은 다음 장에서 다룬다.) `digitalWrite()` 함수의 첫 번째 매개변수는 상태를 설정하고자 하는 핀을 나타낸다. 두 번째 매개변수는 설정하고자 하는 상태를 나타내며 `HIGH`(5V) 또는 `LOW`(0V)를 지정할 수 있다. 설정된 상태는 코드에서 설정 상태를 변경할 때까지 유지된다.
7. **줄 34** : `delay()` 함수는 밀리초 단위의 지연 시간을 유일한 매개변수로 갖는다. `delay()` 함수를 호출하면 아두이노는 지정한 시간 동안 하던 일을 멈춘다. 블링크 예제에서는 프로그램을 1000ms, 즉 1초 동안 정지시킨다. 따라서 다음 명령을 실행하기 전에 1초 동안 LED는 켜진 상태를 유지한다.
8. **줄 35** : 핀의 상태를 `LOW`로 설정하여 LED를 끄기 위해 `digitalWrite()` 함수가 사용되었다.
9. **줄 36** : `loop` 함수가 반복되어 LED가 켜진 상태로 바뀌기 이전에 LED가 꺼진 상태를 1초 동안 유지하기 위해 다시 1초 동안 프로그램을 정지시킨다.

이 장의 내용은 여기까지다. 지금까지의 내용을 모두 이해하지 못했더라도 겁먹을 필요는 없다. 이후 장에서 더 많은 예들을 통해 프로그램의 흐름을 이해하고 자신만의 코드를 작성하는 방법을 배울 수 있을 것이다.

요약

- 아두이노 보드를 구성하고 있는 요소
- USB 연결을 통해 아두이노 부트로더가 아두이노 프로그램을 업로드하는 방법
- 다양한 아두이노 보드의 차이점
- 컴퓨터에 아두이노를 연결하고 아두이노 IDE를 설치하는 방법
- 첫 번째 프로그램을 업로드하고 실행하는 방법

CHAPTER

02

디지털 입출력과 펄스 폭 변조

CONTENTS

필요한 부품

- 아두이노 우노
- A-B 타입 USB 케이블
- 브레드보드
- 점퍼선
- 푸시버튼
- 220Ω 저항(3개)
- 10kΩ 저항
- 5mm 적색 LED
- 5mm 공통 양극 방식 RGB LED

들어가기 전에

이전 장에서처럼 LED를 깜빡거려 보는 것도 흥미롭지만, 아두이노 플랫폼이 유용한 이유는 데이터를 입력받고 이를 처리하여 출력하는 시스템을 구성할 수 있기 때문이다. 입력과 출력을 동시에 사용할 수 있다면 사용할 수 있는 곳은 무궁무진하다. 예를 들어 자기 리드 스위치(magnetic reed switch)를 사용하여 문이 열렸을 때 음악이 흘러나오도록 할 수 있고, 전자식 금고를 만들 수 있으며, 조명이 켜지는 전자 악기를 만드는 것도 가능하다.

이 장에서는 이처럼 다양한 프로젝트를 진행하는 데 필요한 데이터 입출력 방법을 다룬다. 이를 위해 아두이노의 기본적인 디지털 입력 기능, 풀업과 풀다운 저항 사용 방법, 디지털 출력을 제어하는 방법 등을 살펴본다. 대부분의 아두이노 보드에서는 아날로그 출력 기능을 사용할 수 없지만, 펄스 폭 변조(PWM, Pulse Width Modulation) 신호를 사용하여 흉내낼 수 있다. 이 장에서 PWM 신호를 생성하는 방법을 살펴볼 것이다. 또한, 디지털 입력을 위해 스위치를 사용할 때 바운스 현상을 줄이는 디바운싱 방법도 살펴볼 것이며 이는 버튼을 사용하는 입력 대부분에서 필요한 것이다. 이를 통해 이 장이 끝날 때쯤이면 RGB LED를 사용하여 조명등을 만들고 제어할 수 있을 것이다.

Note 이 장에서 다루는 디지털 입력과 출력, 디바운싱, 펄스 폭 변조, 기본적인 전기 공학의 개념 등에 관한 동영상은 exploringarduino.com/content2/ch2에서 찾을 수 있다.

SECTION 01
디지털 출력

1장에서는 LED를 깜빡이는 방법을 살펴보았다. 이 장에서는 아두이노의 디지털 출력과 관련된 내용을 좀 더 깊이 살펴볼 것이며 다음과 같은 내용이 포함된다.

- 핀을 출력으로 설정하는 방법
- 외부 부품을 연결하는 방법
- `for` 루프, 변수, 상수 등을 사용하여 프로그램을 작성하는 방법
- 디지털과 아날로그 출력의 차이와 펄스 폭 변조(PWM) 신호

1. 브레드보드를 사용하여 LED 연결하기

1장에서는 아두이노 보드에 포함되어 있는 내장 LED를 깜빡이는 방법을 살펴보았다면 이 장에서는 브레드보드를 사용하여 아두이노의 9번 핀에 외부 LED를 연결하는 것으로 시작한다. 외부 LED를 연결하는 것은 이후 장에서 좀 더 복잡한 외부 회로를 구성하는 방법을 이해하는 디딤돌이 되어줄 것이다. 뿐만 아니라 아두이노 우노의 9번 핀은 (핀 헤더 옆에 물결무늬(~)로 표시하는) PWM 신호 출력이 가능한 핀이므로 이 장의 뒷부분에 있는 아날로그 출력 예제에서도 사용할 것이다.

브레드보드 사용하기

이 책의 프로젝트를 진행할 때 브레드보드를 효율적으로 이용하기 위해서는 브레드보드의 동작 방식을 이해하는 것이 중요하다. **브레드보드**는 전용 PCB(Printed Circuit Board)에 부품을 납땜하지 않고도 회로를 쉽게 구성할 수 있도록 해주는 간단한 프로토타이핑 도구다. 브레드보드의 긴 변 양쪽에 있는 파란색과 빨간색 줄을 살펴보자. 색으로 구분된 줄 옆에 있는 홀은 그라운드와 전원 버스에 해당한다. 빨간색 줄 옆에 있는 모든 홀은 전기적으로 연결된 상태에 있으며 전원 공급을 위해 사용된다. 이 책에서는 대부분 전원 버스에 5V 전원을 연결한다. 파란색 줄 옆에 있는 모든 홀 역시 전기적으로 연결된 상태에 있으며 그라운드 연결에 사용된다. 수직으로 정렬된 10개의 홀은 2개 그룹으로 나뉘어 전기적으로 연결된 상태에 있다. 10개 홀을 2개 그룹으로 나누어 놓은 것은 IC 칩을 브레드보드에 쉽게 장착할 수 있도록 하기 위해서다. DIP(Dual Inline Package) 타입의 IC는 핀 간격이 브레드보드 홀 간격과 같으므로 브레드보드 가운데에 쉽게 장착할 수 있다. [그림 2-1]은 전기적으로 연결된 브레드보드의 홀을 나타낸 것으로 초록색 선이 전기적인 연결을 나타낸다.

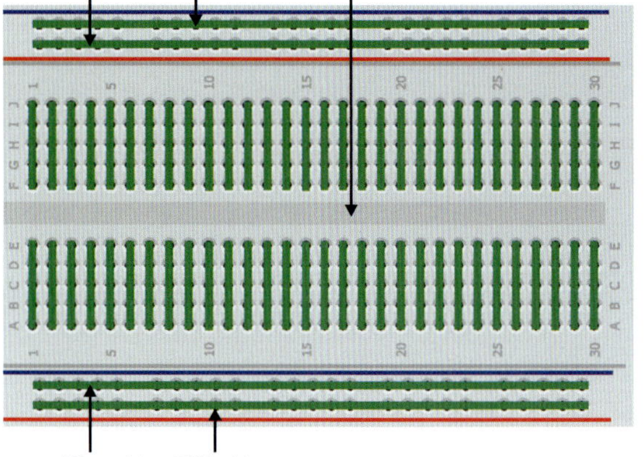

[그림 2-1] 브레드보드 홀의 전기적 연결

여기서 잠깐! **2개의 전원/그라운드 버스**

브레드보드 위쪽에 있는 전원과 그라운드 버스는 아래쪽에 있는 전원 및 그라운드 버스와는 연결되어 있지 않다. 따라서 5V 전원을 위쪽에 있는 전원 버스에 연결해도 아래쪽에 있는 전원 버스에는 5V 전원이 연결되지 않는다. 만약 위쪽과 아래쪽 모두에 5V 전원을 연결하고 싶다면 점퍼선으로 위쪽과 아래쪽 전원 버스의 홀을 연결해야 한다. 이는 그라운드 버스 역시 마찬가지다. 5V 전원을 사용하는 주변장치를 3.3V 전원을 사용하는 아두이노 보드에 연결하는 경우 전원 버스 중 하나에는 5V를, 다른 하나에는 3.3V를 연결하여 사용하는 것이 일반적이다.

LED 연결

LED는 이 책에서 가장 자주 사용하는 부품 중 하나다. LED는 극성을 가지고 있으므로 LED를 연결할 때는 전원과 그라운드를 연결하는 방법에 주의해야 한다. LED는 2개의 연결선을 가지고 있으며 (+)에 해당하는 쪽을 **양극**(anode, 애노드), (–)에 해당하는 쪽을 **음극**(cathode, 캐소드)이라고 한다. 일반적으로 LED를 위에서 보면 원형이지만 아래쪽에서 보면 한쪽이 평평하게 잘려 있으며, 평평하게 잘린 쪽에 있는 연결선이 음극이다. 하지만 일부 LED는 이런 방법으로 양극과 음극을 구별할 수 없다. 보다 일반적이고 쉬운 방법은 연결선의 길이로 판단하는 것으로, 짧은 연결선이 음극에 해당한다.

LED는 발광 다이오드(Light Emitting Diode)의 약어이다. LED 역시 다른 다이오드와 마찬가지로 전류가 양극에서 음극 방향으로만 흐르므로 양극을 전원 소스(5V 레벨의 디지털 신호)에 연결하고 음극을 그라운드에 연결해야 LED가 켜진다. LED는 종류에 따라 흐를 수 있는 최대 전류가 정해져 있고 가능한 많은 전류를 사용하려고 한다. 이 예제에서는 아두이노 보드의 출력 핀에 LED를 직접 연결하여 LED를 구동할 것이므로 LED에 흐르는 최대 전류를 제한하는 것이 중요하다. 만약 전류를 제한하지 않으면 LED는 아두이노의 핀이 공급할 수 있는 전류보다 많은 전류를 사용하려고 할 수 있으며, LED에 흐를 수 있는 전류보다 많은 전류가 흐르면 LED가 파손될 수 있다. 전류를 제한하는 간단한 방법은 LED와 직렬로 저항을 연결하는 것이다. 저항은 LED의 양극이나 음극 쪽에 직렬로 연결하면 되며, 저항은 극성이 없으므로 연결 방향을 걱정할 필요는 없다.

아두이노 우노의 9번 핀에 LED를 저항과 직렬로 연결해 보자. LED를 연결할 때는 반드시 전류 제한을 위해 저항을 사용해야 한다는 점을 명심해야 한다. 저항값이 클수록 LED에 흐르는 전류는 줄어들고 LED는 어둡게 켜진다. 이 예제에서는 200Ω 저항을 사용한다. [그림 2-2]는 LED와 저항을 9번 핀에 연결한 회로를 나타낸다.

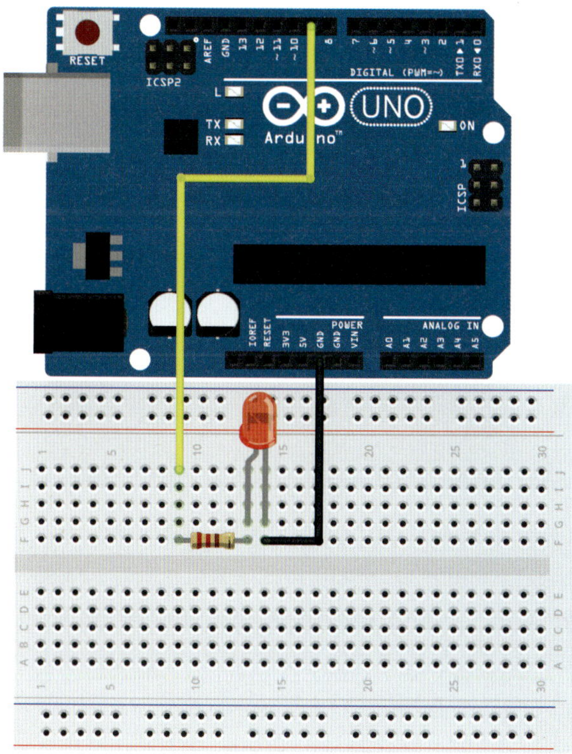

[그림 2-2] 아두이노 우노에 LED 연결(Fritzing으로 작성)

여기서 잠깐! 옴의 법칙과 전력 방정식

전기전자공학자가 반드시 기억해야 할 법칙 중 하나가 옴의 법칙이다. 옴의 법칙은 회로에서 전압, 전류, 저항 사이의 관계를 나타낸다. 회로는 (9V 배터리와 같은) 전기 에너지 소스와 (LED와 같이 에너지를 소비하는) 부하로 이루어지는 닫힌 루프를 말한다. 옴의 법칙을 알아보기 전에 각 용어가 기본적으로 의미하는 바를 이해하도록 하자.

- **전압**(voltage)은 두 지점 사이의 전위차를 말한다. 전위(electric potential)는 전기적인 위치 에너지로 일을 할 수 있는 잠재적인 능력을 나타낸다.
- **전류**(current)는 전위가 높은 곳에서 전위가 낮은 곳으로 흐른다. 전류는 물의 흐름에 비유할 수 있으며 전압은 물탱크의 높이로 생각할 수 있다. 물(전류)은 높은 위치(높은 전압)에서 낮은 위치(그라운드 또는 낮은 전압)로 흐른다. 강을 따라 물이 흐르는 것처럼 전류는 항상 회로에서 저항이 가장 적은 경로를 따라 흐른다.
- **저항**(resistance)은 전류의 흐름을 방해하는 성질을 말한다. 좁은 관을 통해 흐르는 물(전류)은 넓은 관을 통해 흐르는 물보다 같은 시간에 적은 양이 흐른다. 좁은 관이 물의 흐름을 어렵게 하는 것은 큰 저항이 전류의 흐름을 어렵게 하는 것과 마찬가지다. 반대로 넓은 관으로는 물이 자유롭게 흐를 수 있는 것처럼 작은 저항은 전류가 쉽게 흐를 수 있도록 한다.

옴의 법칙은 다음과 같이 정의된다.

$$V = IR$$

여기서 V는 볼트 단위의 전위차를, I는 암페어 단위의 전류를, 그리고 R은 옴 단위의 저항을 나타낸다.

회로 내의 각 부품은 전압을 낮추는(소진하는) 저항 성질을 가지고 있으므로 회로 내에서 모든 전압은 소진된다.(즉 일정 전압에서 시작되어 그라운드로 전압이 낮아진다.) 따라서 옴의 법칙을 사용하면 LED와 함께 사용해야 하는 저항값을 계산할 수 있다. LED의 저항 성질에 의해 낮아지는 전압(이를 흔히 '전압 강하'라고 한다)은 LED 종류에 따라 다르고 흐를 수 있는 최대 전류 역시 정해져 있다. 흐를 수 있는 최대 전류에 도달할 때까지는 많은 전류가 흐를수록 LED는 밝아진다. 흔히 사용되는 저전력 LED에는 최대 20밀리암페어(밀리암페어는 암페어의 1/1000로, 'mA'로 나타낸다)의 전류가 흐를 수 있다. LED에 의한 전압 강하는 제품의 데이터시트를 참고해야 하며 흔히 사용되는 적색 LED는 2V 정도다. [그림 2-3]의 LED 회로를 살펴보자.

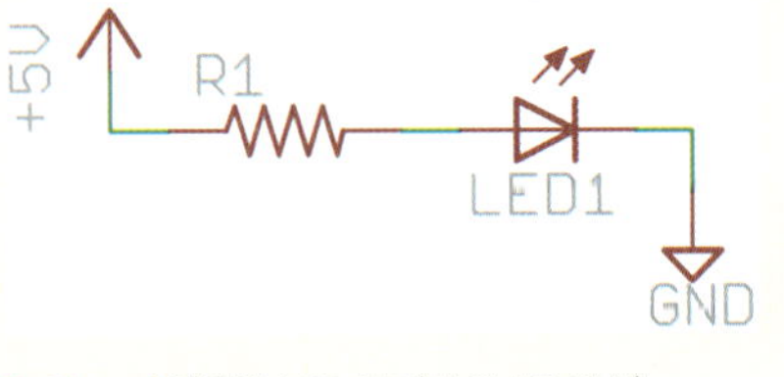

[그림 2-3] 간단한 LED 회로(EAGLE로 작성)

옴의 법칙을 사용하면 [그림 2-3]의 LED 회로에 사용될 저항의 크기를 결정할 수 있다. [그림 2-3]에 사용된 LED가 2V의 전압 강하와 20mA의 최대 전류를 가지고 있다고 가정해 보자. 전원 전압은 5V이고 그라운드로 연결되어 있으므로 회로 내에서는 5V 전압 강하가 발생해야 한다. LED에서는 2V의 전압 강하가 이루어지므로 나머지 3V는 저항에서 전압 강하가 이루어져야 한다. 또한, 회로에 흐르는 전류는 최대 밝기일 때 20mA이므로(저항과 LED는 직렬로 연결되어 있으므로 저항과 LED에 흐르는 전류의 양은 같으며 [그림 2-3]의 회로에서 전류가 흘러갈 수 있는 다른 경로는 존재하지 않는다.) 옴의 법칙에서 저항(R)의 값은 다음과 같이 계산할 수 있다.

$$R = V / I$$

여기서 V = 3V이고 I = 20mA다.

저항값 R을 계산하면, R = 3V / 0.02A = 150Ω이 된다. 즉 150Ω 저항을 사용하면 20mA 전류가 저항과 LED에 흐르게 된다. 저항값을 크게 하면 흐르는 전류의 양은 줄어든다. [그림 2-2]에서 사용한 220Ω은 150Ω보다는 약간 큰 값이지만 220Ω 저항을 사용해도 LED는 충분히 밝게 켜진다. 220Ω 저항은 흔히 볼 수 있는 저항이기도 하다.

또 하나 기억해 두면 좋은 것이 전력 방정식이다. 전력 방정식은 저항 성질을 갖는 부품이 소비하는 전력을 와트(W) 단위로 계산할 수 있도록 해 준다. 전력을 많이 소비하면 열 또한 많이 발생하므로 부품에는 최대 전력이 표시되어 있다. 최대 전력을 넘어서게 되면 과열로 인해 오동작이 발생하거나 부품이 손상될 수 있으므로 최대 전력을 넘지 않도록 해야 한다. 흔히 사용되는 저항의 최대 전력은 1/8와트('W'로 표시하며 밀리와트는 'mW'로 표시한다)이며, 전력 방정식은 다음과 같이 표시된다.

$$P = IV$$

여기서 P는 와트(W) 단위의 전력을, I와 V는 각각 전류와 전압을 나타낸다.

앞에서 사용한 저항은 3V의 전압 강하와 20mA의 전류가 흐르는 것으로 가정하였으므로 P = 3V × 0.02A = 60mW의 전력 소비가 발생하며 이는 1/8W 또는 125mW보다 낮은 값이다. 이는 동작 범위 내의 전력 소비이므로 저항이 과열될 걱정은 하지 않아도 된다.

2. 디지털 출력 프로그래밍

모든 아두이노의 핀은 기본값이 입력으로 설정되어 있다. 핀을 출력으로 설정하고자 한다면 아두이노의 핀을 그에 맞게 설정해야 한다.

아두이노 스케치는 크게 `setup()`과 `loop()`의 두 부분으로 이루어진다. 1장에서 살펴본 것처럼 `setup()` 함수는 프로그램이 시작될 때 한 번만 실행되고 `loop()` 함수는 `setup()` 함수가 실행된 후 반복해서 실행된다. 일반적으로 각 핀은 입력이나 출력 전용으로 사용되므로 핀의 입출력 설정은 `setup()` 함수에서 이루어진다.

아두이노 우노의 9번 핀을 출력으로 설정하고, 프로그램이 시작될 때 켜지도록 하는 간단한 프로그램을 작성해 보자. 9번 핀에 연결된 LED를 켜는 것으로 시작하는 프로그램을 작성하기 위해서는 [코드 2-1]과 같이 9번 핀을 출력으로 설정하는 **pinMode()** 함수와 9번 핀에 연결된 LED에 **HIGH**(5V)를 출력하는 **digitalWrite()** 함수를 사용해야 한다.

코드 2-1 LED 켜기 2-1_led.ino

```
const int LED = 9;            // LED 핀을 9번 핀으로 정의

void setup()
{
  pinMode(LED, OUTPUT);       // LED 핀을 출력으로 설정
  digitalWrite(LED, HIGH);    // LED 핀을 HIGH로 설정, LED 켜기
}

void loop()
{
  // loop 함수에서는 아무런 작업도 하지 않는다!
}
```

[그림 2-2]와 같이 LED를 연결한 아두이노 우노에 [코드 2-1]을 업로드하자. [코드 2-1]의 대부분은 1장에서 사용한 블링크 예제를 기반으로 하고 있으므로 어렵지 않게 이해할 수 있을 것이다. 프로그램의 첫 번째 줄에서 **9**의 값을 할당한 변수 **LED**가 정의된 것을 유의해서 살펴보자. 프로그램 첫머리에서 **LED**에 **9**의 값을 할당하였으므로 **LED**를 프로그램의 다른 곳에서 참조하는 경우 **LED**는 숫자 **9**와 같은 것으로 간주된다. 프로그램에서 **LED**가 사용되면 아두이노 프로그램은 이를 **9**로 바꾼다. 따라서 **pinMode()**와 **digitalWrite()** 함수가 사용될 때 첫 번째 매개변수는 9번 핀을 가리키게 된다.

변수에는 저장하는 값의 타입(type, 유형)을 지정해야 한다. [코드 2-1]에서 변수 **LED**는 **int** 타입을 갖는다. **int**는 정수를 의미하는 'integer'의 약어로 **LED** 변수가 (문자열이나 소수점이 있는 실수와는 다르게) 정수를 저장할 수 있는 크기의 메모리를 사용한다는 것을 의미한다. 정수형 변수를 정의할 때 **const**가 사용되고 있다는 점도 주의해야 한다. 일반적으로 변수는 프로그램 실행 중에 변하는 값을 저장하기 위해 사용한다. 변수를 선언하기 전에 **const**(상수를 의미하는 constant의 약어)를 사용하는 것은 변수가 '읽기 전용'이며 프로그램이 실행되는 동안 값이 바뀌지 않는다는 것을 컴파일러에 알려주기 위해서다. 값이 변하지 않는 변수를 선언할 때 **const**를 사용하면 프로그램의 다른 부분에서 의도하지 않게 값을 변경하는 경우를 방지할 수 있다. 이 장의 뒷부분에서는 프로그램 실행 중에 값이 변하는, 상수가 아닌 변수를 정의하여 사용하는 예를 볼 수 있다.

변수를 선언할 때는 반드시 변수 타입을 지정해야 한다. 앞의 예에서 LED는 핀 번호를 나타내고 핀 번호는 항상 정수형 값을 가지므로 정수형으로 선언하였다. [코드 2-1]에서 `digitalWrite()` 함수를 `loop()` 함수로 옮기고 시간 지연 함수를 추가하면 1장에서 살펴본 블링크 예제와 같은 형태로 만들 수 있다. 지연 시간을 조정하여 LED가 깜빡이는 속도를 조절해 보자.

3. for 루프 사용

프로그램의 파라미터를 조절하기 위해 루프를 사용하여 변수의 값을 바꾸는 것은 흔히 볼 수 있다. 앞서 작성한 프로그램에서 지연 시간을 조정하여 LED가 깜빡이는 속도를 조절하기 위해 `for` 루프를 사용할 수 있다. 서로 다른 지연 시간을 반복하기 위해 `for` 루프를 사용하면 LED가 깜빡이는 속도가 바뀌는 것을 눈으로 확인할 수 있다. [코드 2-2]는 `for` 루프를 사용하여 LED가 깜빡이는 속도를 조절하는 예제이다.

코드 2-2 LED가 깜빡이는 속도 조절 2-2_blink.ino

```
const int LED = 9;          // LED 핀을 9번 핀으로 정의
void setup()
{
  pinMode(LED, OUTPUT);     // LED 핀을 출력으로 설정
}

void loop()
{
  for (int i = 100; i <= 1000; i = i + 100)
  {
    digitalWrite(LED, HIGH);
    delay(i);
    digitalWrite(LED, LOW);
    delay(i);
  }
}
```

[코드 2-2]를 컴파일하고 아두이노 우노에 업로드하자. 어떤 일이 일어나는가? LED가 깜빡이는 속도가 변하는 것을 이해하기 위해 `for` 루프를 자세히 살펴보자. `for` 루프는 세미콜론(;)으로 분리된 세 부분으로 이루어진다.

- 첫 번째 부분(`int i = 100;`)은 `for` 루프를 위한 인덱스 변수를 설정한다. [코드 2-2]에서 인덱스 변수는 `i`이고 시작값으로 `100`이 주어져 있다.

- 두 번째 부분(`i <= 1000;`)은 루프를 끝낼 조건을 지정한다. 루프 내에 있는 코드는 조건을 만족하는 동안 반복해서 실행된다. `<=` 연산자는 '작거나 같다'는 것을 의미하므로 `for` 루프는 현재 인덱스 변수인 `i`의 값이 `1000`보다 작거나 같은 경우 계속 실행된다.
- 마지막 부분(`i = i + 100`)은 루프 내 코드를 한 번 실행한 후 인덱스 변수를 어떻게 바꿀지 지정한다. [코드 2-2]의 경우 인덱스 변수 `i`는 현재 값에 100을 더한 값으로 변경된다.

`for` 루프의 동작을 이해하기 위해 `for` 루프가 2번 실행되는 동안 어떤 일이 일어나는지 생각해 보자.

1. 인덱스 변수 `i`의 값이 100으로 설정된다.
2. 100은 1000보다 작거나 같은 값이므로 루프 내의 코드가 실행된다.
3. `LED` 핀이 `HIGH`로 설정되고 현재 설정된 `i`값인 100ms 동안 `HIGH` 상태를 유지한다.
4. `LED` 핀이 `LOW`로 설정되고 현재 설정된 `i`값인 100ms 동안 `LOW` 상태를 유지한다.
5. 루프 내 코드 실행이 끝나면 `i`값은 100 증가하여 200이 된다.
6. 200은 1000보다 작거나 같은 값이므로 루프 내의 코드가 다시 실행된다.
7. `LED` 핀이 `HIGH`로 설정되고 현재 설정된 `i`값인 200ms 동안 `HIGH` 상태를 유지한다.
8. `LED` 핀이 `LOW`로 설정되고 현재 설정된 `i`값인 200ms 동안 `LOW` 상태를 유지한다.
9. 루프 내 코드 실행이 끝나면 `i`값은 100 증가하여 300이 된다.
10. 이러한 과정은 `i`값이 1000보다 커질 때까지(1100이 될 때까지) 반복된다. `for` 루프 실행이 끝나면 `loop` 함수가 다시 실행되고 `for` 루프는 `i`값이 100부터 다시 시작한다.

아두이노에서 디지털 데이터를 출력하는 방법을 살펴보았으므로 이제 아두이노의 입출력 핀으로 아날로그 출력을 가능하게 해주는 PWM 신호 사용 방법을 살펴보자.

SECTION 02 analogWrite( ) 함수와 펄스 폭 변조

아두이노의 핀으로 디지털 데이터를 출력하는 방법을 알아보았다. 디지털 데이터는 LED를 깜빡거리게 할 수 있고, 릴레이를 제어할 수 있으며, 모터를 일정한 속도로 회전시킬 수 있다. 하지만 0V나 5V가 아닌 다른 전압을 출력하고 싶다면 어떻게 해야 할까? 아쉽지만 별도의 디지털-아날로그 변환기(DAC, Digital-Analog Converter)를 사용하거나 아두이노 듀에와 같이 DAC를 내장하고 있는 아두이노 보드를 사용하지 않으면 불가능하다.

그렇지만 아날로그 신호를 직접 출력할 수 없는 경우에도 **펄스 폭 변조**(PWM, Pulse Width Modulation)라는 트릭을 사용한다면 아날로그 신호를 출력하는 것과 비슷한 효과를 얻을 수 있다. 아두이노 보드에서 일부 핀은 `analogWrite()` 함수를 사용하여 PWM 신호를 출력할 수 있고 몇몇 주변장치에서 PWM 신호는 아날로그 신호와 비슷한 효과를 얻을 수 있다. PWM 신호 출력이 가능한 핀은 핀 번호에 물결무늬(~)가 표시되어 있다. 아두이노 우노의 경우 3, 5, 6, 9, 10, 11번 핀으로 PWM 신호를 출력할 수 있다. 아두이노 우노를 사용하고 있다면 `analogWrite()` 함수의 효과를 확인하기 위해 [그림 2-2]의 회로를 그대로 사용하면 된다. 만약 저항에 인가되는 전압을 줄인다면 회로에 흐르는 전류가 줄어들게 되고 따라서 LED는 어두워진다. 이것이 바로 `analogWrite()` 함수를 통해 출력되는 PWM 신호를 사용하는 이유다. `analogWrite()` 함수는 제어 대상이 되는 핀 번호와 핀으로 출력하는 8비트의 값에 해당하는 2개의 매개변수를 가진다.

PWM 출력은 8비트 값으로 제어된다. 즉 0부터 255($=2^8-1$)까지의 값을 출력할 수 있다. LED를 연결한 [그림 2-2]의 회로에서 255를 출력하면 LED가 최대 밝기로 켜지고 0을 출력하면 LED가 꺼진다. 이외의 값에서는 값에 비례하여 LED 밝기가 변한다. [코드 2-2]와 비슷하게 `for` 루프를 사용하여 LED의 밝기가 변하도록 해 보자.

코드 2-3 LED 밝기 변화 2-3_fade.ino

```
const int LED = 9;           // LED 핀을 9번 핀으로 정의
void setup()
{
  pinMode(LED, OUTPUT);      // LED 핀을 출력으로 설정
}
```

```
void loop()
{
  for (int i = 0; i < 256; i++)
  {
    analogWrite(LED, i);
    delay(10);
  }
  for (int i = 255; i >= 0; i--)
  {
    analogWrite(LED, i);
    delay(10);
  }
}
```

[코드 2-3]을 업로드하여 실행하면 LED는 어떻게 될까? LED는 꺼진 상태에서 점점 밝아졌다가 완전히 켜진 상태에서 다시 점점 어두워져 꺼진다. 물론 LED가 켜졌다가 다시 꺼지는 과정이 모두 `loop` 함수에 포함되어 있으므로 이 과정은 `loop` 함수의 반복 실행에 따라 무한히 반복된다. [코드 2-3]에서 사용된 2개의 `for` 루프 사이에 작은 차이가 있다는 점도 주의해야 한다. 첫 번째 루프에서 `i++`는 `i = i + 1`을 간단하게 나타낸 것이다. 비슷하게 `i--`는 `i = i - 1`과 같은 의미다. 첫 번째 `for` 루프가 LED를 점점 밝게 하는 효과가 있다면 두 번째 `for` 루프는 LED를 점점 어둡게 하는 효과가 있다.

PWM 신호는 아날로그 신호가 필요한 다양한 환경에서 사용될 수 있지만, 언제나 아날로그 신호 대신 사용할 수 있는 것은 아니다. 예를 들어 PWM 신호는 DC 모터의 회전 속도를 바꾸기 위해 사용될 수 있지만(DC 모터 구동은 4장에서 살펴본다), 외부 회로가 추가되지 않은 스피커 구동에는 적합하지 않을 수 있다. PWM의 동작 원리를 [그림 2-4]의 그래프를 통해 좀 더 자세히 살펴보자.

PWM 제어는 구형파(square wave)의 듀티 사이클을 조절하는 방식으로 이루어진다. **듀티 사이클**은 구형파 한 주기에서 HIGH인 신호가 차지하는 비율이다. HIGH인 구간 절반과 LOW인 구간 절반으로 이루어진 50% 듀티 사이클의 PWM 신호는 디지털 신호에서 흔히 볼 수 있다. 50% 듀티 사이클을 가지는 PWM 신호는 `analogWrite(9, 127)` 함수로 만들 수 있으며 그 파형은 LED를 점멸하는 블링크와 같다. `analogWrite()` 함수는 매개변수로 지정한 값에 따라 구형파의 듀티 사이클을 설정한다.

- `analogWrite()` 함수에 `0`을 지정하면 0%(항상 LOW) 듀티 사이클을 가지는 PWM 신호가 생성된다.
- `analogWrite()` 함수에 **255**를 지정하면 100%(항상 HIGH) 듀티 사이클을 가지는 PWM 신호가 생성된다.
- `analogWrite()` 함수에 127을 지정하면 50%(절반은 HIGH, 절반은 LOW) 듀티 사이클을 가지는 PWM 신호가 생성된다.

[그림 2-4]의 그래프에서 25% 듀티 사이클을 갖는 PWM 신호는 한 주기의 25%가 HIGH 구간을, 나머지 75%는 LOW 구간을 가진다. 아두이노 우노의 경우 구형파의 주파수는 약 490Hz로 1초 동안에 약 490번 HIGH(5V)와 LOW(0V) 사이에서 출력이 변한다는 의미다.

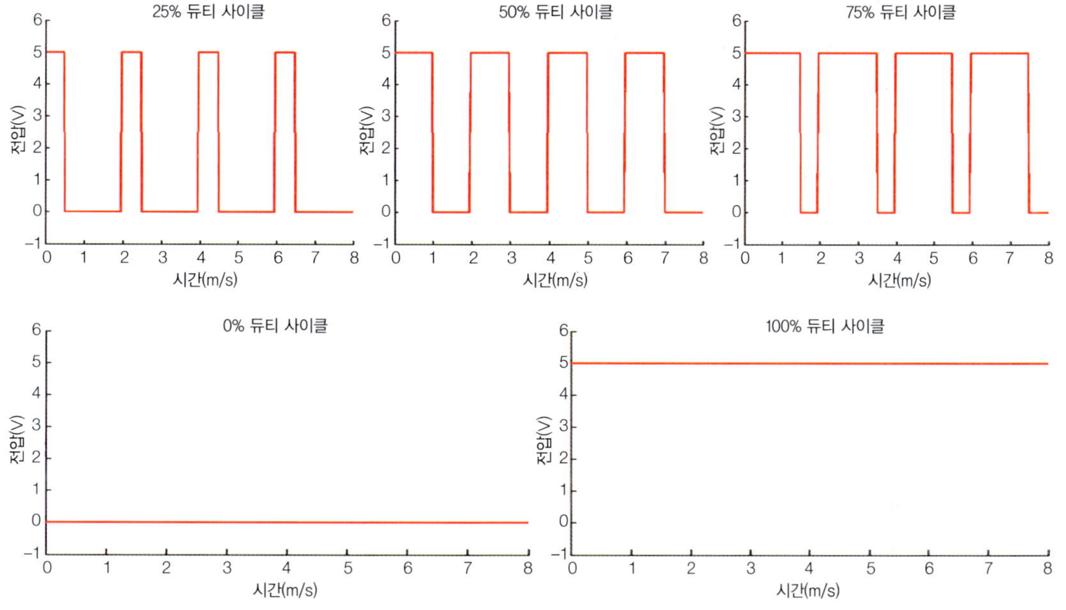

[그림 2-4] 듀티 사이클 변화에 의한 PWM 신호(MATLAB으로 작성)

여기서 잠깐! 주파수(frequency)와 주기(period)

'주기'는 주파수 대신 교류를 설명하기 위해 종종 사용된다. 신호의 한 '주기'는 한 사이클을 끝내기 위해 필요한 시간을 의미한다. 주기는 1초를 주파수로 나누면 간단히 얻을 수 있다. 아두이노 우노의 490Hz PWM 주파수는 1/490Hz = 0.002s = 2ms 주기에 해당한다.

PWM 신호를 사용하면 실제 LED에 가하는 전압은 0V 또는 5V로 변함이 없음에도 불구하고 듀티 사이클을 낮추면 LED가 희미해지는 것을 볼 수 있다. 왜 그럴까? 이는 실제로는 우리의 눈이 우리를 속이고 있는 것이다. LED가 1ms 간격으로 꺼지고 켜지기를 반복한다고 생각해 보자.(이는 50% 듀티 사이클의 PWM 신호를 출력하는 경우에 해당한다.) 우리의 눈은 이처럼 빠른 점멸을 정확히 인지할 수 없기 때문에 뇌에서는 LED의 밝기를 평균하여 LED가 절반 정도의 밝기로 켜져 있다고 믿도록 만든다. 비슷한 예는 4장에서 실펴볼 DC 모터에서도 찾아볼 수 있다. 모터는 속도는 천천히 바뀌고 즉시 움직이거나 즉시 정지할 수 없기 때문에 50% 듀티 사이클의 PWM 신호를 사용하여 최대 속도의 50% 속도로 회전하는 결과를 얻을 수 있다.

SECTION 03

디지털 입력 읽기

이제 데이터가 이동하는 다른 방향을 살펴보자. 지금까지 디지털과 아날로그(와 비슷한) 신호를 만들어 출력하는 방법을 살펴보았다면 다음은 스위치, 버튼 등으로 디지털 데이터를 읽어 실시간으로 상호 작용이 가능하도록 해 보자. 이 절에서는 디지털 데이터를 읽는 방법, 풀업과 풀다운 저항을 사용하는 방법, 소프트웨어를 통해 디바운스 효과를 얻는 방법 등을 다룬다.

1. 풀다운 저항을 사용하여 디지털 입력 읽기

브레드보드를 사용하여 처음 연결해 본 [그림 2-2]의 회로를 수정하는 것으로 디지털 입력 읽기를 시작해 보자. [그림 2-5]는 버튼과 풀다운 저항 회로도를 나타낸 것이고, [그림 2-6]은 [그림 2-2]의 회로에 [그림 2-5]의 버튼과 풀다운 저항을 추가한 회로를 나타낸 것이다.

Tip 브레드보드의 전원과 그라운드 버스는 항상 아두이노 보드의 전원과 그라운드에 연결하도록 하자. 지금부터는 여러 개의 부품을 브레드보드에 연결하여 사용할 것이고 부품 대부분에 전원이 주어져야 하므로 브레드보드에 전원을 연결해 두는 것이 좋다.

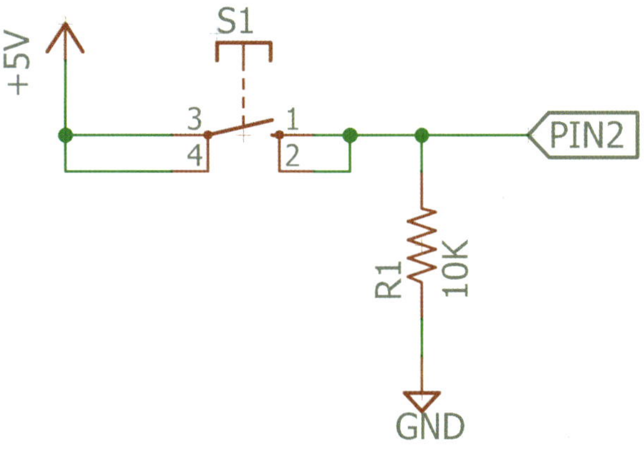

[그림 2-5] 풀다운 저항을 사용한 푸시버튼 회로도(EAGLE로 작성)

[그림 2-6] 아두이노 우노에 버튼과 LED 연결(Fritzing으로 작성)

푸시버튼의 상태를 읽어오는 코드를 작성하기 전에 회로에 사용된 풀다운 저항의 중요성을 이해해야 한다. 거의 모든 디지털 입력에서는 입력 핀의 '디폴트 상태'를 결정하기 위해 풀업이나 풀다운 저항을 사용한다. [그림 2-5]에서 10kΩ의 풀다운 저항이 없다고 생각해 보자. 풀다운 저항이 없을 때 버튼이 눌러지면 5V 전원과 입력 핀이 직접 연결되므로 HIGH 값이 입력될 것이다.

만약 버튼을 누르지 않았다면 어떻게 될까? 이 경우 핀은 아무것도 연결되지 않은 것과 같은 상태에 있으며 이를 핀이 '플로팅(floating)' 상태에 있다고 이야기한다. 핀이 0V나 5V 어디에도 연결되어 있지 않으므로 핀의 상태를 읽으면 인접한 핀의 상태나 전기적 잡음 등에 영향을 받아 HIGH와 LOW 값을 왔다 갔다 할 수 있다. 이러한 플로팅 상태를 해결하는 방법의 하나가 [그림 2-5]의 회로도에 있는 풀다운 저항을 사용하는 것이다.

풀다운 저항이 회로에 연결된 상태에서 버튼을 누르지 않았을 때 어떤 입력이 가해질지 생각해 보자. 입력 핀은 10kΩ 저항을 통해 그라운드로 연결되어 있다. 저항이 전류 흐름을 제한하긴 하지만 입력 핀이 LOW 값을 확인할 수 있을 만큼의 전류는 흐른다. 풀다운 저항값으로는 10kΩ 크기의 저항이 흔히 사용된다. 더 큰 저항을 사용하면 적은 전류가 흘러 풀다운 저항의 역할을 하지 못할 수 있어 **약한 풀다운**(weak pull-down) 저항이라고 하고, 더 작은 저항을 사용하면 더 많은 전류가 저항을 통해 그라운드로 흐를 수 있으므로 **강한 풀다운**(strong pull-down) 저항이라고 한다. 버튼을 누르면 입력 핀은 5V에 직접 연결된다.

버튼을 누르면 전류는 다음 두 가지 경로로 흐를 수 있다.

• 저항이 거의 없는 경로를 통해 5V 전원과 이어지는 쪽으로 흐른다.
• 높은 저항값을 가지는 경로를 통해 그라운드 쪽으로 흐른다.

'옴의 법칙과 전력 방정식'에서 전류는 회로에서 저항이 적은 경로로 흐른다고 했던 것을 기억할 것이다. 따라서 전류 대부분은 위의 두 가지 경로 중 저항이 작은 경로, 즉 버튼을 통해 입력 핀으로 흐르게 되고 입력 핀에서 HIGH 값을 확인할 수 있다.

Note 엄밀히 따지자면 버튼을 눌렀을 때 적은 '누설(leakage)' 전류가 10kΩ 저항을 통해 흐른다. 하지만 버튼을 눌렀을 때 전원에서 입력 핀까지의 저항은 0에 가까우므로 입력 핀에서의 측정 전압에 누설 전류가 미치는 영향은 무시할 수 있다. 스마트폰과 같이 배터리로 동작하는 제품을 디자인할 때는 배터리 수명을 위해 나노암페어 수준의 전류 소모도 중요하게 고려해야 한다. 이런 이유로 입력 핀으로 디폴트 상태를 읽어낼 수 있는 수준에서 가능한 한 큰 풀다운 또는 풀업 저항을 사용하는 경우가 있다. 큰 크기의 저항을 사용하면 저항에서 소비되는 전력을 최소로 할 수 있다.

Note 위의 예에서는 풀다운 저항을 사용하였지만, 저항을 그라운드가 아니라 5V에 연결하고 버튼의 다른 쪽을 그라운드로 연결하여 풀업 저항으로 사용하는 것도 가능하다. 풀업 저항을 사용하면 풀다운 저항을 사용했을 때와는 반대로 버튼을 누르지 않았을 때 HIGH 값을 읽을 수 있고 버튼을 눌렀을 때 LOW 값을 읽을 수 있다.

풀다운이나 풀업 저항을 사용하면 버튼을 눌렀을 때 5V와 그라운드 사이에 단락 회로(short circuit)가 만들어지지 않고 입력 핀이 플로팅 상태가 되는 것을 방지하므로 매우 중요하다.

이제 [그림 2-6]의 회로를 사용하는 프로그램을 작성해 보자. [코드 2-4]에서는 버튼이 눌린 상태에 있는 동안 LED가 켜지고 버튼을 누르지 않았을 때 LED가 꺼지도록 한다.

코드 2-4 버튼으로 LED 제어하기 2-4_led_button.ino

```
const int LED = 9;             // LED는 9번 핀에 연결
const int BUTTON = 2;          // 버튼은 2번 핀에 연결

void setup()
{
  pinMode (LED, OUTPUT);       // LED 핀을 출력으로 설정
  pinMode (BUTTON, INPUT);     // 버튼 핀을 입력으로 설정(생략 가능)
}
```

```
void loop()
{
  if (digitalRead(BUTTON) == LOW)
  {
    digitalWrite(LED, LOW);
  }
  else
  {
    digitalWrite(LED, HIGH);
  }
}
```

[코드 2-4]에는 **digitalRead** 함수와 **if-else**문 등의 새로운 내용이 포함되어 있다. 버튼 핀도 LED 핀과 마찬가지로 **const int**로 선언하였고 버튼 핀은 **setup** 함수에서 입력으로 설정하였다. 범용 입출력 핀의 디폴트 상태는 입력 상태이므로 입력으로 설정하는 부분은 생략할 수 있지만 LED 핀과의 비교를 위해 추가하였다. **digitalRead()** 함수는 핀에 가해지는 값을 읽는 함수로 [코드 2-4]의 경우에는 버튼이 연결된 핀에 가해지는 값을 읽는다. 버튼이 눌리면 **digitalRead()** 함수는 **HIGH** 또는 **1**의 값을 반환하고, 버튼이 눌리지 않았으면 **LOW** 또는 **0**의 값을 반환한다. **if()**문 내에 **digitalRead()** 함수를 사용하면 핀에 가해지는 값을 검사하고 이를 지정한 값과 비교하게 된다. [코드 2-4]의 **if()**문에서는 **digitalRead()** 함수가 **LOW**를 반환하는지 검사한다. **==** 연산자는 (**digitalRead()** 함수가 반환하는) 첫 번째 값과 (**LOW**인) 두 번째 값이 같은지 비교한다. **if()**문의 결과가 참이면(버튼이 눌리지 않았다면) 중괄호 내의 코드가 실행되고 LED의 상태 역시 **LOW**로 설정된다. **if()**문의 결과가 참이 아니면(버튼이 눌렸다면) **else**문의 중괄호 내 코드가 실행되고 LED의 상태가 **HIGH**로 설정된다.

회로를 구성하고 [코드 2-4]를 업로드하여 설명한 것과 같이 동작하는지 확인해 보자.

2. 진동이 있는 버튼 사용하기

불을 켜 놓기 위해 버튼을 누르고 있어야 했던 기억이 있는가? 아마도 없을 것이다. 일반적으로는 버튼을 한 번 눌렀다 떼면 전등이 켜지고, 다시 눌렀다 떼면 전등이 꺼진다. 이처럼 불이 켜져 있도록 버튼을 계속 누르고 있을 필요는 없다. 하지만 불행히도 이러한 동작을 구현하는 것은 생각만큼 쉽지 않다. 단순히 버튼의 값이 LOW에서 HIGH로 바뀌는 순간을 찾는 것만으로는 원하는 동작을 구현할 수 없으며 **스위치 바운싱**(switch bouncing)이라고 불리는 현상을 고려해야 한다.

버튼은 스프링을 포함하고 있는 기계적인 장치다. 버튼을 누르면 버튼 신호는 LOW에서 HIGH로 바로 바뀌지 않고 누른 상태, 즉 HIGH 상태로 안정화되기까지 수 밀리초 동안 HIGH와 LOW 상태 사이에서 진동이 발생한다. [그림 2-7]의 (a)는 버튼을 누르면서 오실로스코프로 입력값을 관찰했을 때 기대하는 입력의 변화를 나타낸 것이고 (b)는 실제 입력의 변화를 나타낸 것이다.(실제 [그림 2-7]의 그래프는 MATLAB 스크립트를 이용하여 만든 것이다.)

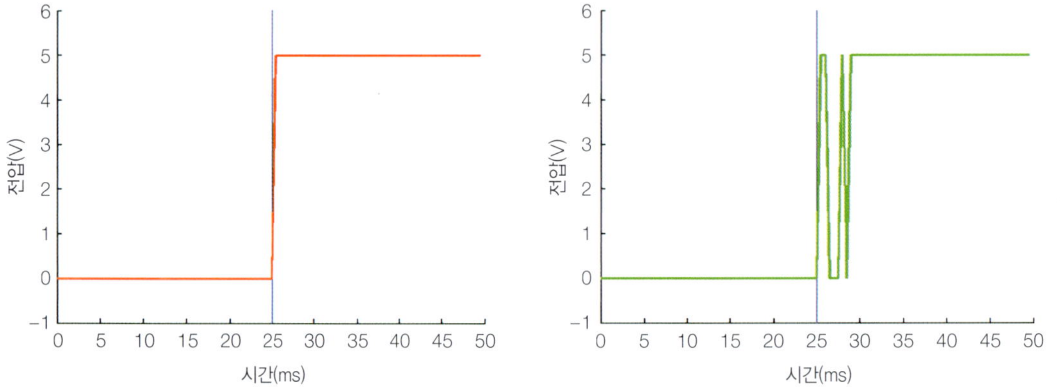

(a) 바운싱 현상이 없는 버튼 입력

(b) 바운싱 현상이 있는 버튼 입력

[그림 2-7] 버튼의 바운싱 현상(MATLAB으로 작성)

버튼을 누른 것은 25ms 시점이다. 버튼의 상태가 그래프 (a)처럼 즉시 HIGH 상태로 바뀌어서 상탯값을 읽으면 HIGH 값을 얻을 수 있을 것으로 생각할 수 있지만 실제로 버튼은 그래프 (b)와 같이 안정화되기 전까지 HIGH와 LOW 사이에서 진동한다.

만약 버튼을 눌렀을 때 입력에 진동이 발생하는 것을 알고 있다면 이를 소프트웨어로 처리하는 것은 어렵지 않다. 바운싱 현상을 없애기 위해서는 버튼의 상태가 바뀌는 지점을 찾고 바운싱이 끝날 때까지 기다린 후 버튼의 상태를 다시 읽으면 된다. 이를 디바운싱(debouncing)이라고 한다. 디바운싱을 소프트웨어로 구현하면 다음과 같이 나타낼 수 있다.

1. 이전과 현재 버튼 상태를 저장한다.(초깃값은 LOW로 한다.)
2. 현재 버튼 상태를 읽는다.
3. 현재 버튼 상태가 이전 버튼 상태와 다르다면 버튼의 상태가 변한 것이므로 5ms 동안 대기한다.
4. 5ms 이후 버튼 상태를 다시 읽어서 현재 버튼 상태로 저장한다.
5. 이전 버튼 상태가 LOW이고 현재 버튼 상태가 HIGH이면 LED 상태를 반전시킨다.
6. 이전 버튼 상태에 현재 버튼 상태를 저장한다.
7. 2번부터 반복한다.

지금이 **함수**(function)에 대해 알아보기에 적당한 시점이다. 함수는 입력으로 매개변수를 사용하고 매개변수의 값을 사용하여 코드를 실행시키며 선택적으로 실행 결과를 되돌려 줄 수 있는 코드 블록을 말한다. 이러한 사실을 알지 못했다고 하더라도 이미 프로그램에서 미리 정의된 함수를 사용해 왔다. 예를 들어 `digitalWrite()`는 핀 번호와 상태를 매개변수로 받고 주어진 핀으로 주어진 상태를 출력하는 함수다. 프로그램을 간단히 하기 위해 반복해서 사용하는 동작을 캡슐화하여 자신만의 함수를 정의할 수 있다.

앞에서 설명한 디바운싱 프로그램의 흐름에는 변수의 값을 변경하기 위해 반복해야 하는 일련의 동작이 포함되어 있다. 버튼의 값을 계속해서 디바운싱 하려면 디바운싱을 위한 코드 블록을 함수로 정의하는 것이 유용하다. 디바운싱 함수는 버튼의 이전 상태를 입력으로 받고 디바운싱이 적용된 버튼의 상태를 되돌려준다. [코드 2-5]는 디바운싱을 위한 함수를 통해 버튼을 누를 때마다 LED의 상태를 반전시키도록 만들어진 코드다. [코드 2-5]를 아두이노 보드에 업로드하고 그 동작을 살펴보자.

코드 2-5 버튼 디바운싱을 사용한 LED 상태 반전 2-5_debounce.ino

```
const int LED = 9;              // LED는 9번 핀에 연결
const int BUTTON = 2;           // 버튼은 2번 핀에 연결
boolean lastButton = LOW;       // 버튼의 이전 상태 저장
boolean currentButton = LOW;    // 버튼의 현재 상태 저장
boolean ledOn = false;          // LED의 현재 상태 (on/off)

void setup()
{
  pinMode (LED, OUTPUT);        // LED 핀을 출력으로 설정
  pinMode (BUTTON, INPUT);      // 버튼 핀을 입력으로 설정(생략 가능)
}

/*
* 디바운싱 함수
* 버튼의 이전 상태를 매개변수로 전달하면
* 디바운싱된 버튼의 현재 상태를 얻을 수 있다.
*/
boolean debounce(boolean last)
{
  boolean current = digitalRead(BUTTON);  // 버튼 상태 읽기
  if (last != current)                    // 이전 상태와 현재 상태가 다르면...
  {
    delay(5);                             // 5ms 대기
    current = digitalRead(BUTTON);        // 버튼 상태 다시 읽기
  }
```

```
  return current;                              // 버튼의 현재 상태 반환
}

void loop()
{
  currentButton = debounce(lastButton);        // 디바운싱된 버튼 상태 읽기
  if (lastButton == LOW && currentButton == HIGH)  // 버튼을 누르면...
  {
    ledOn = !ledOn;              // LED 상탯값 반전
  }
  lastButton = currentButton;    // 이전 버튼 상태를 현재 버튼 상태로 설정
  digitalWrite(LED, ledOn);      // LED 상태 변경
}
```

[코드 2-5]를 자세히 살펴보자. 첫 번째로 버튼과 LED가 연결된 핀 번호를 나타내기 위해 상수 변수가 정의되어 있다. 다음으로는 3개의 불리언(boolean) 타입 **변수**가 선언되었다. 변수를 선언할 때 const 한정자가 사용되지 않았으므로 프로그램 실행 중에 변숫값을 변경할 수 있다. 이들 변수는 프로그램의 첫머리에 선언되어 있으므로 **전역 변수**(global variable)로 선언되었다고 이야기하며, 전역 변수는 프로그램 내의 모든 함수에서 값을 변경할 수 있다. 첫머리에 선언된 3개의 불리언 타입 변수는 선언과 동시에 각각 LOW, LOW, false 값으로 초기화된다. 프로그램이 실행되는 동안 이들 변수의 값은 (하나의 등호 =로 이루어지는) 대입 연산자를 사용하여 바꿀 수 있다. 불리언 타입 변수는 참 또는 거짓의 2개 상태만을 가질 수 있다. 아두이노 스케치에서는 (대부분의 다른 프로그래밍 언어와 마찬가지로) true, HIGH, 1이 모두 참을 나타내며 false, LOW, 0은 모두 거짓을 나타낸다.

[코드 2-5]에서 함수 정의에 해당하는 boolean debounce(boolean last)를 살펴보자. 이 함수는 불리언 타입 변수인 last를 매개변수로 가지고, 디바운싱된 핀의 현재 상태를 나타내는 불리언 값을 반환한다. 이 함수에서는 현재 버튼의 상태를 매개변수를 통해 전달된 이전 버튼의 상태(last)와 비교한다. 연산자 !=는 두 값이 같지 않음을 검사하며 if문 내에서 현재와 이전의 버튼 상태를 비교하기 위해 사용되었다. 만약 현재와 이전 버튼 상태가 다르면 if문 내의 코드 블록이 실행된다. if문에서는 5ms 동안 대기한 후 버튼 상태를 다시 검사한다. 5ms는 버튼이 진동하는, 즉 바운싱을 멈추고 안정된 상태에 도달하기까지 충분한 시간이다. 5ms 후 버튼 상태를 다시 검사하면 버튼의 안정된 상탯값을 얻을 수 있다. 앞에서 살펴본 것과 같이 함수는 선택적으로 값을 반환할 수 있다. 디바운싱 함수의 경우 return current 문장이 값을 반환하는 역할을 하며 현재 버튼의 상태를 불리언 값으로 반환한다. 변수 current는 **지역**(local) 변수로 debounce 함수에서 선언되고 debounce 함수 내에서만 사용될 수 있다. debounce 함수가 loop 함수에서 호출되면 반환되는 값은 프로그램 첫머리에 전역 변수로 선언된 currentButton에 저장된다. 함수의 이름이 debounce이므로 setup이나 loop 함수 내

에서 currentButton = debounce(lastButton)과 같이 함수를 호출할 수 있으며, currentButton의 값은 debounce 함수에서 반환하는 값으로 설정된다.

함수를 호출하여 currentButton 변수에 현재 버튼의 상태를 저장한 후에는 if문을 이용하여 이전 버튼 상태와 비교할 수 있다. 연산자 &&는 논리 연산자로 AND를 의미한다. if문에서 2개 이상의 논리식을 &&로 연결하여 사용하는 경우, if문 내의 코드 블록은 모든 논리식이 true 값을 가지는 경우에만 실행될 수 있다. 만약 버튼의 이전 상태가 LOW이고 현재 상태가 HIGH라면 버튼을 눌렀다고 생각할 수 있으며 이 경우에만 ledOn 변수의 값을 변경할 수 있다. ledOn 변수 앞에 있는 연산자 !는 현재 불리언 타입 변수의 값을 반대로 하는 연산, 즉 논리 NOT 연산을 의미한다. loop 함수는 버튼의 이전 상태를 현재 상태로 업데이트하고 변경된 LED의 상탯값을 출력하는 것으로 끝난다.

[코드 2-5]는 버튼을 누를 때마다 LED의 상태를 반전시킨다. 버튼의 디바운싱을 적용하지 않고 같은 동작을 구현한다면, 버튼을 눌러도 LED 상태가 바뀌지 않을 수 있다.

SECTION 04

제어 가능한 RGB LED 조명등 제작

이 장에서는 디지털 입력을 읽는 방법, 버튼의 바운싱 현상을 없애는 방법, LED의 밝기를 변경하기 위해 PWM 신호를 사용하는 방법 등을 다루었다. RGB LED와 디바운싱된 버튼을 연결하고 지금까지 배운 내용을 사용하여 RGB LED의 색깔이 바뀌는 조명등을 만들어 보자. RGB LED의 각 색상 밝기를 독립적으로 변경하면 RGB LED로 다양한 색상을 표현할 수 있다.

조명등을 제작하기 위해 공통 양극 방식의 LED를 사용한다. RGB LED는 4개의 다리를 가지고 있는데, 그중 하나는 양극 핀으로 RGB LED에 포함된 3개의 다이오드가 공통으로 사용하는 핀이다. 나머지 3개는 각 색상을 나타내는 LED의 음극 핀에 해당한다. 각 음극 핀을 전류를 제한하는 저항을 사용하여 아두이노의 PWM 신호 출력 핀에 [그림 2-8]과 같이 연결하자. 단색 LED의 경우와 마찬가지로 전류 제한 용도로는 220Ω 크기의 저항을 사용하면 된다.

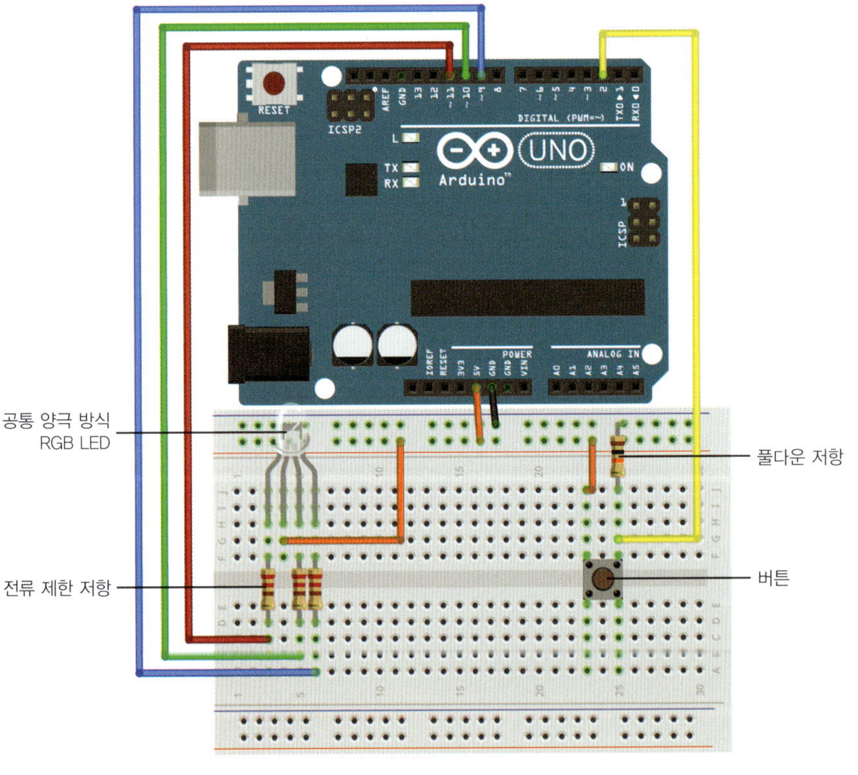

[그림 2-8] 조명등 연결 회로(Fritzing으로 작성)

여기서 사용하는 LED는 공통 양극 방식이므로 각 다이오드의 음극이 아두이노에 의해 제어되며 이는 [코드 2-3]에서 LED의 양극을 아두이노로 제어한 것과는 반대가 된다. 아두이노의 핀이 출력으로 설정되면 다음 두 가지 중 한 가지 방식으로 동작한다.

- 출력 핀이 HIGH로 설정되면 출력 핀은 전류 소스(current source)로 동작한다. 전류는 아두이노의 5V 전원에서 출력 핀으로 흐른 후 핀에 연결된 부하를 따라 그라운드로 흐른다.
- 출력 핀이 LOW로 설정되면 출력 핀은 전류 싱크(current sink)로 동작한다. 전류는 출력 핀으로 흘러 들어가 내부 그라운드로 흐른다.

LED의 양극이 5V에 연결되어 있고 음극이 출력으로 설정된 아두이노 핀에 연결되어 있다면 위의 설명과는 다른 방식으로 동작한다. 출력 핀을 LOW로 설정하면 전류는 5V에서 저항과 LED를 거쳐 아두이노의 핀으로 흘러 들어가 전류 싱크로 동작한다. 출력 핀을 HIGH로 설정하면 LED의 양극과 전위가 같아져서 전류가 흐르지 않고 LED는 꺼진다.

디바운싱된 버튼을 누를 때마다 특정 색이 번갈아 나타나도록 해 보자. 이를 위해서는 RGB LED에 미리 지정된 일련의 색을 순서대로 나타나도록 하는 함수를 추가하는 것이 좋다. [코드 2-6]에서는 RGB LED가 7개의 서로 다른 색상을 나타내는 상태에 LED가 꺼진 상태를 추가하여 총 8개 상태를 사용하고 있다. `analogWrite()` 함수를 사용하면 원하는 R, G, B 값으로 다양한 색상을 표현할 수 있다. [코드 2-5]는 `loop()` 함수에서 LED 상태를 반전시켜 LED가 점멸하도록 하였다면, 이 예제에서는 버튼을 누를 때마다 LED 상태 카운터 값을 증가시키고 8개 상태(0~7의 값)가 전환된 후에는 상태 카운터 값을 0으로 설정하여 처음부터 다시 시작하도록 하였다. [코드 2-6]을 [그림 2-8]과 같이 RGB LED와 버튼이 연결된 아두이노에 업로드하고 버튼을 눌러 RGB LED의 색상이 바뀌는 것을 확인해 보자. `analogWrite()` 함수에서 사용하는 값을 바꾸면 원하는 색이 나타나도록 할 수도 있다.

코드 2-6 RGB LED 소녕능 제어 2-6_rgb_nightlight.ino

```
const int BLED = 9;           // 파란색 LED 음극을 9번 핀에 연결
const int GLED = 10;          // 초록색 LED 음극을 10번 핀에 연결
const int RLED = 11;          // 빨간색 LED 음극을 11번 핀에 연결
const int BUTTON = 2;         // 버튼을 2번 핀에 연결

boolean lastButton = LOW;     // 버튼의 이전 상태
boolean currentButton = LOW;  // 버튼의 현재 상태
int ledMode = 0;              // LED 상태, 0~7의 값을 순환

void setup()
{
  pinMode (BLED, OUTPUT);     // 파란색 LED 핀을 출력으로 설정
```

```
  pinMode (GLED, OUTPUT);     // 초록색 LED 핀을 출력으로 설정
  pinMode (RLED, OUTPUT);     // 빨간색 LED 핀을 출력으로 설정
  pinMode (BUTTON, INPUT);    // 버튼 핀을 입력으로 설정(생략 가능)
}

/*
* 디바운싱 함수
* 버튼의 이전 상태를 매개변수로 전달하면
* 디바운싱된 버튼의 현재 상태를 얻을 수 있다.
*/
boolean debounce(boolean last)
{
  boolean current = digitalRead(BUTTON);  // 버튼 상태 읽기
  if (last != current)                    // 이전 상태와 현재 상태가 다르면...
  {
    delay(5);                             // 5ms 대기
    current = digitalRead(BUTTON);        // 버튼 상태 다시 읽기
  }
  return current;                         // 버튼의 현재 상태 반환
}

/*
* LED 상태 선택
* LED 상태 번호를 매개변수로 전달하고 그에 따라 LED 상태를 변경한다.
* 사용된 RGB LED는 공통 양극 방식이므로 해당 색상의 LED를 켜기 위해서는
* 해당 LED의 음극이 연결된 핀을 LOW로 설정해야 한다.
*/

void setMode(int mode)
{
  if (mode == 1)            // 빨간색
  {
    digitalWrite(RLED, LOW);
    digitalWrite(GLED, HIGH);
    digitalWrite(BLED, HIGH);
  }
  else if (mode == 2)       // 초록색
  {
    digitalWrite(RLED, HIGH);
    digitalWrite(GLED, LOW);
    digitalWrite(BLED, HIGH);
  }
  else if (mode == 3)       // 파란색
  {
```

```
        digitalWrite(RLED, HIGH);
        digitalWrite(GLED, HIGH);
        digitalWrite(BLED, LOW);
    }
    else if (mode == 4)          // 보라색(빨간색 + 파란색)
    {
        analogWrite(RLED, 127);
        analogWrite(GLED, 255);
        analogWrite(BLED, 127);
    }
    else if (mode == 5)          // 청록색(파란색 + 초록색)
    {
        analogWrite(RLED, 255);
        analogWrite(GLED, 127);
        analogWrite(BLED, 127);
    }
    else if (mode == 6)          // 주황색(초록색 + 빨간색)
    {
        analogWrite(RLED, 127);
        analogWrite(GLED, 127);
        analogWrite(BLED, 255);
    }
    else if (mode == 7)          // 흰색(초록색 + 빨간색 + 파란색)
    {
        analogWrite(RLED, 170);
        analogWrite(GLED, 170);
        analogWrite(BLED, 170);
    }
    else                         // LED 끄기(mode == 0)
    {
        digitalWrite(RLED, HIGH);
        digitalWrite(GLED, HIGH);
        digitalWrite(BLED, HIGH);
    }
}

void loop()
{
    currentButton = debounce(lastButton);              // 디바운싱된 버튼 상태 읽기
    if (lastButton == LOW & & currentButton == HIGH) // 버튼이 눌렸으면...
    {
        ledMode++;                                     // LED 상태 증가
    }
```

```
    lastButton = currentButton;    // 이전 버튼 상태를 현재 버튼 상태로 설정
    // LED 상태를 모두 나타낸 후에는
    // LED 상태 카운터를 0으로 설정
    if (ledMode == 8) ledMode = 0;
    setMode(ledMode);              // LED 상태 변경
}
```

[코드 2-6]이 길어 보이지만 앞에서 작성한 코드를 모아 놓은 것에 불과하다. [코드 2-6]을 어떻게 수정해 볼 수 있을까? 버튼을 추가하여 각 색상을 독립적으로 제어하도록 할 수 있으며, 1장의 블링크 예제를 적용하여 깜빡이는 상태를 추가할 수도 있다. 이외에도 다양한 기능을 추가할 수 있다.

요약

- 브레드보드의 구조와 동작 방식
- LED에 흐르는 전류 제어를 위해 사용하는 저항 크기를 계산하는 방법
- 아두이노에 외부 LED를 연결하는 방법
- LED 밝기 조절을 위해 PWM 신호를 사용하는 방법
- 푸시버튼의 상태를 읽는 방법
- 푸시버튼의 바운싱 현상을 없애는 디바운싱 방법
- for 루프를 사용하는 방법
- 풀업 및 풀다운 저항을 사용하는 방법

CHAPTER

03

아날로그 센서 사용하기

CONTENTS

필요한 부품

- 아두이노 우노
- A-B 타입 USB 케이블
- 브레드보드
- 점퍼선
- 220Ω 저항(3개)
- 10kΩ 저항(2개)
- 10kΩ 가변저항
- 포토레지스터(광센서)
- 다음 중 하나의 아날로그 센서
  - TMP36 아날로그 온도 센서
  - Sharp GP2Y0A21YK0F 적외선 거리 센서와 JST 케이블
  - ADXL335, ADXL377, ADXL326 등의 3축 가속도 센서
- 5mm 백색 LED
- 5mm 공통 양극 방식 RGB LED

들어가기 전에

세상이 '디지털로 변하고 있다'고 하지만 일상생활에서 관찰할 수 있는 신호 대부분은 아날로그 신호다. 태양빛의 색상, 바다의 온도, 대기 중의 오염물질 농도 등은 모두 연속적인 값을 갖는 아날로그 신호로, 무한히 많은 상태를 가지고 있다. 이 장에서는 이처럼 무한히 많은 상태를 가지는 아날로그 신호를 아두이노와 같은 마이크로컨트롤러 시스템으로 분석할 수 있도록 유한한 개수의 상태를 갖는 디지털 값으로 변환하고 사용하는 방법을 살펴본다.

이 장에서는 아날로그와 디지털 신호의 차이점, 아날로그와 디지털 신호 사이의 변환 방법 그리고 아두이노에 연결하여 사용할 수 있는 몇 가지의 아날로그 센서를 살펴본다. 2장에서 배운 내용을 바탕으로 조명등에 조도 센서를 추가하여 자동으로 밝기를 조절해 볼 것이다. 또한 아두이노로 수집한 아날로그 데이터를 USB-시리얼 연결을 통해 컴퓨터로 전송하는 방법도 다룰 것이며 이는 환경 데이터를 컴퓨터로 전송하는 복잡한 시스템을 구현할 수 있는 가능성을 열어 줄 것이다.

Note 아날로그 입력을 읽는 방법을 비롯하여 아날로그와 디지털 신호의 차이에 대한 자세한 설명을 담은 동영상은 exploringarduino.com/content2/ch3에서 볼 수 있다.

SECTION
01

아날로그와 디지털 신호 이해하기

주변 환경과 상호작용하는 전자장치를 사용하려면 반드시 아날로그 데이터를 이해하고 사용할 수 있어야 한다. 이전 장의 예제에서는 LED를 제어하기 위해 버튼을 사용했다. 버튼으로는 on/off, HIGH/LOW, 1/0과 같이 두 가지 상태를 가지는 디지털 데이터를 입력할 수 있다. 컴퓨터나 아두이노가 처리할 수 있는 디지털 정보는 일련의 이진(또는 디지털) 데이터로 이루어지며 이진 데이터의 각 비트는 두 가지 값 중 하나를 가진다.

그러나 실제로 주변 환경에서 얻을 수 있는 정보가 두 가지 방법으로만 표현되는 경우를 찾기란 쉽지 않다. 창밖을 살펴보자. 낮이라면 내리쬐는 태양과 바람에 흔들리는 나무를 볼 수 있을 것이고, 차가 지나다니고 사람들이 걸어가는 광경도 볼 수 있을 것이다. 이 모든 것들을 이진 데이터로 나타내기는 어렵다. 햇빛의 세기는 on/off로 나타낼 수 없으며 햇빛의 세기는 시간이 지남에 따라 변한다. 비슷하게 바람의 세기 역시 두 가지 상태만을 가지지는 않으며 풍속과 방향이 시시각각 변한다.

1. 아날로그와 디지털 신호 비교

[그림 3-1]은 아날로그와 디지털 신호를 비교하여 나타낸 것으로, (a)의 구형파(square wave)는 0V와 5V의 두 가지 값 중 하나를 가진다. 이전 장에서 사용한 버튼의 입력과 마찬가지로 구형파는 HIGH 또는 LOW 중 하나의 값만 가진다. (b)는 코사인파를 나타낸 것이다. 코사인파 역시 0V와 5V 사이에서 변하지만, 0과 5 사이에서 무한히 많은 수의 값 중 하나를 가질 수 있다.

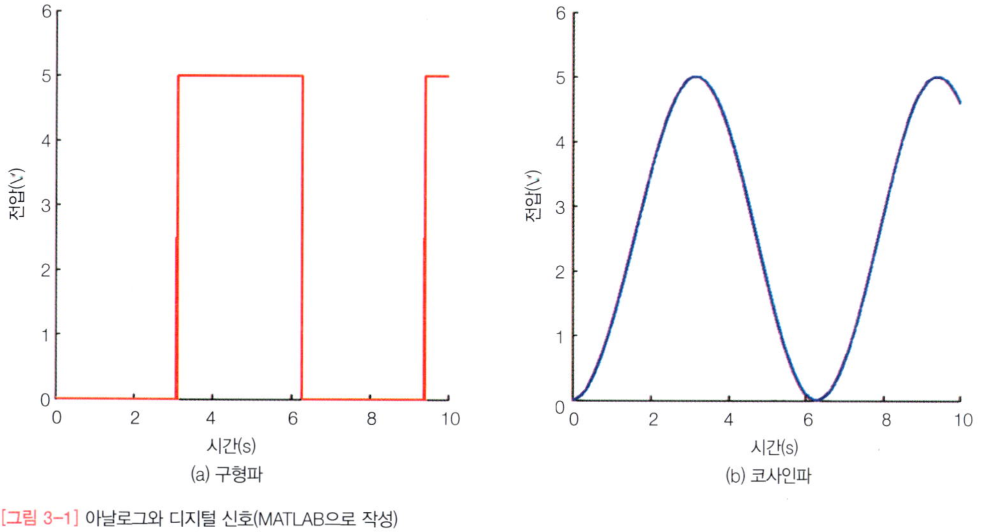

[그림 3-1] 아날로그와 디지털 신호(MATLAB으로 작성)

아날로그 신호는 이산적으로(discrete) 나눌 수 없으며 범위 내에서 이론적으로 무한히 많은 수의 값을 가질 수 있다. 아날로그 신호의 예로 햇빛의 세기를 측정한다고 생각해 보자. 지구상에서 측정할 수 있는 햇빛의 세기 범위는 정해져 있으며 단위 면적당 광속을 의미하는 lux 단위로 나타낸다. 햇빛의 세기는 0lux(칠흑 같은 어둠)에서 130,000lux(직사광선) 사잇값으로 나타날 것이다. 만약 무한한 정밀도를 갖는 측정 장치가 있다면 햇빛의 세기를 0~130,000 사이의 무한히 많은 수로 측정하여 나타낼 수 있다. 실내에서 측정한다면 400lux 정도의 밝기를 얻을 수 있고, 이보다 조금 더 밝다면 401lux, 401.1lux, 401.11lux 등으로 나타낼 수 있다.

컴퓨터 시스템의 메모리와 처리 능력은 유한하므로 무한한 정밀도를 갖는 아날로그 값을 컴퓨터로 측정하고 나타낼 수는 없다. 그렇다면 아두이노로 '실제 세상'과 어떻게 소통할까? 그 답은 무한한 정밀도를 갖는 아날로그 값을 유한한 정밀도를 갖는 디지털 값으로 바꾸어 주는 아날로그 디지털 변환기(analog-to-digital converter)에 있다.

2. 아날로그 신호의 디지털 변환

방의 밝기를 측정한다고 생각해 보자. 성능이 좋은 조도 센서라면 방의 밝기에 따라 변하는 전압을 출력할 수 있을 것이다. 예를 들어 칠흑같이 어두운 상태라면 0V 전압을 출력할 것이고 빛이 가득한 상태라면 5V를 출력할 것이다. 그 사이의 밝기라면 출력되는 전압 역시 그 사이가 될 것이다. 센서가 밝기에 비례하는 전압을 출력한다고 했을 때 아두이노로 방의 밝기를 알아내려면 어떻게 그 값을 읽을 수 있을까? 아두이노의 아날로그 디지털 변환기(ADC) 핀을 사용하면 아날로그 전압을 아두이노로 처리할 수 있는 디지털 값으로 변환하여 읽을 수 있다.

ADC의 정확도는 해상도(resolution)에 의해 결정된다. 아두이노 우노의 경우 아날로그 값을 디지털 값으로 변환하기 위해 10비트 해상도의 ADC를 사용한다. 10비트 해상도는 ADC가 아날로그 신호를 2^{10}개의 서로 다른 값으로 나눈다는(또는 양자화한다는) 것을 의미한다. 2^{10} = 1024이므로 아두이노는 입력되는 모든 아날로그 값을 0에서 1023 사이의 1024개 값 중 하나로 표시한다. 기준 전압(reference voltage)을 변경할 수 있지만, 이 책에서는 디폴트값인 5V를 기준 전압으로 사용한다. 기준 전압은 입력할 수 있는 최대 전압을 결정하는 데 사용되며 기준 전압에 해당하는 디지털 값이 1023이 된다. 5V 기준 전압을 사용하는 경우 ADC 핀에 0V를 가하면 0, 2.5V를 가하면 1023의 절반인 512, 5V를 가하면 1023의 값을 얻을 수 있다. 아날로그 디지털 변환 과정을 이해하기 위해 [그림 3-2]에 주어진 것처럼 3비트의 간단한 ADC를 살펴보자.

Note 아두이노에서 사용할 수 기준 전압의 종류와 사용 방법에 대한 자세한 내용은 아두이노 웹 사이트의 analogReference() 페이지(blum.fyi/arduino-analog-reference)를 참고하면 된다.

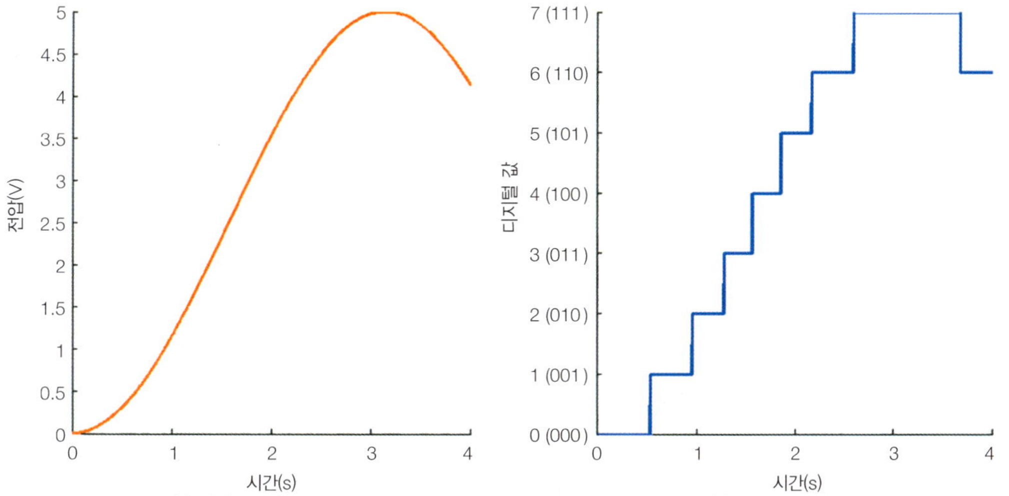

(a) 아날로그 신호 (b) 디지털 신호

[그림 3-2] 3비트 아날로그 디지털 변환(MATLAB으로 작성)

3비트 ADC는 3비트 해상도를 가진다. $2^3 = 8$이므로 3비트 ADC는 아날로그 값을 0에서 7까지의 8개 논리 레벨로 나눈다. 따라서 3비트 ADC를 통과한 모든 아날로그 값에는 0에서 7까지의 디지털 값 중 하나가 주어진다. [그림 3-2]를 살펴보면 연속적인 아날로그 전압이 마이크로컨트롤러에서 처리할 수 있는 이산적인 디지털 값으로 바뀌는 것을 확인할 수 있다. 해상도가 높을수록 아날로그 값을 나타내기 위해 사용할 수 있는 디지털 값의 수 역시 많아진다. 3비트 해상도에서 8개의 값을 사용할 수 있는 [그림 3-2]의 예와 마찬가지로 아두이노 우노는 10비트 해상도를 사용하여 1024개 값을 사용할 수 있다.

아두이노 듀에와 아두이노 제로는 12비트 해상도의 ADC를 사용하므로 4096개의 디지털 값을 사용할 수 있어 아두이노 우노에 비해 아날로그 값을 보다 정확하게 디지털 값으로 나타낼 수 있다. 또한 필요하다면 아두이노와 I^2C, SPI 등의 시리얼 통신으로 연결하여 사용할 수 있는 높은 해상도의 외부 ADC 칩을 사용할 수 있다.(시리얼 통신에 대한 자세한 내용은 이 책의 뒷부분에서 다룬다.)

SECTION 02

아두이노로 아날로그 센서 읽기: analogRead( )

아날로그 값을 디지털 값으로 바꾸는 방법을 이해했다면 실제 아날로그 값을 출력하는 회로를 아두이노에 연결하고 프로그램에서 이를 읽는 방법을 살펴보자. 아두이노 보드의 종류에 따라 사용할 수 있는 아날로그 입력 핀의 수에는 차이가 있지만 모든 아날로그 입력 핀은 `analogRead()` 함수를 사용하여 읽을 수 있다. 먼저 가변저항과 아날로그 센서를 연결하여 사용하는 방법을 살펴본다. 다음으로는 전압분배기(voltage divider)의 동작 원리를 살펴보고, 온도와 같은 특정 물리량에 따라 저항 특성이 변하는 장치와 전압분배의 원리를 사용하여 나만의 아날로그 센서를 만들어 사용하는 방법을 알아본다.

1. 가변저항 읽기

아두이노로 읽을 수 있는 가장 단순한 아날로그 센서는 아마도 가변저항일 것이다.(가변저항은 영어 potentiometer를 줄여 간단히 팟(pot)이라고도 한다.) 주변에서도 오디오, 스피커, 온도 조절기, 자동차 등에 가변저항이 흔히 사용되고 있다. 가변저항은 가변 전압분배기로, 전압분배기는 이 장의 뒷부분에서 다룬다. 가변저항은 크기와 모양은 다양하지만 모두 3개의 핀을 가지고 있다. 3개 핀 중 바깥쪽 2개 핀은 전원을 연결하는 핀으로 그라운드와 5V에 연결하면 된다. 가변저항의 전원 핀은 극성이 없으므로 그라운드와 5V를 연결하는 순서는 중요하지 않다. 가변저항의 가운데 핀은 아두이노의 아날로그 입력 0번에 연결하자. [그림 3-3]은 가변저항을 아두이노에 연결하는 방법을 보여준다.

[그림 3-3] 가변저항 연결 회로(Fritzing으로 작성)

가변저항의 손잡이를 돌리면 아두이노의 아날로그 입력 핀에 가해지는 전압을 0V에서 5V 사이에서 변경할 수 있다. 실제 아날로그 입력 핀에 가해지는 전압을 확인하고 싶다면 멀티미터를 전압 측정 모드로 설정하고 [그림 3-4]와 같이 연결한 후 손잡이를 돌리면서 측정되는 전압을 확인해 보면 된다. 빨간색 탐침(probe)은 가운데 핀에 연결하고 검정색 탐침은 2개의 바깥쪽 핀 중 그라운드와 연결된 핀에 연결하면 된다. 멀티미터와 가변저항의 모양은 다양하므로 [그림 3-4]와는 차이가 있을 수도 있다.

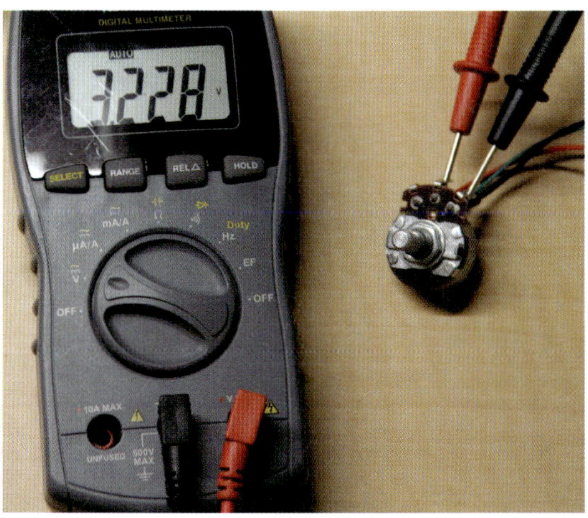

[그림 3-4] 멀티미터를 이용한 전압 측정

가변저항으로 다른 하드웨어 장치를 제어하기 전에, 아두이노의 시리얼 통신 기능을 사용하여 가변저항의 값이 변할 때 컴퓨터로 그 값을 출력해 보자. 아날로그 핀에 가해지는 값을 디지털로 변환하여 읽기 위해서는 analogRead() 함수를 사용하면 되고, 아두이노 IDE의 시리얼 모니터로 값을 출력하기 위해서는 Serial.println() 함수를 사용하면 된다. 먼저 [코드 3-1]을 아두이노에 업로드하고 시리얼 모니터 출력을 확인해 보자.

코드 3-1 가변저항 읽기 3-1_pot.ino

```
// 가변저항 읽기 프로그램
const int POT = 0;      // 아날로그 0번 핀에 가변저항 연결
int val = 0;            // 가변저항 값을 읽어 저장하기 위한 변수

void setup()
{
  Serial.begin(9600);
}

void loop()
{
  val = analogRead(POT);
  Serial.println(val);
  delay(500);
}
```

시리얼 통신에 대한 자세한 내용은 이 책의 뒷부분에서 다시 다룬다. 지금은 컴퓨터와의 시리얼 통신을 위해 setup() 함수에서 초기화를 진행해야 한다는 점만 기억하자. Serial.begin() 함수는 보율(baud rate)로 표시되는 통신 속도를 지정하기 위해 하나의 매개변수를 가진다. 보율은 초당 신호가 변하는 횟수를 나타내는 단위로, 초당 전송되는 비트 수인 bps(bits per second)와 거의 같은 의미로 사용된다. 보율이 클수록 짧은 시간에 많은 데이터를 전송할 수 있지만, 전송 과정에서 오류가 발생할 가능성도 커진다. 흔히 사용되는 값은 9600으로, 이 책의 코드 대부분에서도 사용하는 값이기도 하다.

loop() 함수가 실행될 때마다 val 변수에는 아날로그 0번 핀에 연결된 가변저항의 값을 ADC를 거쳐 읽은 값이 저장된다. analogRead() 함수는 읽을 아날로그 핀 번호를 매개변수로 가진다. [코드 3-1]에서는 가변저항을 연결한 아날로그 0번 핀을 나타내는 0이 매개변수로 전달된다. 아날로그 0번 핀을 나타내는 상수는 A0이지만, analogRead() 함수에서는 0만 사용해도 아날로그 입력 핀인 A0로 인식한다. (0과 1023 사이의) 값을 읽은 후 Serial.println() 함수는 읽은 값을 시리얼 통신을 통해 컴퓨터의 시리얼 모니터에 출력하고 커서를 다음 줄로 옮기기 위해 '새 줄'을 출력한다. 출력되는 숫자가

너무 빨리 스크롤되면 읽기가 어려우므로 `loop()` 함수는 시리얼 모니터에 값을 출력한 후 500밀리초 동안 대기한 후 가변저항 값을 읽고 출력하기를 반복한다.

아두이노에 [코드 3-1]을 업로드하면 약 500밀리초 간격으로 아두이노 보드의 TX LED가 깜빡거리는 것을 확인할 수 있다. TX LED가 깜빡거리는 것은 아두이노가 USB 연결을 통해 컴퓨터의 시리얼 모니터로 데이터를 전송하고 있음을 나타낸다. 아두이노가 컴퓨터로 전송하는 데이터를 확인하기 위해 다양한 터미널 프로그램을 사용할 수 있으며, 아두이노 IDE에 포함되어 있는 터미널 프로그램이 시리얼 모니터다. [그림 3-5]에서 툴바의 오른쪽 끝에 표시된 버튼을 누르면 시리얼 모니터를 실행할 수 있다.

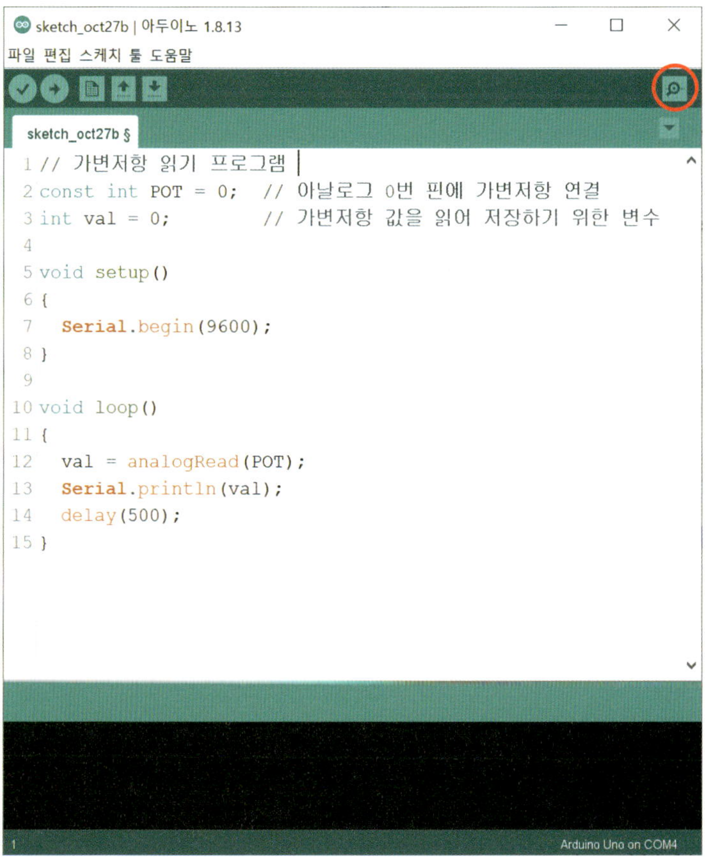

[그림 3-5] 시리얼 모니터 실행 버튼

시리얼 모니터를 실행한 후에는 가변저항 값이 계속 출력되는 것을 확인할 수 있다. 손잡이를 돌리는 방향에 따라 출력되는 숫자가 증가 또는 감소하는 것 역시 확인할 수 있다. 만약 손잡이를 한쪽 방향 끝으로 돌리면 출력되는 값은 0이 되고, 다른 쪽 방향 끝으로 돌리면 출력되는 값은 1023이 된다. 시리얼 모니터에 출력되는 값의 예는 [그림 3-6]과 같다.

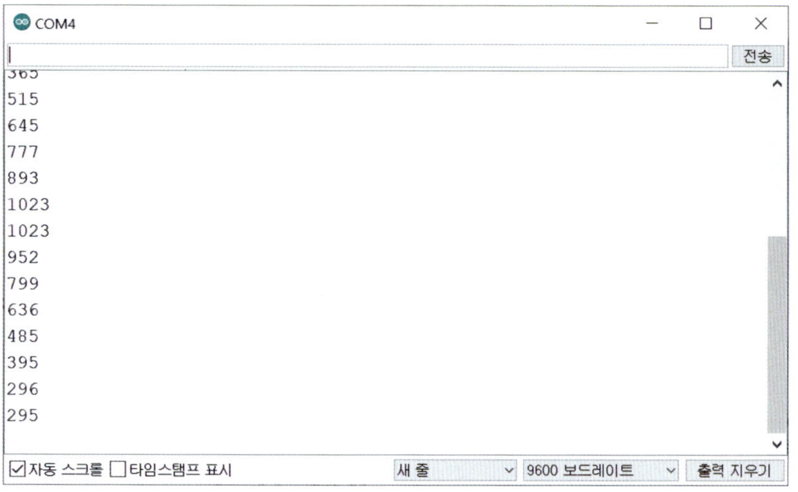

[그림 3-6] 시리얼 데이터 수신

Note 시리얼 모니터에 숫자가 아닌 이상한 문자가 출력된다면 보율 설정이 정확하게 되었는지 확인해야 한다. [코드 3-1]에서 보율이 9600으로 설정되어 있으므로 시리얼 모니터에서도 보율로 9600이 선택되어 있어야 한다. 시리얼 모니터의 오른쪽 아래에 있는 3개의 버튼 중 가운데 버튼의 펼침 메뉴에서 시리얼 모니터의 보율(보드레이트)을 선택할 수 있다.

가변저항의 손잡이를 돌리면 시리얼 모니터로 출력되는 숫자가 변하는 것을 확인할 수 있다. 흥미롭지 않은가? 그다지 흥미롭지 않다고 해도 이것은 첫 번째 단계일 뿐이다. 이제 다른 종류의 아날로그 센서와 아날로그 센서에서 읽은 데이터를 사용하여 다른 하드웨어를 제어하는 방법을 살펴볼 것이다. 지금은 간단한 LED를 사용하겠지만 다른 장에서는 아날로그 입력을 나타내기 위해 모터나 다른 출력 장치를 사용하는 방법을 배울 것이다.

2. 아날로그 센서 사용

가변저항으로 아날로그 핀에 전압이 가해지도록 할 수 있지만, 엄밀히 말하자면 가변저항은 센서와는 차이가 있다. 가변저항은 손잡이를 돌리는 것을 '감지(sense)'하지만 주변환경의 물리량을 감지하는 것은 아니다. 하지만 모든 센서가 실제 세상에서의 특정 행동을 나타내는 아날로그 값을 출력한다는 것은 흥미로운 일이다.

- 가속도 센서(accelerometer)는 움직임과 기울어짐을 감지한다.(최신 스마트폰에는 가속도 센서가 포함되어 있다.)
- 자력 센서(magnetometer)는 자기장을 감지한다.(스마트폰에 있는 자력 센서는 지도 애플리케이션에서 현재 진행하는 방향을 찾아내기 위해 사용된다.)
- 적외선 센서는 물체까지의 거리를 감지한다.
- 온도 센서는 시스템이 동작하는 환경의 온도를 알려줄 수 있다.

많은 센서들은 앞에서 사용했던 가변저항과 비슷한 방식으로 동작하도록 만들어져 있다. 즉 센서에 VCC와 GND를 연결하면 아두이노의 ADC와 연결한 세 번째 핀으로 VCC와 GND 사이의 아날로그 전압을 출력한다.

이제 사용할 센서를 선택해 보자. 여기서 소개하는 모든 센서는 아두이노에 연결하여 사용하는 경우 0V에서 5V 사이 전압을 출력하므로 사용 방법은 가변저항과 다르지 않다. 흔히 사용되는 센서에는 다음과 같은 것들이 있다.

- **샤프 적외선 거리 센서**(www.exploringarduino.com/parts/IR-Distance-Sensor)
  샤프 적외선 거리 센서는 물체까지의 거리를 측정하기 위해 흔히 사용되는 센서다. 거리를 측정하는 대상까지의 거리가 멀어질수록 센서에서 출력하는 전압은 낮아진다. 위의 URL에서 찾을 수 있는 데이터시트의 5페이지 그림 2에서 물체와의 거리에 따른 출력 전압을 확인할 수 있다. 샤프 적외선 거리 센서에도 여러 가지가 있으며 이들은 측정 가능한 거리가 다르다.
- **TMP36 온도 센서**(www.exploringarduino.com/parts/TMP36)
  TMP36 온도 센서에서 출력되는 전압은 섭씨온도로 쉽게 변환할 수 있다. TMP36 센서는 −50℃에서 0V를, 125℃에서 1.75V를 출력하며 그 사이에서 출력 전압과 온도는 선형 관계를 가진다. 따라서 '온도(℃) = (100 × 전압) − 50'의 공식을 사용하여 전압을 섭씨온도로 계산할 수 있다. [그림 3-7]의 그래프는 데이터시트에서 발췌한 그림으로, 온도와 전압의 관계를 나타낸 것이다.

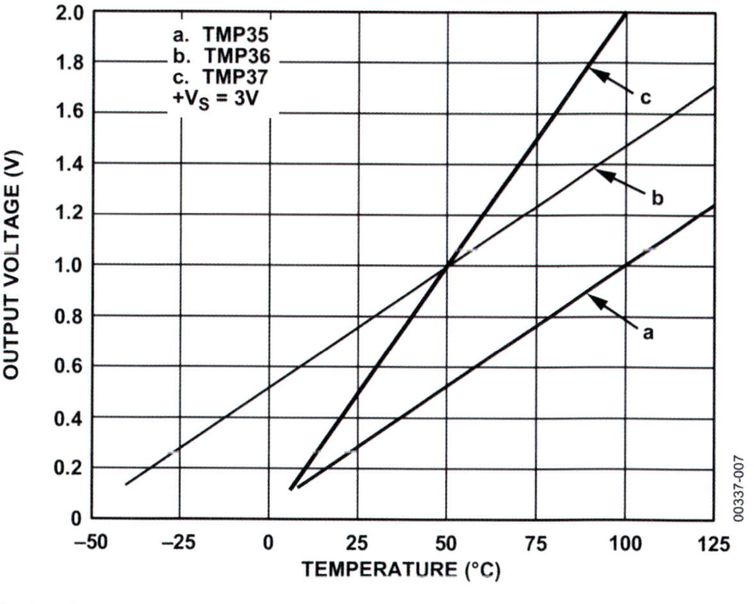

[그림 3-7] TMP36 온도 센서의 출력 전압과 온도 관계(출처: ©2019, Analog Device, Inc.)

- **ADXL335, ADXL377, ADXL326 3축 아날로그 가속도 센서**(www.exploringarduino.com/parts/TriAxis-Analog-Accelerometer)
  3축 가속도 센서는 움직임과 기울어짐을 알아내기 위해 사용할 수 있다. 아날로그 가속도 센서는 X, Y, Z 각 축의 움직임과 기울어짐에 따라 서로 다른 3개의 핀으로 아날로그 전압을 출력한다. 이들 출력값을 삼각함수와 중력을 고려하여 계산하면 3차원 공간에서의 움직임과 기울어짐을 알아낼 수 있다. 기억해야 할 점은 많은 가속도 센서가 3.3V 전압을 기준으로 하므로 AREF 핀에 3.3V 전압을 가하고 `analogReference()` 함수로 기준 전압을 3.3V로 설정해야 센서가 제공하는 기능을 충분히 활용할 수 있다는 점이다.

센서를 선택했다면 이제 센서를 사용해 보자. 이 책에서는 앞에서 언급한 TMP36 온도 센서를 사용하지만 주변에서 쉽게 구할 수 있는 다른 아날로그 센서를 사용해도 무방하다. 사용할 수 있는 센서는 앞에서 언급한 센서 이외에도 여러 가지가 있다.(아두이노 우노를 사용하는 경우라면 5V 동작 전압을 사용할 수 있는지 확인해야 한다.) 센서를 연결하고 프로그램을 작성하는 방법은 대부분의 아날로그 센서에서 기본적으로 같다.

먼저 [그림 3-8]과 같이 이전 장에서 사용했던 공통 양극 방식의 RGB LED를 연결하고 온도 센서의 출력을 아날로그 0번 핀에 연결하자. 온도 센서의 전원과 그라운드 핀을 아두이노의 5V와 GND 핀에 연결하는 것도 잊지 말아야 한다.

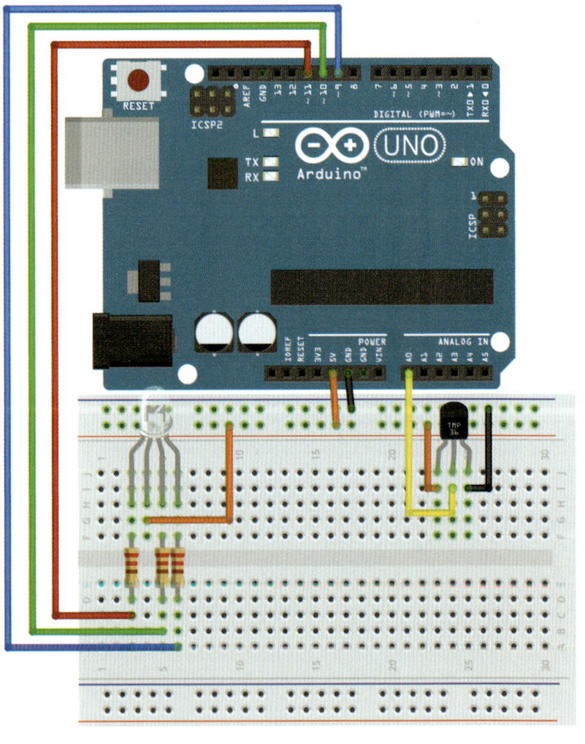

[그림 3-8] 온도 센서 연결 회로(Fritzing으로 작성)

[그림 3-8]의 회로를 사용하여 간단한 온도 경보 시스템을 만들어 보자. 온도가 정상 범위에 있다면 초록색으로 켜지고, 온도가 너무 올라가면 빨간색, 온도가 너무 내려가면 파란색으로 켜지도록 할 것이다.

제일 먼저 RGB LED의 색이 바뀌는 온도를 결정해야 한다. [코드 3-1](가변저항을 읽는 코드)을 사용하여 시리얼 모니터로 출력되는 값을 확인하고 LED 색을 변경할 온도를 생각해 보자. 실내 온도가 약 20℃라면 온도 센서에서 읽을 수 있는 아날로그 값은 약 143이 된다. 실내 온도는 측정하는 위치와 환경에 따라 달라질 수 있으므로 [코드 3-1]을 실행하고 시리얼 모니터를 열어 출력되는 값을 확인하면 된다. 센서에서 출력하는 전압은 [그림 3-7]의 그래프를 통해 실제 온도로 변환할 수 있다. 20℃의 실내 온도에서 출력되는 143 값은 5V 기준 전압을 사용했을 때 약 700mV에 해당하며 전압(mV)과 온도(℃) 사이의 관계는 다음과 같이 나타낼 수 있다.

$$\text{온도}(℃) \times 10 = \text{전압}(mV) - 500$$

위의 식에 700mV를 대입하면 20℃ 온도에 해당하는 전압이 700mV임을 확인할 수 있다. 같은 방법으로 22℃에 해당하는 값이 약 147이고 18℃에 해당하는 값은 약 139라는 것을 계산할 수 있다. 이들 값을 온도가 올라가거나 내려가서 LED의 색을 바꾸는 기준 온도로 사용할 것이다. 지금까지 배웠던 `if`문과 `digitalWrite` 함수, `analogRead` 함수를 사용하면 온도를 얻고 온도가 어느 범위에 속하는 지 결정할 수 있으며 온도 범위에 따라 LED 색을 변경할 수 있다. 이 예에서는 공통 양극 방식의 RGB LED를 사용하므로 제어 방법이 반대가 되어야 한다는 점을 잊지 말아야 한다. 즉 빨간색, 초록색, 파란색 LED가 연결된 핀을 LOW로 설정하면 해당 LED가 켜지고 HIGH로 설정하면 LED가 꺼진다.

Note [코드 3-2]를 보기 전에 먼저 어떻게 프로그램을 작성하면 좋을지 생각하고 프로그램을 작성해 보자. 작성한 프로그램을 [코드 3-2]와 비교해 보고 동작 상태를 확인해 보자.

코드 3-2 온도 경보 스케치 3-2_tempalert.ino

```
// 온도 경보!
const int BLED = 9;          // 파란색 LED 음극을 9번 핀에 연결
const int GLED = 10;         // 초록색 LED 음극을 10번 핀에 연결
const int RLED = 11;         // 빨간색 LED 음극을 11번 핀에 연결
const int TEMP = 0;          // 온도 센서를 A0 핀에 연결

const int LOWER_BOUND = 139; // 온도 하한값
const int UPPER_BOUND = 147; // 온도 상한값

int val = 0;                 // 아날로그 입력 값을 저장하는 변수
```

```
void setup()
{
  pinMode (BLED, OUTPUT);        // 파란색 LED 핀을 출력으로 설정
  pinMode (GLED, OUTPUT);        // 초록색 LED 핀을 출력으로 설정
  pinMode (RLED, OUTPUT);        // 빨간색 LED 핀을 출력으로 설정
}

void loop()
{
  val = analogRead(TEMP);
  if (val < LOWER_BOUND)         // LED를 파란색으로 켬
  {
    digitalWrite(RLED, HIGH);
    digitalWrite(GLED, HIGH);
    digitalWrite(BLED, LOW);
  }

  else if (val > UPPER_BOUND)    // LED를 빨간색으로 켬
  {
    digitalWrite(RLED, LOW);
    digitalWrite(GLED, HIGH);
    digitalWrite(BLED, HIGH);
  }
  else                           // LED를 초록색으로 켬
  {
    digitalWrite(RLED, HIGH);
    digitalWrite(GLED, LOW);
    digitalWrite(BLED, HIGH);
  }
}
```

[코드 3-2]에 새로운 내용은 없다. 대신 지금까지 배웠던 내용을 함께 사용하여 입력과 출력을 동시에 사용하는, 주변 환경과 상호작용이 가능한 시스템을 구성해 보았다. 온도 센서를 손가락으로 잡거나 뜨거운 입김을 불어 보자. 또는 바람을 불어 온도 센서를 식혀 보자. LED의 색이 바뀌는가?

SECTION 03

가변저항을 사용하여 아날로그 센서 만들기

재료 기술의 발달로 물리적인 변화에 따라 저항 성질이 변하는 수많은 장치가 만들어졌다. 예를 들어, 누르거나 구부릴 때 저항 성질이 변하는 전도성 잉크가 있고(힘 센서나 구부림(flex) 센서), 빛을 쬐면 저항 성질이 변하는 반도체가 있으며(포토레지스터), 가열하거나 식힐 때 저항 성질이 변하는 고분자 화합물도 있다(서미스터(thermistor)). 이들은 아날로그 센서를 만들 때 사용할 수 있는 재료 중 일부에 지나지 않는다. 이들 센서는 온도 센서의 예에서처럼 전압이 변하는 것이 아니라 저항값이 변하므로 전압 분배 회로(voltage divider circuit)를 사용하여 저항값이 변하는 정도를 알아내야 한다.

1. 저항에 의한 전압 분배 회로

저항을 사용하는 전압 분배 회로는 2개의 저항을 사용하여 입력 전압의 일부를 출력으로 내보내는 역할을 한다. 출력 전압은 2개 저항값에 의해 결정된다. 따라서 둘 중 하나가 가변저항이라면 가변저항의 손잡이를 돌려 전압 분배 회로에서 출력되는 전압이 변화하는 것을 확인할 수 있다. 다른 하나의 저항은 회로의 민감도를 설정하기 위해 사용하며, 민감도를 변경할 수 있도록 가변저항을 사용하기도 한다.

먼저 [그림 3-9]와 같이 고정 저항을 사용하는 전압 분배 회로와 출력 전압을 결정하는 식을 살펴보자. [그림 3-9]에서 A0는 아두이노의 아날로그 0번 핀을 나타낸다.

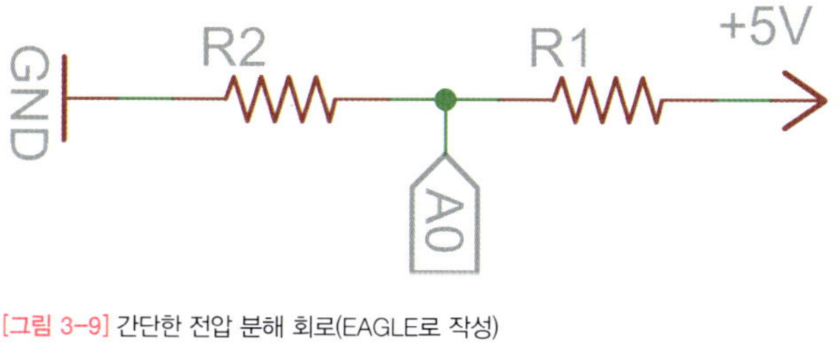

[그림 3-9] 간단한 전압 분해 회로(EAGLE로 작성)

전압 분배 식은 다음과 같다.

$$V_{out} = V_{in}\left(\frac{R2}{R1+R2}\right)$$

식에서 입력 전압(V_{in})은 5V이고 출력 전압(V_{out})은 아두이노의 아날로그 0번 핀에 가해지는 전압이다. 만약 $R1$과 $R2$의 값이 10kΩ으로 같다면 5V의 절반에 해당하는 2.5V가 아날로그 입력 핀에 가해진다. 이는 전압 분배 식을 통해서도 확인할 수 있다.

$$V_{out} = 5V\left(\frac{10k\Omega}{10k\Omega + 10k\Omega}\right) = 5V \times 0.5 = 2.5V$$

2개 저항 중 하나를 포토레지스터와 같은 가변저항으로 바꾼다고 생각해 보자. 포토레지스터([그림 3-10])는 주변 빛의 양에 따라 저항 성질이 달라진다. 200kΩ의 포토레지스터를 사용한다고 가정하면 완전히 어두울 때 포토레지스터의 저항값은 약 200kΩ이 되고, 빛이 가득 찬 상태라면 5kΩ 정도로 저항값이 작아진다. R1과 R2 중 어디에 포토레지스터를 사용할 것인지, 포토레지스터의 저항값 범위가 얼마인지에 따라 아날로그 입력 핀으로 읽을 수 있는 값의 범위와 정밀도에 차이가 있을 수 있다.

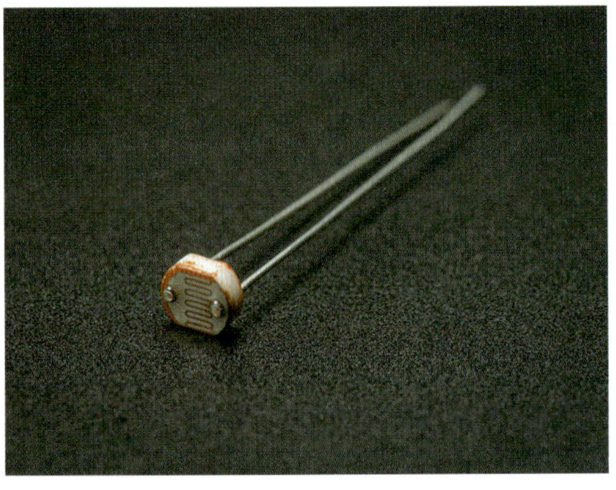

[그림 3-10] 포토레지스터(출처: Adafruit, adafruit.com)

여러 구성에서 시리얼 모니터로 출력되는 값이 어떻게 변하는지 관찰해 보자. R1에 포토레지스터를 사용하고 R2에는 10kΩ 저항을 사용했다고 가정해 보자.([그림 3-11] 참고.) 조명등으로는 백색 LED가 흔히 사용되므로 공통 양극 방식 RGB LED는 백색 LED로 교체하였다. LED의 양극 핀을 PWM 출력이 가능한 9번 핀에 연결한다. LED의 양극을 제어하므로 `analogWrite()` 함수로 255를 출력하면 LED가 완전히 켜지고 `0`을 출력하면 LED가 꺼진다.

Note 여기에서 사용하는 CdS(황화카드뮴) 포토레지스터는 RoHS(Restriction of Hazardous Substances)를 만족시키지 못한다. RoHS는 전자제품을 생산하는 데 필요한 위험 물질을 줄이거나 없애는 것을 목적으로 하는 국제 표준이다. RoHS 규정은 개인을 대상으로 하지는 않으며 생산자들이 대상이다. 포토레지스터에 사용된 카드뮴의 양은 걱정할 정도는 아니지만, 카드뮴과 같은 위험 물질이 포함된 제품을 대량으로 생산하는 공장에서 폐기물을 매립한다면 환경에 악영향을 줄 수 있다. 만약 아두이노를 통해 알게 된 기술을 사용하여 빛을 감지할 필요가 있는 제품을 대량 생산하려 한다면 포토레지스터가 아니라 주변광 센서(ALS, ambient light sensor)나 포토트랜지스터 사용을 고려하는 것이 바람직하다.

[그림 3-11] 포토레지스터 연결 회로(Fritzing으로 작성)

시리얼 모니터로 데이터를 출력하는 [코드 3-1]을 업로드하고 포토레지스터에 비춰지는 빛의 양을 조절해 보자. 빛의 양을 증가시키려면 불빛 가까이 가져가면 되고 빛의 양을 줄이려면 손으로 포토레지스터를 가리면 된다. 시리얼 모니터에 0에서 1023 사이의 모든 값이 출력되지는 않는데, 이는 포토레지스터가 0Ω이 되지는 않기 때문이다. 이 실험을 통해 아날로그 입력으로 얻을 수 있는 최댓값과 최솟값을 알아낼 수 있다. 이 값을 이용하여 조금 더 똑똑한 조명등을 만들어 보자. 조명등은 방이 어두워질수록 밝아져야 하고 방이 밝아질수록 어두워져야 한다. 시리얼 모니터 스케치를 통해 방이 완전히 밝을 때와 완전히 어두울 때 출력되는 값을 찾아보자. 방이 완전히 어두운 경우 200 정도의 값이, 완전히 밝은 경우 900 정도의 값이 나온 것으로 가정하였다. 이들 값은 조명 상태, 사용하는 저항의 크기, 포토레지스터의 저항 성질 등에 따라 달라질 수 있다.

2. 아날로그 입력을 사용하여 아날로그 출력 제어하기

LED의 밝기를 변경하기 위해 `analogWrite()` 함수를 사용했다. 하지만 `analogWrite()` 함수에서 사용하는 값은 8비트 값으로 0에서 255 사이의 값만을 사용할 수 있다. 반면 ADC는 0에서 1023 사이의 값을 반환한다. 아두이노에서는 서로 다른 범위의 값을 대응시킬 수 있도록 `map()`과 `constrain()`이라는 2개의 함수를 제공하고 있다. `map()` 함수는 다음과 같이 사용한다.

```
output = map(value, fromLow, fromHigh, toLow, toHigh)
```

value는 변환하고자 하는 값을 담고 있으며 이 예제에서는 마지막에 읽은 아날로그 입력값이 저장된다. fromLow와 fromHigh는 입력값의 경계를 나타낸다. 이들 값은 각각 입력 범위의 최솟값과 최댓값에 해당하며 각각 200과 900으로 가정하였다. toLow와 toHigh는 밝기값을 대응시킬 새로운 범위를 지정하기 위해 사용된다. analogWrite() 함수에는 0과 255 사이의 값을 지정해야 하므로 toLow에는 0, toHigh에는 255를 지정하면 될 것이라고 생각할 수 있다. 하지만 방이 어두울수록 LED를 더 밝게 켜야 한다. 즉 ADC에서 읽은 값이 작을수록 LED가 연결된 핀으로 출력하는 PWM 값은 큰 값을 가져야 한다.

이처럼 큰 값이 입력될 때 작은 값을, 작은 값이 입력될 때 큰 값을 출력해야 하는 경우도 toLow와 toHigh 값을 바꾸어서 map 함수로 처리할 수 있다. 즉 toLow에는 255를, toHigh에는 0을 지정하면 된다. map() 함수는 선형 사상(linear mapping)을 시행한다. fromLow와 fromHigh가 200과 900이고 toLow와 toHigh가 255와 0인 경우 입력값 550은 200과 900의 가운데 값이므로 출력값 역시 255와 0의 가운데 값인 127이 된다.

이때 map() 함수의 입력과 출력 값은 지정한 범위 내의 값으로 한정되지 않는다. 만약 포토레지스터로 측정한 값이 200보다 작다면 255보다 큰 값이 출력된다. 하지만 255보다 큰 값은 analogWrite() 함수에 지정할 수 없다. 이처럼 범위를 벗어나는 값은 constrain() 함수를 사용하여 처리할 수 있다. constrain() 함수는 다음과 같이 사용한다.

```
output = constrain(value, min, max)
```

map() 함수의 출력을 constrain() 함수의 입력으로 사용하는 경우라면 매개변수 min에는 0, max에는 255를 지정하여 0보다 작은 값은 모두 0으로, 255보다 큰 값은 모두 255로 제한할 수 있다. 그 후에 범위가 제한된 값으로 LED 밝기를 변경하는 데 사용하면 된다. [코드 3-3]은 아날로그 입력값을 LED 밝기 제어값으로 변환하여 LED를 제어하는 코드다.

Note LED가 아주 밝다면 포토레지스터에서 멀리 떨어뜨려 놓는 것이 좋다. 포토레지스터로 측정하고자 하는 것은 방의 밝기 정도이므로 LED의 밝기가 포토레지스터에 영향을 주지 않도록 해야 한다.

코드 3-3 자동 조명등 스케치 3-3_nightlight.ino

```
// 자동 조명등
const int WLED = 9;         // 백색 LED 양극을 9번 핀에 연결(PWM 출력 핀)
const int LIGHT = 0;        // 조도 센서를 A0 핀에 연결
const int MIN_LIGHT = 200;  // 최소 조도 값
const int MAX_LIGHT = 900;  // 최대 조도 값
int val = 0;                // 아날로그 입력값을 저장하는 변수

void setup()
{
  pinMode(WLED, OUTPUT);    // 백색 LED 연결 핀을 출력으로 설정
}

void loop()
{
  val = analogRead(LIGHT);                          // 조도 센서 읽기
  val = map(val, MIN_LIGHT, MAX_LIGHT, 255, 0);     // 조도 -> 밝기 선형 사상
  val = constrain(val, 0, 255);                     // 밝기 범위 제한
  analogWrite(WLED, val);                           // LED 밝기 제어
}
```

[코드 3-3]의 loop 함수에서는 함수 호출의 결과가 계속 val에 저장된다. 물론 각 함수 호출의 결과를 다른 변수에 저장할 수도 있다. map() 함수에서는 analogRead() 함수에서 읽은 센서 값이 저장된 val 변수를 입력으로 사용하고 사상이 이루어진 반환값을 다시 val 변수에 저장하여 변숫값을 변경한다.

조명등을 여러 조도 환경에서 동작시켜 보자. 예상한 것처럼 동작하는가? 사상 함수의 최소 및 최대 경곗값을 변경하거나 저항의 크기를 변경하면 LED의 밝기가 변하는 정도를 조절할 수 있다. 시리얼 모니터로 서로 다른 설정에서 값의 변화를 살펴보고 각자의 환경에 맞게 동작하는 설정을 찾아보자. 나아가 이전 장에서 만들어 본 색을 변경할 수 있는 조명등에 이 장의 예제를 결합할 수 있는 방법을 생각해 보자. 버튼과 RGB LED로 색을 선택할 수 있고, 포토레지스터를 사용하여 선택된 색의 밝기를 자동으로 조절하는 조명등이 한 가지 예가 될 것이다.

요약

- 아날로그 신호와 디지털 신호의 차이점
- 아날로그 신호를 디지털 신호로 변환하는 방법
- 가변저항에서 아날로그 신호를 읽는 방법
- 시리얼 모니터로 데이터를 출력하는 방법
- 아날로그 센서 모듈을 사용하는 방법
- 자신만의 아날로그 센서를 만드는 방법
- 아날로그 출력에 사용하기 위해 아날로그 입력의 범위를 변환하고 제한하는 방법

CHAPTER

04

트랜지스터와 DC 모터

CONTENTS

필요한 부품

- 아두이노 우노
- A-B 타입 USB 케이블
- 브레드보드
- 점퍼선
- 1kΩ 저항
- 10kΩ 저항(2개)
- 10kΩ 가변저항
- 포토레지스터(2개)
- 9V 배터리
- 9V 배터리 클립
- L7805CV 5V 전압 레귤레이터
- 10μF 50V 전해 커패시터(2개)
- 0.1μF 세라믹 커패시터
- 1N4001 다이오드
- PN2222 NPN 쌍극 접합 트랜지스터(BJT)
- 바퀴와 DC 모터가 포함된 이동 로봇 키트
- 9V DC 모터
- TI L293D H-브리지 모터 드라이버

들어가기 전에

이전 장들에서는 주변 환경을 관찰하는 방법에 대해 알아보았다. 그렇다면 주변 환경을 제어하기 위해서는 무엇이 더 필요할까? LED를 깜빡거리게 하고 조명등을 자동으로 제어하는 것부터 시작했지만 더 많은 것을 추가할 수 있다. 예를 들면 여러 가지 모터와 액추에이터(actuator)에 트랜지스터를 함께 사용하여, 물리적인 동작을 만들어낼 수 있다. 모터를 아두이노에 연결하면 로봇을 구동하고, 기계 팔을 만들고, 여러 방향의 거리를 측정하는 등 할 수 있는 것은 무궁무진하다.

이 장에서는 DC(direct current) 모터와 같은 유도 부하(inductive load)를 제어하는 방법, 많은 전류를 사용하는 장치를 트랜지스터로 스위칭하는 방법, IC 칩을 사용하는 방법 등을 다룬다. 이 장의 마지막 부분에서는 빛으로 제어하는 자동차를 만들어 손전등으로 자동차를 제어해 볼 것이다.

Warning 이 장에서는 아두이노에서 공급할 수 있는 전력보다 많은 전력이 필요한 모터를 구동하기 위해 9V 배터리를 사용한다. 9V 전압은 위험할 정도로 높은 전압은 아니지만, 잘못 연결하는 경우 아두이노와 부품이 손상될 수 있다. 이 장의 예제를 실습할 때는 회로를 주의해서 살펴보고 주의사항을 명심해야 한다. 전원을 그라운드로 직접 연결하는 단락 회로(short circuit)는 피해야 하고, 전원 공급 장치의 그라운드는 공통으로 사용하지만 서로 다른 전압의 전원 공급 장치를 연결해서는 안 된다. 예를 들어 모터용 9V 전원과 아두이노용 5V 전원을 직접 연결하면 아두이노의 5V 레귤레이터나 마이크로컨트롤러가 파손될 수 있다.

Note 모터와 트랜지스터에 대한 내용을 담은 동영상은 exploringarduino.com/content2/oh4에서 찾을 수 있다.

SECTION 01

DC 모터 구동

가정에서도 쉽게 찾아볼 수 있는 DC 모터는 DC 전압이 가해지면 연속적으로 회전한다. DC 모터는 RC(radio control) 자동차, 전동 드릴과 전동 톱 등에서 사용하고 DVD 플레이어에서 디스크를 회전시키기 위해서도 사용한다. DC 모터는 크기가 다양할 뿐만 아니라 가격도 싸서 다양한 분야에 사용되고 있다. DC 모터에 가해지는 전압을 조절하면 회전 속도를 조절하는 것도 가능하고, 기어 박스를 사용하면 회전 속도는 줄지만 회전력을 높일 수 있다. DC 모터에 가해지는 전압의 극성을 반대로 하면 회전 방향 역시 반대가 된다. 이러한 DC 모터 제어에는 일반적으로 H-브리지 회로를 사용하며 이 장의 뒷부분에서 다룬다.

이 장에서 사용하는 모터는 **브러시형**(brushed) DC **모터**로, 고정된 자석(**스테이터**(stator))과 회전하는 코일(**로터**(rotor))로 구성된다. '브러시'를 통해 코일에 전기가 가해지므로 브러시형 DC 모터라는 이름이 붙여졌다. 브러시리스 DC 모터(다음 장에서 살펴볼 스테핑 모터와 같이 브러시가 없는 모터)와 달리 브러시형 DC 모터는 가격이 싸고 속도 조절이 쉽다. 하지만 브러시형 DC 모터는 브러시 마모로 인해 수명이 짧은 것이 단점이다.

유선 전동 공구와 같은 일부 큰 힘이 필요한 장치들은 브러시형 모터를 사용하며 교체 가능한 탄소 브러시가 장착되어 있다. 브러시형 DC 모터는 유도력(inductive force)을 사용한다. 회전하는 코일에 전류가 흐르면 자기장이 만들어지고, 고정된 자석과 인력 또는 척력에 의해 회전이 발생한다. 브러시는 180도 회전할 때마다 코일에 가해지는 전원 극성을 바꾸는 역할을 하므로 모터가 연속적으로 회전할 수 있도록 해준다.

모터와 동일한 구성은 발전기를 만들 때도 사용할 수 있다. 다만 발전기에서는 코일을 직접 회전시켜야 한다. 코일을 회전시키면 자기장의 변화가 발생하여 전류가 흐르게 된다. 이는 떨어지는 물로 축을 회전시켜 전기를 만드는 수력 발전 과정과 같다. 이 장의 뒷부분에서는 모터에 다이오드를 사용한다. 모터를 손으로 회전시키면 전류가 만들어지므로 만들어진 전류가 회로로 흘러 들어가는 것을 방지하기 위해서다.

1. 고전류 유도 부하 제어

DC 모터에 사용되는 전압과 전력은 그 범위가 넓다. 이 장에서는 먼저 9V DC 모터를 사용하고 뒷부분에서는 5V의 기어가 있는 모터를 사용한다. DC 모터는 일반적으로 아두이노의 전원 공급 장치가 공급할 수 있는 것보다 많은 전류가 필요하고 모터의 전자기 유도에 의해 전자기기를 손상시킬 수 있는 스파이크 전압을 발생시킬 수 있다. 이러한 문제를 해결하기 위해서는 DC 모터를 아두이노와 효과적으로 분리하고 모터 전용의 전원을 사용하여 전력을 공급하는 방법을 알아야 한다. 트랜지스터는 아두이노가 모터를 안전하게 구동할 수 있도록 해 주고 3장에서 다룬 PWM 신호를 사용하여 회전 속도를 제어할 수 있도록 해 준다. [그림 4-1]의 회로도는 모터 전용 전원을 사용하여 아두이노에 DC 모터를 연결하는 데 필요한 여러 부품을 보여주고 있다. 실제로 회로를 연결하기 전에 회로도에 사용된 부품과 사용 목적을 정확하게 이해해야 한다.

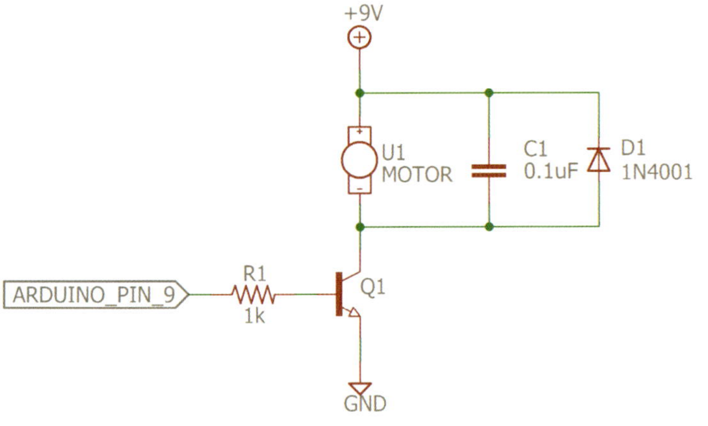

[그림 4-1] DC 모터 제어 회로도(EAGLE로 작성)

DC 모터를 연결하기 전에 [그림 4-1]의 부품들의 역할을 이해하는 것이 중요하다.

- Q1은 NPN 쌍극 접합 트랜지스터(BJT)로, 모터에 연결된 별도의 9V 전원을 스위칭하기 위해 사용된다. BJT에는 NPN과 PNP의 두 가지 종류가 있고 트랜지스터를 만드는 데 사용되는 반도체에 불순문을 첨가하는 '도핑(doping)' 방법에서 차이가 있다. 이 책에서는 NPN BJT를 사용한다. NPN 트랜지스터는 전기적으로 제어할 수 있는 스위치로 생각할 수 있으며 전류가 흐르거나 흐르지 못하도록 제어하는 역할을 한다.
- 1kΩ 저항(R1)은 트랜지스터의 베이스 핀과 아두이노의 제어 핀을 분리하는 역할을 한다. 저항은 베이스와 제어 핀 사이에 흐르는 전류를 제한한다.
- U1은 DC 모터를 나타낸다.
- C1은 모터에 의해 발생하는 전기 잡음을 제거하는 역할을 한다.
- D1은 모터가 인덕터로 동작할 때 만들어지는 역전압으로부터 전원 공급장치를 보호하기 위해 사용된 다이오드로, **플라이백**(flyback) 다이오드, **스너버**(snubber) 다이오드, **환류**(freewheeling) 다이오드 등으로 불린다.

▪ 트랜지스터를 스위치로 사용

트랜지스터는 증폭기(amplifier)를 만드는 것부터 컴퓨터나 스마트폰에 사용되는 CPU를 만드는 것까지 다양한 용도로 사용된다. 하나의 트랜지스터는 전기적으로 제어되는 간단한 스위치를 만드는 데 사용될 수 있다. 모든 BJT는 [그림 4-2]와 같이 이미터(E), 콜렉터(C), 베이스(B)의 3개 핀을 가지고 있다. 핀의 배치 순서는 패키지 형태에 따라 [그림 4-2]에 나타난 순서와는 다를 수 있으므로 사용하는 트랜지스터의 데이터시트를 확인해야 한다.

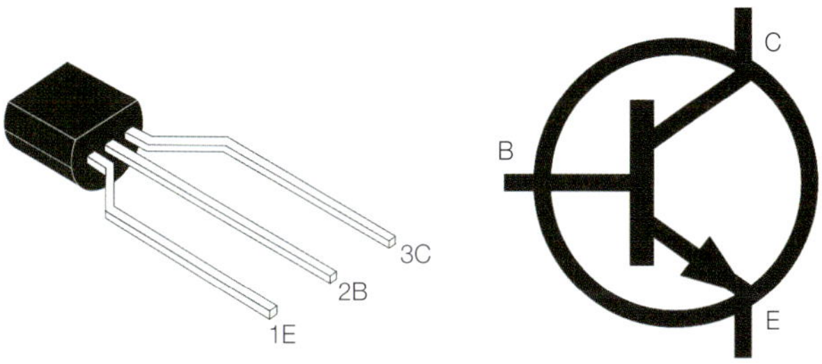

[그림 4-2] NPN 타입 BJT(출처: 위키피디아, 공개 도메인)

전류는 콜렉터에서 이미터로 흐른다. 이때 베이스에 가해지는 신호에 따라 콜렉터에서 이미터로 흐르는 전류를 제어할 수 있다. 충분한 전압과 전류가 베이스에 가해지면 트랜지스터는 '포화(saturation) 상태'에 있게 되어 스위치가 닫힌 것과 같은 상태가 되므로 콜렉터에서 이미터로 자유롭게 전류가 흐를 수 있다. 포화 상태에 있는 경우 모터가 [그림 4-1]과 같이 연결되어 있다면 회전하기 시작한다. 아두이노의 입출력 핀에서 출력하는 5V 전압은 트랜지스터를 포화 상태로 만들기에 충분하다.

PWM 신호를 사용하여 트랜지스터를 빠른 속도로 켜고 끄기를 반복하면 모터의 속도를 조절하는 것도 가능하다. 모터는 관성에 의해 전원을 공급하지 않아도 회전이 즉시 멈추지 않으므로 PWM 신호의 듀티 사이클에 따라 모터의 회전 속도를 조절할 수 있다. 트랜지스터는 모터 연결선 중 하나를 그라운드와 연결하거나 연결하지 않도록 하는 스위치로 작동하여 모터에 배터리 전원이 공급될지 아닐지를 결정한다.

▪ 보호 다이오드 사용

DC 모터가 인덕터로 동작하는 경우 발생하는 문제점 역시 고려해야 한다.(인덕터는 자기장에 에너지를 저장하여 전류 변화에 저항하는 전기 장치를 말한다.) 모터가 회전하면 에너지가 만들어지고 만들어진 에너지는 모터 코일에 인덕턴스[1]로 저장된다. 모터에서 전원이 갑자기 제거되면 저장된 에너지는 역전압 스파이크 형태로 나타나고 이는 전원 공급 장치에 손상을 줄 수 있다. 따라서 역전류를 차단하는 보호 다이오드가 필요하다. 모터 양단에 다이오드를 연결함으로써 모터에 의해 만들어지는 전

1 옮긴이_ 인덕턴스는 인덕터에 흐르는 전류가 얼마나 변화하기 어려운지를 나타내는 것으로 생각할 수 있다.

류는 다이오드를 통해 흐르도록 하고, 역전압 스파이크에 의한 전류는 흐르지 못하도록 막아준다. 이는 다이오드가 전류를 한 방향으로만 흐르게 하는 성질이 있기 때문이다. 보호 다이오드는 모터를 강제로 회전시킬 때 발생하는 전류를 흡수하는 역할도 한다.

▪ 전용 전원의 사용

[그림 4-1]의 회로도에서 모터에 연결된 전원은 지금까지 사용했던 USB 연결을 통한 5V가 아니라 별도의 9V 전원이다. DC 모터를 구동하기 위해서라면 9V 배터리로 충분하지만, AC 전원을 DC로 변환하는 어댑터를 사용할 수도 있다. 아두이노의 5V 전원과 별도의 모터 전용 전원을 사용하는 두 가지 이유가 있다.

1. 별도의 전원을 사용함으로써 높은 전력을 사용하는 회로를 잘못 연결하여 아두이노가 파손될 가능성을 줄여준다.
2. 높은 전류와 높은 전압을 모터 전원으로 사용할 수 있다.

일부 DC 모터는 아두이노의 5V 전원으로 공급할 수 있는 전류보다 많은 전류를 사용한다. 또한 많은 DC 모터가 5V보다 높은 정격 전압을 사용한다. 높은 정격 전압이 필요한 모터에 5V를 연결해도 모터가 움직일 수 있지만, 최대 속도로 모터를 회전시키기 위해서는 모터 사양에 따라 9V 또는 12V 전원을 사용해야 한다.

이 장에서는 배터리 연결을 위해 2개의 연결선을 가지고 있는 배터리 클립을 사용하므로 브레드보드에 연결하여 사용할 수 있다. 연결선에 배럴 잭 커넥터가 붙어 있는 형태의 배터리 클립을 사용한다면 아두이노의 배럴 잭에 직접 연결하면 된다. 아두이노의 배럴 잭에 9V 전원을 연결하면 아두이노의 'VIN' 핀으로 9V 전원이 그대로 출력되므로 점퍼선으로 VIN 핀과 트랜지스터의 콜렉터 핀을 연결해 사용하면 된다.

모터 전용 전원의 그라운드와 아두이노의 그라운드를 연결해야 한다는 것도 잊지 말아야 한다. 그라운드를 연결하면 5V 전원을 사용하는 아두이노와 9V 전원을 사용하는 모터 회로가 공통의 기준을 가지도록 해 준다.

▪ 모터 연결

브러시형 DC 모터를 제어할 때 주의해야 할 점들을 모두 이해했다면, 브레드보드에 실제로 모터를 연결해 보자. 먼저 [그림 4-1]의 회로도만을 참고해서 모터를 연결해 보자. 회로를 구성해 본 후, [그림 4-3]의 회로와 비교하여 연결이 제대로 이루어졌는지 확인하자.

[그림 4-3]과 같이 그림으로 표현된 회로를 참고하지 않고 [그림 4-1]과 같이 기호로 표시되는 회로

도만을 참고하여 회로를 구성하는 데 익숙해지는 것이 중요하다. 정확하게 연결이 되었는가? 회로를 구성할 때 아래 설명하는 점들을 주의해서 살펴보아야 한다.

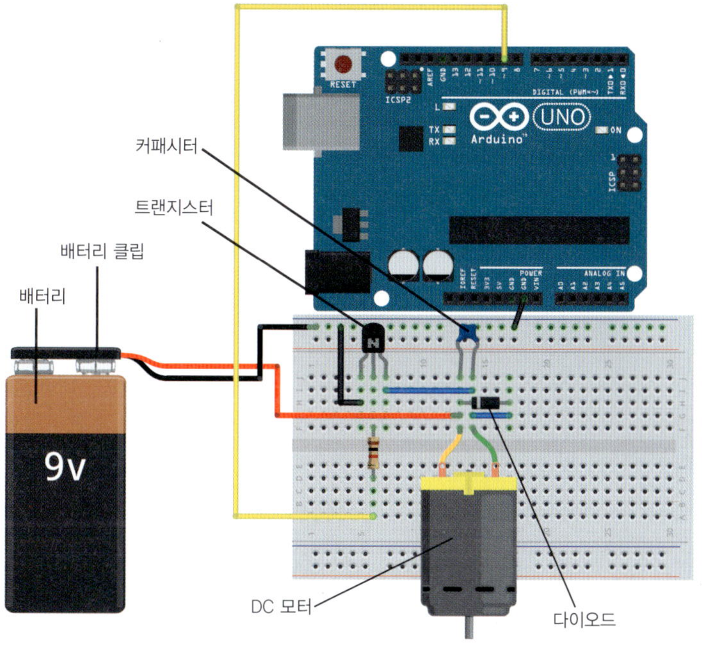

[그림 4-3] DC 모터 연결 회로(Fritzing으로 작성)

1. 9V 배터리의 그라운드와 아두이노의 그라운드가 연결되어 있는지 확인하자. 두 개의 그라운드를 연결하기 위해서는 [그림 4-3]과 같이 브레드보드의 수평 방향 그라운드 버스에 아두이노의 그라운드와 9V 배터리의 그라운드를 연결하면 된다.
2. 9V 배터리와 5V 전원이 연결되지 않았음을 확인하자. 사실 이 예제에서는 5V 전원을 브레드보드에 연결할 필요가 없다.
3. 트랜지스터의 핀 배열이 정확한지 확인하자. 부품 목록에 있는 NPN BJT가 아닌 다른 트랜지스터를 사용하고 있다면, 데이터시트를 참고하여 이미터, 베이스, 콜렉터 핀 배열이 [그림 4-2]와 같은지 확인해야 한다. 핀 배열이 다른 경우라면 연결선을 핀 배열에 맞게 수정해야 한다.
4. 다이오드의 연결 방향이 정확한지 확인하자. 전류는 줄무늬가 없는 쪽에서 줄무늬가 있는 쪽으로 흐른다. 실제 다이오드에서의 줄무늬 위치는 다이오드 기호의 줄무늬 위치와 같다. 다이오드와 함께 세라믹 커패시터가 모터 단자 사이에 연결되어 있으며, 이는 브러시에 의해 만들어지는 전기 잡음을 줄이기 위해서다. 세라믹 커패시터는 극성이 없으므로 다이오드처럼 연결 방향을 걱정할 필요는 없다.

이제 모터를 회전시켜 볼 시간이다. 모터의 끝에 테이프 조각이나 바퀴를 연결하면 모터가 회전하는 속도를 쉽게 알아볼 수 있다. 프로그램을 작성하기 전에 USB 연결을 통해 아두이노에 전원을 공급하고, 9V 배터리를 연결한 후 트랜지스터의 베이스 핀에 저항을 거쳐 아두이노의 5V 전원을 직접 연결하여 회로가 정확하게 구성되었는지 확인할 수 있다. 베이스에 5V를 직접 연결하는 것은 `HIGH`를 입력하는 것과 같으므로 모터가 회전해야 한다. 5V가 아니라 그라운드에 연결한다면 모터는 회전을 멈추어야 한다. 만약 설명한 것처럼 동작하지 않는다면 프로그램을 작성하기 전에 회로 구성을 다시 확인하기 바란다.

2. PWM을 사용한 모터 속도 제어

모터의 회전 속도를 제어하기 위해서는 3장에서 조명등의 LED 밝기를 제어하는 프로그램과 비슷한 프로그램을 사용하면 된다. 아두이노의 PWM 신호 출력이 가능한 핀으로 듀티 사이클을 변화시켜 트랜지스터로 전류가 흐르고 멈추는 것을 빠르게 제어함으로써 모터가 회전하는 속도를 조절할 수 있다. 모터의 회전 속도를 반복적으로 높였다가 낮추는 [코드 4-1]을 실행해 보자.

코드 4-1 자동 속도 제어 4-1_motor.ino

```
// 간단한 모터 회전 속도 제어 프로그램
const int MOTOR = 9;              // 9번 핀에 모터 연결

void setup()
{
  pinMode (MOTOR, OUTPUT);
}

void loop()
{
  for (int i = 0; i < 256; i++)     // 회전 속도 증가
  {
    analogWrite(MOTOR, i);
    delay(10);
  }
  delay(2000);
  for (int i = 255; i >= 0; i--)    // 회전 속도 감소
  {
    analogWrite(MOTOR, i);
    delay(10);
  }
  delay(2000);
}
```

회로가 정확하게 연결되었다면 [코드 4-1]은 모터의 회전 속도를 서서히 증가시켰다가 감소시키기를 반복한다. 회전 속도를 변경할 수 있으면 간단하게 이동 로봇을 만들 수 있다.

가변저항을 사용하여 모터의 회전 속도를 제어해 보자. 이를 위해 [그림 4-4]와 같이 가변저항을 아날로그 0번 핀에 연결한다. 가변저항을 연결할 때는 아두이노의 5V 핀을 브레드보드의 전원 버스에 연결한 후 가변저항으로 연결하면 된다.[2]

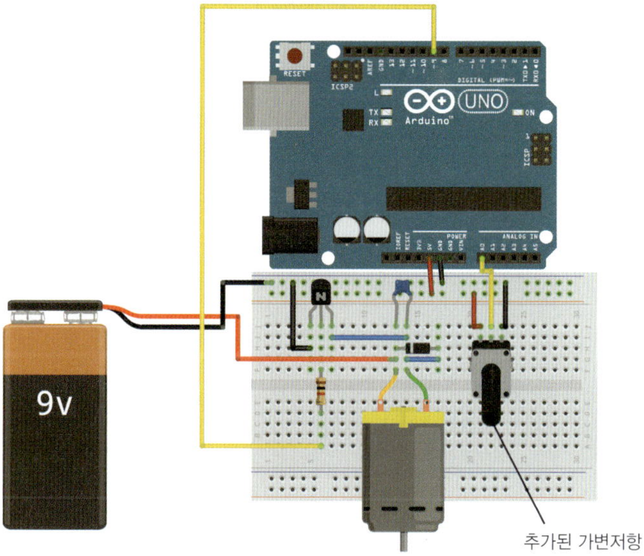

[그림 4-4] 가변저항 추가(Fritzing으로 작성)

가변저항을 연결하였으면 가변저항의 값에 따라 모터의 회전 속도를 제어할 수 있도록 프로그램을 수정하자. 가변저항 값이 0일 때 모터는 정지하고, 반대 방향으로 완전히 회전시켰을 때 모터가 최고 속도로 동작하도록 한다. 아두이노의 동작 속도는 생각보다 빠르므로 매초 수천 번 이상 loop 함수가 실행된다. 따라서 loop 함수가 실행될 때마다 가변저항 값을 확인하고 확인한 값에 따라 모터의 회전 속도를 조절할 수 있다. [코드 4-2]는 가변저항으로 모터의 회전 속도를 조절하는 코드다. 이전 스케치를 수정하거나 새로운 스케치로 작성한 후 아두이노에 업로드하자.

코드 4-2 모터 회전 속도 제어 4-2_motor_pot.ino

```
// 가변저항으로 모터 회전 속도 제어
const int MOTOR = 9;          // 9번 핀에 모터 연결
const int POT = 0;            // 아날로그 0번 핀에 가변저항 연결
```

2 옮긴이_ 아날로그 입력 핀에 5V보다 높은 전압을 가하면 아두이노 보드가 손상될 수 있으므로 9V의 모터 전원을 연결하지 않도록 주의해야 한다.

```
int val = 0;

void setup()
{
  pinMode (MOTOR, OUTPUT);
}

void loop()
{
  val = analogRead(POT);
  val = map(val, 0, 1023, 0, 255);
  analogWrite(MOTOR, val);
}
```

[코드 4-2]는 많은 부분이 아날로그 센서를 사용하는 코드와 비슷하다. 아날로그 입력 핀으로 읽을 수 있는 값은 항상 0에서 1023 사이의 값이기 때문이다. [코드 4-2]를 아두이노에 업로드한 후 가변 저항을 돌리면서 그에 따라 모터의 회전 속도가 변하는지 확인해 보자.

3. DC 모터 회전 방향 제어를 위한 H-브리지 회로 사용

DC 모터의 회전 속도를 제어하는 방법을 살펴보았다. 회전 속도를 조절하여 아두이노로 로봇이 움직이는 속도를 제어할 수는 있지만, 움직이는 방향을 제어할 수는 없다. DC 모터를 유용하게 사용하려면 바퀴를 양 방향으로 움직일 수 있어야 한다. 로봇을 양 방향으로 움직이도록 하기 위해 H-브리지라고 불리는 장치를 사용할 수 있다. H-브리지의 동작은 [그림 4-5]와 같이 설명할 수 있다.

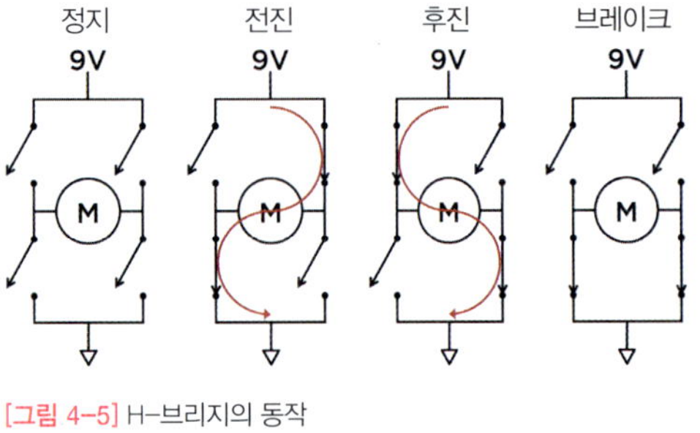

[그림 4-5] H-브리지의 동작

[그림 4-5]에서 알 수 있듯이 DC 모터 제어를 위한 회로는 모터와 4개의 스위치가 대문자 H 모양으로 배치되어 있어 H-브리지라고 불린다. 회로에는 스위치로 표시되어 있지만 실제로 스위칭을 담당하는 부품은 이전 예제에서 사용한 것과 같은 트랜지스터다. 보호 다이오드를 포함하여 추가되는 회로 역시 H-브리지를 구현한 IC에 포함되어 있다.

H-브리지는 정지, 전진, 후진, 브레이크 등 4개의 상태를 가진다. 정지 상태에서 모든 스위치는 열린 상태에 있으며 모터는 회전하지 않는다. 전진 상태에서는 대각선 방향의 2개 스위치가 닫힌 상태에 있어 전류는 9V에서 모터를 거쳐 그라운드로 흐른다. 후진 상태에서는 전진 상태에서 열린 상태에 있는 2개 스위치가 닫힌 상태에 있다. 전진과 후진 상태에서 모터에 가해지는 전류의 극성이 반대가 되므로 모터는 서로 반대 방향으로 회전한다. H-브리지가 브레이크 상태에 있으면 관성에 의한 모터의 움직임이 멈추게 되고 모터 회전이 멈춘다.

여기서 잠깐! H-브리지에서의 단락

H-브리지를 사용할 때 생각해야 할 점 중 하나는 4개의 스위치가 모두 닫히면 어떤 일이 일어날까 하는 점이다. 4개의 스위치가 모두 닫히면 9V와 그라운드가 직접 연결되는 단락 회로가 된다. 9V 배터리를 단락시켜 본 적이 있다면 두 번 다시 경험하고 싶지 않다고 생각했을 것이다. 단락된 배터리는 빠른 속도로 열이 발생하고, 드물지만 폭발하거나 액이 흘러나올 수도 있다. 또한 단락은 H-브리지나 연결된 다른 회로에 손상을 줄 수 있다. 심지어 H-브리지를 사용할 때 프로그램을 잘못 작성하면 드문 경우이긴 하지만 하드웨어 일부가 파손될 수도 있다.

이 예제에서는 텍사스 인스트루먼트에서 4개의 반(half) H-브리지 드라이버로 만든 L293D칩을 사용하였다. L293D칩에는 과열로 부품이 파손되는 것을 방지하기 위한 차단 기능이 포함되어 있지만, 사용 과정에서 주의할 필요가 있다. 또한 L293D 칩에는 플라이백 다이오드가 포함되어 있으므로 트랜지스터를 사용할 때와 같이 외부에 별도로 다이오드를 연결할 필요가 없다.

Warning 부품의 파손을 방지하기 위해, 스위치의 상태를 바꾸기 전에 항상 칩을 비활성 상태로 두는 것이 좋다. 이러한 습관은 모터의 회전 방향을 빠르게 바꿀 때도 단락이 발생하지 않도록 해준다. L293D 칩을 제어하기 위해서는 3개의 핀을 사용한다. 하나는 위쪽 게이트 2개를 제어하기 위해 사용하고 또 하나는 아래쪽 게이트 2개를 제어하기 위해 사용한다. 나머지 하나는 회로의 활성 상태를 제어하기 위해 사용된다.

H-브리지 회로 구성

앞에서 설명한 내용에 주의하면서 회로를 구성해 보자. 여기서 사용할 L293D H-브리지 칩은 4개의 반 H-브리지 회로로 구성되어 있다. 2개의 반 H-브리지 회로를 연결하면 [그림 4-5]와 같은 전(full) H-브리지 회로를 구성할 수 있다. 이 예제에서는 하나의 DC 모터를 구동하기 위해 4개 중 2개의 반 H-브리지를 사용한다. 더 복잡한 시스템을 만들고자 한다면 L293D 칩의 4개 반 H-브리지를 모두 사용하여 2개의 DC 모터를 구동할 수 있다. 예를 들어 RC 자동차를 만드는 경우라면 좌우의 바퀴를 제어하기 위해 2개의 DC 모터를 사용해야 한다. 실제로 회로를 구성하기 전에 [그림 4-6]의 L293D 칩 핀 맵과 제어 방법을 살펴보자.

IC에서 핀 번호는 항상 왼쪽 위에서 시작하고 반시계 방향으로 번호가 증가한다. IC 칩은 1번 핀 위치를 나타내기 위한 표시가 있어 칩을 반대로 꽂지 않도록 하고 있다. 이 장에서 사용하는 칩과 같이 브레드보드에 꽂아 사용할 수 있는 칩의 끝부분에는 반원이 새겨져 있다. 다른 칩의 경우에는 1번 핀 옆에 원이 새겨져 있기도 하며 두 가지 표시가 함께 새겨진 경우도 있다. 이제 핀의 기능과 사용 방법을 살펴보자.

- **그라운드/히트 싱크(heat sink)(4, 5, 12, 13번 핀)**: 가운데의 4개 핀은 9V 및 5V 전원과 연결하는 공통 그라운드 핀이다. 이들 핀은 H-브리지 드라이버의 열을 그라운드를 통해 내보내는 역할도 한다. PCB를 설계할 때 그라운드는 대부분의 동판 영역을 차지하는 경우가 많으므로 발생하는 과도한 열을 그라운드를 통해 방출하도록 칩을 설계하는 것이 일반적이다.
- **VCC2(8번 핀)**: VCC2는 모터 동작 전원으로, 9V에 연결한다.
- **VCC1(16번 핀)**: VCC1은 칩의 동작 전원으로, 5V에 연결한다.
- **1Y, 2Y(3, 6번 핀)**: 왼쪽 드라이버의 출력으로, 모터를 연결한다.
- **1A, 2A(2, 7번 핀)**: 왼쪽 드라이버의 스위치 상태를 제어하는 핀으로, 아두이노의 입출력 핀에 연결한다.
- **1,2EN(1번 핀)**: 왼쪽 드라이버의 활성 또는 비활성 상태를 결정하는 활성화 핀이다. 아두이노의 PWM 핀에 연결하여 모터의 회전 속도를 제어하기 위해 사용한다.
- **3Y, 4Y(11, 14번 핀)**: 오른쪽 드라이버의 출력 핀이다. 왼쪽 드라이버만 사용하므로 이 핀에는 모터를 연결하지 않는다.
- **3A, 4A(10, 15번 핀)**: 오른쪽 드라이버의 스위치 상태를 제어하는 핀이다. 왼쪽 드라이버만 사용하므로 이 핀은 사용하지 않는다.
- **3,4EN(9번 핀)**: 오른쪽 드라이버의 활성 또는 비활성 상태를 결정하는 핀이다. 왼쪽 드라이버만 사용하므로 이 핀을 그라운드에 직접 연결하여 오른쪽 드라이버는 비활성 상태로 설정한다.

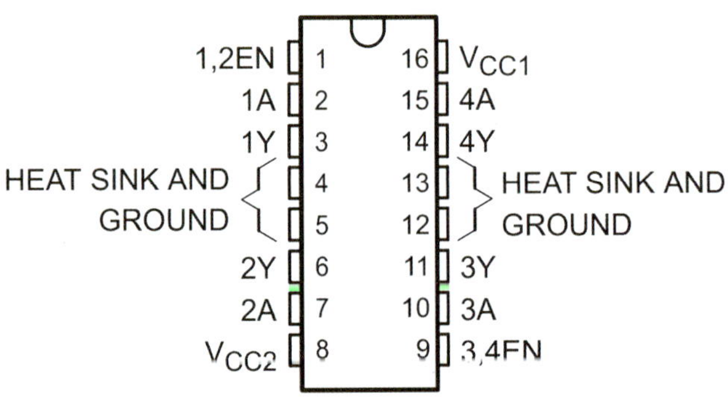

FUNCTION TABLE
(each driver)

INPUTS†		OUTPUT
A	EN	Y
H	H	H
L	H	L
X	L	Z

H = high-level, L = low-level
X = irrelevant
Z = high-impedance (off)
† In the thermal shutdown mode, the output is in a high-impedance state regardless of the input levels.

[그림 4-6] H-브리지 칩의 핀 맵과 논리 테이블(출처: Texas Instruments Incorporated)

[그림 4-7]을 참고하여 회로를 구성하자. 가변저항은 앞의 예제와 같이 연결하면 된다.

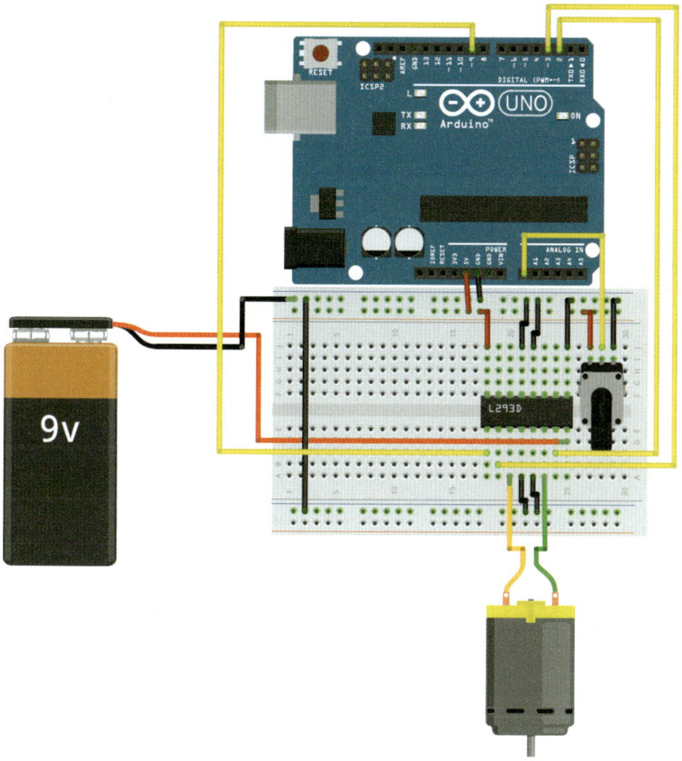

[그림 4-7] H-브리지 연결 회로(Fritzing으로 작성)

프로그램을 작성하기 전에 1번 핀(1,2EN)을 5V에 연결하고, 1A 또는 2A 핀 중 하나는 5V에, 나머지 하나는 그라운드에 연결하여 회로가 올바르게 연결되었는지 확인할 수 있다. 1A와 2A 핀에 연결된 전원의 극성을 반대로 하면 모터는 반대 방향으로 회전해야 한다.

Warning 1A와 2A 핀에 연결된 전원 극성을 변경하기 전에 9V 배터리를 먼저 분리해야 한다. 배터리가 연결된 상태에서 극성을 변경하면 H-브리지 내에서 단락이 발생할 수 있다.

H-브리지 회로 사용

이제 모터의 회전 속도와 회전 방향을 가변저항과 H-브리지를 사용하여 제어하는 프로그램을 작성해 보자. 가변저항을 가운데에 두면 모터는 정지하고, 가운데보다 위쪽으로 돌리면 모터는 정방향으로 회전 속도가 증가하고, 가운데보다 아래쪽으로 돌리면 모터는 역방향으로 회전 속도가 증가하도록 할 것이다. 이러한 동작을 아두이노 프로그램에서 구현하기 위해서는 함수를 사용하는 것이 편리하다. 모터를 멈추게 하는 함수, 지정한 속도로 정방향으로 회전시키는 함수 그리고 지정한 속도로 역방향으로 회전시키는 함수를 모터 제어에 사용할 수 있다. 모터의 동작 모드를 변경하기 전에 H-브리지를 비활성 상태로 두는 것을 잊지 말아야 한다. H-브리지를 비활성 상태로 두면 잘못된 프로그램으로 H-브리지가 단락되는 경우를 줄여준다.

원하는 방식으로 모터를 제어하기 위해서는 [그림 4-6]의 기능 정의 테이블을 참고하여 제어 핀에 가해지는 입력을 결정해야 한다.

- 장치에 흐르는 전류를 차단하기 위해서는 활성화 핀에 LOW를 가하면 된다. 이 상태에서는 모터의 동작을 제어할 수 없다.
- 모터가 한쪽 방향으로 회전하도록 하려면 2개 스위치 중 하나에는 HIGH, 다른 하나에는 LOW를 가하면 된다.
- 모터를 반대 방향으로 회전하도록 하려면 HIGH와 LOW를 가하는 스위치를 반대로 하면 된다.
- 모터를 즉시 정지하려면 2개 스위치 모두에 LOW를 가하면 된다.

Note 스위치의 상태를 바꾸기 전에는 항상 전류를 차단하는 것이 좋다. 이는 스위치 상태가 바뀔 때 순간적으로 발생할 수 있는 단락을 방지하는 역할을 한다.

먼저 앞에서 설명한 동작을 안전하게 실행할 수 있도록 함수를 작성해 보자. 새로운 아두이노 스케치를 만든 후, 함수를 작성한다.

```
// 모터를 주어진 속도(0~255)로 정방향으로 회전
void forward (int rate)
{
  digitalWrite(EN, LOW);
  digitalWrite(MC1, HIGH);
  digitalWrite(MC2, LOW);
  analogWrite(EN, rate);
}

// 모터를 주어진 속도(0~255)로 역방향으로 회전
void reverse (int rate)
{
  digitalWrite(EN, LOW);
  digitalWrite(MC1, LOW);
  digitalWrite(MC2, HIGH);
  analogWrite(EN, rate);
}

// 모터 정지
void brake ()
```

```
{
  digitalWrite(EN, LOW);
  digitalWrite(MC1, LOW);
  digitalWrite(MC2, LOW);
  digitalWrite(EN, HIGH);
}
```

각 함수의 시작 부분에서는 먼저 EN 핀을 LOW로 설정하여 전류가 흐르지 못하도록 한 후 모터 제어 핀인 MC1, MC2 핀의 상태를 조절하고 있다. 제어 핀의 상태를 설정한 후 다시 전류의 흐름을 허용한다. 모터의 회전 속도를 변경하기 위해서는 앞의 예제에서와 같은 방법을 사용한다. PWM 신호를 EN 핀에 가하면 듀티 사이클에 따라 전류가 흐르는 시간을 조절할 수 있어 회전 속도를 조절할 수 있다. rate 변수는 0과 255 사이의 값이어야 한다. 메인 루프에서는 가변저항 값에서 유효한 rate 변수값을 결정하여 함수 호출에 사용하면 된다. 메인 루프는 다음과 같이 구성할 수 있다.

```
void loop()
{
  val = analogRead(POT);

  if (val > 562)          // 정방향 회전
  {
    velocity = map(val, 563, 1023, 0, 255);
    forward(velocity);
  }
  else if (val < 462)     // 역방향 회전
  {
    velocity = map(val, 461, 0, 0, 255);
    reverse(velocity);
  }
  else                    // 브레이크
  {
    brake();
  }
}
```

메인 루프에서는 가변저항 값을 읽고 가변저항 값에 따라 해당 함수를 호출한다. 아날로그 입력은 0에서 1023 사이의 디지털 값으로 변환되어 입력된다는 점을 기억하자. [그림 4-8]은 아날로그 입력값에 따라 모터 회전을 제어하는 방법을 나타낸 것이다. 앞의 loop 함수 코드와 비교해 보자.

[그림 4-8] 모터 제어 방법

가변저항이 가운데 값을 포함하여 100 정도 범위 내의 값을 가지면 break 함수가 호출된다. 가변저항 값이 562에서 1023으로 증가하면 정방향 회전 속도가 증가한다. 비슷하게 가변저항 값이 462에서 0으로 감소하면 역방향 회전 속도가 증가한다. map 함수는 이전 장에서 사용했던 함수다. 여기서는 역방향 회전 속도를 결정하기 위해 범위를 지정하는 방법에 주의해야 한다. 461은 0에 대응하며 0은 255에 대응한다. map 함수에서는 주어진 범위에 따라 증가 또는 감소하는 방향으로 자동으로 대응이 이루어진다. loop 함수에 앞에서 작성한 모터 제어 함수와 setup 함수를 추가하면 [코드 4-3]과 같은 완전한 프로그램을 얻을 수 있다. 작성한 프로그램이 [코드 4-3]과 비슷한지 비교해 보고 아두이노에 업로드해 보자.

코드 4-3 H-브리지와 가변저항을 사용한 모터 제어 4-3_hbridge.ino

```
// H-브리지를 사용한 모터 제어
const int EN = 9;           // H-브리지 1 활성화 핀
const int MC1 = 3;          // 모터 제어 1
const int MC2 = 2;          // 모터 제어 2
const int POT = 0;          // 아날로그 0번 핀에 가변저항 연결

int val = 0;                // 가변저항 값(0~1023) 저장
int velocity = 0;           // 모터 회전 속도(0~255) 저장

void setup()
{
  pinMode(EN, OUTPUT);
  pinMode(MC1, OUTPUT);
  pinMode(MC2, OUTPUT);
  brake();                  // 모터를 정지한 상태로 초기화
}

void loop()
{
  val = analogRead(POT);

  if (val > 562)            // 정방향 회전
  {
    velocity = map(val, 563, 1023, 0, 255);
```

```
        forward(velocity);
    }
    else if (val < 462)      // 역방향 회전
    {
        velocity = map(val, 461, 0, 0, 255);
        reverse(velocity);
    }
    else                     // 브레이크
    {
        brake();
    }
}
// 모터를 주어진 속도(0~255)로 정방향으로 회전
void forward (int rate)
{
    digitalWrite(EN, LOW);
    digitalWrite(MC1, HIGH);
    digitalWrite(MC2, LOW);
    analogWrite(EN, rate);
}

// 모터를 주어진 속도(0~255)로 역방향으로 회전
void reverse (int rate)
{
    digitalWrite(EN, LOW);
    digitalWrite(MC1, LOW);
    digitalWrite(MC2, HIGH);
    analogWrite(EN, rate);
}

// 모터 정지
void brake ()
{
    digitalWrite(EN, LOW);
    digitalWrite(MC1, LOW);
    digitalWrite(MC2, LOW);
    digitalWrite(EN, HIGH);
}
```

모터의 동작이 예상한 것과 같은가? 문제가 있다면 회로가 정확하게 연결되었는지 먼저 확인하도록 하자. 모터가 정상적으로 동작한다면 DC 모터를 하나 더 H-브리지 칩에 연결해 보자. [코드 4-3]을 이용하면 어렵지 않게 2개의 모터를 동시에 구동할 수 있을 것이다.

SECTION 02
이동 로봇 만들기

지금까지 하나 또는 두 개의 DC 모터를 정방향 및 역방향으로 회전하기 위해 H-브리지 회로를 사용하는 방법을 알아보았다. 이제 간단한 이동 로봇을 만들기 위해 이를 적용해 보자.

1. 이동 로봇을 위한 부품 선택

로봇을 만든다고 하면 지레 겁을 먹을 수도 있겠지만 로봇을 만들기 위해 필요한 내용들은 이미 앞에서 모두 다루었다. 간단하게 이야기하자면 로봇에는 2가지만 있으면 된다. 첫 번째는 센서 또는 입력 장치로 로봇에게 무엇을 할지 알려주는 장치고, 두 번째는 원하는 동작을 실제 물리적인 행동으로 바꾸어 줄 액추에이터다.

▪ 모터와 기어박스 선택

H-브리지를 사용하면서 9V 모터의 회전 속도가 생각보다 빠르다는 점을 눈치 챘을 것이다. 사실 9V 모터의 회전 속도는 너무 빨라 작은 이동 로봇을 제어하는 데는 적당하지 않으므로 기어박스가 필요하다. 자동차는 변속기라고 불리는 기어박스를 사용하여 속도와 회전력 사이의 균형을 맞춘다. 자전거나 자동차의 기어를 바꾸면 기어비가 변하고, 속도와 회전력(rotational torque)은 반비례한다. 간단한 기어박스는 모터 회전축에 연결된 기어와 바퀴와 같이 회전시키고자 하는 대상에 연결된 기어의 2개 기어로 만들어진다.

연결된 두 기어 사이의 크기 차이로 인해 하나의 기어는 다른 기어보다 느리게 회전한다. 하나의 기어가 다른 기어보다 2배 많은 톱니를 가지고 있다고 생각해 보자. 작은 기어가 모터의 회전축에 연결되어 있다면 작은 기어가 완전히 한 바퀴 회전할 때 큰 기어는 반 바퀴만 회전한다. 따라서 바퀴의 회전 속도는 모터 회전 속도의 절반이 되고 회전력은 커진다. blum.fyi/gear-ratio에서 기어의 동작 원리를 애니메이션으로 확인할 수 있다.

여러 개의 감속 기어를 사용하면 이동 로봇을 적당한 속도로 움직이게 하는 기어박스를 만들 수 있다. 검색을 해 보면 다양한 크기의 기어박스가 연결된 DC 모터를 판매하는 수백 개의 회사를 찾을 수 있다. 감속비가 클수록 모터의 회전력은 커지지만 속도는 느려진다. 이 장의 예제에서는 Adafruit에서 만든 서보 모터 형태의 기어형 DC 모터를 추천하며 이동 로봇을 만드는 데 필요한 차체 역시 포함되어 있다. Adafruit의 키트를 사용할 수도 있지만, 창의력을 발휘하여 나무 막대와 집에서 흔히 볼 수 있는 재료로 차체를 만들 수도 있다. 차체를 어떻게 만들든 감속 기어가 포함된 DC 모터는 필요하다.

로봇의 전원

이 장의 앞부분에서 사용한 9V DC 모터와 달리 이 예제에서는 5V로 동작하는 기어박스가 달린 DC 모터를 사용하지만, 이 경우에도 아두이노의 5V 출력 핀으로 직접 모터를 구동하는 것은 바람직하지 않다. DC 모터에서 반드시 확인해야 하는 것 중 하나가 **최대 부하 전류**(stall current)다. 최대 부하 전류는 모터 축에 모터가 회전할 수 없을 정도의 부하가 걸려 있는 상태에서 흐르는 전류를 말한다. 동작 전압에 따라 550mA에서 650mA의 최대 부하 전류를 갖는 기어형 모터 사용을 추천한다. 550mA의 최대 부하 전류를 갖는다고 하더라도 양쪽의 2개 모터가 모두 최대 부하 상태가 되면 1A 이상의 전류가 필요하다는 점에 주의해야 한다. 이는 아두이노 보드에 있는 레귤레이터가 공급할 수 있는 것보다 많은 전력이므로 모터 전원으로 아두이노 보드의 출력을 사용해서는 안 된다. 사용할 수 있는 하나의 방법은 아두이노 보드에는 배럴 잭으로 9V 배터리를 연결하고 모터에는 별도의 5V 배터리 팩을 사용하는 것이다. 하지만 이동 로봇에 2개의 배터리를 사용하는 것은 실용적이지 못하다.

하나의 배터리만 사용하는 더 나은 방법이 있다. 9V 배터리와 선형 레귤레이터를 사용하여 모터에 필요한 5V 전원을 별도로 만들어 내고, 아두이노 역시 9V 배터리에서 아두이노 보드에 포함된 레귤레이터를 사용하여 5V 전원을 만들어 사용하는 것이다. 선형 레귤레이터는 입력 전압, 출력 전압, 그라운드의 3개 핀을 가지고 있는 간단한 장치다. 그라운드 핀은 입력과 출력의 공통 그라운드에 해당한다. 선형 전압 레귤레이터의 경우 입력 전압은 출력 전압보다 높아야 하며, 출력 전압은 사용하는 레귤레이터에 따라 고정된 값을 가진다.

입력과 출력 전압 사이의 전압 차이는 열로 발산되며, 레귤레이터는 (시간이 지남에 따라 배터리가 방전되어) 입력 전압이 낮아져도 출력 전압은 항상 같다. 이 예제에서는 5V에서 최대 1.5A 전류를 공급할 수 있는 L7805CV 5V 전압 레귤레이터를 사용한다. [그림 4-9]는 레귤레이터를 연결한 회로도다.

레귤레이터의 입력과 출력 쪽에는 커패시터가 연결되어 있다. 이들 커패시터는 **디커플링 커패시터**라고 불리며 충전과 방전을 통해 전압의 변동을 줄이는 역할을 한다. 회로에서 부하의 증가나 감소에 따라서 기준 전압에는 작은 변화가 생길 수 있으며 이를 리플 전압(ripple voltage)이라고 한다. 대부분의 선형 레귤레이터 데이터시트에는 사용 환경에 따라 사용해야 하는 커패시터의 종류와 용량이 표시되어 있다. 별도의 레귤레이터로 5V 전원을 만들어 사용하는 경우 아두이노의 5V 전원과 연결해서는 안된다는 점은 기억해야 한다. 하지만 두 전원의 그라운드는 함께 연결해야 한다.

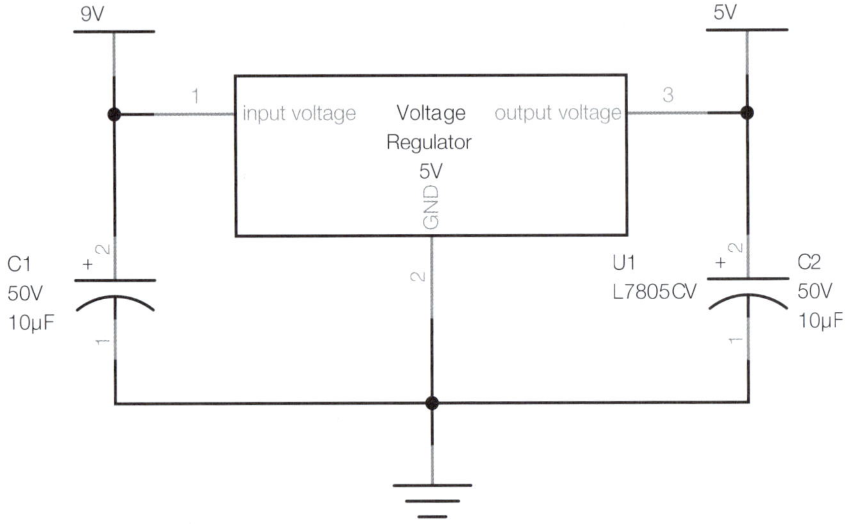

[그림 4-9] 5V 선형 레귤레이터 회로도(Fritzing으로 작성)

여기서 잠깐! **선형 레귤레이터의 이해와 아두이노 전원 공급의 한계**

많은 전류가 필요한 장치를 연결할 때 별도의 외부 전원 공급 장치를 사용해야 하는 이유는 무엇일까? 여기에는 몇 가지 이유가 있다. 아두이노의 입출력 핀으로는 최대 40mA의 전류만 공급할 수 있다. 모터는 수백 밀리암페어 전류가 필요할 수 있으므로 입출력 핀으로 모터를 직접 구동할 수는 없다. 가능하다고 하더라도 모터가 인덕터로 동작할 때 발생하는 높은 전압으로 입출력 핀이 손상될 수 있으므로 사용하지 않는 것이 좋다.

9V DC 모터를 사용하는 경우라면 아두이노 보드에서 사용하는 5V보다 높은 전압이 필요하므로 외부 전원이 필요하다는 점은 쉽게 이해할 수 있다. 하지만 아두이노 보드와 같은 전압을 사용하는 5V DC 모터에도 외부 전원이 필요한 이유는 무엇일까? 아두이노는 USB 연결로부터 또는 DC 배럴 잭으로 공급되는 전원에서 보드 상의 선형 레귤레이터를 거쳐 5V 전원을 만들고 동작 전원으로 사용한다. USB 연결을 사용하는 경우 USB 스펙에 따라 최대 500mA의 전류를 아두이노 보드와 아두이노 보드에 연결된 주변장치에 공급할 수 있다. 충분한 전류를 공급할 수 있는 전원 공급 장치를 사용한다면 아두이노 보드에 내장된 레귤레이터는 5V 전압에서 전류를 1A까지 공급할 수 있다. 이 중 일부는 아두이노 보드의 마이크로컨트롤러가 사용하고 나머지는 연결된 주변장치에서 사용할 수 있지만 모터와 같이 많은 전류가 필요한 장치에 사용하기에는 여전히 부족하다.

모터는 속도를 높이는 짧은 순간에 전류 소비가 아주 많아져서 전류 스파이크를 발생시킨다. 이러한 전류 스파이크는 5V 전원 버스에 리플을 발생시키고 LED와 같이 보드에 연결된 다른 장치에도 영향을 미친다. 모터를 위해 별도의 전원 공급 장치를 사용하면 모터로 인해 발생하는 전원 변화가 다른 부품에는 영향을 미치지 않는다.

모터(DC 모터 또는 다른 종류의 모터)에 공급되는 전류가 충분하지 않다면 모터가 정상적으로 작동하지 않을 수 있으므로 주의해야 한다.

2. 로봇 구성

[그림 4-10]은 이동 로봇의 회로도를 나타낸 것이다. 회로도 대부분은 앞에서 살펴본 것들이다. 회로도만을 참고하여 실제 로봇을 구성할 수 있겠는가?

회로도에서 같은 이름을 가진 이름표는 (회로도 상에서 연결되어 있지 않지만) 서로 연결해야 하는 핀을 나타낸다. 이처럼 이름표를 사용하면 회로도에 연결선을 모두 그릴 필요가 없어 회로도가 복잡해지는 것을 막아준다. 비슷하게 그라운드 기호가 표시된 핀은 모두 공통 그라운드로 연결해야 하며, 5V 전원으로 연결된 핀 역시 함께 연결하고 선형 레귤레이터의 출력에 연결하여 사용한다. [그림 4-10]에서는 앞에서 살펴본 것과 같은 H-브리지 회로를 사용하지만 H-브리지 회로에는 별도의 선형 레귤레이터로 9V의 전원에서 5V의 모터 전용 전원을 만들어 사용한다. 이 예제에서 사용하는 DC 모터는 9V가 아닌 5V를 사용하기 때문이다.

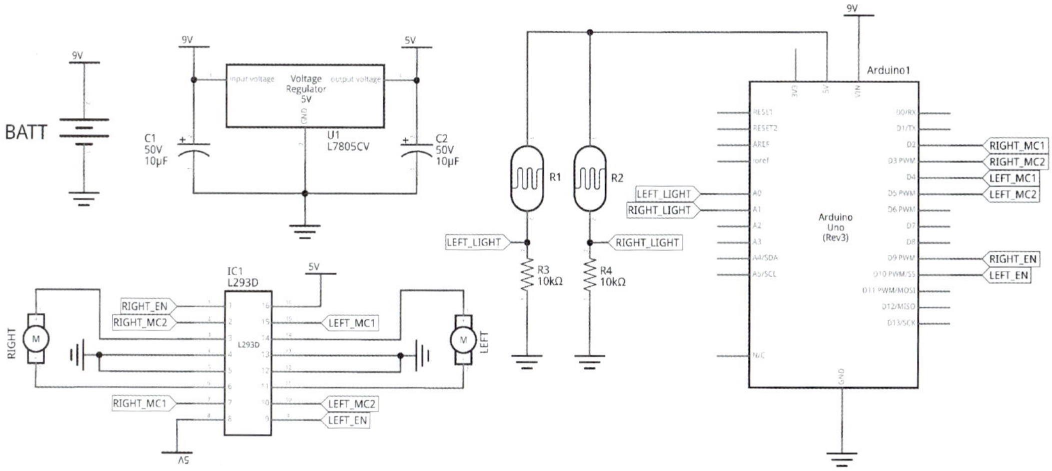

[그림 4-10] 이동 로봇 회로도 (Fritzing으로 작성)

회로를 구성할 때 잊지 말아야 할 점이 몇 가지 있다. 첫 번째, 레귤레이터의 핀 배치에 주의해야 한다. 방열을 위한 금속 부분을 몸과 반대 방향으로 두었을 때 가장 왼쪽 핀에 전원 전압(VIN, 9V)을, 가운데 핀에 그라운드를 연결하면 가장 오른쪽 핀이 5V 모터 전원을 출력한다. 두 번째, 극성이 있는 전해 커패시터를 사용할 때 연결 방향에 주의해야 한다. 줄무늬가 있는 쪽이 음극을 나타내므로 그라운드 쪽에 연결한다. 전해 커패시터의 두 핀을 연결하면 단락이 발생할 수 있으므로 주의해야 한다.

자동차의 움직임을 결정하기 위한 센서로는 2개의 포토레지스터를 사용할 것이다. 오른쪽 센서에 빛을 비추면 자동차는 오른쪽으로 회전하고 왼쪽 센서에 빛을 비추면 왼쪽으로 회전한다. 자동차의 앞에서 빛을 비추면 왼쪽과 오른쪽 모터가 같이 회전하여 자동차가 앞으로 움직인다. 2개의 포토레지스터는 2개의 아날로그 입력 핀에 연결하여 사용한다. 센서와 함께 사용하는 전압 분배 회로의 핀 중 하나는 아두이노의 5V 출력 핀에 연결하면 된다. 이때 아두이노의 5V 출력 핀은 브레드보드에서 별도의 선형 레귤레이터를 사용하여 모터 전용으로 만든 5V와는 연결되어 있지 않다는 점에 주의해야 한다.

연결이 끝났으면 로봇을 구동하기 위한 프로그램을 작성해 보자. [그림 4-11]은 [그림 4-10]의 회로도를 이용하여 브레드보드에 연결한 회로를 나타낸다.

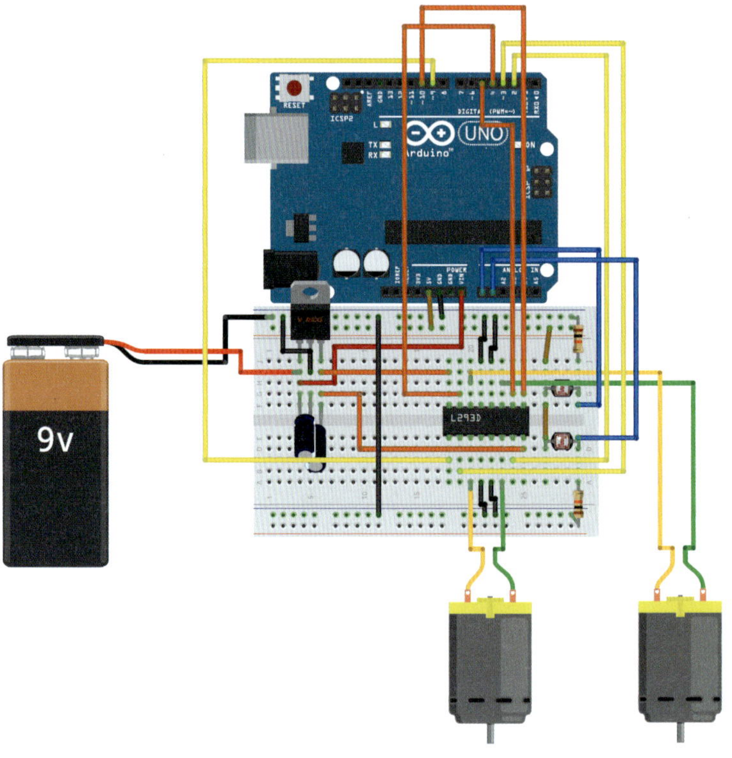

[그림 4-11] 이동 로봇 회로(Fritzing으로 작성)

차체에 회로를 올리기 전에 연결이 정확하게 이루어졌는지 그리고 프로그램이 제대로 만들어졌는지 확인해 보는 것이 좋다. [그림 4-12]는 아두이노와 배터리를 사용하여 브레드보드에 회로를 구성한 예다. 포토레지스터가 중앙을 기준으로 왼쪽과 오른쪽을 향하고 있어 로봇의 왼쪽과 오른쪽에서 오는 빛을 구별할 수 있다.

[그림 4-12] 이동 로봇 부품 연결

3. 로봇 소프트웨어 작성

회로 구성을 마쳤다면 앞의 예에서 사용한 코드를 바탕으로 자율 이동 로봇을 제어하기 위한 프로그램을 작성해 보자. 자동차를 구동하기 위해 필요한 전체 코드는 [코드 4-4]와 같다. 이 코드의 대부분은 이 장과 이전 장에서 사용한 코드와 같다. 모터의 움직임을 제어하는 함수는 이전 예제에서 코드를 가져오고 왼쪽과 오른쪽 회전을 제어하기 위해 매개변수를 추가했다. [코드 4-4]는 로봇을 앞으로만 움직이도록 하지만, 조도가 낮을 때 로봇이 뒤로 움직이도록 하고 싶다면 간단하게 수정할 수 있다.

코드의 시작 부분에는 움직임 제어를 위한 조도와 모터 속도가 정의되어 있다. 이들 상수의 값은 실험 환경에 따라 수정해야 한다. 상수값은 포토레지스터로부터 얻은 값을 `Serial` 클래스의 `print` 함수를 통해 시리얼 모니터로 출력하여 확인한 후 조절하면 된다. 코드를 아두이노에 업로드하고 시리얼 모니터를 열어 보자. 각각의 포토레지스터에 플래시를 비추어 얻을 수 있는 최솟값 및 최댓값을 확인하고 이를 조도의 임계치로 상수에 적용한다. 이처럼 상수값을 설정하는 방법은 https://www.exploringarduino.com/content2/ch4/에서 확인할 수 있다.

자동차를 실제 구동하는 부분은 `loop()` 함수에서 찾아볼 수 있다. 각 센서의 값을 읽고 `map()` 함수와 `constrain()` 함수로 밝기 값을 모터의 회전 속도로 변경한다. 왼쪽 포토레지스터에 더 많은 빛이 감지된 경우 오른쪽 모터가 더 빨리 회전하여 자동차는 왼쪽으로 회전한다. 반대의 경우도 마찬가지다.

코드 4-4 자동 주행 이동 로봇 4-4_car.ino

```
// 빛을 따라 움직이는 자동 주행 자동차

// H-브리지 제어 핀
const int RIGHT_EN = 9;              // 오른쪽 모터 활성화 제어
const int RIGHT_MC1 = 2;             // 오른쪽 모터를 위한 스위치 1 제어
const int RIGHT_MC2 = 3;             // 오른쪽 모터를 위한 스위치 2 제어
const int LEFT_EN = 10;              // 왼쪽 모터 활성화 제어
const int LEFT_MC1 = 4;              // 왼쪽 모터를 위한 스위치 1 제어
const int LEFT_MC2 = 5;              // 왼쪽 모터를 위한 스위치 2 제어

// 포토 레지스터(조도센서) 연결 핀
const int LEFT_LIGHT_SENSOR = 0;     // 아날로그 0번 핀의 포토레지스터
const int RIGHT_LIGHT_SENSOR = 1;    // 아날로그 1번 핀의 포토레지스터
// 이동 및 속도 제어를 위한 임계값

const int LIGHT_THRESHOLD_MIN = 810;  // 이동 시작을 위한 포토레지스터 최솟값
const int LIGHT_THRESHOLD_MAX = 1100; // 이동 시작을 위한 포토레지스터 최댓값
const int SPEED_MIN = 150;            // 최소 모터 회전 속도
const int SPEED_MAX = 255;            // 최대 모터 회전 속도

void setup()
{
  // H-브리지 제어 핀을 출력으로 설정
  pinMode(RIGHT_EN, OUTPUT);
  pinMode(RIGHT_MC1, OUTPUT);
  pinMode(RIGHT_MC2, OUTPUT);
  pinMode(LEFT_EN, OUTPUT);
  pinMode(LEFT_MC1, OUTPUT);
  pinMode(LEFT_MC2, OUTPUT);

  // 양쪽 모터를 정지한 상태로 초기화
  brake("left");
  brake("right");

  // 움직임 제어에 필요한 임계치 조정을 위한 시리얼 인터페이스
  Serial.begin(9600);
}

void loop()
{
  // 포토레지스터(조도 센서) 읽기
  int left_light = analogRead(LEFT_LIGHT_SENSOR);
```

```
int right_light = analogRead(RIGHT_LIGHT_SENSOR);

// 시리얼 모니터 출력의 스크롤을 늦추기 위한 짧은 지연 시간(50ms)
delay(50);

// 각 조도센서의 값에 비례하여 반대쪽 모터 속도 조절
// 조도센서 값이 임계치 이하이면 반대쪽 모터는 정지
// Note:  왼쪽 센서는 오른쪽 모터의 속도를, 오른쪽 센서는 왼쪽 모터의 속도를 조절
//        왼쪽으로 회전하기 위해서는 오른쪽 모터의 회전 속도를 높임
Serial.print("Right: ");
Serial.print(right_light);
Serial.print(" ");
if (right_light >= LIGHT_THRESHOLD_MIN)  // 오른쪽 포토레지스터(조도센서)
{
  // 조도센서 값을 속도로 변환(map)하고 범위를 제한(constrain)
  int left_speed = map(right_light,
       LIGHT_THRESHOLD_MIN, LIGHT_THRESHOLD_MAX,
       SPEED_MIN, SPEED_MAX);
  left_speed = constrain(left_speed, SPEED_MIN, SPEED_MAX);
  Serial.print(left_speed);      // 모터 속도 출력
  forward("left", left_speed);   // 반대쪽(왼쪽) 모터 속도를 계산한 값으로 설정
}
else
{
  Serial.print("0");
  brake("left"); // 조도센서 값이 임계치 이하일 경우 반대쪽 모터 정지
}

Serial.print("\tLeft: ");
Serial.print(left_light);
Serial.print(" ");
if (left_light >= LIGHT_THRESHOLD_MIN) // 왼쪽 포토레지스터(조도센서)

{
  // 조도센서 값을 속도로 변환(map)하고 범위를 제한(constrain)
  int right_speed = map(left_light,
       LIGHT_THRESHOLD_MIN, LIGHT_THRESHOLD_MAX,
       SPEED_MIN, SPEED_MAX);
  right_speed = constrain(right_speed, SPEED_MIN, SPEED_MAX);
  Serial.println(right_speed);     // 모터 속도 출력
  forward("right", right_speed);   // 반대쪽(오른쪽) 모터 속도를 계산한 값으로 설정
}
else
```

```
  {
    Serial.println("0");
    brake("right");     // 조도센서 값이 임계치 이하일 경우 반대쪽 모터 정지
  }
}

// 모터 회전 속도를 지정한 값(0~255)으로 설정
// 모터는 "left" 또는 "right"로 왼쪽 또는 오른쪽 모터 지정
void forward (String motor, int rate)
{
  if (motor == "left")
  {
    digitalWrite(LEFT_EN, LOW);
    digitalWrite(LEFT_MC1, HIGH);
    digitalWrite(LEFT_MC2, LOW);
    analogWrite(LEFT_EN, rate);
  }
  else if (motor == "right")
  {
    digitalWrite(RIGHT_EN, LOW);
    digitalWrite(RIGHT_MC1, HIGH);
    digitalWrite(RIGHT_MC2, LOW);
    analogWrite(RIGHT_EN, rate);
  }
}

// 모터 정지, 정지하는 모터는 "left" 또는 "right"로 왼쪽 또는 오른쪽 모터 지정
void brake (String motor)
{
  if (motor == "left")
  {
    digitalWrite(LEFT_EN, LOW);
    digitalWrite(LEFT_MC1, LOW);
    digitalWrite(LEFT_MC2, LOW);
    digitalWrite(LEFT_EN, HIGH);
  }
  else if (motor == "right")
  {
    digitalWrite(RIGHT_EN, LOW);
    digitalWrite(RIGHT_MC1, LOW);
    digitalWrite(RIGHT_MC2, LOW);
    digitalWrite(RIGHT_EN, HIGH);
  }
}
```

4. 이동 로봇 완성

Adafruit을 비롯하여 다양한 회사에서 이동 로봇을 만드는 데 필요한 부품과 차체를 판매하고 있다. 이 절에서는 이동 로봇 키트를 조립하는 방법을 살펴볼 것이다. 하지만 모험심을 발휘하여 나만의 차체를 만들고 싶다면 도전해 보기를 추천한다. 3D 프린터를 이용하여 차체를 출력하거나 집안에서 흔히 볼 수 있는 재료를 이용하여 차체를 만들 수도 있다. 어떤 차체를 선택하든 기어형 DC 모터와 바퀴는 Adafruit의 제품을 추천한다.

먼저 기어형 DC 모터를 차체에 붙여 보자. 기성품을 사용한다면 차체와 함께 제공되는 볼트와 너트를 사용하여 고정하면 되고, 직접 만든 차체를 사용한다면 글루건으로 차체에 연결하면 된다. 다음은 바퀴를 기어박스의 축에 연결한다. 브레드보드는 차체의 위쪽에 놓고 모터를 브레드보드에 연결한다. 테스트 과정에서 로봇이 앞으로 움직이지 않고 뒤로 움직인다면 모터 연결선의 극성이나 모터 제어 핀의 순서를 바꾸면 된다. 조립이 끝난 차는 [그림 4-13]과 비슷한 모양이 될 것이다.

조립을 끝내기 전에 몇 가지 주의해야 할 점이 있다. Adafruit의 차체(또는 다른 금속 차체)를 사용하는 경우라면 아두이노의 바닥면이 차체에 닿지 않도록 해야 한다. [그림 4-13]에서는 플라스틱으로 만든 볼트와 너트를 사용하여 아두이노의 바닥과 금속 차체가 닿지 않도록 공간을 만들어 주었다. 차체를 양극 산화 처리한 경우라도 아두이노 바닥이 차체에 직접 닿지 않도록 해야 한다. 처리된 차체의 표면이 아두이노 바닥면의 핀으로 벗겨지는 경우에는 아두이노에 단락이 발생할 수 있다. 비슷하게 커패시터, 전압 레귤레이터 등 높이가 높은 부품을 브레드보드에 꽂을 때는 주의해야 한다. 브레드보드에 꽂기 위해 부품의 다리를 구부리는 경우에는 다리가 서로 닿아 단락이 발생하지 않도록 해야 한다.

모든 조립이 끝났으면 9V 배터리를 연결하고 손전등 불빛을 사용하여 자율 주행 자동차를 움직여 보자. 자동차는 손전등 불빛을 따라와야 한다. 만약 자동차가 너무 느리게 움직이는 경우, 빛에 너무 민감하게 반응하거나 반응하지 않는 경우, 또는 예상했던 것과는 다르게 움직이는 경우에는 USB 케이블로 컴퓨터와 연결하고 시리얼 모니터로 조도센서 값과 모터 회전 속도를 출력해 보자. 빛에 대한 민감도와 회전 속도를 조절하기 위해서는 앞에서 설정한 임계치나 포토레지스터의 방향을 조절해야 할 수 있다. 실험하는 방이 아주 밝다면 실내등을 끄고 커튼을 쳐서 플래시의 빛이 왼쪽과 오른쪽 포토레지스터에 도달하는 양이 달라지도록 해 주는 것이 좋다. 모터가 앞쪽으로 회전하지 않고 뒤쪽으로 회전한다면 모터 연결선을 반대로 꽂으면 된다.

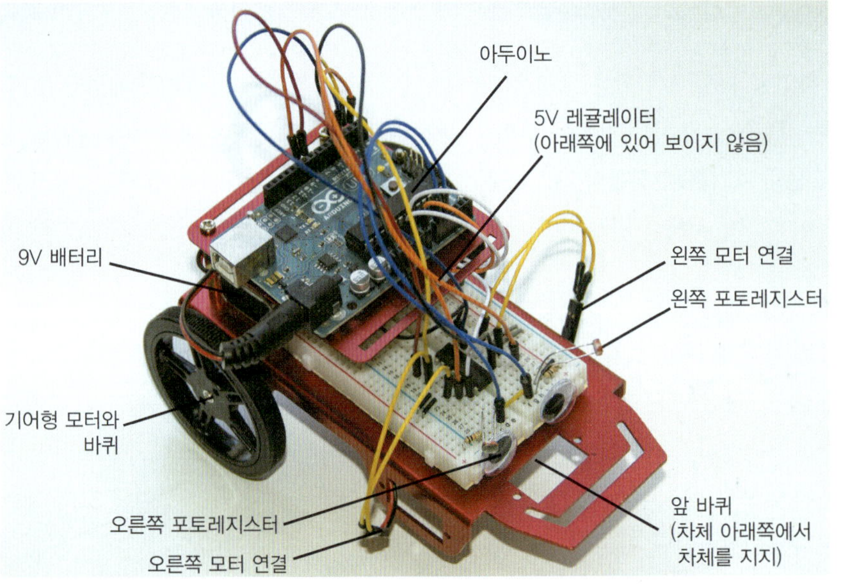

[그림 4-13] 완성된 자율 주행 이동 로봇

Note 이동 로봇의 구동 영상은 exploringarduino.com/content2/ch4에서 확인할 수 있다.

요약

- DC 모터는 전류의 변화로부터 기계적인 움직임을 만들기 위해 전자기 유도 현상을 사용한다.
- 모터는 시작과 정지 과정에서 연결된 회로를 손상시킬 수 있으므로 아두이노와 함께 사용하는 경우 적절한 보호 장치와 전원 공급 방법이 필요하다.
- DC 모터의 회전 속도와 방향은 PWM 신호와 H-브리지를 사용하여 제어할 수 있다.
- 아두이노에 모터와 같은 액추에이터와 아날로그 입력을 함께 사용하여 상호작용이 가능한 로봇이나 시스템을 구성할 수 있다.

CHAPTER

05

스테핑 모터와 서보 모터

CONTENTS

필요한 부품

- 아두이노 우노
- A-B 타입 USB 케이블
- 브레드보드
- 점퍼선
- 푸시버튼(2개)
- 1kΩ 저항(4개)
- 10kΩ 가변저항
- 5mm 청색 LED(4개)
- 9V 배터리
- 9V 배터리 클립
- L7805CV 5V 전압 레귤레이터
- 10μF 50V 전해 커패시터(2개)
- TI L293D H-브리지 모터 드라이버
- 12V (500mA 이상) DC 어댑터
- Sharp GP2Y0A21YK0F 적외선 거리 센서와 JST 케이블
- 표준 5V 서보 모터
- NEMA-17 쌍극 스테핑 모터
- 글루건 또는 테이프
- 원형 시계판(CD나 종이로 만들어도 된다)
- 바인더 클립
- 아이스크림 막대

들어가기 전에

4장에서 DC 모터를 제어하는 방법을 살펴보았다. DC 모터는 움직이는 로봇을 만들기 위해 흔히 사용되지만, 회전에 대한 피드백을 얻을 수 없고 위치가 아니라 속도를 제어하므로 정밀한 움직임을 얻기는 어렵다. DC 모터와 함께 인코더(encoder)나 다른 외부의 위치 제어 시스템을 사용하지 않는다면 절대적인 회전 위치를 얻기는 불가능하다. 반면 서보 모터는 지정한 각도의 위치로 회전하도록 제어할 수 있으며 새로운 위치로 움직이도록 지정하지 않으면 그 위치를 유지하고 있다는 점에서 다른 모터와 차이가 있다. 이러한 특징은 특정한 방향으로 회전해야 하는 시스템에서 중요하게 사용된다. 서보 모터는 도어락을 작동하거나, 전기자를 특정 위치로 회전하거나, 조리개가 열린 정도를 정밀하게 제어하기 위해 사용할 수 있다. 스테핑 모터는 또 다른 종류의 모터로, 단계별로 회전량이 증가하는 모터다. 스테핑 모터는 3D 프린터에서의 움직임 제어, 정밀 게이지 및 기구 등을 만드는 데 주로 사용된다. 이 장에서는 서보 모터와 스테핑 모터에 대해 알아보고 이들을 아두이노로 제어하는 방법을 살펴볼 것이다.

SECTION 01

서보 모터 구동

서보 모터는 로봇 관련 작업에서 흔히 사용된다. 서보 모터는 RC 비행기에서부터 인터넷으로 제어할 수 있는 도어락까지 수많은 제품에서 찾아볼 수 있다. 서보 모터는 다양한 크기와 규격을 가지고 있으며, 연속 회전이 가능한 서보 모터, 큰 회전력을 가지면서 작은 범위에서만 회전하도록 만들어진 서보 모터도 있다.

1. 표준 서보 모터와 연속 회전 서보 모터의 차이

서보 모터는 크게 표준 서보 모터와 연속 회전 서보 모터로 나눌 수 있다. 표준 서보 모터는 축의 현재 회전 위치를 찾아내기 위해 회전축에 가변저항이 연결되어 있어 정해진 범위(일반적으로 0에서 180도 사이)에서만 회전할 수 있다. 서보 모터를 제어하는 것은 정해진 길이의 펄스를 모터로 전송함으로써 이루어진다. 표준 서보 모터의 경우 펄스의 길이는 서보 모터가 회전할 절대적인 위치를 나타낸다. 하지만 가변저항을 제거하면 서보 모터는 회전 범위의 제한 없이 움직일 수 있으며 이때 펄스의 길이는 모터의 회전 속도를 지정하기 위해 사용된다.

이 책에서는 절대 위치로 회전하는 표준 서보 모터를 사용한다. 표준 서보 모터를 분해하여 가변저항을 제거하거나 연속 회전 서보 모터를 구입하면 서보 모터로 DC 모터와 같이 각도 제한 없이 회전시킬 수 있다.

2. 서보 모터 제어 방식의 이해

DC 모터와 달리 서보 모터는 전원(일반적으로 빨간색), 그라운드(일반적으로 갈색이나 검은색) 그리고 신호선 또는 제어선(일반적으로 흰색 또는 주황색)으로 불리는 3개 연결선을 가지고 있다. [그림 5-1]과 같이 서보 모터의 연결선은 색으로 기능을 나타내며 일반적으로 같은 순서로 배열되어 있다. 하지만 일부 제조사는 표준 배열을 따르지 않으므로 서보 모터를 연결하기 전에 항상 데이터시트에서 연결선을 확인해야 한다.

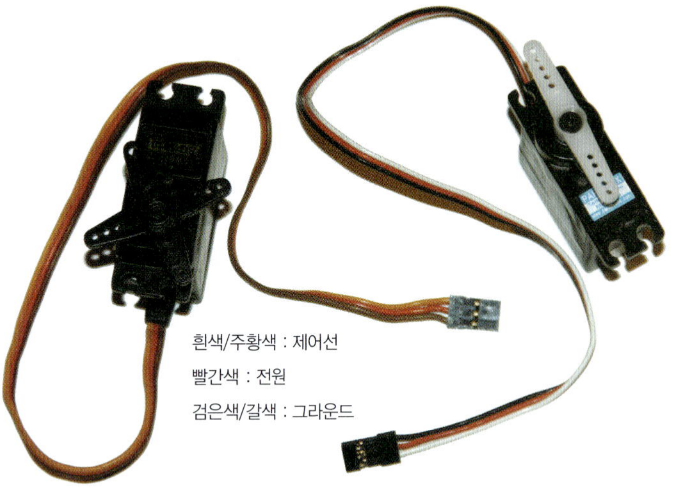

[그림 5-1] 서보 모터

연결선에 사용되는 색상은 서보 모터에 따라 약간씩 달라질 수는 있지만, 그림에서 언급한 색상이 가장 많이 사용된다.(확실하지 않다면 서보 모터의 데이터시트를 확인하도록 한다.) DC 모터처럼 서보 모터는 아두이노가 공급할 수 있는 것보다 많은 전류를 소비하는 경우가 많다. 하나 또는 두 개의 작은 서보 모터를 아두이노의 5V 전원 핀에 연결하여 사용할 수도 있지만, 필요할 때 더 많은 서보 모터를 연결하여 사용할 수 있도록 별도의 5V 모터 전용 전원을 만들어 사용하는 것이 좋다.(5V 전용 전원은 이전 장에서 5V DC 모터를 위해 사용했던 방법을 그대로 사용하면 된다.)

DC 모터와 달리 서보 모터는 회전할 위치를 지정하기 위해 전용 제어선을 가지고 있다. 또한 서보 모터의 전원과 그라운드 선은 항상 연결된 상태에 있어야 한다.

서보 모터는 제어선으로 가변 길이의 펄스를 보내 제어한다. 표준 서보 모터의 경우 1ms 5V 펄스를 보내면 0도 위치로 회전하고, 2ms 5V 펄스를 보내면 180도 위치로 회전한다. 1ms와 2ms 사이의 펄스 길이는 0도와 180도 사이로 선형으로 대응되어 회전한다. 예를 들어 1.5ms의 펄스를 보내면 모터는 90도 위치로 회전한다. 펄스가 보내지면 서보 모터는 해당하는 위치로 회전한 후 다음 펄스를 수신할 때까지 기다린다. 하지만 서보 모터가 다른 위치로 움직이지 않고 현재 위치를 유지하도록 하려면 20ms 간격으로 이전과 같은 길이의 펄스를 계속해서 보내야 한다. 뒤에서 살펴볼 아두이노의 서보 모터 관련 함수는 회전과 현재 위치 유지를 위한 과정을 자동으로 처리한다. 서보 모터 제어 방법을 이해하기 위해서는 [그림 5-2]의 타이밍도를 살펴보기 바란다.

[그림 5-2]의 각 예에서 펄스는 매 20ms마다 보내진다. 펄스의 길이가 1ms에서 2ms까지 길어짐에 따라, 모터의 회전 각도는 [그림 5-2]의 오른쪽에 표시된 것처럼 0도에서 180도로 증가한다.

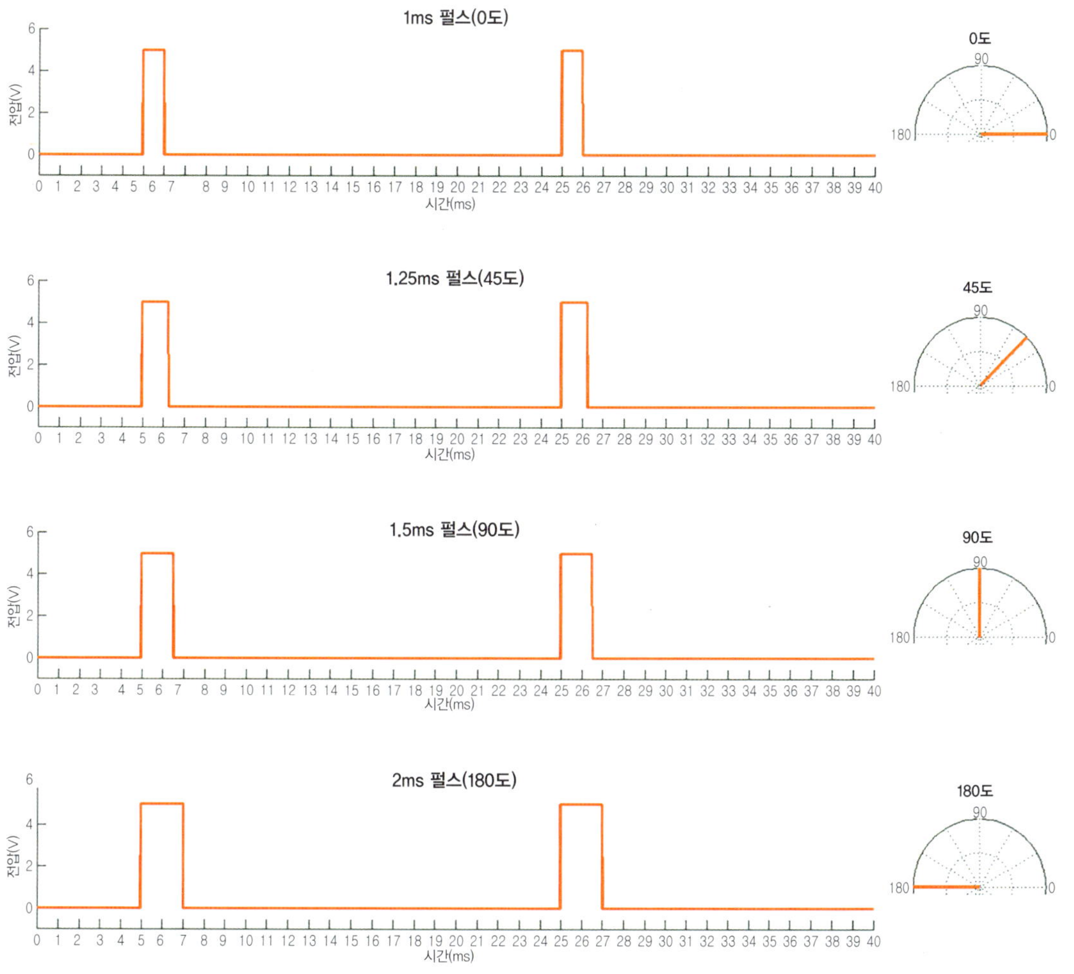

[그림 5-2] 서보 모터 제어를 위한 타이밍도(MATLAB으로 작성)

앞에서 이야기한 것처럼 서보 모터는 아두이노가 공급할 수 있는 것보다 많은 전류를 사용할 수 있다. 대부분의 서보는 5V에서 동작하도록 만들어져 있다. 이전 장에서 자율 주행 자동차를 만들기 위해 사용했던 5V DC 모터처럼 서보 모터도 더 많은 전류를 공급할 수 있는 별도의 전원을 사용해야 할 수 있다. 이를 위해서는 4장에서 9V 배터리를 사용하여 5V 모터 전원을 만들기 위해 사용했던 L7805CV 5V 전압 레귤레이터를 사용할 수 있다.

Note 별도의 레귤레이터로 만든 5V를 사용하는 전원 버스는 아두이노의 5V 전원 버스와 연결해서는 안 된다. 하지만 두 전원에 공통의 기준점을 설정하기 위해 그라운드는 함께 연결해야 한다.

지금까지의 설명을 바탕으로 서보 모터를 연결해 보자. [그림 5-3]을 참고하여 서보 모터, 5V 레귤레이터, 가변저항 등을 연결한다. 가변저항은 아날로그 0번 핀에 연결하고 서보 모터의 제어선은 아두이노의 9번 핀에 연결한다. 5V 레귤레이터의 출력을 서보 모터의 전원선에 연결해야 한다는 점도 잊지 말아야 한다.

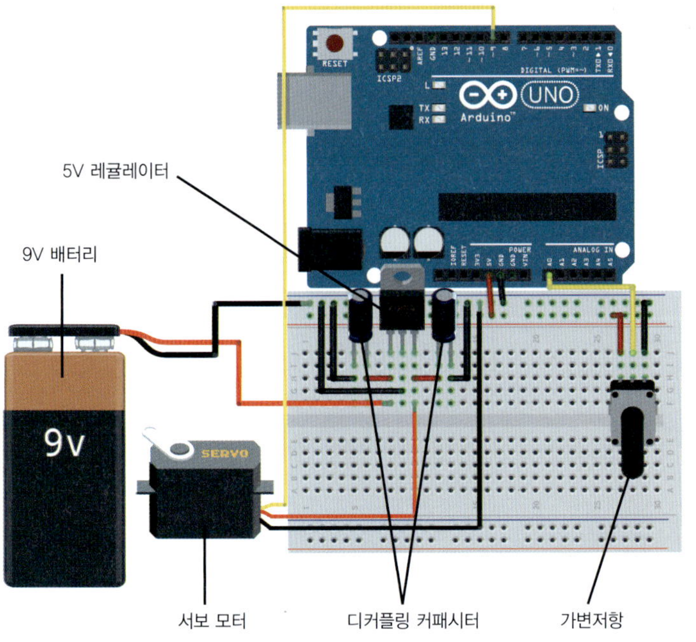

[그림 5-3] 서보 모터 연결 회로(Fritzing으로 작성)

회로를 구성할 때 주의해야 할 점이 몇 가지 있다. 먼저, 이전 장에서 레귤레이터를 사용할 때 주의할 점을 떠올려 보자. 방열을 위한 금속 부분을 몸과 반대 방향으로 두었을 때 가장 왼쪽 핀에 전원 전압을, 가운데 핀에 그라운드를 연결하며 가장 오른쪽이 서보 모터의 전원선에 연결하는 핀이다. 두 번째로, [그림 5-3]에서와 같이 극성이 있는 전해 커패시터를 사용하는 경우 연결 방향에 주의해야 한다. 줄무늬가 있는 쪽이 음극을 나타내므로 그라운드 쪽에 연결한다. 전해 커패시터의 두 핀을 연결하면 단락이 발생할 수 있으므로 주의해야 한다. 회로를 구성하였다면 서보 모터를 제어하기 위한 프로그램을 작성하는 다음 절로 넘어가 보자.

3. 서보 모터 제어

소프트웨어 라이브러리는 유용하지만 항상 필요하지는 않은 코드를 모아놓은 것으로, 아두이노 IDE에도 흔히 사용되는 작업을 위해 많은 라이브러리가 포함되어 있다. 그중 하나가 서보 모터 제어를 쉽게 할 수 있도록 해 주는 서보 라이브러리다. 서보 라이브러리는 서보 모터의 제어 핀으로 전송해야 하는 펄스의 타이밍을 관리하기 위해 필요한 코드를 추상화하고 있다. 서보 모터를 사용하기 위해서는 서보 객체를 아두이노의 특정 핀에 연결하고, 서보 객체로 회전하고자 하는 각도를 지정해 주면 된다. 서보 라이브러리가 서보 모터 제어를 위한 나머지 작업들을 알아서 처리해 주며 여기에는 핀을 출력으로 설정하는 것까지 포함된다. 서보 모터의 동작을 테스트하는 간단한 방법은 가변저항 값을 서보 모터의 위치로 매핑하는 것이다. 가변저항 값이 `0`이 되도록 돌리면 서보 모터는 0도 위치로 회전하고, `1023`이 되도록 돌리면 180도 위치로 회전하도록 해 보자. 새로운 스케치를 만들어 [코드 5-1]을 입력하고 아두이노에 업로드하여 서보 모터의 동작을 확인해 보자.

코드 5-1 가변저항으로 서보 모터 제어 5-1_servo.ino

```
// 가변저항으로 서보 모터 제어
#include <Servo.h>

const int SERVO = 9;        // 서보 모터를 9번 핀에 연결
const int POT = 0;          // 가변저항을 아날로그 0번 핀에 연결

Servo myServo;
int val = 0;                // 가변저항 값 저장

void setup()
{
  // 서보 객체에 서보 모터 제어 핀 연결
  myServo.attach(SERVO);
}

void loop()
{
  val = analogRead(POT);              // 가변저항 읽기
  val = map(val, 0, 1023, 0, 179);  // 가변저항 값을 각도로 변환
  myServo.write(val);                 // 서보 모터의 회전 각도 설정
  delay(15);                          // 서보 모터의 회전 대기
}
```

프로그램의 시작 부분에 있는 include 문장은 스케치에서 서보 라이브러리를 사용할 수 있도록 해 준다. Servo myServo는 myServo라는 이름의 서보 모터 제어 객체를 생성한다. [코드 5-1]에서 서보 모터에 회전 각도를 설정할 때마다 myServo 객체를 사용한다. setup() 함수에서 서보 모터의 제어 선이 연결된 핀을 myServo 객체에 지정하는 것이 서보 모터를 사용하는 데 필요한 초기화 과정의 전부다. 서로 다른 이름의 서보 모터 제어 객체를 생성하고 생성한 객체에 서로 다른 아두이노 핀을 지정하면 여러 개의 서보 모터를 제어할 수도 있다. loop() 함수에서는 가변저항 값을 읽어 서보 모터의 회전 각도로 변환한 후 서보 모터 제어 객체에 연결된 핀을 통해 회전하고자 하는 각도에 해당하는 길이의 펄스를 출력한다. 15ms 지연 시간은 지정한 각도로 서보 모터가 회전할 때까지 대기하기 위해 사용한 것이다.

SECTION 02

회전 거리 센서 제작

서보 모터를 제어하는 방법과 이전 장에서 다룬 내용을 함께 사용하여 거리에 따라 다른 수의 LED가 켜지는 회전 거리 센서를 만들어 보자. 회전 거리 센서는 적외선 거리 센서를 서보 모터에 연결하여 회전시키면서 거리를 측정하고 4개의 LED에 나타낸다. 서보 모터가 회전함에 따라 연결된 거리 센서가 일정한 회전 범위 내에 있는 물체까지의 거리를 측정하여 어느 방향에 물체가 가까이 놓여 있는지, 어느 방향에 물체가 멀리 놓여 있는지를 대략적으로 알아낼 수 있다. 4개의 LED는 4개의 영역으로 나눈 각각의 회전 범위에 대응하며 각 영역에서 물체까지의 거리에 따라 LED의 밝기가 변한다.

적외선은 사람이 볼 수 없는 전자기파에 속하므로 적외선을 활용한 시스템은 야간 식별을 위해 사용될 수 있다. 적외선 거리 센서는 거리 측정을 위해 적외선을 방출하는 적외선 LED와, 물체에 반사된 후 적외선 LED 옆에 있는 포토 센서로 돌아오는 적외선의 입사각을 계산하는 회로로 구성되어 있다. 포토 센서에서 출력하는 아날로그 전압을 사용하여 적외선 거리 센서는 거리를 계산하고, 이를 다시 아날로그 전압으로 변환하여 아두이노의 아날로그 입력 핀으로 읽을 수 있다. 방이 아주 어두워 물체까지의 거리를 확인할 수 없는 경우에도 적외선 거리 센서는 사람의 눈이 감지할 수 없는 파장의 빛을 사용하므로 거리를 측정할 수 있다.

적외선 거리 센서의 종류에 따라 다른 인터페이스를 사용할 수 있다. 이 예제에서 사용하는 센서와 다른 종류의 거리 센서를 사용한다면 데이터시트를 확인하여 거리에 따라 출력 전압이 달라지는지 확인해야 한다.

[그림 5-4]와 같이 거리 센서를 글루건으로 서보 모터 위에 연결하자. 글루건은 붙이기 쉽고 지지력이 좋으며 필요한 경우 제거하기도 쉽다. 순간접착제, 퍼티, 테이프 등을 사용해서 연결해도 된다.

[그림 5-4] 서보 모터에 연결한 적외선 거리 센서

다음은 서보 모터를 아두이노에 연결한다. 이때 앞에서 살펴본 것처럼 5V 레귤레이터를 사용하여 서보 모터에 전원을 공급하도록 하자. 적외선 거리 센서의 출력은 가변저항 대신 아날로그 0번 핀에 연결한다. 4개의 LED는 1kΩ 저항을 통해 아두이노의 3, 5, 6, 11번 핀에 연결한다. 아두이노 우노는 6개의 PWM 핀을 가지고 있지만, 서보 라이브러리를 사용하는 경우에는 9번과 10번 핀으로 PWM 신호를 출력할 수 없다. 이는 9번과 10번 핀으로 PWM 신호를 출력하는 데 필요한 하드웨어 타이머를 서보 라이브러리가 사용하기 때문이다. 따라서 이 예제에서는 나머지 4개의 PWM 핀이 사용되었다.(만약 더 많은 수의 LED를 사용하고 싶다면 아두이노 메가2560을 사용하거나 소프트웨어로 PWM 신호를 만드는 방법을 사용해야 한다. 하지만 이 책에서는 이러한 방법은 다루지 않는다.) [그림 5-5]의 회로를 참고하여 회로 구성이 올바르게 되었는지 확인하자. 여기서는 청색 LED를 사용하였지만, 색상은 중요하지 않으므로 어떤 색을 사용해도 된다. 거리 센서의 연결선에 연결부 처리가 되어 있지 않다면 연결선 끝부분의 피복을 벗기고 심을 꼬아 브레드보드와 아두이노에 연결해야 한다. 모든 연결이 끝나면 [그림 5-4]와 같이 테이프로 고정시키는 것이 좋다.

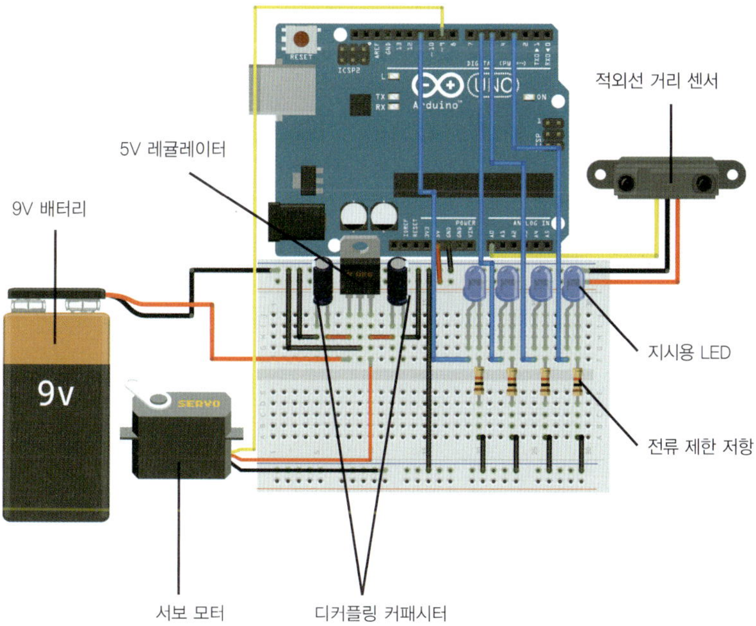

[그림 5-5] 회전 거리 센서 연결 회로(Fritzing으로 작성)

마지막으로 센서를 구동하는 프로그램을 작성해 보자. 회전 거리 센서 시스템은 지정한 위치까지 거리 센서를 회전하고, 거리를 측정한 후, 거리를 LED의 밝기로 변환하여 LED의 밝기를 조절하고, 다음 거리 측정 위치까지 회전하기를 반복한다. [코드 5-2]는 회전 거리 센서를 구동하는 코드다. 코드를 입력하고 아두이노에 업로드해 보자.

코드 5-2 회전 거리 센서 5-2_sweep.ino

```
// 회전 거리 센서
#include <Servo.h>

const int SERVO = 9;              // 서보 모터를 9번 핀에 연결
const int IR = 0;                 // 적외선 거리 센서를 아날로그 0번 핀에 연결
const int LED1 = 3;               // LED 1 연결 핀
const int LED2 = 5;               // LED 2 연결 핀
const int LED3 = 6;               // LED 3 연결 핀
const int LED4 = 11;              // LED 4 연결 핀

Servo myServo;                    // 서보 모터 제어 객체
int dist1 = 0;                    // 1번 영역에서 물체까지의 거리
int dist2 = 0;                    // 2번 영역에서 물체까지의 거리
int dist3 = 0;                    // 3번 영역에서 물체까지의 거리
int dist4 = 0;                    // 4번 영역에서 물체까지의 거리

void setup()
{
  myServo.attach(SERVO);          // 서보 모터를 서보 모터 제어 객체에 연결
  pinMode(LED1, OUTPUT);          // LED 1 연결 핀을 출력으로 설정
  pinMode(LED2, OUTPUT);          // LED 2 연결 핀을 출력으로 설정
  pinMode(LED3, OUTPUT);          // LED 3 연결 핀을 출력으로 설정
  pinMode(LED4, OUTPUT);          // LED 4 연결 핀을 출력으로 설정
}

void loop()
{
  // 서보 모터를 4개의 영역으로 회전하고 거리를 측정하여 LED 상태를 바꿈
  dist1 = readDistance(15);       // 15도로 회전하여 거리 측정
  analogWrite(LED1, dist1);       // LED 1 밝기 조절
  delay(300);                     // 다음 영역 측정 시점까지의 지연 시간
  dist2 = readDistance(65);       // 65도로 회전하여 거리 측정
  analogWrite(LED2, dist2);       // LED 2 밝기 조절
  delay(300);                     // 다음 영역 측정 시점까지의 지연 시간
  dist3 = readDistance(115);      // 115도로 회전하여 거리 측정
  analogWrite(LED3, dist3);       // LED 3 밝기 조절
  delay(300);                     // 다음 영역 측정 시점까지의 지연 시간
  dist4 = readDistance(165);      // 165도로 회전하여 거리 측정
  analogWrite(LED4, dist4);       // LED 4 밝기 조절
  delay(300);                     // 다음 영역 측정 시점까지의 지연 시간
}
```

```
int readDistance(int pos)
{
  myServo.write(pos);                 // 지정한 각도로 회전
  delay(600);                         // 서보 모터의 회전 완료 대기
  int dist = analogRead(IR);          // 적외선 거리 센서 읽기
  dist = map(dist, 50, 500, 0, 255);  // 거리 센서 값을 LED 밝기로 매핑
  dist = constrain(dist, 0, 255);     // LED 밝기의 범위 제한
  return dist;                        // 변환된 거리(즉 LED 밝기) 반환
}
```

[코드 5-2]는 서보 모터를 지정한 각도로 회전하여 거리를 측정하고 LED의 밝기로 변환한 후 loop() 함수로 반환하는 readDistance 함수를 정의하고 있다. LED의 밝기로 변환하는 센서 값의 범위는 사용하는 환경에 따라 달라질 수 있다. [코드 5-2]는 가장 가까이 있는 물체에 대한 거리 센서의 출력이 약 500, 가장 멀리 있는 물체에 대한 거리 센서의 출력이 약 50이라고 가정하고 이에 맞게 map() 함수의 값을 결정한 것이다. loop() 함수에서는 4개의 영역에 대해 readDistance 함수를 호출하기를 반복한다.

Note 회전 거리 센서의 동영상은 exploringarduino.com/content2/ch5에서 확인할 수 있다.

SECTION 03

스테핑 모터의 이해와 구동 방법

스테핑 모터의 동작 원리부터 스테핑 모터를 선택하여 시스템을 만들고 이를 동작시키는 전 과정만으로 한 권의 책을 쓸 수도 있다. 하지만 그 모든 것을 설명하자면 복잡하고 어려운 내용을 설명해야 하기에 이 책에서는 스테핑 모터 중에서도 쌍극 4선 스테핑 모터만을 다룬다. 스테핑 모터는 다양한 용도로 사용되는 **브러시리스**(브러시가 없는) DC 모터로, 회전축 주변의 코일에 전기를 흘리면 회전축에 연결된 영구자석이 회전하는 구조이다. 이때 개별적으로 전기가 주어지는 코일을 '상(phase)'이라고 한다. 각 상에 해당하는 코일에 전기를 가하면 자기장에 변화가 발생하고 영구자석은 자화된 코일에 의한 인력과 척력으로 회전이 발생한다.

스테핑 모터는 한 번에 한 '스텝(step)' 회전한다. 한 스텝으로 회전하는 양은 모터의 코일/상 수, 회전자인 영구자석의 디자인 등 모터의 특성에 따라 달라진다. 스테핑 모터는 한 스텝에 회전하는 회전각이 정해져 있으므로 정밀한 위치 지정이 중요한 작업에 적합하다. 또한 브러시형 DC 모터와 비교했을 때 저속에서 회전력이 크다는 장점이 있다. 스테핑 모터는 로봇, 산업 자동화 시스템, 2D/3D 프린터, CNC(computer numerical control) 제어 장치, 계기판 등에서 흔히 볼 수 있다.

[그림 5-6]은 이 장에서 사용할 NEMA-17 쌍극(bipolar) 스테핑 모터다. 단극(unipolar) 모터에서 각 코일에 가해지는 전류는 항상 같은 방향이므로 구동 드라이버를 간단히 설계할 수 있다. 하지만 단극 방식에서는 한 번에 사용할 수 있는 코일의 수가 쌍극 모터의 절반이므로 회전력도 절반이 된다. 반면 이 장에서 사용하는 쌍극 스테핑 모터는 각 코일에 가해지는 전류 방향은 바뀔 수 있고, 회전력이 단극 모터의 2배가 된다. 코일에 가해지는 전류 방향을 바꾸기 위해서는 H-브리지가 필요하지만, DC 모터 제어를 위해 이미 H-브리지를 사용해 보았으므로 어렵지 않게 스테핑 모터를 구동할 수 있을 것이다.

Note NEMA-17은 스테핑 모터 연결 부위의 규격(크기)을 말하며 모터의 구동 특성과는 무관하다. NEMA-17 모터[1]에는 다양한 출력과 회전력을 가지는 많은 모터가 포함되어 있다.

1 옮긴이_ NEMA는 미국 모터 규격으로 뒤에 붙는 숫자는 전면부의 크기를 말한다. NEMA-17은 나사 홀이 있는 전면부 크기가 42mm×42mm다. 이외에도 다양한 크기의 모터가 있지만, 흔히 볼 수 있는 스테핑 모터는 대부분 NEMA-17 모터다.

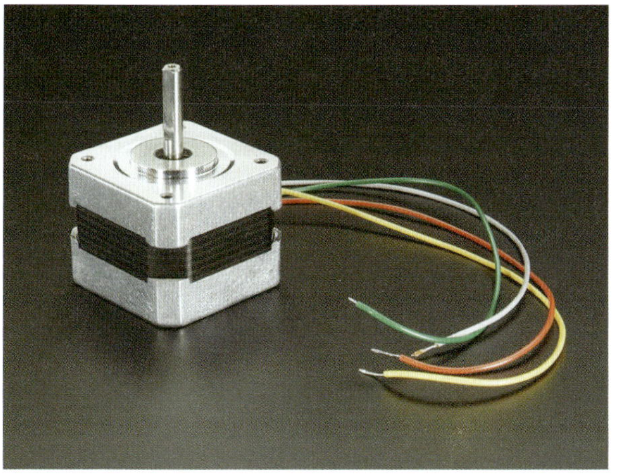

(a) 외부 모습

(b) 내부 모습

[그림 5-6] NENA-17 스테핑 모터(출처: Adafruit, adafruit.com)

1. 쌍극 스테핑 모터의 동작 원리

쌍극 스테핑 모터는 크기에 비해 큰 힘을 얻을 수 있어 흔히 사용된다. 쌍극 스테핑 모터는 2개의 상을 가지고 있으며 각 상은 함께 연결된 여러 개의 코일로 이루어진다. 각 코일은 연질 금속 코어에 감겨 있어 코일에 전류가 흐르면 작은 전자석이 된다. 코일은 회전하는 영구자석 코어 주변에 원형으로 배치되어 있다.([그림 5-6(b)]에서는 8개 코일을 확인할 수 있다.) 각 상에 연결된 코일은 모터 둘레를 따라 번갈아 배치되어 있고, 각 상에 순서대로 전류를 흘리면 전자석에 의해 자기장이 만들어지고 회전축에 연결된 영구자석을 끌어당겨 축이 회전하게 된다.

[그림 5-7]은 쌍극 스테핑 모터가 회전하는 과정을 간단하게 나타낸 것이다. NEMA-17 스테핑 모터에는 4개의 연결선이 있고 이들 연결선은 [그림 5-7]의 각 코일 끝에 연결되어 있다.

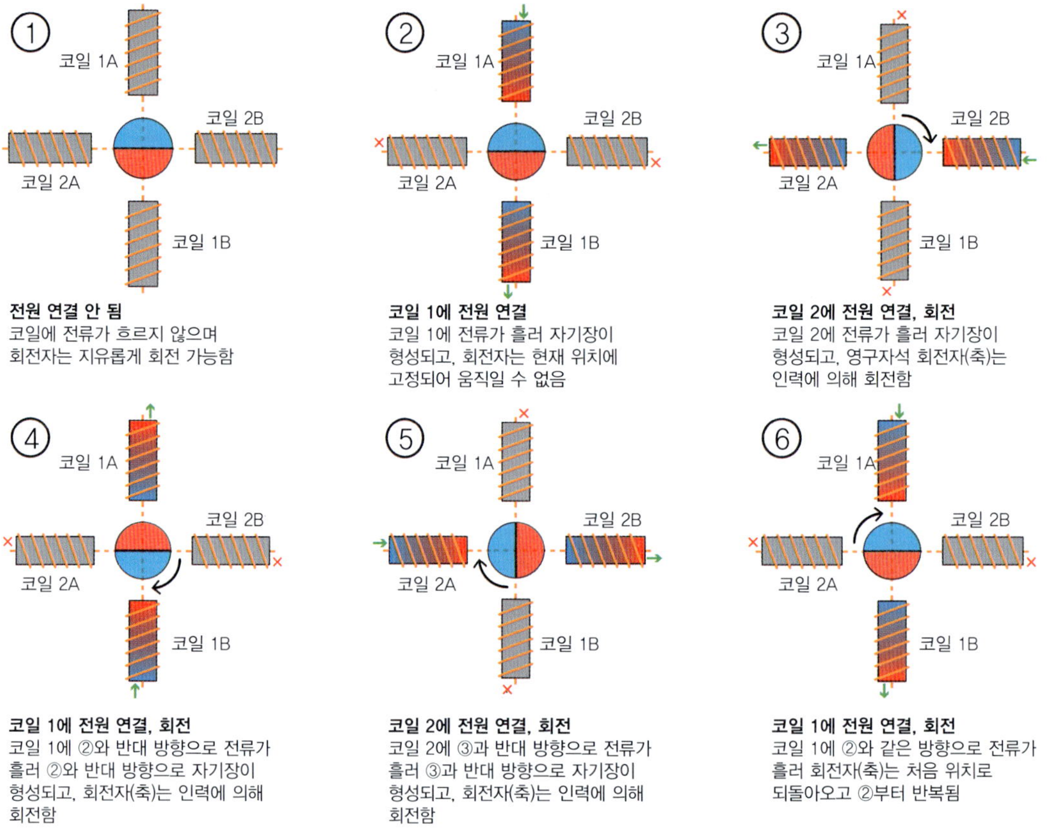

[그림 5-7] 쌍극 스테핑 모터가 회전하는 과정

1. ①에서 코일에 흐르는 전류는 없다. 따라서 자기장도 형성되지 않으며 축에 연결된 자석은 자력의 영향을 받지 않으므로 자유롭게 회전할 수 있다.
2. 첫 번째 상에 전원이 공급되면 전류는 코일 1A에서 코일 1B로 흐른다. 연질 금속 코어를 감싼 코일을 통해 흐르는 전류는 중앙에 있는 영구자석을 움직이지 못하게 하는 자기장을 만든다.
3. 코일 1에 전원이 차단되고 코일 2B에서 코일 2A로 전류가 흐르도록 전원이 공급되면 코일 1에 의해 만들어진 자기장과 90도 회전한 방향으로 자기장이 만들어진다. 반대 극성끼리는 서로 끌어당기는 성질이 있으므로 축의 영구자석은 코일 2 방향으로 끌리게 되어 회전하기 시작한다.
4. 코일 2에 전원이 차단되고 코일 1에 전원이 공급된다. 이때 전류의 흐름은 H-브리지를 사용하여 ②와는 반대가 되도록 한다. 전류의 흐름이 반대가 된다는 것은 자기장의 방향 역시 ②와 반대가 된다는 의미다. 따라서 축의 영구자석은 90도 회전한다.
5. 코일 1에 전원이 차단되고 ③과 반대 방향으로 코일 2에 전원이 공급된다. ④에서처럼 ③과 반대 방향으로 자기장이 형성되고 축의 영구자석은 90도 회전한다.
6. 코일 1에 ②와 같은 방향으로 전원이 공급되고 ②에서 ⑤까지가 반복된다.

Note 전자기학의 원리에 대한 내용은 이 책의 범위를 벗어나므로 자세한 설명은 하지 않는다. 금속 코어에 감겨 있는 코일에 전류를 흘렸을 때 자기장이 만들어지는 과정을 알고 싶다면 인터넷에서 '맥스웰 방정식(Maxwell's equation)'과 '암페어 법칙(Ampere's law)'을 검색하여 읽어보기를 추천한다.

여기서 잠깐! 단순화한 스테핑 모터와 실제 스테핑 모터의 차이

[그림 5-7]은 쌍극 스테핑 모터가 동작하는 과정을 단순화하여 보여주고 있다. 그림에서 모터의 각 상에는 ([그림 5-6(b)]에서와 같이 4개가 아니라) 2개의 코일이 대응하고 있으며, 회전자 역시 하나의 N극과 S극만을 가지고 있는 간단한 영구자석이다. 이러한 간단한 구성에서는 축이 1회전 하는 데 4스텝만 필요하다. 일반적으로 NEMA-17 모터는 더 많은 수의 코일을 가지고 있고, [그림 5-6(b)]에서 볼 수 있는 것처럼 톱니 형태로 만들어진 회전자를 가지고 각 톱니는 N극과 S극이 번갈아 배열되어 있어 200스텝에 축이 1회전 한다. 따라서 모터는 코일에 전원을 가할 때마다 아주 작은 양(스텝당 360도/200)만 회전한다. [그림 5-7]과 같은 형태에서는 코일에 전원이 가해질 때마다 90도씩 회전한다.

2. 스테핑 모터 구동하기

스테핑 모터가 어떻게 동작하는지 이해했으므로 이제 스테핑 모터를 구동하기 위해 필요한 회로를 구성해 보자. 앞 절의 설명에서 눈치 챘는지 모르겠지만 쌍극 스테핑 모터를 구동하는 것은 양방향으로 회전하는 2개의 브러시형 DC 모터를 구동하는 것과 비슷하다. 차이점이라면 코일이 2개의 모터에 나누어져 있는 것이 아니라 모두 하나의 스테핑 모터에 포함되어 있다는 점이다. 각각의 코일은 [그림 5-7]에서 알 수 있듯이 두 방향으로 전원을 가해야 한다. 이는 4장의 이동 로봇 예제에서 2개의 DC 모터를 구동하기 위해 사용한 H-브리지 회로를 사용하면 된다.

이전 장에서 사용한 H-브리지 회로와 이 장에서 사용할 H-브리지 회로 사이에는 2가지 차이점이 있다. 첫 번째, 스테핑 모터는 대부분 5V보다 높은 전압을 사용하도록 만들어져 있다.(확실히 하기 위해서는 데이터시트를 확인해야 한다.) 이 장의 예제에서 권장하는 Adafruit의 NEMA-17 모터를 구동하려면 12V 전압이 필요하다. 따라서 스테핑 모터를 구동하기 위해 12V DC 어댑터를 사용하기를 추천한다. 스테핑 모터는 많은 전력을 필요로 하므로 배터리를 사용하면 사용 가능한 시간이 아주 짧다. 그러므로 DC 어댑터를 아두이노의 배럴 잭에 연결하여 사용하는 것을 추천한다. 아두이노에 포함된 전압 레귤레이터는 마이크로컨트롤러와 H-브리지 회로 동작을 위한 전력을 5V 전원 버스를 통해 공급할 수 있다. 아두이노의 VIN 핀은 12V 어댑터에서 입력된 전원을 그대로 출력하므로 H-브리지의 모터 전원 핀(8번 핀)으로 연결하면 된다.

이전 장과 두 번째로 다른 점은 활성화 핀을 논리 HIGH(5V)에 직접 연결할 수 있다는 점이다. 활성화 핀을 논리 HIGH에 연결하면 드라이버는 항상 제어 가능한 상태에 있다. 이 예제에서 사용할 스테핑 모터 제어 라이브러리는 H-브리지에서 스위치의 단락이 발생하지 않게 한다. [그림 5-8]의 회로도를 참고하여 H-브리지 드라이버를 아두이노에 연결해 보자.

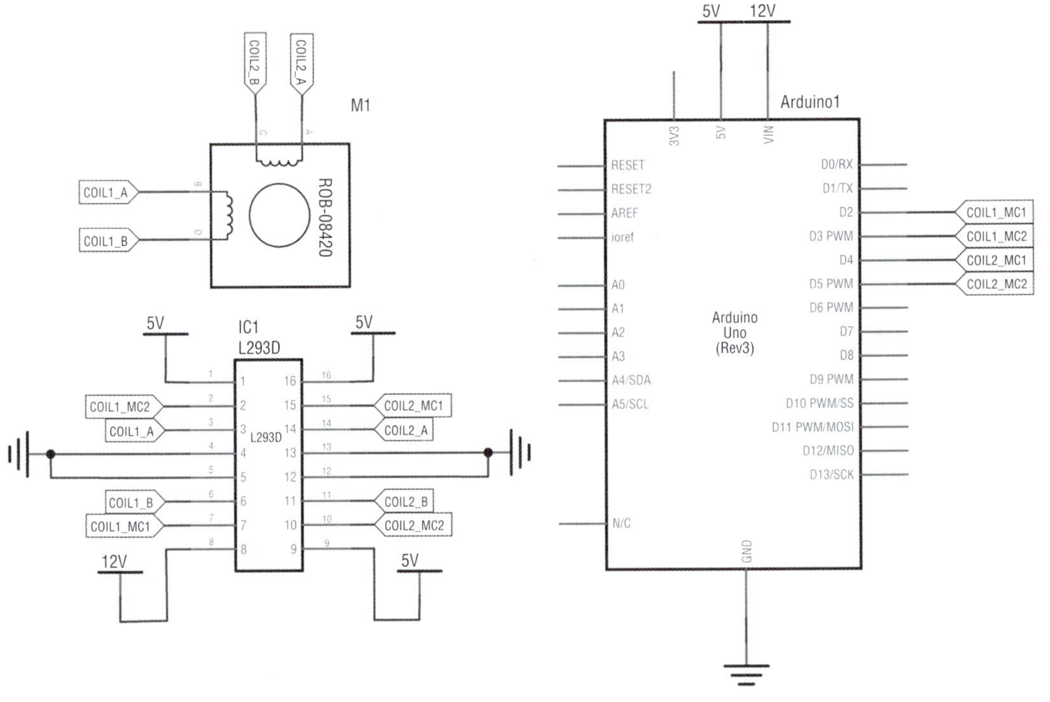

[그림 5-8] 스테핑 모터 연결 회로도(Fritzing으로 작성)

회로도만을 참고하여 회로를 구성하였는가? 스테핑 모터의 4개 선 중 어느 선이 어느 상에 해당하는지 확실하지 않다면 데이터시트나 구입처의 웹사이트를 참고하면 된다. 여전히 선 배치를 확실히 알 수 없는 경우에는 멀티미터를 사용하여 확인할 수 있다. 멀티미터를 저항 측정 모드나 전도 테스트 모드로 설정하고 스테핑 모터에서 임의의 2개 선을 선택한다. 선택한 두 선 사이의 저항이 작은 값(〈10Ω)을 가지면 두 선은 같은 상에 해당하는 연결선이다. 이 과정을 반복하여 2개 상에 해당하는 연결선 쌍을 찾는다. 각 상에 해당하는 연결선 쌍을 같은 드라이버 쪽에 연결한다면 어떤 순서로 연결하는지는 중요하지 않다. 연결선의 연결 순서는 기본 회전 방향을 결정하는 것이므로 필요하다면 순서를 바꾸어 연결하면 된다.

[그림 5-9]를 참고하여 스테핑 모터가 아두이노에 정확하게 연결되었는지 확인해 보자.

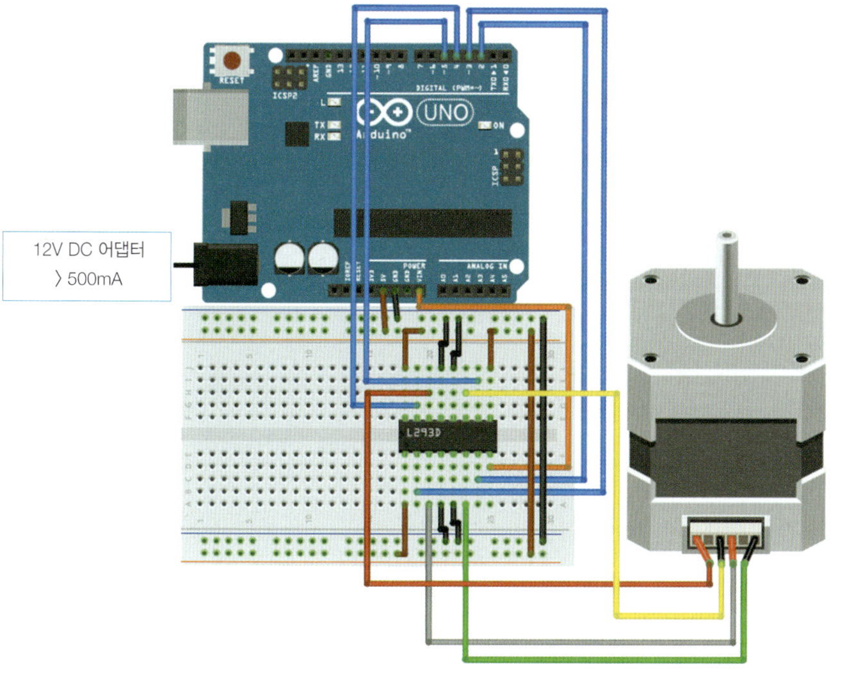

[그림 5-9] 스테핑 모터 연결 회로도(Fritzing으로 작성)

스테핑 모터 연결이 끝났으면 모터를 구동해 보자. 먼저 스테퍼 라이브러리의 기본적인 사용 방법을 알아보기 위해 모터를 앞뒤로 회전시켜 볼 것이다. 서보 라이브러리와 마찬가지로 스테퍼 라이브러리를 스케치에 포함하면 스테핑 모터를 쉽게 제어할 수 있다. [코드 5-3]을 입력하고 아두이노에 업로드하자. 업로드하기 전에 12V 전원 어댑터가 아두이노의 배럴 잭에 연결되어 있는지 확인한다. 모터에 전원이 정상적으로 공급되고 있지 않다면 스케치가 실행될 때 스테핑 모터가 정상적으로 움직이지 않을 것이다.

코드 5-3 간단한 스테핑 모터 제어 5-3_stepper.ino

```
// H-브리지를 사용한 간단한 스테핑 모터 제어
#include <Stepper.h>

// 모터 관련 상수
// 대부분의 NEMA-17 모터는 200 스텝에 1회전한다.
const int STEPS_PER_REV = 200;    // 200 스텝/회전

// H-브리지 드라이버 연결에 사용되는 아두이노 핀
const int COIL1_MC1 = 2;    // 코일 1 스위치 1 제어
const int COIL1_MC2 = 3;    // 코일 1 스위치 2 제어
const int COIL2_MC1 = 4;    // 코일 2 스위치 1 제어
const int COIL2_MC2 = 5;    // 코일 2 스위치 2 제어
```

```
// 스위치 제어 핀을 사용하여 스테퍼 라이브러리 초기화
Stepper myStepper(STEPS_PER_REV, COIL1_MC1, COIL1_MC2, COIL2_MC1, COIL2_MC2);

void setup()
{
  // 스테핑 모터 회전 속도 설정
  myStepper.setSpeed(60);          // 60 RPM(분당 회전수)
}

void loop()
{
  myStepper.step(STEPS_PER_REV);   // 한 쪽 방향으로 1회전
  delay(500);

  myStepper.step(-STEPS_PER_REV);  // 다른 방향으로 1회전
  delay(500);
}
```

[코드 5-3]을 자세히 살펴보자. `#include <Stepper.h>` 문장은 아두이노의 스테핑 모터 제어 라이브러리를 포함하는 문장이다. 상수 STEPS_PER_REV는 1회전에 필요한 스텝 수를 정의하기 위해 사용하였다. H-브리지 제어 핀은 2번에서 5번 핀이 지정되어 있다. `Stepper myStepper()` 문장은 `myStepper`라는 이름의 스테핑 모터 제어 객체를 생성한다. `myStepper`는 원하는 임의의 이름으로 바꿀 수 있으며, 이름을 바꾸었다면 `myStepper` 객체를 참조하는 이후 문장에서도 이름을 모두 바꿔야 한다. 객체의 생성자는 1회전을 할 때 필요한 스텝 수와 H-브리지 회로와 연결된 아두이노의 4개 핀까지 모두 5개의 매개변수를 가진다. `setup()` 함수에서는 `myStepper` 객체를 사용하여 기본 회전 속도를 RPM(Rotations Per Minute, 분당 회전수) 단위로 설정한다. 이후 `myStepper.step()` 함수를 호출하면 스테퍼 라이브러리는 모터를 구동한다. `loop()` 함수에 사용된 `myStepper.step()` 함수는 회전량을 나타내는 스텝 수를 유일한 매개변수로 가지며, `setup()` 함수에서 설정한 회전 속도로 스테핑 모터를 회전시킨다. `step()` 함수는 블로킹(blocking) 함수이므로 스테핑 모터가 지정한 회전을 끝낼 때까지 대기하고 있다가 지정한 스텝 수만큼의 회전이 끝난 후에 다음 명령이 실행된다. [코드 5-3]에서 스테핑 모터는 앞으로 한 바퀴 완전히 회전한 후 이어서 뒤로 한 바퀴 회전하기를 반복한다.

Note 모터에서 소리는 나지만 모터가 회전하지 않는다면 12V 전원 공급 장치가 제대로 연결되어 있는지, H-브리지 칩의 모터 전원 핀에 12V가 제대로 연결되어 있는지 확인해야 한다. 12V 어댑터가 아니라 USB 케이블이 연결되어 있다면 스테핑 모터에 충분한 전력이 공급되지 못해 모터가 정상적으로 움직이지 않을 것이다. 전원 공급 장치가 제대로 연결되었음에도 모터가 정상적으로 움직이지 않는다면 모터의 연결선을 확인해 보자. 모터에서 특정 상에 해당하는 2개의 연결선은 H-브리지 칩의 같은 쪽에 있는 핀에 연결되어야 한다.

SECTION 04

1분 스톱워치 만들기

이 장의 첫머리에서도 이야기한 것처럼 스테핑 모터는 다양한 제품에 사용되고 있다. 예를 들면 자동차나 비행기의 계기판 등에서 스테핑 모터가 사용된다. 이번에는 스테핑 모터에 대해 알아본 내용을 이용하여 정밀한 스톱워치를 만들어 보자. 스테핑 모터는 스텝 단위로 회전하고, 한 스텝에 회전하는 양이 동일하므로 스톱워치를 만드는 데 사용할 수 있다. 한 바퀴 회전하는 데 필요한 스텝 수를 알고 있다면 지정한 시간에 정확하게 한 바퀴를 회전하도록 스텝 사이의 시간 간격을 조정할 수 있다. 위치를 알려줄 수 있는 피드백 장치를 함께 사용하지 않는 한 브러시형 DC 모터로 정밀한 스톱워치를 만드는 것은 불가능하다.

1. 스톱워치 회로 구성

스톱워치에는 시작과 정지 버튼이 필요하므로 [그림 5-10]과 같이 이전의 스테핑 연결 회로에 버튼을 추가하자.

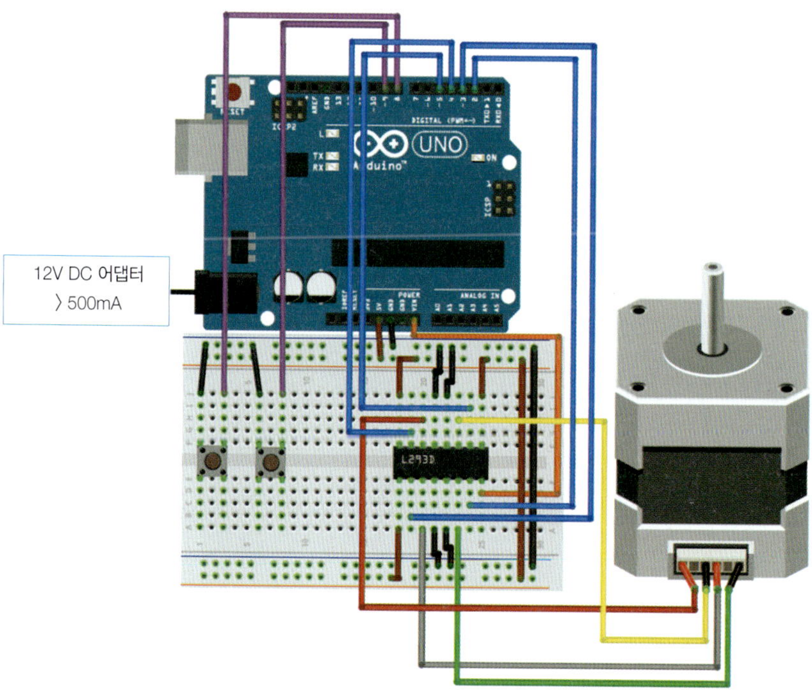

[그림 5-10] 스톱워치 연결 회로(Fritzing으로 작성)

Note 내부 풀업 저항이 버튼에서는 아무런 문제없이 동작하겠지만 모든 경우에 그런 것은 아니다. 내부 풀업 저항은 아두이노의 부트로더가 실행되고 업로드한 코드가 실행될 때까지 활성화되지 않는다. 따라서 내부 풀업 저항을 사용하는 핀을 짧은 순간이라도 플로팅 상태에 있어서는 안 되는 외부 회로와 연결할 때는 외부에 별도의 풀업 저항을 사용하는 것이 안전하다.

[그림 5-10]의 회로에서 무언가 빠진 것이 있지 않은가? 버튼을 위한 풀업 저항은 어디에 있을까? 이 예제에서는 아두이노(를 비롯한 대부분의 마이크로컨트롤러)에서 잘 사용하지 않는 기능을 사용해 볼 것이다. 아두이노 보드에서 핵심이라 할 수 있는 ATmega 시리즈 마이크로컨트롤러의 입출력 핀은 소프트웨어로 설정 가능한 입출력 모드를 가지고 있으며, `pinMode()` 함수를 사용하여 `INPUT`과 `OUTPUT` 모드로 설정한 것이 그 예에 해당한다. 여기에 `INPUT_PULLUP` 모드가 더 있으며, 이 모드는 마이크로컨트롤러 칩 내에 포함되어 있는 내부 풀업 저항을 사용하는 입력 모드다. 칩 내에 포함된 풀업 저항의 크기는 마이크로컨트롤러의 종류에 따라 차이가 있으므로 자세한 내용은 데이터시트를 확인해야 하지만 일반적으로 20kΩ에서 150kΩ 사이의 값을 갖는다. 이 모드를 사용하면 외부 저항을 사용하지 않고도 풀업 저항을 사용할 수 있다. 버튼을 눌렀을 때 GND로 직접 연결되도록 버튼을 연결하자. 입력 핀이 내부 풀업 저항을 사용하도록 설정하는 작업은 `setup()` 함수에 이루어지는 것이 일반적이다.

회로를 구성하였다면 이제 스톱워치의 시계판과 시계바늘을 만들어 보자. [그림 5-11]은 간단한 스톱워치의 예를 보여준다. [그림 5-11]에서는 CD를 스테핑 모터에 글루건으로 연결하여 스톱워치의 시계판을 만들었다. 이때 모터 내부로 접착제가 들어가지 않도록 조심해야 한다. 시계바늘은 아이스크림 막대를 클립에 끼우고 이를 모터의 회전축에 연결하여 만들었다. CD로 만든 시계판에는 초를 표시했다. 모터에 전원이 연결되지 않았을 때 손으로 시계바늘을 '0'의 위치로 돌려서 스톱워치가 정확한 위치에서 시작하도록 하자.

[그림 5-11] 1분 스톱워치

2. 스톱워치 프로그래밍

스톱워치 프로그램은 앞에서 사용했던 코드들과 많은 부분 겹친다. 5-3_stepper.ino 파일을 기본으로 해서 필요한 부분을 추가해 보자. #include문, STEPS_PER_REV 상수 정의, 핀 정의는 코드의 제일 위쪽에 두면 된다. 그리고 8번과 9번 핀에 시작(START)과 정지(STOP)를 위해 사용할 버튼 연결 핀을 정의하자. 다음은 각 스텝 사이의 지연 시간을 밀리초 단위로 정의해야 한다. 만들고자 하는 스톱워치는 60초에 한 바퀴를 회전한다. 60초는 60,000밀리초에 해당하므로 60,000밀리초를 200개 스텝으로 나누면 스텝 간격인 300밀리초를 얻을 수 있다. 따라서 스테핑 모터는 300밀리초 간격으로 한 스텝씩 회전하도록 하면 된다. 이러한 내용을 모두 넣은 프로그램의 시작 부분 코드는 다음과 같다.

```
#include <Stepper.h>

// 대부분의 NEMA-17 모터는 200 스텝에 1회전한다.
const int STEPS_PER_REV = 200;    // 200 스텝/회전

// 1분에 1회전하기 위한 스텝 사이의 시간 간격 :
// 60초 * 1000밀리초/초 / 200스텝 = 300 밀리초/스텝
const int MS_PER_STEP = 300;

// H-브리지 드라이버 연결에 사용되는 아두이노 핀
const int COIL1_MC1 = 2;     // 코일 1 스위치 1 제어
const int COIL1_MC2 = 3;     // 코일 1 스위치 2 제어
const int COIL2_MC1 = 4;     // 코일 2 스위치 1 제어
const int COIL2_MC2 = 5;     // 코일 2 스위치 2 제어

// 버튼 연결 핀
const int START = 8;         // 시작 버튼
const int STOP = 9;          // 정지 버튼

// 스위치 제어 핀을 사용하여 스테퍼 라이브러리 초기화
Stepper chronograph(STEPS_PER_REV, COIL1_MC1, COIL1_MC2, COIL2_MC1, COIL2_MC2);
```

위의 코드는 앞에서 사용한 코드와 비슷하다. 다만 앞에서는 스테핑 모터 제어 객체 이름으로 myStepper를 사용했다면 여기서는 chronograph라는 이름을 사용한다. 경과 시간을 알아내고 300밀리초마다 한 스텝씩 회전하기 위해서는 아두이노의 millis() 함수를 사용한다. millis() 함수는 매개변수를 가지지 않으며 아두이노가 실행을 시작한 이후의 경과 시간을 밀리초 단위로 반환한다. 따라서 millis() 함수에서 반환하는 값을 사용하면 300밀리초가 경과했는지 여부를 알아낼 수 있다. 경과 시간을 계산하려면 프로그램의 첫머리에 millis() 함수에서 반환하는 값을 저장하기 위한 전역 변수를 선언해야 한다. 또한 지금까지 몇 스텝 회전이 이루어졌는지 저장하기 위해서도 전역 변수가

필요하다. 200스텝 회전이 이루어진 이후 회전을 멈추거나 스톱워치를 초기화하고 위치를 재설정할 때 지금까지 진행된 스텝 수를 참고할 수 있다. 전역 변수는 setup() 함수 위쪽 임의의 위치에 선언하고 초기화하면 된다.

```
// 시간 및 스텝 수 관리를 위한 변수
unsigned long last_time = 0;
unsigned long curr_time = 0;
int steps_taken = 0;
```

시간 관리를 위한 변수는 아두이노에서 가장 큰 양의 정수를 저장할 수 있는 unsigned long 타입을 가진다. millis() 함수는 밀리초 단위의 시간을 반환하므로 아두이노가 오랜 시간 동안 동작하면 아주 큰 정수를 반환한다.

setup() 함수에서는 이전 프로그램에서와 마찬가지로 스테핑 모터를 위한 기본 회전 속도를 설정해야 한다. 하지만 여기서는 300밀리초 간격으로 한 스텝씩 회전하도록 스텝 사이의 시간 간격을 조절할 것이므로 기본 회전 속도는 그리 중요하지 않다. 기본 회전 속도는 스톱워치를 초기화하는 경우 시계바늘이 시작 위치로 되돌아가는 속도와 관련이 있다. 기본 회전 속도는 50에서 200RPM 정도의 빠른 속도로 되돌아가도록 설정하는 것을 추천한다.(이보다 빠른 속도로 설정하면 모터가 회전 명령에 반응하지 않을 수 있어 초기화 과정에서 시작 위치로 되돌아오지 못할 수 있다.) 또한 버튼을 위한 풀업 저항 설정이 setup() 함수에서 이루어져야 한다는 점도 잊지 말아야 한다.

```
void setup()
{
  // 각 스텝의 회전이 가능한 빨리 이루어지도록 기본 회전 속도 설정
  chronograph.setSpeed(200);      // 기본 회전 속도, 200 RPM
  // 버튼의 풀업 저항 설정
  pinMode(START, INPUT_PULLUP);
  pinMode(STOP, INPUT_PULLUP);
}
```

마지막으로 메인 루프를 작성해 보자. 메인 루프에서의 실행 흐름은 다음과 같다.

1. START 버튼이 눌러질 때까지 기다린다. 이는 while() 루프에 세미콜론(;)을 붙이면 된다. while() 루프에 실행할 문장이 포함되어 있지 않으면 아두이노는 while문의 조건 만족 여부만 계속해서 검사한다. while 루프에 사용된 조건을 만족하는 동안에는 다음 행의 코드들은 실행되지 않는다. while 루프는 START 버튼이 눌러졌는지를 검사한다. 버튼 상태 검사에서는 버튼이 LOW로 바뀌는 순간을 검사하면 되므로 디바운싱은 고려하지 않아도 된다.

2. START 버튼이 눌러지면 현재 시간을 millis() 함수로 얻어와 last_time 변수에 저장하여 이후 시간 검사의 기준값으로 사용한다.
3. 1분이 경과하거나 STOP 버튼이 눌러질 때까지 계속 두 번째 while() 루프 내 문장을 실행한다.
   - 현재 시간을 millis() 함수로 얻어와 last_time 변수에 저장된 값과 비교한다. 두 값의 차이가 300밀리초 이상이면 스테핑 모터 회전을 위해 if문 내의 문장이 실행된다.
   - if문 내에서는 스텝 수 관리 변수의 값을 증가시키고 last_time의 값을 현재 시간으로 설정한 후 스테핑 모터를 한 스텝 회전시킨다.
4. 이 단계는 1초가 경과하였거나 STOP 버튼을 눌렀을 때 실행된다. STOP 버튼이 눌러지면 시계바늘을 시작 위치로 옮기고 스텝 수 관리 변수를 0으로 설정하여 스톱워치가 다시 동작할 수 있도록 한다.

위의 설명을 읽고 이를 코드로 작성할 수 있겠는가? 다음에 나오는 코드를 보기 전에 스스로 프로그램을 작성하고 디버깅하여 스톱워치가 동작하도록 해 보자. 그리고 작성한 코드를 [코드 5-4]와 비교해 보자. 아두이노에는 12V 어댑터를 연결해야 한다는 점을 잊어서는 안 된다.

코드 5-4 1분 스톱워치 5-4_chronograph.ino

```
// 시작/정지/초기화 기능을 가진 1분 스톱워치
#include <Stepper.h>

// 대부분의 NEMA-17 모터는 200 스텝에 1회전한다.
const int STEPS_PER_REV = 200;    // 200 스텝/회전

// 1분에 1회전하기 위한 스텝 사이의 시간 간격 :
// 60초 * 1000밀리초/초 / 200스텝 = 300 밀리초/스텝
const int MS_PER_STEP = 300;

// H-브리지 드라이버 연결에 사용되는 아두이노 핀
const int COIL1_MC1 = 2;    // 코일 1 스위치 1 제어
const int COIL1_MC2 = 3;    // 코일 1 스위치 2 제어
const int COIL2_MC1 = 4;    // 코일 2 스위치 1 제어
const int COIL2_MC2 = 5;    // 코일 2 스위치 2 제어

// 버튼 연결 핀
const int START = 8;        // 시삭 버튼
const int STOP = 9;         // 정지 버튼

// 시간 및 스텝 수 관리를 위한 변수
unsigned long last_time = 0;
```

```
unsigned long curr_time = 0;
int steps_taken = 0;

// 스위치 제어 핀을 사용하여 스테퍼 라이브러리 초기화
Stepper chronograph(STEPS_PER_REV, COIL1_MC1, COIL1_MC2, COIL2_MC1, COIL2_MC2);

void setup()
{
  // 각 스텝의 회전이 가능한 한 빨리 이루어지도록 기본 회전 속도 설정
  chronograph.setSpeed(200);     // 기본 회전 속도, 200 RPM
  // 버튼의 풀업 저항 설정
  pinMode(START, INPUT_PULLUP);
  pinMode(STOP, INPUT_PULLUP);
}

void loop()
{
  // 무한루프로 시작 버튼을 누를 때까지 대기한다.
  // 마지막의 세미콜론은 주어진 조건을 만족하지 않을 때까지
  // 조건 검사를 계속 시행하도록 한다.
  while (digitalRead(START) == HIGH);

  last_time = millis();        // 스톱워치 시작 시간 얻기
  // 정지 버튼을 누르거나 1분이 경과할 때까지 반복
  while (digitalRead(STOP) == HIGH && steps_taken < STEPS_PER_REV)
  {
    curr_time = millis();

    // 스텝 간격 시간이 경과했을 때 1스텝 회전
    if (curr_time - last_time >= MS_PER_STEP)
    {
      chronograph.step(1);      // 1스텝 회전
      steps_taken++;            // 스텝 수 관리 변숫값 증가
      last_time = curr_time;    // 마지막 1회전 진행 시간을 현재 시간으로 설정
    }
  }

  // 이 단계는 정지 버튼을 누르거나 1분이 경과했을 때 실행된다.
  // 완전히 1회전이 이루어지지 않은 경우 시계바늘을 시작 위치로 옮긴다.
  if (steps_taken < STEPS_PER_REV) chronograph.step(-steps_taken);
  // 스텝 수 관리 변수 초기화
  steps_taken = 0;
}
```

스톱워치의 모든 기능을 구현하였다. START 버튼을 눌러 스톱워치가 움직이도록 해 보자. 스톱워치는 1분에 360도 회전할 것이다. STOP 버튼을 누르면 스톱워치는 정지하고 시계바늘은 시작 위치로 돌아간다. 1회전에 필요한 시간을 조정하면서 스톱워치를 사용해 보자. 2분에 360도 회전하는 스톱워치를 만들 수 있겠는가? 경과 시간이 아니라 남은 시간을 나타내도록 프로그램을 수정할 수 있겠는가?

Note 1분 스톱워치의 데모 동영상은 exploringarduino.com/content2/ch5에서 확인할 수 있다.

요약

- 서보 모터는 정확한 위치 지정이 가능하며 아두이노의 서보 라이브러리를 사용하여 제어할 수 있다.
- 적외선 거리 센서는 물체에서 반사된 적외선을 감지하여 거리를 나타내는 아날로그 값을 반환한다.
- 코드에 주석을 달아두는 것이 코드를 디버깅하고 공유할 때 편리하다.
- 아두이노 보드에 사용된 마이크로컨트롤러는 내부 풀업 저항을 가지고 있으므로 입출력 핀을 입력으로 사용할 때 외부 저항 없이 풀업 저항을 사용할 수 있다.
- 스테핑 모터는 전자기유도를 통해 정밀한 스텝 단위의 회전을 구현한다.
- 아두이노 스케치에서 경과 시간을 계산하기 위해서는 `millis()` 함수를 사용할 수 있다.

CHAPTER

06

소리와 음악 재생

CONTENTS

필요한 부품

- 아두이노 우노
- A-B 타입 USB 케이블
- 브레드보드
- 점퍼선
- 푸시버튼(5개)
- 220Ω 저항
- 10kΩ 저항(5개)
- 10kΩ 가변저항
- 8Ω 스피커

들어가기 전에

사람은 오감을 가지고 있으며 오감을 통해 아두이노와 상호작용 할 수 있다. 하지만 미각을 사용해서 전자장치와 상호작용 하는 것은 상상하기 어렵다. 아두이노를 맛보는 것을 생각할 수 있는가? 후각 역시 마찬가지다. 전자장치에서 냄새가 난다면 무언가 타고 있다는 이야기이므로 하고 있는 작업을 즉시 중단해야 한다. 그렇다면 남은 것은 촉각, 시각, 청각이다. 이미 가변저항이나 버튼과 상호작용하기 위해 촉각을 사용했고, 시각을 통한 상호작용에 LED를 사용했다. 마지막 남은 청각은 어떤가? 이 장에서는 아두이노로 소리를 만들어 내서 쉽게 피드백을 받을 수 있는 방법을 알아본다.

아두이노로 소리를 만들어 내는 방법은 여러 가지가 있다. 그중 가장 간단한 방법은 `tone()` 함수를 사용하는 방법으로 이 장의 예제에서도 대부분 `tone()` 함수를 사용한다. 보다 복잡한 음악 재생 기능을 아두이노에 추가하려면 전용 처리장치를 포함하고 있는 다양한 실드(shield)를 사용할 수 있다. 실드는 아두이노에 특정 기능을 추가하기 위해 아두이노 위에 적층하여 사용하는 확장 보드를 말한다. 아두이노 듀에를 가지고 있다면 아두이노 듀에에 있는 디지털 아날로그 변환기(DAC)를 사용하여 직접 소리를 재생할 수 있다.

SECTION 01

스피커의 동작 이해

아두이노로 소리를 만들기 전에, 소리란 무엇이고 사람이 어떻게 소리를 듣는지 이해할 필요가 있다. 먼저 음파가 어떻게 만들어지고, 그 특성은 어떠한지, 음파로 음악이나 음성을 어떻게 만들 수 있는지에 대해 살펴보자.

1. 소리의 특성

소리는 압력파(pressure wave) 형태로 공기 중에 전파된다. 스피커, 드럼, 벨 등의 물체가 진동하면 주변의 공기도 진동하게 된다. 공기 입자가 진동하면 그 주변 입자로 에너지를 전달하고 주변의 입자 역시 진동한다. 이러한 방식으로 압력파는 음원에서 고막까지 떨리는 입자의 연쇄 반응에 의해 전달된다. 아두이노로 소리를 만드는 방법을 이해하기 위해 이러한 사실을 알아야 하는 이유는 무엇일까?

아두이노로 진동하는 입자의 2가지 특성인 **주파수**(frequency)와 **진폭**(amplitude)을 제어할 수 있다. 주파수는 공기 입자가 얼마나 빨리 앞뒤로 움직이는지를 나타내고, 진폭은 진동의 세기를 나타낸다. 물리적인 측면에서 큰 진폭은 큰 소리로 나타나고 작은 진폭은 작은 소리로 나타난다. 높은 주파수는 소프라노처럼 높은 음으로 나타나고 낮은 주파수는 베이스처럼 낮은 음으로 나타난다. [그림 6-1]은 다양한 진폭과 주파수를 가진 음파를 정현파로 나타낸 것이다.

[그림 6-1]은 3개의 피아노 음으로, 낮은 도, 중간 도, 높은 도를 나타낸다. 각 그래프는 작은 진폭과 큰 진폭을 주어진 주파수에서 함께 나타낸 것이다. 주파수와 진폭을 이해하기 위해 중간 도에 해당하는 그래프를 살펴보자. 중간 도는 261.63헤르츠(Hz)의 주파수를 가진다. 즉 스피커, 기타의 현, 피아노 현 등이 1초에 261.63번 진동하면 중간 도 높이의 음을 만들 수 있다. 주파수의 역수를 취하면 주기(period)를 얻을 수 있으며 [그림 6-1]에서 확인할 수 있다. 정현파의 한 주기가 끝날 때까지의 시간이 주기로, 1/261.63은 3.822밀리초에 해당한다. 아두이노를 사용하여 구형파(square wave)의 주기를 조절할 수 있으며 이를 통해 음의 높이를 조절할 수 있다.

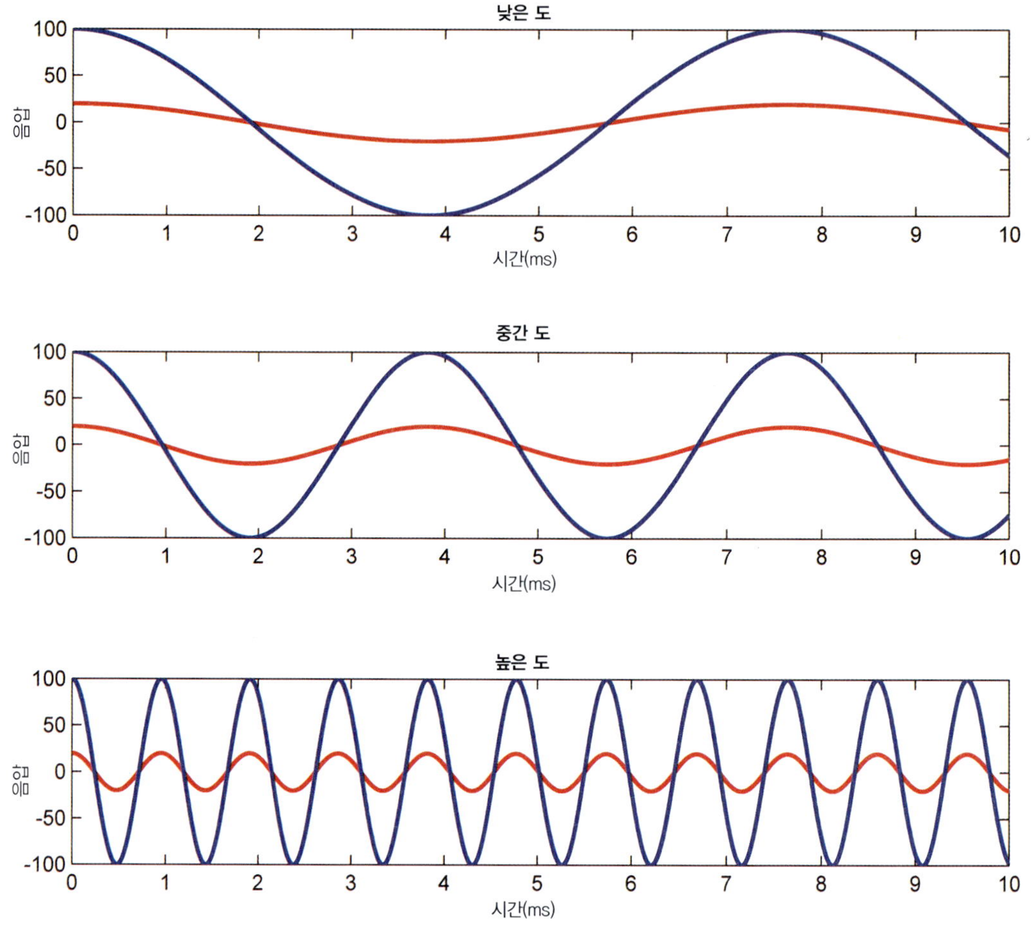

[그림 6-1] 진폭과 주파수 변화에 따른 음파의 형태(MATLAB으로 작성)

DAC가 포함되어 있는 아두이노 듀에를 제외하고, AVR 시리즈 마이크로컨트롤러를 사용하는 다른 아두이노 보드는 실제 소리와 비슷한 정현파를 만들어낼 수 없다. 구형파는 일정한 주기를 가지는 디지털 파형으로 HIGH와 LOW 사이에서 진동한다. 하지만 HIGH와 LOW 사이의 전환은 정현파와 같이 서서히 일어나는 것이 아니라 거의 순간적으로 바뀐다. 구형파 역시 압력파를 만들어 소리를 만들 수는 있지만 구형파로 만들어 내는 소리는 정현파로 만들어 내는 소리만큼 자연스럽지는 않은 것도 사실이다.

진폭은 스피커를 통해 흐르는 전류의 양을 조절하여 제어할 수 있다. 스피커에 가변저항을 직렬로 연결하면 스피커에 흐르는 전류의 양을 조절할 수 있어 스피커로 재생되는 소리의 크기를 제어할 수 있다.

2. 스피커의 소리 재생 방법

이전 장에서 사용했던 모터와 마찬가지로 스피커도 전기를 움직임으로 변환하기 위해 전자기력을 사용한다. 스피커의 뒷부분에 금속 조각을 가져가 보자. 어떤 일이 발생하는가? 모든 스피커의 뒷부분에는 영구자석이 포함되어 있으므로 금속 조각이 스피커 뒷부분에 달라붙을 것이다. [그림 6-2]는 일반적인 스피커의 구조를 나타낸다.

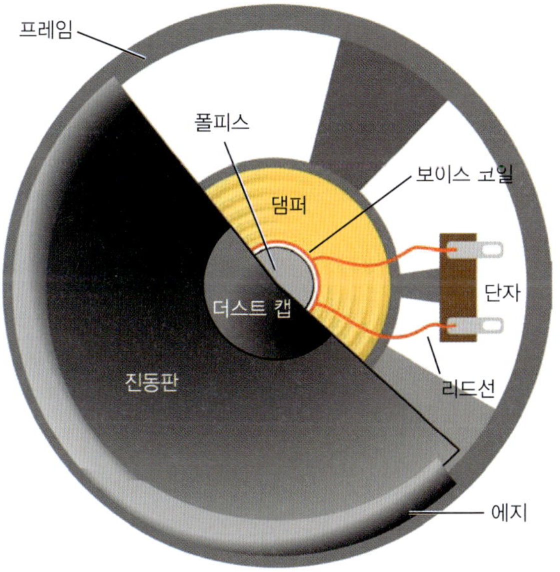

[그림 6-2] 스피커의 구조(출처: 위키피디아(GNU Free Document License))

영구자석은 보이스 코일과 폴피스 뒷부분에 자리 잡고 있어 [그림 6-2]에서는 보이지 않는다. 정현파 또는 아두이노를 사용하는 경우라면 구형파를 보이스 코일에 가하면 전류의 변화에 의해 자기장이 만들어진다. 자기장의 변화는 영구자석에 인력 또는 척력을 발생시켜 보이스 코일과 진동판을 위아래로 진동하도록 한다. 이러한 진동은 스피커 앞의 공기를 진동시키고 고막까지 도달하는 음파를 만들어 낸다.

SECTION 02 tone( ) 함수를 사용한 소리 재생

아두이노 IDE는 임의의 주파수를 갖는 소리를 만들 수 있는 함수를 제공하고 있다. `tone()` 함수는 지정한 출력 핀으로 지정한 주파수를 갖는 구형파를 출력하는 함수다. `tone()` 함수는 3개의 매개변수를 가지며 마지막 매개변수는 지정하지 않아도 된다.

- 첫 번째 매개변수에는 재생할 음에 해당하는 구형파를 출력할 핀을 지정한다.
- 두 번째 매개변수에는 재생할 음의 주파수를 지정한다.
- 세 번째 매개변수는 음을 재생할 시간을 지정한다. 세 번째 매개변수는 생략할 수 있으며 생략하면 `noTone()` 함수를 호출할 때까지 같은 음이 계속 재생된다.

`tone()` 함수는 ATmega 마이크로컨트롤러의 하드웨어 타이머 중 하나를 사용하므로 음 재생은 백그라운드 작업으로 이루어져 음이 재생 중인 동안에 아두이노로 다른 작업을 수행할 수 있다.

다음 절에서는 서로 다른 높이의 단음을 연결하여 멜로디를 재생하는 방법을 살펴본다. `tone()` 함수를 사용하여 소리를 재생할 수 있다면 버튼, 거리 센서, 가속도 센서 등 다양한 입력에 소리로 반응할 수 있다. 이 장의 마지막 부분에서는 5개의 버튼으로 간단한 피아노를 만들고 연주해 볼 것이다.

1. 음높이 정의 파일 포함하기

음악을 재생할 때는 주파수와 이에 해당하는 음표 이름을 정의한 파일을 사용하면 편리하다. 음표 이름을 사용하면 주파수를 사용하는 것보다 직관적으로 음을 재생할 수 있다. 악보를 읽는 데 익숙하다면 음표는 각 음을 나타내는 문자로 표시할 수 있다는 것을 알고 있을 것이다. 아두이노 IDE는 주파수에 대응하는 음표 이름을 대응시켜 놓은 헤더 파일을 가지고 있다. 아두이노가 설치된 디렉터리에서도 헤더 파일을 찾을 수 있지만, 이 책의 홈페이지에서 내려받을 수 있는 예제소스에 음높이를 정의하고 있는 헤더 파일이 포함되어 있다. 내려받은 헤더 파일은 코드를 저장한 스케치 디렉터리에 저장하면 된다.

아두이노 IDE를 열고, IDE를 열었을 때 만들어지는 빈 스케치를 저장하자. 이미 알고 있을 수도 있지만, 스케치를 저장하면 주어진 스케치 이름을 가지는 디렉터리가 만들어지고 그 디렉터리 아래에 스케치가 *.ino 확장자로 저장된다. 다른 파일을 스케치 디렉터리 아래에 복사해 넣으면 프로그램에서 추가한 파일을 사용할 수 있으므로 코드를 보다 구조적으로 관리할 수 있다. 내려받은 pitches.h 파일을 IDE에서 자동으로 만든 디렉터리 아래에 복사한다. 아두이노 IDE를 종료하고 저장한 *.ino 파일을 아두이노 IDE에서 열면 아두이노 IDE에서 2개의 탭이 자동으로 열리는 것을 볼 수 있다.([그림 6-3] 참고.)

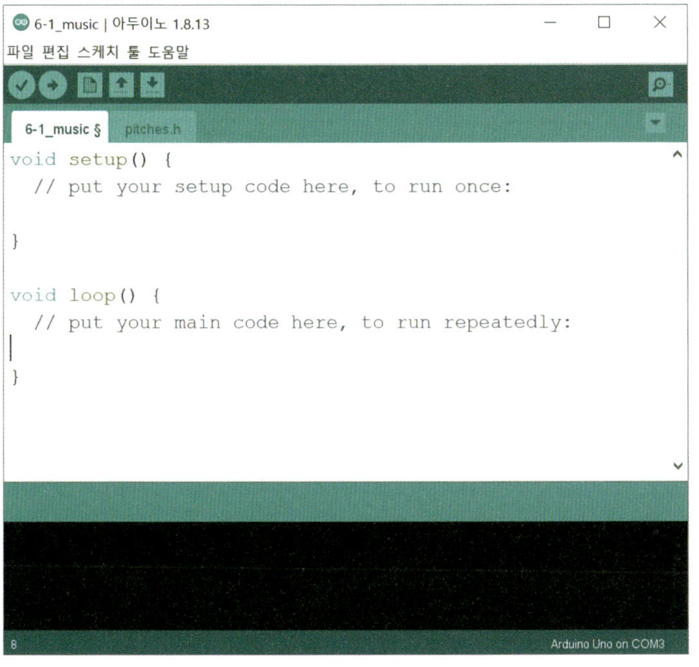

[그림 6-3] 추가된 헤더 파일이 함께 열린 아두이노 IDE

pitches.h 탭을 클릭하여 파일의 내용을 살펴보자. pitches.h 파일에는 상수를 정의하는 `#define` 문장이 나열되어 있으며, 사람이 읽을 수 있는 음표 이름과 이에 해당하는 주파수가 대응되어 있다. 하지만 IDE에서 헤더 파일을 볼 수 있다는 것으로는 충분하지 않다. 컴파일러가 프로그램을 컴파일할 때 헤더 파일에 정의된 상수를 사용할 수 있도록 하기 위해서는 컴파일러에게 헤더 파일을 참고하도록 알려주어야 한다. 컴파일러에게 헤더 파일을 알려주기 위해서는 작성하는 프로그램의 시작 부분에 한 줄을 추가하면 된다.

```
#include "pitches.h"        // 음높이가 정의된 헤더 파일
```

`#include` 문장을 사용하는 것과 pitches.h 파일의 내용을 모두 복사해서 프로그램의 시작 부분에 붙여넣는 것은 컴파일러 입장에서는 같은 것이다. 하지만 `#include` 문장을 사용했을 때 코드가 간단하고 읽기 쉽다. 헤더 파일을 포함하였으므로 프로그램의 다른 부분에서 음높이를 나타내는 상수를 사용할 수 있다.

2. 스피커 연결

pitches.h 파일을 포함하였으므로 음 재생을 테스트하기 위한 회로를 구성하고 간단한 멜로디를 재생하는 프로그램을 작성해 보자. 회로 구성은 스피커의 연결선 중 하나를 아두이노의 출력 핀에 연결하고 다른 하나는 그라운드에 연결하면 된다. 이때 이전 장에서도 사용했던 전류 제한을 위한 저항을 사용해야 한다.

LED와 마찬가지로 아두이노의 입출력 핀으로부터 너무 많은 전류를 끌어다 쓰지 않도록 전류를 제한하는 저항을 스피커와 직렬로 연결해야 한다. 아두이노의 입출력 핀이 공급할 수 있는 최대 전류는 40mA이므로 이를 초과하지 않도록 저항을 사용해야 한다. 이 장에서 추천하는 스피커의 내부 저항은 8Ω이며 구입할 수 있는 대부분의 스피커 역시 마찬가지다. 내부 저항은 전자석을 만드는데 사용한 전선, 즉 보이스 코일의 저항이다. 다른 저항값을 갖는 스피커를 사용한다면 전류 제한용 저항값 계산에서 스피커의 저항으로 다른 값을 사용해야 한다.

옴의 법칙 $V = IR$을 기억할 것이다. 스피커를 연결할 때 입출력 핀으로는 5V가 출력되며 최대 전류는 40mA를 넘지 않아야 한다. 옴의 법칙을 사용하여 R값을 계산하면 최소 저항값은 R = 5V / 40mA = 125Ω이 된다. 스피커의 저항값이 8Ω이므로 스피커와 직렬로 연결하는 저항은 최소 125Ω − 8Ω = 117Ω이 되어야 한다. 117Ω보다 큰 값을 갖는 저항 중 가장 비슷한 값을 가지면서 흔히 볼 수 있는 저항은 150Ω 또는 220Ω이므로 둘 중 어느 저항을 사용해도 무방하다. 150Ω 저항을 사용하면 200Ω 저항을 사용하는 경우보다 큰 소리가 나지만 그 차이는 크지 않다. 저항값을 조절하면 스피커의 볼륨을 조절할 수 있다. 볼륨 조절을 쉽게 하는 방법은 [그림 6-4]와 같이 가변저항을 직렬로 하나 더 연결하여 사용하는 것이다. 회로도에서 R1은 220Ω 저항이고 R2는 가변저항이다.

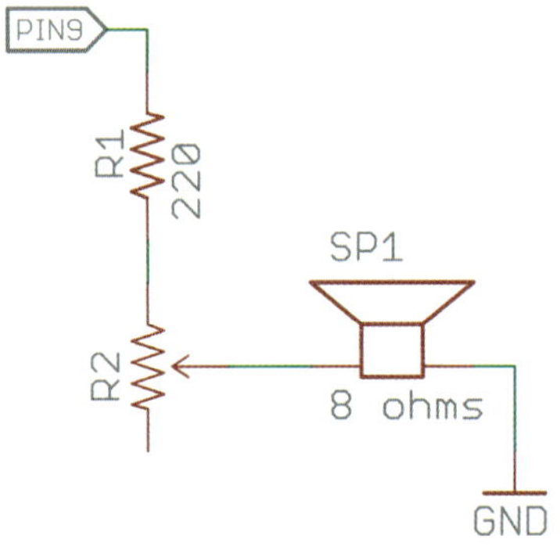

[그림 6-4] 볼륨 조절이 가능한 스피커 연결 회로도(EAGLE로 작성)

이전 장에서 가변저항을 사용한 것과는 다르게 [그림 6-4]의 회로도에서는 가변저항의 3개 핀 중 2개 핀만을 사용한다. 가변저항의 가운데 핀은 스피커로 연결하고 나머지 두 핀 중 하나를 220Ω 저항과 연결한다. 가변저항의 손잡이를 가변저항에서 사용하지 않는 핀 방향으로 완전히 돌리면 가변저항의 최대 저항값이 220Ω에 더해지고 볼륨이 줄어든다. 가변저항의 손잡이를 220Ω 저항과 연결된 핀 방향으로 완전히 돌리면 220Ω 저항만 스피커로 연결되고 볼륨은 최대가 된다. [그림 6-4]의 회로도를 참고하여 스피커를 아두이노에 연결하고 [그림 6-5]의 회로와 비교하여 올바르게 연결되었는지 검사해 보자. 스피커의 단자에 선이 연결되어 있지 않다면 선을 납땜해서 연결해야 한다. 인두기가 없다면 단선을 스피커 단자에 넣고 꼬아서 사용할 수도 있지만 납땜하는 것을 추천한다.

[그림 6-5] 스피커 연결 회로(Fritzing으로 작성)

스피커는 극성이 없으므로 연결하는 순서는 신경 쓰지 않아도 된다. 스피커를 연결하였다면 이제 멜로디를 재생하는 프로그램을 만들 차례다.

3. 멜로디 재생

멜로디를 재생하기 위해서는 먼저 여러 개의 값을 쉽게 저장하고 처리할 수 있도록 해주는 배열 사용 방법을 알아야 한다. 배열에 여러 개 음을 저장한 후 간단한 루프로 배열 내 음을 하나씩 재생하면 스피커를 통해 멜로디가 재생되는 것을 들을 수 있다.

▪ 배열 사용

배열은 연관된 값이 순서대로 나열된 것을 말한다. 연관된 값들을 하나의 그룹으로 묶어 놓으면 루프를 통해 값을 하나씩 나열할 수 있다. 배열은 순서를 갖는 목록과 비슷하다. 목록에서 위치를 나타내기 위해 인덱스(index)를 사용하며, 각 인덱스 위치에 값을 저장할 수 있다. 이 예제에서는 재생하고자 하는 음표 목록을 저장하기 위해 배열을 사용하며, 인덱스는 재생하는 음표의 순서를 나타낸다.

배열을 사용하기 전에는 메모리를 확보하기 위해 배열의 크기를 정해야 한다. 배열의 크기는 저장하고자 하는 요소의 수를 지정하거나 값을 대입하여 정할 수 있다. 예를 들어 4개의 정숫값을 저장하기 위해서는 다음과 같이 배열을 선언할 수 있다.

```
int numbers[4];    // 배열에 저장할 항목 수 지정
```

배열을 선언할 때 배열에 저장될 초깃값을 지정할 수 있다. 초깃값을 지정하면 배열의 크기를 지정하지 않아도 된다. 배열의 크기를 지정하지 않으면 배열의 크기는 초깃값으로 사용한 요소의 수와 같은 값으로 정해진다.

```
// 배열의 크기를 지정하거나 지정하지 않는 두 경우 모두 가능하다.
int numbers[4] = { -7, 0, 6, 234 };
int numbers[] = { -7, 0, 6, 234 };
```

배열의 인덱스는 0부터 시작한다는 점에 주의해야 한다. 즉 배열에서 첫 번째 요소의 위치(인덱스)는 0이며, 두 번째 요소의 위치(인덱스)는 1이다. 배열에서 임의의 위치에 저장된 값에 접근하기 위해서는 배열 이름 다음에 대괄호를 쓰고 대괄호 안에 위치를 나타내는 인덱스 값을 넣으면 된다. 9번 핀에 연결된 LED의 밝기를 배열에서 세 번째 값으로 지정하려면 다음과 같이 쓸 수 있다.

```
analogWrite(9, numbers[2]);
```

배열의 인덱스는 0부터 시작하므로 인덱스 2는 배열에서 3번째 값을 나타낸다. 배열의 요소 중 하나의 값을 변경하기 위해서는 요소의 값을 읽을 때와 마찬가지로 다음과 같이 쓸 수 있다.

```
numbers[2] = 10;
```

이제 배열을 사용하여 멜로디를 구성하는 음표를 저장하고 이를 스피커를 통해 재생해 보자.

음높이와 음길이 배열 작성

연주하고자 하는 노래의 정보를 저장하기 위해서는 같은 길이의 배열 2개를 사용할 수 있다. 첫 번째 배열에는 음높이를 저장하고 두 번째 배열에는 밀리초 단위의 재생 시간을 저장한다. 두 개 배열을 사용하여 원하는 음높이를 원하는 시간 동안 순서대로 재생하면 원하는 노래를 재생할 수 있다.

고등학교 음악 시간에 배웠던 음높이와 음길이를 생각하면서 다음과 같은 노래를 재생해 볼 것이다.

```
// 음높이 배열
int notes[] = {
  NOTE_A4, NOTE_E3, NOTE_A4, 0,
  NOTE_A4, NOTE_E3, NOTE_A4, 0,
  NOTE_E4, NOTE_D4, NOTE_C4, NOTE_B4, NOTE_A4, NOTE_B4, NOTE_C4, NOTE_D4,
  NOTE_E4, NOTE_E3, NOTE_A4, 0
};

// (밀리초 단위) 음길이 배열
int times[] = {
  250, 250, 250, 250,
  250, 250, 250, 250,
  125, 125, 125, 125, 125, 125, 125, 125,
  250, 250, 250, 250
};
```

두 개 배열은 20개 값을 저장할 수 있도록 같은 크기를 가지고 있다. 음높이 배열에서 `0`의 값을 가지는 일부 요소들은 쉼표를 나타낸다. 각 음높이 요소는 같은 위치에 있는 음길이 요소와 대응된다. 4분음표는 재생 시간을 250ms로, 8분음표는 재생 시간을 125ms로 설정하였으며 위의 노래는 4분의 4 박자에 해당한다.

먼저 위의 노래를 재생해 보고, 이를 바탕으로 자신만의 노래를 만들어 보자.

Note 아두이노로 위의 노래를 연주하여 녹음한 것을 exploringarduino.com/content2/ch6에서 찾아 들어 보자.

▪ 프로그램 완성하기

마지막 단계는 스케치에 노래를 연주하는 기능을 추가하는 것이다. 노래를 연주하기 위해서는 for 루프를 사용하여 배열의 각 인덱스에 해당하는 음높이와 음길이 정보를 가져와 단음을 재생하는 간단한 방법을 사용할 수 있다. 같은 노래를 반복해서 듣고 싶지 않다면 연주 기능을 setup() 함수 내에 구현하여 한 번만 재생하도록 하면 된다. 이 경우 노래를 다시 듣고 싶다면 리셋 버튼을 누르면 된다. [코드 6-1]은 배열에 저장된 노래를 연주하는 프로그램이다.

코드 6-1 아두이노 음악 연주기 6-1_music.ino

```
// 스피커를 통한 노래 재생
#include “pitches.h”          // 음높이가 정의된 헤더 파일
const int SPEAKER = 9;        // 스피커 연결 핀

// 음높이 배열
int notes[] = {
   NOTE_A4, NOTE_E3, NOTE_A4, 0,
   NOTE_A4, NOTE_E3, NOTE_A4, 0,
   NOTE_E4, NOTE_D4, NOTE_C4, NOTE_B4, NOTE_A4, NOTE_B4, NOTE_C4, NOTE_D4,
   NOTE_E4, NOTE_E3, NOTE_A4, 0
};

// (밀리초 단위) 음길이 배열
int times[] = {
   250, 250, 250, 250,
   250, 250, 250, 250,
   125, 125, 125, 125, 125, 125, 125, 125,
   250, 250, 250, 250
};

void setup()
{
   // 각 음을 지정한 높이와 지정한 시간 동안 재생
   for (int i = 0; i < 20; i++)
   {
      tone(SPEAKER, notes[i], times[i]);
      delay(times[i]);
   }
}
```

```
void loop()
{
  // 리셋 버튼을 눌러 다시 재생
}
```

자신만의 노래를 연주하는 경우에는 두 배열이 같은 크기를 가져야 하고 for 루프에서 음표의 수를 수정해야 한다. tone() 함수는 백그라운드에서 실행되는 함수이므로 delay() 함수를 사용해야 한다. 음길이와 같은 시간만큼 delay 함수를 통해 실행을 정지시켜 아두이노가 이전 음의 재생을 끝내기 이전에 다음 음을 재생하지 못하도록 해야 한다.

4. tone() 함수의 한계

tone() 함수를 사용할 때는 주의해야 할 점이 몇 가지 있다. 서보 라이브러리와 마찬가지로 tone() 함수는 펄스 폭 변조(PWM) 신호 출력에 사용되는 하드웨어 타이머를 사용한다. 따라서 tone() 함수를 사용하면 (아두이노 메가2560 이외의 보드에서) 3번과 11번 핀의 PWM 신호 출력 기능은 사용할 수 없다.

아두이노의 입출력 핀에는 디지털 아날로그 변환(DAC) 기능이 없다는 점도 기억해야 한다. 입출력 핀으로는 지정한 주파수에 맞게 정현파가 아니라 PWM 신호인 구형파가 출력된다. 구형파로도 스피커에 음을 재생할 수 있지만 한계가 있다. WAV 파일의 음악을 재생하려면 (Adafruit의 WaveShiled나 SparkFun의 MP3 실드 등) 음악 재생을 위한 실드를 사용하거나, 별도의 DAC를 사용하거나, 아두이노 듀에에 있는 DAC와 아두이노 듀에 전용 오디오 라이브러리를 사용하는 방법 등이 있을 수 있다.

마지막으로 기억해야 할 점은 tone() 함수는 한 번에 하나의 핀으로만 음을 재생할 수 있기 때문에 여러 개의 스피커를 동시에 구동할 수 없다는 점이다. 여러 개의 스피커를 아두이노로 구동하고 싶다면 직접 타이머 관련 인터럽트를 제어해야 하며 이와 관련된 내용은 13장에서 확인할 수 있다.

Note 아두이노를 사용하여 여러 개의 스피커를 제어하는 방법은 blum.fyi/five-speakers의 내용을 참고하면 된다.

SECTION 03

초소형 피아노 제작

음을 재생할 수 있으면 지금까지 진행했던 프로젝트에 소리로 피드백을 줄 수 있다. 예를 들어 초록색 LED로 작업 완료를 나타냈던 것을 소리로 대신하거나 소리와 함께 사용할 수 있을 것이다. 하지만 항상 같은 소리를 재생하는 것이 아니라 상황에 따라 다른 소리를 내고 싶다면 어떻게 해야 할까? 이 장을 끝내기 전에 5음 음계 피아노를 통해 소리를 동적으로 제어하는 방법을 살펴보자. 일반적으로 한 옥타브는 7개의 음으로 구성되지만 5음 음계는 5개의 음으로 구성된다. 5음 음계는 음 사이의 불협화음이 거의 없어 함께 재생했을 때 좋은 화음을 낼 수 있다. 따라서 간단한 피아노를 만드는 경우라면 5음 음계를 사용하는 것도 좋은 대안이 된다.

Note SudoGlove는 5음 음계를 사용하여 음악을 만들어 낼 수 있는 웨어러블 장치다. SudoGlove에 대한 자세한 내용은 sudoglove.com를 참고하면 된다.

[그림 6-6] 초소형 피아노 연결 회로(Fritzing으로 작성)

아두이노로 피아노를 만들기 위해 C(도), D(레), E(미), G(솔), A(라)의 5개 음을 사용한다. 옥타브는 원하는 대로 선택하면 되지만, 이 예제에서는 헤더 파일에 정의된 네 번째 옥타브를 사용한다.

먼저 5개 버튼을 아두이노에 연결하자. 2장에서 살펴본 것처럼 버튼에는 10kΩ의 풀다운 저항을 사용한다. 각 버튼에 해당하는 음은 버튼을 누르고 있는 동안에만 재생하면 되므로 디바운싱은 고려하지 않아도 된다. [그림 6-6]과 같이 버튼을 연결하고 스피커는 앞의 예제와 같이 연결하면 된다.

초소형 피아노를 위한 코드는 아주 간단하다. `loop` 함수에서 각 버튼의 상태를 검사하고 버튼이 눌러졌으면 해당 음을 재생하면 된다. 음을 재생할 때 `tone()` 함수에 재생 시간을 설정하지 않았는데, 버튼을 누르고 있는 동안에만 음을 재생하기 때문이다. `loop()`의 끝에는 `noTone()` 함수를 사용하여 모든 버튼이 눌러지지 않았을 때 음 재생을 정지하도록 하였다. 재생하려는 음은 5개로 아주 적기 때문에 헤더 파일에서 필요한 상수 정의를 복사하여 코드에 삽입해서 사용하는 것이 편리하다. 새로운 스케치에 [코드 6-2]를 입력하고 아두이노에 업로드한 후, 버튼을 눌러 재생되는 음을 확인해 보자.

코드 6-2 5음 음계 초소형 피아노 6-2_piano.ino

```
// 5음 음계 피아노 : C(도), D(레), E(미), G(솔), A(라)
#define NOTE_C 262          // C(도) 음의 주파수(Hz)
#define NOTE_D 294          // D(레) 음의 주파수(Hz)
#define NOTE_E 330          // E(미) 음의 주파수(Hz)
#define NOTE_G 392          // G(솔) 음의 주파수(Hz)
#define NOTE_A 440          // A(라) 음의 주파수(Hz)

const int SPEAKER = 9;       // 스피커를 9번 핀에 연결
const int BUTTON_C = 7;      // C(도) 음에 해당하는 버튼 연결 핀
const int BUTTON_D = 6;      // D(레) 음에 해당하는 버튼 연결 핀
const int BUTTON_E = 5;      // E(미) 음에 해당하는 버튼 연결 핀
const int BUTTON_G = 4;      // G(솔) 음에 해당하는 버튼 연결 핀
const int BUTTON_A = 3;      // A(라) 음에 해당하는 버튼 연결 핀

void setup()
{
  // tone() 함수는 입출력 핀을 출력으로 설정하므로
  // 초기화 작업은 필요하지 않음
}

void loop()
{
  while (digitalRead(BUTTON_C))
    tone(SPEAKER, NOTE_C);
  while (digitalRead(BUTTON_D))
```

```
      tone(SPEAKER, NOTE_D);
    while (digitalRead(BUTTON_E))
      tone(SPEAKER, NOTE_E);
    while (digitalRead(BUTTON_G))
      tone(SPEAKER, NOTE_G);
    while (digitalRead(BUTTON_A))
      tone(SPEAKER, NOTE_A);

    // 모든 버튼이 눌러지지 않은 경우 음 재생을 멈춤
    noTone(SPEAKER);
}
```

loop() 함수 내의 while() 루프는 버튼이 눌러진 경우 해당 주파수를 사용하여 tone() 함수를 계속 호출한다. 버튼 상태는 while() 루프의 조건문에서 바로 검사하므로 버튼 상태를 저장하기 위한 임시 변수를 사용할 필요는 없다. digitalRead() 함수는 버튼 입력이 HIGH일 때 논리 TRUE를 반환하므로 while() 루프 내에서 조건 검사를 위해 사용할 수 있다. 코드를 간단히 하기 위해 루프 내에 포함되는 문장이 하나뿐이라면 이 코드에서처럼 중괄호를 생략할 수 있다. 루프 내에 여러 문장이 있다면, 이전 예에서와 같이 중괄호를 사용해야 한다.

Note 초소형 피아노의 데모 동영상은 exploringarduino.com/content2/ch6에서 확인할 수 있다.

요약

- 스피커는 공기 중으로 전파되는 압력파를 만들어 내고, 이 압력파가 귀에서 소리로 인식된다.
- 전류를 변화시키면 자기장이 유도되고 자기장의 변화에 따라 스피커는 소리를 만들어낸다.
- tone() 함수는 임의의 주파수와 임의의 재생 시간을 갖는 음을 만들어 낼 수 있다.
- 아두이노에서 사용하는 C/C++ 언어에서는 일련의 데이터를 나열하기 위해 배열을 사용할 수 있다.
- 스피커의 볼륨은 스피커와 직렬로 연결된 가변저항을 사용하여 조절할 수 있다.

CHAPTER

07

USB 시리얼 통신

CONTENTS

필요한 부품

- 아두이노 우노
- A-B 타입 USB 케이블
- 브레드보드
- 점퍼선
- 220Ω 저항(3개)
- 10kΩ 가변저항
- 5mm 적색 LED
- 5mm 공통 양극 방식 RGB LED

들어가기 전에

아두이노의 중요한 특징 중 하나는 USB 시리얼 포트를 통해 직접 프로그램을 업로드할 수 있다는 점이다. 이러한 특징은 AVRISP mkII와 같은 전용 하드웨어 없이도 아두이노를 프로그래밍할 수 있도록 해준다. 일반적으로 마이크로컨트롤러는 AVRISP mkII와 같은 전용 외부 하드웨어를 프로그래머로 사용하여 컴퓨터와 연결한다. 아두이노의 경우 이러한 프로그래머가 아두이노 보드에 내장되어 있으므로 별도의 하드웨어가 필요하지 않다. 뿐만 아니라 프로그래밍을 위해 사용하는 하드웨어가 ATmega 마이크로컨트롤러의 범용 동기/비동기 송수신 장치(USART, Universal Synchronous/Asynchronous Receiver and Transmitter)에 연결되어 있어 컴퓨터와 아두이노 사이에 정보를 교환하거나 다른 아두이노를 포함하여 시리얼 통신이 가능한 장치와 정보를 교환할 수 있다.

이 장과 다음 장에서는 아두이노를 USB를 통해 컴퓨터에 연결하고 두 장치가 데이터를 주고받는 데 필요한 내용들을 다룬다.

Note 시리얼 통신과 관련된 자세한 내용은 exploringarduino.com/content2/ch7에 있는 동영상을 참고하면 된다.

SECTION 01

아두이노의 시리얼 통신 기능 이해

아두이노 보드는 종류에 따라 다른 방법으로 시리얼 통신 기능을 구현하고 있으며, USB-시리얼 변환장치를 구현하기 위한 하드웨어와 시리얼 통신을 위해 소프트웨어로 지원되는 기능에서 차이가 있다. 이 절에서는 먼저 아두이노 보드에서 시리얼 통신 기능을 위해 사용하는 여러 하드웨어에 대해 알아본다.

먼저 시리얼 포트와 USB 포트의 차이를 이해해야 한다. 현재 시리얼 포트는 대부분 USB 포트로 대체되었기 때문에, 시리얼(더 정확히는 RS-232) 포트라는 이름을 들어본 적이 없을 수도 있다. [그림 7-1]이 표준 시리얼 포트이다.

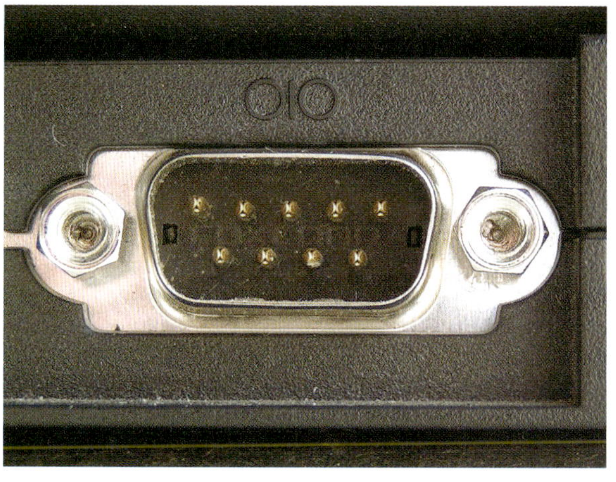

[그림 7-1] 시리얼 포트(출처: 위키피디아, 공개 도메인)

아두이노 보드에는 원래 컴퓨터와 9핀의 시리얼 케이블로 연결할 수 있는 시리얼 포트가 장착되어 있었다. 최근에는 시리얼 포트가 장착된 컴퓨터가 거의 없지만 USB 포트를 DB9 시리얼 포트로 변환하는 어댑터(시리얼 포트에 사용되는 9핀 커넥터)는 여전히 판매되고 있다. 아두이노 우노에 사용된 ATmega328P 마이크로컨트롤러는 하나의 하드웨어 시리얼 포트만 가지고 있다. 아두이노 우노의 하드웨어 시리얼 포트는 데이터 송신(TX, transmit)과 수신(RX, receive)에 디지털 0번과 1번 핀을 사용한다.

1장('아두이노 부트로더와 펌웨어 설정' 참고)에서 아두이노는 시리얼 인터페이스를 통해 프로그램을 업로드할 수 있도록 부트로더가 설치되어 있다는 것을 설명하였다. 이처럼 0번과 1번 핀은 시리얼 통신과 프로그램 업로드에 사용되며, 이들 핀은 USB 케이블의 송수신 연결선과 간접적으로 연결되어 있다. 하지만 시리얼과 USB는 호환되지 않으므로 아두이노가 USB 인터페이스를 통해 통신할 수 있도록 두 가지 방법이 사용된다. 첫 번째 방법은 아두이노의 시리얼 인터페이스와 컴퓨터의 USB 인터페이스를 상호 변환하기 위해 별도의 집적 회로(IC)를 사용하는 방법이다. 이를 위해 사용되는 IC는 아두이노 보드에 내장되거나, 별도의 보드 또는 케이블에 내장된 경우도 있다. 이처럼 별도의 IC를 사용하는 아두이노 보드의 예가 아두이노 우노로, 아두이노 우노는 시리얼과 USB 사이의 변환을 위해 전용 마이크로컨트롤러를 사용하고 있다. 두 번째 방법은 USB 인터페이스를 내장하고 있는 마이크로컨트롤러를 사용하는 것으로 아두이노 레오나르도에 사용된 ATmega32U4 마이크로컨트롤러가 대표적인 예다.

1. 내장/외장 USB-시리얼 변환장치를 사용하는 아두이노 보드

앞에서 설명한 것처럼 많은 아두이노 보드와 아두이노 호환 보드가 USB-시리얼 변환을 하기 위해 별도의 IC를 사용한다. USB-시리얼 변환을 하기 위해서는 FTDI와 Silicon Labs에서 만든 칩이 흔히 사용되며 이들 칩은 시리얼과 USB 사이의 변환 전용으로 사용된다. FTDI 칩이나 Silicon Labs의 CP210x 칩을 컴퓨터에 연결하면 컴퓨터에서는 DB9 포트와 같은 방법으로 제어할 수 있는 '가상 시리얼 포트'로 나타난다. [그림 7-2]는 아두이노 나노의 뒷면으로, FTDI 사의 칩을 사용하고 있다.

[그림 7-2] FTDI 칩이 사용된 아두이노 나노

Note 사용되고 있는 운영체제 대부분은 FTDI와 Silicon Labs 사의 칩을 지원하는 드라이버를 포함하고 있다. 드라이버가 포함되어 있지 않다면 별도로 드라이버를 설치해야 하며 윈도우, OS X, 리눅스용 FTDI 칩의 최신 드라이버는 blum.fyi/ftdi-drivers에서 내려받을 수 있다. Adafruit에서는 자사의 아두이노 호환 보드에 사용되는 Silicon Labs의 CP210x 칩용 드라이버를 제공하고 있으며 blum.fyi/adafruit-windows-drivers에서 내려받을 수 있다. 이외에도 FTDI와 Silicon Labs 사의 칩을 지원하는 드라이버는 검색을 통해 쉽게 찾아볼 수 있다.

몇몇 아두이노 보드는 보드의 크기를 줄이기 위해 USB 브리지 칩을 메인 보드에 넣지 않고 있다. 이러한 보드는 FTDI의 표준 6핀 커넥터가 있어 케이블에 FTDI 칩을 내장한 FTDI USB 케이블이나 FTDI 칩을 사용하여 만든 작은 크기의 브레이크아웃 보드를 연결하여 사용할 수 있다. [그림 7-3]과 [그림 7-4]는 FTDI 케이블과 FTDI 브레이크아웃 보드의 예를 보여준다.

[그림 7-3] FTDI 케이블(출처: Adafruit, adafruit.com)

[그림 7-4] Adafruit의 FTDI Friend 어댑터 보드(출처: Adafruit, adafruit.com)

마이크로컨트롤러가 동작할 때 USB를 통해 컴퓨터와 연결되어 있지 않아도 된다면 분리가 가능한 FTDI 프로그래머를 사용하는 것도 좋다. 프로그래머를 분리하면 제품의 단가를 낮출 수 있을 뿐만 아니라 크기 또한 작게 만들 수 있다.

다음은 보드 안에 FTDI 칩을 포함하고 있는 아두이노 보드들이다. 뒤에서 다시 이야기하겠지만 새로 출시되는 아두이노 보드의 경우 FTDI 칩을 내장하고 있는 경우가 거의 없다. 따라서 목록에 있는 보드 대부분은 단종되어 판매되지 않고 있다. 하지만 많은 호환 보드와 복제품이 판매되고 있으므로 참고할 목적으로 제시하였다.

- 아두이노 나노(Nano)
- 아두이노 익스트림(Extreme)(단종)
- 아두이노 NG(단종)
- 아두이노 데시밀라(Diecimila)(단종)
- 아두이노 듀에밀라노브(Duemilanove)(단종)
- 초기 아두이노 메가(Mega)(단종)

다음은 외부 FTDI 케이블이나 브레이크아웃 보드를 사용하여 프로그래밍과 USB-시리얼 통신을 수행하는 아두이노 보드들이다.

- 아두이노 미니
- 아두이노 이더넷(Ethernet)
- 아두이노 릴리패드(LilyPad)
- 아두이노 프로(Pro)(단종)
- 아두이노 프로 미니(단종)

2. 별도의 USB 기능을 포함하는 ATmega 마이크로컨트롤러를 시리얼 변환기로 사용하는 아두이노 보드

아두이노 우노는 USB-시리얼 변환을 위해 FTDI 칩이 아닌 다른 IC를 사용한 첫 번째 아두이노 보드다. 기능적으로는 FTDI 칩과 같지만, 기술적인 측면에서는 몇 가지 다른 점이 있다. [그림 7-5]는 아두이노 우노의 ATmega16U2 시리얼 변환기를 보여준다. 초기 버전의 아두이노 우노에서는 ATmega16U2가 아닌 ATmega8U2가 사용되었다.

[그림 7-5] 아두이노 우노의 ATmega16U2 시리얼 변환 칩(출처: 아두이노, arduino.cc)

ATmega16U2 칩이 FTDI 칩과 다른 점은 다음과 같다.

- 윈도우에서 USB-시리얼 변환 기능을 사용하기 위해서는 전용 드라이버를 설치해야 한다. 이 드라이버는 내려받은 아두이노 IDE에 포함되어 있으며 IDE를 설치할 때 자동으로 함께 설치된다.(OS X나 리눅스에서는 드라이버 설치가 필요하지 않다.)
- 두 번째로 USB-시리얼 변환을 위해 별도의 마이크로컨트롤러를 사용하면 보드를 컴퓨터에 연결할 때 생산자 ID(vendor ID)와 제품 ID(product ID)를 호스트 컴퓨터에 알려줄 수 있다. FTDI 칩을 사용하는 보드를 컴퓨터에 연결하면 컴퓨터는 일반(generic) USB-시리얼 장치로 인식한다. FTDI 칩이 아닌 USB-시리얼 변환 칩(아두이노 우노의 경우 ATmega16U2)을 사용한 보드를 컴퓨터에 연결하면 컴퓨터에서는 'Arduino[1]'로 나타난다.
- 세 번째, 추가 마이크로컨트롤러 역시 프로그램을 업로드할 수 있으므로(ATmega16U2에는 USB-시리얼 변환 기능을 수행하기 위해 LUFA 라이브러리를 사용한 펌웨어가 설치되어 있다.) 펌웨어를 교체하면 아두이노 보드가 조이스틱, 키보드, MIDI 장치 등 가상의 시리얼 포트와는 다른 장치로 컴퓨터에서 인식되도록 할 수 있다. 이처럼 LUFA 기반 펌웨어가 아닌 펌웨어를 사용하는 경우에는 아두이노에 프로그램을 업로드하기 위해 AVRISP mkII와 같은 프로그래머를 사용해야 한다.

최근 판매되고 있는 공식 아두이노 보드 중 마이크로컨트롤러 자체에서 USB 통신을 지원하지 않는 보드는 FTDI 칩을 사용하지 않고 별도의 전용 마이크로컨트롤러를 사용하고 있다. 하지만 아두이노

1 옮긴이_ 아두이노 우노의 경우 장치관리자에서 'Arduino Uno'로 표시된다.

호환 보드의 경우에는 CP2104나 FTDI 칩과 같은 브리지 IC를 사용하는 경우가 대부분이다.

3. USB 통신 기능이 내장된 MCU를 사용하는 아두이노 보드

아두이노 레오나르도는 하나의 칩으로 메인 MCU와 USB 인터페이스 역할을 구현한 최초의 보드다. 아두이노 레오나르도를 포함한 여러 공식 아두이노 보드와 아두이노 호환 보드는 USB 통신 기능을 포함하고 있는 ATmega32U4 마이크로컨트롤러를 사용한다.

USB 기능을 내장한 마이크로컨트롤러를 사용하는 것은 여러 측면에서 장점이 있다. 첫 번째 장점은 가격 면에서의 장점이다. 하나의 마이크로컨트롤러만 사용하면 되므로 필요한 부품이 적고 생산 공정이 간단해져 단가를 줄일 수 있다. 두 번째는 아두이노 보드를 키보드, 마우스, 조이스틱 등 시리얼 포트가 아닌 다른 USB 장치로 동작하도록 만들기가 쉬워진다. 세 번째는 USB를 통한 프로그램 업로드와 시리얼 통신을 위한 연결선을 분리해서 사용하므로 컴퓨터와 통신을 하면서 GPS와 같은 다른 시리얼 장치와 동시에 통신하는 것이 가능해진다. 다음 장에서는 USB 기능이 포함된 마이크로컨트롤러를 사용한 아두이노 보드로 키보드나 조이스틱과 같이 컴퓨터의 USB 인터페이스에 직접 연결되는 장치를 만드는 방법에 대해 알아볼 것이다.

4. USB 호스트 기능이 있는 아두이노 보드

일부 아두이노 보드는 USB 호스트[2] 기능이 있어 기존 USB 장치(키보드, 마우스, 안드로이드 스마트폰 등)를 아두이노에 연결할 수 있다. 아두이노가 USB 호스트로 동작하기 위해서는 연결하는 장치를 지원하는 드라이버를 가지고 있어야 한다. 예를 들어 아두이노 듀에에 웹캠을 연결했다고 해서 추가 작업 없이 스냅 사진을 찍을 수는 없다. 현재 아두이노 듀에, 제로(Zero), MKR100 등을 USB 호스트로 사용할 수 있도록 해주는 USB 호스트 라이브러리가 제공되고 있으며 키보드와 마우스 등을 연결하여 제어할 수 있다. 아두이노 메가 ADK는 AOA(Android Open Accessory) 프로토콜을 사용하여 아두이노와 안드로이드 장치 사이의 통신을 지원하며 안드로이드 장치에서 동작하는 애플리케이션을 사용하여 아두이노의 입출력을 제어하는 것이 주목적이다.

2 옮긴이_ 컴퓨터가 대표적인 USB 호스트에 해당한다.

SECTION 02

아두이노로부터 데이터 받기

아두이노의 시리얼 통신 기능 중 가장 기본은 컴퓨터의 시리얼 모니터로 데이터를 출력하는 것이다. 이전 장에서도 이미 이 기능을 사용하였다. 이 절에서는 데이터 출력 기능을 자세히 살펴보고 뒷부분에서 단순히 시리얼 모니터로 데이터를 출력하는 것이 아니라 수신한 데이터에 따라 반응하는 데스크톱 앱을 만드는 방법을 살펴볼 것이다. 여기서 살펴보는 방법은 모든 아두이노 보드에 적용할 수 있다.

1. print 명령의 사용

데이터를 출력하기 위해서는 다음의 3개 함수가 사용된다.

- Serial.begin(baud_rate)
- Serial.print("Message")
- Serial.println("Message")

baud_rate와 "Message"는 매개변수로 통신 속도와 출력할 메시지를 지정한다.

앞에서도 살펴본 것처럼 프로그램이 시작될 때 setup() 함수 내에서 Serial.begin() 함수를 사용하여 통신이 가능하도록 시리얼 포트를 초기화해야 한다. 초기화 작업 이후에는 Serial.print() 함수나 Serial.println() 함수를 사용하여 자유롭게 시리얼 포트로 데이터를 출력할 수 있다. 두 함수의 유일한 차이점은 Serial.println() 함수는 데이터를 출력한 후 라인 피드(line feed)를 추가하여 다음 출력이 다음 줄에 오도록 한다는 점이다. 이를 확인하기 위해 [그림 7-6]과 같이 가변저항을 아두이노의 A0 핀에 연결하자.

가변저항을 연결하였으면 가변저항 값을 읽고, 읽은 값과 백분율로 변환한 값을 출력하는 [코드 7-1]을 아두이노에 업로드한다.

[그림 7-6] 가변저항 연결 회로(Fritzing으로 작성)

코드 7-1 가변저항 값을 시리얼 모니터로 출력 7-1_pot.ino

```
// 가변저항 값을 시리얼 모니터로 출력하는 테스트 프로그램
const int POT = 0;              // 가변저항을 아날로그 0번 핀에 연결

void setup()
{
  Serial.begin(9600);           // 9600 보율로 시리얼 포트 통신 속도 설정
}

void loop()
{
  int val = analogRead(POT);              // 가변저항 값 읽기
  int per = map(val, 0, 1023, 0, 100);    // 백분율로 변환
  Serial.print("Analog Reading: ");
  Serial.print(val);                      // 변환 전 원시 데이터 출력
  Serial.print(" Percentage: ");
  Serial.print(per);                      // 백분율로 변환한 아날로그 값 출력
  Serial.println("%");                    // % 기호 출력 후 줄바꿈
  delay(1000);                            // 1초 대기 후 반복
}
```

[코드 7-1]은 Serial.print()와 Serial.println() 함수를 함께 사용하여 원시 데이터와 백분율로 변환된 값을 1초에 한 번 출력한다. Serial.println() 함수가 마지막에 한 번 사용되었으므로 모든 데이터는 한 줄에 출력된다.

아두이노 IDE에서 시리얼 모니터를 열고 시리얼 모니터의 보율이 9600으로 [코드 7-1]에 설정된 값과 같은 값인지 확인한다. 가변저항을 돌리면서 1초에 한 번 가변저항 값이 출력되는 것을 확인해 보자.

2. 특수 문자 사용

시리얼 통신을 통해 다양한 특수 문자를 전달할 수 있으며 특수 문자를 사용하면 출력하는 데이터의 형식을 지정할 수 있다. 특수 문자는 확장열(이스케이프 시퀀스, escape sequence)을 사용하여 나타낸다. 확장열은 역슬래시(\)로 시작하고 명령어를 나타내는 문자가 이어서 나온다. 다양한 특수 문자를 사용할 수 있지만, 흔히 사용되는 것은 탭과 새 줄을 나타내는 확장열이다. 탭 문자를 나타내기 위해서는 \t를 사용하고 새 줄은 \n으로 나타낸다. 새 줄 문자를 사용하면 문자열을 새 줄에서 시작하도록 할 수 있으며 이는 Serial.println() 함수가 문자열을 출력한 후 줄을 바꾸는 것과는 차이가 있다. 여러 이유로 실제로 문자열에 \n이나 \t를 포함하여 출력하고 싶다면 \\n과 \\t와 같이 역슬래시를 2개 사용하여 출력할 수 있다. [코드 7-2]는 [코드 7-1]을 수정한 것으로, 특수 문자를 사용하여 출력하는 데이터의 수평 위치를 맞추어 표 형식으로 출력한다.

코드 7-2 특수 문자를 사용한 표 형식 출력 7-2_pot_tabular.ino

```
// 가변저항 값을 표 형식으로 시리얼 모니터로 출력
const int POT = 0;          // 가변저항을 아날로그 0번 핀에 연결

void setup()
{
  Serial.begin(9600);       // 9600 보율로 시리얼 포트 통신 속도 설정
}

void loop()
{
  Serial.println("\nAnalog Pin\tRaw Value\tPercentage");
  Serial.println("------------------------------------------");
  for (int i = 0; i < 10; i++)
  {
    int val = analogRead(POT);               // 가변저항 값 읽기
    int per = map(val, 0, 1023, 0, 100);     // 백분율로 변환
```

```
        Serial.print("A0\t\t");
        Serial.print(val);          // 변환 전 원시 데이터 출력
        Serial.print("\t\t");
        Serial.print(per);          // 백분율로 변환한 아날로그 값 출력
        Serial.println("%");        // % 기호 출력 후 줄 바꿈
        delay(1000);                // 1초 대기 후 반복
    }
}
```

가변저항을 돌려 보면서 [그림 7-7]에 나타난 것과 비슷한 형태로 가변저항 값이 출력되는 것을 확인해 보자.

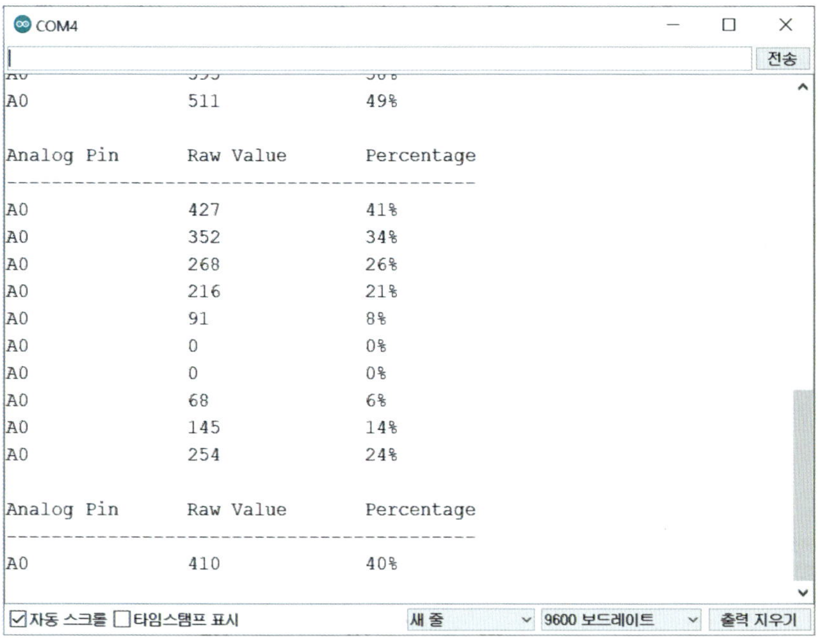

[그림 7-7] 시리얼 모니터에 표 형식으로 데이터 출력

3. 데이터 출력 형식 바꾸기

Serial.print()와 Serial.println() 함수는 데이터를 여러 형식으로 출력할 수 있도록 해준다. 정수의 경우 십육진수, 팔진수, 이진수 중 하나로 출력하는 것이 가능하며, 십진수로 표현되는 아스키 문자열이 디폴트 형식이다. Serial.print()와 Serial.println() 함수는 출력 형식을 지정하기 위해 두 번째 매개변수를 사용할 수 있다. [표 7-1]은 같은 데이터를 서로 다른 여러 형식으로 출력하도록 지정하는 방법과 그 결과로 시리얼 모니터에 출력되는 데이터의 예를 보여준다.

[표 7-1] 시리얼 모니터로 출력되는 데이터 형식 옵션

데이터 형식	코드 예	시리얼 출력
십진수	Serial.println(23);	23
십육진수	Serial.println(23, HEX);	17
팔진수	Serial.println(23, OCT);	27
이진수	Serial.println(23, BIN);	00010111

SECTION 03

아두이노로 데이터 보내기

아두이노와의 대화가 아두이노에서 컴퓨터로 한 방향으로만 가능하다면 그다지 유용하지 않을 수 있다. 아두이노가 컴퓨터로 데이터를 보내는 방법을 알아보았으므로 이제 반대로 컴퓨터에서 아두이노로 명령을 전달하는 방법을 알아보자.

1. 아두이노 IDE의 시리얼 모니터로 명령 문자열을 보내기 위한 준비

아두이노 IDE에 포함된 시리얼 모니터를 사용하면서 눈치챘을 수도 있겠지만 시리얼 모니터의 위쪽에는 텍스트를 입력할 수 있는 상자가 있고 아래쪽에 있는 3개 버튼 중 첫 번째 버튼을 누르면 펼침 메뉴가 나타난다. [그림 7-8]은 텍스트 입력 상자와 펼침 메뉴를 나타낸 것이다.

[그림 7-8] 시리얼 모니터의 텍스트 입력 상자와 줄 끝을 나타내기 위한 추가 문자 선택 펼침 메뉴

먼저 추가 문자를 선택하는 펼침 메뉴에서 '새 줄'이 선택되어 있어야 한다. 이 펼침 메뉴는 아두이노로 명령을 전달할 때 명령의 끝에 붙여서 보낼 문자를 결정한다. 이후 예제에서는 '새 줄'이 선택된 것으로 가정한다. '새 줄'이 선택되면 시리얼 모니터의 텍스트 입력 상자의 내용을 전송할 때 그 끝에 \n 문자를 추가한다.

아두이노 IDE의 시리얼 모니터는 엔터키를 누르거나 텍스트 입력 상자 옆의 [전송] 버튼을 누르면 지정한 보율로 텍스트 입력 상자의 내용 전체를 문자열로 한꺼번에 전송한다. 키 입력이 발생할 때마다 한 문자씩 전송하는 터미널 프로그램도 있지만 많은 터미널 프로그램이 두 가지를 모두 지원한다. 흔히 사용되는 터미널 프로그램 중 하나인 PuTTy 역시 두 가지 모드를 모두 지원한다.

2. 컴퓨터나 다른 시리얼 장치에서 보낸 데이터 읽기

먼저 아두이노 IDE의 시리얼 모니터를 사용하여 아두이노로 명령을 입력하고 전송해 보자. 아두이노로 명령을 전송한 다음에는 여러 명령을 한 번에 보내는 방법과 명령어를 보내기 위해 간단한 그래픽 인터페이스를 만드는 방법을 알아볼 것이다.

아두이노의 시리얼 포트에는 버퍼가 있다는 점을 기억해야 한다. 따라서 여러 바이트의 데이터를 한꺼번에 보낼 수 있으며 아두이노는 버퍼에 들어오는 순서에 따라 한 바이트씩 아두이노로 보낸다. 버퍼가 있으므로 너무 빨리 데이터를 보내는 것은 아닌지 걱정할 필요는 없지만, 너무 많은 데이터를 한꺼번에 보내면 버퍼가 넘쳐 일부 데이터가 없어질 수 있다는 점은 주의해야 한다.

▪ 아두이노가 수신한 데이터를 되돌려 주기

시리얼 통신에서의 송신과 수신을 테스트하는 가장 간단한 방법은 아두이노가 수신한 데이터를 그대로 다시 컴퓨터로 되돌리는(echo back) 것이다. 이를 위해 아두이노는 시리얼 입력 버퍼를 검사하고 수신한 문자를 컴퓨터로 다시 보내야 하며 `Serial` 객체의 새로운 두 가지 함수를 사용해야 한다.

- `Serial.available()` 함수는 현재 아두이노의 수신 시리얼 버퍼에 저장된 문자(또는 바이트) 수를 반환한다. 0보다 큰 값을 가지면 버퍼에 저장된 문자를 읽어 컴퓨터로 다시 되돌려 주어야 한다.
- `Serial.read()`는 수신 버퍼에서 읽을 수 있는 첫 번째 문자를 읽어 반환한다.

`Serial.read()` 함수는 1바이트, 즉 한 문자만을 반환하므로 `Serial.available()` 함수가 0보다 큰 값을 반환하는 동안에는 계속해서 문자를 읽어 되돌려 주어야 한다. `Serial.read()` 함수가 1바이트의 데이터를 읽으면 읽은 데이터는 버퍼에서 삭제되고 그 다음 바이트가 첫 번째 바이트가 되어 다음 번에 읽을 수 있다. 이들 함수를 사용하면 [코드 7-3]과 같이 수신한 데이터를 읽어 컴퓨터로 되돌려 주는 프로그램을 작성할 수 있다.

코드 7-3 아두이노의 시리얼 에코 테스트 7-3_echo.ino

```
// 수신한 모든 문자를 되돌려 줌
char data;                    // 수신한 문자 저장

void setup()
{
  Serial.begin(9600);         // 9600 보율로 시리얼 포트 통신 속도 설정
}

void loop()
{
  // 수신한 데이터가 있는 경우에만 되돌려 줌
  if (Serial.available() > 0)
  {
    data = Serial.read();     // 수신한 데이터 1바이트 읽기
    Serial.print(data);       // 읽은 데이터를 컴퓨터로 되돌려 주기
  }
}
```

시리얼 모니터를 실행하고 텍스트 입력 박스에 임의의 문자를 입력하자. [전송] 버튼을 누르거나 엔터 키를 누르면 텍스트 입력 박스에 입력한 문자들이 시리얼 모니터에 나타난다. '새 줄' 문자가 입력의 끝에 추가되도록 선택하였으므로 아두이노에서 되돌려 주는 문자들은 새 줄에 표시된다. 새 줄을 나타내는 문자가 시리얼 모니터에서 아두이노로 보내지고, 아두이노에서 다시 컴퓨터로 되돌려 주고 있으므로 [코드 7-3]에서도 Serial.println() 함수를 사용하지 않고 Serial.print() 함수를 사용하였다.

문자와 정수의 차이 이해하기

시리얼 모니터를 통해 '5'나 'A'와 같이 영문자나 숫자를 나타내는 문자를 보내는 경우 실제로 아두이노에 보내지는 데이터는 컴퓨터에서 문자로 해석하는 바이트 값이다. 시리얼 통신에서 모든 문자, 숫자, 기호, 특수 문자 등은 아스키(ASCII) 문자 집합을 사용하여 보내진다. [그림 7-9]에 나타난 기본 아스키 문자 집합은 7비트 집합으로 128개의 문자 또는 명령을 포함하고 있다.

ASCII TABLE

Decimal	Hexadecimal	Binary	Octal	Char
0	0	0	0	[NULL]
1	1	1	1	[START OF HEADING]
2	2	10	2	[START OF TEXT]
3	3	11	3	[END OF TEXT]
4	4	100	4	[END OF TRANSMISSION]
5	5	101	5	[ENQUIRY]
6	6	110	6	[ACKNOWLEDGE]
7	7	111	7	[BELL]
8	8	1000	10	[BACKSPACE]
9	9	1001	11	[HORIZONTAL TAB]
10	A	1010	12	[LINE FEED]
11	B	1011	13	[VERTICAL TAB]
12	C	1100	14	[FORM FEED]
13	D	1101	15	[CARRIAGE RETURN]
14	E	1110	16	[SHIFT OUT]
15	F	1111	17	[SHIFT IN]
16	10	10000	20	[DATA LINK ESCAPE]
17	11	10001	21	[DEVICE CONTROL 1]
18	12	10010	22	[DEVICE CONTROL 2]
19	13	10011	23	[DEVICE CONTROL 3]
20	14	10100	24	[DEVICE CONTROL 4]
21	15	10101	25	[NEGATIVE ACKNOWLEDGE]
22	16	10110	26	[SYNCHRONOUS IDLE]
23	17	10111	27	[ENG OF TRANS. BLOCK]
24	18	11000	30	[CANCEL]
25	19	11001	31	[END OF MEDIUM]
26	1A	11010	32	[SUBSTITUTE]
27	1B	11011	33	[ESCAPE]
28	1C	11100	34	[FILE SEPARATOR]
29	1D	11101	35	[GROUP SEPARATOR]
30	1E	11110	36	[RECORD SEPARATOR]
31	1F	11111	37	[UNIT SEPARATOR]
32	20	100000	40	[SPACE]
33	21	100001	41	!
34	22	100010	42	"
35	23	100011	43	#
36	24	100100	44	$
37	25	100101	45	%
38	26	100110	46	&
39	27	100111	47	'
40	28	101000	50	(
41	29	101001	51	)
42	2A	101010	52	*
43	2B	101011	53	+
44	2C	101100	54	,
45	2D	101101	55	-
46	2E	101110	56	.
47	2F	101111	57	/

Decimal	Hexadecimal	Binary	Octal	Char
48	30	110000	60	0
49	31	110001	61	1
50	32	110010	62	2
51	33	110011	63	3
52	34	110100	64	4
53	35	110101	65	5
54	36	110110	66	6
55	37	110111	67	7
56	38	111000	70	8
57	39	111001	71	9
58	3A	111010	72	:
59	3B	111011	73	;
60	3C	111100	74	<
61	3D	111101	75	=
62	3E	111110	76	>
63	3F	111111	77	?
64	40	1000000	100	@
65	41	1000001	101	A
66	42	1000010	102	B
67	43	1000011	103	C
68	44	1000100	104	D
69	45	1000101	105	E
70	46	1000110	106	F
71	47	1000111	107	G
72	48	1001000	110	H
73	49	1001001	111	I
74	4A	1001010	112	J
75	4B	1001011	113	K
76	4C	1001100	114	L
77	4D	1001101	115	M
78	4E	1001110	116	N
79	4F	1001111	117	O
80	50	1010000	120	P
81	51	1010001	121	Q
82	52	1010010	122	R
83	53	1010011	123	S
84	54	1010100	124	T
85	55	1010101	125	U
86	56	1010110	126	V
87	57	1010111	127	W
88	58	1011000	130	X
89	59	1011001	131	Y
90	5A	1011010	132	Z
91	5B	1011011	133	[
92	5C	1011100	134	\
93	5D	1011101	135	]
94	5E	1011110	136	^
95	5F	1011111	137	_

Decimal	Hexadecimal	Binary	Octal	Char
96	60	1100000	140	`
97	61	1100001	141	a
98	62	1100010	142	b
99	63	1100011	143	c
100	64	1100100	144	d
101	65	1100101	145	e
102	66	1100110	146	f
103	67	1100111	147	g
104	68	1101000	150	h
105	69	1101001	151	i
106	6A	1101010	152	j
107	6B	1101011	153	k
108	6C	1101100	154	l
109	6D	1101101	155	m
110	6E	1101110	156	n
111	6F	1101111	157	o
112	70	1110000	160	p
113	71	1110001	161	q
114	72	1110010	162	r
115	73	1110011	163	s
116	74	1110100	164	t
117	75	1110101	165	u
118	76	1110110	166	v
119	77	1110111	167	w
120	78	1111000	170	x
121	79	1111001	171	y
122	7A	1111010	172	z
123	7B	1111011	173	{
124	7C	1111100	174	|
125	7D	1111101	175	}
126	7E	1111110	176	~
127	7F	1111111	177	[DEL]

[그림 7-9] 아스키 테이블(출처: 위키피디아, 공개 도메인)

[코드 7-3]과 같이 컴퓨터에서 보낸 값을 읽는 경우 아두이노는 기본적으로 수신한 데이터가 char 타입이라고 가정한다. 예를 들어 변수 data의 데이터 타입을 int로 변경하고 시리얼 모니터에서 5를 전송하면 문자 5에 해당하는 십진수 값이 53이므로 시리얼 모니터에는 53이 나타난다. 이는 [그림 7-9]의 아스키 테이블에서 확인할 수 있다.

이를 바탕으로 정수, 실수 등 특정한 타입의 데이터를 전송할 때는 세 가지 방법 중에서 하나를 사용할 수 있다. 첫 번째는 문자를 직접 비교하는 방법이다. LED를 켜기 위해 1을 보낸다고 가정하면 수신한 데이터는 `if(Serial.read() == '1')`과 같이 비교하여 확인할 수 있다. 이때 '1'에서 사용된 작은따옴표는 데이터를 문자로, 즉 아스키코드 값으로 취급해야 함을 나타낸다.

두 번째 방법은 수신한 바이트에서 숫자 0에 해당하는 아스키코드 값을 빼서 정수로 변환하여 사용하는 방법으로 `val = Serial.read() - '0'`과 같이 사용할 수 있다. 하지만 이 방법은 9보다 큰 숫자를 전송하는 경우에는 두 자리 이상, 즉 두 바이트 이상의 데이터를 처리해야 하므로 계산이 복잡해질 수 있다.

세 번째 방법은 가장 간편하고 다양한 경우에 사용할 수 있는 방법으로, `parseInt()` 함수를 사용하는 방법이다. `parseInt()` 함수는 시리얼 데이터 열에서 정수를 찾아내고 그 값을 반환한다. 이어서 이들 세 가지 방법을 모두 살펴볼 것이다.

▪ LED 제어를 위한 단일 문자 보내기

여러 자리의 숫자로 이루어지는 긴 문자열을 살펴보기 전에 하나의 문자를 비교하여 LED를 제어하는 스케치를 작성해 보자. LED를 켜기 위해서는 '`1`'을, LED를 끄기 위해서는 '`0`'을 전송한다. 먼저 [그림 7-10]과 같이 LED를 9번 핀에 연결하자.

[그림 7-10] 아두이노 9번 핀에 LED를 연결한 회로(Fritzing으로 작성)

앞에서 설명한 것처럼 하나의 문자만을 전송하는 경우 수신한 데이터를 확인하는 가장 간단한 방법은 `if`문을 사용하여 문자를 직접 비교하는 것이다. 문자가 버퍼에 저장될 때마다 버퍼에 저장된 문자를 읽고 '`0`' 또는 '`1`'과 같은지 비교하여 그에 따라 LED를 제어하면 된다. [코드 7-4]를 아두이노에 업로드하고 시리얼 모니터에서 `0`이나 `1`을 전송하여 LED를 제어해 보자.

코드 7-4 문자를 사용한 1개 LED 제어 7-4_single_char_control.ino

```
// 하나의 문자로 1개 LED를 제어

const int LED = 9;          // 9번 핀에 LED 연결
char data;                  // 수신한 문자 저장

void setup()
{
  Serial.begin(9600);       // 9600 보율로 시리얼 포트 통신 속도 설정
  pinMode(LED, OUTPUT);
}

void loop()
{
  // 버퍼에 수신한 데이터가 있을 때만 동작
  if (Serial.available() > 0)
  {
    data = Serial.read();  // 수신한 데이터 1바이트 읽기
    // LED 켜기
    if (data == '1')
    {
      digitalWrite(LED, HIGH);
      Serial.println("LED ON");
    }
    // LED 끄기
    else if (data == '0')
    {
      digitalWrite(LED, LOW);
      Serial.println("LED OFF");
    }
  }
}
```

[코드 7-4]에서 else가 아니라 else if가 사용되었다는 점에 주의해야 한다. 시리얼 모니터에서 새 줄을 나타내는 문자가 함께 전송되도록 설정되어 있으므로 0이나 1을 전송하면 그 뒤에 \n 문자가 추가되고 수신 버퍼에 저장된다. 따라서 새 줄 문자가 LED 상태를 바꾸지 못하도록 하는 것이 중요하다. Serial.read()가 새 줄 문자를 읽으면 새 줄 문자는 '0'이나 '1'과는 다른 '10(\n)'의 값을 가진다. 따라서 만약 [코드 7-4]에서 else if가 아니라 else를 사용하면 '0'과 '\n'은 모두 LED를 끈다. '1'을 전송한 경우에도 '\n'이 추가되어 전송되므로 LED가 켜진 다음 곧바로 \n에 의해 LED는 꺼지게 된다.

▪ RGB LED 제어를 위해 값 목록 보내기

하나의 문자를 사용하는 명령을 사용하여 하나의 디지털 핀을 제어할 수 있다. 하지만 이보다 복잡한 작업을 하고 싶다면 어떻게 해야 할까? 여기서는 쉼표로 분리된 여러 개의 값을 동시에 보내 여러 개의 장치를 제어하는 방법을 살펴본다. 이를 위해 먼저 공통 양극 방식의 RGB LED를 [그림 7-11]과 같이 연결하자.

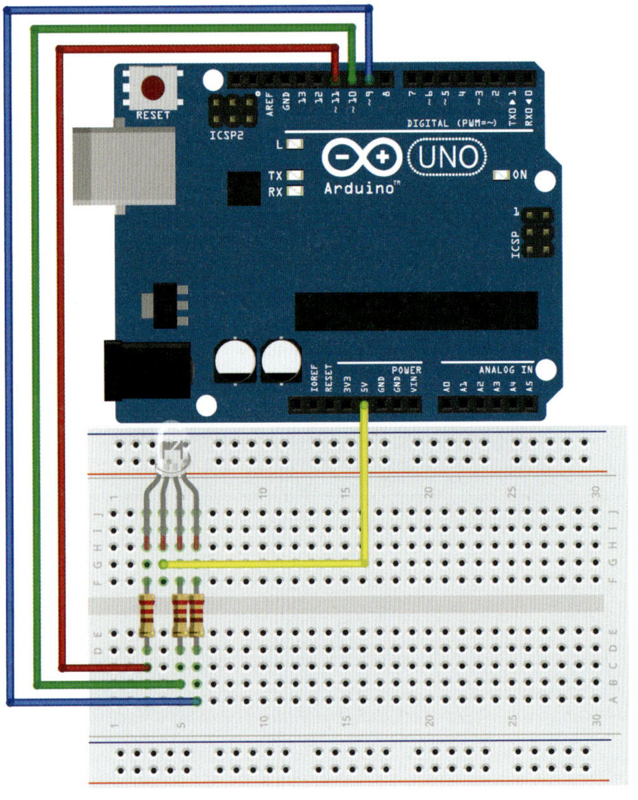

[그림 7-11] 아두이노에 RGB LED를 연결한 회로(Fritzing으로 작성)

RGB LED는 각 색상의 LED 밝기를 나타내는 3개의 퍼센트 값(0~100)의 값으로 제어할 수 있다. 예를 들어, 모든 색상을 최고의 밝기로 설정하기 위해서는 **100,100,100**을 전송하면 된다. 이를 위해서는 몇 가지 고려할 점이 있다.

- 숫자와 쉼표를 구별해야 한다.
- `analogWrite()` 함수에서 LED 밝기를 제어하기 위해 아두이노로 전송되는 문자열을 0~255 사이의 값으로 변환해야 한다.
- 예제에서 사용하는 LED는 공통 양극 방식이므로 음극을 제어해야 한다. 음극을 제어하는 경우 255의 값을 사용하면 LED는 꺼지고 0의 값을 사용하면 LED가 최고 밝기로 켜진다.

• 전송되는 숫자는 한 자리, 두 자리 또는 세 자리로 구성될 수 있다는 점을 고려해야 한다.
• 지정한 형식을 따르지 않는 잘못된 데이터가 보내진 경우에도 이후 데이터 전송에 영향을 미치지 않도록 처리할 수 있어야 한다.

다행히 아두이노 IDE는 문자열로 전송되는 데이터에서 정수를 찾아낼 수 있는 `Serial.parseInt()`라는 편리한 함수를 제공하고 있다. `Serial.parseInt()` 함수가 호출되면 숫자가 아닌 문자가 시리얼 버퍼에 들어올 때까지 기다린 후 이전까지 수신된 숫자 문자열을 정수로 변환하여 반환한다. 3개의 값이 쉼표로 분리되어 입력되면 처음 두 개의 값은 쉼표가 발견되었을 때 반환되고 마지막 값은 새 줄 문자가 발견되었을 때 반환된다.

[코드 7-5]를 아두이노에 업로드하고 `Serial.parseInt()` 함수의 동작을 확인해 보자.

코드 7-5 시리얼 통신으로 RGB LED 제어 7-5_list_control.ino

```
// 여러 개의 값을 동시에 보냄
// 전송하는 데이터 형식 : <0~100>,<0~100>,<0~100>\n
// 각 값은 R, G, B LED의 밝기를 퍼센트로 나타냄

// LED 연결 핀
const int RED = 11;
const int GREEN = 10;
const int BLUE = 9;

void setup()
{
  Serial.begin(9600);          // 9600 보율로 시리얼 포트 통신 속도 설정
  Serial.setTimeout(10);       // 정숫값 수신 대기 시간

  // LED 연결 핀을 출력으로 설정
  pinMode(RED, OUTPUT);
  pinMode(GREEN, OUTPUT);
  pinMode(BLUE, OUTPUT);

  // LED는 끈 상태로 시작
  // 공통 양극 방식을 사용하므로 음극에 HIGH를 출력하여 LED를 끔
  digitalWrite(RED, HIGH);
  digitalWrite(GREEN, HIGH);
  digitalWrite(BLUE, HIGH);
}
```

```
void loop()
{
  // 버퍼에 수신된 데이터가 존재하는 경우 읽음
  if (Serial.available() > 0)
  {
    // 시리얼을 통해 3개의 정숫값을 수신
    // parseInt 함수는 블로킹 함수로 정수가 수신될 때까지 대기함
    // parseInt 함수는 쉼표나 새 줄 문자가 발견된 경우 완전한 정숫값으로 인식함
    // parseInt 함수는 정수가 수신되기 전 숫자가 아닌 문자는 제거하지만
    // 정수가 수신된 이후 숫자가 아닌 문자는 제거하지 않음
    int val1 = Serial.parseInt();
    int val2 = Serial.parseInt();
    int val3 = Serial.parseInt();

    // 정수 3개를 읽은 후 버퍼에 남은 데이터는 삭제함
    while (Serial.available())
    {
      Serial.read();
    }

    // 수신한 값이 0%에서 100% 사이의 값이 되도록 제한
    int val1c = constrain(val1, 0, 100);
    int val2c = constrain(val2, 0, 100);
    int val3c = constrain(val3, 0, 100);

    // 퍼센트로 표시된 밝기를 아날로그 값으로 변환
    int rval = map(val1c, 0, 100, 255, 0); // 첫 번째 유효한 정수
    int gval = map(val2c, 0, 100, 255, 0); // 두 번째 유효한 정수
    int bval = map(val3c, 0, 100, 255, 0); // 세 번째 유효한 정수
    // LED 밝기 설정
    analogWrite(RED, rval);
    analogWrite(GREEN, gval);
    analogWrite(BLUE, bval);

    // LED 제어에 사용된 값 출력
    Serial.println("Red: " + String(val1c) + "%");
    Serial.println("Green: " + String(val2c) + "%");
    Serial.println("Blue: " + String(val3c) + "%\n");
  }
}
```

setup() 함수에서 시리얼 인터페이스를 시작하고, 정숫값 수신 대기 시간을 setTimeout() 함수로 10밀리초로 설정한다. 이 시간은 parseInt() 함수에서 정수 수신을 기다리는 최대 대기 시간으로 사용된다. 시리얼 버스를 통해 10밀리초 이상 문자가 수신되지 않으면 현재 수신된 데이터를 바탕으로 정숫값을 계산하고 parseInt() 함수에서 반환한다. 이는 잘못된 데이터 전달에 의해 프로그램이 무한 대기 상태에 빠지는 것을 방지하기 위해 사용된다.

예제에서 사용한 RGB LED는 공통 양극 방식이므로 LED의 음극을 제어해야 한다는 점에 주의해야 한다. 즉 음극에 HIGH를 가하면 전류가 LED에 흐르지 않으므로 LED는 꺼진다. 마찬가지로 analogWrite() 함수에서 사용하는 값 역시 반전된 값으로, 255인 경우 LED가 꺼지고 0인 경우 LED가 최대 밝기로 켜진다. 메인 루프에서는 시리얼 데이터가 수신되기를 기다리다 데이터 수신이 시작되면 수신된 데이터에서 3개의 정수를 찾아낸다. 만약 3개의 정수를 수신한 후에도 버퍼에 데이터가 남아 있으면 Serial.read() 함수를 사용하여 버퍼에 남은 데이터를 버린다. constrain() 함수는 수신한 모든 값이 0에서 100 사이의 값임을 보장하기 위해 사용하였고, map() 함수는 0퍼센트를 255, 100퍼센트를 0으로 변환하여 analogWrite() 함수의 매개변수로 사용할 수 있도록 하였다. 마지막으로 LED의 밝기를 analogWrite() 함수로 설정하고 현재 설정 값을 확인하기 위해 시리얼 모니터로 밝기 값을 퍼센트로 출력하였다. 출력이 끝난 후에는 다음 LED 밝기 값이 수신될 때까지 기다리기를 반복한다.

프로그램을 테스트하기 위해 코드를 아두이노에 업로드하고 시리얼 모니터를 연다. 시리얼 모니터의 텍스트 입력 상자에 '80,10,80'과 같이 0에서 100사이의 값 3개를 쉼표로 분리하여 입력하고 [전송] 버튼을 누르거나 엔터키를 눌러 보자. 숫자를 바꾸어 전송하면서 다양한 색상이 나타나는 것을 확인해 보자.

SECTION 04

데스크톱 앱으로 데이터 전송하기

아두이노의 시리얼 모니터에 숫자를 입력하여 시리얼 통신을 수행하는 것은 단조롭고 지루한 작업이다. 하지만 우리가 알고 있는 모든 데스크톱용 프로그래밍 언어는 컴퓨터의 시리얼 포트를 제어할 수 있는 라이브러리를 제공하고 있다. 즉 어떤 프로그래밍 언어를 사용해도 아두이노로 시리얼 통신을 통해 명령을 전달하고 아두이노에서 컴퓨터로 보내진 데이터에 반응하는 프로그램을 만들 수 있다.

이 책에서는 데스크톱용 프로그래밍 언어로 프로세싱(Processing)을 사용한다. 프로세싱 IDE는 아두이노 IDE와 비슷한 사용자 인터페이스를 가지고 있으며 프로그램의 구조 역시 아두이노와 비슷하다. 사실 아두이노 IDE는 프로세싱을 바탕으로 만들어진 것이다. 흔히 사용되는(잘 정리된 시리얼 통신 라이브러리도 있는) 데스크톱 프로그래밍 언어에는 Python, Node.js, C, Java 등이 있다. 먼저 프로세싱에서 전송된 시리얼 데이터를 읽는 방법을 살펴보고, 프로세싱으로 간단한 그래픽 사용자 인터페이스(GUI, Graphical User Interface)를 구성하고 아두이노로 명령을 전달하는 방법을 살펴보자.

프로세싱의 프로그래밍 인터페이스는 매우 간단하며, 아두이노와도 비슷하다. 이 절에서는 프로세싱을 설치하고 간단한 GUI를 구성하여 아두이노에서 보내는 시리얼 데이터를 시각적으로 확인하도록 할 것이다. 아두이노에서 데이터를 수신하는 방법을 살펴본 후에는 그 반대 방향으로의 데이터 전송, 즉 컴퓨터에서 GUI를 통해 아두이노로 데이터를 전송하고 아두이노를 제어하는 방법을 살펴볼 것이다.

1. 프로세싱 설치

시작하기 전에 먼저 프로세싱을 컴퓨터에 설치해야 한다. processing.org/download에서 프로세싱을 내려받을 수 있는 링크를 찾아 운영체제에 맞는 프로그램을 내려받자. 내려받은 파일은 압축 파일 형태이므로 임의의 위치에 압축을 해제하는 것만으로 설치 없이 프로세싱을 사용할 수 있다. 프로세싱 프로그램을 실행하면 [그림 7-12]와 같은 IDE를 볼 수 있다.

[그림 7-12] 프로세싱 IDE

2. 아두이노로 프로세싱의 스케치 제어하기

프로세싱을 사용한 첫 번째 예제에서는 아두이노에 연결된 가변저항으로 컴퓨터 응용 프로그램 창의 배경색을 제어하는 방법을 살펴볼 것이다. [그림 7-6]을 참고하여 아두이노에 가변저항을 연결하자. 가변저항의 아날로그 값을 컴퓨터로 전송하는 데 필요한 내용은 이미 앞에서 살펴보았다. 이 예제에서는 시리얼 통신으로 컴퓨터에 보내진 데이터가 프로세싱으로 보내지지만, 아두이노가 컴퓨터에 데이터를 전달하는 방법은 그대로 사용하면 된다.

[코드 7-6]을 아두이노에 업로드하자. [코드 7-6]은 50밀리초 간격으로 컴퓨터의 시리얼 포트를 통해 가변저항의 값을 보내는 코드다. 이때 50밀리초 간격이 중요하다. 너무 빠른 속도로 데이터를 전달한다면 프로세싱의 스케치[3]는 아두이노에서 보내오는 데이터를 제대로 처리할 수 없어 결국 컴퓨터에 있는 시리얼 입력 버퍼가 넘치게 될 것이다.

3 옮긴이_ 아두이노 프로그램을 스케치라고 하는 것은 프로세싱을 위한 프로그램을 스케치라고 하는 것에서 왔다. 아두이노는 IDE뿐만 아니라 스케치라는 이름도 프로세싱에서 가져왔다.

코드 7-6 컴퓨터로 데이터를 전송하는 아두이노 코드 7-6_arduino_read_pot.ino

```
// 가변저항 값을 컴퓨터로 전송

const int POT = 0;          // 가변저항을 아날로그 0번 핀에 연결
int val;                    // 변환된 가변저항 값 저장을 위한 변수
void setup()
{
  Serial.begin(9600);       // 시리얼 통신 시작
}

void loop()
{
  // 가변저항 값을 읽어 1바이트 값으로 변환
  val = map(analogRead(POT), 0, 1023, 0, 255);
  Serial.println(val);       // 컴퓨터로 변환한 값 전송
  delay(50);                 // 컴퓨터의 버퍼 넘침을 방지하기 위한 지연 시간
}
```

이제 시리얼 통신으로 수신하는 데이터를 사용하여 원하는 작업을 수행하는 프로세싱 스케치를 작성해 보자. [코드 7-7]은 컴퓨터의 시리얼 버퍼에서 데이터를 읽고, 읽은 값을 사용하여 응용 프로그램 창의 배경 밝기를 변경하는 프로그램이다. [코드 7-7]을 프로세싱에 새로운 스케치로 입력하자. 이 때 한 가지 수정해야 할 부분이 있는데, 바로 아두이노에서 보내는 데이터를 수신하는 컴퓨터의 시리얼 포트 번호다. 이 번호는 아두이노에 프로그램을 업로드할 때 사용했던 포트와 같은 포트로, [코드 7-7]에서 "COM3"를 자신의 컴퓨터에서 사용하고 있는 시리얼 포트 번호로 바꾸면 된다.(리눅스와 macOS의 경우 포트 이름은 '/dev/ttyUSB0' 와 같은 형식을 가진다.) 포트 번호를 모르는 경우에는 아두이노 IDE의 [툴] → [포트] 메뉴에서 확인할 수 있다.

코드 7-7 응용 프로그램 창의 배경색을 변경하는 프로세싱 스케치 processing_display_color_7_7.pde

```
// 시리얼 포트 데이터를 읽어 응용 프로그램 창의 배경색을 변경하는 프로세싱 스케치

// 시리얼 포트 라이브러리 포함 및 시리얼 포트 객체 생성
import processing.serial.*;
Serial port;

float brightness = 0;      // 가변저항 값 저장을 위한 변수
```

```
void setup()
{
  size(500, 500);                          // 창 크기
  port = new Serial(this, "COM3", 9600);  // 시리얼 통신 설정
  port.bufferUntil('\n');                  // 새 줄 문자를 수신할 때까지 수신 데이터 저장
}

void draw()
{
  background(0, 0, brightness);           // 창의 배경색 변경
}

void serialEvent (Serial port)
{
   // 아두이노에서 보내는 가변저항 값을 새 줄 문자를 만날 때까지 읽음
  brightness = float(port.readStringUntil('\n'));
}
```

프로세싱 IDE에 스케치를 입력할 때 시리얼 포트 번호를 정확하게 설정해야 한다는 점을 기억해야 한다. 또한 아두이노의 시리얼 모니터가 열려 있어서는 안 된다. 컴퓨터의 시리얼 포트는 한 번에 하나의 프로그램에서만 접근할 수 있으므로 아두이노의 시리얼 모니터와 프로세싱 스케치가 동시에 같은 포트를 사용할 수 없다. 프로세싱 IDE에서 툴바 왼쪽에 있는 ▶(실행 버튼)을 눌러 보자. 버튼을 누르면 [그림 7-13]과 같은 창이 나타난다. 아두이노에 연결된 가변저항을 돌리면 창의 배경색이 검정색에서 파란색으로 바뀌는 것을 확인할 수 있다.

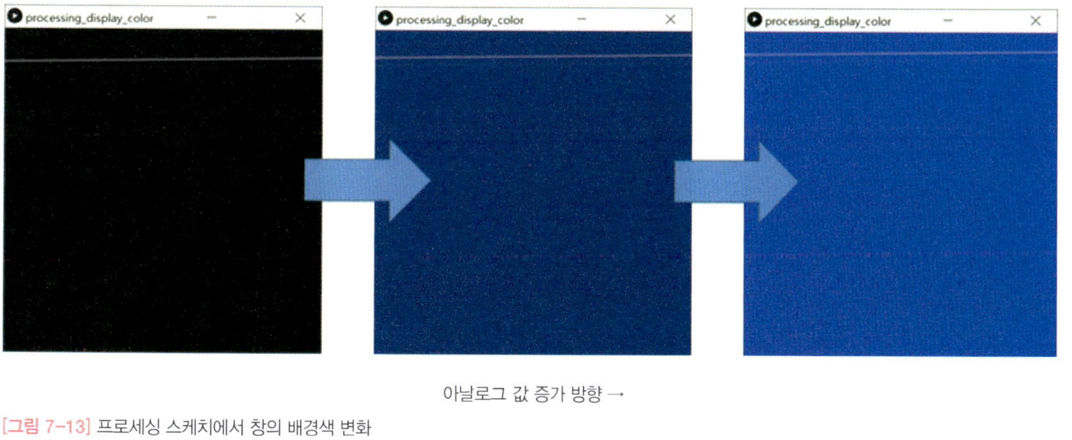

[그림 7-13] 프로세싱 스케치에서 창의 배경색 변화

창의 배경색이 변하는 것을 확인했다면 프로세싱 스케치를 자세히 살펴보자. 아두이노와 달리 프로세싱에서는 시리얼 통신을 위한 라이브러리가 자동으로 포함되지 않으므로 따로 입력해 주어야 한다. `import processing.serial.*;` 문장과 `Serial port;` 문장은 각각 시리얼 통신을 위한 라이브러리를 포함하도록 하고 `port`라는 이름의 시리얼 객체를 생성한다.

아두이노와 마찬가지로 프로세싱 역시 스케치가 시작될 때 한 번만 실행되는 `setup()` 함수를 가지고 있다. [코드 7-7]의 `setup()` 함수에서는 시리얼 포트를 설정하고 `size(500, 500)` 함수로 500×500 픽셀 크기의 창을 생성한다. `port = new Serial(this, “COM3”, 9600);` 문장은 시리얼 포트를 초기화할 때 필요한 내용을 프로세싱에 알려준다. `port` 변수를 통해 사용할 수 있는 `Serial` 객체는 스케치 내에서 만들어지고 9600 보율의 속도로 COM3 포트 또는 아두이노가 연결된 임의의 시리얼 포트를 통해 시리얼 통신을 수행한다. 아두이노와 프로세싱에 의해 만들어져 컴퓨터에서 실행되는 프로그램은 통신 속도를 동일하게 설정해야 하며 그렇지 않은 경우에는 데이터를 정상적으로 주고받을 수 없다. `port.bufferUntil(‘\n’);` 문장은 프로세싱이 시리얼 입력을 버퍼에 저장하고 새 줄 문자를 수신할 때까지는 수신된 데이터로 아무런 작업도 하지 않는다는 것을 의미한다.

아두이노에서는 반복 작업을 수행할 때 `loop()` 함수를 사용하지만, 프로세싱에서는 다른 함수를 사용한다. [코드 7-7]에서는 `draw()`와 `serialEvent()` 함수가 사용되었다. `draw()` 함수는 아두이노의 `loop()` 함수와 비슷한 기능을 하는 함수로, 반복적으로 실행되어 화면을 갱신하는 역할을 한다. `background()` 함수는 빨강, 초록, 파랑에 해당하는 3개의 매개변수를 통해 창의 배경색을 설정한다. 예제에서는 가변저항 값으로 파란색만 변경하고 빨간색과 초록색은 `0`으로 설정하였다. `background()` 함수의 3개 매개변수 중 임의의 값을 가변저항 값으로 설정함으로써 원하는 성분의 색상을 변경할 수 있다. 매개변수로 사용되는 각 색상 성분의 값은 8비트 크기로 `0`에서 `255` 사이의 값을 가지므로, [코드 7-6]에서 가변저항 값을 전송하기 전에 `map()` 함수를 사용하여 값의 범위를 변경하였다.

`serialEvent()` 함수는 `setup()` 함수 내에서 `bufferUntil()` 함수로 설정한 조건을 만족할 때 호출된다. 즉 새 줄 문자가 수신되면 `serialEvent()` 함수가 호출된다. 시리얼 통신으로 수신되고 버퍼에 저장된 데이터는 `port.readStringUntil(‘\n’)` 함수를 통해 문자열로 읽어올 수 있다. 문자열은 문자 배열로 생각할 수 있다. 문자열을 숫자로 사용하기 위해서는 문자열을 실수로 변환하는 `float()` 함수를 사용하면 된다. 문자열에서 숫자로 변환된 값은 밝기를 나타내는 값으로, `brightness` 변수에 저장되고 응용 프로그램 창의 배경색을 설정하기 위해 사용된다.

응용 프로그램을 중지하고 시리얼 포트를 닫기 위해서는 프로세싱 IDE의 툴바에서 실행 버튼 옆에 있는 (정지 버튼)을 누르면 된다.

3. 프로세싱에서 아두이노로 데이터 전송

아두이노에서 프로세싱으로 가변저항 값을 전송하는 다음 단계는 컴퓨터에서 아두이노로 데이터를 전송하는 것이다. 공통 양극 방식의 RGB LED를 [그림 7-11]과 같이 아두이노에 연결하고 빨강, 초록, 파랑 성분의 밝기에 해당하는 3개의 값을 쉼표로 분리한 문자열로 받아 RGB LED의 밝기를 조절하는 [코드 7-5]를 업로드하자. 이 예제에서는 시리얼 모니터에 직접 3개 값을 입력하여 전송하는 것이 아니라 프로세싱의 색상 선택 도구를 사용하여 색상을 선택할 것이다.

[코드 7-8]을 프로세싱에 입력하고 실행시키자. 앞의 예제에서와 마찬가지로 시리얼 포트 번호를 사용하고 있는 환경에 맞게 수정해야 한다는 점을 잊어서는 안 된다. 프로세싱 스케치는 스케치 디렉터리 아래 'data' 디렉터리에서 정보 파일을 읽어온다. 예제에서 사용하는 hsv.jpg 파일은 이 책의 홈페이지에서 내려받을 수 있다. 스케치 디렉터리 아래에 'data' 디렉터리를 만들고 내려받은 파일을 그 아래에 복사해 넣는다. 프로세싱은 디폴트로 문서 디렉터리에 스케치를 저장하지만, 아두이노와 마찬가지로 [파일] → [환경 설정] 메뉴에서 스케치가 저장되는 폴더를 바꿀 수 있다. [코드 7-8]이 문서 디렉터리에 저장되는 구조는 [그림 7-14]와 같다.

'data' 폴더 내의 이미지 파일은 색상 선택에 사용된다.

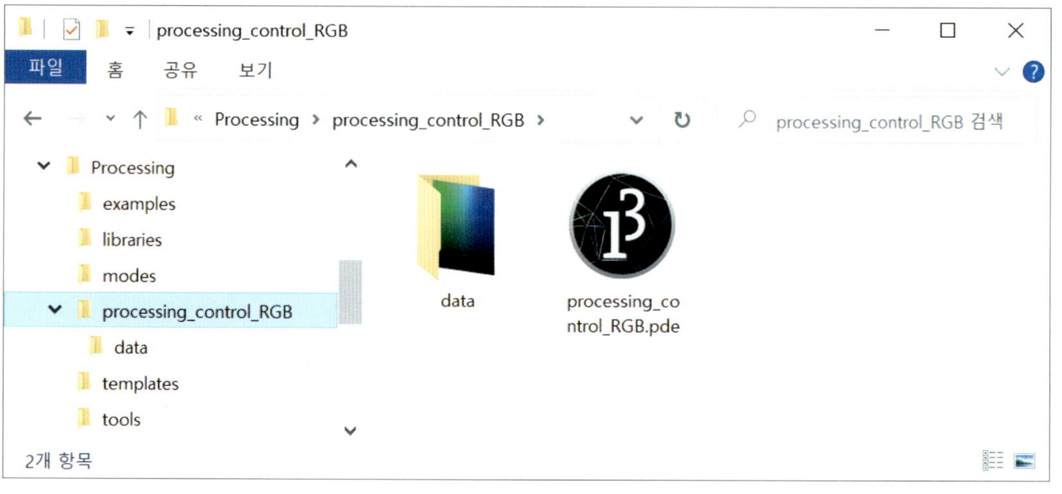

[그림 7-14] 디렉터리 구조

코드 7-8 아두이노에 연결된 RGB LED 색상을 설정하는 프로세싱 스케치 processing_control_RGB_7_8.pde

```
import processing.serial.*;            // 시리얼 포트 라이브러리 포함
PImage img;                            // 이미지 객체
Serial port;                           // 시리얼 포트 객체

void setup()
{
  size(640, 256);                      // HSV 이미지 크기
  img = loadImage("hsv.jpg");          // 배경 이미지 읽기
  port = new Serial(this, "COM3", 9600); // 시리얼 포트 열기
}

void draw()
{
  background(0);                       // 배경을 검정색으로 설정
  image(img, 0, 0);                    // 배경으로 이미지 표시
}

void mousePressed()
{
  color c = get(mouseX, mouseY);       // 마우스가 눌려진 위치의 RGB 색상 값 얻기
  // 0~255 범위 색상값을 얻어 0~100 퍼센트 값으로 변경
  int r = int(map(red(c), 0, 255, 0, 100));
  int g = int(map(green(c), 0, 255, 0, 100));
  int b = int(map(blue(c), 0, 255, 0, 100));

  String colors = r+","+g+","+b+"\n";  // 변경된 색상값으로 문자열 구성
  print(colors);                       // 디버깅을 위한 색상값 출력
  port.write(colors);                  // 색상 정보를 아두이노로 전송
}
```

프로세싱에서 프로그램을 실행하면 [그림 7-15]와 같이 색상을 선택할 수 있는 창이 나타난다. 창에서 원하는 색상을 클릭하면 선택한 색상의 RGB 값이 아두이노로 전송되고 아두이노에 연결된 RGB LED는 선택한 색상으로 바뀐다. 프로세싱의 아래쪽에 시리얼 콘솔에는 아두이노로 전송된 것과 같은 문자열이 출력되므로 디버깅 목적으로 사용할 수 있다.

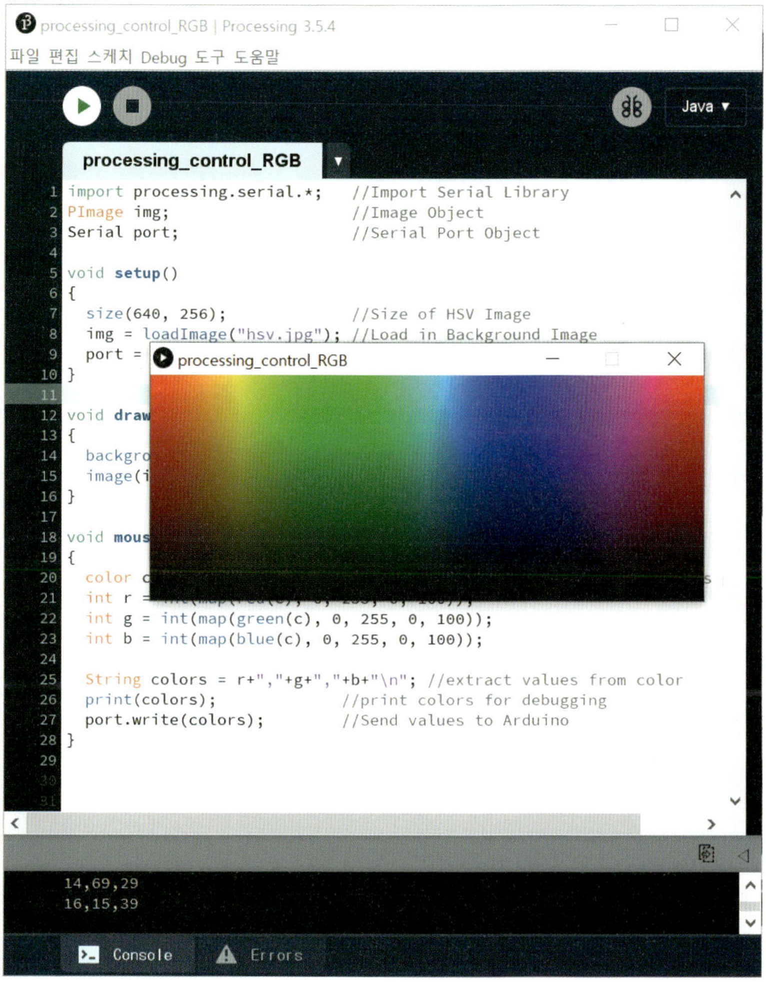

[그림 7-15] 프로세싱에서의 색상 선택 화면

색상을 선택하여 RGB LED 색상이 그에 따라 변하는 것을 확인하였다면 [코드 7-8]을 자세히 살펴보자. 시리얼 라이브러리를 포함하고 시리얼 객체를 port라는 이름으로 생성하는 것은 앞의 예제와 같다. 여기에 img라는 이름의 PImage 객체를 생성하는 부분이 추가되었다. img 객체는 배경으로 사용할 이미지를 저장하기 위해 사용된다. setup() 함수에서는 시리얼 포트를 초기화하고 응용 프로그램 창의 크기를 이미지 크기와 같은 크기로 설정한 후 img = loadImage("hsv.jpg"); 문장으로 이미지를 이미지 객체로 읽어온다. 이미지를 읽어올 때 hsv.jpg 파일은 앞에서 설명한 것처럼 "data" 폴더에 저장되어 있어야 한다.

draw() 함수에서 이미지를 응용 프로그램 창에 나타내기 위해 image(img, 0, 0); 문장이 사용되었다. img 변수는 창에 나타낼 이미지를 나타내고 0, 0은 이미지를 표시하기 시작할 위치의 좌표를 나타낸다. 0, 0은 응용 프로그램 창의 좌상단을 나타낸다.

마우스 버튼을 누르면 mousePressed() 함수가 호출된다. 마우스 버튼을 눌렀을 때 그 위치의 픽셀이 가지는 색상은 c라는 이름의 color 객체에 저장된다. get() 함수는 색상 정보를 가져올 위치를 응용 프로그램에 알려주는 역할을 하며, 이 예제에서는 마우스의 X 및 Y 위치가 지정된다. 마우스를 클릭한 위치의 색상 정보를 얻어온 후에는 map() 함수를 사용하여 아두이노 스케치로 전송할 퍼센트 값으로 변환한다. 변환된 값은 쉼표로 분리되는 문자열로 구성하여 아두이노로 보낸다. 변환된 문자열은 프로세싱 콘솔에도 출력되므로 아두이노로 보내진 값을 확인할 수 있다.

[코드 7-8]을 실행하기 전에 아두이노에는 [코드 7-5]가 업로드되어 컴퓨터와 연결되어 있어야 한다. 프로세싱에서 아두이노가 연결된 포트 번호를 확인한 후 스케치를 실행하고 컬러 맵을 클릭하면 아두이노에 연결된 RGB LED의 색상이 변하는 것을 확인할 수 있을 것이다.

요약

- 아두이노는 USB-시리얼 변환기를 통해 컴퓨터에 연결된다.
- USB-시리얼 변환을 하기 위해서는 아두이노 보드의 종류에 따라 별도의 전용 IC를 사용하거나 마이크로컨트롤러에 내장된 USB 기능을 사용할 수 있다.
- 아두이노는 USB 시리얼 연결을 통해 컴퓨터에 데이터를 출력할 수 있다.
- 새 줄과 탭 등의 특수 문자를 사용하여 시리얼로 출력되는 데이터의 출력 형식을 지정할 수 있다.
- 모든 시리얼 데이터는 문자(또는 바이트) 데이터로 전송되며 여러 방법을 통해 정숫값으로 변환하여 사용할 수 있다.
- 쉼표로 분리된 일련의 정수를 전송하고 이를 해석하는 함수를 구현함으로써 여러 개의 값을 한꺼번에 보낼 수 있다.
- 아두이노에서 프로세싱 데스크톱 응용 프로그램으로 데이터를 보낼 수 있다.
- 아두이노에 연결된 주변장치를 제어하기 위해 프로세싱으로 만든 데스크톱 애플리케이션에서 데이터를 받을 수 있다.

CHAPTER

08

USB 장치 에뮬레이션하기

CONTENTS

필요한 부품

- 아두이노 레오나르도
- A-마이크로 B 타입 USB 케이블
- 브레드보드
- 점퍼선
- 푸시버튼(3개)
- 220Ω 저항
- 10kΩ 저항(3개)
- 포토레지스터
- 5mm 적색 LED
- TMP36 아날로그 온도 센서
- 2축 조이스틱

들어가기 전에

7장에서 컴퓨터와 아두이노 사이의 USB/시리얼 통신 방법을 알아보았다. 컴퓨터와 아두이노가 통신하기 위해서는 컴퓨터를 (USB-시리얼 변환장치와 같은 하드웨어를 통해) 아두이노의 시리얼 인터페이스에 연결해야 하고, (아두이노의 시리얼 모니터와 같은) 아두이노의 시리얼 인터페이스와 데이터를 주고받을 수 있는 소프트웨어가 필요하다. 이러한 방법을 통해 컴퓨터와 아두이노 사이에 데이터를 주고받는 것만으로도 유용하지만, 실제 USB 연결을 통해 사용할 수 있는 기능 중 아주 일부에 지나지 않는다.

USB는 컴퓨터 주변장치를 연결하는 데 사용되는 사실상의 국제 표준으로, 컴퓨터에 연결된 USB 장치는 컴퓨터에서 다양한 장치로 인식된다. 이 장에서는 USB/시리얼 통신으로 컴퓨터와 아두이노를 연결하는 것을 넘어 아두이노의 USB 지원 기능을 사용하여 아두이노가 휴먼 인터페이스 장치[1]로 동작하도록 하는 방법을 알아본다.

Note 이 장의 예제를 테스트하기 위해서는 아두이노 레오나르도와 같이 USB 기능을 포함하고 있는 아두이노 보드가 필요하다. 아두이노 우노와 같이 USB/시리얼 인터페이스를 위한 전용 칩을 사용하는 아두이노 보드로는 이 장의 예제들을 테스트할 수 없다. 아두이노 레오나르도 호환 보드 역시 다양한 제조사에서 판매하고 있다. Adafruit에서 판매하고 있는 Seeeduino Lite, Pololu에서 판매하고 있는 A-Star 23U4 Prime LV 등이 아두이노 레오나르도 대신 이 장의 예제들을 실행하기 위해 사용할 수 있는 보드다. Seeeduino Lite 보드를 사용하는 경우에는 전원 선택 스위치를 5V에 가도록 설정해야 한다는 점에 주의해야 한다. 이들 공식 또는 호환 보드에 프로그램을 업로드할 때 아두이노 IDE의 보드 메뉴에서 'Arduino Leonardo'를 선택하면 된다.

아두이노 레오나르도와 같이 USB에 직접 연결할 수 있는 기능을 가지고 있는 MCU를 사용하는 보드는 키보드나 마우스와 같은 시리얼 장치가 아닌 장치로 동작하도록 만들 수 있다. 이 장에서는 아두이노 레오나르도를 사용하여 이런 장치들을 에뮬레이션하는 방법을 살펴볼 것이다.

1 옮긴이_ 휴먼 인터페이스 장치는 컴퓨터 주변장치 중 사용자 인터페이스를 담당하는 장치를 말한다. 여기에는 사람으로부터 입력을 받는 장치와 사람에게 정보를 제공하는 장치가 포함된다.

SECTION 01

키보드 에뮬레이션하기

아두이노 레오나르도에서 USB 장치를 에뮬레이션[2]하는 기능을 사용하면 간단하게 아두이노 레오나르도를 USB 키보드로 동작하도록 만들 수 있다. 키보드를 에뮬레이션하면 여러 개의 키를 조합하여 입력하거나 컴퓨터에 열려 있는 파일에 직접 데이터를 입력할 수도 있다.

Tip 이 장의 예제들을 사용하여 USB 장치를 만들 때는 쉽게 다시 프로그래밍할 수 있도록 만들어야 한다. 예를 들어, 마우스 포인터가 화면에서 계속해서 움직이도록 하는 스케치를 만들어 업로드했다면 아두이노 IDE에서 업로드 버튼을 누르지 못해 새로운 스케치를 업로드하기가 어려울 수 있다. 이처럼 마우스나 키보드 입력으로 인해 프로그램 업로드에 문제가 있다면 리셋 버튼을 누르고 있다가 아두이노 IDE의 업로드 버튼을 누를 때 리셋 버튼에서 손을 떼면 된다. 이는 아두이노 레오나르도가 부트로더 모드에 있도록 하여 새로운 프로그래밍을 가능하게 한다.
아두이노 레오나르도나 호환 보드를 처음 컴퓨터에 연결하면 드라이버가 자동으로 설치될 것이다. 윈도우를 운영체제로 사용하는 컴퓨터라면 드라이버가 자동으로 설치되지 않을 수 있으므로 드라이버 설치에 문제가 있다면 아두이노 웹사이트(blum.fyi/installing-arduino-drivers)의 드라이버 설치 관련 내용을 참고하여 드라이버를 설치하면 된다.

1. 컴퓨터에 데이터 타이핑하기

아두이노 레오나르도는 USB 키보드를 에뮬레이션할 수 있으므로 하나 이상의 키 입력을 보낼 수 있다. 이 절에서는 아두이노 레오나르도로 키보드 입력을 보내는 방법을 살펴본다. 첫 번째로 아날로그 센서값을 쉼표로 분리되는 값 형식(CSV, Comma Separated Value)으로 저장하는 간단한 프로그램을 만들어 볼 것이다. 저장된 값은 엑셀이나 구글 시트에서 읽어 그래프로 만들 수 있다.

먼저 메모장과 같은 텍스트 편집기를 열고 빈 문서를 *.csv 확장자를 가지도록 저장한다. *.csv 확장자를 지정하기 위해서는 파일을 저장할 때 파일 형식을 '모든 파일(All Files)'로 선택한 후 `data.csv`와 같이 파일 이름과 확장자를 함께 입력하면 된다. 이 책의 홈페이지에 있는 데모 동영상에서도 *.csv 파일로 저장하는 방법을 확인할 수 있다.

다음은 [그림 8-1]과 같이 회로를 구성한다. [그림 8-1]은 3장에서 살펴본 아날로그 센서를 이용하여 조도와 온도를 측정하는 회로이다. 센서 이외에도 데이터를 *.csv 파일에 입력하는 로깅(logging) 기능을 켜거나 끌 수 있는 버튼과 현재 로깅 상태를 나타내는 LED가 포함되어 있다.

2 옮긴이_ USB 장치로 에뮬레이션한다는 것은 소프트웨어를 통해 USB 장치처럼 동작하도록 만든다는 의미로, 아두이노 레오나르도에 해당 프로그램을 업로드하면 키보드와 같은 USB 장치로 동작하도록 만들 수 있다. 특히 키 매크로와 같이 실제 키를 입력하지 않고 키를 입력하는 것처럼 입력을 자동화하도록 만드는 것을 에뮬레이션이라고 흔히 이야기한다.

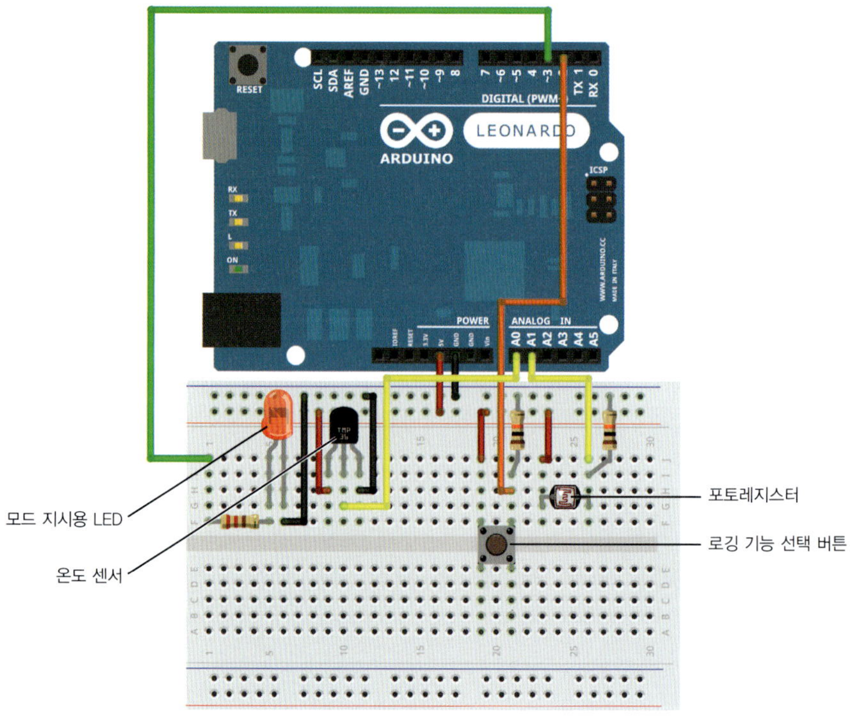

[그림 8-1] 온도 센서와 조도 센서 연결 회로(Fritzing으로 작성)

2장에서 구현한 디바운싱 기능을 사용하여 푸시버튼으로 데이터 로깅 기능을 켜거나 끈다. 로깅 기능이 켜진 상태에서 아두이노는 센서값을 읽고 1초에 한 번 쉼표로 분리된 형식에 맞게 컴퓨터에 센서값을 '타이핑'한다. 데이터 로깅 기능이 켜진 상태일 때 지시용 LED 역시 켜진 상태에 있다.

아두이노는 버튼의 상태를 계속 검사해야 하므로 센서값을 읽는 시간 간격인 1000밀리초 지연을 `delay()` 함수로 구현해서는 안 된다. 대신 아두이노가 리셋된 후(또는 처음 시작된 후) 지금까지의 실행 시간을 밀리초 단위로 반환하는 `millis()` 함수를 사용해야 한다. `millis()` 함수가 1000밀리초의 정수배인 시간을 반환할 때마다 아두이노가 데이터를 '타이핑'하도록 하면 센서 데이터 전송을 위한 1초 지연 시간을 논블로킹 방식으로 구현할 수 있다. 이를 위해서는 나머지 연산자(%)를 사용할 수 있다. 나머지 연산자는 정수로 나눈 나머지를 반환한다. 예를 들어 `1000 % 1000`을 계산하면 1000 / 1000 = 1이고 나머지는 0이므로 0을 반환할 것이다. 반면 `1500 % 1000`을 계산하면 1500 / 1000 = 1이고 나머지는 500이므로 500을 반환한다. `millis()` 함수가 반환하는 값을 `1000`으로 나눈 나머지를 구했을 때 결과가 0이면 `millis()` 함수는 1000의 정수배에 해당하는 값을 반환한 것으로 생각할 수 있다. 이를 `if()` 문으로 검사하면 1초에 한 번 원하는 동작을 수행할 수 있다.[3]

3 옮긴이_ 1000으로 나눈 나머지가 0인 경우 1초가 경과한 것으로 판단하는 방식은 `loop()` 함수가 실행되는 시간 간격에 따라 의도한 것과 다르게 동작할 수 있다. 예를 들어 `loop()` 함수가 0.5ms 간격으로 실행된다면 `millis()` 함수가 반환한 값을 1000으로 나누었을 때 나머지가 0이 되는 경우가 0.5ms 간격으로 연속해서 두 번 나타날 수 있다. 마찬가지로 `loop()` 함수가 1ms보다 긴 간격으로 실행된다면 `loop()` 함수에서 `millis()` 함수가 반환한 값을 1000으로 나눈 나머지가 0이 되는 경우가 없을 수도 있다.
1초 간격으로 반복되는 스케치를 `millis()` 함수를 사용하여 작성하는 안전한 방법은 기준 시간과 현재 시간을 저장하는 두 개의 변수를 두고 그 차이가 1000 이상인지 비교하는 것으로 예제소스 파일에 있는 8-1_csv_logger_fixed.ino를 참고하면 된다.

[코드 8-1]을 입력하고 아두이노 레오나르도에 업로드하자. 아두이노 IDE의 [툴] → [보드] 메뉴에서 'Arduino Leonardo' 항목이 선택되어 있어야 한다는 점을 잊지 말자.

코드 8-1 온도와 조도 데이터 로거 8-1_csv_logger.ino

```
#include <Keyboard.h>

const int TEMP = 0;            // 온도 센서를 아날로그 0번 핀에 연결
const int LIGHT = 1;           // 조도 센서를 아날로그 1번 핀에 연결
const int LED = 3;             // 붉은색 LED를 3번 핀에 연결
const int BUTTON = 2;          // 버튼을 2번 핀에 연결

boolean lastButton = LOW;      // 이전 버튼 상태
boolean currentButton = LOW;   // 현재 버튼 상태
boolean running = false;       // 디폴트 값은 로깅 기능이 꺼진 상태임
int counter = 1;               // 로깅하는 데이터 항목의 인덱스

void setup()
{
  pinMode (LED, OUTPUT);       // LED 연결 핀을 출력으로 설정
  Keyboard.begin();            // 키보드 에뮬레이션 시작
}

void loop()
{
  currentButton = debounce(lastButton);            // 디바운싱 처리된 버튼 상태 읽기

  if (lastButton == LOW && currentButton == HIGH)  // 버튼을 누른 경우
    running = !running;                            // 로깅 기능 반전

  lastButton = currentButton;                      // 버튼 상태 초기화

  if (running)                                // 현재 데이터 로깅 기능이 켜진 상태인 경우
  {
    digitalWrite(LED, HIGH);                  // LED 켜기
    if (millis() % 1000 == 0)                 // 경과 시간이 1000의 정수배인 경우
    {
      int temperature = analogRead(TEMP);     // 온도 읽기
      int brightness = analogRead(LIGHT);     // 조도 읽기
      Keyboard.print(counter);                // 인덱스 값 타이핑
      Keyboard.print(",");                    // 쉼표 타이핑
      Keyboard.print(temperature);            // 온도 타이핑
      Keyboard.print(",");                    // 쉼표 타이핑
```

```
        Keyboard.println(brightness);    // 조도와 새 줄(리턴) 타이핑
        counter++;                       // 인덱스 값 증가
      }
    }
    else
    {
      digitalWrite(LED, LOW);            // 로깅 기능이 꺼진 상태일 때 LED 끄기
    }
}

/*
* 디바운싱 함수
* 이전 버튼의 상태를 매개변수로 받고
* 디바운싱 처리된 현재 버튼 상태를 반환
*/
boolean debounce(boolean last)
{
  boolean current = digitalRead(BUTTON); // 현재 버튼 상태 읽기
  if (last != current)                   // 이전 상태와 다른 경우
  {
    delay(5);                            // 5밀리초 대기
    current = digitalRead(BUTTON);       // 버튼 상태 다시 읽기
  }
  return current;                        // 현재 버튼 상태 반환
}
```

데이터 로거를 테스트하기 전에 [코드 8-1]에 처음 소개되는 몇 가지 기능을 살펴보자. 시리얼 통신을 초기화하는 것과 비슷하게 키보드의 통신 기능을 초기화하기 위해서 setup() 함수 내에 Keyboard.begin() 함수가 사용되었다. 디폴트로 항상 포함되는 Serial 라이브러리와는 달리 키보드 라이브러리를 사용하기 위해서는 #include <Keyboard.h> 문장을 스케치의 시작 부분에 넣어서 컴파일러가 라이브러리를 포함하도록 알려주어야 한다.

loop() 함수가 실행될 때마다 아두이노는 버튼의 상태를 검사하고 이전 장에서 살펴본 디바운싱을 적용한다. 버튼이 눌러지면 변수 running의 값은 반전되어 로깅 기능이 켜지거나 꺼진다. 변수 running의 값을 반전하기 위해서는 논리 NOT 연산자(!)를 사용한다.

로깅 기능이 켜진 상태일 때도 실제 데이터 로깅은 1000밀리초에 한 번씩만 실행된다. 키보드 라이브러리의 함수는 시리얼 라이브러리의 함수와 사용 방법이 비슷하다. Keyboard.print() 함수는 매개변수로 주어진 문자열을 컴퓨터에 '타이핑'한다. 두 개의 아날로그 센서값을 읽은 후 아두이노는 센서값을 컴퓨터에 키 입력으로 전달한다. 키보드 라이브러리에는 매개변수로 주어진 문자열을 타이핑한

후 엔터키 입력까지 전달하는 `Keyboard.println()` 함수도 있다. 이들 함수를 이용하여 로깅 데이터의 항목 수를 나타내는 증가 카운터와 2개 아날로그 센서값을 쉼표로 분리되는 형식으로 타이핑한 후 엔터키 입력까지 타이핑한다.

이 책의 홈페이지에 있는 데모 동영상에서 [코드 8-1]의 동작을 확인할 수 있다. 데이터 로깅을 시작하기 전에 컴퓨터의 커서가 데이터를 타이핑해 넣을 텍스트 편집기에서 입력 대기 상태에 있어야 한다. 버튼을 눌러 로깅을 시작하면 텍스트 편집기에 데이터가 입력되는 것을 확인할 수 있다. 조도 센서 위로 손을 가져가면 조도 센서의 출력값이 변할 것이고 온도 센서를 손으로 잡으면 온도가 올라가는 것을 확인할 수 있을 것이다. 로깅을 끝내고 싶으면 버튼을 다시 누르면 된다. 로깅된 데이터를 저장한 후에는 엑셀과 같은 프로그램에서 파일을 읽어 시간에 따른 온도와 조도의 변화를 그래프로 그려볼 수 있으며, 이 역시 데모 동영상에서 확인할 수 있다.

Note 온도와 조도를 실시간으로 로깅하는 데모 동영상은 이 책의 홈페이지(exploringarduino.com/content2/ch8)에서 확인할 수 있다.

2. 단축키로 컴퓨터 제어하기

아두이노 레오나르도를 사용하면 키보드처럼 문자열을 타이핑할 수 있으며, 이외에 여러 개의 키를 동시에 입력할 수 있다. 윈도우 컴퓨터에서 Win + L 키를 누르면 잠금 화면으로 바뀐다.(리눅스에서는 Ctrl + Alt + L 키를 함께 누르면 된다.) 화면 잠금 기능과 앞의 조도 센서 사용 예제를 결합하면 불을 껐을 때 컴퓨터 화면이 자동으로 잠기도록 할 수 있다. OS X는 Ctrl + Shift + Eject 키 조합이나 Ctrl + Shift + Power 키 조합으로 컴퓨터를 잠글 수 있지만, 아두이노 레오나르도는 Eject 나 Power 키 입력을 지원하지 않으므로 OS X를 사용하는 컴퓨터는 아두이노 레오나르도를 사용하여 자동으로 잠글 수 없다. 이 예제에서는 윈도우 운영체제를 사용하는 컴퓨터를 잠그는 방법을 살펴본다. 이 예제에서는 조도 센서만을 사용하지만 [그림 8-1]의 회로를 그대로 사용해도 무방하다.

[코드 8-1]을 다양한 조도 환경에서 실행하여 조도 센서의 값을 확인하자. 이렇게 수집한 정보는 컴퓨터를 잠글 조도의 임계값을 결정할 때 사용할 수 있다.(예를 들어 전등을 껐을 때 조도 센서의 값은 300이고 전등을 켰을 때 조도 센서의 값이 700이었다면 컴퓨터를 잠글 조도의 임계값은 500을 사용할 수 있다.) 조도 센서의 값이 임계값 이하로 내려가면 컴퓨터로 잠금 명령이 전달될 것이다.

[코드 8-2]를 아두이노에 업로드하기 전에 환경에 맞는 임계값이 설정되었는지 확인하는 것을 추천한다. 잘못된 임계값을 설정했다면 코드를 업로드한 후 바로 컴퓨터가 잠기거나 전등을 꺼도 컴퓨터가 잠기지 않는 경우가 발생할 수 있다.

코드 8-2 조도에 따라 컴퓨터 잠그기 8-2_lock_computer.ino

```
// 전등을 끄면 컴퓨터가 잠김
#include <Keyboard.h>

const int LIGHT = 1;            // 조도 센서를 아날로그 1번 핀에 연결
const int THRESHOLD = 500;      // 컴퓨터를 잠그기 위한 최대 조도
                                // 임계치 이하일 때 컴퓨터가 자동으로 잠김

void setup()
{
  Keyboard.begin();
}

void loop()
{
  int brightness = analogRead(LIGHT);    // 조도 센서 읽기

  if (brightness < THRESHOLD)
  {
    Keyboard.press(KEY_LEFT_GUI);
    Keyboard.press('l');
    delay(100);
    Keyboard.releaseAll();
  }
}
```

프로그램을 업로드한 후 전등을 꺼 보자. 컴퓨터가 즉시 잠금 화면으로 바뀌는가? 조도에 따라 자동으로 컴퓨터가 잠기는 데모 동영상은 이 책의 홈페이지에서 확인할 수 있다.

[코드 8-2]에서 `Keyboard.press()` 함수는 키보드의 키를 누른 상태로 있는 것과 같다. 따라서 Win 키와 L 키를 동시에 누르고자 한다면 각각의 키에 대해 `Keyboard.press()` 함수를 사용하면 된다. 두 키를 모두 누르고 약간의 시간이 지난 후 `Keyboard.releaseAll()` 함수를 호출하면 현재 눌린 키를 모두 떼는 효과가 있다. 아두이노 레오나르도에서 사용할 수 있는 특수키는 아두이노 웹사이트(blum.fyi/arduino-keyboard-modifiers)에서 찾아볼 수 있다.

Note 조명에 의해 동작하는 컴퓨터 잠금장치의 데모 동영상은 exploringarduino.com/content2/ch8에서 확인할 수 있다.

SECTION 02

마우스 에뮬레이션하기

2축 조이스틱과 푸시버튼을 사용하면 아두이노 레오나르도를 자신만의 마우스로 만들 수도 있다. 조이스틱은 마우스 커서의 위치를 조절하기 위해 사용할 수 있으며 버튼은 왼쪽, 가운데, 오른쪽 버튼으로 사용할 수 있다. 키보드와 마찬가지로 아두이노에는 마우스 기능 구현을 위한 전용 라이브러리가 포함되어 있다.

먼저 [그림 8-2]와 같이 조이스틱과 버튼 3개를 아두이노 레오나르도에 연결하자. 버튼에는 풀다운 저항을 연결해야 한다는 점을 잊어서는 안 된다. 조이스틱은 2개의 가변저항이 노브에 연결된 형태이므로 아날로그 0번과 1번 핀에 연결하면 된다. 조이스틱을 x축 방향으로 움직이면 x축 방향의 가변저항 값이 달라지고, y축 방향 역시 마찬가지다.

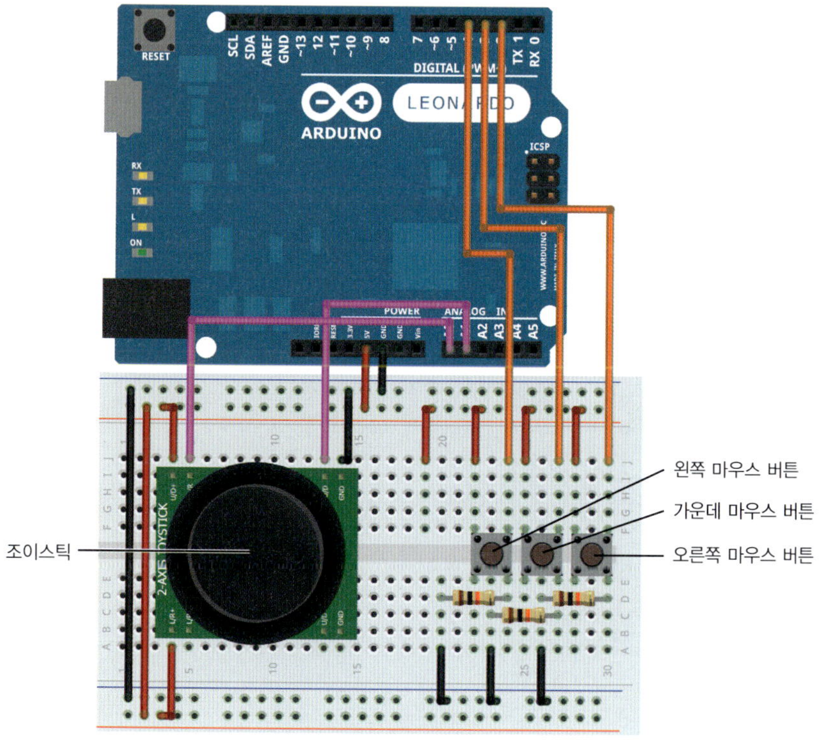

[그림 8-2] 마우스 에뮬레이션을 위한 회로(Fritzing으로 작성)

[그림 8-2]에서 사용한 조이스틱은 Parallax의 2축 조이스틱으로 Adafruit나 Parallax에서 구입할 수 있다. 하지만 비슷한 인터페이스를 가지고 있는 다른 조이스틱을 사용해도 문제는 없다. 조이스틱을 연결하는 방법에 대한 자세한 내용은 Parallax 웹사이트의 문서(blum.fyi/parallax-2-axis-joystick)를 참고하면 된다. 조이스틱의 방향에 따라 [코드 8-3]에서 `map()` 함수의 범위를 조정하거나 `X_AXIS`와 `Y_AXIS` 상수로 정의된 아날로그 핀 번호를 바꿔야 할 수 있다.

회로를 구성하였으면 이제 아두이노 레오나르도에 프로그램을 작성해서 업로드하자. [코드 8-3]을 업로드하고 조이스틱과 버튼을 조작하면서 컴퓨터 화면에서 마우스 커서의 움직임과 동작을 확인해 보자.

코드 8-3 아두이노 레오나르도로 마우스 제어 8-3_mouse.ino

```
// 마우스를 만들어 보자!
#include <Mouse.h>

const int LEFT_BUTTON = 4;      // 마우스 왼쪽 버튼을 4번 핀에 연결
const int MIDDLE_BUTTON = 3;    // 마우스 가운데 버튼을 3번 핀에 연결
const int RIGHT_BUTTON = 2;     // 마우스 오른쪽 버튼을 2번 핀에 연결

const int X_AXIS = 0;           // 조이스틱 x축 방향 가변저항을 아날로그 0번 핀에 연결
const int Y_AXIS = 1;           // 조이스틱 y축 방향 가변저항을 아날로그 1번 핀에 연결
void setup()
{
  Mouse.begin();
}

void loop()
{
  int xVal = readJoystick(X_AXIS);              // x축 방향 이동량 얻기
  int yVal = readJoystick(Y_AXIS);              // y축 방향 이동량 얻기

  Mouse.move(xVal, yVal, 0);                    // 실제 마우스 커서를 이동시킴

  readButton(LEFT_BUTTON, MOUSE_LEFT);          // 마우스 왼쪽 버튼 제어
  readButton(MIDDLE_BUTTON, MOUSE_MIDDLE);      // 마우스 가운데 버튼 제어
  readButton(RIGHT_BUTTON, MOUSE_RIGHT);        // 마우스 오른쪽 버튼 제어

  delay(5);                                     // 마우스의 반응 속도 제어
}
```

```
// 조이스틱(가변저항) 값을 읽고 마우스 커서 이동량으로 변환한 후
// 마우스 커서의 떨림과 흐름 방지를 위한 데드존(dead zone) 추가
int readJoystick(int axis)
{
  int val = analogRead(axis);          // 아날로그 값 읽기
  val = map(val, 0, 1023, -10, 10);    // 아날로그 값을 커서 이동량으로 변환

  if (val <= 2 && val >= -2)           // 데드존 추가
    return 0;
  else                                 // 변환된 값 반환
    return val;
}

// 버튼 상태를 읽어 마우스의 버튼 명령으로 처리
void rcadButton(int pin, char mouseCommand)
{
  // 버튼을 눌렀을 때 마우스 버튼을 누른 상태가 아니라면 마우스 버튼을 누름
  if (digitalRead(pin) == HIGH)
  {
    if (!Mouse.isPressed(mouseCommand))
    {
      Mouse.press(mouseCommand);
    }
  }

  // 버튼을 놓았을 때 마우스 버튼을 누른 상태라면 마우스 버튼을 놓음
  else
  {
    if (Mouse.isPressed(mouseCommand))
    {
      Mouse.release(mouseCommand);
    }
  }
}
```

[코드 8-3]은 지금까지 살펴본 스케치보다는 복잡한 구조를 가지고 있으므로 처음 소개되는 라이브러리와 함수, 그리고 조이스틱과 버튼을 사용하여 마우스 동작을 에뮬레이션하기 위해 사용된 제어 구조에 대해 자세히 살펴보자.

키보드 기능을 에뮬레이션하기 위해 라이브러리가 필요했던 것처럼 마우스 기능을 에뮬레이션할 때도 `#include <Mouse.h>` 문장을 통해 마우스 라이브러리를 포함해야 한다. 버튼과 조이스틱이 연결된 핀은 스케치의 시작 부분에 정의되어 있으며 마우스 라이브러리는 `setup()` 함수 내에서 초기화

되고 있다. loop() 함수가 실행될 때마다 조이스틱 값을 읽고 이를 마우스 커서의 이동량으로 변환한다. 아두이노에 연결된 버튼 역시 검사하여 버튼의 상태에 따라 해당하는 마우스 버튼의 동작을 수행하도록 한다.

readJoystick() 함수는 조이스틱 값을 읽어 마우스 이동량으로 변환하는 함수다. 조이스틱의 각 축은 아날로그 디지털 변환기(ADC)를 통해 0~1023 사잇값을 반환한다. 하지만 마우스의 움직임은 상대적이다. 즉 Mouse.move() 함수에 0의 값을 축의 매개변수로 지정하면 마우스 커서는 해당 축 방향으로 움직이지 않는다. x축 방향에 양의 값을 지정하면 마우스는 오른쪽으로 움직이고, 음의 값을 지정하면 마우스는 왼쪽으로 움직인다. 값의 절대치가 클수록 움직이는 양은 증가한다. 따라서 readJoystick() 함수에서는 0~1023 범위의 아날로그 입력 값을 -10~10 범위의 이동량으로 변환하였다. 0 근처의 작은 값으로 변환된 경우에는 이동량을 0으로 설정하여 마우스 커서가 움직이지 않도록 하였다. 이는 조이스틱을 가운데 위치에 그대로 둔 경우에도 실제 아날로그 입력값은 512를 중심으로 조금씩 변할 수 있기 때문이다. 이를 위해 map() 함수를 통해 -10~10 사이 값으로 변환한 후 원하는 범위([코드 8-3]의 경우 -2~2) 내에 있는 값은 0으로 설정하여 조이스틱을 조작하지 않는 경우 마우스 커서는 고정된 위치에서 움직이지 않도록 한다. 값을 확인한 후에는 Mouse.move() 함수에 x축과 y축 이동량을 매개변수로 전달하여 마우스 커서가 움직이도록 한다. Mouse.move() 함수에서 세 번째 매개변수는 마우스 휠의 움직임을 나타내는 값으로 이 예제에서는 사용하지 않는다.

readButton() 함수는 3개의 푸시버튼 상태를 검사하고 마우스 버튼의 동작을 에뮬레이션하는 함수다. readButton() 함수는 Mouse.isPressed() 함수를 통해 마우스 버튼의 현재 상태를 확인하고 푸시버튼 상태에 따라 Mouse.press() 함수와 Mouse.release() 함수를 통해 마우스 버튼의 동작을 제어한다.

Note 조이스틱 마우스로 컴퓨터의 마우스 커서를 제어하는 데모 동영상은 exploringarduino.com/content2/ch8에서 확인할 수 있다.

요약

- 아두이노 레오나르도는 USB 기능을 지원하므로 간단하게 키보드나 마우스와 같은 USB 장치로 동작하도록 만들 수 있다.
- 키 입력을 에뮬레이션하면 아두이노는 연결된 컴퓨터의 특별한 기능(컴퓨터 잠금 등)을 자동으로 시작하도록 할 수 있다.
- 조이스틱은 2개의 수직으로 연결된 가변저항을 사용하여 2차원 정보를 얻을 수 있도록 만들어져 있다.

CHAPTER

09

이동 레지스터

CONTENTS

필요한 부품

- 아두이노 우노
- A-B 타입 USB 케이블
- 브레드보드
- 점퍼선
- 220Ω 저항(8개)
- 5mm 빨간색 LED(8개)
- 5mm 초록색 LED(4개)
- 5mm 노란색 LED(3개)
- Sharp GP2Y0A21YK0F 적외선 거리 센서와 JST 케이블
- SN74HC595N 이동 레지스터

들어가기 전에

아두이노를 사용하여 진행하는 프로젝트 중 흔히 볼 수 있는 것 중 하나가 많은 수의 LED를 어딘가에 설치해서 제어하는 것이다. 방 안에, 컴퓨터에, LED를 설치해서 제어해 보자.

하지만 여기에는 문제가 하나 있다. 50개 LED를 깜빡이게 하거나 다른 디지털 출력을 제어하고 싶지만, 입출력 핀을 모두 사용했다면 어떻게 해야 할까? 이때 간편하게 사용할 수 있는 것이 이동 레지스터(shift register)다. 이동 레지스터를 사용하면 입출력 핀 수가 많은 비싼 마이크로컨트롤러를 사용하지 않고도 아두이노에서 더 많은 수의 입출력 핀을 사용할 수 있다. 이 장에서는 이동 레지스터의 동작 원리를 알아보고 이동 레지스터를 사용하여 아두이노의 디지털 출력을 확장하기 위해 필요한 소프트웨어와 하드웨어를 살펴본다. 이 장의 예제들을 통해 이동 레지스터의 사용 방법을 배울 수 있을 것이며 이를 통해 많은 수의 디지털 출력 핀이 필요한 프로젝트를 진행할 때 시스템 설계를 위한 다양한 옵션을 가질 수 있을 것이다.

SECTION 01

이동 레지스터의 이해

이동 레지스터는 시리얼로 일련의 비트를 입력받고 이를 병렬 입출력 핀으로 한꺼번에 출력하는 장치를 말한다. 이동 레지스터는 7세그먼트 디스플레이나 LED 매트릭스와 같이 많은 수의 LED 제어가 필요한 곳에 흔히 사용된다. 아두이노에 이동 레지스터를 연결하여 사용하기 전에 [그림 9-1]을 먼저 살펴보자. [그림 9-1]은 직렬-병렬 이동 레지스터의 입력과 출력을 나타낸다. 이 장에서는 [그림 9-1]을 사용하여 각각의 입력이 출력에 미치는 영향을 알아볼 것이다.

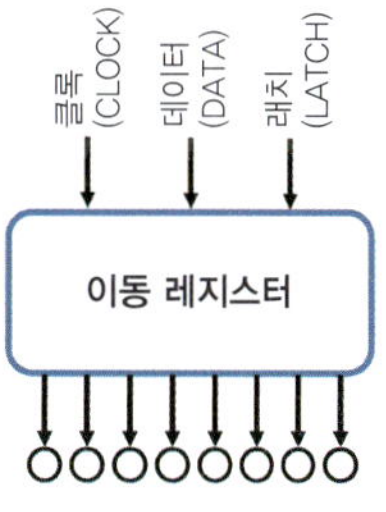

[그림 9-1] 이동 레지스터의 입력과 출력

아래쪽의 8개 동그라미는 이동 레지스터의 출력에 연결된 8개 LED를 나타낸다. 이때 LED는 전류 제한을 위한 저항을 통해 연결되어 있어야 한다. 3개의 입력은 시리얼 통신을 위한 연결선으로 이동 레지스터를 아두이노에 연결하기 위해 사용된다.

여기서 잠깐! 목적에 맞는 아두이노 보드의 선택

이전 대부분의 장들과 마찬가지로 이 장에서도 아두이노 우노를 사용한다. 이 장의 예제들은 아두이노 우노가 아닌 다른 아두이노 보드에서도 동작하겠지만 특정 프로젝트에서 특정 아두이노 보드를 사용해야 하는 이유를 한 번쯤 생각해 볼 필요가 있다. 예를 들면 많은 수의 디지털 입출력 핀을 사용하기 위해 아두이노 메가2560이나 아두이노 듀에와 같이 많은 디지털 입출력 핀을 제공하는 아두이노 보드를 사용하는 것이 어떨까 하는 생각을 이미 해 보았을 수도 있다. 많은 수의 출력 핀이 필요하다면 보드를 교체하는 것이 합리적인 방법이 될 수도 있다. 하지만 개발자는 새로운 프로젝트를 구상할 때 다른 요인들 역시 고려해야 한다. 아두이노 우노 정도의 연산 능력만 있으면 되지만 디지털 출력 핀의 개수가 부족하다면, 몇 개의 이동 레지스터를 사용하는 것이 보드 자체를 교체하는 것보다는 가격이나 보드가 차지하는 공간 면에서 이점이 있다. 물론 별도의 하드웨어를 사용하게 되면 작성해야 하는 코드가 조금은 복잡해질 수 있고 디버깅을 위해 좀 더 많은 시간이 필요할 수는 있다.

1. 병렬과 시리얼 데이터 전송

여러 비트의 데이터를 전송하는 방법은 두 가지가 있다. 아두이노는 다른 마이크로컨트롤러와 마찬가지로 디지털 컴퓨터의 일종이므로 0과 1의 디지털 값만을 사용할 수 있다. 각 LED는 0 또는 1의 1비트 데이터로 제어할 수 있으므로 8개 LED를 제어하기 위해 8비트의 데이터가 준비되었다면, 다음은 이들 8비트 데이터를 전달하는 방법을 찾아야 한다. 이전 장에서는 여러 개의 입출력 핀에 `digitalWrite()` 함수를 여러 번 사용하여 병렬 방식으로 제어 데이터를 전달하였다. 8개의 LED를 8개의 디지털 출력으로 켜는 병렬 데이터 전송의 경우 8개 독립적인 입출력 핀으로 동시에 8개의 비트가 전송된다.

7장에서는 시리얼 전송 과정에서 한 번에 한 비트의 데이터만 전송한다는 것을 배웠다. 이동 레지스터는 시리얼과 병렬 데이터 전송을 상호 변환하는 방법을 제공해 준다. 이 장에서는 흔히 '**직렬 입력 병렬 출력**(SIPO, Serial In Parallel Out) 이동 레지스터'라고 불리는 직렬-병렬 이동 레지스터를 중심으로 설명할 것이다. 이동 레지스터는 여러 비트의 데이터를 클록에 맞춰 직렬로 입력할 수 있고, 입력한 데이터를 병렬로 출력할 수 있다. 여러 개의 이동 레지스터를 연결하면 수백 개의 디지털 출력을 단 3개의 아두이노 입출력 핀으로 제어하는 것도 가능하다.

2. 74HC595 이동 레지스터 사용

이 장에서는 74HC595 이동 레지스터를 사용한다. 먼저 데이터시트에서 가져온 [그림 9-2]의 핀 맵을 살펴보자.

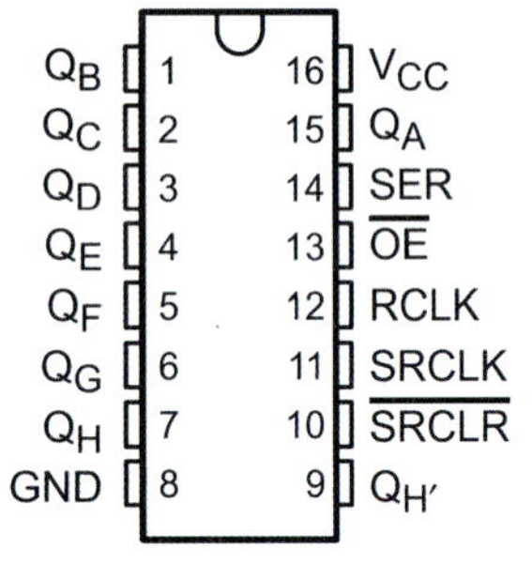

[그림 9-2] 74HC595 이동 레지스터 핀 맵(출처: Texas Instruments Inc. 데이터시트)

▪ 이동 레지스터의 핀 기능

다음은 이동 레지스터의 각 핀 기능을 나타낸 것이다.

- Q_A에서 Q_H까지 8개 핀은 이동 레지스터에서 출력되는 8개의 병렬 출력을 나타낸다.(병렬 출력은 [그림 9-1]에서 아래쪽의 8개 원으로 표시되어 있다.)

- V_{CC}는 이동 레지스터의 동작 전압으로 5V에 연결한다.
- GND는 아두이노와 공통 그라운드에 연결한다.
- SER 핀은 [그림 9-1]에서 데이터(DATA) 핀에 해당한다. 이 핀으로는 8개의 이진 데이터가 순서에 따라 입력되고, 입력된 값은 Q_A에서 Q_H까지 8개 출력 핀의 출력으로 정해진다.
- SRCLK 핀은 [그림 9-1]에서 클록(CLOCK) 핀에 해당한다. 이 핀의 입력이 HIGH로 바뀔 때마다 레지스터에 저장된 값은 1비트씩 이동한다. 따라서 데이터 핀으로 8개 이진 데이터를 보내기 위해서는 클록 핀에 8개의 펄스가 가해져야 한다.
- RCLK 핀은 [그림 9-1]에서 래치(LATCH) 핀에 해당한다. **레지스터 클록 핀**이라고도 불리며 이동 레지스터에 현재 저장된 값을 병렬 출력 핀으로 한꺼번에 내보내기 위해 사용한다. SRCLK 핀을 사용하여 직렬로 8번에 걸쳐 이동 레지스터에 8비트 데이터를 저장한 후에 RCLK 핀을 사용하여 저장된 값을 한꺼번에 병렬로 출력할 수 있다.

이 장의 예제에서는 $\overline{\text{SRCLR}}$ 핀과 $\overline{\text{OE}}$ 핀을 사용하지 않지만 다른 프로젝트에서 사용할 수도 있으므로 이들 핀의 기능도 알아보자. $\overline{\text{OE}}$는 'Output Enable'의 약어로 핀 이름 위에 있는 줄은 음의 입력일 때 해당 기능을 수행한다는 의미다.(active low) 즉 $\overline{\text{OE}}$ 핀에 LOW가 가해진 경우에는 병렬 출력 핀으로 데이터 출력이 가능하지만, HIGH가 가해진 경우에는 데이터를 출력할 수 없다. 이 예제에서 $\overline{\text{OE}}$ 핀은 그라운드에 직접 연결되어 있으므로 병렬 데이터 출력은 항상 가능하다. $\overline{\text{OE}}$ 핀을 아두이노의 입출력 핀에 연결하고 HIGH를 출력하면 연결된 모든 LED를 한꺼번에 끄는 것이 가능하다. $\overline{\text{SRCLR}}$은 **시리얼 클리어 핀**으로 LOW가 가해지면 현재 이동 레지스터에 저장된 값을 지우는 역할을 한다. 이 예제에서는 $\overline{\text{SRCLR}}$ 핀에 5V를 연결하여 이동 레지스터의 값이 지워지지 않도록 한다.

이동 레지스터의 작동 원리

이동 레지스터는 동기식으로 동작하는 장치로 클록 신호의 상승 에지에서 동작한다. 클록 신호가 LOW에서 HIGH로 바뀔 때마다 현재 이동 레지스터에 저장된 8개 비트는 한 비트 이동한다. 비트 이동으로 버려지는 마지막 비트는 $Q_{H'}$ 핀을 통해 출력된다. 동시에 데이터 입력 핀의 값은 이동 레지스터의 첫 번째 비트에 저장된다. 이 과정을 8번 반복하면 이동 레지스터에 저장되어 있던 값은 완전히 없어지고 새로운 8비트 값이 이동 레지스터에 저장된다. 새로운 값이 저장된 후 래치 핀에 HIGH를 가하면 새로 저장된 8비트 값이 이동 레지스터의 8개 출력 핀으로 출력된다. [그림 9-3]의 흐름도는 데이터의 직렬 입력 및 병렬 출력 과정을 나타낸 것이다. 8개의 LED를 하나씩 번갈아 켠다고 생각해 보자. 즉 Q_A, Q_C, Q_E, Q_G 핀에 연결된 LED만 켜고 나머지 핀에 연결된 LED는 끈다면 이동 레지스터에서 출력되는 이진값은 10101010이 되어야 한다.

10101010이 이동 레지스터에서 병렬로 출력되도록 해 보자. 먼저 새로운 값이 이동 레지스터에 저장될 때 현재 LED의 상태가 변하지 않도록 래치 핀에는 LOW를 가해야 한다. 다음은 LED의 상태를 나타내는 값이 클록 신호의 상승 에지에서 한 비트씩 데이터 핀을 통해 입력된다. 모든 값이 저장된 후 래치 핀에 HIGH를 가하면 이동 레지스터에 저장된 값은 8개 출력 핀으로 출력된다.

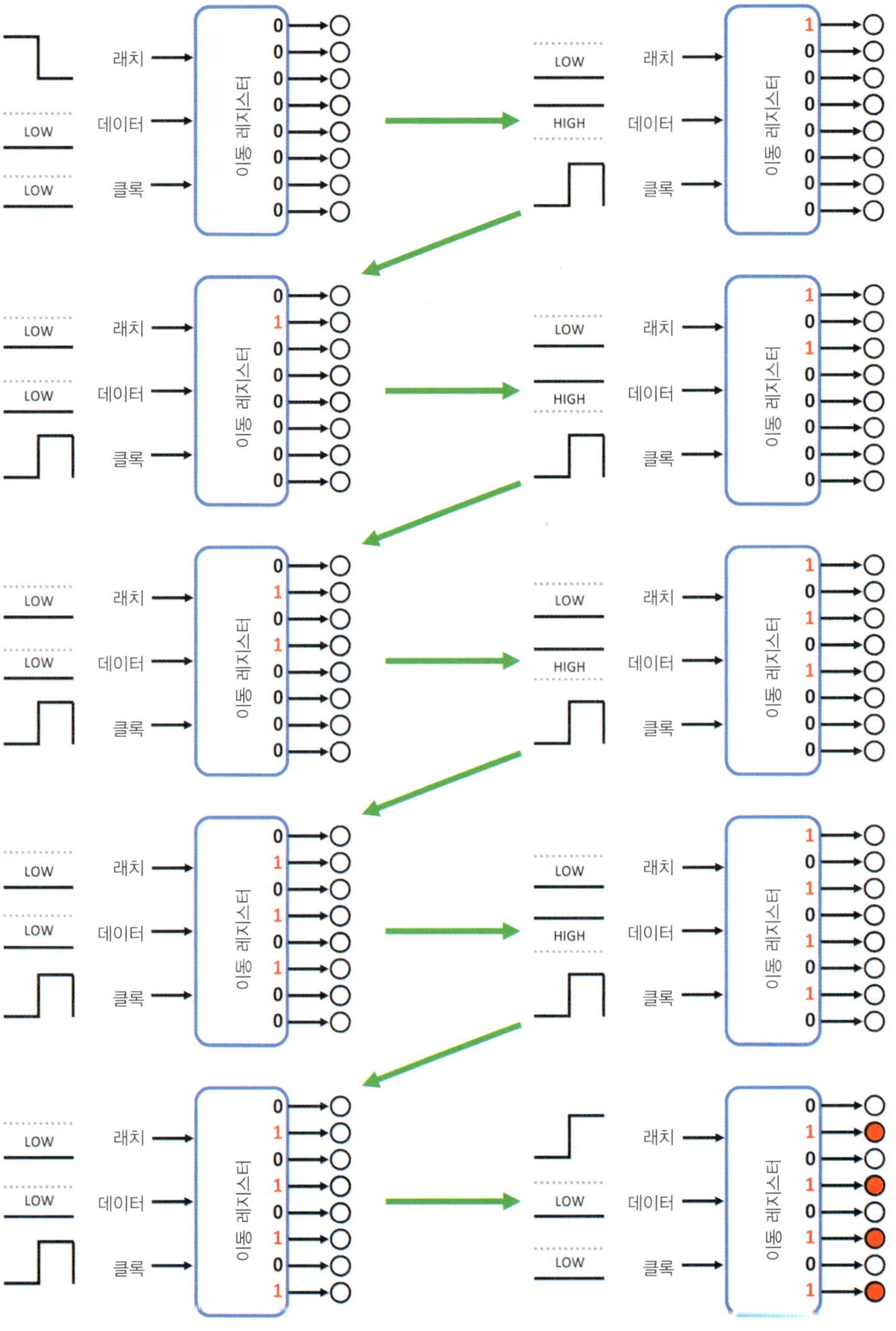

[그림 9-3] 이동 레지스터에 데이터를 저장하는 순서

3. 아두이노에서 시리얼 데이터 전송

이동 레지스터의 동작을 이해했다면 이제 이동 레지스터를 제어하기 위한 아두이노 코드를 작성해 보자. 이전의 예제들과 마찬가지로 아두이노 IDE에 포함되어 있는 내장 함수를 사용하면 간단하게 아두이노에서 이동 레지스터 칩으로 데이터를 이동시킬 수 있다. `shiftOut()` 함수는 임의의 입출력 핀을 통해 8비트의 데이터를 직렬로 이동시킬 수 있도록 해 주며 4개의 매개변수를 가진다.

- 데이터 핀 번호
- 클록 핀 번호
- 비트 순서
- 직렬로 출력할 값

앞에서처럼 LED를 번갈아 켜기 위해 `shiftOut()` 함수를 사용한다면 다음과 같이 사용하면 된다.

```
shiftOut(DATA, CLOCK, MSBFIRST, B10101010);
```

`DATA`와 `CLOCK`은 상수로 이동 레지스터의 해당 핀과 연결할 아두이노 핀 번호를 나타낸다. `MSBFIRST`는 이진 데이터 열에서 가장 왼쪽에 있는 최상위비트(MSB, Most Significant Bit)부터 전송할 것임을 나타낸다. `LSBFIRST`로 지정하면 이진 데이터 열에서 가장 오른쪽에 있는 최하위비트(LSB, Least Significant Bit)부터 전송할 수 있다. 마지막 값은 실제 직렬로 전송할 값에 해당한다. 숫자 앞에 대문자 `B`를 추가하면 아두이노 IDE는 해당 숫자열을 십진수가 아니라 이진수로 해석한다.

다음은 앞의 설명을 바탕으로 회로를 구성할 차례다. 먼저 아두이노에 이동 레지스터를 연결해 보자.

- 이동 레지스터의 데이터(DATA) 핀은 아두이노 8번 핀에 연결한다.
- 이동 레지스터의 래치(LATCH) 핀은 아두이노 9번 핀에 연결한다.
- 이동 레지스터의 클록(CLOCK) 핀은 아두이노 10번 핀에 연결한다.

LED는 아두이노가 아닌 이동 레지스터 칩에 연결해야 하며 전류 제한을 위해 저항을 사용해야 한다는 점에 주의해야 한다. [그림 9-4]를 참고하여 회로를 구성하자.

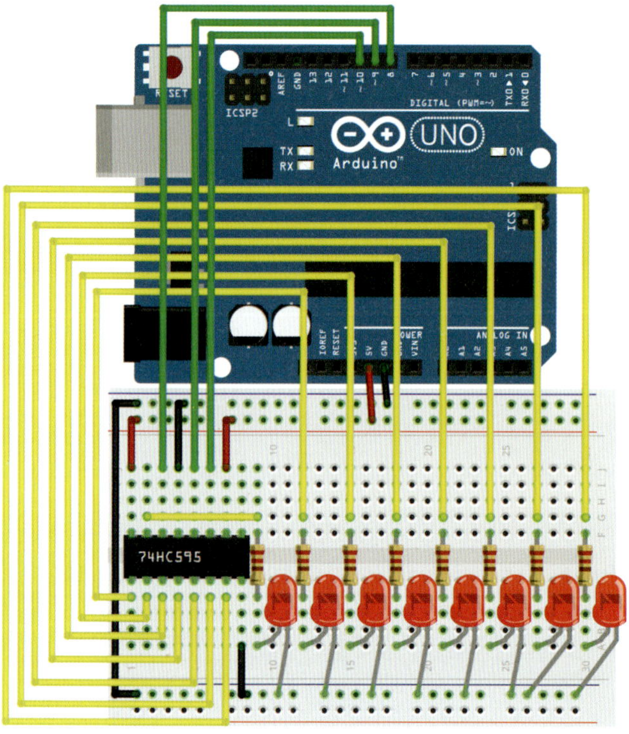

[그림 9-4] 8개 LED와 이동 레지스터 연결 회로도(Fritzing으로 작성)

이동 레지스터와 shiftOut() 함수의 동작 원리를 이해하였다면 [코드 9-1]을 사용하여 8개 LED가 하나씩 번갈아 켜지도록 해 보자.

코드 9-1 이동 레지스터에서 LED 번갈아 켜기 9-1_alternate.ino

```
// 이동 레지스터를 사용하여 번갈아 켜지는 LED 패턴 표시
const int SER = 8;        // 이동 레지스터 데이터 핀에 연결, 시리얼 데이터 출력
const int LATCH = 9;      // 이동 레지스터 래치 핀에 연결
const int CLK = 10;       // 이동 레지스터 클록 핀에 연결

void setup()
{
  // 이동 레지스터와 연결된 핀을 출력으로 설정
  pinMode(SER, OUTPUT);
  pinMode(LATCH, OUTPUT);
  pinMode(CLK, OUTPUT);

  digitalWrite(LATCH, LOW);   // 래치 핀에 LOW 출력, 이동 레지스터 값 출력 금지
  // MSB 우선으로 8비트 데이터를 시리얼로 이동 레지스터에 출력
  shiftOut(SER, CLK, MSBFIRST, B10101010);
```

```
    digitalWrite(LATCH, HIGH);  // 래치 핀에 HIGH 출력 - LED에 표시
}

void loop()
{
    // 아무 작업도 수행하지 않음
}
```

setup() 함수에서 한 번 값을 전송하면 이동 레지스터는 아두이노에서 전송한 값을 저장하고 있으므로 다른 값을 전송하기 전까지 그 값이 유지된다. [코드 9-1]의 동작 순서는 [그림 9-3]의 순서와 같다. 래치 핀을 LOW로 설정하고, shiftOut() 함수를 사용하여 8비트 데이터를 직렬로 전송한 후, 래치 핀을 HIGH로 설정하면 이동 레지스터에 저장된 값이 이동 레지스터 칩의 8개 출력 핀을 통해 병렬로 출력된다.

여기서 잠깐! **이동 레지스터의 직렬 연결**

3개의 입출력 핀으로 8개의 디지털 출력 핀을 사용할 수 있다는 것도 충분히 매력적이지만, 이동 레지스터로 더 많은 디지털 출력 핀을 사용하는 것도 가능하다. 여러 개의 이동 레지스터를 사용하면 이론적으로 아두이노의 3개 핀만으로 수백 개의 디지털 출력 핀을 사용할 수 있다. 하지만 이처럼 많은 디지털 출력 핀을 사용하는 경우에는 수백 개 LED가 필요로 하는 전류를 USB로는 공급할 수 없으므로 USB보다 더 많은 전력을 공급할 수 있는 전원을 사용해야 한다.

[그림 9-2]의 핀 맵에서 사용하지 않은 $Q_{H'}$ 핀을 찾아보자. 이동 레지스터에 새로운 1비트 값이 저장될 때 저장되어 있던 값 중 가장 오래된 1비트 값은 버려지며, 버려지는 값은 $Q_{H'}$ 핀을 통해 출력된다. $Q_{H'}$ 핀을 다른 이동 레지스터의 데이터 핀으로 연결하고 래치 핀과 클록 핀을 함께 사용하면 16비트의 이동 레지스터를 구성할 수 있고 16개의 디지털 출력을 사용할 수 있다. 이처럼 연속해서 하드웨어(이동 레지스터) 장치를 연결하는 방식을 데이지 체인(daisy chain)이라고 한다.

이동 레지스터를 계속 데이지 체인 방식으로 직렬로 연결하면 많은 수의 디지털 출력을 사용할 수 있다. 이동 레지스터를 하나 더 앞에서 설명한 방식으로 연결하고 shiftOut() 함수를 2번 사용하면 16비트 값을 전송할 수 있다.(shiftOut() 함수를 2번 사용하는 이유는 shiftOut() 함수가 8비트 데이터를 직렬로 전송하는 함수기 때문이다.)

4. 이진과 십진 형식의 변환

[코드 9-1]에서 LED 상태를 나타내는 데이터는 이진 형식으로 표현된다. 이진 형식을 사용하면 LED가 켜지거나 꺼진 상태를 쉽게 파악할 수 있다. 하지만 우리가 흔히 사용하는 표기법은 십진 표기법이므로 이진수와 십진수 사이의 관계와 변환 방법을 알고 있어야 한다. 이진수에서 오른쪽 마지막 비트(최하위비트)가 2^0의 자릿값을 가지고 왼쪽으로 갈수록 2배씩 커져 각 비트는 2의 거듭제곱에 해당하는 자릿값을 가진다. 이진수를 십진수로 변환하려면 각 비트 값에 자릿값을 곱해서 모두 더하면 된다. 앞에서 사용한 이진수는 [그림 9-5]와 같이 십진수로 변환할 수 있다.

1	0	1	0	1	0	1	0
2^7	2^6	2^5	2^4	2^3	2^2	2^1	2^0

$$1\times128 + 0\times64 + 1\times32 + 0\times16 + 1\times8 + 0\times4 + 1\times2 + 0\times1 = 170$$

[그림 9-5] 이진수의 십진수 변환

[그림 9-5]의 예에서 7, 5, 3, 1번 비트만 HIGH값(1)을 가지고 있다. 따라서 이에 해당하는 십진수는 각 자릿값인 2^7, 2^5, 2^3, 2^1 값을 더한 170이다. 170이 이진수 B10101010과 같은 값이라는 것은 [코드 9-1]에서 `shiftOut()` 함수를 다음과 같이 수정해도 같은 결과를 얻을 수 있다는 점을 통해 확인할 수 있다.

```
shiftOut(SER, CLK, MSBFIRST, 170);
```

SECTION 02

이동 레지스터를 사용한 조명 움직임 제어

이전 예제에서는 이동 레지스터를 이용하여 LED를 원하는 형태로 켜는 방법을 살펴보았다. 하지만 이동 레지스터를 사용하면 보다 역동적인 제어가 가능하다. 아래 두 가지 예제를 통해 움직이는 조명과 LED 막대그래프를 구현하는 방법을 살펴보자.

1. 라이트 라이더 만들기

라이트 라이더(light rider)는 LED가 앞뒤로 계속해서 쫓아가는 것처럼 보이게 하는 효과를 말한다. 앞에서 8개의 LED로 만든 회로를 사용하여 라이트 라이더를 만들어 보자. `shiftOut()` 함수는 아주 빠르게 동작하므로 1초에 수천 번 이동 레지스터로 값을 출력할 수 있다. 또한 이동 레지스터의 출력을 래치를 통해 제어함으로써 LED에 동적인 패턴이 나타나도록 할 수 있다. 이 예제에서는 LED가 왼쪽에서 오른쪽으로, 다시 오른쪽에서 왼쪽으로 반복해서 움직이도록 만들 것이다. 프로젝트를 완성하기 전에 그 결과가 궁금하다면 exploringarduino.com/content2/ch9에서 라이트 라이더 데모 동영상을 확인해 보기 바란다.

먼저 애니메이션 효과를 얻는 데 필요한 각 단계의 LED 상태를 결정하자. 각 단계를 빠른 속도로 순환하여 LED에 나타내면 애니메이션 효과를 얻을 수 있다. 각 단계에서 켜져 있는 LED는 다음 단계에서 꺼지고 옆에 있는 LED가 켜지기를 반복한다. 켜진 LED가 양쪽 끝에 도달하면 다음 단계에서 켜지는 LED의 방향이 반대로 되면서 같은 과정을 반복한다. [그림 9-6]은 시간 순서에 따라 켜지는 LED를 나타낸 것으로 오른쪽 끝의 십진수는 각 단계에서 8개 LED를 제어하기 위해 `shiftOut()` 함수에서 사용하는 값을 나타낸다.

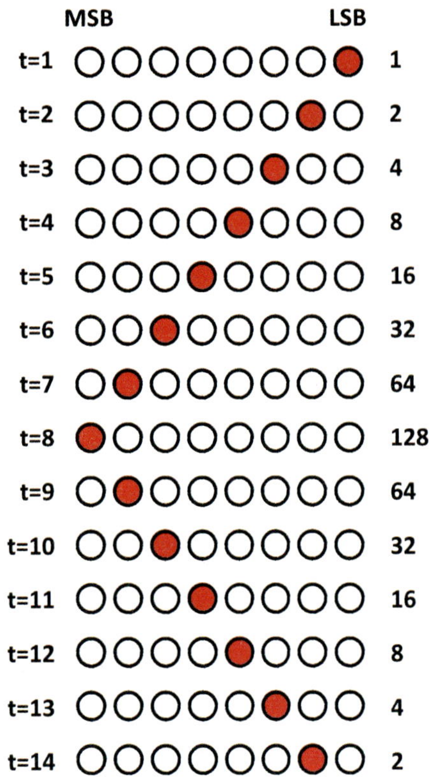

[그림 9-6] 라이트 라이더 애니메이션 단계

앞에서 설명한 내용을 기억하면서 LED를 제어하기 위한 이진수를 십진수로 변환하자. 변환된 값을 배열로 저장하면 for 루프를 통해 순환하면서 값을 하나씩 꺼내올 수 있고, shiftOut() 함수를 사용하여 꺼내온 값을 이동 레지스터로 출력할 수 있다. [코드 9-2]는 라이트 라이더를 구현한 코드다.

코드 9-2 라이트 라이더 애니메이션 9-2_lightrider.ino

```
// 라이트 라이더 애니메이션 만들기
const int SER = 8;       // 이동 레지스터 데이터 핀에 연결, 시리얼 데이터 출력
const int LATCH = 9;     // 이동 레지스터 래치 핀에 연결
const int CLK = 10;      // 이동 레지스터 클록 핀에 연결

// 각 단계에서 LED 제어에 사용될 값
int seq[14] = {1, 2, 4, 8, 16, 32, 64, 128, 64, 32, 16, 8, 4, 2};

void setup()
{
  // 이동 레지스터와 연결된 핀을 출력으로 설정
  pinMode(SER, OUTPUT);
```

```
    pinMode(LATCH, OUTPUT);
    pinMode(CLK, OUTPUT);
}

void loop()
{
    for (int i = 0; i < 14; i++)
    {
        digitalWrite(LATCH, LOW);      // 래치 핀에 LOW 출력, 데이터 전송 시작
        // MSB 우선으로 8비트 데이터를 시리얼로 이동 레지스터에 출력
        shiftOut(SER, CLK, MSBFIRST, seq[i]);
        digitalWrite(LATCH, HIGH);     // 래치 핀에 HIGH 출력, 데이터 전송 종료
        delay(100);          // 애니메이션 속도
    }
}
```

delay() 함수 내의 지연 시간을 조정함으로써 LED가 움직이는 속도를 변경할 수 있다. 배열 seq 내의 값을 바꾸어 LED에 다른 패턴이 나타나도록 해 보자.

Note 라이트 라이더의 데모 동영상은 exploringarduino.com/content2/ch9에서 확인할 수 있다.

2. LED 막대그래프로 입력값 나타내기

이번에는 앞에서 사용한 회로에 적외선 거리 센서를 추가하여 물체까지의 거리를 막대그래프로 나타내는 방법을 살펴보자. 거리를 보다 명확하게 나타내기 위해 여러 색깔의 LED를 사용한다. [그림 9-7]의 회로는 서로 다른 색깔의 LED와 적외선 거리 센서를 사용하여 [그림 9-4]의 회로를 수정한 것이다.

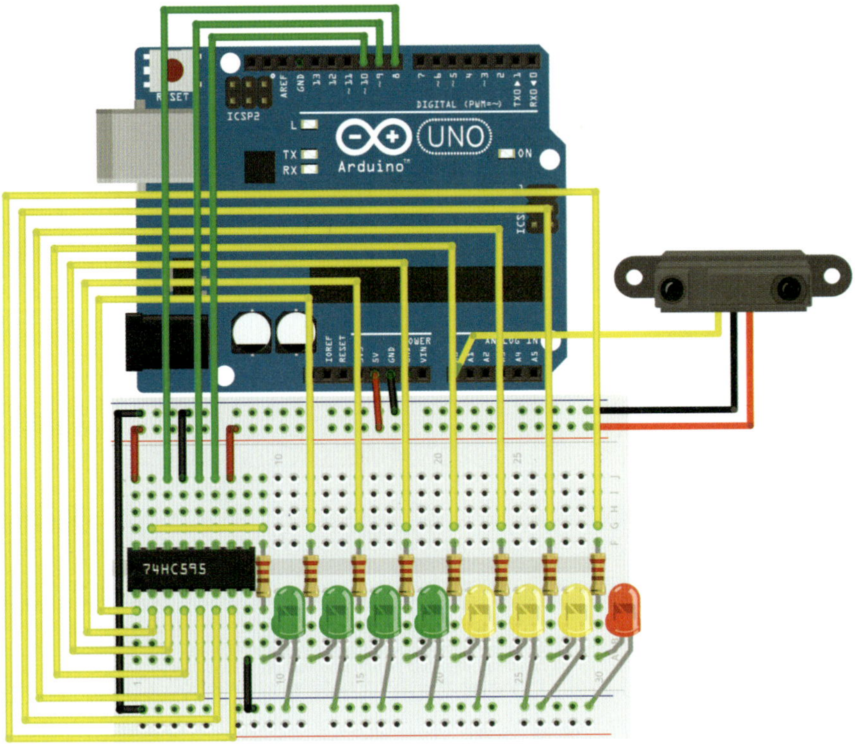

[그림 9-7] 거리에 반응하는 막대그래프 회로(Fritzing으로 작성)

아날로그 센서와 이동 레지스터 사용 방법은 이미 살펴보았으므로 거리에 따라 켜지는 LED의 개수를 결정할 수 있을 것이다. [그림 9-8]은 막대그래프에서 LED가 켜지는 방법과 각각의 경우에 LED 제어를 위해 필요한 십진수를 나타낸 것이다.

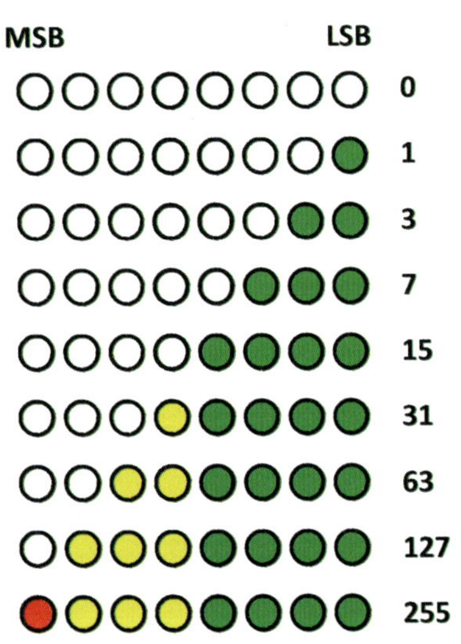

[그림 9-8] 막대그래프의 십진수 표현

3장에서 살펴본 것처럼 적외선 거리 센서가 반환하는 값은 아날로그 입력으로 얻을 수 있는 10비트 값 중 일부분에 지나지 않는다.(테스트한 센서의 경우 최대 500 정도의 값을 얻을 수 있었지만, 이는 센서에 따라 달라질 수 있다.) 최솟값 역시 0이 아닐 수 있다. 사용하고자 하는 센서를 연결하여 거리에 따라 센서가 반환하는 값을 검사한 후 코드에서 최댓값과 최솟값을 수정하기를 권장한다. 막대그래프로 나타내기 위한 십진수 값을 9개의 배열로 나타내는 것이 편리하다. 적외선 거리 센서가 반환하는 0~500 사이의 값을 0~8 사이의 값으로 변환하여 배열의 인덱스로 사용하면 거리에 따라 나타내야 하는 막대그래프의 패턴을 쉽게 얻어올 수 있다. [코드 9-3]은 거리에 따른 막대그래프를 보여주는 코드다.

코드 9-3 거리에 따른 막대그래프 제어 9-3_bargraph.ino

```
// 물체까지의 거리를 막대그래프로 나타내기
const int SER = 8;          // 이동 레지스터 데이터 핀에 연결, 시리얼 데이터 출력
const int LATCH = 9;        // 이동 레지스터 래치 핀에 연결
const int CLK = 10;         // 이동 레지스터 클록 핀에 연결
const int DIST = 0;         // 적외선 거리 센서를 0번 핀에 연결

// 막대그래프 표현을 위한 LED 제어값
int vals[9] = {0, 1, 3, 7, 15, 31, 63, 127, 255};

// 거리 센서가 반환하는 최댓값
int maxVal = 500;

// 거리 센서가 반환하는 최솟값
int minVal = 0;

void setup()
{
  // 이동 레지스터와 연결된 핀을 출력으로 설정
  pinMode(SER, OUTPUT);
  pinMode(LATCH, OUTPUT);
  pinMode(CLK, OUTPUT);
}

void loop()
{
  int distance = analogRead(DIST);
  distance = map(distance, minVal, maxVal, 0, 8);
  distance = constrain(distance, 0, 8);
```

```
    digitalWrite(LATCH, LOW);      // 래치 핀에 LOW 출력, 데이터 전송 시작
    // MSB 우선으로 8비트 데이터를 시리얼로 이동 레지스터에 출력
    shiftOut(SER, CLK, MSBFIRST, vals[distance]);
    digitalWrite(LATCH, HIGH);     // 래치 핀에 HIGH 출력, 데이터 전송 종료
    delay(10);                     // 애니메이션 속도
}
```

[코드 9-3]을 아두이노에 업로드하고 적외선 거리 센서 앞에서 손을 앞뒤로 움직이면 막대그래프가 손의 움직임에 따라 변하는 것을 확인할 수 있다. 만약 막대그래프에서 대부분의 경우 LED가 전부 꺼진 상태거나 켜진 상태를 유지한다면 변수 `maxVal`와 `minVal` 값을 거리 센서에 맞게 수정해야 한다. 거리에 따라 센서가 반환하는 값을 확인하기 위해서는 `setup()` 함수에서 `Serial.begin()` 함수로 시리얼 통신을 초기화하고, `analogRead(DIST);` 함수를 통해 센서값을 확인한 후 `Serial.println(distance);` 함수를 사용하여 시리얼 모니터로 센서값을 출력하면 된다.

Note 거리에 반응하는 막대그래프의 데모 동영상은 exploringarduino.com/content2/ch9에서 확인할 수 있다.

요약

- 이동 레지스터의 동작 원리
- 시리얼과 병렬 데이터 전송의 차이
- 십진 표현법과 이진 표현법의 차이
- 이동 레지스터를 사용하여 애니메이션을 만드는 방법

CHAPTER

10

I^2C 통신

CONTENTS

필요한 부품

- 아두이노 우노
- A-B 타입 USB 케이블
- 브레드보드
- 점퍼선
- 220Ω 저항(8개)
- 4.7kΩ 저항(2개)
- 5mm 빨간색 LED
- 5mm 초록색 LED(4개)
- 5mm 노란색 LED(3개)
- SN74HC595N 이동 레지스터
- TC74A0-5.0VAT I^2C 온도 센서

들어가기 전에

지금까지 아날로그와 디지털 입출력을 사용하는 방법을 배웠지만, 복잡한 주변장치를 사용하는 경우에는 이것만으로 충분하지 않다. 아두이노(또는 다른 마이크로컨트롤러)에 여러 가지 주변장치를 연결하여 다양한 용도로 사용할 수 있으며, 여러 가지 표준 디지털 통신 프로토콜을 구현한 칩이 존재하므로 마이크로컨트롤러에 다양한 통신 프로토콜로 연결하여 사용할 수 있다. 이 장에서는 흔히 사용되는 프로토콜 중 하나인 I^2C에 대해 알아본다. I^2C는 흔히 '아이 스퀘어 씨' 또는 '아이투씨'라고 읽는다.

I^2C 통신은 장치들 사이에 신뢰성 있고 빠른 양방향 통신을 제공하며, 통신을 할 때 최소한의 입출력 핀만을 사용한다는 특징이 있다. I^2C 통신의 속도는 사용하는 장치와 시스템 설계에 따라 100kbit/s에서 최대 수 Mbit/s에 이른다. I^2C 통신에서는 흔히 마이크로컨트롤러나 마이크로프로세서 등의 마스터 장치가 통신의 전 과정을 제어하며 마스터 장치에는 하나 이상의 슬레이브 장치[1]가 연결될 수 있다. 이 장에서는 I^2C 프로토콜에 대해 알아보고, 임의의 아날로그 값이 아니라 측정한 온도값을 반환하는 디지털 I^2C 온도 센서를 사용하는 방법을 알아본다. 이 장의 예제는 I^2C 통신을 적용하여 이전 장의 예제를 확장한다.

Note I^2C 통신에 관한 자세한 설명을 담은 동영상은 exploringarduino.com/content2/ch10에서 찾을 수 있다.

1 옮긴이_ 마스터-슬레이브 구조는 2개 이상의 장치를 연결하여 통신을 수행할 때 통신 과정을 주도하는 마스터 장치와 마스터 장치의 제어를 따르는 슬레이브 장치로 이루어진 비대칭 통신 구조를 말한다. UART 시리얼 통신은 1:1 연결만 가능하고 연결된 두 장치가 같은 역할을 하므로 마스터-슬레이브 구조를 가지지 않지만, I^2C와 SPI 통신은 1:N 연결이 가능하고 통신을 주도하는 장치가 있으므로 마스터-슬레이브 구조를 가진다.

SECTION 01

I^2C 통신의 역사

통신 프로토콜이 발전해온 과정을 이해한다면 통신 프로토콜이 동작하는 방식을 쉽게 이해할 수 있다. I^2C 프로토콜은 1980년대 초 필립스 반도체에서 다양한 집적 회로(IC, Integrated Circuit) 사이의 저속 통신을 위해 개발한 프로토콜이다. I^2C 프로토콜은 1990년대에 표준안이 만들어지고 다른 회사에서도 I^2C 통신을 사용하기 시작하면서 다양한 I^2C 통신 지원 칩이 만들어졌다. I^2C 통신을 흔히 '2선(two-wire)' 통신이라고 부르는 이유는 통신을 하기 위해 클록과 데이터라는 2개의 연결선을 사용하기 때문이다. 2선 통신을 사용하는 모든 장치가 'I^2C 장치'라는 단어를 사용하기 위해 라이선스 비용을 지불하고 있지는 않지만, 일반적으로 모두 I^2C 장치라고 부르고 있다. 이는 갑 티슈가 대부분 크리넥스(Kleenex)라는 이름으로 불리고 있지만, 크리넥스라 부르는 모든 제품이 킴벌리 클라크(Kimberly-Clark) 사에서 제조한 것은 아닌 것과 마찬가지다. 따라서 2선 통신 프로토콜을 사용하는 장치라면 대부분이 이 장에서 설명하는 방식과 같은 방식으로 동작할 것이다.

I^2C와 비슷한 통신 방식으로는 SMBus(System Management Bus)가 있다. 인텔과 듀라셀에서 I^2C 표준을 기반으로 만든 SMBus 표준은 전기적인 특성, 오류 검사를 위한 프로토콜 정의, 슬레이브에서 마스터로 특정 사건의 발생을 알려주는 데 사용할 수 있는 외부 인터럽트 지원 등 여러 면에서 I^2C와 약간의 차이가 있다. 장치의 데이터시트에서 요구하는 조건을 만족한다면 SMBus 장치와 I^2C 장치를 같은 통신 버스에 연결하여 사용할 수 있다.

SECTION 02 I²C 하드웨어 디자인

[그림 10-1]은 I²C 통신 시스템의 표준 하드웨어 구성 방법을 나타낸 것이다. 다른 장에서 살펴본 디지털 통신 시스템과 달리 I²C는 여러 개의 슬레이브 장치가 모두 통신을 위해 사용하는 연결선을 공유하고 있다. I²C 통신에서는 클록 신호(SCL)와 마스터와 슬레이브 사이 양방향 통신을 위해 사용하는 데이터 선(SDA)의 2개 연결선이 사용된다. 또한 I²C 통신에서는 2개의 연결선에 풀업 저항을 사용해야 한다.

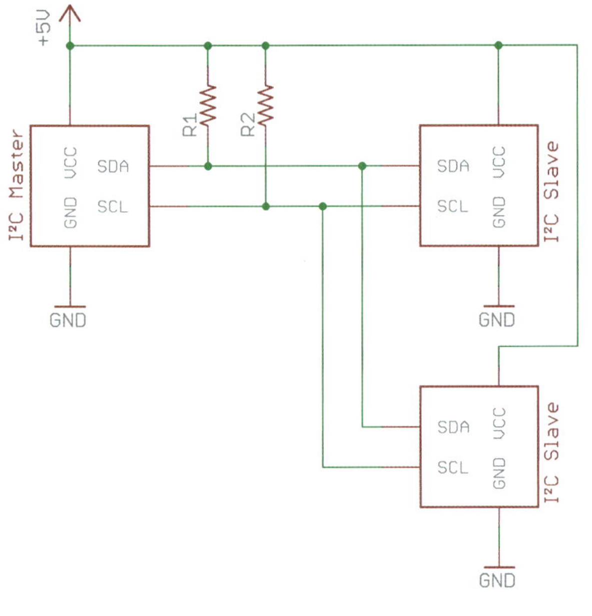

[그림 10-1] I²C 표준 하드웨어 구성(EAGLE로 작성)

1. 통신 방법과 ID 번호

I²C 통신에서는 여러 개의 슬레이브 장치가 하나의 마스터 장치와 통신하기 위해 통신선을 공유한다. 마스터는 통신의 전 과정을 책임진다. 슬레이브 장치는 통신을 시작할 수 없으며 마스터 장치가 보내는 요청에 응답하여 데이터를 보낼 수 있다. 여러 개의 슬레이브 장치가 통신선을 공유하고 있으므로 마스터만이 통신을 시작할 수 있다는 점을 기억해야 한다. 만약 슬레이브 장치도 통신을 시작할 수 있다면 여러 장치가 통신을 시작하려고 시도하여 데이터가 제대로 전달되지 않을 것이다.

마스터 장치가 보내는 모든 요청은 연결된 모든 슬레이브로 전달된다. 각 I^2C 슬레이브 장치는 고유한 7비트 주소 또는 ID 번호를 가지며 마스터 장치에 의해 통신이 시작될 때 마스터 장치는 장치 ID를 먼저 전송한다. 따라서 마스터 장치가 지정한 ID 번호를 갖는 슬레이브 장치만 I^2C 버스로 전송되는 데이터에 반응한다. 모든 슬레이브 장치가 모든 메시지를 수신하므로 I^2C 버스에 연결된 각 슬레이브 장치는 다른 슬레이브 장치와 구별되는 고유한 주소를 가져야 한다. 슬레이브 장치 중에는 I^2C 통신에 사용되는 주소를 설정할 수 있는 장치도 있지만 생산 시점에서 주소가 고정된 경우도 있다. 동일한 장치 여러 개를 하나의 I^2C 버스에 연결하려면 서로 다른 I^2C 주소를 사용해야 한다는 점을 기억해야 한다.

온도 센서의 경우 하나의 I^2C 버스에 한 개 이상을 연결해서 사용하는 경우를 흔히 볼 수 있으므로 같은 온도 센서라도 여러 개의 주소 중 하나로 I^2C 주소가 설정되어 판매되는 예를 찾아볼 수 있다. 이 장에서는 TC74 온도 센서를 사용한다. TC74의 데이터시트를 살펴보면 여러 개의 I^2C 주소를 사용할 수 있음을 확인할 수 있다. [그림 10-2]는 데이터시트의 일부를 발췌한 것으로, 이 장에서는 5V, T0-220 패키지에 1001000의 I^2C 주소를 갖는 온도 센서인 TC74A0-5.0VAT를 사용할 것이다.

PART NO.	XX	-XX	X	XX
Device	Address Options	Supply Voltage	Operating Temperature	Package

Device:	TC74: Serial Digital Thermal Sensor
Address Options:	A0 = 1001 000 A1 = 1001 001 A2 = 1001 010 A3 = 1001 011 A4 = 1001 100 A5 = 1001 101 * A6 = 1001 110 A7 = 1001 111 * Default Address
Output Voltage:	3.3 = Accuracy optimized for 3.3V 5.0 = Accuracy optimized for 5.0V
Operating Temperature:	V = $-40°C \le T_A \le +125°C$
Package:	AT = TO-220-5

Examples:

a)	TC74A0-3.3VAT:	TO-220 Serial Digital Thermal Sensor
b)	TC74A1-3.3VAT:	TO-220 Serial Digital Thermal Sensor
c)	TC74A2-3.3VAT:	TO-220 Serial Digital Thermal Sensor
d)	TC74A3-3.3VAT:	TO-220 Serial Digital Thermal Sensor
e)	TC74A4-3.3VAT:	TO-220 Serial Digital Thermal Sensor
f)	TC74A5-3.3VAT:	TO-220 Serial Digital Thermal Sensor *
g)	TC74A6-3.3VAT:	TO-220 Serial Digital Thermal Sensor
h)	TC74A7-3.3VAT:	TO-220 Serial Digital Thermal Sensor
a)	TC74A0-5.0VAT:	TO-220 Serial Digital Thermal Sensor
b)	TC74A1-5.0VAT:	TO-220 Serial Digital Thermal Sensor
c)	TC74A2-5.0VAT:	TO-220 Serial Digital Thermal Sensor
d)	TC74A3-5.0VAT:	TO-220 Serial Digital Thermal Sensor
e)	TC74A4-5.0VAT:	TO-220 Serial Digital Thermal Sensor
f)	TC74A5-5.0VAT:	TO-220 Serial Digital Thermal Sensor *
g)	TC74A6-5.0VAT:	TO-220 Serial Digital Thermal Sensor
h)	TC74A7-5.0VAT:	TO-220 Serial Digital Thermal Sensor

* Default Address

[그림 10-2] TC74의 주소 옵션(출처: Microchip Technology Inc.)

TC74 온도 센서는 8개의 서로 다른 I^2C 주소를 갖는 칩이 판매되고 있으므로 같은 I^2C 버스에 8개까지 TC74 온도 센서를 연결하고 각각의 센서에서 독립적으로 온도를 읽어올 수 있다. 이 장의 뒷부분에서 온도 센서에서 온도를 읽어오는 프로그램을 작성할 것이며 이때 온도 센서와 통신하려면 사용하는 온도 센서의 I^2C 주소를 정확하게 지정해야 한다는 점을 잊지 말아야 한다.

TC74 이외에 Analog Devices에서 생산하는 I²C 통신 디지털 온도 센서인 AD7414, AD7415 등은 장치의 I²C 주소를 변경할 수 있도록 '주소 선택(AS, Address Select)' 핀을 가지고 있다. [그림 10-3]은 AD7414 데이터시트에서 발췌한 주소 선택 부분이다.

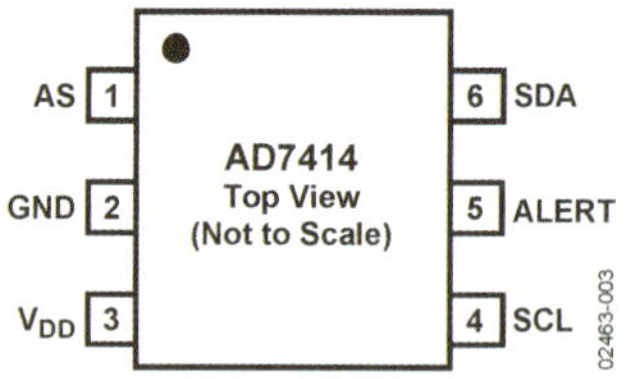

Figure 3. AD7414 Pin Configuration (SOT-23)

Table 4. I²C Address Selection

Part Number	AS Pin	I²C Address
AD7414-0	Float	1001 000
AD7414-0	GND	1001 001
AD7414-0	V_{DD}	1001 010
AD7414-1	Float	1001 100
AD7414-1	GND	1001 101
AD7414-1	V_{DD}	1001 110
AD7414-2	N/A	1001 011
AD7414-3	N/A	1001 111

[그림 10-3] AD7414 주소 설정(출처: © 2018, Analog Devices, Inc.)

[그림 10-3]처럼 AD7414는 부품 번호(Part Number)가 서로 다른 4가지 종류가 판매되고 있으며 그 중 2개는 AS 핀이 있고 나머지 2개는 AS 핀이 없다. AS 핀이 있는 칩은 AS 핀을 연결하지 않은 상태, VCC에 연결한 상태, GND에 연결한 상태 등 3가지 사용 방법에 따라 3개의 서로 다른 I²C 주소를 사용할 수 있다.

여기서 잠깐! 제품을 설계하는 엔지니어 입장에서의 부품 선택

여러 개의 온도 센서를 사용할 필요가 있는 제품을 설계하고 있다고 생각해 보자. 예를 들어 3개의 스테핑 모터 드라이버 칩으로 3개의 모터를 제어하는 로봇을 만들려면 모터 드라이버의 온도를 검사하기 위해 3개의 온도 센서 칩을 연결하여 사용할 것이다. 이 경우 TC74와 같이 생산 시점에서 서로 다른 주소가 결정되는 3개의 센서를 사용하는 것이 좋을까, 아니면 AD7414와 같이 AS 핀의 상태에 따라 3개의 서로 다른 주소를 설정할 수 있는 한 종류의 센서를 사용하는 것이 좋을까? 이는 제품 디자인에서 사용되는 제약 조건에 따라 달라질 수 있다.

만약 많은 수의 모터 제어 보드를 생산할 계획을 가지고 있다면 규모의 경제가 부품을 선택할 때 중요할 수 있다. AD7414의 경우 한 개를 구입할 때는 가격이 2.59달러지만, 3000개를 한꺼번에 구입하면 개당 가격이 1.16달러까지 낮아진다. 만약 보드를 수천 장 생산할 계획이라면 보드마다 다른 부품을 사용하는 것이 아니라 같은 부품을 사용함으로써 부품 구입 비용을 절약할 수 있다.(물론 별도의 외부 부품 없이 주소 설정이 가능해야 한다.)

3개의 온도 센서를 이식형 의료 기기에 사용하는 경우라면 어떨까? 이런 경우에는 제품의 가격보다는 보드를 가능한 작게 만드는 것이 더 중요할 것이다. 주소가 미리 설정되어 있어 주소 설정을 위한 전용 주소 선택 핀이 필요하지 않은 온도 센서는 1mm² 정도의 작은 크기일 수 있으며, 아주 작은 크기의 이식형 제품을 만들 때 이러한 크기는 아주 중요한 요소가 될 수 있다.

2. 하드웨어 요구 조건과 풀업 저항

[그림 10-1]에서 살펴본 것처럼 표준 I^2C 구성에서는 클록과 데이터 연결선에 풀업 저항을 사용해야 한다. 저항의 크기는 슬레이브 장치의 종류와 개수에 따라 달라진다. 이 장에서는 2개의 연결선 모두에 4.7kΩ 저항을 풀업 저항으로 사용할 것이며 이 값은 여러 I^2C 장치의 데이터시트에서 추천하는 값이기도 하다.

여기서 잠깐! **풀업 저항의 저항값 결정**

I^2C 버스에서 입출력 핀은 '오픈 드레인' 또는 '오픈 콜렉터'[2]로 구성된다. 이는 입출력 핀에 신호를 그라운드 또는 논리 LOW 레벨로 연결하는 트랜지스터는 있지만, 신호를 논리 HIGH 레벨로 연결하는 트랜지스터는 없다는 의미다. I^2C 통신에서 데이터 전송은 LOW 레벨에서 활성화된다. 즉 클록과 데이터 핀은 통신이 이루어지지 않는 디폴트 상태에서 풀업 저항으로 인해 HIGH 상태에 있고, 트랜지스터를 통해 연결선이 그라운드로 연결되는 경우에만 LOW 값을 가질 수 있다. I^2C 통신에 이러한 방식을 사용하는 것은 다음과 같은 몇 가지 장점이 있다.

- 데이터 연결선은 양방향 통신에 사용되므로(드물지만 클록 역시 양방향으로 전송되는 경우가 있다.) 마스터나 슬레이브 장치는 연결선을 LOW 상태로 설정할 수 있다. 이 경우 오픈 드레인 구조는 버스에 연결된 장치가 트랜지스터를 통해 연결선을 LOW 상태로 만들어 놓았을 때 다른 장치가 트랜지스터를 통해 연결선을 HIGH 상태로 만들 수 없다. 만약 이것이 가능하다면 전원과 그라운드 사이에 단락이 발생하여 회로가 손상될 수 있다. 이러한 이유로 오픈 드레인 구조는 여러 개의 장치가 신호선을 공유하는 경우 흔히 사용되고 있다.
- 오픈 드레인 구조는 서로 다른 동작 전압을 갖는 장치들이 논리 레벨 변환 없이 통신할 수 있게 해준다. 마이크로컨트롤러가 3.3V 동작 전압을 사용하면서 5.0V 전압을 견딜 수 있도록 만들어졌다면 5.0V 센서를 연결하고 5.0V로 풀업 저항을 연결하여 사용할 수 있다. 마이크로컨트롤러와 센서는 모두 논리 HIGH에 해당하는 전압 레벨을 5.0V까지 인식할 수 있으므로 두 장치는 서로 통신할 수 있다. 흔히 사용되는 '푸시풀(push-pull)' 구성을 사용한다면 마이크로컨트롤러는 논리 HIGH를 나타내기 위해 별도의 트랜지스터를 사용해야 하며 이 경우 논리 HIGH는 동작 전압인 3.3V로 나타난다. 하지만 3.3V는 5.0V 센서에서 논리 HIGH로 인식되기에는 충분히 높지 않은 전압일 수 있다.

풀업 저항의 크기는 다양한 조건에 영향을 받는다. 시스템을 디자인하는 경우에는 다음과 같은 여러 가지 사항을 모두 고려하여 저항의 크기를 결정해야 한다.

- 풀업 저항의 크기가 너무 작으면(강한 풀업) 많은 전류가 풀업 저항을 통해 흐르게 되므로 신호선을 통해 흐르는 전류가 작아져 오픈 드레인 드라이버 출력으로 연결선을 LOW로 설정하지 못할 수 있다.

---

2 옮긴이_ 오픈 드레인과 오픈 콜렉터는 다른 종류의 트랜지스터를 사용하여 만든 같은 회로를 가리키는 말이다. 오픈 드레인은 전계 효과 트랜지스터(Field Effect Transistor, FET)를 사용하여 만든 회로를, 오픈 콜렉터는 쌍극 접합 트랜지스터(Bipolar Junction Transistor, BJT)를 사용하여 만든 회로를 말한다.

- 풀업 저항의 크기가 너무 크면(약한 풀업) 저항을 통해 적은 전류만 흐르게 되므로 버스에 인가된 전압이 풀다운 된 후 다시 HIGH 상태로 되돌아가는 데 많은 시간이 걸릴 수 있으며 이는 I^2C 통신에서 최대 통신 속도를 제한할 수 있다. 통신 속도는 버스의 커패시턴스에도 영향을 받는다.(연결선이 길고 많은 장치가 버스에 연결되어 있으면 커패시턴스는 증가한다.) 17장에서 약한(10kΩ) 풀업 저항이 I^2C 버스에 사용되고 연결선이 긴 경우 신호가 HIGH 상태로 복귀하는 상승 시간이 길어져 문제가 발생하는 예를 볼 수 있다.
- 저항의 크기가 작으면 빠른 동작이 가능하지만 버스가 LOW 상태로 설정된 경우 많은 전류를 소비한다. 모바일 장치와 같이 배터리로 동작하는 장치에서는 마이크로암페어 단위의 전력 소비도 큰 차이로 이어질 수 있으므로 소비 전류는 중요하다.

이처럼 많은 요소들을 고려해서 저항의 크기를 결정하는 것은 쉽지 않다. 따라서 아두이노를 사용하여 프로토타입을 만들 때는 경험적으로 풀업 저항의 크기를 결정한다. 대부분의 아두이노 기반 시스템에서 풀업 저항은 2kΩ~10kΩ 사이면 문제가 없다. 확실히 하고 싶다면 사용하는 슬레이브 장치의 데이터시트를 확인하는 것이 좋다. 대량 생산용 제품에 적용하는 경우라면 인터넷에서 찾을 수 있는 많은 I^2C 저항 계산기 중 하나를 사용하여 보다 효율적인 저항 크기를 찾아낼 수 있다. 저항을 연결한 후에는 오실로스코프로 버스를 통해 전달되는 데이터를 검사하고, 다시 LOW로 전환되기 전에 HIGH 레벨로 복귀하지 못하는 경우가 없는지 검사한다. HIGH로 복귀하지 못하는 경우가 발생하면 저항값을 줄이거나, 버스의 커패시턴스를 줄이거나, 동작 속도를 낮추어야 한다.

SECTION 03

I^2C 온도 센서와 통신

I^2C 통신 절차는 통신하고자 하는 장치의 요구사항에 따라 달라질 수 있다. 다행히 아두이노의 I^2C 라이브러리는 대부분의 복잡한 작업을 대신해주므로 간단하게 I^2C 통신을 수행할 수 있다. 이 절에서는 앞에서 소개한 I^2C 온도 센서와 통신하는 방법을 알아볼 것이다. 온도 센서와의 통신 과정을 통해 데이터시트에서 통신 관련 정보를 표시하는 방법에 익숙해진다면 다른 I^2C 장치와의 통신 역시 어렵지 않게 수행할 수 있을 것이다.

I^2C 장치를 제어하는 기본적인 순서는 다음과 같다.

1. 마스터 장치는 시작 비트(start bit)를 전송하여 통신을 시작한다.
2. 마스터 장치가 통신하고자 하는 슬레이브 장치의 7비트 주소를 전송한다.
3. 마스터 장치는 I^2C 통신을 통해 슬레이브 장치의 레지스터에 데이터를 쓸 것인지 또는 슬레이브 장치의 레지스터에서 데이터를 읽을 것인지에 따라 읽기(1) 또는 쓰기(0) 비트를 전송한다.
4. 슬레이브 장치는 마스터의 요청을 승인(acknowledge)하기 위해 ACK 비트(논리 LOW)를 전송한다.
5. 쓰기 모드에서 마스터는 한 번에 1바이트의 데이터를 전송하고 슬레이브는 1바이트 데이터 수신 후 ACK 비트를 보낸다. 읽기 모드에서 마스터는 한 번에 1바이트의 데이터를 수신하고 1바이트 데이터 수신 후 슬레이브로 ACK 비트를 보낸다.
6. 통신이 완료되면 마스터는 정지 비트(stop bit)를 전송한다.

1. 하드웨어 구성

I^2C 통신의 동작을 확인하기 위해 I^2C 통신을 수행하여 온도 센서에서 온도 정보를 수신하고 이를 컴퓨터의 시리얼 모니터에 출력해 보자. 여기서 사용하는 센서는 디지털 센서이므로 온도를 직접 얻을 수 있다. 이전 장에서 사용했던 온도 센서는 아날로그 센서로 아날로그 값을 온도로 변환해야 했지만, 디지털 센서를 사용하면 데이터 변환이 필요하지 않으므로 사용이 편리하다. [그림 10-4]와 같이 온도 센서를 아두이노에 연결하자.

[그림 10-4] 온도 센서 연결 회로(Fritzing으로 작성)

온도 센서의 SDA와 SCL 핀은 아두이노의 A4와 A5 핀에 각각 연결한다. 앞에서 설명한 것처럼 SDA와 SCL은 I^2C 통신을 위해 사용되는 전용 핀으로 데이터와 클록 전송에 사용된다. 이전 장에서 멀티플렉싱된, 즉 하나의 핀을 여러 용도로 사용할 수 있도록 구성된 핀에 대해 설명하였다. 아두이노 우노를 포함하여 ATmega328을 사용하고 있는 보드에서 A4와 A5 핀은 아날로그 디지털 변환(ADC) 기능과 하드웨어 I^2C 인터페이스가 멀티플렉싱 되어 있다. 스케치에서 Wire 라이브러리를 초기화하면 이들 핀은 ATmega의 내부 I^2C 제어기로 연결되고 Wire 라이브러리를 사용하여 이들 핀을 통해 I^2C 슬레이브 장치와 통신할 수 있다. Wire 라이브러리를 사용할 때 A4와 A5 핀은 I^2C 장치와의 통신을 위해 사용되므로 아날로그 입력으로는 사용할 수 없다. 아두이노 우노의 최신 버전인 R3에는 AREF 핀 위에 I^2C 통신을 위한 전용 핀이 존재한다. 이들 핀은 A4 및 A5 핀과 직접 연결되어 있으며 기능적으로도 동일하므로 어느 핀에 연결해도 무방하다.

2. 데이터시트 정보 확인

다음은 아두이노에서 I^{2}C 통신을 사용하는 온도 센서에서 온도를 읽어 오는 프로그램을 작성해 보자. 아두이노에는 I^{2}C 통신을 위한 전용 Wire 라이브러리가 포함되어 있어 간편하게 I^{2}C 통신 프로그램을 작성할 수 있다. 온도 센서를 제대로 사용하기 위해서는 먼저 데이터시트를 확인하여 온도 센서 칩이 사용하는 통신 방식을 이해해야 한다. 지금까지 I^{2}C 통신에 대한 설명을 기초로 데이터시트에 있는 통신 방식을 자세히 살펴보자. [그림 10-5]와 [그림 10-6]은 데이터시트에 있는 통신 방식을 나타낸 것이다.

온도 센서는 데이터 읽기와 쓰기를 지원하며, 이 과정을 나타낸 것이 [그림 10-5]다. TC74는 2개의 레지스터를 가지고 있으며 그중 하나는 현재 섭씨온도를 저장하고 다른 하나는 대기(standby) 상태와 데이터 준비(data-ready) 상태를 포함한 칩의 설정 정보를 저장한다. 이는 데이터시트의 [TABLE 4-2]를 참고하면 된다. 하지만 이 장의 예제에서는 칩의 설정 정보는 디폴트 상태로 두고 온도만 읽어 사용한다. [그림 10-6]의 [TABLE 4-3]과 [TABLE 4-4]에서 8비트 데이터 레지스터에 온도 정보가 저장되는 방법을 확인할 수 있다.

Write Byte Format

S	Address	WR	ACK	Command	ACK	Data	ACK	P
	7 Bits			8 Bits		8 Bits		
	Slave Address			Command Byte: selects which register you are writing to.		Data Byte: data goes into the register set by the command byte.		

Read Byte Format

S	Address	WR	ACK	Command	ACK	S	Address	RD	ACK	Data	NACK	P
	7 Bits			8 Bits			7 Bits			8 Bits		
	Slave Address			Command Byte: selects which register you are reading from.			Slave Address: repeated due to change in data-flow direction.			Data Byte: reads from the register set by the command byte.		

Receive Byte Format

S	Address	RD	ACK	Data	NACK	P
	7 Bits			8 Bits		

S = START Condition
P = STOP Condition
Shaded = Slave Transmission

Data Byte: reads data from the register commanded by the last Read Byte or Write Byte transmission.

[그림 10-5] TC74 센서 통신 방식(출처: © Microchip Technology Inc. 데이터시트)

4.0 REGISTER SET AND PROGRAMMER'S MODEL

TABLE 4-1: COMMAND BYTE DESCRIPTION (SMBUS/I^{2}C READ_BYTE AND WRITE_BYTE)

Command	Code	Function
RTR	00h	Read Temperature (TEMP)
RWCR	01h	Read/Write Configuration (CONFIG)

TABLE 4-2: CONFIGURATION REGISTER (CONFIG); 8 BITS, READ/ WRITE)

Bit	POR	Function	Type	Operation
D[7]	0	STANDBY Switch	Read/ Write	1 = standby, 0 = normal
D[6]	0	Data Ready *	Read Only	1 = ready 0 = not ready
D[5]- D[0]	0	Reserved - Always returns zero when read	N/A	N/A

Note 1: *DATA_RDY bit RESET at power-up and SHDN enable.

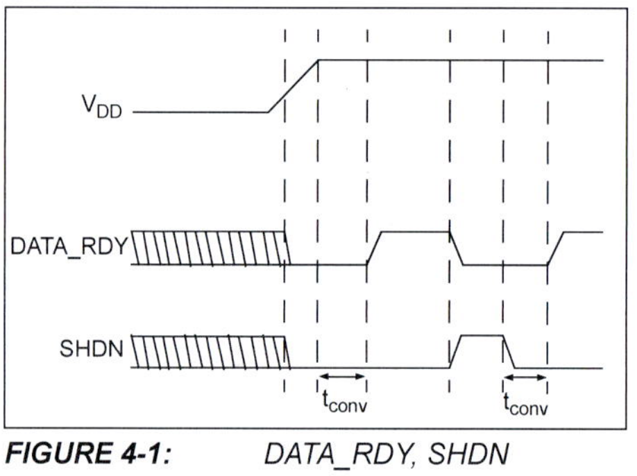

FIGURE 4-1: DATA_RDY, SHDN Operation Logic Diagram.

4.1 Temperature Register (TEMP), 8 Bits, READ ONLY

The binary value (2's complement format) in this register represents temperature of the onboard sensor following a conversion cycle. The registers are automatically updated in an alternating manner.

TABLE 4-3: TEMPERATURE REGISTER (TEMP)

D[7]	D[6]	D[5]	D[4]	D[3]	D[2]	D[1]	D[0]
MSB	X	X	X	X	X	X	LSB

In temperature data registers, each unit value represents one degree (Celsius). The value is in 2's complement binary format such that a reading of `0000 0000b` corresponds to 0°C. Examples of this temperature to binary value relationship are shown in Table 4-4.

TABLE 4-4: TEMPERATURE-TO-DIGITAL VALUE CONVERSION (TEMP)

Actual Temperature	Registered Temperature	Binary Hex
+130.00°C	+127°C	0111 1111
+127.00°C	+127°C	0111 1111
+126.50°C	+126°C	0111 1110
+25.25°C	+25°C	0001 1001
+0.50°C	0°C	0000 0000
+0.25°C	0°C	0000 0000
0.00°C	0°C	0000 0000
-0.25°C	-1°C	1111 1111
-0.50°C	-1°C	1111 1111
-0.75°C	-1°C	1111 1111
-1.00°C	-1°C	1111 1111
-25.00°C	-25°C	1110 0111
-25.25°C	-26°C	1110 0110
-54.75°C	-55°C	1100 1001
-55.00°C	-55°C	1100 1001
-65.00°C	-65°C	1011 1111

4.2 Register Set Summary

The TC74 register set is summarized in Table 4-5. All registers are 8 bits wide.

TABLE 4-5: TC74 REGISTER SET SUMMARY

Name	Description	POR State	Read	Write
TEMP	Internal Sensor Temperature (2's Complement)	0000 0000b (1)	√	N/A
CONFIG	CONFIG Register	0000 0000b	√	√

Note 1: The TEMP register will be immediately updated by the A/D converter after the DATA_RDY Bit goes high.

[그림 10-6] TC74 레지스터 정보(출처: © Microchip Technology Inc. 데이터시트)

[그림 10-5]의 바이트 읽기 형식(Read Byte Format)에서 TC74 온도 센서에서 온도를 읽어오는 과정을 설명하고 있다.

1. 쓰기 모드에서 장치의 주소를 전송한 후 0의 값을 보내 데이터 레지스터에 온도 정보를 읽어올 것임을 알려준다.
2. 읽기 모드에서 장치의 주소를 전송한 후 장치에서 8비트(1바이트) 정보를 요청한다.
3. 데이터를 수신한 후 8비트(1바이트) 온도 정보를 수신하였음을 확인한다.

온도 센서에서 정보를 읽어오는 데 필요한 과정을 이해했다면 다른 I^2C 장치가 동작하는 방식 역시 어렵지 않게 이해할 수 있을 것이다. 확실하지 않은 부분이 있다면 아두이노를 다양한 I^2C 장치에 연결하는 방법을 알 수 있는 코드 샘플을 인터넷에서 검색해 보는 것이 도움이 된다. 이제 위의 3단계 과정을 수행하는 코드를 작성해 보자.

3. 소프트웨어 작성

아두이노에서는 I^2C 통신을 위해 Wire 라이브러리를 제공하고 있다. Wire 라이브러리를 사용하면 간단하게 I^2C 장치에 데이터를 쓰거나 I^2C 장치에서 데이터를 읽어올 수 있다. 온도 센서를 사용하는 첫 번째 단계로 [코드 10-1]을 아두이노에 업로드하고 Wire 라이브러리에서 제공하는 함수들의 사용 방법을 살펴보자. 앞에서 설명한 통신 과정들이 Wire 라이브러리의 어떤 함수들과 관련되어 있는지 주의해서 살펴보자.

코드 10-1 I^2C 온도 센서 출력 코드 10-1_read_temp.ino

```
// I²C 온도 센서에서 온도를 읽고
// 시리얼 통신을 통해 컴퓨터에 출력

// Wire 라이브러리 포함
#include <Wire.h>
int temp_address = 72;       // 온도 센서 주소로 이진수 1001000에 해당

void setup()
{
  // 9600 보율로 시리얼 통신 시작
  Serial.begin(9600);
  // Wire 클래스의 객체 생성 및 초기화
  Wire.begin();
}
```

```
void loop()
{
  // 데이터 전송 시작
  // 특정 주소의 슬레이브 장치로 주소를 전송함으로써 시작
  Wire.beginTransmission(temp_address);
  // 0번 데이터 레지스터의 온도 정보를 요청한다는 0의 값 전송
  Wire.write(0);
  // 전송 종료
  Wire.endTransmission();

  // 슬레이브 장치에서 온도 읽기
  // 특정 주소의 슬레이브 장치에 1바이트 정보 요청
  int returned_bytes = Wire.requestFrom(temp_address, 1);

  // 슬레이브 장치에서 데이터를 수신하지 못한 경우, 오류 발생
  if (returned_bytes == 0)
  {
    Serial.println("I2C Error");      // 오류 발생 출력
    while (1);                        // 프로그램 정지
  }

  // 온도 정보를 읽어 변수에 저장
  int c = Wire.read();

  // 섭씨를 화씨로 변환
  int f = round(c * 9.0 / 5.0 + 32.0);

  // 시리얼 모니터로 섭씨와 화씨 온도 출력
  Serial.print(c);
  Serial.print("C ");
  Serial.print(f);
  Serial.println("F");

  delay(500);
}
```

[코드 10-1]에서 사용한 Wire 라이브러리 함수와 I^2C 통신을 통한 데이터 교환 절차의 관계를 살펴보자. `Wire.beginTransmission()` 함수는 주어진 ID를 갖는 슬레이브 장치와의 통신을 시작하도록 한다. 다음으로 `Wire.write()` 함수로 `0`을 전송하여 온도 정보가 저장된 레지스터를 읽어올 것임을 나타낸다. 이어서 `Wire.endTransmission()` 함수는 슬레이브 장치로의 데이터 쓰기가 끝났음을 나타내기 위해 정지 비트를 전송한다. 여기까지는 온도 정보를 읽기 위한 설정 과정에 해당한다.

설정이 끝나면 마스터 장치는 슬레이브 장치에서 데이터를 읽어온다. `Wire.requestFrom()` 함수는 지정하는 크기의 데이터(여기서는 1바이트)를 슬레이브 장치에 요청하고 실제 슬레이브 장치에서 수신한 데이터의 바이트 수를 반환한다. 반환되는 값은 `returned_bytes`라는 변수에 저장한다. 만약 수신한 데이터 크기가 0이면 슬레이브 장치로부터 아무런 데이터를 받지 못했다는 의미다. 이는 센서가 잘못 연결된 경우와 같이 하드웨어 문제인 경우가 많다. 오류가 발생하면 시리얼 모니터에 오류가 발생했음을 출력하고 프로그램은 무한 루프로 들어가 정지하게 된다. 만약 슬레이브 장치에서 데이터를 수신했다면 `Wire.read()` 함수로 수신한 데이터를 8비트 단위로 읽어올 수 있다.

[코드 10-1]은 섭씨온도를 화씨온도로 변환하여 두 가지 값을 모두 출력한다. 섭씨와 화씨의 변환 방법은 인터넷 검색을 통해 쉽게 찾을 수 있다. 코드에서는 변환된 실숫값을 정수로 반올림하여 사용하였다.

프로그램을 업로드하여 실행하고 시리얼 모니터를 열어 보자. [그림 10-7]과 비슷한 결과를 확인할 수 있는가? 오류가 발생하였다면 센서가 아두이노에 정확하게 연결되지 않았을 가능성이 크다.

[그림 10-7] I^2C 온도 센서의 시리얼 출력

SECTION 04

이동 레지스터, 시리얼 통신, I²C 통신 결합

I^2C 통신과 시리얼 출력을 결합하여 온도를 시리얼 모니터에 출력하는 방법을 알아보았다. 여기에 이전 장에서 살펴본 내용을 추가하면 좀 더 흥미로운 프로젝트를 진행할 수 있을 것이다. 9장에서 다룬 이동 레지스터를 사용하여 LED로 막대그래프를 표시하는 회로에 프로세싱 스케치를 사용하여 온도를 컴퓨터 화면에 보여주는 기능을 추가해 보자.

1. 온도 모니터링 시스템을 위한 하드웨어 구성

먼저 부품을 연결해 보자. 이전 장에서 사용했던 이동 레지스터 회로에 앞의 예제에서 사용했던 I^2C 온도 센서 회로를 함께 사용하면 된다. 온도 모니터링을 위한 회로는 [그림 10-8]과 같이 구성할 수 있다.

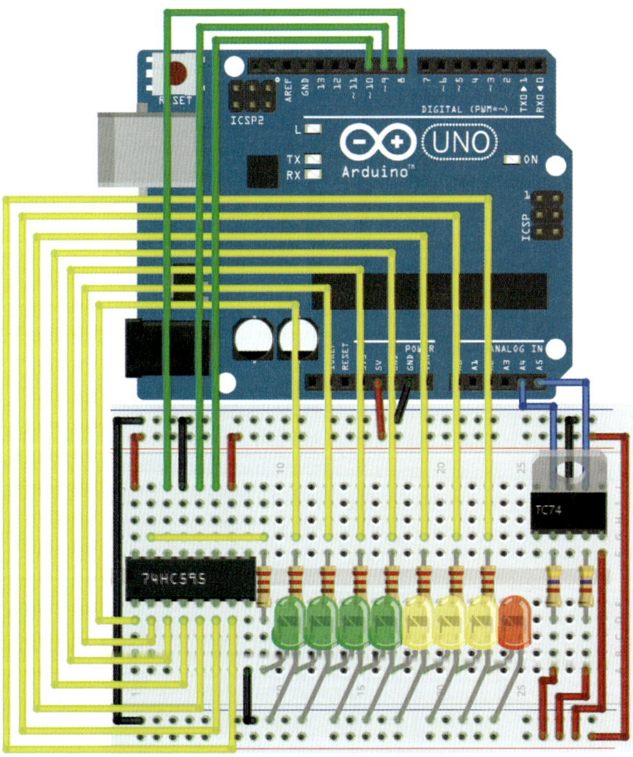

[그림 10-8] I^2C 온도 센서와 이동 레지스터를 이용한 막대그래프 회로

2. 프로그램 수정

앞의 예제에서 사용했던 아두이노 스케치를 프로세싱과의 시리얼 통신에 맞게 수정하고, 이동 레지스터를 사용하는 부분을 추가하자. 먼저 [코드 10-1]에서 온도를 시리얼로 출력하는 부분을 두 값이 쉼표로 분리되고 마침표로 끝나도록 다음과 같이 수정한다.

```
Serial.print(c);
Serial.print("C, ");
Serial.print(f);
Serial.println("F.");
```

오류가 발생했음을 출력하는 `Serial.println("I2C Error");` 역시 두 값이 쉼표로 분리되고 마침표로 끝나도록 다음과 같이 수정한다.

```
Serial.print("Err,Err.");
```

프로세싱에서는 섭씨온도와 화씨온도 데이터를 해석해야 한다. 공백과 줄바꿈(캐리지 리턴)을 쉼표와 마침표로 바꾸면 데이터가 구분되는 위치를 찾아 필요한 데이터를 쉽게 분리할 수 있다.

다음은 이전 장에서 사용한 이동 레지스터 코드를 추가하고 온도와 LED 레벨 사이에 변환 방법을 수정해야 한다. 이전 장에서 사용한 [코드 9-3]을 다시 한번 살펴보자. 코드의 대부분은 그대로 사용하고 일부만 수정하면 된다. 먼저 LED에 나타낼 패턴 값의 종류를 나타내는 배열에서 `0`의 값을 제거하여 패턴 개수를 9개에서 8개로 변경하자. 즉 8개의 LED 전부를 막대그래프 표현을 위해 사용하는 것이 아니라 7개만 사용하고 남은 한 개의 LED는 시스템이 동작하고 있음을 나타내기 위해 사용할 수 있다.(즉 하나의 LED는 항상 켜진 상태에 있도록 할 수 있다.) 변숫값 변환을 위한 `map()` 함수에서도 온도에 따른 LED의 패턴 번호를 0~8에서 0~7로 수정해야 한다. [코드 10-2]에서 LED에 표시되는 패턴과 값 변환 과정을 확인해 보자. 24~31℃(75~88℉) 온도를 0~7번 LED로 나타냈으며 환경에 따라 다르게 설정할 수 있다.

코드 10-2 이동 레지스터, LED, 시리얼 통신을 사용한 I²C 온도 센서 코드 10-2_temp_unit.ino

```
// 이동 레지스터와 시리얼 통신을 사용하여
// I²C 온도 센서에서 읽은 온도를 LED 막대그래프와 프로세싱으로 나타냄

// Wire 라이브러리 포함
#include <Wire.h>
```

```
const int SER = 8;          // 이동 레지스터 데이터 핀에 연결, 시리얼 데이터 출력
const int LATCH = 9;        // 이동 레지스터 래치 핀에 연결
const int CLK = 10;         // 이동 레지스터 클록 핀에 연결

int temp_address = 72;      // 온도 센서의 주소

// 가능한 LED 설정값
int vals[8] = {1, 3, 7, 15, 31, 63, 127, 255};

void setup()
{
  // 9600 보율로 시리얼 통신 시작
  Serial.begin(9600);
  // Wire 클래스의 객체 생성 및 초기화
  Wire.begin();

  // 이동 레지스터와 연결된 핀을 출력으로 설정
  pinMode(SER, OUTPUT);
  pinMode(LATCH, OUTPUT);
  pinMode(CLK, OUTPUT);
}

void loop()
{
  // 데이터 전송 시작
  // 특정 주소의 슬레이브 장치로 주소를 전송함으로써 시작
  Wire.beginTransmission(temp_address);
  // 0번 데이터 레지스터의 온도 정보를 요청함을 의미하는 0의 값 전송
  Wire.write(0);
  // 전송 종료
  Wire.endTransmission();

  // 슬레이브 장치에서 온도 읽기
  // 특정 주소의 슬레이브 장치에 1바이트 정보 요청
  int returned_bytes = Wire.requestFrom(temp_address, 1);

  // 슬레이브 장치에서 데이터를 수신하지 못한 경우, 오류 발생
  if (returned_bytes == 0)
  {
    Serial.print("Err,Err.");        // 오류 발생 출력
    while (1);                       // 프로그램 정지
  }
```

```
    // 온도 정보를 읽어 변수에 저장
    int c = Wire.read();

    // 온도를 LED 설정으로 변환
    int graph = map(c, 24, 31, 0, 7);
    graph = constrain(graph, 0, 7);

    digitalWrite(LATCH, LOW);       // 래치 핀에 LOW 출력, 데이터 전송 시작
    // MSB 우선으로 8비트 데이터를 시리얼로 이동 레지스터에 출력
    shiftOut(SER, CLK, MSBFIRST, vals[graph]);
    digitalWrite(LATCH, HIGH);      // 래치 핀에 HIGH 출력, 데이터 전송 종료

    // 섭씨를 화씨로 변환
    int f = round(c * 9.0 / 5.0 + 32.0);

    Serial.print(c);
    Serial.print("C,");
    Serial.print(f);
    Serial.print("F.");

    delay(500);
}
```

[코드 10-2]를 아두이노에 업로드하고 실행하면 LED의 색상이 온도에 따라 변하는 것을 확인할 수 있다. 온도 센서를 손끝으로 잡아 온도가 올라가도록 하면 LED가 변하는 것을 볼 수 있을 것이다. 다음은 프로세싱 스케치를 작성하여 컴퓨터에서 온도를 읽기 쉬운 형태로 표시하도록 할 것이다.

3. 프로세싱 스케치 작성

앞에서 작성한 아두이노 스케치는 쉼표와 마침표로 분리된 해석하기 쉬운 형태의 데이터를 전송하고 있다. 이제 프로세싱 스케치에서 수신된 데이터를 해석하여 읽기 쉬운 형태로 표시하도록 해 보자.

프로세싱 스케치에서 표시하는 정보는 실시간으로 변하므로 먼저 글꼴을 프로세싱에 로드하는 방법을 알아야 한다. 프로세싱 프로그램을 실행하고 새 스케치를 만들어 저장한다. [도구] → [글꼴 생성...] 메뉴 항목을 선택하면 [그림 10-9]와 같은 글꼴 생성 화면이 나타난다.

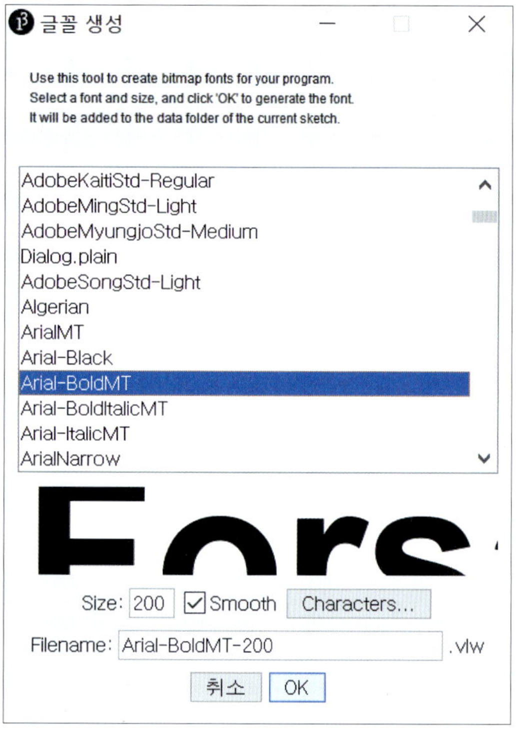

[그림 10-9] 프로세싱의 글꼴 생성

사용하고자 하는 글꼴과 크기를 선택한다. 이 예제에서는 읽기 쉽도록 200 정도의 크기를 추천한다. 선택이 완료되면 [OK] 버튼을 누른다. 선택한 글꼴은 자동으로 생성되어 프로세싱의 스케치 폴더 아래 하위 디렉터리인 data에 저장된다. 프로세싱 스케치는 다음의 몇 가지 작업을 처리해야 한다.

- 컴퓨터에 섭씨와 화씨로 온도를 표시하는 그래픽 창을 만든다.
- 시리얼 포트로 수신되는 데이터를 읽고 해석하여 저장한다. 저장된 값은 컴퓨터 화면에 표시하기 위해 사용된다.
- 시리얼 연결을 통해 수신되는 새로운 값으로 화면을 갱신한다.

[코드 10-3]을 프로세싱 스케치로 입력하자. 이때 시리얼 포트 번호는 아두이노가 연결된 포트 번호로 지정해야 하고 [그림 10-9]에서 선택한 글꼴 이름을 지정해야 한다. 아두이노가 연결되어 있다면 프로세싱에서 실행 버튼을 눌러 온도가 출력되는지 확인해 보자. 아두이노 IDE에서 시리얼 모니터가 열려 있으면 안 된다는 점도 기억해야 한다. 아두이노의 시리얼 모니터와 프로세싱 스케치는 같은 포트에서 데이터를 받고 있으므로 한 번에 하나만 사용할 수 있다.

코드 10-3 온도를 표시하는 프로세싱 스케치 display_temp_10_3.pde

```
// I2C 온도 센서에서 받은 데이터에서 온도를 추출하여 표시
import processing.serial.*;
Serial port;
String temp_c = “”;
String temp_f = “”;
String data = “”;
int index = 0;
PFont font;

void setup()
{
   size(400, 400);
   // “COM9”은 컴퓨터에 따라 다른 번호의 포트로 수정해야 한다.
   port = new Serial(this, “COM9”, 9600);
   port.bufferUntil(‘.’);
   // 폰트 이름은 [그림 10-9]에서 생성한 폰트 이름으로 설정해야 한다.
   font = loadFont(“Arial-BoldMT-200.vlw”);
   textFont(font, 200);
}

void draw()
{
   background(0, 0, 0);
   fill(46, 209, 2);
   text(temp_c, 20, 175);
   fill(0, 102, 153);
   text(temp_f, 20, 370);
}

void serialEvent (Serial port)
{
   data = port.readStringUntil(‘.’);
   data = data.substring(0, data.length() - 1);

   // 섭씨온도와 화씨온도 사이 쉼표를 찾아 두 값을 분리
   index = data.indexOf(“,”);
   // 섭씨온도 부분
   temp_c = data.substring(0, index);

   // 화씨온도 부분
   temp_f = data.substring(index+1, data.length());
}
```

[코드 10-3]은 시리얼 라이브러리를 포함하고 초기화하는 것부터 시작한다. `setup()` 함수에서는 창의 크기를 정의하고 생성한 글꼴을 읽어들인 후, 마침표를 수신할 때까지 버퍼에 시리얼 포트로 수신된 데이터를 저장한다. `draw()` 함수는 배경을 검정색으로 칠하고 섭씨와 화씨온도에 해당하는 값을 서로 다른 색으로 출력한다. `fill()` 함수는 프로세싱에서 추가되는 요소의 색상을 RGB 형식으로 지정하기 위해 사용되었다. `serialEvent()` 함수는 `bufferUntil()` 함수에서 설정한 조건을 만족할 때 호출된다. `serialEvent()` 함수에서는 버퍼 데이터를 문자열로 읽고 쉼표의 위치에 따라 두 부분으로 나눈다. 두 개의 온도 데이터는 변수에 저장되고 프로세싱에서 생성한 창에 표시한다. 프로그램을 실행하면 [그림 10-10]과 같은 창을 확인할 수 있다.

온도 센서를 손으로 잡으면 온도가 올라가고 창에 표시되는 값이 변하는 것을 확인할 수 있으며 아두이노에 연결된 LED 역시 그에 따라 변한다. 만약 창에 'Err Err'이 출력된다면 온도 센서에서 아무런 데이터도 수신하지 못한 것이므로 연결을 다시 확인해야 한다.

[그림 10-10] 프로세싱 온도 디스플레이

Note 온도를 LED 막대그래프와 프로세싱 스케치를 통해 확인하는 데모 동영상은 exploringarduino.com/content2/ch10에서 확인할 수 있다.

요약

- I^2C는 아두이노와 여러 개의 슬레이브 장치 사이의 디지털 통신을 위해 두 개의 연결선을 사용한다. 이때 슬레이브 장치들은 서로 다른 주소를 가져야 한다.
- 아두이노의 Wire 라이브러리는 아두이노에 SCL과 SDA 핀으로 연결된 장치와 I^2C 통신을 수행하는 데 사용하는 라이브러리다.
- I^2C 통신을 이동 레지스터와 시리얼 통신과 결합하면 보다 복잡한 시스템을 구축할 수 있다.
- 동적으로 화면을 갱신하기 위해 프로세싱에서는 폰트를 생성하여 사용할 수 있다.
- 프로세싱은 아두이노에 연결된 I^2C 장치에서 시리얼 데이터를 얻고 해석하여 화면에 출력할 수 있다.

CHAPTER

11

SPI 통신과 서드파티 라이브러리

CONTENTS

필요한 부품

- 아두이노 우노
- A-B 타입 USB 케이블
- 브레드보드
- 점퍼선
- 220Ω 저항(4개)
- 5mm 공통 양극 방식 RGB LED
- 피에조 버저
- Adafruit LIS3DH 브레이크아웃 보드

들어가기 전에

지금까지 아두이노에서 사용할 수 있는 디지털 통신 방법인 I^2C 통신과 UART 통신을 살펴보았다. 이 장에서는 아두이노 하드웨어로 지원되는 세 번째 디지털 통신 방법인 SPI(Serial Peripheral Interface) 통신에 대해 알아본다. SPI는 일반적으로 '스파이'라고 읽는다.

I^2C 통신과 달리 SPI 통신은 데이터 송수신을 위해 별도의 연결선을 사용한다. 또한 여러 개의 슬레이브 장치 중 현재 통신하는 슬레이브를 선택하기 위해 별도의 연결선을 사용하므로 I^2C 통신처럼 슬레이브에 서로 다른 주소를 지정해야 하는 불편은 없다. SPI 통신은 I^2C 통신보다 간단하며 빠른 속도로 통신할 수 있다. 이 장에서는 아두이노에 내장된 SPI 하드웨어를 사용하여 디지털 가속도 센서와 통신하는 방법을 살펴볼 것이다. 복잡한 하드웨어와의 인터페이스를 위해 서드파티 라이브러리를 찾아 설치하는 방법을 알아보고, 가속도 센서로 움직임을 감지하고 이에 반응하여 LED의 밝기와 효과음이 변하는 시청각 장치를 만들어 본다.

Note 이 책의 초판에서는 MCP4231 디지털 SPI 가변저항을 사용하여 SPI 통신의 동작 방식을 알아보았다. 하지만 SPI 방식 가변저항은 점점 찾아보기가 어려워지고 있으며, 가속도 센서만큼 흥미로운 프로젝트를 진행하기에 적당한 부품이 아니므로 2판에서는 SPI 방식의 가속도 센서로 교체하였다. 디지털 가변저항과의 인터페이스 방법은 blum.fyi/spi-digipot-tutorial의 튜토리얼 동영상에서 확인할 수 있다.

SECTION 01

SPI 통신 개요

모토로라(Motorola)에서 개발한 SPI 통신은 전이중(full-duplex) 방식의 시리얼 통신 표준으로 마스터 장치와 하나 이상의 슬레이브 장치 사이에서 양방향 통신이 동시에 진행될 수 있도록 해준다. SPI 프로토콜은 엄밀히 정의되어 있지 않으므로 SPI 통신을 사용하는 장치들의 동작 방식은 약간씩 차이가 있다. 예를 들면 전송하는 데이트 비트 수에 차이가 있을 수 있고, 슬레이브 선택 연결선이 없을 수도 있다. 이 장에서는 가장 널리 사용되는 SPI 인터페이스를 구현하고 있는 장치와 통신하는 방법을 중심으로 하며, 이 방법은 아두이노 IDE와 이 장에서 사용할 서드파티 라이브러리에서 지원하는 방식이기도 하다.

Warning SPI 통신의 구현은 장치에 따라 달라질 수 있으므로 사용하고자 하는 장치의 데이터시트를 반드시 확인해야 한다.

SPI 통신은 I²C 통신과 마찬가지로 마스터–슬레이브 구조를 가지며 장치에 따라 4가지 모드에서 동작할 수 있다. SPI 장치는 동기식으로, 즉 데이터가 시리얼 클록(SCLK)에 맞추어 전송된다. 데이터는 클록 신호의 상승 또는 하강 에지에서 슬레이브 장치로 보내질 수 있으며 이를 **클록 위상**(phase)이라고 한다. 또한 SCLK의 디폴트 상태는 HIGH 또는 LOW 중 하나를 가질 수 있으며 이를 **클록 극성**(polarity)이라고 한다.

클록 위상에서 2가지, 클록 극성에서 2가지 값을 가질 수 있으므로 이를 조합하면 SPI 통신은 4가지 방식으로 동작할 수 있다. [표 11–1]은 4가지 동작 방식을 나타낸 것으로 아두이노의 SPI 라이브러리에서 각 동작 방식에 해당하는 모드를 함께 나타내었다. 특정 SPI 장치와의 인터페이스를 위해 만들어진 라이브러리의 경우 동작 방식 설정 역시 라이브러리에 반영되어 있으므로 걱정할 필요는 없다. 하지만 통신 방식을 자세히 알고 있다면 향후 발생할 수 있는 문제를 해결하는 데 도움이 될 것이다.

[표 11–1] SPI 통신 모드

SPI 모드	클록 극성	클록 위상
모드 0	유휴 상태에서 LOW	데이터를 클록의 상승 에지에서 캡처
모드 1	유휴 상태에서 LOW	데이터를 클록의 하강 에지에서 캡처
모드 2	유휴 상태에서 HIGH	데이터를 클록의 하강 에지에서 캡처
모드 3	유휴 상태에서 HIGH	데이터를 클록의 상승 에지에서 캡처

SECTION 02 SPI 통신 하드웨어와 통신 방법

SPI 통신을 위한 하드웨어 설정은 간단하다. 마스터와 슬레이브 사이에서 통신을 하려면 3개의 연결선을 사용해야 한다.

- 공유/시리얼 클록(SCLK)
- 마스터 출력 슬레이브 입력(MOSI)
- 마스터 입력 슬레이브 출력(MISO)

각 슬레이브 장치는 슬레이브 선택(SS, Slave Select) 핀을 추가로 사용하므로 마스터 장치에 n개의 슬레이브 장치를 연결할 때 필요한 핀 수는 3 + n개가 된다. [그림 11-1]은 2개의 슬레이브 장치를 SPI 통신으로 연결한 예를 나타낸다.

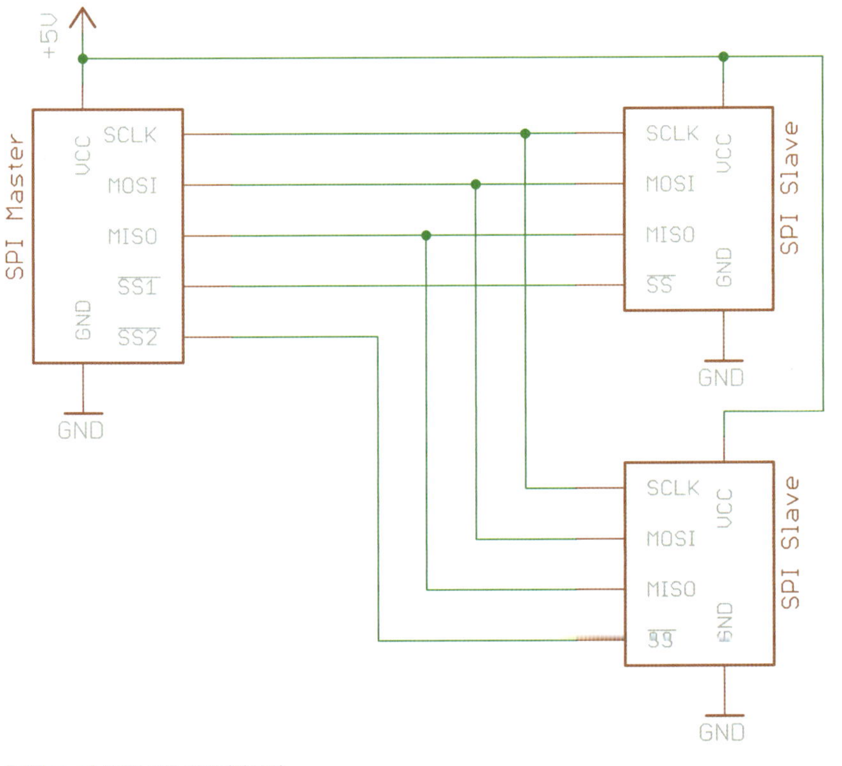

[그림 11-1] SPI의 표준 하드웨어 구성

1. 하드웨어 구성

SPI 통신을 하려면 최소 4개의 연결선이 필요하고 슬레이브 장치가 추가되면 추가되는 각 장치마다 SS 연결선이 하나씩 추가되어야 한다. SPI 장치 사이에서 데이터를 송수신하는 방법을 알아보기 전에 이들 연결선의 역할과 연결 방법부터 알아보자. [표 11-2]는 SPI 통신에 사용되는 연결선의 기능을 나타낸 것이다.

[표 11-2] SPI 통신 연결선

SPI 통신 연결선	설명
MOSI	마스터 장치에서 슬레이브 장치로 시리얼 데이터를 전송하기 위해 사용한다.
MISO	슬레이브 장치에서 마스터 장치로 시리얼 데이터를 전송하기 위해 사용한다.
SCLK	수신 장치에서 시리얼 데이터를 동기화하기 위해 사용하며, 데이터를 읽는 시점(클록 위상 참고)이 결정된 상태에 있어야 한다.
SS	슬레이브 장치 선택을 나타낸다. SS 핀에 LOW를 가하면 해당 슬레이브 장치와 통신 중임을 나타낸다. 여러 슬레이브를 연결하더라도 한 번에 하나의 SS 연결선만 LOW로 설정하여 하나의 슬레이브와 통신을 수행하는 것이 일반적이다.

I^2C 통신에서 입출력 핀이 오픈 드레인 방식을 사용했다면 SPI 통신에서는 푸시풀(push pull) 방식을 사용하므로 풀업 저항이 필요하지 않으며 전이중 방식으로 통신이 가능하다. SPI 장치를 아두이노에 연결하기 위해서는 MOSI, MISO, SCLK, SS의 4개 연결선을 연결하면 된다. 이때 논리 레벨을 위한 전압 역시 주의해야 한다. 아두이노 우노와 같이 5V 전압을 사용하는 아두이노를 사용한다면 SPI 슬레이브 장치 역시 5V 논리 레벨을 사용해야 한다.

여기서 잠깐! 이름을 짓는 방법

SPI는 엄밀히 정의된 표준이 아니므로 장치나 생산 회사에 따라 SPI 통신에 사용되는 연결선 이름이 다른 경우가 있다. 슬레이브 선택은 칩 선택(CS, Chip Select)이라고도 하며, 시리얼 클록(SCLK, Serial Clock)은 간단히 클록(CLK 또는 SCK)이라고도 한다. 슬레이브 장치에서 MOSI와 MISO는 시리얼 데이터 입력(SDI, Serial Data In)과 시리얼 데이터 출력(SDO, Serial Data Out)이라고도 한다. 이 장에서도 사용하는 장치에 따라 서로 다른 이름을 사용하고 있다.

2. 통신 방법

SPI 통신은 클록 신호를 기준으로 이루어지며 SS 연결선의 상태 역시 슬레이브 선택에 사용된다. 모든 장치는 MOSI, MISO, SCLK 연결선을 공유하고 있으므로 마스터에서 보낸 모든 데이터는 모든 슬레이브에 전달된다. SS 핀은 슬레이브에 수신된 데이터를 무시할 것인지 처리할 것인지 알려준다. 따라서 통신 중에 SS 핀은 하나만 LOW 상태(활성화 상태)에 있도록 해야 한다.

SPI 장치 사이의 기본적인 통신 절차는 다음과 같다.

1. 통신하고자 하는 장치와 연결된 SS 연결선을 LOW로 설정한다.
2. 슬레이브 장치가 지원하는 통신 속도 이하로 클록 신호를 보낸다.
3. 각 클록 사이클마다 MOSI 연결선을 통해 1비트 데이터를 보내고 MISO 연결선을 통해 1비트 데이터를 받는다.
4. 데이터를 모두 주고받을 끝날 때까지 반복하고 클록 신호 전송을 멈춤으로써 데이터 송수신을 끝낸다.
5. SS 연결선을 HIGH 상태로 설정한다.

SECTION 03

SPI, I^2C, UART 통신 비교

가속도 센서, 디지털 가변저항, 디스플레이 등 다양한 장치가 SPI와 I^2C 통신을 모두 사용하는 버전으로 판매되고 있다.(이 장에서 사용하는 가속도 센서도 SPI와 I^2C 통신을 위한 연결 방법을 모두 지원한다.) 여러 개의 아두이노가 서로 데이터를 주고받도록 하고 싶다면 SPI, I^2C, UART 등을 바탕으로 새로운 프로토콜을 만들 수 있다. 그렇다면 어떤 통신을 선택하는 것이 좋을까? [표 11-3]은 SPI, I^2C, UART 통신을 비교한 것이다. 결국 어떤 시리얼 통신을 사용하느냐는 구현 난이도와 현재 상황에 따라 달라질 것이다.

[표 11-3] SPI, I^2C, UART 통신 비교

구분	SPI	I^2C	UART
통신 속도	가장 빠른 속도로 통신할 수 있다.	최대 속도는 통신 버스의 물리적인 특징(길이, 연결된 장치 수, 풀업 저항의 강도 등)에 따라 결정된다.	통신을 시작하기 전에 두 장치의 보율을 동일하게 설정해야 한다.
통신 방법 및 프로토콜	I^2C 통신보다는 통신 과정이 간단하다.	2개의 연결선만 사용하면 된다.	군더더기 없는 프로토콜 구성으로 구현이 매우 간단하다.
연결 특성	풀업 저항을 사용하지 않는다.	서로 다른 동작 전압을 갖는 장치 사이에 별도의 레벨 변환 없이 통신이 가능하다.	마스터/슬레이브 구조를 갖지 않으므로 필요에 따라 정의하여 사용할 수 있다.
연결 가능한 장치 수	연결할 수 있는 슬레이브 장치의 수는 마스터 장치에서 사용할 수 있는 SS 핀의 수에 의해 제한된다.	연결할 수 있는 슬레이브 장치의 수는 사용할 수 있는 슬레이브 장치의 주소에 의해 제한된다.	두 장치 사이의 연결만 지원하므로 2개 이상의 슬레이브 장치를 연결할 수 없다.
아두이노 지원	아두이노의 전용 하드웨어와 소프트웨어를 사용할 수 있다.	아두이노의 전용 하드웨어와 소프트웨어를 사용할 수 있다.	아두이노의 전용 하드웨어와 소프트웨어를 사용할 수 있다.

SECTION 04

SPI 방식 가속도 센서 사용

SPI 통신을 위해 필요한 내용을 모두 살펴보았으므로 이제 실제로 SPI 통신 장치를 사용해 보자. 먼저 방향을 알아내기 위해 디지털 3축 가속도 센서를 사용할 것이다. 이 장에서는 STMicroelectronics의 LIS3DH 3축 가속도 센서를 사용하여 장치의 방향을 알아내고 이를 빨간색과 초록색 LED를 이용해 표시한다. LED를 통해 방향을 표시할 수 있으면 여기에 효과음을 추가하여 움직임에 반응하는 시청각 장치를 만들 수 있다.

여기서 잠깐! **장치 소형화와 SMT**

집적 회로 개발에는 비용과 시간이 많이 필요하며 MEMS(Micro Electro Mechanical System)의 경우는 더욱 그렇다. 가속도 센서는 MEMS 장치의 한 예로, 실리콘 웨이퍼와 가속도를 측정하기 위한 초소형 기계 장치가 포함되어 있다.

이 장의 예제를 테스트하기 위해서는 브레드보드에 꽂아 사용할 수 있는 LIS3DH 가속도 센서의 브레이크아웃 보드를 사용하는 것이 좋다. 브레이크아웃 보드는 작은 표면 실장 형태의 칩을 브레드보드에 꽂을 수 있도록 변환 기판을 추가한 것이다. 오늘날의 많은 장치들과 마찬가지로 LIS3DH는 SMT(Surface Mount Technology) 패키지로만 생산되고 브레드보드에 꽂아 사용할 수 있는 형태의 패키지는 생산되지 않는다. 반도체 회사에서는 집적 회로를 가능한 작은 크기로 만들기 위해 많은 노력을 기울이고 있으며 LIS3DH 칩의 크기는 3×3mm 정도로 일반적인 쌀알 크기의 절반 정도다.

이동 레지스터나 H-브리지 칩은 브레드보드에 바로 꽂을 수 있도록 DIP(Dual In-line Package) 형태로 만들지만, MEMS 장치 등은 SMT 패키지로만 만들어지는 것이 일반적이다. 이동 레지스터나 H-브리지 칩과 같은 구형 칩의 경우에는 오래된 장비의 유지보수에 필요하므로 이전 형태를 유지하고 있지만, 오늘날에는 기술의 발달로 칩 제작에 필요한 원료 소비가 줄어 가격을 낮출 수 있으므로 일반적으로 SMT 패키지 형태로 제작한다. 따라서 언젠가는 DIP 형태의 장치를 제품에 사용하지 않게 될 것이다. 최근 스마트폰, IoT 장치, 스마트 워치와 같이 전자 장치의 크기가 줄어들고 있으므로 생산자 입장에서도 큰 패키지를 대량으로 생산하는 것은 경제적인 이점이 거의 없다.

이와 같이 점점 DIP 형식의 장치를 찾아보기는 어려워졌지만, 복잡한 장치도 저렴하게 구입할 수 있게 되었다. LIS3DH 가속도 센서는 약 1.5달러 가격에 판매되고 있으며 대량으로 구매하면 그 절반 가격에도 구입할 수 있다. 스마트폰 산업은 이러한 낮은 가격의 센서 덕을 보고 있다. 최근 판매되는 모든 스마트폰에는 가속도 센서가 포함되어 있으므로 가속도 센서의 수는 급격히 늘어났고 가격은 아주 저렴해졌다.

이처럼 복잡한 집적 회로를 싼 가격에 구입할 수 있게 되었지만 이 작은 크기의 SMT 패키지는 직접 만든 PCB 없이는 사용하기가 거의 불가능하다. 하지만 걱정할 필요는 없다. Seeed, Pololu, Parallax, Adafruit, SparkFun 등 오픈 소스 하드웨어 회사에서는 흔히 사용되는 SMT 패키지 형태의 제품을 브레드보드에서 사용할 수 있도록 변환하는 브레이크아웃 보드를 판매하고 있다. 또한 이들 브레이크아웃 보드에는 전압 변환기나 레벨 변환기와 같은 유용한 기능이 포함된 경우도 쉽게 찾아볼 수 있다. 이 장의 예제에는 Adafruit에서 판매하는 LIS3DH의 브레이크아웃 보드를 추천한다.

1. 가속도 센서란 무엇인가?

가속도 센서를 연결하기 전에 가속도 센서가 무엇인지와 어떻게 동작하는지를 살펴보자. 이름에서도 짐작할 수 있는 것처럼 가속도 센서는 가속도를 측정하는 센서다. 가속도 센서는 3가지 위치 관련 센서 중 하나로 최근 판매되는 스마트폰에 내장되어 있다. 다른 2가지 센서는 각속도 센서(gyroscope)와 지자기 센서(magnetometer)다. 각속도 센서는 회전 운동을 측정하고, 지자기 센서는 지자기를 포함하여 자기장을 측정하며, 가속도 센서는 직선 방향 가속도를 측정한다. 이들 센서를 GPS와 함께 사용하면 스마트폰의 애플리케이션에서 위치와 움직임 기반의 기능을 구현할 수 있다.

가속도 센서의 역할 중 하나는 지구의 방향을 기준으로 장치의 방향을 알아내는 것으로 이 장에서도 장치의 방향을 알아내기 위해 가속도 센서를 사용한다. 중력의 영향으로 가속도 센서의 z축(지표면에서 하늘 쪽)에는 중력가속도에 해당하는 $9.8m/s^2$의 가속도 값이 더해진다. 자유낙하를 하는 경우 센서의 z축 방향 가속도는 $0m/s^2$으로 줄어든다.

기계식 하드 드라이버가 포함된 노트북 컴퓨터는 자유낙하가 감지된 경우 드라이버의 읽기/쓰기 헤더를 안전한 위치로 옮기기 위해 가속도 센서를 사용한다. 이는 노트북 컴퓨터가 바닥에 떨어질 때의 충격으로 하드 드라이버의 읽기/쓰기 헤더가 데이터 영역을 손상시키는 것을 방지할 수 있다. 기계식 하드 드라이버가 포함된 노트북 컴퓨터를 떨어뜨렸을 때 부팅에 문제가 없다면 가속도 센서 덕분이다.

[그림 11-2]는 가속도 센서의 동작 원리를 간단히 나타낸 것이다. 그림은 크게 보이지만 실제 크기는 수 미크론(마이크로미터, $1\times10^{-6}m$) 정도로 아주 작다.(사람의 머리카락 두께는 약 100미크론 정도다.) [그림 11-2]의 센서는 실리콘을 사용하여 집적 회로를 만드는 것과 비슷한 과정을 통해 만들어진다. 그림에서 빨간색은 고정된 부분이고, 파란색은 움직일 수 있는 부분으로 센서의 움직임에 따라 조록색의 스프링에 변형을 가져온다.

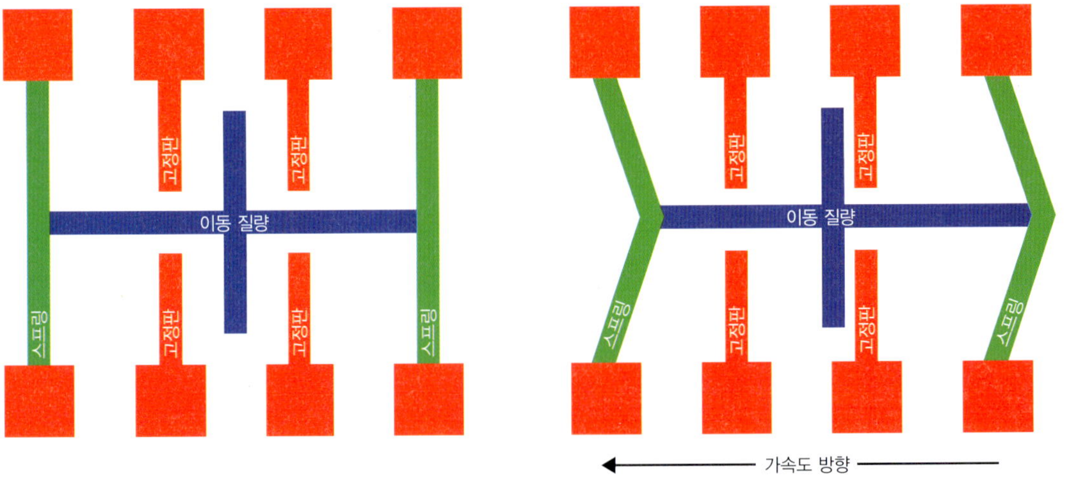

(a) 움직임이 없는 상태의 1축 가속도 센서 (b) 가속도가 가해졌을 때의 1축 가속도 센서

[그림 11-2] 1축 가속도 센서의 동작 원리

차를 가속했을 때 운전자가 느끼는 것과 비슷하게 MEMS 가속도 센서에 가속도가 가해지면 반대쪽으로 이동 질량이 움직이게 된다. 이동 질량의 움직임에 따라 이동판과 고정판 사이의 거리는 늘어나거나 줄어든다. 이들 판은 아주 작은 크기의 커패시터에 해당하며 판 사이의 거리에 따라 정전용량(capacitance)이 변한다. 판이 가까워지면 정전용량이 증가하며, 이를 통해 가속도를 알아낼 수 있다.

[그림 11-3]은 코넬 대학의 NanoScale Science & Technology Facility에서 만든 3축 MEMS 가속도 센서를 전자현미경으로 관찰한 것이다. [그림 11-3]에서 [그림 11-2]의 스프링과 이동판을 확인해 보자.

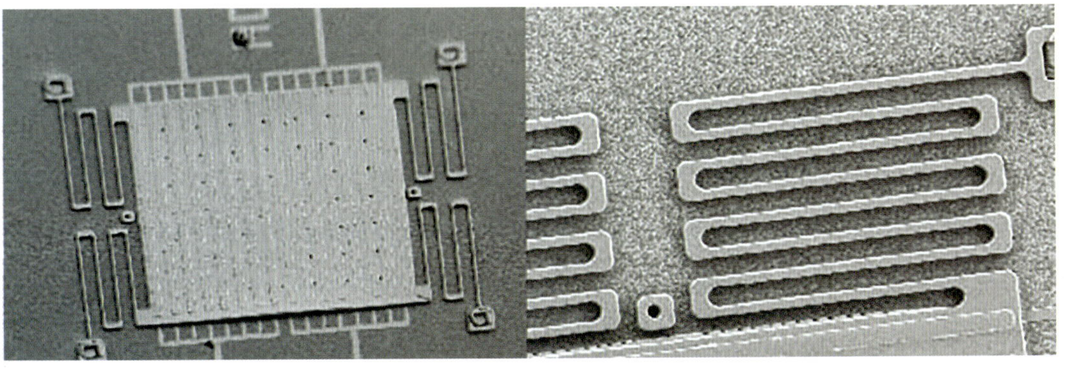

[그림 11-3] MEMS 3축 가속도 센서의 표면(출처: Cornell NanoScale Science & Technology Facility, cnf.cornell.edu)

2. 데이터시트에서 정보 수집

예제에서는 브레이크아웃 보드와 전용 라이브러리를 사용하겠지만 처음 사용하는 장치에 대한 정보를 확인해 두는 것이 좋다. 이를 통해 예상하지 못했던 결과에 대한 이유를 알아낼 수 있으며, 발생할지 모르는 잠재적인 문제를 해결하는 데 도움이 된다. 인터넷에서 LIS3DH를 검색하면 데이터시트를 쉽게 찾을 수 있다. 데이터시트에서는 아래 질문에 대한 답을 찾을 수 있다.

- 가속도 센서 칩의 핀 배치와 각 핀의 기능은 무엇인가?
- 가속도 센서 칩의 가속도 축은 어느 방향인가? 즉 프로젝트에서 측정하고자 하는 가속도 방향을 알아내기 위해서는 가속도 센서 칩을 어떻게 장착해야 하는가?
- 가속도 센서 칩과 통신하기 위해 사용할 수 있는 SPI 명령에는 어떤 것들이 있나?

[그림 11-4]와 [그림 11-5]는 LIS3DH 칩의 정보를 요약한 것이다. [그림 11-4]는 데이터시트의 8페이지에서 발췌한 것으로 가속도 센서 칩의 가속도 방향과 핀 맵을 보여준다.

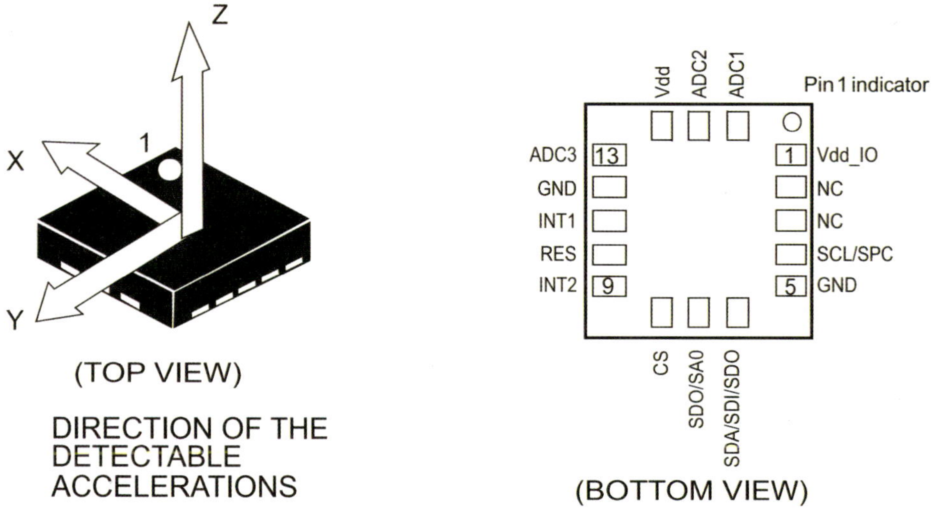

[그림 11-4] STMicroelectronics LIS3DH 칩의 핀 맵과 가속도 축[1]

LIS3DH 칩을 사용하는 첫 번째 예제에서는 그림의 z축 방향 값을 주의해서 살펴보자. 칩을 평평한 면에 올려놓은 경우에도 중력가속도의 영향으로 가속도 값이 출력되는 것을 확인할 수 있다.

1 옮긴이_ 1번 핀 표시를 기준으로 핀 번호는 반시계방향으로 증가하지만 이는 칩을 위에서 보았을 때의 이야기다. 그림에서는 칩을 아래에서 보고 있으므로 시계방향으로 핀 번호가 증가하고 있다.

새로운 장치를 사용할 때 첫 번째로 해야 할 것은 핀 맵을 확인하는 것이다. [그림 11-5]는 데이터시트의 9페이지에서 발췌한 것으로 각 핀의 기능을 요약한 것이다.

Pin#	Name	Function
1	Vdd_IO	Power supply for I/O pins
2	NC	Not connected
3	NC	Not connected
4	SCL SPC	I^2C serial clock (SCL) SPI serial port clock (SPC)
5	GND	0 V supply
6	SDA SDI SDO	I^2C serial data (SDA) SPI serial data input (SDI) 3-wire interface serial data output (SDO)
7[(1)]	SDO SA0	SPI serial data output (SDO) I^2C less significant bit of the device address (SA0)
8	CS	SPI enable I^2C/SPI mode selection: 1: SPI idle mode / I^2C communication enabled 0: SPI communication mode / I^2C disabled
9	INT2	Inertial interrupt 2
10	RES	Connect to GND
11	INT1	Inertial interrupt 1
12	GND	0 V supply
13	ADC3	Analog-to-digital converter input 3
14	Vdd	Power supply
15	ADC2	Analog-to-digital converter input 2
16	ADC1	Analog-to-digital converter input 1

[그림 11-5] STMicroelectronics LIS3DH 핀 설명(출처: © STMicroelectronics)

핀 맵에서도 알 수 있는 것처럼 LIS3DH 칩은 I^2C와 SPI 통신을 지원하며 이 장에서는 SPI 모드를 사용한다. LIS3DH 칩이 2가지 통신을 모두 지원하는 이유는 무엇일까? STMicroelectronics는 비슷한 칩을 여러 가지로 만들지 않으면서 시스템을 다양한 방법으로 설계할 수 있도록 I^2C와 SPI 통신을 하나의 칩으로 모두 지원하는 방법을 선호한다. 가속도 값을 일정 시간 간격으로만 읽어오면 되는 시스템이라면 고속 데이터 전송은 필요하지 않으므로 적은 수의 연결선을 사용하기를 원할 수 있다.(즉 I^2C를 선호할 수 있다.) 반대로 연결선의 수와는 무관하게 가속도 값을 연속적으로 센서에서 마이크로컨트롤러로 가능한 한 빠른 속도로 전송하기를 원할 수도 있다.(즉 SPI를 선호할 수 있다.)

가속도 센서 칩과 통신에 필요한 모든 코드를 직접 작성하려면 칩의 데이터 레지스터와 사용할 수 있는 SPI 명령을 파악해야 한다. 하지만 이 예제에서는 이미 만들어져 있는 라이브러리를 사용하여 LIS3DH 센서를 제어할 것이므로 이 단계는 건너뛸 수 있다. 흔히 사용되는 칩들은 아두이노로 제어할 수 있는 라이브러리가 대부분 공개되어 있다.

3. 하드웨어 연결

LIS3DH 가속도 센서를 사용하여 간단한 방향 감지기를 만들어 보자. 평평하게 위로 놓았을 때 감지기에는 초록색 LED가 켜지고, 위아래를 뒤집어 놓으면 빨간색 LED가 켜진다. 이 예제는 2개의 LED를 사용하거나 하나의 RGB LED 중 2개 채널을 사용하여 구현할 수 있다. 이 장의 마지막 예제에서 RGB LED를 사용하므로, RGB LED를 사용하는 것을 추천한다.

Adafruit의 브레이크아웃 보드는 가속도 센서의 전압 레벨 변환 기능을 포함하고 있어 5V 전압을 사용하는 아두이노와 직접 연결하여 사용할 수 있다. I^2C의 경우와 마찬가지로 아두이노 우노에는 SPI 통신용 하드웨어가 마이크로컨트롤러에 포함되어 있으며 디지털 입출력 핀에 멀티플렉싱 되어 있다. 특정 기능에 사용하는 디지털 입출력 핀 번호는 아두이노 홈페이지를 참고하면 된다. [표 11–4]는 SPI 통신 핀을 요약한 것이다.

[표 11–4] 아두이노 우노의 SPI 통신 핀

아두이노 우노 핀	SPI 기능
10	칩 선택(CS) / 슬레이브 선택(SS)
11	마스터 출력 슬레이브 입력(MOSI)
12	마스터 입력 슬레이브 출력(MISO)
13	시리얼 클록(SCLK)

LIS3DH 가속도 센서용 라이브러리는 임의의 디지털 입출력 핀을 통해 하드웨어 SPI 인터페이스를 에뮬레이션할 수 있도록 해주지만, 소프트웨어를 통한 에뮬레이션보다는 전용 하드웨어 인터페이스를 사용하는 것이 성능과 안정성 면에서 추천된다. 하드웨어 인터페이스를 사용하면 ATmega 마이크로컨트롤러는 입력과 출력 데이터를 버퍼에 저장할 때 CPU 사이클을 효율적으로 사용할 수 있다.

[표 11–4]를 참고하여 아두이노 우노의 핀을 브레이크아웃 보드의 SPI 핀에 연결하고 RGB LED를 220Ω의 전류 제한 저항을 통해 6, 5, 3번 핀에 연결하자. RGB LED를 연결하는 핀은 모두 PWM 신호 출력이 가능한 핀이므로 필요한 경우 LED의 밝기를 조절할 수 있다. 사용하는 RGB LED가 공통 양극 방식이므로 LED에서 다리가 가장 긴 공통 핀은 아두이노의 5V에 연결해야 한다는 점에 주의해야 한다. 구성이 끝난 회로는 [그림 11–6]과 비슷할 것이다.

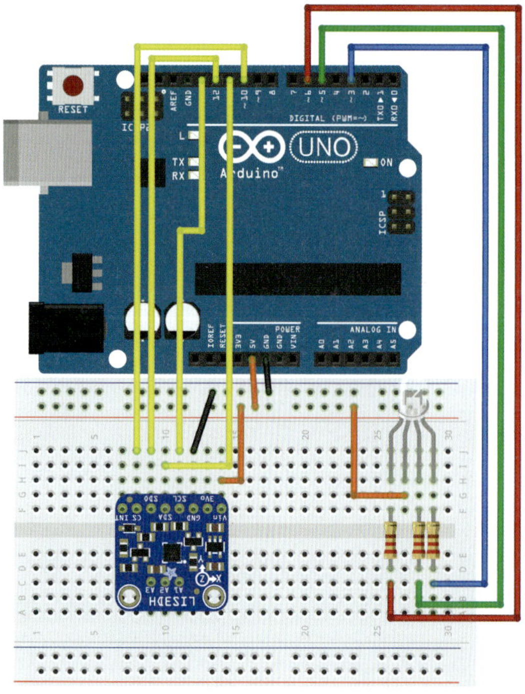

[그림 11-6] 아두이노 우노와 가속도 센서 브레이크아웃 및 RGB LED 연결 회로(Fritzing으로 작성)

먼저 가속도 센서의 방향을 알아내 보자. 방향을 알아내기 위해서는 아두이노 우노와 브레이크아웃 보드가 연결된 브레드보드를 위쪽과 아래쪽으로 향하도록 번갈아 뒤집어 보면 된다. 여러 개의 선이 길게 늘어뜨려져 있거나 저항의 다리가 긴 경우에는 빠질 위험이 있으므로 연결된 선이나 핀이 빠지지 않도록 해야 한다. 인터넷에서 아두이노 우노와 브레드보드를 감싸는 외형 디자인을 찾아 3D 프린터로 출력하거나, 나무나 플라스틱 보드에 테이프로 고정하거나, 아두이노와 브레드보드를 직접 테이프로 고정하는 등 다양한 방법으로 단단하게 고정하면 된다.

[그림 11-7]은 테이프로 아두이노 뒤쪽에 브레드보드를 고정한 것이다. 테이프가 아두이노 우노의 피메일 핀 헤더를 일부 가리고 있지만, 점퍼선으로 쉽게 구멍을 내고 연결할 수 있다.

[그림 11-7] 아두이노 우노 뒤쪽에 테이프로 연결한 브레드보드

간단하면서도 단단하게 회로를 구성할 수 있도록 점퍼선은 흔히 사용되는 연심선이 아니라 단심선을 사용하였다. 단심선은 구부린 상태를 유지하므로 회로를 구성할 때 형태를 잡고 유지하기에 좋다. 연심선은 일반적으로 구부린 상태를 유지하지 않지만 구부린 상태가 유지되는 연심선도 판매되고 있으므로 이를 사용해도 된다.

회로 구성이 끝났으면 연결 상태를 다시 한 번 확인한 후 가속도 센서용 소프트웨어 라이브러리를 설치하고 아두이노의 방향을 알아낼 수 있는 코드를 작성해 보자.

4. 소프트웨어 작성

연결이 바르게 되었는지, 가속도 센서가 동작하는지 확인하기 위해 아두이노의 방향을 알려주는 프로그램을 작성해 보자. 가속도 센서가 하늘을 향하고 있으면 초록색 LED가 켜지고, 땅을 향하고 있으면 빨간색 LED가 켜질 것이다.

▪ Adafruit 센서 라이브러리 설치

아두이노 IDE에는 가속도 센서와 통신하기 위해 사용할 수 있는 SPI 라이브러리가 포함되어 있지만, SPI 라이브러리를 사용하는 것이 쉽지는 않을 것이다. 가속도 센서 같이 복잡한 장치는 설정하기부터 쉽지가 않다. 데이터시트를 다시 살펴보면 여러 개의 레지스터를 설정해야 하고, 가속도 값을 얻어오기 위해 여러 명령을 사용해야 한다는 것을 볼 수 있다. 간단하게 센서의 동작을 확인하고 싶을 때는 복잡하고 성가신 일이 될 것이다. 다행히 이 장에서 사용하는 가속도 센서처럼 흔히 사용되는 장치는 라이브러리가 공개되어 있으며, 공개된 라이브러리는 아두이노의 SPI 라이브러리를 다시 한번 추상화하여 센서를 쉽게 사용할 수 있도록 해 준다. 이제 이러한 라이브러리를 검색하고 설치하는 방법을 알아볼 것이다. 이 책의 내용을 모두 읽어본 후라면 공개된 라이브러리가 없는 장치의 라이브러리를 직접 만들어 보고 싶어질지도 모르겠다.

Adafruit과 같이 브레이크아웃 보드를 만드는 회사에서는 보드와 라이브러리를 함께 제공하는 경우가 많다. 이 장에서 사용하는 센서를 Adafruit의 홈페이지(blum.fyi/adafruit-LIS3DH-tutorial)에서 찾아보면 센서에 대한 자세한 설명과 필요한 라이브러리에 관한 정보를 찾을 수 있다. 이 책의 첫 번째 판이 출판되었을 때는 라이브러리를 ZIP 파일 형태로 내려받고 라이브러리 설치 디렉터리에 압축을 해제하여 설치하는 방법을 사용하였지만, 지금은 라이브러리 설치가 간단해졌다. 가속도 센서 브레이크아웃 보드를 사용하기 위해서는 Adafruit에서 제공하는 Adafruit Unified Sensor Library와 Adafruit LIS3DH Library의 2개 라이브러리가 필요하다. Adafruit에서는 많은 종류의 센서를 판매하고 있으므로 다양한 센서의 라이브러리를 쉽게 만들 수 있도록 추상화된 층을 Unified Sensor Library라는 이름으로 구현하고 있다. LIS3DH Library는 Unified Sensor Library를 바탕으로 하고 있으므로 2개 라이브러리를 모두 설치해야만 코드를 컴파일 할 수 있다.

라이브러리를 설치하기 위해서는 먼저 아두이노 IDE에서 [스케치] → [라이브러리 포함하기] → [라이브러리 관리] 메뉴 항목을 선택한다. '라이브러리 매니저' 창이 나타나면 'Adafruit Unified Sensor'를 검색한다. [그림 11-8]처럼 여러 라이브러리 항목이 나타난다. 'Adafruit Unified Sensor' 항목을 선택하고 [설치] 버튼을 눌러 라이브러리를 설치한다. 설치가 끝나면 'Adafruit LIS3DH'를 검색하고 같은 방법으로 라이브러리를 설치[2]한다. 라이브러리를 모두 설치하였으면 이제 라이브러리를 사용하여 소프트웨어를 작성할 준비는 끝났다.

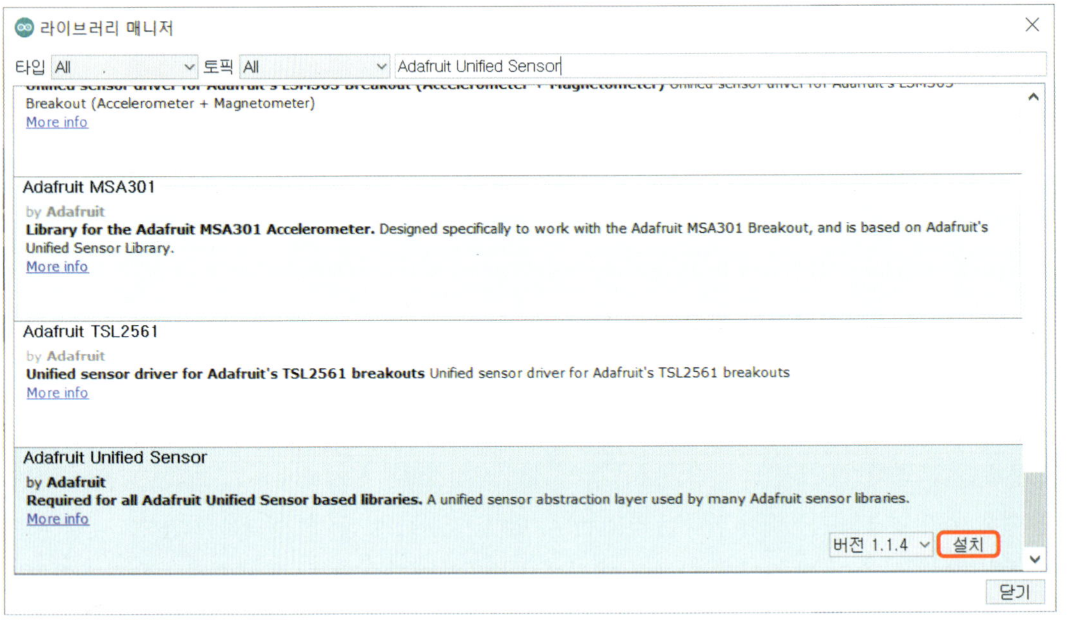

[그림 11-8] Adafruit 라이브러리 설치

LIS3DH 라이브러리의 사용 방법을 알고 싶다면 [파일] → [예제] → [Adafruit LIS3DH] 메뉴 항목에서 라이브러리와 함께 설치되는 몇 가지 예제 중 하나를 열어 실행해 볼 수 있다.

▪ 라이브러리 사용

라이브러리를 설치하고 회로 구성을 끝냈으므로 이제 코드를 작성해 보자. [코드 11-1]은 라이브러리를 사용하여 가속도 센서를 연결하고 현재 z축 방향의 가속도를 100ms 간격으로 얻어온다. 얻어온 가속도는 LED의 상태를 업데이트하기 위해 사용되며, 실제 가속도 값으로 변환되어 시리얼 모니터로 출력된다.

2 옮긴이_ 'Adafruit LIS3DH' 라이브러리를 설치하면 의존성 검사를 통해 'Adafruit BusIO' 라이브러리가 필요하다는 창이 나타난다. [Install all]을 선택하면 필요한 라이브러리를 한꺼번에 설치해 주므로 편리하다.

코드 11-1 가속도 센서 기반 방향 센서 11-1_orientation.ino

```
// 가속도 센서의 z축 방향 값을 이용하여 방향 감지

// 센서 라이브러리 포함
// 센서 라이브러리 내에서 아두이노의 SPI 라이브러리와 Unified Sensor Library를 포함
#include <Adafruit_LIS3DH.h>

// 사용 핀 정의
// SPI 통신을 위한 핀은 디폴트 핀을 사용하므로 별도 지정하지 않지만
// CS/SS 핀은 슬레이브별로 하나씩 필요하므로 핀을 지정해야 함
const int RED_PIN = 6;
const int GREEN_PIN = 5;
const int CS_PIN = 10;

// 하드웨어 SPI 인터페이스를 사용하여 가속도 센서 초기화
Adafruit_LIS3DH accel = Adafruit_LIS3DH(CS_PIN);

void setup()
{
  Serial.begin(9600);     // 센서 값 출력을 위해 시리얼 포트 초기화

  // 가속도 센서 연결
  if (!accel.begin())
  {
    Serial.println("Could not find accelerometer.");
    while (1);           // 연결 오류가 발생하면 무한 루프로 진입
  }

  // 가속도 센서의 측정 범위를 +/-2G로 설정
  accel.setRange(LIS3DH_RANGE_2_G);

  // LED의 음극에 연결된 핀을 출력으로 설정하고 LED를 끔
  // 공통 양극 방식 LED를 사용하므로 HIGH를 출력해야 LED가 꺼짐
  pinMode(RED_PIN, OUTPUT);
  digitalWrite(RED_PIN, HIGH);
  pinMode(GREEN_PIN, OUTPUT);
  digitalWrite(GREEN_PIN, HIGH);
}

void loop()
{
  // x, y, z축 방향의 가속도 읽기
  accel.read();
```

```
    // z축 방향의 원시값 출력
    Serial.print("Raw: ");
    Serial.print(accel.z);

    // z축 방향 원시값을 +/-2G 범위의 가속도 값으로 변환
    Serial.print("\tActual: ");
    Serial.print((float(accel.z) / 32768.0) * 2.0);
    Serial.println("G");

    // 센서가 지면을 향하고 있는 경우
    if (accel.z < 0)
    {
      digitalWrite(RED_PIN, LOW);
      digitalWrite(GREEN_PIN, HIGH);
    }
    else
    {
      digitalWrite(RED_PIN, HIGH);
      digitalWrite(GREEN_PIN, LOW);
    }

    // 100ms 간격으로 가속도 값 확인
    delay(100);
  }
```

[코드 11-1]을 자세히 살펴보자. 코드에서 각 줄의 기능을 이해할 수 있는가? 먼저 LIS3DH 라이브러리를 포함한다. 만약 앞에서 라이브러리를 설치하지 않았다면 컴파일러는 첫 번째 줄에서 해당 헤더 파일을 포함할 수 없다는 오류를 출력할 것이다. LIS3DH 라이브러리에서는 Adafruit의 Unified Sensor Library와 아두이노의 SPI 인터페이스를 통해 통신하는 데 필요한 코드를 모두 포함하고 있으므로 별도로 `#include`문을 사용할 필요가 없다. 라이브러리를 포함한 다음에는 사용하는 핀을 정의한다. 이때 SPI 인터페이스를 위해 정의해야 하는 핀은 CS 핀뿐이다. 이는 라이브러리의 초기화 과정에서 디폴트로 [표 11-4]에 있는 하드웨어 SPI 핀을 사용하기 때문이다. `Adafruit_LIS3DH accel = Adafruit_LIS3DH(CS_PIN);` 문장은 가속도 센서와 통신하여 가속도를 얻어오기 위한 `accel`이라는 이름의 LIS3DH 제어 객체를 생성한다. 객체를 생성할 때 다른 핀은 디폴트 하드웨어 핀을 사용하므로 CS 핀만 지정하였다.

`setup()` 함수에서 `accel.begin()` 문장은 SPI 인터페이스를 통해 가속도 센서에 연결을 시도한다. 연결 시도는 `if()`문 내에서 이루어지므로 가속도 센서를 초기화하고 초기화 결과 반환되는 값을 통해 이후 스케치 실행 여부를 결정하는 두 가지 작업이 동시에 이루어진다. LIS3DH 라이브러리에 정

의된 begin() 함수는 가속도 센서 칩과 통신이 성공적으로 이루어졌는지 여부를 논리값으로 반환한다. begin() 함수가 false를 반환한다면 if()문의 조건을 검사할 때 논리 반전(!)에 의해 true가 된다. if()문의 조건을 만족하면 시리얼 모니터로 메시지를 출력하고 무한 루프 while(1);에 의해 프로그램의 실행은 멈춘다.

초기화가 성공하면 setup() 함수의 나머지 부분이 실행되어 가속도 센서의 감도를 설정하고 LED가 연결된 핀을 출력으로 설정한 후 LED를 끈다. 예제에서는 센서의 감도를 가장 좁은 범위인 +/−2G로 설정한다. 이 장에서 사용하는 센서는 16비트의 부호 있는 정수를 반환한다. 즉 +2G의 가속도에서 센서는 $(+2^{16} / 2) - 1$의 원시값을 반환하며 −2G의 가속도에서 $-2^{16} / 2$의 원시값을 반환한다. 16비트로 나타낼 수 있는 서로 다른 값의 개수는 2^{16}개다. 센서 칩에서 반환하는 양과 음의 값 개수가 같다면 2^{16}(65,536)개를 반으로 나누면 되지만 0이 포함되어야 하므로 양의 값 개수는 음의 값 개수보다 하나가 적다.(−32768 ~ +32767.) setRange() 함수에서 센서의 감도를 설정할 때 LIS3DH_RANGE_2_G가 아니라 LIS3DH_RANGE_4_G 상수를 사용하여 +/−2G에서 +/−4G로 변경하면 센서의 원시값인 +32767은 +2G가 아니라 +4G를 나타내게 된다. 이처럼 setRange() 함수는 센서 입력값이 나타내는 가속도 범위와 해상도를 함께 설정한다. 가속도 측정 범위를 넓히면 해상도는 줄어든다.

loop() 함수에서는 다음 작업이 100ms마다 이루어진다.

1. accel.read() 함수로 현재 가속도 센서의 3축 방향 가속도 값을 얻는다.
2. 센서가 반환하는 원시값(−32768~+32767)을 시리얼 모니터로 출력한다.
3. 센서의 원시값을 G 단위의 실제 가속도 값으로 변환한다. 변환할 때는 setRange() 함수에서 설정한 센서의 감도 정보를 사용한다.
4. 가속도 값의 부호를 검사한다. 가속도가 양의 값이면 가속도계가 하늘을 향하고 있는 것으로 초록색 LED를 켠다. 가속도가 음의 값이면 가속도계가 지면을 향하고 있는 것으로 빨간색 LED를 켠다.

프로그램을 실행하고 시리얼 모니터를 열어보자. [그림 11-9]와 비슷한 출력을 확인할 수 있을 것이다. 가속도 센서를 찾을 수 없다는 오류 메시지가 출력된다면 SPI 인터페이스를 통해 아두이노와 가속도 센서가 통신할 수 없는 경우이므로 연결선을 다시 확인해야 한다. [그림 11-9]의 시리얼 출력은 가속도 센서 칩이 위를 보고 있다가 빠르게 아래로 보도록 회전했을 때를 보여준다. 위를 보고 있을 때 가속도 값은 약 +1G가 출력되고 아래를 보고 있을 때는 약 −1G가 출력된다. 아두이노가 자유낙하를 하는 경우에는 어떨까(자유낙하 실험은 아두이노가 떨어져도 파손되지 않도록 안전장치가 설치된 경우에만 해 보기를 추천한다)? 아두이노에 연결한 LED는 가속도 센서 칩이 위로 향하고 있을 때는 초록색, 아래로 향하고 있을 때는 빨간색이 켜진다.

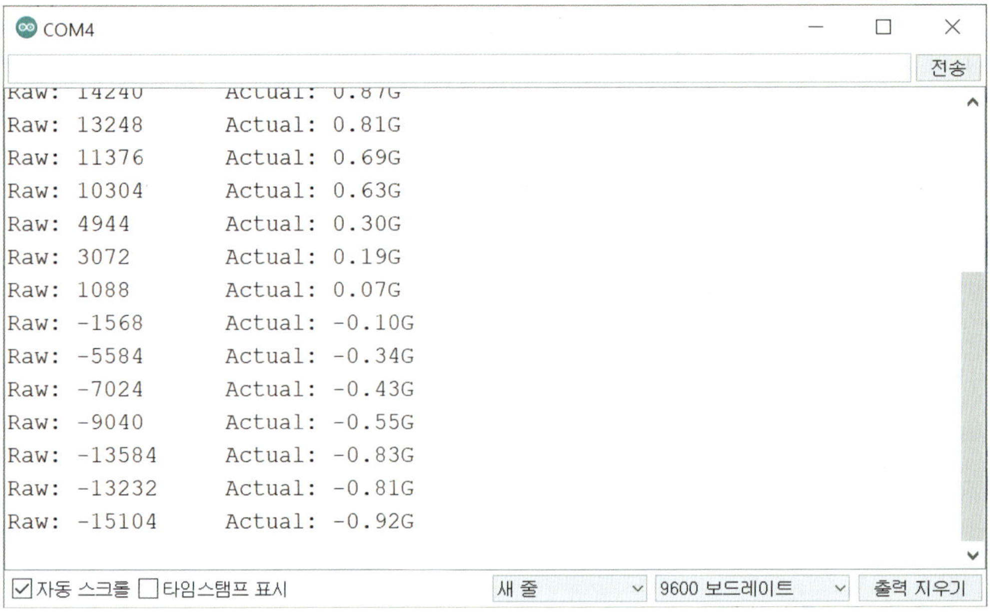

[그림 11-9] 가속도 센서의 출력 데이터와 가속도 값

Note 가속도 센서 기반 방향 센서의 데모 동영상은 exploringarduino.com/content2/ch11에서 확인할 수 있다.

방향 센서가 동작하는 것을 확인하였다면 3축 가속도 센서의 다른 축이 동작하는 것도 확인해 보자. 다음 절에서는 z축만이 아니라 다른 축까지 함께 사용하는 시청각 장치를 통해 좀 더 복잡한 시스템을 만들어 볼 것이다.

SECTION 05

3축 가속도 센서를 사용한 시청각 장치 제작

방향을 감지하는 것도 흥미롭지만 사용할 수 있는 3축 정보 중 1축 정보만을 사용했을 뿐이다. 다른 두 축의 정보는 어떻게 사용할 수 있을까? 이 절에서는 3축 가속도 데이터 모두를 사용하여 재미있는 악기를 만들고 여기에 LED를 연결하여 간단한 조명 효과도 추가해 보자. 6장에서 살펴본 것처럼 아두이노 IDE에는 구형파를 임의의 디지털 핀으로 출력하여 스피커를 구동할 수 있도록 해주는 `tone` 함수가 포함되어 있다. 또한 6장에서는 자연스러운 소리가 나는 5음 음계에 대해서도 살펴보았다. 이 장에서 만들어 볼 장치에 이 내용을 적용해 보자.

Note 이 프로젝트는 다양한 프로젝트의 시작점으로 가치가 있다. 이 프로젝트에서 만들어 볼 시청각 장치는 어렵지 않게 다른 기능을 추가하여 확장할 수 있다. 먼저 예제를 통해 동작을 확인하고 여기에 원하는 기능을 추가하여 나만의 장치를 만들어 보자. 버튼을 추가하여 재생 시간을 제어하거나 조도 센서를 사용하여 음높이를 제어하는 등 간단히 확장해 볼 수 있다. 이를 통해 아두이노를 사용하여 상상력을 발휘할 기회를 얻을 수 있을 것이다.

1. 하드웨어 구성

앞에서 사용했던 회로를 바탕으로 몇 가지 장치를 추가해 보자. 먼저 소리를 출력하기 위해 9번 핀에 피에조 버저나 스피커를 연결한다. 이 예제에서는 가볍고 브레드보드에 간단하게 고정할 수 있는 피에조 버저를 사용하는 것이 좋다. 피에조 버저는 스피커와 기능 면에서 비슷하지만 크기가 작은 대신 음질은 스피커만큼 좋지 못한 것이 사실이다. 피에조 버저는 특정 주파수의 구형파에서 경고음을 울리는 용도에 최적화되어 있고 다른 주파수 영역에서의 반응은 그리 좋지 않으므로 음악을 재생하는 용도로는 적합하지 않다. 스피커와 마찬가지로 피에조 버저도 직렬로 저항을 연결해야 한다. 저항은 피에조 버저와 9번 핀 사이에 연결하거나 피에조 버저와 그라운드 사이에 연결하면 된다. 저항값이 클수록 피에조 버저나 스피커에서 재생되는 소리는 작아진다. 이 예제에서는 220Ω 저항을 사용하였다. [그림 11-10]을 참고하여 회로를 구성한다. 만들고자 하는 장치는 손에 쥐고 흔들어야 하므로 피에조 버저를 단단히 고정해야 한다.

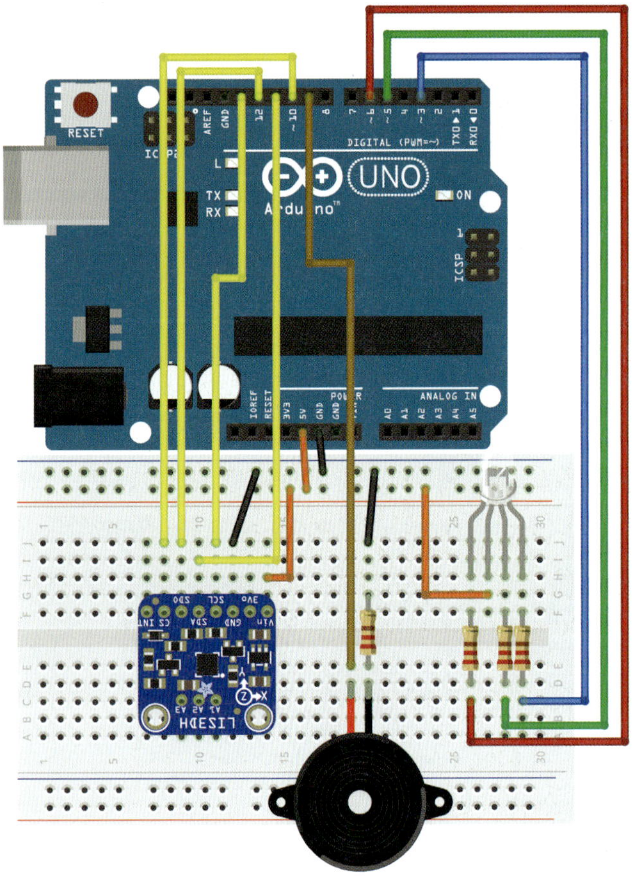

[그림 11-10] 움직임에 반응하는 악기 회로(Fritzing으로 작성)

2. 소프트웨어 수정

[코드 11-1]을 바탕으로 소리를 재생하는 기능을 추가해 보자. 스피커(피에조 버저) 연결용 핀과 RGB LED에서 사용하지 않았던 파란색 LED 연결을 위한 핀 정의를 추가하고 재생할 멜로디를 정의하는 변수도 추가한다. 재생할 멜로디는 6장에서 살펴보았던 5음 음계를 참고하면 된다. 여기서는 가속도 센서 3축 각각에서 양과 음의 방향 가속도를 구별하기 위해 6개의 음을 정의하여 사용한다. `loop()` 함수 내에서는 가속도 센서에서 현재 가속도 값을 얻어온다.

예제를 테스트하기 위해서는 시청각 장치를 손에 쥐는 방법을 정해야 한다. 가속도 센서의 3축 중에서 지면을 향하고 있는 축에는 +1G의 가속도가 항상 더해진다. 장치의 상대적인 움직임에만 반응하도록 하려면 지면을 향하는 축에 가해지는 중력가속도를 보상해주어야 한다.

[코드 11-2]에서는 z축이 지면을 향하고 있다고 가정하고 z축에서 얻은 값에 1G 값을 빼서 보상하였다. +/-2G로 센서 감도가 설정된 경우 32767의 원시값은 +2G의 가속도에 해당한다. 따라서 그 절

반인 16384를 z축에서 읽은 원시값에서 빼면 중력가속도에 의한 영향을 보상할 수 있다.(이때 가속도 센서 칩은 항상 위쪽을 보고 있는 것으로 가정한다.)

마지막으로 임계치를 정하고 임계치를 넘어가는 가속도 값이 측정되는 경우 피에조 버저로 지정한 주파수의 소리가 나도록 한다. 임계치는 축에 따라 다르게 설정해도 무방하다. 지표면을 향하고 있는 축에는 중력가속도가 보상된 값을 사용해야 한다는 점을 잊지 말자.

가속도 센서에서 얻은 값은 시리얼 모니터로 출력하여 임계치를 결정할 때 사용할 수 있다. `map()` 함수와 `constrain()` 함수는 가속도 센서의 원시값을 LED의 밝기로 변환하기 위해 사용하였다. 사용하는 LED는 공통 양극 방식으로 255에서 완전히 꺼지고 0에서 완전히 켜지므로 센서값에 반비례하도록 변환해야 한다는 점을 기억해야 한다. [코드 11-2]는 이러한 점들을 반영하여 작성한 스케치다.

코드 11-2 가속도 센서 기반 악기 11-2_instrument.ino

```
// 가속도 센서를 사용하여 빛과 소리 제어

// 센서 라이브러리 포함
// 센서 라이브러리 내에서 아두이노의 SPI 라이브러리와 Unified Sensor Library를 포함
#include <Adafruit_LIS3DH.h>

// 사용 핀 정의
// SPI 통신을 위한 핀은 디폴트 핀을 사용하므로 별도 지정하지 않지만
// CS/SS 핀은 슬레이브별로 하나씩 필요하므로 핀을 지정해야 함
const int RED_PIN = 6;
const int GREEN_PIN = 5;
const int BLUE_PIN = 3;
const int SPEAKER = 9;
const int CS_PIN = 10;

// 5음 음계 C(도) D(레) E(미) G(솔) A(라)
#define NOTE_C 262    // Hz
#define NOTE_D 294    // Hz
#define NOTE_E 330    // Hz
#define NOTE_G 392    // Hz
#define NOTE_A 440    // Hz
#define NOTE_C2 523     // Hz

// 하드웨어 SPI 인터페이스를 사용하여 가속도 센서 초기화
Adafruit_LIS3DH accel = Adafruit_LIS3DH(CS_PIN);
```

```
void setup()
{
  Serial.begin(9600);    // 센서 값 출력을 위해 시리얼 포트 초기화

  // 가속도 센서 연결
  if (!accel.begin())
  {
    Serial.println("Could not find accelerometer.");
    while (1);        // 연결 오류가 발생하면 무한 루프로 진입
  }

  // 가속도 센서의 측정 범위를 +/-2G로 설정
  accel.setRange(LIS3DH_RANGE_2_G);

  // LED의 음극에 연결된 핀을 출력으로 설정하고 LED를 끔
  // 공통 양극 방식 LED를 사용하므로 HIGH를 출력해야 LED가 꺼짐
  pinMode(RED_PIN, OUTPUT);
  digitalWrite(RED_PIN, HIGH);
  pinMode(GREEN_PIN, OUTPUT);
  digitalWrite(GREEN_PIN, HIGH);
  pinMode(BLUE_PIN, OUTPUT);
  digitalWrite(BLUE_PIN, HIGH);
}

void loop()
{
  // x, y, z축 방향의 가속도 읽기
  accel.read();

  // 지표면에 수직인 가속도 센서 축 보상
  // 1G에 해당하는 원시값을 뺌
  long norm_z = accel.z - 16384;

  // 임계치 조절을 위해 모든 가속도 값을 시리얼 모니터로 출력
  Serial.print(accel.x);
  Serial.print(" ");
  Serial.print(accel.y);
  Serial.print(" ");
  Serial.println(norm_z);

  // 가속도 센서 칩의 움직임에 따라 100ms 길이로 다른 높이의 음 재생
  if (accel.x < -5000) tone(SPEAKER, NOTE_C, 100);
  if (accel.x > 5000) tone(SPEAKER, NOTE_D, 100);
```

```
    if (accel.y < -5000) tone(SPEAKER, NOTE_E, 100);
    if (accel.y > 5000) tone(SPEAKER, NOTE_G, 100);
    if (norm_z < -5000) tone(SPEAKER, NOTE_A, 100);
    if (norm_z > 5000) tone(SPEAKER, NOTE_C2, 100);

    // 가속도 센서 칩의 움직임에 비례하여 LED 밝기 조절
    analogWrite(RED_PIN, constrain(map(abs(accel.x), 5000, 20000, 255, 0), 0, 255));
    analogWrite(GREEN_PIN, constrain(map(abs(accel.y), 5000, 20000, 255, 0), 0,
255));
    analogWrite(BLUE_PIN, constrain(map(abs(norm_z), 5000, 20000, 255, 0), 0, 255));
}
```

코드를 아두이노에 업로드하고 아두이노를 3축 방향으로 흔들어 보자. 소리가 변하는가? 축을 따라 움직이는 대신 축을 중심으로 회전하면서 소리와 LED의 변화를 관찰해 보자. 어떤 차이가 있으며 이유는 무엇일까? 다른 임계치를 사용하거나 여러 축의 값을 함께 사용하는 방법도 생각해 보자.

다른 프로젝트에 도전해 보고 싶지 않은가? Adafruit에서는 3축 각속도 센서 칩인 L3GD20H의 브레이크아웃 보드도 판매하고 있다. 각속도 센서와 이 장에서 사용한 가속도 센서의 차이는 무엇일까? L3GD20H 각속도 센서 칩의 사용 방법은 이 장에서와 비슷하며 Adafruit에서 전용 라이브러리도 제공하고 있다. 각속도 센서를 가속도 센서와 함께 사용하면 완전한 관성측정장치(IMU, Inertial Measurement Unit)를 만들 수 있다.

Note 가속도 센서를 기반으로 하는 시청각 장치에 대한 데모 동영상은 exploringarduino.com/content2/ch11에서 확인할 수 있다.

요약

- SPI 버스는 2개의 데이터 연결선, 1개의 클록 연결선, 그리고 슬레이브 선택을 위해 슬레이브별로 1개의 연결선을 사용한다. 슬레이브별로 전용 슬레이브 연결선을 사용해야 하지만 다른 3개의 연결선은 모든 슬레이브가 함께 사용한다.
- 가속도 센서는 움직임에 따른 물리적인 힘을 측정하기 위해 아주 작은 크기의 이동 질량을 사용한다.
- 아두이노 IDE에 서드파티 라이브러리를 설치하면 간단하게 아두이노와 슬레이브 장치 사이의 통신이 가능하다.
- 서드파티 라이브러리를 통해 아두이노에서 가속도 센서의 데이터를 얻어오고 사용할 수 있다.
- SPI 인터페이스를 사용하는 센서, 서드파티 라이브러리, LED 밝기 제어, 오디오 출력 등을 결합하여 다양한 프로젝트를 진행할 수 있다.

CHAPTER

12

LCD 인터페이스

CONTENTS

필요한 부품

- 아두이노 우노
- A-B 타입 USB 케이블
- 브레드보드
- 점퍼선
- 푸시버튼(2개)
- 220Ω 저항
- 1kΩ 저항
- 4.7kΩ 저항(2개)
- 10kΩ 저항(2개)
- 10kΩ 가변저항
- 9V 배터리
- 9V 배터리 클립
- L7805CV 5V 전압 레귤레이터
- 10μF 50V 전해 커패시터(2개)
- 1N4001 다이오드
- PN2222 NPN 쌍극 접합 트랜지스터 (BJT)
- 8Ω 스피커
- TC74A0-5.0VAT 온도 센서
- 소형 5V DC 브러시리스 냉각팬
- 16×2 텍스트 LCD (헤더 핀 포함)

들어가기 전에

임베디드 시스템의 장점 중 하나는 컴퓨터와 독립적으로 동작할 수 있다는 점이다. 지금까지 LED를 켜서 표시할 수 있는 것보다 복잡한 정보를 표시하기 위해서는 컴퓨터로 보내 표시해야 했다. 그러나 LCD를 아두이노에 추가하면 센서값, 시간 정보, 설정값, 진행 상태 등 복잡한 정보를 시리얼 인터페이스를 통해 컴퓨터로 보내고 시리얼 모니터에 출력하여 확인할 필요 없이 아두이노에 직접 표시할 수 있다.

이 장에서는 아두이노에 LCD를 연결하는 방법과 아두이노의 `LiquidCrystal` 라이브러리를 사용하여 아스키 문자 및 사용자 정의 문자를 LCD에 표시하는 방법을 살펴본다. 기본적인 LCD 사용법을 살펴본 후에는 이전 장에서 사용했던 장치들을 추가하여 온도를 LCD에 표시하고 고온일 경우 팬을 동작하도록 하는 간단한 온도조절기를 만들어 볼 것이다. LCD는 실시간으로 온도 정보를 표시하며, 온도가 너무 높으면 스피커에 경고음을 내서 알려주고 동시에 팬이 자동으로 동작하도록 해서 온도를 낮춘다.

Note 아두이노에 LCD를 연결하는 방법에 관한 튜토리얼 동영상은 exploringarduino.com/content2/ch12에서 확인할 수 있다.

SECTION 01

LCD 사용 준비

이 장의 예제에서는 병렬 방식의 LCD[1]를 사용한다. LCD는 다양한 모양과 크기를 가지며 주변에서 쉽게 찾아볼 수 있다. 그중 가장 많이 사용되는 것은 16×2개 문자를 표시하는 LCD로, 16개 핀을 가지고 있다.(백라이트 기능이 없는 LCD는 14개 핀을 가지고 있다.) 이 장에서는 2행 16열 방식으로 총 32개의 문자를 표시할 수 있는 16핀 LCD를 사용한다.

만약 구입한 LCD에 16핀 헤더가 연결되어 있지 않으면 브레드보드에 연결할 수 있도록 직접 납땜해야 한다. [그림 12-1]과 같이 핀 헤더를 납땜하면 브레드보드에 꽂아 사용할 수 있다.

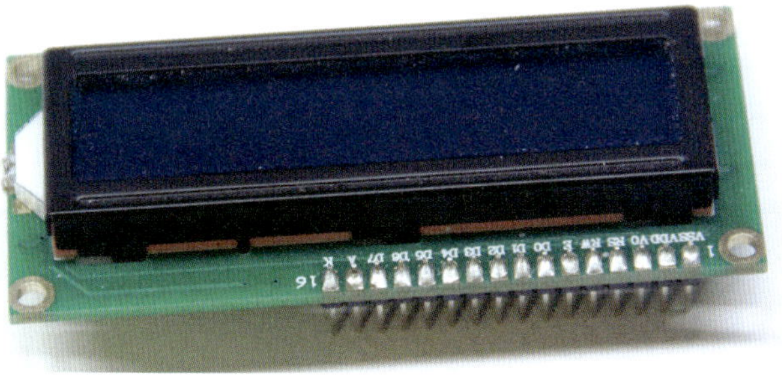

[그림 12-1] 핀 헤더가 연결된 LCD

LCD를 브레드보드에 연결한 후 아두이노와 연결하자. 병렬 LCD 모듈은 모두 같은 핀 배열을 가지고 있으며 4핀 모드와 8핀 모드의 두 가지 방법으로 아두이노에 연결할 수 있다. 4핀 모드를 사용해도 LCD의 모든 기능을 사용할 수 있으며, 이 장에서도 4핀 모드를 사용한다. LCD 핀 중에는 디스플레이 활성화 핀, 명령 모드와 문자 모드 선택 핀, 읽기/쓰기 모드 선택 핀 등이 포함된다. [표 12-1]은 LCD의 핀 기능을 나타낸 것이다.

1 옮긴이_ 액정(liquid crystal)은 액체이면서도 고체의 성질을 갖는 액체와 고체의 중간 형태로 1800년대 후반 처음 발견되었다. 액정에 전원을 연결하면 입자의 배열이 달라지고 빛의 투과율을 조절할 수 있으므로 1960년대 후반부터 표시장치로 사용되기 시작했다. 문자 단위의 정보를 표시하는 텍스트 LCD가 액정을 사용하는 대표적인 표시장치의 하나다.

[표 12-1] 병렬 LCD 핀

핀 번호	핀 이름	용도
1	VSS	그라운드 연결
2	VDD	+5V 연결
3	V0	콘트라스트 조절(가변저항에 연결)
4	RS	레지스터 선택(문자 모드 또는 명령 모드)
5	RW	읽기/쓰기
6	EN	활성화
7	D0	데이터 핀 0(4핀 모드에서는 사용하지 않음)
8	D1	데이터 핀 1(4핀 모드에서는 사용하지 않음)
9	D2	데이터 핀 2(4핀 모드에서는 사용하지 않음)
10	D3	데이터 핀 3(4핀 모드에서는 사용하지 않음)
11	D4	데이터 핀 4
12	D5	데이터 핀 5
13	D6	데이터 핀 6
14	D7	데이터 핀 7
15	A	백라이트 양극
16	K	백라이트 음극

핀 연결 방법은 다음과 같다.

- 콘트라스트 조절(V0) 핀은 디스플레이의 밝기 조절을 위해 사용하며 가변저항의 가운데 핀으로 연결한다.
- 레지스터 선택(RS) 핀은 LCD의 명령 모드 또는 문자 모드 중 하나를 선택하기 위해 사용한다. 선택된 모드에 따라 데이터 선을 통해 LCD로 보내지는 데이터를 해석하는 방법이 달라진다. 명령 모드가 선택되면 LCD로 보내지는 데이터는 커서 이동과 같은 명령으로 해석되고, 문자 모드로 선택되면 LCD로 보내지는 데이터는 문자 'a'와 같이 실제 화면에 표시하는 데이터로 해석된다.
- 이 예제에서 읽기/쓰기(RW) 핀은 그라운드에 직접 연결한다. 이는 LCD로 데이터를 전송만 하고 LCD에서 데이터를 읽어오지 않음을 의미한다.
- 활성화(EN) 핀은 LCD로 전송할 데이터가 준비되었음을 알리기 위해 사용한다.
- 데이터 핀 4~7은 실제 데이터를 병렬로 전송하기 위해 사용하며 4핀 모드에서 데이터 핀 0~3은 사용하지 않는다.
- 백라이트 조절을 위한 가변저항을 포함하고 있는 LCD를 사용한다면 백라이트 양극을 5V에 연결하고 음극을 그라운드에 연결하여 백라이트를 조절할 수 있다. 만약 가변저항이 포함되어 있지 않다

면 전류 제한을 위한 저항을 양극이나 음극 핀에 직렬로 연결해야 한다. 별도로 저항을 연결하는 경우 사용할 저항의 크기는 LCD의 데이터시트를 참고하면 된다.

LCD의 핀은 아두이노의 입출력 핀 중 임의의 핀에 연결하여 사용할 수 있다. 이 장에서는 [표 12-2]에 나타낸 아두이노 핀을 사용하여 LCD를 연결한다. [그림 12-2]의 회로를 참고하여 LCD를 연결하자.

LCD를 사용할 준비는 끝났다. 다음 절에 주어지는 코드를 업로드하면 LCD에 문자가 표시되는 것을 확인할 수 있다. 가변저항은 문자와 배경색의 콘트라스트 조절을 위해 사용된다.

[표 12-2] LCD 연결에 사용하는 핀

LCD 핀	아두이노 핀 번호
RS	2
EN	3
D4	4
D5	5
D6	6
D7	7

[그림 12-2] 브레드보드를 통해 LCD를 아두이노와 연결하는 회로(Fritzing으로 작성)

SECTION 02 LiquidCrystal 라이브러리로 LCD에 데이터 전송하기

아두이노 IDE에는 이 장에서 사용하는 병렬 LCD와의 인터페이스를 지원하기 위한 LiquidCrystal 라이브러리가 포함되어 있다. LiquidCrystal 라이브러리는 커서 깜빡이기, 자동 텍스트 스크롤, 사용자 정의 문자 생성, 문자 출력 방향 변경 등 다양한 기능을 제공한다. 이 장에서 모든 기능을 사용하지는 않지만 기본적인 함수로 LCD를 제어하는 방법을 살펴본다. LiquidCrystal 라이브러리의 함수와 예제들은 아두이노 홈페이지(blum.fyi/arduino-lcd-library)에서 확인할 수 있다.

1. 디스플레이에 문자 표시하기

첫 번째 예제로 디스플레이에 문자와 증가하는 숫자를 표시해 보자. 이 예제에서는 디스플레이를 초기화하는 방법, 문자를 출력하는 방법, 커서를 옮기는 방법 등의 기능을 중심으로 살펴본다. 먼저 LiquidCrystal 라이브러리를 포함해 보자.

```
#include <LiquidCrystal.h>
```

다음으로, 아래와 같이 LCD 객체를 초기화한다.

```
LiquidCrystal lcd(2, 3, 4, 5, 6, 7);
```

LCD 초기화에 사용되는 매개변수는 LCD의 RS, EN, D4, D5, D6, D7 핀에 연결된 아두이노의 핀 번호를 나타낸다. setup() 함수에서 LiquidCrystal 라이브러리의 begin() 함수를 사용하여 사용하려는 LCD 크기를 지정한다. 이 예제에서는 16×2 크기의 디스플레이를 사용하지만 20×4 크기와 같이 다른 크기의 LCD 역시 흔히 볼 수 있다. begin() 함수는 열의 수와 행의 수를 매개변수로 가진다.

```
lcd.begin(16, 2);
```

초기화가 끝나면 LiquidCrystal 라이브러리의 print() 함수와 setCursor() 함수를 사용하여 디스플레이에서 지정한 위치에 문자를 출력할 수 있다. 예를 들어 두 번째 줄에 이름을 출력하고 싶다면 다음과 같이 사용하면 된다.

```
lcd.setCursor(0, 1);
lcd.print("Jeremy Blum");
```

화면에서의 위치는 좌상단이 (0, 0)으로 시작점이 된다. setCursor() 함수의 첫 번째 매개변수는 열의 수를, 두 번째 매개변수는 행의 수를 나타낸다. 디폴트값으로 시작 위치는 (0, 0)으로 정해진다. 따라서 커서 위치를 바꾸지 않고 print() 함수를 사용하면 문자는 왼쪽 위에서부터 출력된다.

Warning LiquidCrystal 라이브러리는 문자열의 길이가 출력에 적합한지 검사하지 않는다. 따라서 열 0에서부터 문자열을 출력할 때 문자열에 포함된 문자가 화면에 표시할 수 있는 문자보다 많다면(이 예제에서는 16개 문자를 표시할 수 있다.) 문자가 정상적으로 출력되지 않는다. 따라서 문자열을 출력할 때는 시작 위치와 문자열 길이를 고려하여 화면에 모두 보일 수 있도록 해야 한다.

지금까지 살펴본 내용을 바탕으로 첫 번째 줄에는 문자열을 표시하고 두 번째 줄에는 1초에 1씩 증가하는 카운터 값을 출력하도록 해 보자. [코드 12-1]은 문자열과 숫자를 표시하는 코드다. 이 코드를 아두이노에 업로드하고 실행 결과를 확인해 보자. LCD에 아무런 문자도 표시되지 않는다면 먼저 가변저항으로 콘트라스트를 조절하여 문자가 출력되는지 확인해야 한다.

코드 12-1 LCD에 문자열과 카운터 값 표시 12-1_LCD_text.ino

```
// LCD에 문자열과 증가하는 숫자 표시

// LCD 라이브러리 포함
#include <LiquidCrystal.h>

// 시간은 0부터 시작
int time = 0;

// LCD 연결에 사용된 아두이노 핀으로 라이브러리 초기화
LiquidCrystal lcd(2, 3, 4, 5, 6, 7);

void setup()
{
  // LCD를 지정한 수의 행과 열로 설정
  lcd.begin(16, 2);
  // LCD에 문자열 출력
  lcd.print("Jeremy's Display");
}
```

```
void loop()
{
  // 커서를 두 번째 줄 첫 번째 칸으로 옮김
  lcd.setCursor(0, 1);
  // 현재 시간 표시
  lcd.print(time);
  // 1초 대기
  delay(1000);
  // 시간 증가
  time++;
}
```

[코드 12-1]에는 앞에서 설명한 내용이 모두 포함되어 있다. 라이브러리는 프로그램의 시작 부분에서 포함된다. `time` 변수는 `0`으로 초기화되며 `loop()` 함수 내에서 1초에 1씩 증가한다. `lcd`라는 이름의 `LiquedCrystal` 객체는 [그림 12-2]에서 연결에 사용된 핀으로 초기화된다. `setup()` 함수에서 LCD는 `lcd.begin(16, 2);` 문장을 통해 2행 16열로 크기가 설정된다. LCD의 첫 번째 행에 출력되는 내용은 바뀌지 않으므로 `setup()` 함수에서 `lcd.print()` 함수를 사용하여 문자열을 출력할 수 있다. 초기화 후 커서 위치는 `(0, 0)`에서 시작하기 때문에 문자열을 출력하기 위해 커서 위치를 설정하지 않아도 된다. 반면 `loop()` 함수에서 값을 출력하기 전에는 커서를 `(0, 1)` 위치로 옮겨서 출력되는 숫자가 항상 같은 위치에 표시되도록 해야 한다. 숫자는 1초에 1씩 증가하는 `time` 변수의 값을 사용한다.

2. 특수 문자와 애니메이션 만들기

일반적인 아스키문자로 표시할 수 없는 정보, 예를 들어 그리스 문자, 온도 기호, 진행바(progress bar) 등을 표현하고 싶다면 어떻게 해야 할까? `LiquidCrystal` 라이브러리를 사용하면 화면에 표시할 수 있는 사용자 문자를 정의할 수 있다. 다음 예제에서는 사용자 문자 정의를 통해 진행바를 화면에 나타내 본다. 또한 온도를 측정하고 표시하기 위해 온도 기호를 나타내는 방법도 살펴본다.

사용자 문자는 간단하게 정의하고 사용할 수 있다. LCD를 가까이에서 살펴보면 하나의 문자 영역은 5×8개의 픽셀로 구성되어 있음을 볼 수 있다.([그림 12-3]은 하나의 문자 영역을 확대해 놓은 것이다.) 사용자 문자를 정의하기 위해서는 문자를 구성하는 각 픽셀의 값을 LCD에 전송하면 된다.

LCD의 두 번째 줄에 움직이는 진행바를 표시해 보자. 하나의 문자 영역은 폭이 5픽셀이므로 하나의 열이 채워진 문자, 두 열이 채워진 문자 등 5개의 사용자 문자를 정의하여 사용하면 된다. 진행바 표시를 하기 위해서는 실제 픽셀이 어떻게 배열되는지 알아야 하며 [그림 12-3]은 진행바 표시를 위한 5개 사용자 문자를 나타낸 것이다.

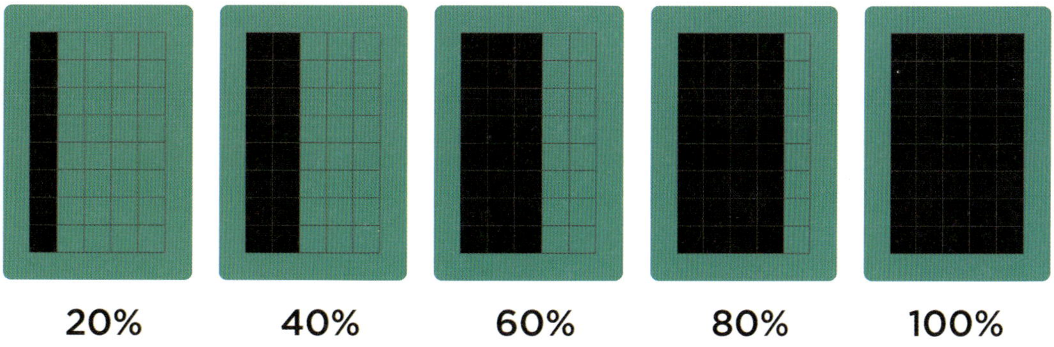

[그림 12-3] 5개 진행바 사용자 문자

먼저 스케치의 첫머리에 바이트 배열로 사용자 문자를 정의한다. 이때 1은 켜질 픽셀을, 0은 꺼질 픽셀을 나타낸다. 첫 번째 열(문자 영역의 20%)을 채우는 사용자 문자를 나타내는 바이트 배열은 다음과 같다.

```
byte p20[8] = {
   B10000,
   B10000,
   B10000,
   B10000,
   B10000,
   B10000,
   B10000,
   B10000,
};
```

변수의 이름 p20에서 20은 문자 영역의 20%만을 채우고 있다는 의미이며 p는 퍼센트를 나타낸다. 바이트 배열에서 0과 1이 [그림 12-3]에서 픽셀 위치와 어떻게 대응하는지 살펴보기 바란다.

setup() 함수에서는 createChar() 함수를 사용하여 바이트 배열에 사용자 문자 ID를 지정한다. 사용자 문자 ID는 0부터 7까지 지정할 수 있으므로 최대 8개 사용자 문자를 정의할 수 있다. setup() 함수에서 p20 바이트 배열을 사용자 문자 0번에 지정하기 위해서는 다음 문장을 사용하면 된다.

```
lcd.createChar(0, p20);
```

사용자 문자를 디스플레이에 표시할 준비가 끝났으므로 커서를 원하는 위치로 옮긴 후 사용자 문자 ID를 사용하여 write() 함수로 출력해 보자.

```
lcd.write((byte)0);
```

(byte)는 캐스팅[2]을 위해 사용한 것으로 0이 바이트 형식 값임을 나타낸다. 캐스팅은 바이트 값을 저장하는 변수를 별도로 정의하지 않고 숫자 0을 사용자 문자 ID로 직접 사용하는 경우에만 필요하다. 캐스팅을 사용하지 않으면 변수 타입이 정확하지 않아 아두이노 IDE의 컴파일 과정에서 오류가 발생한다. 0이 아닌 다른 숫자는 캐스팅 없이 바로 사용해도 오류가 발생하지 않는다.

```
lcd.write(1);
```

지금까지 살펴본 내용을 바탕으로 나머지 4개의 진행바 문자를 정의하고 이중 for() 루프를 사용하여 진행바를 나타내도록 작성한 코드가 [코드 12-2]이다.

코드 12-2 진행바가 표시되는 LCD 12-2_LCD_progress_bar.ino

```
// LCD에 진행바 표시

// LCD 라이브러리 포함
#include <LiquidCrystal.h>

// LCD 연결에 사용된 아두이노 핀으로 라이브러리 초기화
LiquidCrystal lcd(2, 3, 4, 5, 6, 7);

// 진행바를 나타내기 위한 사용자 문자 정의
byte p20[8] = {
  B10000,
  B10000,
  B10000,
  B10000,
  B10000,
  B10000,
  B10000,
  B10000,
};
byte p40[8] = {
  B11000,
  B11000,
```

2 옮긴이_ 캐스팅이란 하나의 자료형을 다른 자료형으로 변환하는 것을 말한다. 0은 숫자 영일 수도 있지만, 빈 문자 배열을 가리키는 NULL일 수도 있다. write 함수의 매개변수는 숫자를 지정해야 하므로 매개변수로 0을 사용하는 경우에는 캐스팅이 필요하다.

```
    B11000,
    B11000,
    B11000,
    B11000,
    B11000,
    B11000,
};
byte p60[8] = {
    B11100,
    B11100,
    B11100,
    B11100,
    B11100,
    B11100,
    B11100,
    B11100,
};
byte p80[8] = {
    B11110,
    B11110,
    B11110,
    B11110,
    B11110,
    B11110,
    B11110,
    B11110,
};
byte p100[8] = {
    B11111,
    B11111,
    B11111,
    B11111,
    B11111,
    B11111,
    B11111,
    B11111,
};

void setup()
{
    // LCD를 지정한 수의 행과 열로 설정
    lcd.begin(16, 2);
    // LCD에 문자열 출력
    lcd.print("Jeremy's Display");
```

```
    // 진행바 문자 생성
    lcd.createChar(0, p20);
    lcd.createChar(1, p40);
    lcd.createChar(2, p60);
    lcd.createChar(3, p80);
    lcd.createChar(4, p100);
}

void loop()
{
    // 커서를 두 번째 줄 첫 번째 칸으로 옮김
    lcd.setCursor(0, 1);
    // 두 번째 줄 끝에 도달하면 16개의 공백문자(' ')로 두 번째 줄을 모두 지움
    lcd.print("                ");

    // 두 번째 줄의 16개 위치에 문자 표시
    for (int i = 0; i < 16; i++)
    {
        // 각 문자 위치에 5개의 진행바 문자 번갈아 표시
        for (int j = 0; j < 5; j++)
        {
            lcd.setCursor(i, 1);    // 커서 위치 이동
            lcd.write(j);           // 진행바 문자 변경
            delay(100);             // 0.1초 대기
        }
    }
}
```

loop() 함수가 실행되면 16개의 공백문자로 이루어진 문자열을 LCD의 두 번째 행에 출력하여 현재 표시된 문자를 모두 지운다. 바깥쪽 for() 루프는 LCD의 두 번째 행의 16개 위치에 문자를 출력함을 나타낸다. 각 문자 위치에는 안쪽 for() 루프에서 커서를 고정시킨 후 진행바가 증가하는 형태를 보이도록 사용자 문자를 표시한다. 사용자 문자 0번을 사용했지만 (byte)를 추가하지 않은 이유는 숫자를 직접 사용한 것이 아니라 0의 값을 갖는 변수 j를 사용했기 때문이다.

Note 늘어나는 진행바의 데모 동영상은 exploringarduino.com/content2/ch12에서 확인할 수 있다.

SECTION 03

개인용 온도조절기 만들기

디스플레이를 좀 더 재미있는 시스템에 적용해 보자. 이 절에서는 10장에서 사용한 온도 센서와 4장의 모터 관련 내용을 적용할 수 있는 팬, 그리고 6장에서 사용한 스피커를 LCD와 함께 사용한다. 온도가 높아지면 스피커로 경고음을 재생하고 팬을 동작시킨다. 온도가 내려가면 팬을 멈춘다. 팬이 동작하는 기준 온도는 2개의 푸시버튼과 2장의 [코드 2-5]에 있는 디바운싱 코드를 사용하여 증가 또는 감소시킬 수 있다.

1. 하드웨어 구성

이 예제의 하드웨어 구성은 이전 프로젝트에서 사용한 여러 하드웨어 구성을 모두 참고해야 한다. 팬은 4장에서 살펴본 모터와 비슷한 방법으로 제어할 수 있다. 이 장에서 사용하는 5V 브러시리스 팬은 아두이노의 입출력 핀으로 공급할 수 있는 것보다 많은 전력을 소비하므로 트랜지스터를 사용해서 구동해야 한다. 팬을 구동하기 위해서는 NPN 트랜지스터를 사용하면 되고 4장의 회로도([그림 4-1])를 참고하면 된다. 4장의 자율 주행 자동차에서 사용한 5V DC 모터와 비슷하게 이 장에서 사용하는 팬 역시 5V의 전용 전원을 사용해야 한다. 9V 배터리를 아두이노의 배럴 잭에 연결하고 배터리 전압을 선형 레귤레이터의 입력 전압으로 사용하자. 아두이노의 VIN 핀을 팬 전용 전원을 위한 레귤레이터에 연결하면 9V 배터리 전원에서 팬을 위한 5V 전압을 만들 수 있다. 레귤레이터에서 만들어진 5V 전원은 팬 전용 전원으로 사용한다. 이렇게 하면 팬이 동작하고 멈추기를 반복하면서 발생할 수 있는 전기 잡음이 아두이노 보드에 있는 전압 레귤레이터에서 출력되는 전압을 사용하는 온도 센서에 영향을 미치지 않도록 해준다. 4장에서와 마찬가지로 레귤레이터의 입력과 출력 부분에 10μF의 디커플링 커패시터를 연결해야 한다는 점도 잊지 말아야 한다. 또한 레귤레이터의 그라운드는 아두이노의 그라운드와 공통으로 연결해야 한다. [그림 12-4]는 앞에서 사용한 LCD 연결 회로에 추가해야 할 장치들의 회로도를 나타낸 것이다. LCD와 가변저항은 나타내지 않았으므로 [그림 12-2]를 참고하면 된다.

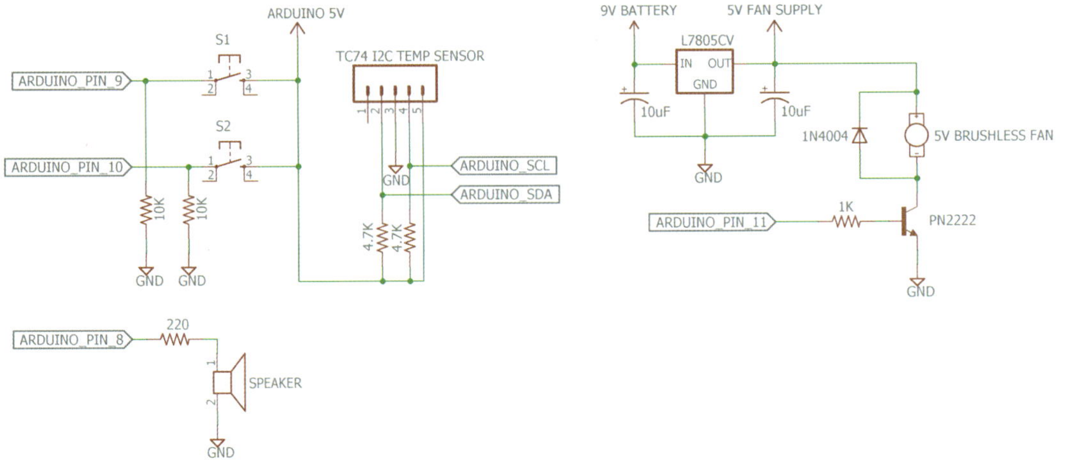

[그림 12-4] LCD 온도조절기를 위한 추가 회로도(EAGLE로 작성)

회로도를 보고 팬, 5V 레귤레이터, 팬 구동 트랜지스터, 보호 다이오드, 온도 센서, 스피커, 푸시버튼 등을 연결해 보자. 사용하는 팬은 브러시리스 모터를 사용하므로 4장에서 브러시형 DC 모터를 사용할 때 모터 연결선 사이에 연결했던 작은 용량의 커패시터는 연결하지 않아도 된다. 브러시리스 모터에는 RF 간섭을 일으키는 브러시가 없으므로 브러시가 있는 DC 모터에서 잡음을 줄이기 위해 흔히 사용되는 커패시터가 필요하지 않다. L7805CV 전압 레귤레이터에서 만들어지는 5V 전압이 아두이노의 5V 전원과 다르다는 점을 주의해서 살펴보자.

다른 장치들을 연결할 수 있는 공간을 확보하기 위해서는 LCD와 가변저항의 위치를 바꿔야 할 수도 있다.

두 개의 버튼은 한 쪽은 전원에 연결하고, 다른 쪽은 10kΩ 풀다운 저항을 통해 그라운드에 연결함과 동시에 아두이노의 입출력 핀으로 연결한다.

스피커는 직렬로 연결한 220Ω 저항을 거쳐 아두이노의 입출력 핀으로 연결하고 다른 쪽은 그라운드로 연결한다. 스피커로 재생하는 음의 주파수는 프로그램에서 제어할 것이다.

I^2C 온도 센서는 10장에서와 같은 방법으로 연결하면 된다. 이때 I^2C 통신을 위해 풀업 저항을 연결해야 한다는 점을 잊어서는 안 된다.

9V 배터리 홀더를 아두이노의 배럴 잭에 연결한다. 배럴 잭에 9V 전원을 연결하면 아두이노의 VIN 핀으로 9V 전원이 그대로 출력되므로 5V 선형 레귤레이터로 팬에 전원을 공급할 수 있다.

선형 레귤레이터를 연결할 때 디커플링 커패시터에서 줄무늬가 있는 쪽이 커패시터의 음극을 나타내며, 음극을 그라운드 쪽에 연결해야 한다. 다이오드는 줄무늬가 있는 쪽을 팬의 양극과 5V 전원 쪽에 연결하고, 다른 쪽은 팬의 음극 쪽과 NPN 트랜지스터의 콜렉터 핀에 연결해야 한다.

[그림 12-5]의 회로는 이 프로젝트에 필요한 모든 장치를 연결한 것이다. 모든 부품을 하프 사이즈(half size)[3] 브레드보드에 연결할 수는 있지만 그림에서 알 수 있듯이 공간이 넉넉하지는 않다. 풀 사이즈(full size) 브레드보드를 사용한다면 연결이 보다 쉬울 수 있으며 이 프로젝트에는 풀 사이즈 브레드보드 사용을 추천한다.

Note 팬이 정상적으로 동작하기 위해서는 9V 배터리 또는 9V/12V 어댑터 전원을 아두이노에 연결해야 한다. 아두이노에 배터리나 어댑터를 연결하지 않고 USB 포트만 연결하는 경우 아두이노에 프로그램을 업로드하고 LCD를 제어하는 것은 가능하지만, 팬을 위한 레귤레이터에 5V USB 전원이 가해지므로 팬은 동작하지 않는다. 아두이노는 USB에 연결된 전압보다 높은 전압이 VIN이나 배럴 잭에 연결되어 있지 않으면 5V USB 전원이 VIN으로 자동으로 연결된다. 레귤레이터의 입력은 출력 전압보다 적어도 2V 높아야 정상적으로 동작하므로 USB 5V 전압이 가해지면 레귤레이터 출력으로 5V를 만들어낼 수 없다.

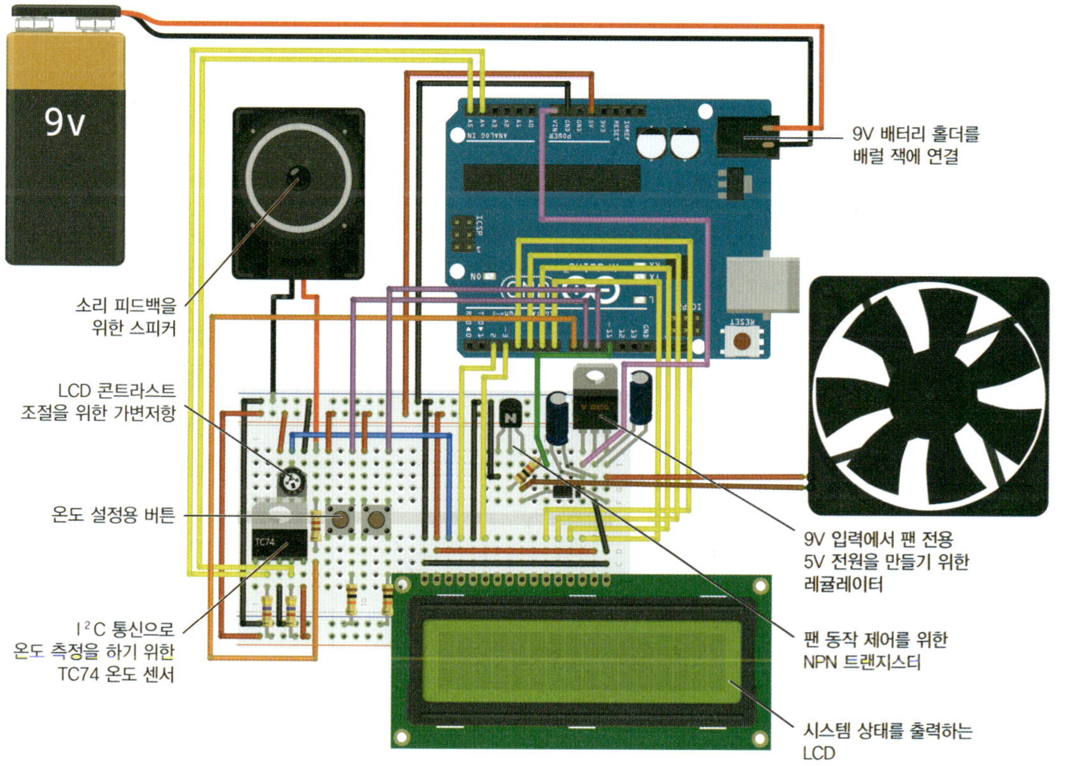

[그림 12-5] LCD 온도조절기 시스템(Fritzing으로 작성)

3 옮긴이_ 하프 사이즈 브레드보드는 부품 연결에 사용되는 300홀과 전원 연결에 사용되는 100홀을 합한 400홀로, 풀 사이즈 브레드보드는 부품 연결에 사용되는 630홀과 전원 연결에 사용되는 200홀을 합한 830홀로 만들어지는 것이 일반적이다.

2. LCD에 데이터 출력

LCD 화면에 정보를 출력하는 방법을 먼저 정해 보자. 디스플레이에는 항상 두 자리의 정수로 섭씨온도를 표시하여 프로그램이 실행될 때 LCD는 [그림 12-6]과 같이 보일 것이다.

`Current:`와 `Set:` 문자열은 바뀌지 않으므로 프로그램이 시작될 때 한 번만 출력하고 그대로 두면 된다. 온도는 항상 두 자리로 표시된다고 가정하였으므로 온도를 표시하는 기호(℃) 역시 항상 같은 자리에 표시한다. 현재 온도는 `(8, 0)` 위치에 표시되고 `loop()` 함수가 실행될 때 바뀐다. 목표 온도 또는 설정 온도는 `(8, 1)` 위치에 표시되고 버튼으로 온도를 설정할 때 바뀐다. 팬의 상태를 나타내는 표시는 오른쪽 아래 `(15, 1)` 위치에 표시한다. 팬 상태 표시는 팬의 상태가 변하는 경우에만 바뀐다.

[그림 12-6] 온도조절기의 LCD 출력

온도 기호, 팬이 꺼진 표시, 팬이 켜진 표시 등은 LCD에서 나타낼 수 있는 표준 문자는 아니다. 따라서 이들 기호를 사용하려면 프로그램 첫머리에서 바이트 배열을 사용하여 사용자 문자로 정의해야 한다. 앞의 예제에서와 마찬가지로 사용자 문자를 먼저 [그림 12-7]과 같이 픽셀 배열로 나타낸다.

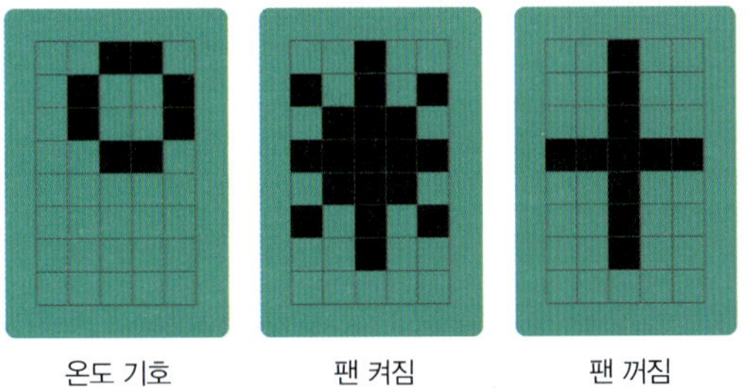

[그림 12-7] LCD 온도조절기에 사용되는 사용자 문자

사용자 문자는 다음과 같이 픽셀 배열을 나타내는 `byte` 배열로 정의할 수 있다.

```
// 온도 기호 사용자 문자
byte degree[8] = {
  B00110,
  B01001,
```

```
    B01001,
    B00110,
    B00000,
    B00000,
    B00000,
    B00000,
};

// 팬 켜짐 사용자 문자
byte fan_on[8] = {
    B00100,
    B10101,
    B01110,
    B11111,
    B01110,
    B10101,
    B00100,
    B00000,
};

// 팬 꺼짐 사용자 문자
byte fan_off[8] = {
    B00100,
    B00100,
    B00100,
    B11111,
    B00100,
    B00100,
    B00100,
    B00000,
};
```

setup() 함수에서는 LCD에서 변하지 않는 문자열을 출력한다. 커서를 원하는 위치로 옮기고 LCD 라이브러리의 write() 함수와 print() 함수를 사용하여 변하지 않는 문자열을 표시하자.

```
// 사용자 문자 생성
lcd.createChar(0, degree);
lcd.createChar(1, fan_off);
lcd.createChar(2, fan_on);
```

```
// LCD에 정적 메시지 출력
lcd.setCursor(0, 0);
lcd.print("Current:");
lcd.setCursor(10, 0);
lcd.write((byte)0);
lcd.setCursor(11, 0);
lcd.print("C");
lcd.setCursor(0, 1);
lcd.print("Set:");
lcd.setCursor(10, 1);
lcd.write((byte)0);
lcd.setCursor(11, 1);
lcd.print("C");
lcd.setCursor(15, 1);
lcd.write(1);
```

팬의 상태와 온도값은 `loop()` 함수에서 바꾸면 되고 내용을 바꾸기 전에는 항상 커서를 원하는 위치로 옮겨야 한다.

I^2C 온도 센서가 데이터를 반환하지 않는 경우에는 10장에서 `while(1);` 문장을 사용한 것과 같은 방법으로 실행을 중지할 수 있다. 이 프로젝트에서는 오류 메시지 역시 시리얼 모니터가 아니라 LCD에 출력한다. 따라서 실행을 정지하기 전에 먼저 `lcd.clear()` 함수로 LCD를 완전히 지우고 커서를 (0, 0) 위치로 옮긴 후 `lcd.print("I2C Error");` 문장으로 오류 메시지를 출력하도록 하였다.

3. 버튼으로 설정 온도 변경

2장에서 사용한 `debounce()` 함수를 여러 개의 버튼에 사용할 수 있도록 수정해 보자. 2개 버튼 중 하나는 설정 온도를 높이고 다른 하나는 설정 온도를 낮추도록 할 것이다. 따라서 2개 버튼의 이전과 현재 상태를 저장하기 위한 변수를 선언해야 한다.

```
// 디바운싱을 위한 변수
boolean lastDownTempButton = LOW;
boolean currentDownTempButton = LOW;
boolean lastUpTempButton = LOW;
boolean currentUpTempButton = LOW;
```

`debounce()` 함수는 여러 버튼을 지원할 수 있도록 수정해야 한다. 이를 위해 `debounce()` 함수에 디바운싱을 적용할 버튼을 나타내는 두 번째 매개변수를 추가한다.

```
// 2개 버튼이 모두 사용할 수 있도록 수정된 디바운싱 함수
boolean debounce(boolean last, int pin)
{
   boolean current = digitalRead(pin);
   if (last != current)
   {
      delay(5);
      current = digitalRead(pin);
   }
   return current;
}
```

loop() 함수에서는 debounce() 함수를 사용하여 버튼의 상태를 검사하고 버튼 상태에 따라 set_temp 변수의 값을 변경한다. 변수값이 변경되면 LCD에 표시된 설정 온도 역시 그에 따라 바뀌어야 한다.

```
// 2개 버튼에 대한 디바운싱
currentDownTempButton = debounce(lastDownTempButton, DOWN_BUTTON);
currentUpTempButton = debounce(lastUpTempButton, UP_BUTTON);

// 설정 온도 내림
if (lastDownTempButton == LOW && currentDownTempButton == HIGH)
{
   set_temp--;
}
// 설정 온도 올림
else if (lastUpTempButton == LOW && currentUpTempButton == HIGH)
{
   set_temp++;
}

// LCD에 설정 온도 변경
lcd.setCursor(8, 1);
lcd.print(set_temp);

// 버튼의 이전 상태를 버튼의 현재 상태로 갱신
lastDownTempButton = currentDownTempButton;
lastUpTempButton = currentUpTempButton;
```

위의 코드에서는 먼저 debounce() 함수를 사용하여 각 버튼의 상태를 얻어오고, 버튼이 눌러진 경우 그에 따라 설정 온도를 변경하고 있다. 설정 온도가 변경되면 LCD에 표시되는 값 역시 변경된다.

4. 경고음과 팬 추가

이 절에서는 팬과 스피커를 제어하는 코드를 추가한다. LCD를 통해 실시간으로 정보를 표시하는 것도 좋지만, 팬이 동작하기 시작할 때 경고음을 들려주는 것과 같이 특정한 상태에 도달했을 때 LCD를 통한 정보 표시 이외에 추가적인 피드백을 제공하는 것이 유용한 경우가 많다. 이 예제에서는 delay() 함수와 noTone() 함수를 tone() 함수와 함께 사용한다. noTone() 함수를 사용하지 않으려면 tone() 함수에서 음 재생 시간을 매개변수로 지정하면 된다. 설정 온도 이상으로 온도가 유지되어도 계속해서 경고음이 재생되지 않고 설정 온도 이상이 되는 순간 한 번만 경고음이 재생되도록 코드를 구성할 것이다.

상태 변수를 사용하면 스피커에서 처음 경고음이 울렸을 때를 알아낼 수 있으므로 설정 온도 이하로 내려갈 때까지 계속 경고음이 울리는 것을 막을 수 있다. 설정 온도 이하로 온도가 내려가면 상태 변수는 초기화된다.

팬이 켜지면 프로그램에서 정의한 사용자 문자를 사용하여 LCD에 팬 동작을 표시한다. 다음은 온도를 검사한 후 그에 따라 스피커, LCD의 팬 동작 표시 문자, 팬 등을 제어하는 코드이다.

```
// 설정 온도 이상으로 온도가 오른 경우
if (c >= set_temp)
{
  // 처음 설정 온도 이상으로 온도가 올라 아직 스피커로 경고음을 재생하지 않은 경우
  if (!one_time)
  {
    tone(SPEAKER, 400);
    delay(500);
    one_time = true;
  }
  // 한 번 경고음을 재생한 후 스피커를 끔
  else
  {
    noTone(SPEAKER);
  }
  // 팬을 켜고 LCD에 팬 동작 문자 출력
  digitalWrite(FAN, HIGH);
  lcd.setCursor(15, 1);
  lcd.write(2);
}
```

```
// 설정 온도 미만인 경우
else
{
   noTone(SPEAKER);          // 경고음 재생을 중단
   one_time = false;         // 상태 변수 'one_beep' 초기화
   digitalWrite(FAN, LOW);   // 팬을 끔
   lcd.setCursor(15, 1);
   lcd.write(1);             // 팬 정지 문자 출력
}
```

상태 변수 `one_time`은 경고음이 한 번만 재생되게 하려고 사용하였다. 400Hz 주파수에서 500ms 동안 한 번 스피커로 경고음을 재생한 후 상태 변수는 `true`로 설정되고 온도가 설정 온도 이하로 내려가는 경우에만 `false`로 초기화되어 계속해서 경고음을 재생하지 않도록 한다.

5. 온도조절기 프로그램 완성하기

지금까지 살펴보았던 코드들을 모아 온도조절기 프로그램을 완성해 보자. 라이브러리 포함, 핀 정의, 상태 변수 초기화 등은 스케치의 첫머리에서 이루어져야 한다는 점을 잊어서는 안 된다. 아두이노에 코드를 업로드해 보자.

코드 12-3 개인용 온도조절기 프로그램 12-3_LCD_thermostat.ino

```
// 온도조절기로 시원하게 지내 보자!
// 이 예제에서 온도는 항상 두 자리로 측정되는 것으로 가정한다.

// I2C 통신을 위한 Wire 라이브러리 포함 및 온도 센서의 주소 정의
#include <Wire.h>
#define TEMP_ADDR 72

// LCD 라이브러리 포함 및 초기화
#include <LiquidCrystal.h>
LiquidCrystal lcd(2, 3, 4, 5, 6, 7);

// 온도 기호 사용자 문자
byte degree[8] = {
  B00110,
  B01001,
  B01001,
  B00110,
  B00000,
```

```
  B00000,
  B00000,
  B00000,
};

// 팬 켜짐 사용자 문자
byte fan_on[8] = {
  B00100,
  B10101,
  B01110,
  B11111,
  B01110,
  B10101,
  B00100,
  B00000,
};

// 팬 꺼짐 사용자 문자
byte fan_off[8] = {
  B00100,
  B00100,
  B00100,
  B11111,
  B00100,
  B00100,
  B00100,
  B00000,
};

// 핀 연결
const int SPEAKER = 8;
const int DOWN_BUTTON = 9;
const int UP_BUTTON = 10;
const int FAN = 11;

// 디바운싱을 위한 변수
boolean lastDownTempButton = LOW;
boolean currentDownTempButton = LOW;
boolean lastUpTempButton = LOW;
boolean currentUpTempButton = LOW;
int set_temp = 23;           // 설정 온도 디폴트값
boolean one_time = false;    // 경고음 1회 재생을 위한 상태 변수
```

```
void setup()
{
  pinMode(FAN, OUTPUT);

  // 온도 센서를 위한 Wire 객체 생성
  Wire.begin();

  // LCD의 행과 열 수 설정
  lcd.begin(16, 2);

  // 사용자 문자 생성
  lcd.createChar(0, degree);
  lcd.createChar(1, fan_off);
  lcd.createChar(2, fan_on);

  // LCD에 정적 메시지 출력
  lcd.setCursor(0, 0);
  lcd.print("Current:");
  lcd.setCursor(10, 0);
  lcd.write((byte)0);
  lcd.setCursor(11, 0);
  lcd.print("C");
  lcd.setCursor(0, 1);
  lcd.print("Set:");
  lcd.setCursor(10, 1);
  lcd.write((byte)0);
  lcd.setCursor(11, 1);
  lcd.print("C");
  lcd.setCursor(15, 1);
  lcd.write(1);
}

// 2개 버튼을 모두 사용할 수 있도록 수정된 디바운싱 함수
boolean debounce(boolean last, int pin)
{
  boolean current = digitalRead(pin);
  if (last != current)
  {
    delay(5);
    current = digitalRead(pin);
  }
  return current;
}
```

```
void loop()
{
  // 온도값 읽어오기
  Wire.beginTransmission(TEMP_ADDR); // 통신 시작
  Wire.write(0);                     // 0번 레지스터 데이터 요청
  Wire.endTransmission();            // 요청 설정 종료

  // 1바이트 데이터 요청
  int returned_bytes = Wire.requestFrom(TEMP_ADDR, 1);

  // 슬레이브 장치에서 데이터를 수신하지 못한 경우, 오류 발생
  if (returned_bytes == 0)
  {
    lcd.clear();                     // LCD 화면 지우기
    lcd.print("I2C Error");          // 오류 메시지 출력
    while (1);                       // 프로그램 정지
  }

  int c = Wire.read();               // 섭씨 온도 얻기
  lcd.setCursor(8, 0);               // 커서 이동
  lcd.print(c);                      // 온도 표시

  // 2개 버튼에 대한 디바운싱
  currentDownTempButton = debounce(lastDownTempButton, DOWN_BUTTON);
  currentUpTempButton = debounce(lastUpTempButton, UP_BUTTON);

  // 설정 온도 내림
  if (lastDownTempButton == LOW && currentDownTempButton == HIGH)
  {
    set_temp--;
  }
  // 설정 온도 올림
  else if (lastUpTempButton == LOW && currentUpTempButton == HIGH)
  {
    set_temp++;
  }

  // LCD에 설정 온도 변경
  lcd.setCursor(8, 1);
  lcd.print(set_temp);
  lastDownTempButton = currentDownTempButton;
  lastUpTempButton = currentUpTempButton;
```

```
    // 설정 온도 이상으로 온도가 오른 경우
    if (c >= set_temp)
    {
      // 처음 설정 온도 이상으로 온도가 올라 아직 스피커로 경고음을 재생하지 않은 경우
      if (!one_time)
      {
        tone(SPEAKER, 400);
        delay(500);
        one_time = true;
      }
      // 한 번 경고음을 재생한 후 스피커를 끔
      else
      {
        noTone(SPEAKER);
      }
      // 팬을 켜고 LCD에 팬 동작 문자 출력
      digitalWrite(FAN, HIGH);
      lcd.setCursor(15, 1);
      lcd.write(2);
    }
    // 설정 온도 미만인 경우
    else
    {
      noTone(SPEAKER);          // 경고음 재생을 중단
      one_time = false;         // 상태 변수 'one_beep' 초기화
      digitalWrite(FAN, LOW);   // 팬을 끔
      lcd.setCursor(15, 1);
      lcd.write(1);             // 팬 정지 문자 출력
    }
  }
```

이제 온도를 확인하기 위해 아두이노를 컴퓨터에 연결할 필요는 없다. 이 프로젝트는 배터리로 전원을 공급하도록 만들어졌으므로 USB 케이블을 제거하더라도 배터리 전원으로 계속 동작한다. 배터리나 어댑터를 연결하여 원하는 장소에 온도조절기를 놓고 온도 변화와 온도조절기 동작을 확인해 보자.

Note 개인용 온도조절기의 동작은 exploringarduino.com/content2/ch12의 데모 동영상에서 확인할 수 있다.

6. 프로젝트에 기능 추가하기

온도조절기에 다음과 같은 다양한 기능을 추가하거나 개선할 수 있다.

- 펄스 폭 변조 신호를 사용하여 설정 온도와 현재 온도의 차이에 따라 팬의 속도를 조절할 수 있다.
- 시각적인 경고를 위해 LED를 추가할 수 있다.
- 스피커를 통해 단음을 재생하는 것이 아니라 멜로디를 재생할 수 있다.
- 조도 센서를 추가하여 LCD의 백라이트 밝기를 자동으로 조절할 수 있다. 이를 위해서는 백라이트 음극 핀에 NPN 트랜지스터를 추가하고 밝기에 따라 PWM 신호를 사용하여 전원 공급을 제어하면 된다.

요약

- 병렬 LCD는 아두이노와 디지털 입출력 핀에 연결하여 사용할 수 있다.
- 임의의 비트맵 패턴을 사용하여 LCD를 위한 사용자 문자를 만들고 사용할 수 있다.
- 2장에서 다룬 디바운싱 함수를 여러 개 버튼의 디바운싱에 사용하도록 수정할 수 있다.
- 여러 개의 센서, 모터, 버튼, 디스플레이 등을 하나의 프로젝트에 함께 사용할 수 있다.

CHAPTER

13

인터럽트와 인터럽트 처리 함수

CONTENTS

필요한 부품

- 아두이노 우노
- A-B 타입 USB 케이블
- 브레드보드
- 점퍼선
- 푸시버튼
- 100Ω 저항
- 220Ω 저항(3개)
- 10kΩ 저항
- 5mm 공통 양극 방식 RGB LED
- 10μF 50V 전해 커패시터
- 피에조 버저
- 74AHCT14 6개 반전 슈미트 트리거 칩

들어가기 전에

지금까지 작성한 모든 아두이노 프로그램은 동기식(synchronous)으로 동작한다. 동기식 프로그램의 경우 몇 가지 문제가 있는데, 그중 하나는 `delay()` 함수를 사용하면 지연 시간 동안 아두이노가 다른 동작을 할 수 없다는 것이다.

이 장에서는 타이머와 하드웨어 인터럽트를 사용하여 아두이노 스케치가 비동기식(asynchronous)으로 동작하도록 하는 방법을 알아본다. 인터럽트는 지정한 시간의 경과, 입력 상태의 변화 등 특정한 사건(event) 발생을 알려주므로 코드를 비동기식으로 실행할 수 있도록 해 준다. 또한 인터럽트[1]는 그 이름에서 알 수 있는 것처럼 현재 아두이노가 수행하고 있는 작업을 멈추고 다른 작업을 먼저 실행한 후 정지한 작업을 다시 시작할 수 있도록 해 준다. 그 예로 이 장에서는 지정한 시간이 경과하였을 때와 핀의 상태가 변했을 때 발생하는 인터럽트를 사용하는 방법을 알아본다. 이를 통해 논블로킹(nonblocking) 하드웨어 인터럽트 시스템을 구성할 수 있으며 타이머 인터럽트를 통해 소리를 재생할 수 있다.

1 옮긴이_ 인터럽트(interrupt)는 방해하다, 중단시키다 등의 의미를 가진다. 인터럽트가 발생하면 현재 실행되고 있는 코드의 실행을 일시적으로 중단하고 다른 코드를 먼저 실행할 수 있도록 해 주므로, 즉 기존 실행 흐름을 '인터럽트'하므로 이 단어가 사용되었다.

SECTION 01

하드웨어 인터럽트 사용

하드웨어 인터럽트는 입출력 핀의 상태나 상태 변화에 의해 발생하며, 버튼의 상태를 계속 검사하지 않고 코드 내에서 상태 변수의 값을 바꾸고자 할 때 유용하게 사용할 수 있다. 이전 장에서 `loop()` 함수가 실행될 때마다 버튼의 상태를 검사하는 소프트웨어 디바운싱을 사용해 보았다. 소프트웨어로 구현한 디바운싱 함수는 `loop()` 함수 안에 실행이 오래 걸리는 작업이 없다면 문제없이 동작한다.

`loop()` 함수 내에 실행에 많은 시간이 필요한 코드가 있다고 생각해 보자. `for()` 루프 내에 `delay()` 함수를 사용하여 LED의 밝기를 천천히 밝게 만들거나 모터의 회전 속도를 천천히 올리는 경우가 그런 예에 해당한다. LED 밝기가 `delay()` 함수에 의해 천천히 변하는 동안 버튼으로 LED 밝기가 변하는 속도를 바꾸고 싶다고 생각해 보자. `delay()` 함수가 실행 중인 동안에는 버튼의 입력을 검사할 수 없으므로 밝기 변화 속도를 바꾸는 것은 쉽지 않다. 일반적으로 사람의 반응 속도는 그렇게 빠르지 않으므로 아두이노 프로그램의 `loop()` 함수 내에서 여러 작업을 수행할 수 있고, `loop()` 함수가 실행될 때마다 버튼 상태를 검사하여 버튼이 눌러진 것을 놓치지 않고 확인할 수 있다. 하지만 `loop()` 함수 내에 시간이 오래 걸리는 작업이 포함되어 있다면 버튼 입력을 검사하는 시간 간격이 길어져 버튼 입력을 알아채지 못할 수 있다.

이런 문제점을 해결할 수 있는 방법의 하나가 인터럽트다. 아두이노의 일부 입출력 핀은 외부 하드웨어 인터럽트로 사용할 수 있다. 마이크로컨트롤러 내부의 전용 하드웨어가 핀의 상태를 검사하고 핀의 상태를 비동기적으로 코드에 알려줄 수 있어 메인 프로그램이 실행되는 동안 인터럽트가 발생하면 인터럽트 처리를 위한 전용 함수를 호출하여 실행할 수 있다. 인터럽트의 발생과 전용 함수 호출은 메인 프로그램이 실행 중인 어느 시점에서든 가능하다. [그림 13-1]은 인터럽트 발생과 처리 순서를 나타낸 것이다.

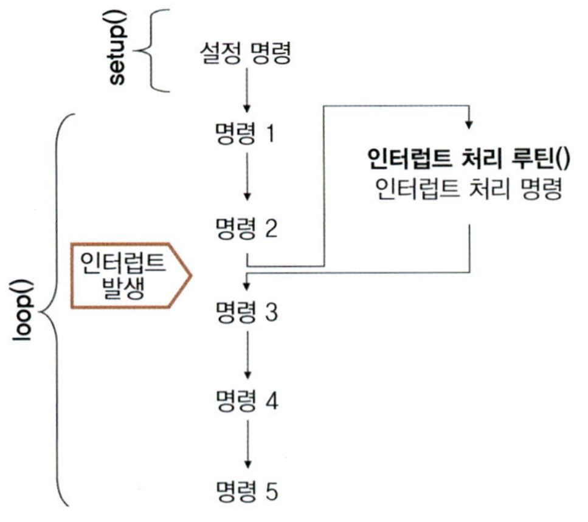

[그림 13-1] 외부 인터럽트가 프로그램 흐름에 미치는 영향

1. 폴링과 인터럽트의 장단점

폴링은 loop() 함수 내에서 외부 입력을 계속해서 검사하는 방식으로, 하드웨어 인터럽트는 폴링 대용으로 사용할 수 있다. 폴링과 인터럽트는 모두 장단점이 있어 어느 것이 더 좋다고 말할 수는 없으므로 시스템을 설계할 때 상황에 맞는 방법을 선택하여 사용하면 된다. 이 절에서는 입력을 폴링하는 방법과 인터럽트를 사용하는 방법의 차이점이 무엇인지 살펴보고 이를 통해 특정 프로젝트에 맞는 방법이 무엇인지 결정할 수 있도록 도와줄 것이다.

▪ 소프트웨어 구현의 용이성

아두이노에서 제공하는 라이브러리는 외부 인터럽트를 사용하는 프로그램 작성을 쉽고 간단하게 만들어 준다. 하지만 아두이노에 가해지는 입력을 폴링하는 것은 digitalRead() 함수를 호출하기만 하면 되므로 훨씬 간단하다. 하드웨어 인터럽트를 꼭 사용해야 할 필요가 없다면 폴링을 사용하는 편이 더 낫다. 인터럽트를 사용하려면 폴링을 사용하는 것보다 긴 코드를 작성해야 한다.

▪ 하드웨어 구현의 용이성

디지털 입력을 검사하는 것은 핀의 입력 상태 변화를 찾아내는 것으로, 폴링과 인터럽트 방식에서 같은 하드웨어를 사용한다. 하지만 상승 또는 하강 에지에서 동작하는 인터럽트를 사용하려면 바운싱/채터링을 방지하기 위해 하드웨어를 추가해야 한다. 2장에서 살펴본 것처럼 입력을 위해 흔히 사용되는 많은 버튼은 버튼을 누를 때 바운싱 현상이 발생한다. 바운싱 현상이 발생하면 인터럽트 처리 함수가 한 번만 호출되는 것이 아니라 여러 번 호출될 수 있으므로 문제가 될 수 있다. 뿐만 아니라 인터럽트 처리 함수에서는 delay() 함수를 사용할 수 없으므로 앞에서 디바운싱을 위해 만든 함수를 사용할 수 없다. 따라서 바운싱 현상이 나타날 수 있는 입력을 하드웨어 인터럽트와 함께 사용하는 경우에는 하드웨어에 의한 디바운싱을 고려해야 한다. 로터리 인코더[2]나 다른 시스템의 디지털 출력과 같이 바운싱 현상이 없는 신호를 입력으로 사용하는 경우라면 폴링을 사용하는 경우와 차이가 없다.

▪ 다중 작업 처리

인터럽트를 사용하는 이유 중 하나는 다중 작업 처리(multitasking)를 흉내낼 수 있기 때문이다. 아두이노에는 하나의 마이크로컨트롤러 장치(MCU)만 포함되어 있고 한 번에 하나의 명령만 실행할 수 있으므로 아두이노에서 진정한 다중 작업 처리는 불가능하다. 하지만 명령 실행 속도가 아주 빠르므로 인터럽트를 사용하여 작업을 번갈아 시행하도록 하면 여러 작업이 동시에 진행되는 것처럼 보이도록 할 수 있다. 예를 들면 `delay()` 함수로 LED 밝기를 조절하면서 인터럽트를 사용하여 LED의 밝기 변화 속도나 색상을 바꾸기 위한 버튼 입력에 즉시 반응하도록 만들 수 있다. 반면 외부 입력을 폴링하는 경우 `digitalRead()` 함수는 `loop()` 함수가 한 번 실행될 때 한 번만 실행될 수 있으므로 `loop()` 함수 내에 시간이 오래 걸리는 작업이 포함되어 있다면 입력을 검사하고 처리하는 시간 역시 지연되어 즉시 반응할 수 없다.

▪ 데이터 수집 정확도

빠른 데이터 수집이 필요하다면 인터럽트가 필수다. 로터리 인코더를 사용하는 경우를 생각해 보자. 로터리 인코더는 DC 모터 위에 장착되어 DC 모터가 정해진 양만큼 회전할 때마다 마이크로컨트롤러로 펄스를 보내기 위해 흔히 사용된다. 이는 단순히 회전 속도를 조절하는 것이 아니라 회전 위치를 결정할 수 있도록 해주므로 DC 모터의 피드백 시스템으로 사용할 수 있다. 피드백 시스템은 필요한 회전력에 따라 회전 속도를 동적으로 조절하거나 DC 모터의 회전량을 알아낼 수 있게 해 준다.

하지만 이를 위해서는 아두이노가 로터리 인코더가 보내는 모든 펄스를 수신해야만 한다. 로터리 인코더가 보내는 펄스는 손으로 버튼을 누를 때 만들어지는 펄스보다 훨씬 짧은 펄스 폭을 가지므로 `loop()` 함수 내에서 입력을 폴링하는 경우라면 모든 펄스를 다 읽지 못할 수 있다. 로터리 인코더가 빠른 속도로 펄스를 보낼 때 아두이노에서 그 절반만 읽을 수 있다면 모터의 회전 속도는 실제 속도의 절반으로 계산될 것이다. 이처럼 중요한 사건을 놓치지 않고 정확하게 수신해야 한다면 하드웨어 인터럽트를 사용해야 한다. 버튼과 같이 상대적으로 느리게 변하는 입력을 사용할 때는 폴링으로도 충분하다.

---

2 옮긴이_ 인코더(encoder)란 운동하는 물체의 위치와 속도 정보를 전기적 펄스 신호로 출력하는 장치를 말한다. 인코더에는 회전 운동을 검출하는 로터리(rotary) 인코더, 직선 운동을 검출하는 리니어(linear) 인코더 등이 있다.

2. 아두이노의 하드웨어 인터럽트 이해

대부분의 아두이노 보드에서 인터럽트는 지정된 일부 핀을 통해서만 사용할 수 있다. 아두이노 보드별로 인터럽트를 사용할 수 있는 핀이 다르므로 아두이노 홈페이지(blum.fyi/arduino-attach-interrupt)에서 확인하면 된다.

입력 핀으로 하드웨어 인터럽트를 사용할 수 있도록 설정하려면 attachInterrupt() 함수를 사용하면 된다. 첫 번째 매개변수는 인터럽트 ID로, 반드시 핀 번호와 같은 것은 아니다. 다행히 아두이노는 입출력 핀 번호로 인터럽트 ID를 얻을 수 있는 digitalPinToInterrupt() 함수를 제공한다. digitalPinToInterrupt() 함수는 디지털 핀 번호를 매개변수로 지정하면 사용하는 아두이노 보드의 종류에 맞는 인터럽트 ID를 반환해 준다. 아두이노 우노나 다른 ATmega328P 마이크로컨트롤러를 사용하는 보드의 2번 핀에 버튼을 연결하는 경우에는 digitalPinToInterrupt(2);와 같이 사용하여 디지털 2번 핀에 대한 인터럽트 ID를 얻을 수 있다. 한 함수의 출력을 바로 다른 함수의 입력으로 사용할 수 있으며 이는 코드를 짧고 간결하게 만들어준다.

하드웨어 인터럽트는 인터럽트 핀에 특정 함수를 연결하여 사용할 수 있도록 해 준다. 따라서 attachInterrupt() 함수의 두 번째 매개변수에는 함수 이름을 지정한다. 인터럽트가 발생할 때마다 논리 변수의 상태를 반전시키려면 실제 변수를 반전시키는 함수를 다음과 같이 작성하고 함수의 이름인 toggleLed를 attachInterrupt() 함수의 두 번째 매개변수로 지정하면 된다.

```
void toggleLed()
{
  var = !var;
}
```

인터럽트가 발생하면 toggleLed() 함수가 호출되어 논리 변수 var의 값을 이전 상태와 반전된 상태로 바꾼 후 메인 루프에서 실행이 멈춘 부분으로 돌아가 프로그램을 다시 실행한다.

attachInterrupt() 함수의 마지막 매개변수에는 인터럽트가 발생하는 시점을 지정한다. 아두이노에서 인터럽트는 입력이 LOW, CHANGE, RISING, FALLING 상황에서 발생할 수 있다.(일부 아두이노 보드는 HIGH 상황에서도 인터럽트가 발생한다.) 버튼 입력이 LOW에서 HIGH로 바뀌는 것처럼 외부 입력 상태가 변하는 경우 인터럽트 처리 함수를 한 번 실행하는 것이 일반적이므로 CHANGE, RISING, FALLING을 흔히 사용한다. RISING은 LOW에서 HIGH로 입력이 변하는 경우를, FALLING은 HIGH에서 LOW로 입력이 변하는 경우를 나타낸다. CHANGING은 RISING과 FALLING을 합한 것이다. LOW나 HIGH

에서 인터럽트를 발생시키면 인터럽트가 연속적으로 발생하여 인터럽트 처리 함수를 계속 호출해야 하므로 프로그램의 다른 부분이 정상적으로 실행되기 어렵다. 따라서 LOW나 HIGH에서의 인터럽트 발생은 흔히 사용하지는 않는다.

배운 내용을 종합하여 아두이노 우노의 2번 핀에 연결된 버튼의 입력이 LOW에서 HIGH로 바뀔 때마다 toggleLED() 함수가 호출되도록 하려면 다음과 같이 setup() 함수에서 인터럽트를 설정하면 된다.

```
attachInterrupt(digitalPinToInterrupt(2), toggleLED, RISING);
```

3. 하드웨어 디바운싱을 사용한 버튼의 인터럽트

앞에서 설명한 내용을 바탕으로 RGB LED와 하드웨어 디바운싱을 사용한 푸시버튼으로 회로를 구성해 보자. RGB LED의 3개 색상 중 하나만 밝아졌다 어두워지기를 반복한다. 버튼을 누르면 밝기 변화를 위해 delay() 함수를 사용하고 있는 동안에도 RGB LED에서 제어되는 색상이 즉시 바뀌도록 할 것이다.

▪ 하드웨어 디바운싱 회로 구성

2장에서 살펴본 것처럼 대부분의 버튼은 눌렀을 때 스프링의 기계적인 진동으로 인해 바운싱 현상이 나타난다. 바운싱 현상은 하드웨어 인터럽트를 한 번 이상 발생시키고 인터럽트 처리 함수를 한 번 이상 호출하는 결과로 이어지므로 심각한 문제가 아닐 수 없다. 다행히 바운싱 현상이 없는 입력을 마이크로컨트롤러로 전달할 수 있도록 해주는 하드웨어가 있으므로 이를 버튼 입력에 사용할 수 있다.

먼저 풀업 저항을 사용하여 연결한 버튼을 눌렀을 때 마이크로컨트롤러로 입력되는 신호를 살펴보자. 풀업 저항을 사용하므로 풀다운 저항을 사용했을 때와는 반대로 동작한다. 버튼을 누르지 않은 상태에서 버튼 입력은 풀업 저항에 의해 HIGH 상태에 있다. 버튼을 누르면 그라운드로 연결되어 버튼 입력은 LOW로 바뀐다. 여기서는 풀다운 저항이 아니라 풀업 저항을 사용하지만 뒤에서는 이를 반전시켜 사용할 것이다. [그림 13-2]는 오실로스코프를 사용하여 버튼 신호를 살펴본 것이다. 오실로스코프는 회로의 측정 지점에서 전압을 시간 흐름에 따라 보여주는 측정 장비의 일종이다. 버튼을 누르면 LOW 상태(또는 0V)로 안정화되기 전에 진동이 발생하는 것을 볼 수 있다.

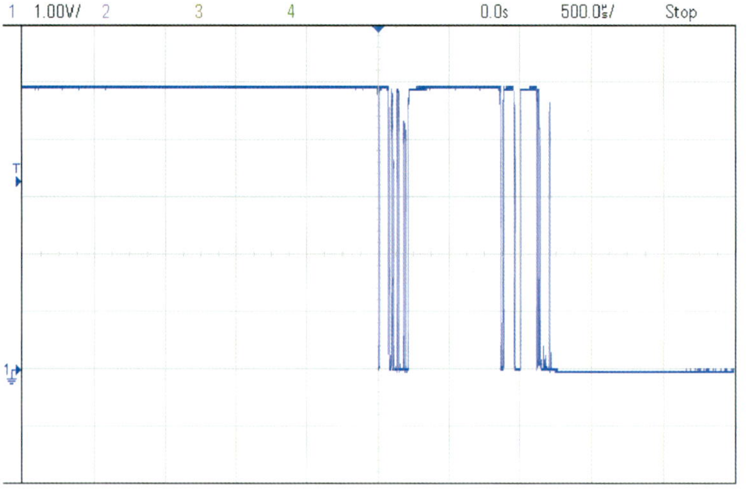

[그림 13-2] 안정화되기 전에 진동이 나타나는 푸시버튼 입력

[그림 13-2]의 입력을 인터럽트 발생에 사용하면 입력 신호가 안정화되기 전에 진동하는 구간에서 인터럽트 처리 함수가 여러 번 실행된다. 흔히 RC 회로라고 불리는 저항-커패시터 네트워크를 사용하면 이 문제를 해결할 수 있다.

버튼과 마이크로컨트롤러 입력 사이에 저항을 연결하고 마이크로컨트롤러 입력과 그라운드 사이에 커패시터를 연결하면 저항-커패시터 네트워크 회로가 만들어진다. 버튼이 눌리지 않은 상태에서 커패시터는 풀업 저항과 추가된 저항을 통해 VCC 전압(5V)까지 충전된다. 커패시터는 에너지를 저장하는 역할을 하므로 전원에서 전하를 받아 저장하는 것으로 볼 수 있다. 버튼을 누르지 않은 상태에서 저장소에는 전하가 가득 차게 된다. 버튼을 누르면 커패시터는 저장된 에너지를 추가된 저항과 눌린 버튼으로 만들어지는 폐회로를 통해 방전하기 시작한다.

커패시터는 순간적으로 모든 에너지를 방전하는 것이 아니므로 버튼을 누른 후에도 수 밀리초 동안은 5V에 가까운 전압을 유지한다. 버튼을 눌렀다 떼면 커패시터는 다시 충전된다. 버튼이 바운싱 없이 안정된 상태에 이를 때까지 커패시터는 완전히 방전되지 않는 상태에 있어야 한다. 이런 과정을 통해 버튼을 누를 때 바운싱 현상이 발생하더라도 HIGH에서 LOW로 한 번만 변하는 신호를 얻을 수 있다. 저항의 크기와 커패시터 용량은 충전 및 방전 시간과 LOW 전압에 이를 때까지 바운싱을 흡수할 수 있는 시간을 결정한다. 저항-커패시터 네트워크에 의한 디바운싱 회로는 [그림 13-3]과 같다.

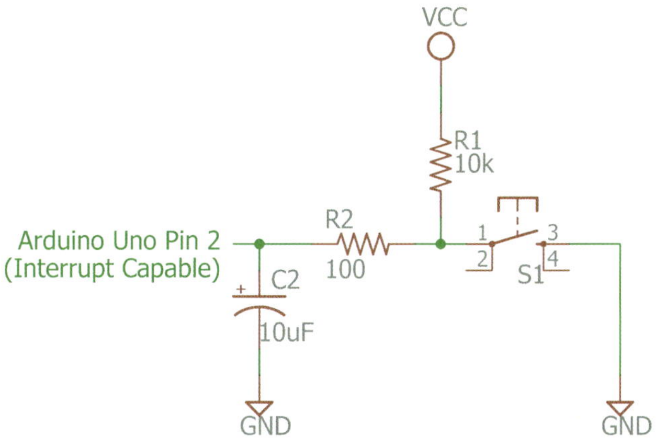

[그림 13-3] RC 회로를 사용한 하드웨어 디바운싱을 적용한 버튼 입력 회로도(EAGLE로 작성)

버튼과 직렬로 연결된 저항([그림 13-3]에서 R2)은 커패시터가 즉시 방전되는 것을 막아주는 역할을 한다. 따라서 아두이노 입력 핀에서 서서히 방전되는 곡선을 확인할 수 있다. [그림 13-4]는 아두이노의 입력 핀에 가해지는 전압을 오실로스코프로 관찰한 것이다.

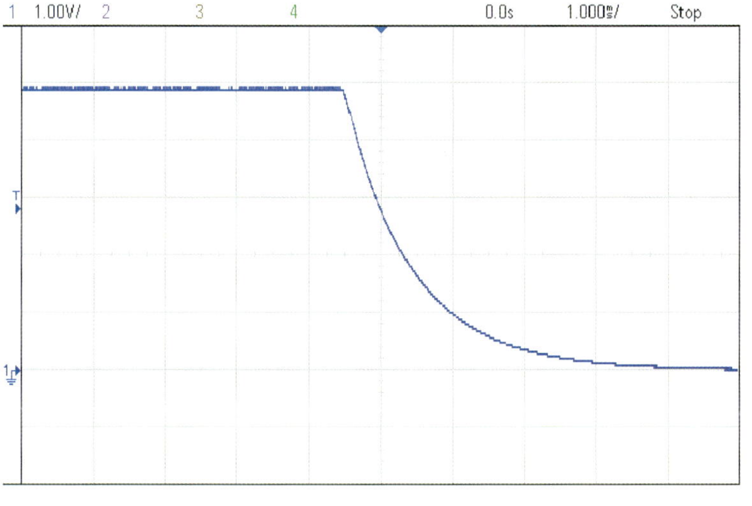

[그림 13-4] RC 회로를 사용한 바운싱 현상 제거

추가한 RC 회로는 아두이노 입력 핀에 서서히 변하는 곡선 형태의 입력이 가해지도록 한다. 하지만 인터럽트는 HIGH에서 LOW 또는 LOW에서 HIGH로 일정 속도 이상으로 변하는 경우에만 에지를 찾을 수 있다.

현재 판매되는 대부분의 마이크로컨트롤러는 서서히 증가하거나 감소하는, 즉 곡선 형태를 가지는 디지털 입력 처리를 염두에 두고 만들어져 있다. 예를 들어 ATmega 마이크로컨트롤러의 데이터시트를 찾아보면 입력 핀의 LOW와 HIGH 전압에 대한 임계치는 마이크로컨트롤러 내부에서 인식하고 있는 값에 따라 다르게 적용되고 있다. 핀 입력이 HIGH로 인식된 상태에서 입력 신호가 HIGH에서 LOW로 변할 때 LOW로 인식되기 위해서는 0.2VCC 이하로 전압이 낮아져야 한다. 핀 입력이 LOW로 인식된 상태에서 입력 신호가 LOW에서 HIGH로 변할 때 HIGH로 인식되기 위해서는 0.7VCC 이상으로 전압이 높아져야 한다.[3] VCC는 칩에 공급되는 전압으로 아두이노 우노의 경우 5V에 해당한다. HIGH와 LOW로 인식되는 전압 사이의 간격은 입력 전압이 변할 때 마이크로컨트롤러에서 인식되는 값이 바뀌지 않도록 해주며 이를 **이력**(히스테리시스, hysteresis)이라고 한다.

아두이노의 외부 인터럽트는 서서히 변하는 신호를 사용하여 발생시킬 수 있지만, **슈미트 트리거**(Schmitt trigger)를 사용하면 아두이노와 무관하게 서서히 변하는 신호로부터 빠르게 변하는 신호를 만들어 사용할 수 있다. 슈미트 트리거는 입력 신호가 특정 임계치를 넘어갈 때 빠르게 변하는 디지털 신호를 출력하는 회로로 구형파 발생기라고도 한다. 슈미트 트리거 회로의 출력은 아두이노의 입력 핀으로 연결하면 된다. 이 예제에서는 반전 슈미트 트리거인 74AHCT14 칩을 사용한다. 74AHCT14 칩에는 6개의 반전 슈미트 트리거가 포함되어 있지만 이 예제에서는 하나만 사용한다. 여러 제조사가 7400 시리즈 칩과 같은 기능을 하는 칩을 생산하고 있으며 74AHCT14 슈미트 트리거와 기능적으로 동일한 칩도 존재한다. [그림 13-5]는 STMicroelectronics에서 제작한 6개 반전 슈미트 트리거 칩의 데이터시트에서 발췌한 핀 맵[4]을 나타낸다.

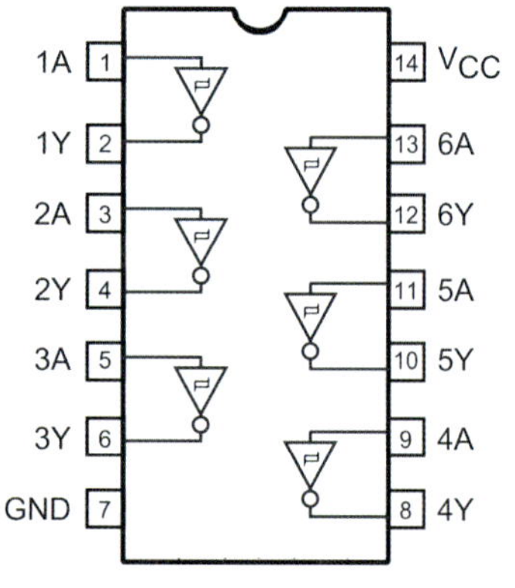

[그림 13-5] 반전 슈미트 트리거 핀 맵 (출처: STMicroelectronics)

3 옮긴이_ 마이크로컨트롤러 내부에서 HIGH로 인식하고 있을 때 데이터 핀에 0.5VCC가 가해지면 HIGH로 인식되지만, 마이크로컨트롤러 내부에서 LOW로 인식하고 있을 때 데이터 핀에 0.5VCC가 가해지면 LOW로 인식된다. 즉 마이크로컨트롤러 내부에서 인식하고 있는 값에 따라 같은 전압이 가해져도 다른 논리값으로 인식될 수 있다.

4 옮긴이_ STMicrolelectronics에서 제작한 74AHCT14 호환 칩 이름은 74VHC14다.

디바운싱 회로의 출력은 반전 슈미트 트리거를 거쳐 아두이노 입력 핀에 가해진다. 디바운싱 회로와 슈미트 트리거를 적용한 버튼 입력 회로도는 [그림 13-6]과 같다.

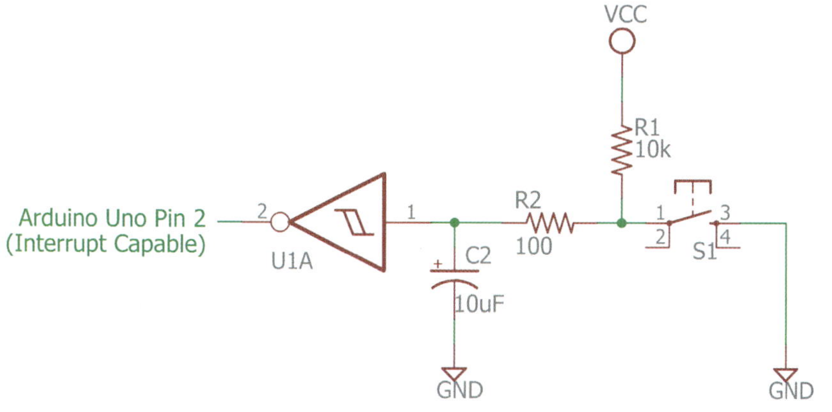

[그림 13-6] 슈미트 트리거를 추가한 디바운싱 회로도(EAGLE로 작성)

반전 슈미트 트리거를 사용하였으므로 출력 신호는 반전되어 나타난다. 즉 버튼을 누르면 HIGH가 아두이노에 입력되고 버튼을 누르지 않으면 LOW가 아두이노에 입력된다. 따라서 코드를 작성할 때 버튼을 누른 순간을 찾아내기 위해서는 하강 에지가 아니라 상승 에지를 찾아야 한다. [그림 13-7]은 잡음과 바운싱 현상이 없는 깨끗한 신호로, 아두이노의 입력 핀에 가해지는 입력을 나타낸다.

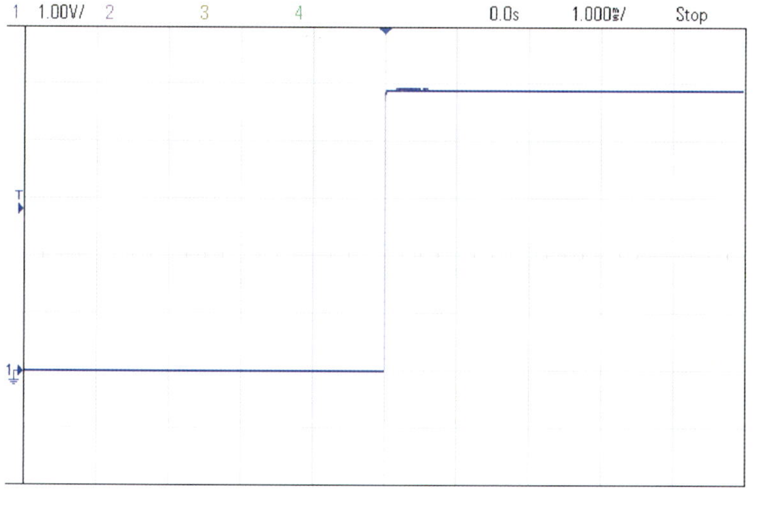

[그림 13-7] 디바운싱 회로의 출력

[그림 13-7]의 깨끗한 신호를 사용하면 하드웨어 인터럽트를 사용할 때 인터럽트 처리 함수가 2번 이상 호출되는 경우는 없을 것이다.

▪ 인터럽트 테스트를 위한 회로 구성

버튼의 디바운싱 회로를 어떻게 구현해야 하는지 회로도를 통해 살펴보았다. 이제 RGB LED와 버튼을 사용하여 하드웨어 디바운싱과 인터럽트를 테스트할 것이다. 먼저 [그림 13-8]과 같이 회로를 구성하자.

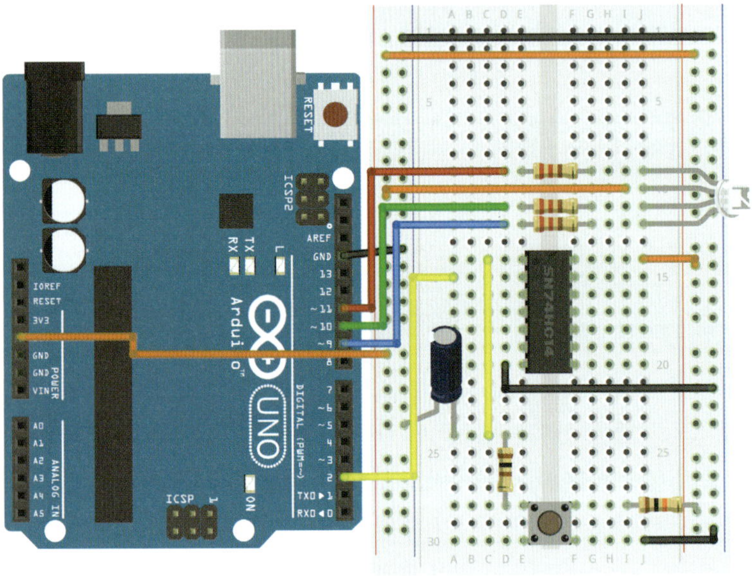

[그림 13-8] 하드웨어 인터럽트 테스트 회로(Fritzing으로 작성)

▪ 소프트웨어 작성

이제 디바운싱과 아두이노의 하드웨어 인터럽트를 테스트하는 간단한 프로그램을 작성해 보자. 아두이노에서 하드웨어 인터럽트를 사용할 수 있는 좋은 예는 `delay()` 함수로 실행 시간을 조절하는 상황에서 입력에 즉시 반응하도록 하는 것이다. 이러한 예는 LED에 `analogWrite()` 함수로 펄스 폭 변조 신호를 보내 밝기를 서서히 변경하는 경우에서도 찾아볼 수 있다. 이 예제에서는 RGB LED 중 하나의 밝기를 `0`에서 `255`로 바꿨다가 다시 `0`으로 천천히 변화시킬 것이다. 밝기가 변하고 있는 도중에도 버튼을 누르면 색상이 즉시 바뀌어야 하지만 폴링을 사용하면 LED의 밝기 조정이 끝난 시점에서만 버튼 입력을 검사할 수 있으므로 즉시 색상을 바꿀 수는 없다. 폴링을 사용하면 버튼을 눌러 색상을 바꾸는 것이 거의 불가능하다.

프로그램을 작성하기 전에 **휘발성**(volatile) 변수를 이해해야 한다. 인터럽트 처리 함수 내에서 값이 변하는 변수는 `volatile` 키워드로 선언해야 컴파일러가 변수의 값이 바뀔 수 있는 상황을 정확하게 처리할 수 있다. 변수를 휘발성으로 선언하기 위해서는 변수를 선언할 때 `volatile` 키워드를 추가하면 된다.

```
volatile int selectedLED = 9;
```

아두이노가 인터럽트를 처리하기 위해서는 setup() 함수에서 attachInterrupt() 함수를 사용하여 인터럽트를 설정해야 한다. 함수의 매개변수로는 digitalPinToInterrupt() 함수가 반환하는 인터럽트 ID, 인터럽트가 발생했을 때 호출될 인터럽트 처리 함수 이름, 인터럽트가 발생하는 시점(RISING, FALLING 등) 등을 지정하면 된다. 이 예제에서는 버튼이 2번 핀에 연결되어 있으며 이는 0번 인터럽트 ID에 해당한다. 물론 digitalPinToInterrupt() 함수가 핀 번호를 인터럽트 ID로 변환해 주므로 핀 번호만 알고 있으면 된다. 예제에서는 상승 에지에서 인터럽트가 발생하고 인터럽트가 발생할 때마다 swap() 함수를 호출한다.

```
attachInterrupt(digitalPinToInterrupt(2), swap, RISING);
```

swap() 함수를 작성하여 프로그램에 추가하면 [코드 13-1]과 같은 전체 코드를 얻을 수 있다. 이제 모든 준비는 끝났다. 인터럽트를 설정하고 인터럽트 처리 함수를 작성하였으면 나머지는 원하는 동작을 구현하기 위한 swap() 함수 내에 코드를 채워 넣으면 된다. 인터럽트가 발생하면 프로그램 실행은 일시 중지되고 인터럽트 처리 함수가 실행된다. 인터럽트 처리 함수 실행이 끝나면 실행이 멈춘 곳으로 되돌아가 실행을 계속한다. 인터럽트는 프로그램 실행을 일시 정지시키므로 인터럽트 처리 함수는 짧게 작성해야 하고 delay()와 같이 긴 시간이 필요한 함수를 사용해서는 안 된다. 이제 버튼으로 밝기가 변하고 있는 RGB LED의 색상을 바꾸는 [코드 13-1]을 입력하여 실행해 보자.

코드 13-1 다중 작업 처리를 위한 하드웨어 인터럽트 13-1_hw_multitask.ino

```
// 하드웨어 디바운싱을 사용한 버튼으로 인터럽트 사용하기

// 버튼 연결 핀
const int BTN = 2;        // 디바운싱 된 버튼 입력을 2번 핀에 연결
const int RED = 11;       // 빨간색 LED 음극을 11번 핀에 연결
const int GREEN = 10;     // 초록색 LED 음극을 10번 핀에 연결
const int BLUE = 9;       // 파란색 LED 음극을 9번 핀에 연결

// 휘발성 변수는 인터럽트 처리 함수 내에서 값 변경이 가능
volatile int selectedLED = RED;

void setup()
{
  pinMode(RED, OUTPUT);
  pinMode(GREEN, OUTPUT);
```

```
  pinMode(BLUE, OUTPUT);

  // RGB LED를 끈 상태에서 시작
  // 공통 양극 방식이므로 HIGH를 출력해야 LED가 꺼짐
  digitalWrite(RED, HIGH);
  digitalWrite(BLUE, HIGH);
  digitalWrite(GREEN, HIGH);

  // 슈미트 트리거 입력은 반전되어 있으므로 상승 에지에서 인터럽트 발생
  attachInterrupt(digitalPinToInterrupt(BTN), swap, RISING);
}

void swap()
{
  // 현재 선택된 LED를 끔 (공통 양극 방식이므로 HIGH 출력으로 LED 끔)
  digitalWrite(selectedLED, HIGH);
  // 새로운 LED 선택
  if (selectedLED == GREEN)
    selectedLED = RED;
  else if (selectedLED == RED)
    selectedLED = BLUE;
  else if (selectedLED == BLUE)
    selectedLED = GREEN;
}

void loop()
{
  // LED 밝기를 서서히 증가
  // 공통 양극 방식이므로 음극에 작은 값을 출력해야 밝아지는 반전된 값을 사용
  for (int i = 255; i >= 0; i--)
  {
    analogWrite(selectedLED, i);
    delay(10);
  }
  // LED 밝기를 서서히 감소
  // 공통 양극 방식이므로 음극에 큰 값을 출력해야 어두워지는 반전된 값을 사용
  for (int i = 0; i <= 255; i++)
  {
    analogWrite(selectedLED, i);
    delay(10);
  }
  delay(1000);
}
```

프로그램을 업로드하면 RGB LED가 밝아졌다 어두워지기를 반복할 것이다. 버튼을 누를 때마다 RGB LED의 색상이 바뀌면서 밝기는 그대로 유지되는지 확인해 보자.

Note 디바운싱된 버튼 입력으로 아두이노의 하드웨어 인터럽트를 사용하는 데모 동영상은 exploringarduino.com/content2/ch13에서 확인할 수 있다.

SECTION 02

타이머 인터럽트 사용

아두이노에서는 하드웨어 인터럽트 이외에도 다양한 인터럽트를 사용할 수 있으며 타이머 기반의 인터럽트가 그중 하나다. 아두이노 우노에 사용된 ATmega328P는 3개의 하드웨어 타이머를 가지고 있으며 다양한 용도로 사용할 수 있다. 실제로 이미 아두이노 라이브러리에서는 `millis()` 함수에서 동작 시간 증가를 위해, `delay()` 함수에서 시간 지연을 위해, `analogWrite()` 함수에서 PWM 신호 출력을 위해 타이머를 사용하고 있다. 이들 타이머를 직접 제어하면 주기적인 작업을 처리하고, 임의의 핀으로 PWM 신호를 출력하는 데 사용할 수 있다. 여기서는 ATmega328P를 기반으로 하는 아두이노 보드에서 16비트 타이머인 `Timer1`을 직접 제어할 수 있도록 해주는 `TimerOne` 라이브러리 사용 방법을 알아볼 것이다. 아두이노 레오나르도나 다른 아두이노 보드에서도 비슷한 기능의 라이브러리를 사용할 수 있지만 여기서는 ATmega328P 기반의 아두이노 보드만 다룬다.

Note `Timer1`은 9번과 10번 핀의 PWM 신호 출력을 위해 사용된다. 따라서 `TimerOne` 라이브러리를 사용할 때는 `analogWrite()` 함수를 사용하여 9번과 10번 핀으로 PWM 신호를 출력할 수 없다.

1. 타이머 인터럽트 이해하기

시계에서 흔히 볼 수 있는 타이머와 마찬가지로 아두이노의 타이머 역시 0에서 시작해서 아두이노를 동작시키는 클록이 발생할 때마다 값이 증가한다. `Timer1`은 16비트 타이머로 0부터 $2^{16}-1(= 65,535)$까지 셀 수 있다. 셀 수 있는 최댓값에 도달하면 타이머는 오버플로에 의해 0으로 리셋되고 다시 0부터 세기 시작한다. 얼마나 빨리 최댓값에 도달하는 지는 분주기(clock divider)의 분주비[5]에 따라 달라진다. 아두이노 우노는 16MHz 클록을 사용하므로 1초에 1600만 개의 클록 신호가 만들어진다. 따라서 분주를 하지 않는다면 `Timer1`은 1초에도 수백 번 오버플로가 발생하고 타이머가 리셋된다. 따라서 타이머에서는 클록을 분주하여 사용하는 것이 일반적이며 아두이노의 많은 함수와 라이브러리 역시 분주한 클록을 사용하고 있다. `TimerOne` 라이브러리는 타이머를 사용하는 데 필요한 복잡한 과정을 알아서 처리해 주므로 간단히 인터럽트가 발생하는 시간 간격만 설정하면 된다. 타이머를 사용하면 마이크로초 단위로 특정 함수를 호출할 수 있다.

5 옮긴이_ 클록을 나누는 비율을 분주비라고 한다. 클록을 분주하여 타이머에 입력하면 분주 전 클록보다 느린 속도로 타이머가 펄스를 센다. 예를 들어 16MHz 클록을 4분주 하면 타이머에는 4MHz의 펄스가 가해진다.

2. 라이브러리 설치

11장에서 SPI 방식의 가속도 센서를 사용하기 위해 서드파티 라이브러리를 설치했던 것처럼 이 장에서도 먼저 TimerOne 라이브러리를 설치해야 한다. 아두이노 IDE의 [스케치] → [라이브러리 포함하기] → [라이브러리 관리...] 메뉴 항목을 선택한다. 라이브러리 매니저의 검색창에서 TimerOne 라이브러리를 검색하여 설치한다. 라이브러리가 설치되었으면 이제 아두이노로 Timer1을 제어할 준비는 끝났다.

Note TimerOne 라이브러리는 PJRC에서 관리하고 있다. TimerOne 관련 문서는 blum.fyi/pjrc-timerone에서 확인할 수 있다.

3. 두 가지 작업을 동시에 진행하기

아두이노에서 동시에 여러 작업이 진행된다는 것은 사실이 아니라는 점을 명심해야 한다. 인터럽트는 단순히 여러 작업을 빠른 속도로 전환하면서 실행하여 여러 작업이 동시에 진행되는 것처럼 보이도록 해줄 뿐이다. 설치한 TimerOne 라이브러리를 사용하면 loop() 함수 내에서 다른 작업을 진행하면서 타이머를 사용하여 LED를 깜빡이도록 할 수 있다. 이 장의 끝부분에서는 loop() 함수 내에서 delay() 함수를 사용하여 시리얼 통신으로 메시지를 출력하면서 타이머 인터럽트를 사용하여 소리를 동시에 제어하는 예제도 살펴볼 것이다.

라이브러리가 제대로 설치되었는지 확인하기 위해 [코드 13-2]를 아두이노 우노에 업로드해 보자. 이때 다른 장치는 연결할 필요가 없다. [코드 13-2]는 13번 핀에 연결된 내장 LED를 깜빡이도록 해준다. loop() 함수 내에 다른 코드를 넣으면 추가한 코드 역시 동시에 실행되는 것처럼 보인다.

코드 13-2 타이머 인터럽트를 이용한 블링크 13-2_timer1.ino

```
// 아두이노 우노의 타이머 인터럽트 사용
#include <TimerOne.h>
const int LED = 13;

void setup()
{
  pinMode(LED, OUTPUT);
  Timer1.initialize(1000000);       // 1000000마이크로초마다 인터럽트 발생
  Timer1.attachInterrupt(blinky);   // 타이머 인터럽트 발생 시 "blinky" 함수 호출
}

void loop()
{
```

```
    // LED를 깜빡이게 하는 것 이외의 코드를 추가할 수 있다!
}

// 타이머 인터럽트 처리 함수
void blinky()
{
    digitalWrite(LED, !digitalRead(LED)); // LED 상태 반전
}
```

Timer1.initialize() 함수에서는 마이크로초 단위의 인터럽트 발생 간격을 지정한다. 이 예제에서는 1,000,000마이크로초, 즉 1초마다 인터럽트가 발생하도록 설정하고 있다. Timer1.attachInterrupt() 함수는 인터럽트가 발생했을 때 이를 처리할 인터럽트 처리 함수를 지정하기 위해 사용한다. 인터럽트 처리 함수를 실행하는 시간은 인터럽트 처리 함수를 호출하는 시간 간격보다 짧아야 한다. 그렇지 않으면 계속해서 인터럽트 처리 함수가 호출되어 메인 루프가 실행될 수 없다.

하드웨어 인터럽트와 타이머 인터럽트를 사용하는 방법을 모두 살펴보았으므로 이들 모두를 사용하는 시스템을 만들 수 있다. 다음 절에서 두 가지 인터럽트를 모두 사용하는 프로젝트를 진행해 보자.

SECTION 03

인터럽트로 구동되는 사운드 시스템 제작

하드웨어 인터럽트와 타이머 인터럽트에 대해 배운 내용을 이용하여 여러 옥타브의 음을 낼 수 있는 사운드 시스템을 만들어 보자. 사운드 시스템은 하드웨어 디바운싱을 적용한 푸시버튼의 하드웨어 인터럽트를 사용하여 재생되는 음을 같은 옥타브 내에서 선택하여 재생하도록 한다. 타이머 인터럽트는 현재 선택된 음을 옥타브를 바꾸어 재생하도록 한다. `loop()` 함수에서는 시리얼 통신을 통해 디버깅 목적으로 현재 재생되고 있는 음과 옥타브를 출력한다. 재생하는 음의 옥타브는 2부터 6까지로 한다.

각 옥타브에서 재생하는 음의 주파수는 초기 주파수를 알고 있으면 쉽게 계산할 수 있다. 도(C) 음을 생각해 보자. 음 재생은 옥타브 2의 도(C) 음부터 시작하며, 옥타브 2의 도(C) 음은 약 65Hz의 주파수를 가진다. 옥타브 3의 도(C) 음 주파수(130Hz)는 옥타브 2의 도(C) 음의 주파수에 2를 곱하면 되고, 옥타브 4의 도(C) 음 주파수(260Hz) 역시 마찬가지다. 이처럼 각 옥타브에서 음의 주파수는 초기 주파수에 2의 거듭제곱을 곱해서 얻을 수 있으며, 타이머 인터럽트가 발생했을 때 인터럽트 처리 함수에서는 옥타브 변경을 위해 2를 곱하면 된다.

재생할 음을 변경하려면 앞의 예제에서 푸시버튼으로 LED 색상을 바꾸는 것과 같은 방법을 사용하면 된다. 각각의 기본음(도, 레, 미, 파, 솔, 라, 시)에 대한 주파수를 정의한 후 버튼이 눌러질 때마다 `tone()` 함수에서 사용할 기본음을 번갈아 선택하면 된다.

1. 사운드 시스템을 위한 하드웨어

사운드 시스템을 위한 하드웨어 구성은 간단하다. 디바운싱 처리된 버튼은 RGB LED 예제와 같은 방법으로 연결하면 되고, 여기에 220Ω 저항을 통해 연결된 스피커를 아두이노 12번 핀에 연결한다. 이 예제에서는 피에조 버저를 사용하였지만 작은 스피커를 사용할 수도 있다. 완성한 하드웨어를 [그림 13-9]의 회로와 비교해 보자.

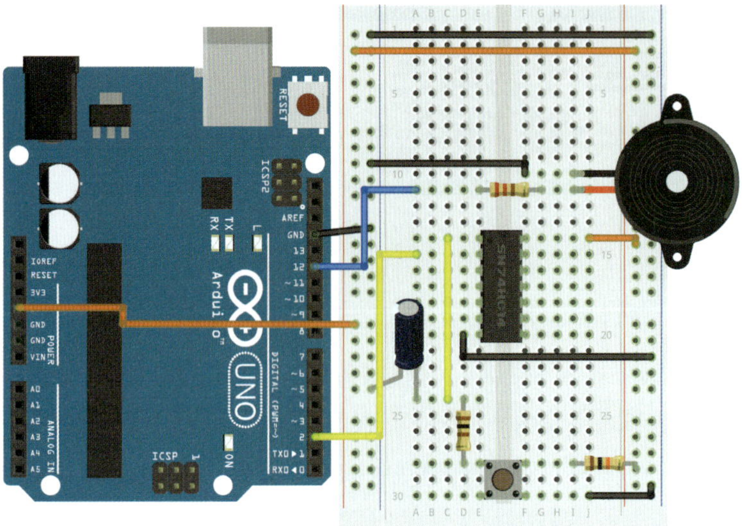

[그림 13-9] 사운드 시스템 하드웨어 구성(Fritzing으로 작성)

2. 사운드 시스템을 위한 소프트웨어

사운드 시스템을 위한 소프트웨어는 타이머 인터럽트와 하드웨어 인터럽트를 이외에도 메시지 출력을 위해 시리얼 통신을, 스피커 제어를 위해 `tone()` 함수를 사용한다. [코드 13-3]을 아두이노에 업로드하고 버튼을 눌러 음이 바뀌는 것을 확인해 보자. 시리얼 모니터를 열어 보면 현재 재생되고 있는 음의 주파수를 확인할 수 있다.

코드 13-3 사운드 시스템 13-3_fun_with_sound.ino

```
// 하드웨어 인터럽트와 타이머 인터럽트를 사용하여 음 재생

// TimerOne 라이브러리 포함
#include <TimerOne.h>

const int BTN = 2;         // 디바운싱된 버튼 입력을 2번 핀에 연결
const int SPEAKER = 12;    // 스피커를 12번 핀에 연결

// 재생할 음의 기본 주파수 정의
#define NOTE_C 65
#define NOTE_D 73
#define NOTE_E 82
#define NOTE_F 87
#define NOTE_G 98
#define NOTE_A 110
#define NOTE_B 123
```

```
// 휘발성 변수는 인터럽트 처리 함수 내에서 값 변경 가능
volatile int key = NOTE_C;
volatile int octave_multiplier = 1;

void setup()
{
  Serial.begin(9600);                    // 시리얼 통신 초기화
  pinMode (SPEAKER, OUTPUT);             // 스피커 연결 핀을 출력으로 설정

  //슈미트 트리거 입력은 반전되어 있으므로 상승 에지에서 인터럽트 발생
  attachInterrupt(digitalPinToInterrupt(BTN), changeKey, RISING);

  // 타이머 인터럽트 설정
  Timer1.initialize(500000);             // 0.5초 간격으로 인터럽트 발생
  Timer1.attachInterrupt(changePitch);   // 인터럽트 발생 시 "changePitch" 함수 호출
}

void changeKey()
{
  octave_multiplier = 1;
  if (key == NOTE_C)
    key = NOTE_D;
  else if (key == NOTE_D)
    key = NOTE_E;
  else if (key == NOTE_E)
    key = NOTE_F;
  else if (key == NOTE_F)
    key = NOTE_G;
  else if (key == NOTE_G)
    key = NOTE_A;
  else if (key == NOTE_A)
    key = NOTE_B;
  else if (key == NOTE_B)
    key = NOTE_C;
}

// 타이머 인터럽트 처리 함수
void changePitch()
{
  octave_multiplier = octave_multiplier * 2;
  if (octave_multiplier > 16) octave_multiplier = 1;
  tone(SPEAKER, key * octave_multiplier);
}
```

```
void loop()
{
  Serial.print("Key: ");
  Serial.print(key);
  Serial.print(" Multiplier: ");
  Serial.print(octave_multiplier);
  Serial.print(" Frequency: ");
  Serial.println(key * octave_multiplier);
  delay(100);
}
```

재생할 음의 기본 주파수는 인터넷에 검색하면 쉽게 찾을 수 있다. 예제에서 사용한 주파수는 옥타브 2에 해당하는 주파수다. 변수 key와 octave_multiplier는 volatile 키워드를 사용해서 선언해야 인터럽트 처리 함수에서 값을 변경할 수 있다는 점을 잊어서는 안 된다. changeKey() 함수는 버튼에 의해 하드웨어 인터럽트가 발생할 때 호출되며 재생할 기본음을 바꾼다. changePitch() 함수는 tone() 함수를 사용하여 스피커로 재생하는 음의 주파수를 설정하며 0.5초 간격으로 타이머 인터럽트에 의해 호출된다. changePitch() 함수가 호출될 때마다 기본음의 주파수를 2배로 올리고, 기본음 주파수의 16배보다 커지면 다시 기본음으로 되돌아간다. loop() 함수에서는 현재 음과 옥타브 변경을 위해 기본음 주파수에 곱할 값, 주파수 등이 100밀리초마다 시리얼 모니터로 출력된다.

Note 사운드 시스템의 데모 동영상은 exploringarduino.com/content2/ch13에서 확인할 수 있다.

요약

- 폴링 방식과 인터럽트 방식은 각각의 장단점이 있다.
- 아두이노 보드의 종류에 따라 사용할 수 있는 인터럽트에 차이가 있다. 몇몇 아두이노 보드는 모든 입출력 핀으로 외부 인터럽트를 사용할 수 있지만, 특정 핀으로만 인터럽트를 사용할 수 있는 아두이노 보드도 있다. 아두이노 우노는 2개의 핀만 하드웨어 인터럽트를 위해 사용할 수 있다.
- RC 회로와 슈미트 트리거를 사용하여 버튼을 위한 디바운싱 회로를 구성할 수 있다.
- 아두이노에 인터럽트 기능을 사용하면 비동기적으로 입력에 반응하도록 할 수 있다.
- 아두이노에서 타이머 인터럽트를 사용하기 위해 서드파티 라이브러리를 사용할 수 있다.
- 타이머 인터럽트, 하드웨어 인터럽트와 폴링 방식을 함께 사용하여 동시에 여러 코드를 실행하는 것과 비슷한 효과를 얻을 수 있다.

CHAPTER 14

SD 카드와 데이터 로깅

CONTENTS

필요한 부품

- 아두이노 우노
- A-B 타입 USB 케이블
- 브레드보드
- 점퍼선
- Sharp GP2Y0A21YK0F 적외선 거리 센서와 JST 케이블
- 핀 헤더가 있는 Adafruit 아두이노 데이터 로깅 실드
- CR1220 12mm 3V 코인 셀 배터리
- SD 또는 마이크로 SD 메모리 카드 (8GB SDHC 추천)
- USB 포트에 연결할 수 있는 5V 1A 전원 공급 장치
- SD 카드 리더기가 있는 컴퓨터 (또는 USB 방식 SD 카드 리더기)
- 시스템 설치를 위한 테이프

들어가기 전에

날씨 정보, 기상 관측 풍선으로 수집한 대기 정보, 빌딩의 출입 기록, 빌딩의 전기 소비 등을 로깅하기 위해 아두이노를 사용한 예는 수없이 많다. 아두이노는 크기가 작고, 전력 소비가 적으며, 다양한 센서를 연결하여 사용할 수 있는 등의 장점이 있으므로 긴 시간 동안 정보를 수집하고 기록하는 데이터 로거(data logger)를 만드는 데 적합하다. 데이터 로거는 환경 정보나 사용자 데이터를 수집하고 SD 카드와 같은 비휘발성 메모리에 저장하기 위해 다양한 분야에서 사용되고 있다.

이 장에서는 아두이노에서 SD 카드를 사용하는 데 필요한 기본적인 내용으로 데이터를 SD 카드에 파일로 저장하는 방법과 SD 카드에 기록되어 있는 정보를 읽어오는 방법을 배운다. 데이터를 수집한 정확한 시간을 함께 저장하기 위해 실시간 시계(RTC, Real Time Clock)를 사용하는 방법 역시 이 장에서 다룬다. 저장된 데이터를 컴퓨터에서 나타내는 방법도 이 장의 뒷부분에서 살펴본다.

Note 이 장의 홈페이지 exploringarduino.com/content2/ch14에서 아두이노를 사용하여 데이터를 로깅하는 튜토리얼 동영상뿐만 아니라 GPS 수신기를 사용하여 위치 정보를 로깅하는 튜토리얼도 확인할 수 있다.

SECTION 01

데이터 로깅을 위한 준비

데이터 로거는 아주 간단하다. 데이터 로깅을 위해서는 먼저 센서와 같이 데이터를 얻어올 수 있는 획득 시스템과 오랜 시간 획득한 많은 데이터를 저장할 수 있는 메모리가 필요하다.

이 장에서는 아두이노에서 데이터를 수집하고 저장하기 위해 SD 카드를 사용하는 방법을 알아볼 것이다. 데이터 로깅을 적용할 수 있는 예는 아주 많다. 다음은 데이터 로깅을 적용하여 어렵지 않게 구현할 수 있는 몇 가지 시스템을 보여주고 있다.

- 시간에 따라 조도, 온도, 습도 등을 기록하는 기상 관측 시스템
- 하루 동안 방문한 곳을 GPS 기반으로 알아내고 이를 기록하는 위치 추적 시스템
- 컴퓨터 내부 부품의 온도 변화를 관찰하고 온도가 가장 많이 오른 부품을 찾아내는 온도 모니터링 시스템
- 집이나 사무실에서 조명이 언제, 얼마나 오래 켜져 있는지 알아내는 조명 관리 시스템

이 장의 뒷부분에서 적외선 거리 센서를 사용하여 방에 들어오고 나가는 시간을 기록하는 데이터 로거를 만들어 볼 것이다.

1. CSV 형식 파일로 데이터 저장하기

이 장에서는 SD 카드에 데이터를 저장하기 위해 쉼표로 값이 분리되는 CSV(Comma- Separated Value) 형식의 파일을 사용한다. CSV 형식 파일은 마이크로컨트롤러 플랫폼에서 구현하기 쉽고 다양한 컴퓨터 애플리케이션에서 사용할 수 있어 흔히 사용된다. 표준 CSV 형식에 따라 저장된 데이터는 다음과 같다.

```
Date,Time,Value1,Value2
2019-08-31,12:00,125,255
2019-08-31,12:30,100,200
2019-08-31,13:00,110,215
```

각 행은 새 줄 문자로 구분되며 각 열은 쉼표로 구분된다. 각 열이 쉼표로 분리되므로 데이터에는 쉼표가 포함될 수 없다. 또한 각 행은 같은 수의 쉼표로 분리된 값을 가져야 한다. 컴퓨터의 스프레드시트 프로그램에서 이 CSV 파일을 열면 아마도 [표 14-1]과 같이 행과 열로 분리되어 표시될 것이다.

[표 14-1] CSV 파일 불러오기

Date	Time	Value1	Value2
2019-08-31	12:00	125	255
2019-08-31	12:30	100	200
2019-08-31	13:00	110	215

CSV 형식 파일은 일반 텍스트 파일이므로 아두이노에서는 `print()`, `println()`과 같은 함수를 사용하여 쉽게 데이터를 기록할 수 있다. 마찬가지로 행의 끝을 찾아내기 위해 새 줄 문자를 찾고 데이터를 구분하기 위해 쉼표를 찾으면 되므로 아두이노에서도 쉽게 CSV 형식 파일에 저장된 데이터를 읽고 필요한 정보를 찾아낼 수 있다.

2. 데이터 로깅을 위한 SD 카드 준비

아두이노로 데이터를 로깅하려면 먼저 SD 카드를 준비해야 한다. 어떤 종류의 SD 카드를 사용할 것인지는 어떤 종류의 실드를 사용할 것인지와 관련이 있다. SD 카드에는 표준 SD, 미니 SD, 마이크로 SD 등 크기에 따라 3종류가 있으며 실드에 따라 사용할 수 있는 크기가 다르다. 하지만 표준 SD 카드 크기로 변환하는 어댑터가 존재하므로 모든 크기의 SD 카드를 표준 크기 SD 카드 리더기에서 사용할 수 있다. 이 장의 예제를 수행해 보려면 컴퓨터에 SD 카드 리더기(내장 또는 외장)도 필요하다.

대부분의 SD 카드는 아두이노에서 사용할 수 있도록 포맷된 상태로 판매된다. 만약 사용하고자 하는 SD 카드가 사용하던 카드라면 먼저 FAT16(FAT이라고도 불린다.) 또는 FAT32 형식으로 포맷되어 있는지 확인해야 한다. 2GB 이하 용량의 카드는 FAT16 형식으로 포맷해야 하며 그보다 큰 용량의 카드는 FAT32 형식으로 포맷해야 한다. 이 장에서는 8GB 크기의 마이크로 SD 카드를 FAT32 형식으로 포맷하여 사용한다. 마이크로 SD 카드는 어댑터를 사용하여 표준 SD 카드 크기로 변환한 후 Adafruit의 데이터 로깅 실드에 장착한다. SD 카드를 포맷하면 SD 카드에 저장된 모든 데이터가 사라지므로 주의해야 한다. 새로 구입한 SD 카드를 사용한다면 SD 카드를 준비하는 과정은 생략할 수 있다. 하지만 이 장의 뒷부분에서 스케치를 실행할 때 아두이노에서 SD 카드에 데이터를 쓰거나 읽을 때 문제가 있다면 다시 포맷하기를 추천한다. 사용하는 컴퓨터의 운영체제에 따라 윈도우, Mac OS 그리고 리눅스에서 SD 카드를 포맷하는 방법을 참고하여 SD 카드를 준비하자.

▪ 윈도우에서 SD 카드 포맷

1. SD 카드를 카드 리더기에 삽입하면 [그림 14–1]과 같이 '내 PC'에 USB 드라이브로 나타난다.

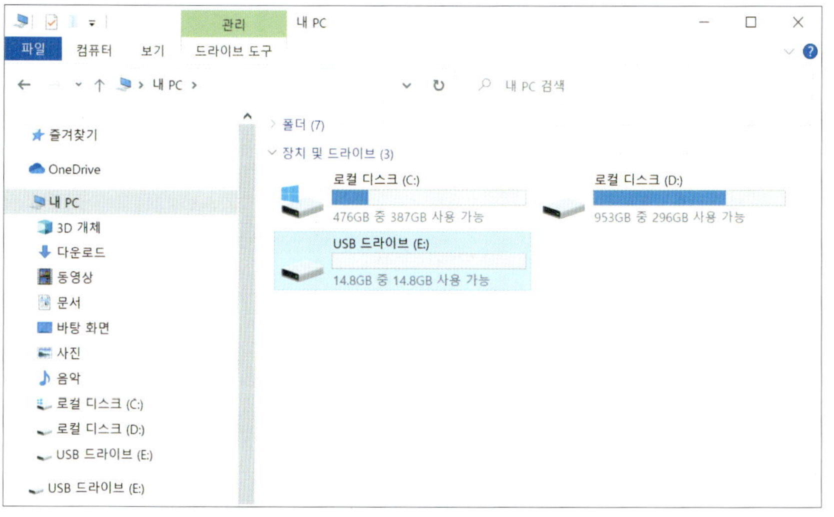

[그림 14–1] '내 PC'에 드라이버로 표시되는 SD 카드

2. SD 카드에 해당하는 드라이브에서(드라이브 문자는 컴퓨터에 따라 달라질 수 있다.) 마우스 오른쪽 버튼을 누르고 [그림 14–2]와 같이 [포맷] 항목을 선택한다. [포맷] 항목을 누르면 SD 카드 포맷을 위한 대화상자가 나타난다.

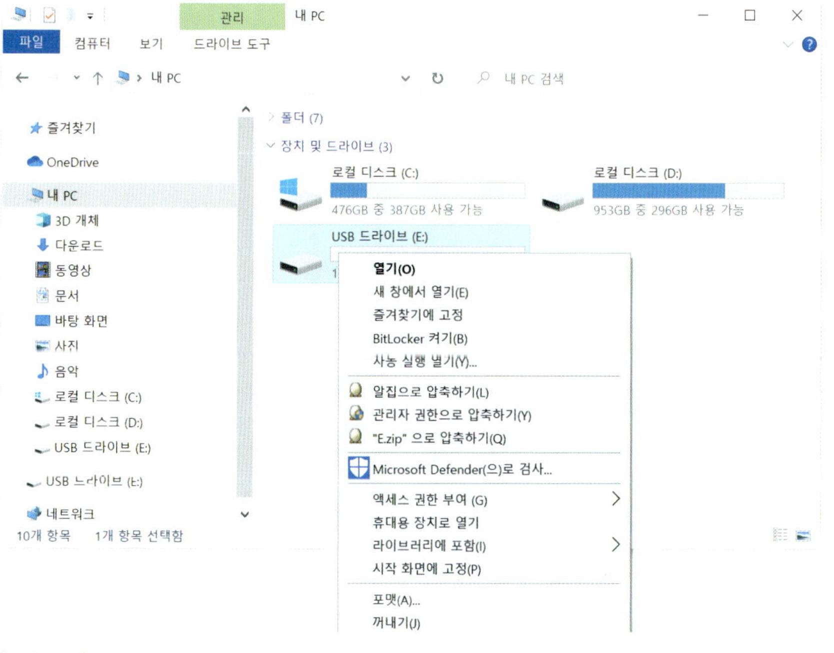

[그림 14–2] 포맷 옵션 선택

3. 파일 시스템을 선택하고(2GB 이하 용량은 FAT를, 2GB보다 큰 용량은 FAT32를 선택한다.) 할당 단위 크기는 기본 할당 크기로 선택한 후 볼륨 레이블을 지정한다. [그림 14-3]에서는 'LOG'로 지정하였지만 원하는 이름을 지정해도 된다. [그림 14-3]은 8GB SD 카드의 옵션 선택을 보여준다.

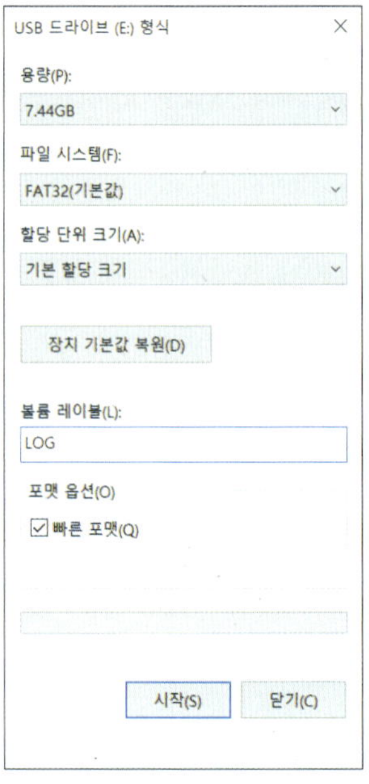

[그림 14-3] 포맷 옵션 대화상자

4. [시작] 버튼을 눌러 SD 카드를 포맷한다. 포맷이 끝나면 이제 아두이노에서 사용할 준비는 끝났다.

▪ Mac OS에서 SD 카드 포맷

1. SD 카드를 삽입하고 파인더에서 디스크 유틸리티 애플리케이션을 찾아 실행한다. 유틸리티의 왼쪽 메뉴에서 [그림 14-4]와 같이 SD 카드를 선택한다.

[그림 14-4] 디스크 유틸리티 애플리케이션에서 SD 카드 선택

2. 창의 위쪽에 있는 [지우기] 버튼을 누른다. 새로 나타나는 창에서 [그림 14-5]와 같이 '이름'을 지정하고([그림 14-5]에서는 'LOG'로 지정하였지만, 원하는 이름을 지정해도 된다.) '포맷'으로 'MS-DOS(FAT)'를 선택한다.

[그림 14-5] 디스크 유틸리티에서 지우기 옵션

3. [지우기] 버튼을 누른다. Mac OS는 FAT32 형식을 지원하지 않으므로 용량과 무관하게 FAT16 형식으로 포맷된다. 포맷이 끝나면 이제 아두이노에서 사용할 준비는 끝났다.

▪ 리눅스에서 SD 카드 포맷

아래 설명은 데비안을 기본으로 하는 우분투와 같은 배포판을 사용하는 것으로 가정한다. 대부분의 리눅스 배포판은 SD 카드를 삽입했을 때 자동으로 마운트된다.

1. SD 카드를 삽입하면 카드를 보여주는 창이 나타난다.

2. 터미널을 열고 `df -h`를 입력하여 마운트된 장치의 목록을 얻어온다. `df` 명령의 결과는 [그림 14-6]과 비슷하게 나타날 것이다.

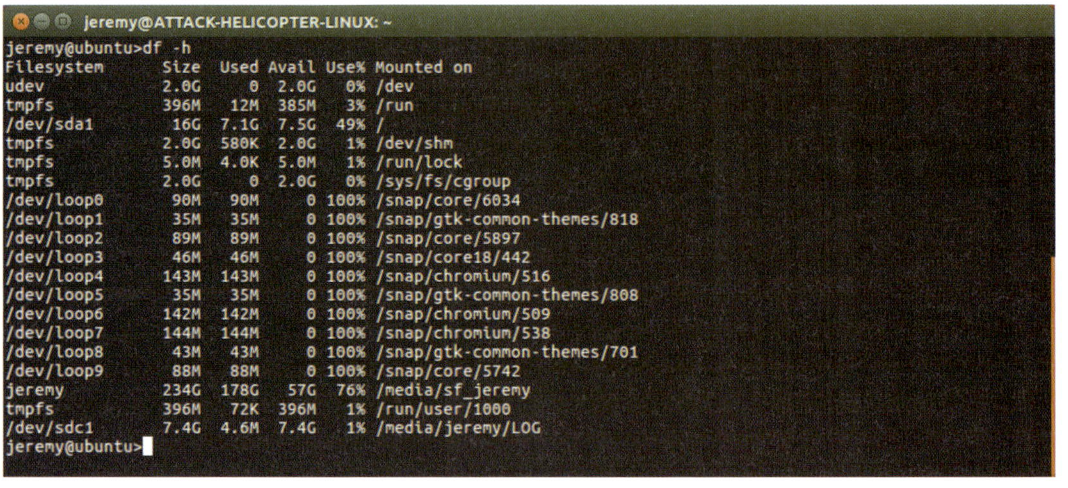

```
jeremy@ATTACK-HELICOPTER-LINUX: ~
jeremy@ubuntu>df -h
Filesystem      Size  Used Avail Use% Mounted on
udev            2.0G     0  2.0G   0% /dev
tmpfs           396M   12M  385M   3% /run
/dev/sda1        16G  7.1G  7.5G  49% /
tmpfs           2.0G  580K  2.0G   1% /dev/shm
tmpfs           5.0M  4.0K  5.0M   1% /run/lock
tmpfs           2.0G     0  2.0G   0% /sys/fs/cgroup
/dev/loop0       90M   90M     0 100% /snap/core/6034
/dev/loop1       35M   35M     0 100% /snap/gtk-common-themes/818
/dev/loop2       89M   89M     0 100% /snap/core/5897
/dev/loop3       46M   46M     0 100% /snap/core18/442
/dev/loop4      143M  143M     0 100% /snap/chromium/516
/dev/loop5       35M   35M     0 100% /snap/gtk-common-themes/808
/dev/loop6      142M  142M     0 100% /snap/chromium/509
/dev/loop7      144M  144M     0 100% /snap/chromium/538
/dev/loop8       43M   43M     0 100% /snap/gtk-common-themes/701
/dev/loop9       88M   88M     0 100% /snap/core/5742
jeremy          234G  178G   57G  76% /media/sf_jeremy
tmpfs           396M   72K  396M   1% /run/user/1000
/dev/sdc1       7.4G  4.6M  7.4G   1% /media/jeremy/LOG
jeremy@ubuntu>
```

[그림 14-6] 리눅스에서 df 명령 실행 결과

[그림 14-6]에서 마지막 항목이 SD 카드에 해당한다. 장치의 용량을 통해 SD 카드인지를 확인할 수 있다.(8GB SD 카드를 사용하였을 때 나타나는 용량이 7.4GB인데, 이는 잘못된 것이 아니다. 운영체제에서 나타나는 용량이 SD 카드에 표시되는 용량보다 조금 작은 이유는 기가바이트(GB) 단위를 나타내는 방법이 서로 다르기 때문이다.) [그림 14-6]에서는 `/dev/sdc1`으로 마운트되어 있지만 마운트되는 위치는 컴퓨터에 따라 다르고 카드를 포맷하였는지의 여부에 따라서도 달라진다.

3. 카드를 포맷하기 전에 [그림 14-7]과 같이 `umount` 명령으로 언마운트한다. `umount` 명령에서 인자는 SD 카드의 이름([그림 14-6] 참고)으로 `umount /dev/sdc1`과 같이 사용하면 된다.

```
jeremy@ATTACK-HELICOPTER-LINUX: ~
jeremy@ubuntu>df -h
Filesystem      Size  Used Avail Use% Mounted on
udev            2.0G     0  2.0G   0% /dev
tmpfs           396M   12M  385M   3% /run
/dev/sda1        16G  7.1G  7.5G  49% /
tmpfs           2.0G  248K  2.0G   1% /dev/shm
tmpfs           5.0M  4.0K  5.0M   1% /run/lock
tmpfs           2.0G     0  2.0G   0% /sys/fs/cgroup
/dev/loop0       90M   90M     0 100% /snap/core/6034
/dev/loop1       35M   35M     0 100% /snap/gtk-common-themes/818
/dev/loop2       89M   89M     0 100% /snap/core/5897
/dev/loop3       46M   46M     0 100% /snap/core18/442
/dev/loop4      143M  143M     0 100% /snap/chromium/516
/dev/loop5       35M   35M     0 100% /snap/gtk-common-themes/808
/dev/loop6      142M  142M     0 100% /snap/chromium/509
/dev/loop7      144M  144M     0 100% /snap/chromium/538
/dev/loop8       43M   43M     0 100% /snap/gtk-common-themes/701
/dev/loop9       88M   88M     0 100% /snap/core/5742
jeremy          234G  178G   57G  76% /media/sf_jeremy
tmpfs           396M   72K  396M   1% /run/user/1000
/dev/sdc1       7.4G  4.6M  7.4G   1% /media/jeremy/LOG
jeremy@ubuntu>umount /dev/sdc1
jeremy@ubuntu>
```

[그림 14-7] 리눅스에서 SD 카드 언마운트

4. mkdosfs 명령으로 SD 카드를 포맷한다. SD 카드를 포맷하기 위해서는 sudo 명령을 사용하여 슈퍼유저 권한으로 실행해야 할 수도 있다. FAT 형식으로 포맷하기 위해서는 -F 인자를 지정해야 한다. 이때 16 또는 32를 지정하면 FAT16 또는 FAT32 형식으로 포맷할 수 있다. /dev/sdc1으로 마운트된 8GB 용량의 카드를 포맷하기 위해서는 sudo mkdosfs -F 32 /dev/sdc1와 같이 사용하면 된다. 포맷이 완료된 후 카드를 뺐다가 다시 삽입하면 자동으로 마운트된다.

```
jeremy@ATTACK-HELICOPTER-LINUX: ~
tmpfs           396M   12M  385M   3% /run
/dev/sda1        16G  7.1G  7.5G  49% /
tmpfs           2.0G  248K  2.0G   1% /dev/shm
tmpfs           5.0M  4.0K  5.0M   1% /run/lock
tmpfs           2.0G     0  2.0G   0% /sys/fs/cgroup
/dev/loop0       90M   90M     0 100% /snap/core/6034
/dev/loop1       35M   35M     0 100% /snap/gtk-common-themes/818
/dev/loop2       89M   89M     0 100% /snap/core/5897
/dev/loop3       46M   46M     0 100% /snap/core18/442
/dev/loop4      143M  143M     0 100% /snap/chromium/516
/dev/loop5       35M   35M     0 100% /snap/gtk-common-themes/808
/dev/loop6      142M  142M     0 100% /snap/chromium/509
/dev/loop7      144M  144M     0 100% /snap/chromium/538
/dev/loop8       43M   43M     0 100% /snap/gtk-common-themes/701
/dev/loop9       88M   88M     0 100% /snap/core/5742
jeremy          234G  178G   57G  76% /media/sf_jeremy
tmpfs           396M   72K  396M   1% /run/user/1000
/dev/sdc1       7.4G  4.6M  7.4G   1% /media/jeremy/LOG
jeremy@ubuntu>umount /dev/sdc1
jeremy@ubuntu>sudo mkdosfs -F 32 /dev/sdc1
[sudo] password for jeremy:
mkfs.fat 3.0.28 (2015-05-16)
jeremy@ubuntu>
```

[그림 14-8] 리눅스에서 SD 카드 포맷

이제 SD 카드 실드를 통해 SD 카드를 사용할 모든 준비는 끝났다.

SECTION 02

아두이노에서 SD 카드 사용

SD 카드는 3.3V로 동작한다. 따라서 SD 카드는 논리 레벨 변환과 SD 카드에 공급하는 전원을 처리할 수 있는 실드를 연결하여 사용하는 것이 편리하다. 또한 SD 카드와의 통신은 11장에서 살펴본 SPI 통신을 사용하고 있다는 점도 기억해야 한다. 아두이노는 저수준의 SPI 통신을 추상화하고 SD 카드에 파일을 쉽게 읽고 쓸 수 있도록 해 주는 SD 라이브러리를 제공하고 있다. 이 장에서도 아두이노의 SD 라이브러리를 통해 파일을 읽고 쓸 것이다.

1. SD 카드 실드

아두이노에서 데이터 로깅을 사용하는 방법은 다양하므로 사용할 수 있는 모든 실드에 대한 정보를 제공하는 것은 불가능하다. 따라서 여기서는 SD 카드를 사용할 수 있는 대부분의 실드에서 사용 가능한 일반적인 예제를 통해 SD 카드의 사용 방법을 살펴볼 것이다.

먼저 흔히 사용되는 실드의 종류와 각각의 장단점을 살펴보자. 모든 실드는 다음과 같은 공통점을 가지고 있다.

- SD 카드 실드는 6핀의 ICSP 헤더나 디지털 입출력 핀을 통해 연결된다. 디지털 입출력 핀을 사용할 때는 아두이노 우노의 경우 11, 12, 13번 핀을 사용하면 되고 아두이노 메가2560의 경우 50, 51, 52번 핀을 사용하면 된다. 아두이노 레오나르도의 SPI 핀은 ICSP 헤더를 통해서만 사용할 수 있다.
- SD 카드 실드는 전용 칩 선택(CS) 핀을 사용하지만, 디폴트로 지정된 핀은 아닐 수 있다. 아두이노 메가2560에서는 53번 핀, 이외의 경우에는 10번 핀이 디폴트로 사용하는 CS 핀이다. 실제로 실드를 사용할 때는 CS 핀으로 임의의 핀을 지정하여 사용할 수 있으므로 CS 핀은 문제가 되지 않는다.
- SD 카드 실드는 3.3V 전압을 SD 카드에 공급하고 논리 레벨 변환 기능을 포함하고 있는 경우가 대부분이다.

모든 실드가 모든 아두이노 보드에서 동작하는 것은 아니다. 아두이노 레오나르도에서 SPI 통신은 ICSP 헤더를 통해서만 가능하기 때문에 아두이노의 ICSP 헤더에 연결하는 핀 없이 디지털 입출력 핀을 통해서만 SPI 통신을 사용할 수 있는 실드는 아두이노 레오나르도에서는 사용할 수 없다. 5V 논리 레벨을 가정하는 실드는 아두이노 듀에와 같이 동작 전압이 3.3V인 아두이노 보드에서는 사용할 수 없다. 실드와 관련된 문서를 확인하여 사용하고자 하는 아두이노 보드에서 실드를 사용할 수 있는지 확인이 필요하다.

흔히 사용되는 SD 카드 실드에는 다음과 같은 것들이 있다.

- **Adafruit 데이터 로깅 실드**: 이 실드에는 실시간 시계(RTC) 칩과 SD 카드 인터페이스가 모두 포함되어 있으므로 이 장에서의 예제를 테스트하기에 적합하다. 이 실드는 SD 카드의 CS 핀으로 디폴트 핀을 사용하고 RTC 칩은 I^2C 통신을 사용한다.([그림 14-9] 참고.) 이 장의 예제들도 이 실드를 기준으로 한다.

[그림 14-9] 아두이노 우노에 적층한 Adafruit 데이터 로깅 실드(출처: Adafruit, adafruit.com)

- **SparkFun 마이크로 SD 실드**: 이 실드는 마이크로 SD 카드 슬롯만을 포함하고 있는 SD 카드 전용 실드다. 하지만 다른 장치를 납땜할 수 있는 영역이 있어 프로토타이핑에 사용할 수 있다. SD 카드의 CS 핀은 아두이노의 8번 핀과 연결되어 있으므로 이 실드를 사용하는 경우에는 SD 라이브러리를 사용할 때 CS 핀을 지정해야 한다.([그림 14-10] 참고.)

[그림 14-10] SparkFun RedBoard에 적층한 SparkFun 마이크로 SD 실드(출처: SparkFun Electronics Inc., sparkfun.com)

- **Seeed Studio SD 카드 실드 V4**: Seeed Studio 실드 역시 SD 카드 슬롯만을 포함하고 있는 SD 카드 전용 실드로 표준 크기의 SD 카드를 사용할 수 있다. 이 실드는 I^2C 커넥터와 UART 커넥터를 그루브(groove)[1] 커넥터로 제공하고 있다. 이 실드는 CS 핀으로 아두이노 우노의 4번 핀을 사용한다.

[그림 14-11] Seeed Studio SD 카드 실드 V4(출처: Seeed Technology Co., Ltd., seeed.cc)

2. SD 카드의 SPI 인터페이스

앞에서도 언급한 것처럼 아두이노는 SD 카드와의 통신에 SPI 인터페이스를 사용하므로 MOSI(master output, slave input), MISO(master input, slave output), SCLK(serial clock), CS(chip select) 핀을 연결해야 한다. 다음 예제에서는 아두이노의 SD 라이브러리를 사용하며, 소프트웨어로 임의의 디지털 핀을 에뮬레이션하는 SPI 통신이 아니라 디폴트 SPI 핀을 통해 아두이노의 하드웨어로 지원되는 SPI 통신을 사용한다. CS 핀은 디폴트 핀 이외에 임의의 핀을 사용할 수 있지만, SD 라이브러리에서 디폴트 CS 핀을 사용하는 않는 경우에도 디폴트 CS 핀을 출력으로 설정해야 한다. 아두이노 우노는 10번, 아두이노 메가2560은 53번 핀이 디폴트 CS 핀이다. 다음 예제에서는 아두이노 우노에 디폴트 CS 핀인 10번 핀을 사용한다.

3. SD 카드에 쓰기

먼저 SD 카드 라이브러리를 사용하여 SD 카드에 데이터를 쓰는 방법을 살펴보자. 이 장의 뒷부분에서 센서 데이터를 읽고 이를 SD 카드에 기록해 볼 것이다. 데이터는 `log.csv` 파일로 저장되며 저장된 파일은 컴퓨터에서 읽을 수 있다. SD 카드를 FAT16 형식으로 포맷하였다면 파일 이름은 8.3 형식을 따른다. 8.3 형식에서 확장자는 3글자, 파일 이름은 8자 이하로만 지정할 수 있다.

1 옮긴이_ 그루브(groove)는 아두이노에 주변장치를 연결하기 위한 표준화된 연결 방식을 지원하기 위해 Seeed Studio에서 개발한 것으로 전원과 데이터 핀의 4핀으로 구성되어 있다.

SD 실드에 SD 카드를 삽입한 후 아두이노에 SD 실드를 연결하면 [그림 14-9]와 비슷한 모양이 될 것이다.

> **여기서 잠깐!** **데이터 로깅 실드 조립**
>
> 실드에 핀이 납땜되어 있지 않다면 Adafruit 홈페이지의 핀을 납땜하는 방법을 보여주는 페이지(blum.fyi/soldering-shield-headers)를 참고하여 실드를 조립해야 한다. 실드에는 아두이노 보드에 적층할 수 있는 메일(male) 형태의 핀이 포함되어 있지만, **실드 적층을 위한 헤더**를 사용하면 다른 장치를 연결하기가 쉽다. 이 장의 마지막 프로젝트에서는 다른 장치를 연결해야 하므로 적층 헤더가 없다면 다른 장치를 연결하기 위한 피메일(female) 헤더를 납땜해야 한다.([그림 14-9]는 메일 핀만 연결된 상태다.)

SD 라이브러리의 많은 함수가 동작 상태를 반환하므로 이를 디버깅 목적으로 사용할 수 있다. 예를 들어 SD 카드와의 통신 초기화를 위해 `setup()` 함수에서 다음과 같이 사용할 수 있다.

```
if (!SD.begin(CS_pin))
{
  Serial.println("Card Failure");
  return;
}
Serial.println("Card Ready");
```

단순히 `SD.begin(CS_pin)` 문장을 실행하는 것이 아니라 if문 내에서 실행하고 있다는 점을 눈여겨보아야 한다. 이는 SD 카드를 초기화하고 초기화 결과를 검사하기 위해서다. 만약 `true`를 반환하면 프로그램이 계속 실행되고 시리얼 모니터로 초기화 성공 메시지가 출력된다. `false`를 반환하면 오류 메시지가 출력되고 `return` 문장에 의해 이후 코드의 실행이 정지된다.

이러한 방법은 로그 파일에 새로운 데이터를 쓸 준비가 된 경우에도 사용할 수 있다. 파일에 "hello"를 기록하는 코드는 다음과 같이 작성할 수 있다.

```
File dataFile = SD.open("log.csv", FILE_WRITE);
if (dataFile)
{
  dataFile.println("hello");
  dataFile.close(); // 연결을 닫을 때까지 데이터는 파일에 기록되지 않음
}
else
{
  Serial.println("Couldn't open log file");
}
```

첫 번째 문장은 SD 카드에 `log.csv`라는 이름의 새로운 파일을 만들거나 기존 파일을 연다. 파일이 성공적으로 열린 경우 `dataFile`은 `true` 값을 가지며 쓰기를 진행할 수 있다. `false`인 경우에는 시리얼 모니터로 오류 메시지를 출력한다. 파일에 데이터를 기록하는 것은 간단하다. `dataFile.println()` 함수에 기록하고자 하는 데이터를 매개변수로 넣어주면 된다. `print()` 함수를 사용하여 데이터를 기록한 후 새 줄 문자를 출력하지 않을 수도 있다. 파일에 기록할 내용은 버퍼로 보내지며 `File` 객체의 `close()` 함수가 호출될 때 실제로 파일에 기록된다.

앞에서 살펴본 내용을 통해 `log.csv` 파일을 SD 카드에 생성하고 5초 간격으로 시간과 짧은 문구를 쉼표로 분리하여 기록하는 간단한 프로그램을 만들어 보자. CSV 파일의 각 행에는 `millis()` 함수에서 얻은 시간과 짧은 문구를 기록한다. 그다지 쓸모가 없어 보일 수도 있지만, 실제 측정값을 기록하는 것과 기본적으로 같은 방법이다. [코드 14-1]을 살펴보자.

코드 14-1 SD 카드에 쓰기 테스트 14-1_write_to_sd.ino

```
// SD 카드에 쓰기

#include <SD.h>        // SD 카드 라이브러리 포함

// 이들 핀은 SD 카드 라이브러리에서 디폴트값으로 정의되어 있다.
// MOSI = Pin 11
// MISO = Pin 12
// SCLK = PIN 13

// 디폴트값을 사용하는 경우에도 CS 핀을 항상 지정해야 한다.
const int CS_PIN = 10;

void setup()
{
```

```
  Serial.begin(9600);
  Serial.println("Initializing Card");

  // CS 핀은 출력으로 설정해야 한다.
  pinMode(CS_PIN, OUTPUT);

  if (!SD.begin(CS_PIN))
  {
    Serial.println("Card Failure");
    while (1);
  }
  Serial.println("Card Ready");
}

void loop()
{
  long timeStamp = millis();
  String dataString = "Hello There!";

  // 파일을 열어 데이터 기록
  File dataFile = SD.open("log.csv", FILE_WRITE);
  if (dataFile)
  {
    dataFile.print(timeStamp);
    dataFile.print(",");
    dataFile.println(dataString);
    dataFile.close();   // 연결을 닫을 때까지 데이터는 파일에 기록되지 않음

    // 디버깅 목적으로 화면에 같은 내용을 출력
    Serial.print(timeStamp);
    Serial.print(",");
    Serial.println(dataString);
  }
  else
  {
    Serial.println("Couldn't open log file");
  }
  delay(5000);
}
```

코드에서 주의해야 할 점이 몇 가지 있다.

- CS_PIN은 SD 카드의 CS 핀에 연결된 임의의 핀을 지정하면 된다. 디폴트 핀인 10번 핀을 사용하지 않는 경우라면 setup() 함수에 pinMode(10, OUTPUT); 문장을 추가해서 디폴트 핀을 출력으로 설정해야만 SD 라이브러리가 정상적으로 동작한다.
- loop() 함수가 실행될 때마다 timestamp 변수에 millis() 함수가 반환하는 값, 프로그램이 시작된 후 경과 시간이 밀리초 단위로 저장된다. millis() 함수는 아두이노의 표준 정수형 크기인 16비트가 아니라 32비트 크기의 값을 반환하므로 long 타입 변수에 저장해야 한다.

앞에서 살펴본 것처럼 먼저 데이터 기록을 위해 파일을 열고 쉼표로 분리된 형식의 데이터를 파일 끝에 추가한다. 같은 데이터를 디버깅 목적으로 시리얼 모니터에도 출력한다. 시리얼 모니터로 출력하는 과정이 꼭 필요한 것은 아니며 현장에 데이터 로거를 설치하여 데이터를 수집하는 경우에는 일반적으로 사용하지 않는다. 하지만 데이터 로거가 정상적으로 동작하고 있는지 확인하는 용도로 사용할 수 있다. 시리얼 모니터를 열어 [그림 14-12]와 비슷한 결과를 얻을 수 있는지 확인해 보자.

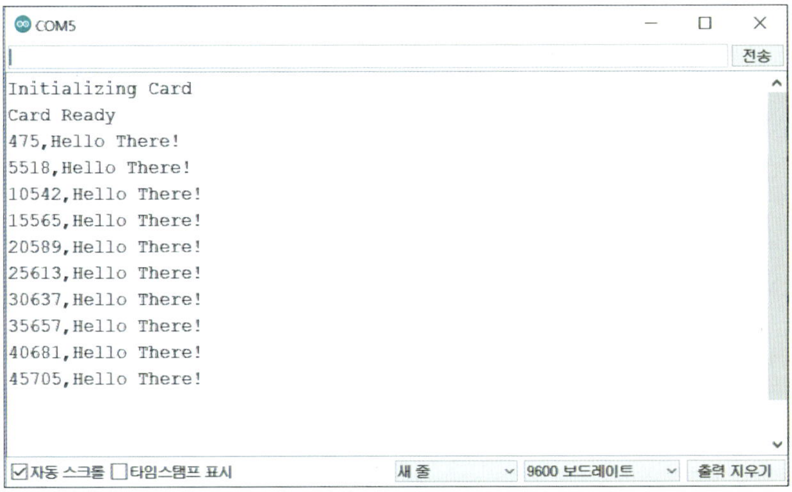

[그림 14-12] SD 카드 데이터 저장에서 디버깅 출력

오류 메시지가 출력된다면 실드가 제대로 연결되었는지, SD 카드가 완전히 삽입되었는지, SD 카드가 형식에 맞게 포맷되었는지 등을 확인해야 한다. SD 카드를 실드에서 뺀 후 컴퓨터에 삽입하여 스프레드시트 프로그램에서 log.csv 파일을 열어 보자.([그림 14-13] 참고.) 쉼표로 분리된 데이터는 서로 다른 열에, 줄바꿈 한 데이터는 다른 행에 자동으로 저장된다.

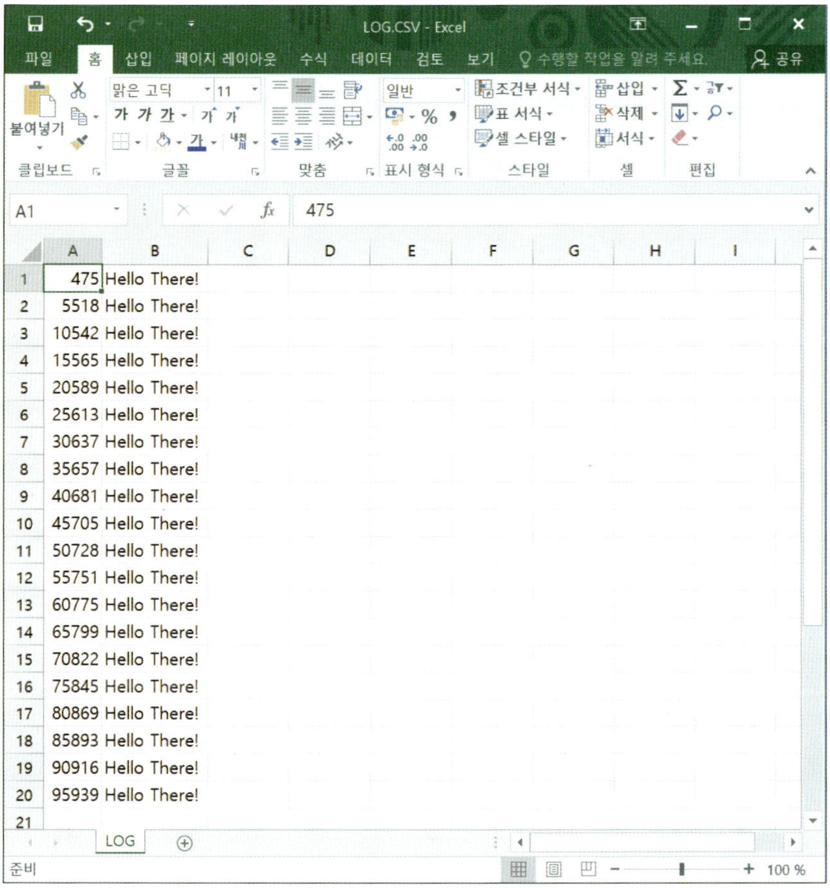

[그림 14-13] 스프레드시트 프로그램에서 로깅된 데이터 확인

4. SD 카드에서 읽기

이제 SD 카드에서 데이터를 읽는 방법을 살펴볼 차례다. 데이터 로깅에서 데이터를 읽는 경우는 흔하지 않지만, 데이터를 기록하는 시간 간격과 같이 프로그램 실행 환경을 설정하기 위해 SD 카드에서 데이터를 읽어 사용할 수 있다.

SD 카드를 컴퓨터에 삽입하고 `speed.txt`라는 이름으로 텍스트 파일을 생성한다. 이 파일에는 사용하고자 하는 데이터 갱신 주기를 밀리초 단위로 기록한다. [그림 14-14]에서는 1000밀리초(1초)로 설정하고 있다.

갱신 주기를 선택하였으면 그 값을 SD 카드에 `speed.txt` 파일로 저장하고 다시 실드에 삽입한다. 이제 SD 카드 내 파일에서 데이터를 읽고, 갱신 속도를 알아낸 후, 데이터 로깅에서 갱신 속도를 설정하도록 프로그램을 수정해 보자.

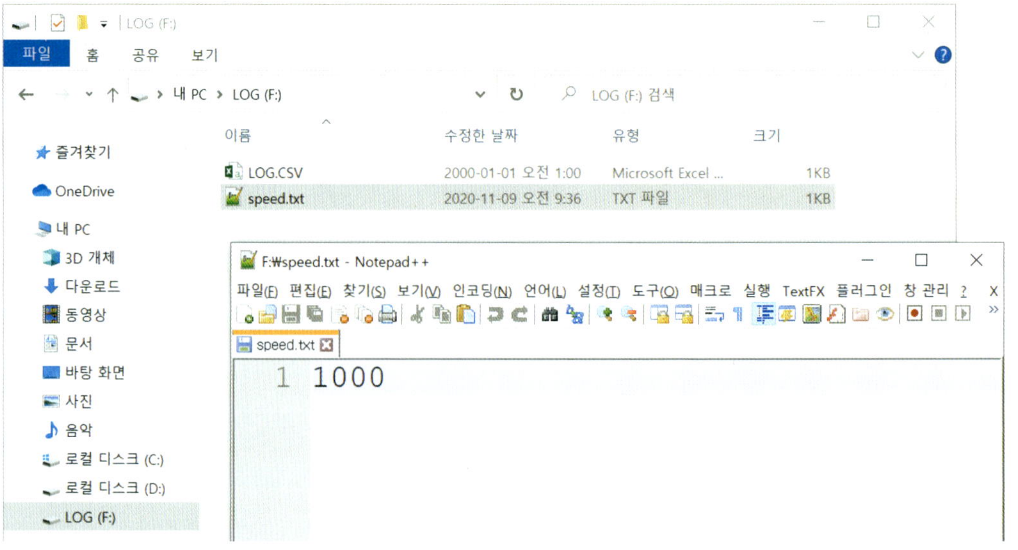

[그림 14-14] 속도 설정 파일 생성

데이터를 읽기 위해 파일을 열 때는 앞의 예제와 마찬가지로 `SD.open()` 함수를 사용하지만, 매개변수로 `FILE_WRITE`를 지정할 필요는 없다. 사용하고 있는 `File` 클래스는 `Serial` 클래스와 마찬가지로 `Stream` 클래스를 상속하여 만들어진 것이므로 파일을 열고 값을 읽기 위해 7장에서 사용하였던 `parseInt()`와 같은 함수를 사용하면 된다. 파일에서 갱신 속도를 읽는 코드는 다음과 같다.

```
File commandFile = SD.open("speed.txt");
if (commandFile)
{
  Serial.println("Reading Command File");

  while (commandFile.available())
  {
    refresh_rate = commandFile.parseInt();
  }
  Serial.print("Refresh Rate = ");
  Serial.print(refresh_rate);
  Serial.println("ms");
}
else
{
  Serial.println("Could not read command file.");
  return;
}
```

이 코드는 데이터를 읽기 위해 파일을 열고, 읽은 데이터에서 정수를 찾아 반환한다. 하나의 변수만 사용하고 있으므로 파일에서 읽은 정수는 `refresh_rate` 변수에 저장한다. 갱신 속도를 파일에서 읽어오는 작업은 로깅이 시작되기 전에 시행되어야 한다. 한 번에 하나의 파일만 열 수 있으므로 파일에서 데이터를 읽거나 쓰기를 마친 후에는 파일을 닫는 것이 좋다.

[코드 14-2]는 앞의 예제에서 사용하였던 데이터 로깅 프로그램에 `speed.txt` 파일의 갱신 주기를 읽어 로깅 속도를 조절하는 기능을 추가한 것이다.

코드 14-2 SD 카드 읽기와 쓰기 14-2_sd_read_write.ino

```
// SD 카드 읽기와 쓰기

#include <SD.h>        // SD 카드 라이브러리 포함

// 이들 핀은 SD 카드 라이브러리에서 디폴트값으로 정의되어 있다.
// MOSI = Pin 11
// MISO = Pin 12
// SCLK = PIN 13

// 디폴트값을 사용하는 경우에도 CS 핀을 항상 지정해야 한다.
const int CS_PIN = 10;

// 디폴트 갱신 주기는 5초
int refresh_rate = 5000;

void setup()
{
  Serial.begin(9600);
  Serial.println("Initializing Card");

  // CS 핀은 출력으로 설정해야 한다.
  pinMode(CS_PIN, OUTPUT);
  if (!SD.begin(CS_PIN))
  {
    Serial.println("Card Failure");
    while (1);
  }
  Serial.println("Card Ready");

  // speed.txt 파일에서 설정 정보 읽기
  File commandFile = SD.open("speed.txt");
```

```
    if (commandFile)
    {
      Serial.println("Reading Command File");

      while (commandFile.available())
      {
        refresh_rate = commandFile.parseInt();
      }
      Serial.print("Refresh Rate = ");
      Serial.print(refresh_rate);
      Serial.println("ms");
      commandFile.close();   // 읽기가 끝나면 파일 닫음
    }
    else
    {
      Serial.println("Could not read command file.");
      Serial.print("Will use default refresh rate of ");
      Serial.print(refresh_rate);
      Serial.println("ms!");
    }
  }

  void loop()
  {
    long timeStamp = millis();
    String dataString = "Hello There!";

    // 데이터를 쓰기 위해 파일 열기
    File dataFile = SD.open("log.csv", FILE_WRITE);
    if (dataFile)
    {
      dataFile.print(timeStamp);
      dataFile.print(",");
      dataFile.println(dataString);
      dataFile.close();   // 연결을 닫을 때까지 데이터는 파일에 기록되지 않음

      // 디버깅 목적으로 화면에 같은 내용을 출력
      Serial.print(timeStamp);
      Serial.print(",");
      Serial.println(dataString);
    }
    else
    {
```

```
        Serial.println("Couldn't open log file");
    }
    delay(refresh_rate);
}
```

[코드 14-2]를 실행하면 데이터가 `speed.txt` 파일에서 지정한 시간 간격으로 기록된다. 시리얼 모니터로 출력되는 [그림 14-15]의 실행 결과에서 이를 확인해 보자.

[그림 14-15] 명령 파일(speed.txt)에 의해 지정된 속도로 데이터 로깅

만약 `speed.txt` 파일이 존재하지 않으면 디폴트값인 5000ms가 갱신 주기로 사용된다. 또한 코드가 실행될 때 `log.csv` 파일을 삭제하지 않으므로 새로운 데이터는 기존 파일의 뒷부분에 계속 추가된다.

SECTION 03

실시간 시계

대부분의 데이터 로거는 실시간 시계(RTC, Real Time Clock)를 사용한다. RTC를 사용하면 현재 시간을 알 수 있으므로 특정 사건이 발생한 시간을 알아내는 데 유용하게 사용할 수 있다. 앞에서는 아두이노에서 프로그램이 시작된 이후의 경과 시간을 알아내기 위해 `millis()` 함수를 사용하였다. 여기서는 실제 시간을 정확하게 알아낼 수 있는 전용 RTC 칩을 사용하여 시간을 알아내고 실제 데이터를 획득한 시간으로 SD 카드에 저장하는 방법을 알아본다.

1. 실시간 시계의 이해

실시간 시계는 흔히 RTC라고 불리며 이름 그대로 실제 시간을 알려주는 역할을 한다. RTC에 시간을 설정하면 자체 배터리로 정확한 시간을 유지하며 윤년까지도 계산할 수 있다. 이 예제에서는 NXP Semiconductor에서 만든 PCF8523 RTC를 사용한다. PCF8523 RTC는 Adafruit 데이터 로깅 실드에 포함되어 있는 칩이기도 하다. 이전 버전의 데이터 로깅 실드에는 Maxim Integrated에서 만든 DS1307 RTC 칩이 포함되어 있다. 두 칩 모두 여기서 사용하는 데 문제는 없지만 사용하는 칩의 종류를 지정하기 위해서는 코드를 한 줄 수정해야 한다. PCF8523 RTC 칩을 사용하는 실드는 코인 셀 배터리 홀더 옆에 'PCF8523'이 인쇄되어 있다. 'PCF8523'이 인쇄되어 있지 않다면 DS1307 RTC 칩을 사용하는 실드다.

▪ 실시간 시계와의 통신

RTC는 아두이노와 I^2C 인터페이스를 통해 통신하며 전용 배터리를 통해 수년 동안 동작할 수 있다. RTC에 연결된 전용 크리스탈 오실레이터는 RTC가 정확한 시간을 유지할 수 있도록 해준다.

오래된 아두이노 보드는 AREF 핀 헤더 옆에 I^2C 전용 핀 헤더가 없거나 리셋 핀 헤더 옆에 IOREF 핀 헤더가 없을 수 있다. 이 경우에는 3개의 패드를 납땜해서 연결해야 실드가 정상적으로 동작한다. Adafruit 실드 뒷면에 I^2C 인터페이스용 2개의 패드([그림 14-16] 참고)를 납땜하고 RTC 칩 옆에 있는 'IOr' 패드([그림 14-17] 참고)를 5V와 납땜해서 연결하면 된다. 최근 판매되는 아두이노 보드는 납땜이 필요하지 않다. 배터리가 없다면 RTC는 정상적으로 동작하지 않을 수 있으므로 배터리를 먼저 연결하자. 배터리의 양극 방향이 위로 오도록 하면 된다.

[그림 14-16] 전용 I²C 핀이 없는 이전 버전 아두이노에서 납땜할 패드

[그림 14-17] 전용 IOREF 핀이 없는 이전 버전 아두이노에서 납땜할 패드

▪ 아두이노를 위한 서드파티 RTC 라이브러리 사용

이전 장에서 아두이노에서 제공하지 않는 기능을 사용하기 위해 서드파티 라이브러리를 사용하는 방법을 살펴보았다. 이 장에서는 RTC 칩과의 간편한 통신을 위해 서드파티 라이브러리를 사용한다. 사용할 라이브러리는 이름에서도 알 수 있는 RTClib다. 이 라이브러리는 JeeLabs에서 처음 만들어졌고 이후 Adafruit에서 개선한 것이다. 라이브러리를 설치하기 위해 [스케치] → [라이브러리 포함하기] → [라이브러리 관리...] 메뉴 항목을 선택하여 라이브러리 매니저를 열고 `rtclib`를 검색해 보자. 검색된 항목 중 'RTClib by Adafruit'[2]을 선택하여 [그림 14-18]과 같이 설치하면 된다.

2 옮긴이_ RTClib 1.2.1 버전은 TinyWireM 라이브러리를 기반으로 하고 있다. 만약 TinyWireM 라이브러리가 설치되어 있지 않다면 함께 설치하라는 메시지가 출력되므로 함께 설치하면 된다.

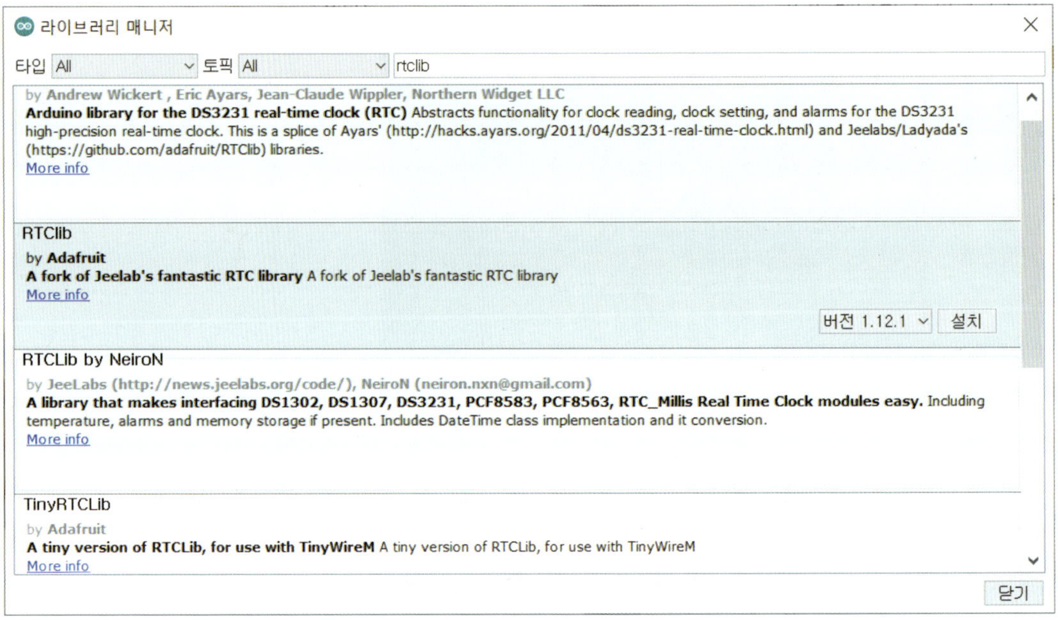

[그림 14-18] RTClib 라이브러리 검색 및 설치

라이브러리 사용 방법은 간단하다. 코드를 실행하면 `RTC.adjust()` 함수를 사용하여 스케치를 컴파일한 날짜와 시간을 가져와 RTC의 현재 날짜와 시간을 설정한다. 이후 RTC는 아두이노와는 별개로 동작하며 필요한 경우 `RTC.now()` 함수를 통해 현재 날짜와 시간을 알아낼 수 있다. 다음 절에서는 이러한 RTC의 기능을 사용하여 실시간으로 데이터를 로깅하는 예를 살펴볼 것이다.

2. 실시간 시계 사용

이제 SD 카드와 RTC를 사용하여 SD 카드에 데이터를 기록한 실제 시간을 함께 로깅해 보자. [코드 14-2]에서 사용했던 `millis()` 함수의 반환값 대신 RTClib 라이브러리를 통해 얻은 현재 시간을 사용하도록 코드를 수정해서 사용하면 된다.

▪ RTC와 SD 카드 모듈 설치

첫 번째로 데이터 로깅 실드가 아두이노에 연결되어 있는지, SD 카드는 실드에 삽입되어 있는지, RTC를 위한 배터리는 연결되어 있는지 확인한다.

▪ 소프트웨어 수정

RTC 기능을 추가해 보자. 이전 코드에 다음의 내용을 추가하면 RTC 기능을 프로그램에서 사용할 수 있다.

- RTC 라이브러리를 포함한다.
- 사용하는 RTC 칩의 종류에 따라 RTC 객체를 초기화한다. 초기화 과정에서는 전처리 지시자(preprocessor directive)를 사용한다.
- 컴파일 시간을 얻어오는 매크로를 통해 컴퓨터 시간으로 RTC 시간을 설정한다.
- 로그 파일에 실제 시간을 기록한다.

[코드 14-3]에는 프로그램이 시작될 때마다 열의 헤더 정보를 기록하는 기능을 추가하였다. 이를 통해 기존 CSV 파일에 데이터를 추가할 때도 로깅이 다시 시작된 시간을 쉽게 찾아낼 수 있다.

Warning 프로그램을 실행할 때 실행이 시작된 후 곧 프로그램이 멈춘다면 RAM이 부족해서일 가능성이 높다. RAM 부족은 대부분 `Serial.print()`나 `Serial.println()` 함수에서 출력하는 문자열이 RAM을 사용하기 때문에 발생한다. RAM이 부족하면 시리얼로 출력하는 문자열을 줄이거나 문자열을 RAM이 아닌 플래시 메모리에 저장하여 해결할 수 있다. 문자열을 플래시 메모리에 저장하도록 아두이노에 지시하려면 `Serial.println(F("Hello"));`와 같이 문자열을 `F()` 매크로 내에 넣으면 된다. [코드 14-3]에서도 F() 매크로를 사용하고 있다.

RTC를 사용하여 현재 시간을 데이터 로깅에 사용하도록 수정한 프로그램은 [코드 14-3]과 같다. 앞에서 설명한 것처럼 `F()` 매크로를 사용하여 문자열이 플래시 메모리에 저장되도록 함으로써 RAM의 사용량을 줄였다.

코드 14-3 RTC를 사용한 SD 카드 읽기와 쓰기 14-3_sd_read_write_rtc.ino

```
// RTC를 사용한 SD 카드 읽기와 쓰기

// PCF8523이 아니라 DS1307 칩을 사용하는 경우 아래 문장의 주석 기호를 삭제해야 한다.
// #define RTC_CHIP_IS_DS1307

// 강제로 시간을 설정하기 위해서는 아래 문장의 주석 기호를 삭제해야 한다.
// 현장에 설치하여 사용할 때는 아래 문장의 주석 기호를 삭제해서는 안 된다.
// #define FORCE_UPDATE

#include <SD.h>           // SD 카드 라이브러리 포함
#include <Wire.h>         // RTC의 I2C 통신을 위한 라이브러리
#include "RTClib.h"       // RTC 라이브러리

// SD 카드는 하드웨어 SPI 핀에 연결되어 있고
// RTC는 하드웨어 I2C 핀에 연결되어 있다.

// 디폴트값을 사용하는 경우에도 CS 핀을 항상 지정해야 한다.
const int CS_PIN = 10;
```

```
// 디폴트 갱신 주기 5초는 speed.txt 파일 내용으로 교체될 수 있다.
int refresh_rate = 5000;

// 사용하는 RTC 칩 종류에 따라 생성되는 RTC 객체 종류 지정
#ifdef RTC_CHIP_IS_DS1307
  RTC_DS1307 RTC;
  String chip = "DS1307";
#else
  RTC_PCF8523 RTC;
  String chip = "PCF8532";
#endif

// RTC 시간의 변경 여부 결정
#ifdef FORCE_UPDATE
  bool update_clock = true;
#else
  bool update_clock = false;
#endif

// 날짜와 시간을 나타내는 문자열 변수
String time, date;

void updateDateTime()
{
  // 현재 날짜와 시간 정보를 문자열로 변환
  DateTime datetime = RTC.now();
  String year = String(datetime.year(), DEC);
  String month = String(datetime.month(), DEC);
  String day = String(datetime.day(), DEC);
  String hour = String(datetime.hour(), DEC);
  String minute = String(datetime.minute(), DEC);
  String second = String(datetime.second(), DEC);

  // 날짜와 시간 정보를 하나의 문자열로 연결
  date = year + "/" + month + "/" + day;
  time = hour + ":" + minute + ":" + second;
}

void setup()
{
  Serial.begin(9600);
```

```
// CS 핀은 출력으로 설정해야 한다.
pinMode(CS_PIN, OUTPUT);

// RTC 라이브러리 초기화
RTC.begin();

// RTC가 동작하지 않는 경우에는 RTC의 현재 시간을 업데이트
#ifdef RTC_CHIP_IS_DS1307
  if (!RTC.isrunning()) update_clock = true;
#else
  if (!RTC.initialized()) update_clock = true;
#endif

// RTC가 동작하지 않거나 강제 업데이트를 선택한 경우
// RTC 시간을 컴퓨터의 컴파일 시간으로 설정
if (update_clock)
{
  Serial.print(F("Setting "));
  Serial.print(chip);
  Serial.print(F(" time to compile time..."));
  RTC.adjust(DateTime(F(__DATE__), F(__TIME__)));
  Serial.println(F("Done!"));
}
else
{
  Serial.print(chip);
  Serial.println(F(" time is already set!"));
}

// 날짜와 시간 출력
updateDateTime();
Serial.print(F("RTC Date: "));
Serial.println(date);
Serial.print(F("RTC time: "));
Serial.println(time);

// SD 카드 초기화
Serial.print(F("Initializing SD Card..."));
if (!SD.begin(CS_PIN))
{
  Serial.println(F("Card Failure!"));
  while (1);
}
Serial.println(F("Card Ready!"));
```

```
  // 갱신 주기 정보(speed.txt)를 읽어 갱신 주기 설정
  File commandFile = SD.open("speed.txt");
  if (commandFile)
  {
    Serial.print(F("Reading Command File..."));

    while (commandFile.available())
    {
      refresh_rate = commandFile.parseInt();
    }
    Serial.print(F("Refresh Rate = "));
    Serial.print(refresh_rate);
    Serial.println(F("ms"));
    commandFile.close();   // 읽기가 끝나면 파일 닫음
  }
  else
  {
    Serial.println(F("Could not read command file."));
    Serial.print(F("Will use default refresh rate of "));
    Serial.print(refresh_rate);
    Serial.println(F("ms!"));
  }

  // 열의 헤더 출력
  File dataFile = SD.open("log.csv", FILE_WRITE);
  if (dataFile)
  {
    dataFile.println(F("\nNew Log Started!"));
    dataFile.println(F("Date,Time,Phrase"));
    dataFile.close(); // 연결을 닫을 때까지 데이터는 파일에 기록되지 않음

    // 디버깅 목적으로 화면에 같은 내용을 출력
    Serial.println(F("\nNew Log Started!"));
    Serial.println(F("Date,Time,Phrase"));
  }
  else
  {
    Serial.println(F("Couldn't open log file"));
    while (1);
  }
}

void loop()
{
  updateDateTime();      // 현재 날짜와 시간 얻기
```

```
    String dataString = "Hello There!";

    // 데이터를 쓰기 위해 파일 열기
    File dataFile = SD.open("log.csv", FILE_WRITE);
    if (dataFile)
    {
      dataFile.print(date);
      dataFile.print(F(","));
      dataFile.print(time);
      dataFile.print(F(","));
      dataFile.println(dataString);
      dataFile.close();    // 연결을 닫을 때까지 데이터는 파일에 기록되지 않음

      // 디버깅 목적으로 화면에 같은 내용을 출력
      Serial.print(date);
      Serial.print(F(","));
      Serial.print(time);
      Serial.print(F(","));
      Serial.println(dataString);
    }
    else
    {
      Serial.println(F("Couldn't open log file!"));
    }
    delay(refresh_rate);
  }
```

`#include "RTClib.h"` 문장은 RTC 라이브러리를 포함하기 위해 사용되었다. RTC는 I^2C 통신을 사용하는 장치로, Wire 라이브러리를 바탕으로 하므로 Wire 라이브러리도 포함해야 한다. 파일의 첫머리에 주석으로 처리된 `#define` 문장을 볼 수 있다.

```
// #define RTC_CHIP_IS_DS1307
// #define FORCE_UPDATE
```

이 문장은 상수를 정의하기 위해 사용했던 것과 달리 값이 없으며 흔히 플래그(flag)라고 이야기한다. 주석 기호를 제거하면 `#define` 문장은 전처리기(preprocessor)에서 코드를 컴파일하기 전에 단어 의미 그대로 코드 '전처리'를 시행하기 위한 특별한 명령어로 사용된다. 몇 줄 아래를 보면 플래그를 사용한 코드를 볼 수 있다.

```
// 사용하는 RTC 칩 종류에 따라 생성되는 RTC 객체 종류 지정
#ifdef RTC_CHIP_IS_DS1307
   RTC_DS1307 RTC;
   String chip = "DS1307";
#else
   RTC_PCF8523 RTC;
   String chip = "PCF8532";
#endif
```

#으로 시작되는 문장은 모두 전처리기에서 처리된다. `#ifdef`(if defined) 문장은 단어 의미 그대로 해당 플래그가 정의되어 있으면 코드 블록을 컴파일러로 전달한다. 만약 `#define RTC_CHIP_IS_DS1307` 문장이 주석 처리되면 해당 플래그가 정의되지 않으므로 `#else` 문장의 코드 블록이 컴파일러로 전달된다. 즉 DS1307 칩이 아니라 PCF8523 칩을 RTC 칩으로 사용한다. 이처럼 `#define` 문장을 포함하여 전처리 지시어를 사용하면 여러 장치에서 사용할 수 있는 프로그램을 하나의 소스 코드로 만들 수 있다. 전처리 지시어를 사용하면 실제로 필요한 코드만 컴파일러로 전달되고 필요 없는 코드는 컴파일러로 전달되지 않으므로 아두이노의 메모리 사용을 줄이는 효과도 얻을 수 있다.

이 예제에서 전처리 지시어를 사용한 이유는 무엇일까? RTClib 라이브러리는 여러 종류의 RTC 칩에서 사용할 수 있는 표준 함수들을 정의하고 있지만, 칩에 따라 I^2C 주소가 다르고 칩 내에 필요한 정보를 저장하고 있는 레지스터가 다르다. 따라서 칩 종류에 따라 초기화 방법이 달라져야 한다. 칩의 종류를 전처리 지시어를 통해 알려주면 칩 종류에 따라 `RTC_DS1307 RTC;` 또는 `RTC_PCF8523 RTC;`와 같이 서로 다른 클래스를 사용하여 `RTC` 객체를 생성할 수 있다. 이러한 방법을 사용하면 사용하는 데이터 로깅 실드의 버전과 무관하게 같은 코드를 사용할 수 있고 범용성을 높일 수 있다. RTC 객체가 초기화될 때 칩의 이름을 포함하고 있는 문자열 변수를 선언한 것은 디버깅 목적으로 출력할 때 사용하기 위해서다. `FORCE_UPDATE` 플래그를 정의하는 문장의 주석 기호를 제거하면 프로그램을 시작할 때 RTC 시간을 코드를 컴파일한 컴퓨터의 컴파일 시간으로 설정한다. `FORCE_UPDATE` 정의와 상관없이 RTC 칩의 상태는 `setup()` 함수에서 검사하고 RTC가 초기화되지 않은 경우에는 컴퓨터의 컴파일 시간으로 설정한다.

강제로 설정하도록 선택되었거나 칩이 초기화되지 않아 RTC 시간을 설정해야 하는 경우에는 `RTC.adjust(DateTime(F(__DATE__), F(__TIME__)));` 문장으로 컴퓨터에서 코드를 컴파일한 날짜와 시간을 사용한다. RTC 시간이 설정된 후에는 RTC에서 배터리가 분리되지 않는 한 시간이 유지된다. 일반적으로 RTC는 배터리로 수 년 동안 동작한다. `__DATA__`와 `__TIME__`은 스케치를 기계어 코드로 컴파일할 때의 컴퓨터 날짜와 시간을 나타내는 매크로다.

`setup()` 함수에서는 로그 파일에 각 열의 헤더를 추가하여 로깅이 다시 시작된 시간을 쉽게 알아낼 수 있도록 하였다.

loop() 함수가 실행될 때마다 updateDateTime() 함수가 호출된다. updateDateTime() 함수는 RTC.now() 함수를 사용하여 현재 날짜와 시간 정보를 포함하고 있는 DateTime 객체를 얻는다. DateTime 객체에서 얻은 연월일시분초 정보는 먼저 문자열로 변환한 후 이를 하나의 문자열로 연결하여 날짜와 시간을 나타내는 date와 time 변수에 저장한다. date와 time 변수의 값은 시리얼 모니터로 출력하고 SD 카드의 로그 파일에도 기록한다.

스케치를 컴파일하고 실행하기 위해서는 사용하는 환경에 맞게 #define 문장이 사용되었는지 확인해야 한다. 최신 버전의 데이터 로깅 실드를 사용하고 있다면 코드를 수정하지 않고 사용해도 문제는 없다. 업로드 버튼을 눌러 코드를 컴파일하고 아두이노에 업로드하자. 컴파일을 먼저 해두고 나중에 컴파일된 기계어 파일을 업로드하면 컴파일한 시간과 업로드한 시간이 달라 로깅에 사용되는 시간이 실제 시간을 나타내지 못한다.

시리얼 모니터를 열어 날짜와 시간이 정확한지, SD 카드에 데이터가 로깅되고 있는지 확인해 보자. ([그림 14-19] 참고.) 날짜와 시간에 차이가 있다면 다음 항목들을 검사해 보자.

[그림 14-19] RTC를 사용한 SD 카드 읽기와 쓰기에서 시리얼 출력

- RTC용 배터리를 연결하였는가?
- I^2C 통신용 SDA/SCL 핀 헤더가 없는 아두이노 보드를 사용하는 경우 I^2C 패드를 납땜하였는가?
- 전용 IOREF 핀 헤더가 없는 아두이노 보드를 사용하는 경우 IOr 패드를 납땜하였는가?
- 데이터 로깅 실드의 버전을 확인하였는가? 사용하는 실드가 PCF8523 RTC 칩을 사용하는 실드가 아니라면 #define RTC_CHIP_IS_DS1307 문장의 주석 처리를 없애야 한다.

위의 항목들을 모두 점검하였음에도 계속해서 문제가 발생한다면 #define FORCE_UPDATE 문장의 주석 처리를 없애 RTC 시간을 다시 설정하도록 하자. 코드를 업로드한 후 문제가 해결되었으면 `#define FORCE_UPDATE` 문장을 주석 처리하고 다시 코드를 업로드하면 된다.

아두이노에서 SD 카드를 빼서 컴퓨터에 삽입한 후 log.csv 파일을 삭제하고 아두이노에 다시 삽입하자. 로그 파일을 삭제해야 이전에 로깅된 데이터 뒤에 새롭게 로깅되는 데이터가 추가되지 않고 새 파일로 만들어진다.

코드를 아두이노에서 실행한 후 컴퓨터에서 SD 카드에 있는 로그 파일을 열어보면 [그림 14-20]과 같이 데이터가 로깅된 시간이 기록되어 있는 것을 확인할 수 있다. 스프레드시트 프로그램에서는 CSV 형식 파일을 자동으로 열 단위로 분리하여 보여준다.

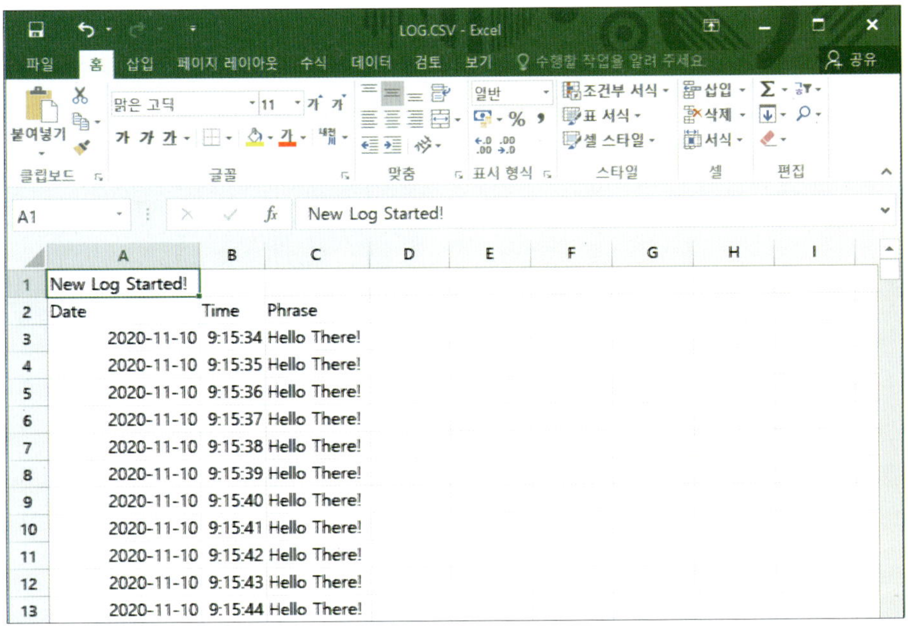

[그림 14-20] RTC를 사용한 SD 카드 읽기와 쓰기에서 생성된 로그 파일

여기서 잠깐! 스톱워치로 시계 만들기

5장에서 스테핑 모터와 아두이노의 시간 함수를 사용하여 스톱워치를 만드는 방법을 살펴보았다. RTC를 통해 실제 시간을 알아내는 방법을 사용하여 스톱워치에 실제 시간을 표시하도록 만들 수 있지 않을까? CD로 만든 시계판에 시간을 12시간 또는 24시간으로 표시하고 스테핑 모터가 시침을 구동시키도록 만들어 보자. 좀 더 상상력을 발휘하면 일출과 일몰 시간을 나타내는 시계를 만들 수도 있다. 위도와 RTC에서 얻은 날짜를 기준으로 일출과 일몰 시간을 계산하고 일출과 일몰을 시계판에 표시하자. 일출과 일몰 시간 간격은 여름에는 길고 겨울에는 짧으므로 시계바늘이 움직이는 속도는 날짜에 따라 달라야 한다.

SECTION
04 출입 관리 시스템

지금까지 살펴본 내용을 사용하여 방을 드나드는 데이터를 로깅하는 시스템을 만들어 보자. 이전 예제에서 사용했던 거리 센서를 사용하여 사람들이 문을 드나드는 것을 감지할 수 있다. 로깅 시스템을 이용하여 출입이 발생하였을 때 이를 SD 카드에 기록하고 나중에 확인할 수 있도록 할 것이다.

1. 출입 데이터 로깅을 위한 하드웨어

출입 데이터를 로깅하려면 이전 장에서 사용한 하드웨어에 아날로그 거리 센서를 추가하면 된다. Adafruit의 데이터 로깅 실드를 사용한다면 적층 헤더를 사용하여 거리 센서를 실드에 바로 연결할 수 있다. 적외선 거리 센서에서 빨간색은 5V, 검정색이나 갈색은 그라운드, 흰색이나 노란색은 A0 핀에 연결하면 된다. 데이터 로깅 실드에 포함되어 있는 핀 헤더를 사용하였다면 센서를 연결하기 위해 별도의 핀 헤더를 납땜해야 한다. 별도의 핀 헤더를 납땜한 예가 [그림 14-21]에 나타나 있다. 거리 센서의 연결선을 데이터 로깅 실드에 직접 납땜하여 사용해도 된다.

[그림 14-21] 출입 데이터 로깅을 위한 하드웨어 구성

출입하는 사람을 정확하게 찾아내기 위해서는 적외선 거리 센서와 아두이노를 벽에 설치하여 적외선이 문을 수평 방향으로 검사하도록 해야 한다. 이렇게 설치해 두면 문을 통과하는 사람은 적외선 거리 센서 앞을 지나가야만 한다. 코드를 작성하고 아두이노에 업로드하기 전에는 벽에 설치하는 것은 잠

시 미루어두자. 벽에 설치할 때는 떼기 쉬운 테이프를 이용하여 벽에 손상이 가지 않도록 하는 것이 좋다. [그림 14-22]를 참고하여 벽에 출입 관리 시스템을 설치하자. 개나 고양이 또는 아이가 지나다니는 것도 감지하고 싶다면 센서를 바닥에 가깝게 내려서 설치해야 할 것이다.

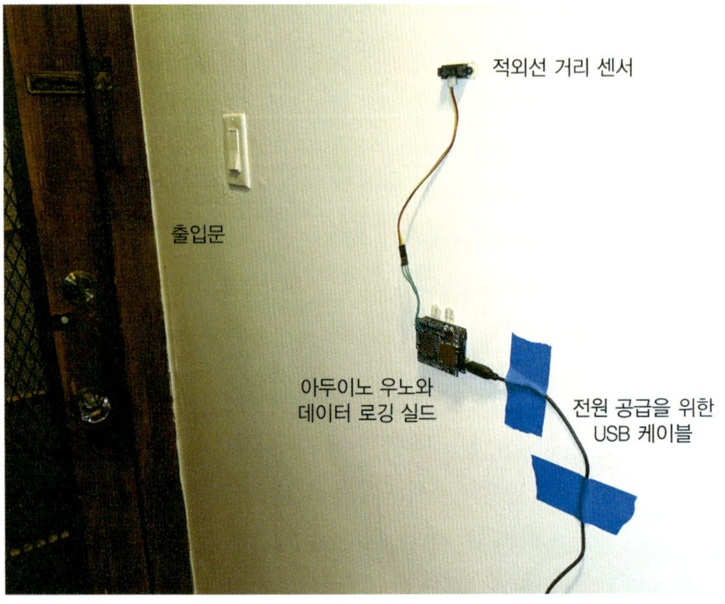

[그림 14-22] 입구에 설치된 출입 관리 시스템

전원을 공급하기 위해서는 몇 가지 방법을 사용할 수 있다. 스마트폰에서 흔히 사용하는 USB 방식 어댑터를 사용하여 USB 케이블로 전원을 공급하거나, 9~12V DC 어댑터를 배럴 잭에 연결하여 전원을 공급하거나, 배럴 잭에 9V 배터리를 연결할 수 있다. 물론 배터리를 사용하는 경우라면 오랜 시간 사용하기는 어려울 것이다. [그림 14-22]에서는 보이지는 않지만 USB 방식 어댑터에서 USB 케이블을 통해 전원을 공급하고 있다.

2. 출입 데이터 로깅을 위한 소프트웨어

출입 관리를 위해 SD 카드에서 설정 데이터를 읽어올 필요는 없으므로 SD 카드에서 데이터를 읽는 코드는 사용하지 않는다. 대신 거리 센서의 상태를 검사하고 측정한 거리가 이전 값과 비교하여 현저히 바뀌었는지 검사하는 코드를 추가할 것이다. 거리가 바뀌었다는 것은 거리 센서 앞으로 무언가 지나갔다는 의미이므로 누군가 들어오거나 나갔다는 것을 알 수 있다.

출입 감지를 위해서는 거리 센서의 변화량에 대한 임계치를 설정해야 한다. [그림 14-22]와 같이 출입 관리 시스템을 설치했을 때는 연속된 측정값의 차이가 75보다 클 때 센서 앞으로 사람이 지나간 것으로 가정하자. 이는 설치된 장소와 환경에 따라 달라질 수 있으므로 설치가 끝난 후 실험을 통해 다시 확인해야 한다. 거리 측정 센서에서 값을 읽어오는 간격은 모든 움직임을 찾아낼 수 있을 정도로 충분히 빨라야 한다. 하지만 너무 잦은 검사로 하루에 수백만 개의 데이터를 로깅해야 한다면 이 또한 바람직하지 않다.

추천하는 방법은 움직임이 감지된 경우에는 SD 카드에 바로 데이터를 로깅하고 움직임이 감지되지 않은 경우에는 일정한 시간 간격으로만 데이터를 로깅하는 것이다. 이러한 방법을 사용하면 데이터 저장을 위한 공간을 줄이면서도 정확성을 유지할 수 있다. 누군가 센서 앞을 지나갈 때는 정확한 시간을 기록해야 하므로 아무런 움직임이 없는 경우보다는 짧은 간격으로 데이터를 기록해야 한다. 이러한 방법을 사용한 것이 [코드 14-4]다. 아두이노는 50ms마다 거리 센서 값을 읽고 움직임이 감지된 경우에는 '활성화(active)' 필드에 1을 기록한다. 움직임이 감지되지 않은 경우에는 50ms 간격이 아니라 1초 간격으로 활성화 필드에 0을 기록한다.

[코드 14-4]는 출입 관리 시스템을 위한 코드로 위에서 설명한 것과 같이 센서 값에 따라 데이터를 로깅하는 시간 간격이 자동으로 조절되도록 하였다.

코드 14-3 출입 관리 시스템 14-4_entrance_logger.ino

```
// 방의 출입 데이터 로깅

// PCF8523이 아니라 DS1307 칩을 사용하는 경우 주석 표시를 제거해야 한다.
// #define RTC_CHIP_IS_DS1307

// 강제로 시간을 설정하기 위해서는 주석 표시를 제거해야 한다.
// 현장에 설치하여 사용할 때에는 주석으로 처리되어 있어야 한다.
// #define FORCE_UPDATE

#include <SD.h>          // SD 카드 라이브러리 포함
#include <Wire.h>        // RTC의 I2C 통신을 위한 라이브러리
#include "RTClib.h"      // RTC 라이브러리

// SD 카드는 하드웨어 SPI 핀에 연결되어 있고
// RTC는 하드웨어 I2C 핀에 연결되어 있다.

// 디폴트값을 사용하는 경우에도 CS 핀을 항상 지정해야 한다.
const int CS_PIN = 10;

// 적외선 거리 센서는 아날로그 0번 A0 핀에 연결한다.
const int IR_PIN = 0;
```

```
// 사용하는 RTC 칩 종류에 따라 생성되는 RTC 객체 종류 지정
#ifdef RTC_CHIP_IS_DS1307
  RTC_DS1307 RTC;
  String chip = "DS1307";
#else
  RTC_PCF8523 RTC;
  String chip = "PCF8532";
#endif

// RTC 시간의 변경 여부 결정
#ifdef FORCE_UPDATE
  bool update_clock = true;
#else
  bool update_clock = false;
#endif

// 날짜와 시간을 나타내는 문자열 변수
String time, date;

// 거리 측정과 관련된 변수 초기화
int raw = 0;
int raw_prev = 0;
boolean active = false;
int update_time = 0;

void updateDateTime()
{
  // 현재 날짜와 시간 정보를 문자열로 변환
  DateTime datetime = RTC.now();
  String year = String(datetime.year(), DEC);
  String month = String(datetime.month(), DEC);
  String day = String(datetime.day(), DEC);
  String hour = String(datetime.hour(), DEC);
  String minute = String(datetime.minute(), DEC);
  String second = String(datetime.second(), DEC);

  // 날짜와 시간 정보를 하나의 문자열로 연결
  date = year + "/" + month + "/" + day;
  time = hour + ":" + minute + ":" + second;
}

void setup()
{
```

```
Serial.begin(9600);

// CS 핀은 출력으로 설정해야 한다.
pinMode(CS_PIN, OUTPUT);

// RTC 라이브러리 초기화
RTC.begin();

// RTC가 동작하지 않는 경우에는 RTC의 현재 시간을 업데이트
#ifdef RTC_CHIP_IS_DS1307
  if (!RTC.isrunning()) update_clock = true;
#else
  if (!RTC.initialized()) update_clock = true;
#endif

// RTC가 동작하지 않거나 강제 업데이트를 선택한 경우
// RTC 시간을 컴퓨터의 컴파일 시간으로 설정
if (update_clock)
{
  Serial.print(F("Setting "));
  Serial.print(chip);
  Serial.print(F(" time to compile time..."));
  RTC.adjust(DateTime(F(__DATE__), F(__TIME__)));
  Serial.println(F("Done!"));
}
else
{
  Serial.print(chip);
  Serial.println(F(" time is already set!"));
}

// 날짜와 시간 출력
updateDateTime();
Serial.print(F("RTC Date: "));
Serial.println(date);
Serial.print(F("RTC time: "));
Serial.println(time);

// SD 카드 초기화
Serial.print(F("Initializing SD Card..."));
if (!SD.begin(CS_PIN))
{
  Serial.println(F("Card Failure!"));
  while (1);
```

```
    }
    Serial.println(F("Card Ready!"));

    // 열의 헤더 출력
    File dataFile = SD.open("log.csv", FILE_WRITE);
    if (dataFile)
    {
      dataFile.println(F("\nNew Log Started!"));
      dataFile.println(F("Date,Time,Raw,Active"));
      dataFile.close(); // 파일을 닫을 때까지 데이터는 파일에 기록되지 않음

      // 디버깅 목적으로 화면에 같은 내용을 출력
      Serial.println(F("\nNew Log Started!"));
      Serial.println(F("Date,Time,Raw,Active"));
    }
    else
    {
      Serial.println(F("Couldn't open log file"));
      while (1);
    }
}

void loop()
{
    updateDateTime();       // 현재 날짜와 시간 얻기

    // 움직임 데이터 수집, 아날로그 거리 센서 값 읽기
    raw = analogRead(IR_PIN);
    // 이전 센서값과 75 이상 차이가 나는 경우는
    // 센서 앞에서 물체가 움직였음을 나타낸다.
    if (abs(raw - raw_prev) > 75)
      active = true;
    else
      active = false;
    raw_prev = raw;

    // 데이터를 쓰기 위해 파일 열기
    if (active || update_time == 20)
    {
      File dataFile = SD.open("log.csv", FILE_WRITE);
      if (dataFile)
      {
        dataFile.print(date);
        dataFile.print(F(","));
```

```
      dataFile.print(time);
      dataFile.print(F(“,”));
      dataFile.print(raw);
      dataFile.print(F(“,”));
      dataFile.println(active);
      dataFile.close();    // 파일을 닫을 때까지 데이터는 파일에 기록되지 않음

      // 디버깅 목적으로 화면에 같은 내용을 출력
      Serial.print(date);
      Serial.print(F(“,”));
      Serial.print(time);
      Serial.print(F(“,”));
      Serial.print(raw);
      Serial.print(F(“,”));
      Serial.println(active);
    }
    else
    {
      Serial.println(F(“Couldn’t open log file”));
    }
    update_time = 0;
  }
  delay(50);
  update_time++;
}
```

3. 데이터 분석

아두이노에 [코드 14-4]를 업로드한 후 문에 설치하여 동작하도록 해 보자. 문을 몇 번 드나들면서 데이터를 로깅한 후 SD 카드를 컴퓨터에 삽입하고 CSV 파일을 스프레드시트 프로그램에서 열어 보자. 하루 동안 데이터를 로깅했다고 가정하면 시간을 x축으로 하고 활성화 값을 y축으로 해서 그래프를 그려볼 수 있다. 움직임이 감지되지 않은 경우 활성화 값은 0을 가지고 누군가 방에 들어오거나 방에서 나갈 때 활성화 값은 1로 변한다. 움직임이 감지된 시간 역시 시간 축을 통해 확인할 수 있다.

그래프를 그리는 방법은 사용하는 프로그램에 따라 다르다. 이 책에서는 그래프 작성을 돕기 위해 형식이 미리 지정된 온라인 스프레드시트를 제공한다. 다만 구글 계정이 있어야만 사용할 수 있다. exploringarduino.com/content2/ch14에서 구글 스프레드시트 링크[3]를 찾아 클릭하면 스프레드시트 문서의 복사본을 만든다는 메시지가 나타난다. 복사본을 만들고 아두이노로 수집한 데이터를 스프

3 'Pre-formatted Google Spreadsheet for Graphing Logged Data'

레드시트에 복사해 넣으면 자동으로 그래프가 다시 그려진다. [그림 14-23]은 몇 분 동안 수집한 데이터로 그린 그래프의 예를 보여준다. 스프레드시트 탬플릿은 원시값과 미리 설정한 임계값에 의해 만들어진 활성화 값을 모두 그래프에 나타내고 있다. 원시값에서 큰 차이가 없음에도 활성화 값이 나타나거나 그 반대인 경우가 발생한다면 성능을 개선하기 위해 임계값을 조절해야 할 수 있다.

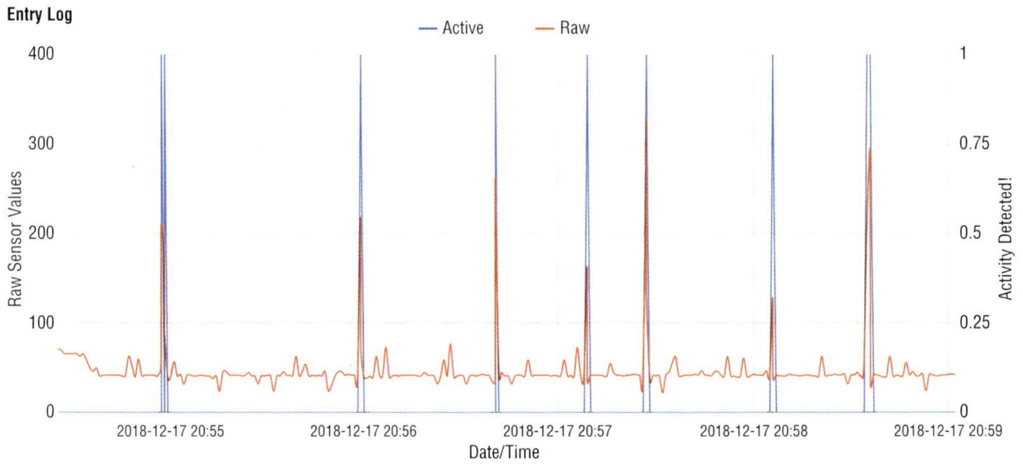

[그림 14-23] 수 분 동안의 출입 데이터 그래프

요약

- CSV 파일은 새 줄과 쉼표를 구분자로 사용하여 일반 텍스트 형식으로 데이터를 구조화하여 저장하기 위해 사용할 수 있다.
- SD 카드는 윈도우, Mac OS, 리눅스 등에서 포맷할 수 있다.
- 다양한 SD 카드 실드가 판매되고 있으며 SD 카드 제어 이외의 기능이 포함된 실드도 있다.
- SD 라이브러리를 사용하여 SD 카드에 있는 파일에 데이터를 읽고 쓸 수 있다.
- I^2C 인터페이스를 사용하여 RTC와 통신할 수 있으며 정확한 데이터 추가 시간을 얻기 위해 RTC를 사용할 수 있다.
- 전처리 지시자와 플래그 정의를 사용하여 하나의 소스 코드로 여러 장치에서 사용할 수 있는 기계어 코드로 컴파일할 수 있다.
- 문자열을 플래시 메모리에 저장하면 RAM 부족으로 인한 제약을 일부 해결할 수 있다.
- 거리 센서에서 출력하는 아날로그 값 변화로부터 움직임을 감지할 수 있다.
- 컴퓨터의 스프레드시트 프로그램에서 로깅된 데이터를 그래프로 그릴 수 있다.

CHAPTER

15

무선 RF 통신

CONTENTS

필요한 부품

- 아두이노 우노
- A-B 타입 USB 케이블
- 브레드보드
- 점퍼선
- 220Ω 저항
- 피에조 버저
- USB 포트에 연결할 수 있는 5V 1A 전원 공급장치
- (해당 국가에서 사용할 수 있는) 315MHz 모멘터리(momentary) 형식 RF 수신기
- (해당 국가에서 사용할 수 있는) 단일 버튼 315MHz RF 원격 제어장치
- 제어가 가능한 AC 전원 릴레이 모듈
- AC 사용 전등
- 스크루 드라이버

들어가기 전에

많은 마이크로컨트롤러 관련 프로젝트에서 요구하는 것 중 하나가 무선 연결이다. 무선 연결에 다양한 방법을 사용할 수 있지만 가장 간단하고 기본적인 방법은 RF(radio frequency) 모듈을 사용하는 것이다. 다양한 형태와 크기의 RF 모듈이 판매되고 있지만 동작 방식은 비슷하다. 송신기에서 입력 상태가 변하면 그에 대응하는 수신기의 출력 역시 변한다. 이러한 동작 방식은 송신기와 수신기가 선으로 연결되어 있고 한 비트의 정보가 전송되는 것과 차이가 없다. 이 장에서는 무선 통신의 일반적인 개념을 소개하며, 그중에서도 간단한 RF 통신에 중점을 둔다. 이후 두 장에서는 이 장에서 배운 내용을 블루투스와 와이파이 연결로 확장한다.

Note 이 책의 초판에는 다중 연결이 가능한 XBee에 대한 내용이 포함되어 있었다. 하지만 XBee는 설정이 복잡하고 가격이 비싸며 XBee 사이에서만 통신할 수 있다는 단점이 있다. 따라서 2판에는 XBee 대신 쉽게 찾아볼 수 있고 흔히 사용하는 블루투스와 와이파이에 관한 장을 추가하였다. 또한 전자기 스펙트럼에 대한 기본적인 이해를 돕고 무선 통신의 기본이 되는 RF 통신을 다루기 위해 이 장 역시 추가하였다. XBee에 관한 내용이 궁금하다면 먼저 이 장의 내용을 살펴본 후 XBee 사용 방법을 다루는 튜토리얼을 blum.fyi/xbee-tutorial에서 살펴보기 바란다.

SECTION 01

전자기 스펙트럼

RF 통신의 동작 방식을 이야기하기 전에 그와 관련된 과학적 원리를 먼저 살펴보자. 전자기 스펙트럼은 일상생활에서도 빼놓을 수 없는 중요한 요소 중 하나다. 전자기 스펙트럼은 초고주파인 감마선에서부터 저주파인 라디오파에 이르기까지 우주에서 방사되는 에너지와 관련이 있다. 스펙트럼의 중간 부분에 있는 가시광선은 가장 친숙한 전자기파다. 태양, 전등, 아두이노 프로젝트의 LED 등에서 나오는 빛은 모두 전자기파 형태로 눈에 도달한다. 눈에서 전자기파 에너지를 빛으로 인식하는 것과 비슷하게 아두이노는 RF 수신기를 통해 라디오파 형태로 정보를 수신한다. [그림 15-1]은 다양한 형태의 전자기파를 나타낸 것이다.

주파수(frequency)는 초당 규칙적으로 반복되는 사이클의 수로, 단위는 헤르츠(Hz)이다. 모든 전자기 에너지는 초당 약 300,000킬로미터의 빛의 속도로 자유 공간에서 파동의 형태로 퍼져나간다. 감마선은 가장 주파수가 높은 파로 10×10^{18} 정도의 주파수를 갖는다. 가장 주파수가 낮은 전자기파는 라디오파로 약 30Hz까지 주파수가 낮아진다.

주파수와 밀접한 관련을 갖는 것이 **파장**(wavelength)이다. 파장은 전자기파가 공간을 통해 퍼져나갈 때 인접한 두 파형에서 가장 높은 지점 사이의 물리적인 거리를 나타낸다. 전자기파의 파장은 파를 나타내는 다른 방법으로, 파의 진행 속도가 일정하므로 주파수와 관련이 있다. 진공 상태에서 전자기파는 빛의 속도로 전파되므로 파장은 빛의 속도를 주파수로 나눈 값에 해당한다.

파장은 가시광선 영역을 이야기할 때 흔히 사용하고 **주파수**는 라디오파를 이야기할 때 흔히 사용한다. 아두이노 프로젝트를 수행하기 위해 빨간색 LED를 구입하려고 검색을 해 보았다면 데이터시트에 기본 파장이 명시된 것을 본 적이 있을 것이다. 빨간색 LED는 약 630nm 파장의 전자기파를 방출하며 사람의 눈은 약 380nm에서 780nm 사이의 전자기파를 색과 빛의 형태로 인식한다. 이 장에서 사용하는 RF 송신기와 수신기는 315MHz 주파수를 사용한다. 즉 0.95m 길이의 파장을 가지는 전자기파를 공기 중으로 내보낸다.

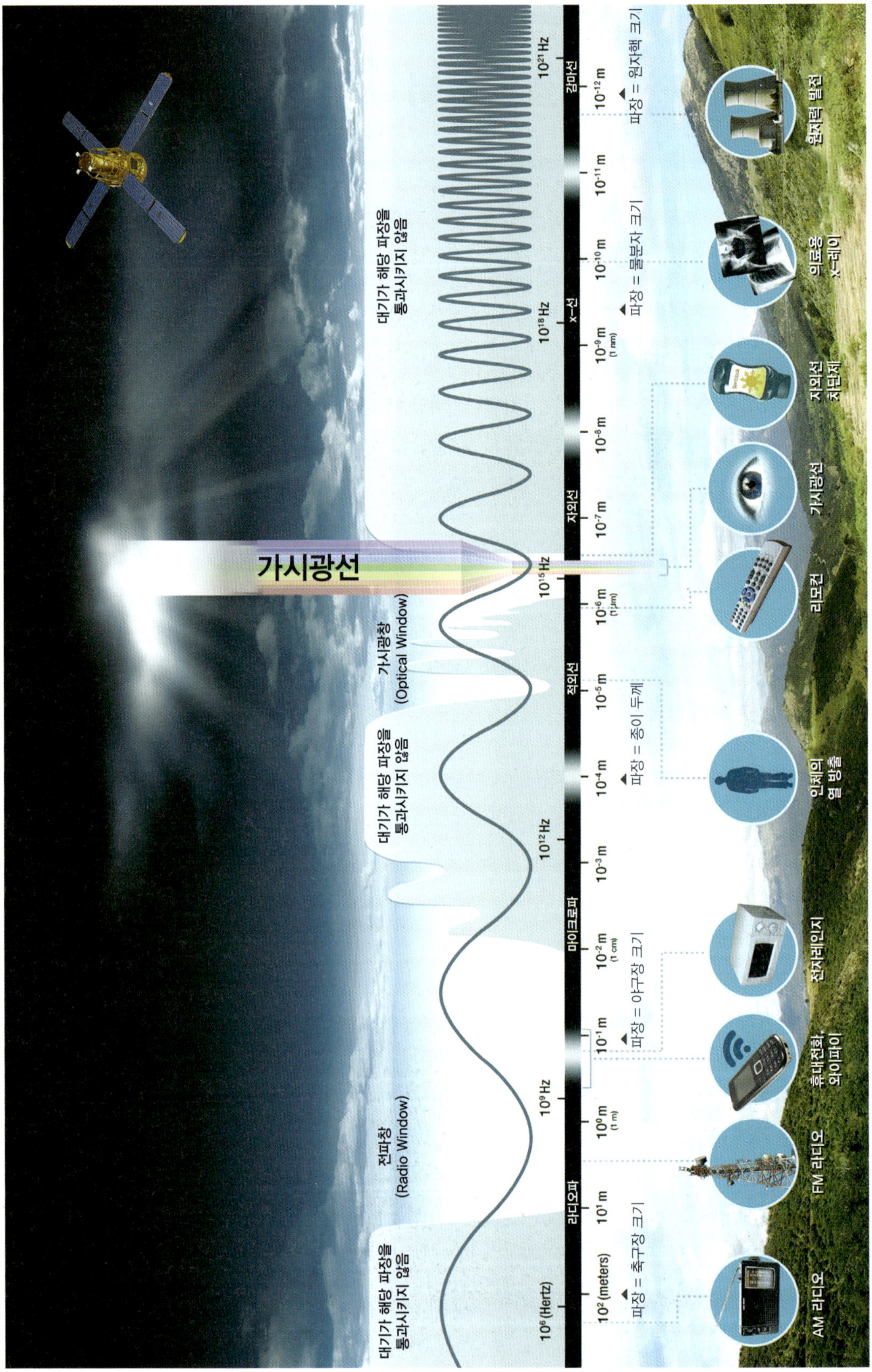

[그림 15-1] 전자기 스펙트럼(출처: NASA, science.nasa.gov)

1. 스펙트럼

간단한 ON/OFF 신호를 무선으로 전송하기 위해 파장과 주파수를 왜 알아야 할까? 주파수는 데이터 전송 속도에 영향을 주고, 가정이나 건물의 벽과 같은 물질을 투과하여 전달하는 능력과도 관련이 있다. 법적으로 사용이 가능한지도 고려해야 한다. 대부분의 무선 주파수 대역은 군용 통신, 공중파 TV, AM/FM 라디오, 경찰과 구급 서비스, 위성 통신, 휴대폰 등 특별한 애플리케이션에만 사용할 수 있도록 할당되어 있다.

뉴스에서 스마트폰과 관련하여 무선 주파수 대역을 할당한다는 기사를 본 적이 있을 것이다. 무선전화 데이터, 와이파이 등 다양한 무선 기술이 사용하는 주파수 대역을 어떻게 나눌 것인지에 대해서는 논쟁이 끊이지 않고 있다. 만약 모든 사람이 자유롭게 임의의 주파수를 통해 원하는 만큼의 전력을 사용하여 데이터를 보낸다면, 방출된 전파는 곧 서로 뒤섞이고 간섭이 일어나 아무도 데이터를 받지 못하는 상황이 벌어질 것이다. 이러한 상황이 발생하지 않도록 전 세계의 다양한 관리 기구에서는 데이터를 전송하는 장치에 대한 운영 규칙을 정하고 있다. 주파수 대역 할당과 관련 표준을 관리하는 기구에는 미국의 FCC(Federal Communications Commission), 캐나다의 IC(Industry Canada), 유럽연합의 CISPR(Comité International Spécial des Perturbations Radioélectriques) 등이 있다. 대체로 지역별 표준은 서로 호환된다. 예를 들어 한 지역에서 특정 주파수 대역을 특정 목적으로 사용하고 있다면 대부분의 경우 다른 지역에서도 마찬가지다. 하지만 몇몇 예외도 존재하므로 무선 통신을 사용하는 시스템을 설계하려면 지역에 따른 표준과 그에 따른 법적인 문제를 이해하고 있어야 한다.

이 장의 예제에서는 315MHz 송신기를 사용하며 미국에서는 260~470MHz 대역에 적용되는 규칙을 따른다. 이 대역의 전자기파를 방출하는 기기는 형식과 방출하는 전력 요건을 만족한다면 허가를 받지 않고 자유롭게 사용할 수 있다. 음성이나 비디오 신호는 데이터가 많아 사용할 수 없지만 적은 양의 데이터를 가끔씩 보내는 것은 가능하다. 이 대역은 상대적으로 전송 가능한 거리가 멀고 연속적으로 데이터를 보내지 않아 간섭도 적어 차고 문 개폐장치나 자동차 열쇠 등에 사용된다. 유럽에서는 315MHz 대역에서 허가받지 않은 데이터 전송은 허용되지 않으며 CISPR의 관련 규정에 따라 433MHz 대역에서의 데이터 전송은 허가되어 있다. 433MHz 대역은 대부분의 나라에서 사용할 수 있으므로 하나의 제품을 여러 시장에 판매할 수 있어 흔히 사용된다.

흔히 접할 수 있는 다른 대역은 **ISM**(Industrial, Scientific, and Medical) **대역**이다. ISM 대역은 산업, 과학 및 의료 분야에서 사용하는 대역으로 지역에 따라 세부 사항에 약간의 차이는 있지만, 대부분 지역에서 범용으로 사용할 수 있다. ISM 대역은 무선전화기, RFID, 블루투스, 와이파이, 전자레인지 등에서 사용하고 있다. ISM 대역은 무료로 사용할 수 있지만 원하는 모든 데이터를 전송할 수 있는 것은 아니며 전송 전력을 정의한 지역별 규제를 따라야 한다. 이러한 규제를 따르지 않는다면 전자레인지가 가정에서 사용하고 있는 와이파이 장치를 손상시킬 수 있다.(전자레인지와 와이파이는 모두 ISM 대역인 2.4~2.5GHz를 사용한다.)

사용하는 주파수 대역에 대한 규제를 너무 고민할 필요는 없다. 아두이노에 사용되는 RF 장치가 판매되고 있다는 것은 해당 지역에서 사용할 수 있는 장치라는 의미다. 다음 두 장에서 살펴볼 블루투스와 와이파이 프로젝트의 경우 ISM 대역을 사용하므로 아무런 문제가 없을 것이다. 하지만 이 장에서 사용하는 RF 통신의 경우 사용하고자 하는 지역의 규제를 만족하는지 확인할 필요는 있다.

2. RF 연결을 통한 데이터 송수신

RF 송신기가 승인 받은 주파수를 통해 적은 양의 데이터를 간헐적으로 보낸다는 것을 알았다. 그렇다면 실제로 데이터가 어떻게 보내지는지 좀 더 자세히 알아보자. 수신기는 315MHz나 433MHz의 주파수를 사용하여 보낸 데이터에서 HIGH 또는 LOW의 디지털 데이터를 어떻게 구별할 수 있을까?

데이터 전달의 비밀을 푸는 열쇠는 송신기와 수신기에서 사용하는 **변조**(modulation)와 **복조**(demodulation)[1]에 있다. 송신기와 수신기가 같은 방식을 사용한다면 변조와 복조가 어떻게 진행되는지 크게 걱정할 필요는 없다. 개념적으로 이야기하자면 변조는 데이터를 **반송파**(carrier wave)로 만드는 과정을 말한다. 반송파는 데이터 전송에 사용되는 특정 주파수의 전자기파를 의미하며 정보가 실린 경우를 가리키는 것이 대부분이지만 정보가 실리지 않은 경우도 반송파라고 한다. 아날로그 변조와 관련된 잘 알려진 방법이 라디오 방송에 사용되는 AM과 FM이다. **AM**(진폭 변조, Amplitude Modulation)과 **FM**(주파수 변조, Frequency Modulation)은 아날로그 데이터를 [그림 15-2]에 나타낸 것처럼 진폭이나 주파수의 변화(또는 변조)로 나타내는 방법으로, 라디오 방송에서 노래를 변조하여 보내는 것이 그 예다. 수신기에서 진폭이나 주파수의 변형으로부터 라디오 방송에서 보낸 노래를 복원하는 것은 복조라고 한다.

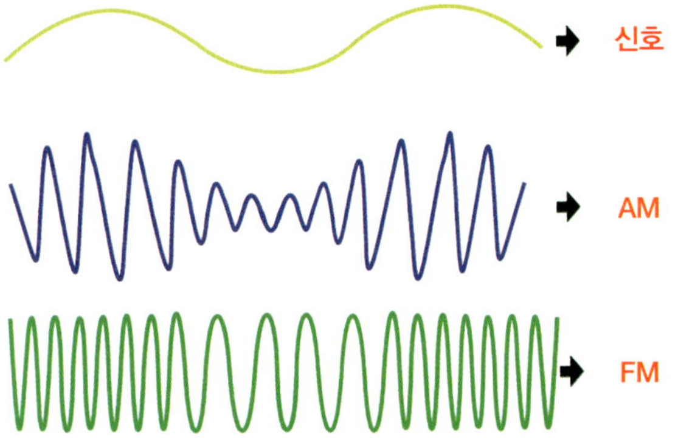

[그림 15-2] 아날로그 신호의 AM 및 FM 반송파(출처: Science ABC, scienceabc.com)

1 옮긴이_ 송신기에서 변조를 하고 수신기에서 복조를 하며, MOdulation + DEModulation을 합쳐서 '모뎀'이라고 한다.

디지털 변조 역시 아날로그 변조와 비슷한 방법을 사용한다. 다만 디지털 변조에서는 오디오 신호와 같은 아날로그 신호를 인코딩하는 것이 아니라 0과 1의 디지털 신호를 인코딩하여 반송파를 만든다. 이 장에서 사용하는 모듈은 차고 문 개폐장치나 자동차 열쇠 등과 같은 대부분의 간단한 정보를 전송하는 장치와 마찬가지로 **ASK**(Amplitude Shift Keying) 변조를 사용한다. ASK는 AM 방식과 비슷한 변조 방식으로 반송파의 주파수는 그대로 유지하면서 신호의 진폭 또는 세기를 변형하는 방식이다. [그림 15-3]은 ASK 방식을 나타낸 것이다. 전송 주파수에 맞는 신호가 정해진 시간 동안 수신되면 논리 1로 생각할 수 있다. 만약 정해진 시간 동안 아무런 신호도 받지 못했다면 논리 0으로 생각할 수 있다.

물론 이것보다는 고려해야 할 점들이 더 있다. 장치를 구별하기 위한 주소 지정 방법과 오류 검사를 위한 데이터 전송도 고려해야 데이터가 정상적으로 수신될 수 있다. 이 장에서 사용하는 모듈은 이 모든 것들을 처리해 주기 때문에 실제로 생각해야 할 것은 복조된 논리 데이터뿐이다.

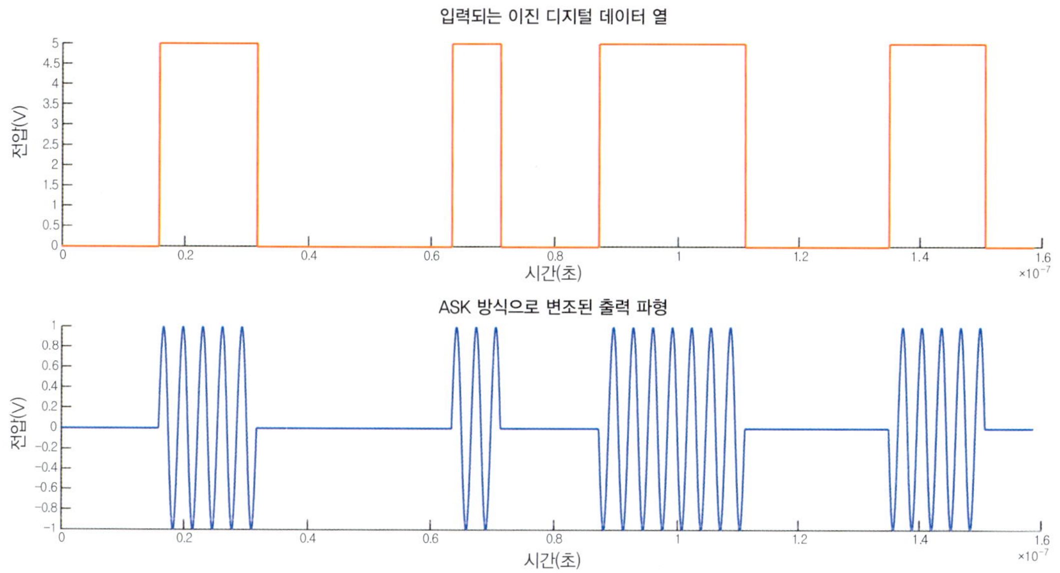

[그림 15-3] 디지털 신호의 ASK 변조(MATLAB으로 작성)

SECTION 02

RF 연결을 통해 키 누름 데이터 수신

무선 전송의 원리를 이해했다면 이제 무선 수신기를 통해 데이터를 수신해 보자.

1. 수신기 연결

이 장에서 사용하는 수신기 모듈(Adafruit의 제품 번호 1096)은 최대 4개의 서로 다른 키 누름 데이터를 수신할 수 있다. [그림 15-4]와 같이 하나의 버튼만 있는 송신기/리모컨을 사용한다면 수신기 모듈에서 D2 핀에서 수신된 정보를 확인할 수 있다. 리모컨 버튼을 눌렀을 때 D2 핀은 5V를 유지하고, 버튼을 떼면 D2 핀은 그라운드로 돌아간다. 아두이노의 디지털 입력 핀은 0V와 5V 신호를 입력으로 받을 수 있으므로 리모컨 버튼의 상태에 따라 서로 다른 동작을 수행할 수 있다.

먼저 수신 거리가 최대가 되도록 [그림 15-4]와 같이 수신기의 안테나를 조심스럽게 펼쳐 두기를 추천한다.

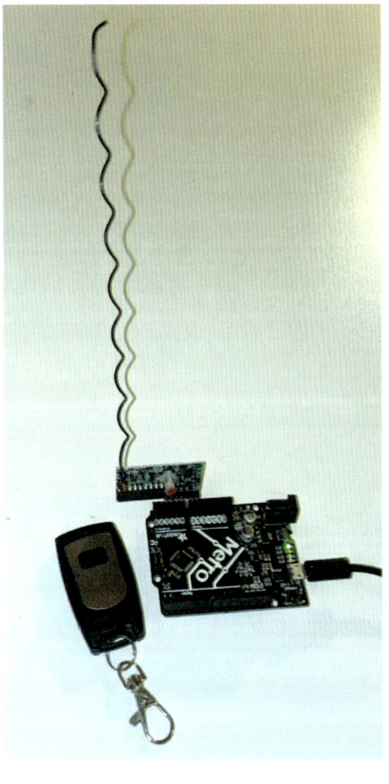

[그림 15-4] 완전히 펼친 안테나

Note 안테나의 길이를 측정해 보면 약 0.24m인 것을 알 수 있다. 안테나 길이가 0.24m인 이유는 사용하는 안테나가 '1/4 파장 모노폴(quarter-wave monopole)' 안테나이기 때문이다. 이 경우 안테나의 길이는 특정 주파수에 해당하는 파장의 1/4과 같은 길이를 가진다. 이 장에서 사용하는 315MHz 전자기파는 0.96m 파장을 가지므로 안테나 길이는 그 1/4인 0.24m이다.

안테나를 펼쳐 놓았으면 수신기 모듈을 아두이노에 연결하면 된다. 아두이노 우노, 아두이노 레오나르도 또는 아두이노 우노 호환 보드를 사용한다면 수신기 모듈을 아두이노 보드에 직접 연결할 수 있다. 수신기 모듈의 D0 핀이 아날로그 핀 헤더와 전원 핀 헤더 사이에 오도록 모듈을 연결하면 된다. 이 경우 5V 입력은 아두이노의 VIN 핀에 연결되고(아두이노는 USB를 통해 전원을 공급받는 것으로 가정한다), 수신기 모듈의 그라운드는 아두이노의 그라운드에 연결되며, 수신기 모듈의 D2 핀은 아두이노의 A1 핀에 연결된다. 아날로그 입력 핀은 디지털 입출력 핀으로도 사용할 수 있으며 이 예에서도 디지털 입력 핀으로 사용한다. [그림 15-5]는 수신기 모듈을 아두이노 우노에 연결한 모습이다.

[그림 15-5] 수신기 모듈을 아두이노에 직접 연결

2. 수신기 프로그램 작성

수신기를 아두이노에 연결하였으면 신호를 수신할 준비가 된 것이다. 송신기로 사용하는 리모컨에는 배터리 방전을 막기 위해 배터리 부분에 플라스틱 탭이 포함되어 있는 경우가 많으므로 사용 전에 반드시 제거해야 한다.

이 예제에서 사용하는 리모컨은 모멘터리 형식[2]이므로 리모컨의 버튼이 눌린 상태에서 D2 핀은 HIGH 상태를 가진다. 모듈의 송수신 상태를 검사하기 위해 수신기 모듈의 D2 핀이 연결된 아두이노의 A1 핀의 상태를 검사하고 A1 핀의 상태를 아두이노 보드에 내장된 13번 핀 LED에 나타내는 프로

2 옮긴이_ 모멘터리 형식과 대비되는 것이 유지(maintain) 형식이다. 유지 형식은 버튼을 한 번 누르면 계속 동작을 하고 동작을 정지시키기 위해서는 다시 버튼을 눌러야 한다.

그램을 작성해 보자. 프로그램은 setup() 함수에 LED가 연결된 핀의 상태를 출력으로 설정하는 문장 하나만 추가하고 loop() 함수에서 A1 핀의 상태를 읽어 13번 핀으로 출력하는 문장 하나만 추가하면 된다.

```
void setup() { digitalWrite(13, OUTPUT); }
void loop() { digitalWrite(13, digitalRead(A1)); }
```

간단하지 않은가? 주의할 점은 한 함수의 반환값을 다른 함수의 매개변수로 사용하고 있다는 점 정도다. 위와 같이 간단한 경우에는 한 함수의 반환값을 다른 함수의 매개변수로 사용하기 위해 임시 변수에 저장할 필요는 없다. 물론 digitalRead() 함수의 반환값을 불리언 타입 변수에 저장한 후 digitalWrite() 함수의 매개변수로 사용할 수도 있지만, digitalRead() 함수의 반환값을 바로 digitalWrite() 함수의 매개변수로 사용하는 것이 여러모로 간편하다.

Note 리모컨의 버튼을 눌렀을 때 수신기 모듈의 D2 핀을 통해 LED를 점멸할 수 없다면 사용하는 리모컨이 다른 채널로 통신하도록 설정된 것은 아닌지 확인해야 한다. 아두이노의 A1 핀이 아니라 A3 핀에 연결된 수신기 모듈의 VT 핀 신호를 검사해 보자. VT 핀은 모든 채널(이 장에서 사용하는 수신기 모듈의 경우 4채널)로 수신되는 데이터에 반응한다. 따라서 VT 핀의 출력이 변한다면 리모컨 데이터를 수신하지만 다른 채널로 수신하는 것이므로 수신기 모듈의 D1부터 D4 중에서 어느 핀이 리모컨에 반응하는지 확인해야 한다. 또한 리모컨의 버튼을 누르면 리모컨에 있는 LED가 깜빡거리는 경우가 대부분이다. 리모컨의 LED가 반응이 없다면 리모컨의 배터리를 교체해야 한다.

앞의 간단한 예제에 기능을 추가해 보자. 단순히 LED를 제어하는 것뿐만 아니라 millis() 함수를 사용하여 버튼이 눌린 시간을 측정하고 버튼을 뗄 때 시리얼 모니터로 버튼이 눌린 시간을 출력해 보자. 이를 위해서는 버튼의 상태를 저장할 수 있는 변수를 추가해야 한다. [코드 15-1]은 버튼이 눌린 시간을 출력하도록 만든 코드다.

코드 15-1 RF 연결 테스트 15-1_rf_test.ino

```
// 간단한 RF 연결 테스트

// 모멘터리 형식의 RF 수신기가 사용된 것으로 가정한다.
// M4 모멘터리 형식 RF 수신기는 푸시 버튼과 유사한 방식으로 동작한다.
// 리모컨의 버튼이 눌린 상태이면 수신기 모듈의 D2 핀은 HIGH 상태가 되고
// 리모컨의 버튼이 눌리지 않은 상태이면 수신기 모듈의 D2 핀은 LOW 상태가 된다.

// 수신기 모듈의 “D2” 핀이 연결된 아두이노 입출력 핀 번호
const int TRIGGER_PIN = A1;

// 리모컨 버튼이 눌렸을 때 켜지는 LED가 연결된 핀 번호
const int LED_PIN = 13;
```

```
// 버튼이 눌리기 시작한 시간 저장을 위한 변수
unsigned long start_time;

// 버튼이 눌리기 시작했을 때 메시지 출력을 위한 변수
boolean announced;

void setup()
{
  Serial.begin(9600);
  Serial.println("RF Test");

  // LED 연결 핀을 출력으로 설정
  pinMode(LED_PIN, OUTPUT);
}

void loop()
{
  digitalWrite(LED_PIN, LOW); // 버튼이 눌리지 않았을 때 LED 끔
  announced = false;          // 현재 버튼은 눌리지 않은 상태에 있음

  // 버튼이 눌린 동안은 while 루프에 머무름
  while (digitalRead(TRIGGER_PIN))
  {
    // 버튼이 눌리기 시작할 때 한 번만 동작
    if (!announced)
    {
      start_time = millis();
      Serial.print("PRESSED...");
      announced = true;       // 버튼을 누르기 시작할 때 한 번만 메시지 출력
    }
    digitalWrite(LED_PIN, HIGH);
  }

  // 버튼을 눌렀다 뗄 때 버튼을 누른 시간을 출력
  if (announced)
  {
    Serial.print("RELEASED after ");
    unsigned long duration = millis() - start_time;
    Serial.print(round(duration / 1000.0)); // 초 단위로 버튼을 누른 시간 출력
    Serial.println(" second(s).");
  }
}
```

코드에서는 버튼을 누를 때와 뗄 때 한 번만 시리얼 모니터로 메시지를 출력하기 위해 **상태 변수**를 사용하고 있다. announced 변수는 버튼이 눌리기 시작할 때 while 루프 내에서 true로 설정되고, 버튼을 떼고 시간 출력이 이루어진 후 while 루프 바깥의 loop() 함수 내에서 false로 리셋된다. loop() 함수 내의 while 루프는 버튼이 눌린 동안 계속 실행된다. 처음 while 루프가 실행될 때, 즉 버튼이 눌리기 시작할 때 announced 변수는 true로 설정된다. 이후 !announced는 false를 반환하므로 버튼을 누르기 시작했다는 PRESSED 메시지를 다시 출력하지 않으며 버튼을 누르기 시작한 시간을 다시 설정하지 않는다. 버튼을 떼거나 신호를 수신하지 못해 while 루프가 종료되면 버튼이 눌리기를 대기하는 loop() 함수가 계속 실행된다. announced 변수는 while 루프 내에서만 true로 설정되고 loop() 함수가 시작될 때 false로 설정되므로 if(announced) 블록은 버튼을 뗄 때 한 번만 실행된다.

[코드 15-1]을 실행하면 이전 코드와 마찬가지로 버튼을 누를 때만 LED가 켜진다. 그러나 이제는 버튼을 누르기 시작할 때의 시간을 millis() 함수로 알아내고 버튼을 뗄 때 버튼이 눌린 시간을 계산하여 시리얼 모니터로 출력한다. [그림 15-6]은 버튼을 누르기 시작할 때와 뗄 때 출력되는 메시지를 나타낸다.

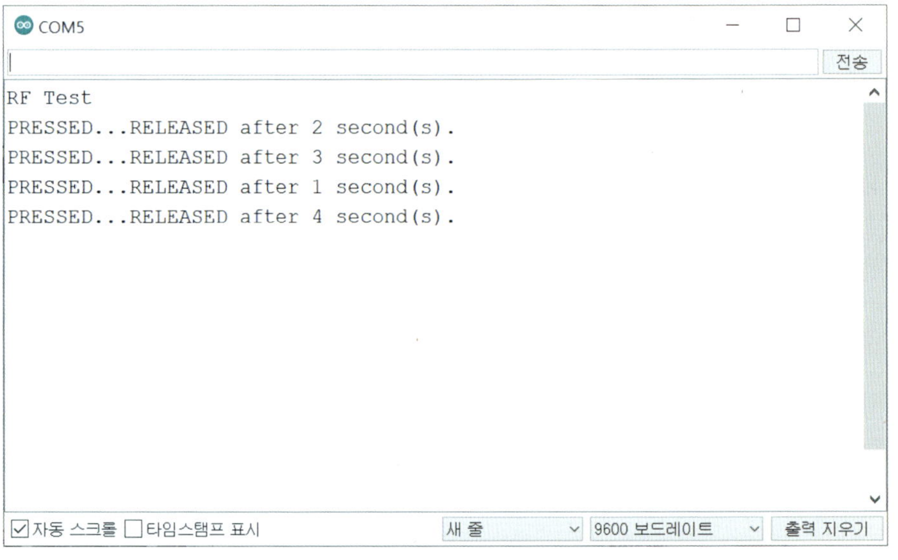

[그림 15-6] RF 테스트에 따른 시리얼 출력

신호를 수신하지 못하거나 끊기는 현상이 발생한다면 안테나 쪽으로 가까이 가거나 안테나를 다시 펴보자. 예제에서 사용하는 리모컨이 전송하는 신호 강도는 그렇게 센 편이 아니지만, 1m 정도 범위에서는 문제없이 신호를 수신할 수 있다. 신호가 끊기는 현상 때문에 한 번 버튼을 눌렀지만 여러 번 누른 것으로 인식될 수도 있다. 이런 문제는 이 장의 뒤에서 버튼을 누를 때마다 ON과 OFF 상태가 바뀌도록 하는 방법을 배우면 해결할 수 있다.

SECTION 03

무선 초인종 제작

멀리 떨어져 있는 LED를 무선으로 켜는 것은 그리 신기할 것이 없다. 한 발 더 나가 무선 통신을 사용하여 무선 초인종과 같이 실제로 사용할 수 있는 것을 만들어 보자. 무선 초인종은 침실, 기숙사, 사무실 등에서 복잡한 배선 없이 간단하게 구현할 수 있다. 좀 더 나간다면 RF 송신기로 사용하는 리모컨을 분해하고 PCB를 꺼내 새로운 케이스에 넣어 나만의 초인종을 만들 수도 있다.

1. 수신기 연결

먼저 수신장치에 스피커나 피에조 버저를 연결하자. 브레드보드를 사용하면 간단하게 연결할 수 있으므로 RF 수신기 모듈 역시 브레드보드에 연결하자. 수신기 모듈의 5V 전원은 아두이노의 5V와 연결하고 수신 모듈의 D2 핀은 아두이노의 임의의 디지털 입출력 핀에 연결하면 된다. 수신 모듈의 D2 핀을 아두이노의 13번 핀에 연결하면 신호를 받을 때마다 보드에 내장된 LED가 깜빡일 것이므로 신호 수신을 나타내기 위해 별도로 코드를 작성하지 않아도 된다. 피에조 버저나 스피커는 220Ω 저항을 통해 이전 장에서 연결한 것과 같은 방법으로 연결한다. 150Ω 저항을 사용해도 되며 저항값이 작아지면 재생되는 소리가 커진다. [그림 15-7]은 수신장치를 구성한 예를 보여준다. 아두이노의 5V와 그라운드가 브레드보드의 전원 버스에 연결되어야 한다는 점도 잊지 말아야 한다.

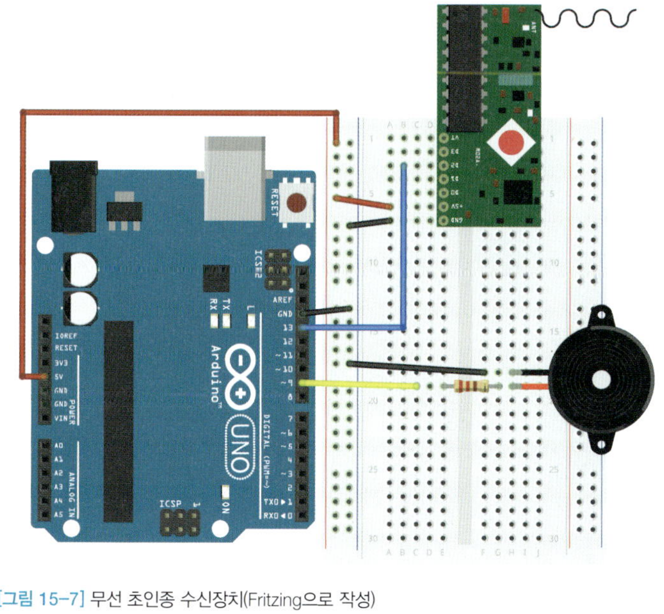

[그림 15-7] 무선 초인종 수신장치(Fritzing으로 작성)

2. 수신기를 위한 프로그램

데이터를 수신한 아두이노는 차임벨 역할을 한다. RF 수신기 모듈은 리모컨에서 보내는 신호를 기다리고 있다가 신호를 수신하면 아두이노에 알려 음을 재생하도록 한다. 안정적으로 동작하려면 버튼을 한 번 누를 때 한 번만 재생되고 빠르게 여러 번 누르거나 버튼을 계속 누르고 있어도 역시 한 번만 재생되어야 한다. 6장에서 사용한 pitches.h 파일을 초인종 스케치가 저장된 디렉터리에 복사해 넣고 6장에서 사용한 멜로디를 그대로 사용할 수 있다.

[코드 15-2]는 리모컨의 버튼을 누르면 멜로디를 끝까지 한 번 연주하고 버튼을 떼었다가 다시 누를 때까지 기다리도록 만든 코드다.

코드 15-2 RF 무선 통신을 사용한 초인종 15-2_doorbell.ino

```
// RF 수신 모듈을 사용하는 초인종

// 모멘터리 형식의 RF 수신기가 사용된 것으로 가정한다.
// M4 모멘터리 형식 RF 수신기는 푸시 버튼과 유사한 방식으로 동작한다.
// 리모컨의 버튼이 눌린 상태이면 수신기 모듈의 D2 핀은 HIGH 상태가 되고
// 리모컨의 버튼이 눌리지 않은 상태이면 수신기 모듈의 D2 핀은 LOW 상태가 된다.

#include “pitches.h”      // 음높이를 정의하는 헤더 파일 포함

// 수신기 모듈의 “D2” 핀이 연결된 아두이노 입출력 핀 번호
const int TRIGGER_PIN = 13;

const int SPEAKER = 9;    // 스피커 연결 핀

// 재생할 멜로디의 음 높이 배열
int notes[] = {
  NOTE_A4, NOTE_E3, NOTE_A4, 0,
  NOTE_A4, NOTE_E3, NOTE_A4, 0,
  NOTE_E4, NOTE_D4, NOTE_C4, NOTE_B4, NOTE_A4, NOTE_B4, NOTE_C4, NOTE_D4,
  NOTE_E4, NOTE_E3, NOTE_A4, 0
};

// 밀리초 단위의 음길이 배열
int times[] = {
  250, 250, 250, 250,
  250, 250, 250, 250,
  125, 125, 125, 125, 125, 125, 125, 125,
  250, 250, 250, 250
};
```

```
void setup()
{
  // 초기화는 필요하지 않다.
}

void loop()
{
  // 버튼이 눌려 아두이노 핀으로 HIGH가 입력되면 멜로디를 한 번 재생한다.
  if (digitalRead(TRIGGER_PIN))
  {
    for (int i = 0; i < 20; i++)
    {
      tone(SPEAKER, notes[i], times[i]);
      delay(times[i]);
    }
    // 멜로디 재생이 끝난 후에도 버튼이 눌린 상태에 있으면
    // 버튼을 뗄 때까지 기다려 멜로디가 연속해서 재생되지 않도록 한다.
    while (digitalRead(TRIGGER_PIN));
  }
}
```

loop() 함수 내에서는 TRIGGER_PIN의 상태를 if()문에서 검사한다. 버튼이 눌러지면 for() 루프에서는 notes[] 배열에 저장된 멜로디를 재생한다. if()문을 끝내기 전에 리모컨의 버튼이 여전히 눌린 상태에 있는지 검사하고, 눌린 상태에 있다면 버튼을 뗄 때까지 기다린다. if()문 내의 while()문은 버튼을 뗄 때까지 프로그램의 진행을 멈추는 역할을 하므로, 버튼을 계속 누르고 있어도 멜로디가 반복해서 재생되지 않는다. 멜로디가 재생이 끝나고 버튼을 떼면 다시 버튼이 눌릴 때까지 기다린다.

Note RF 통신을 이용한 초인종의 데모 동영상은 exploringarduino.com/content2/ch15에서 확인할 수 있다.

SECTION 04

스마트 홈의 시작: 전등 제어

무선 통신 기술이 각광을 받는 이유 중 하나는 실생활에서 다양한 장치를 최소한의 구조 변경으로 자연스럽게 연결할 수 있도록 해 주기 때문이다. 다음 두 장에서는 아두이노에서 블루투스와 와이파이 통신을 사용하는 방법에 대해 알아볼 것이다. 하지만 블루투스나 와이파이가 소개되기 이전에도 RF 연결은 스마트 장치를 만드는 데 사용되고 있었다.

앞에서 살펴본 초인종을 확장하면 제어 가능한 AC 릴레이를 통해 가정에 들어오는 AC 전원을 제어할 수 있다. AC 릴레이와 RF 무선 통신을 결합하면 침대에 누워서 켜거나 끌 수 있는 조명 장치를 만들 수 있고, 손이 닿지 않는 곳에 스위치가 있는 독서등을 쉽게 켜고 끌 수도 있다. 릴레이는 저전압의 논리 신호로 제어할 수 있는 AC 전원 스위치로 생각할 수 있다. 5V를 가하면 스위치가 닫히고 전원이 공급되어 연결된 가전제품이 동작한다.

Warning 이 절에서는 가정에서 110V나 220V AC 전원으로 동작하는 가전제품을 제어하는 방법을 자세히 알아본다. AC 전원은 잘못 다루는 경우 큰 사고로 이어질 수 있다. 따라서 릴레이는 사용하고자 하는 부하에 맞는 인증 받은 제품만 사용해야 한다. 이 장과 이후 장에서 사용하는 릴레이는 제어 목적에 맞게 전용 케이스를 포함하고 있는 제품이지만, 110V 콘센트에만 사용할 수 있고 220V를 사용하는 지역에서는 사용할 수 없으므로 비슷한 기능의 제품을 사용해야 한다. AC 전압을 스위칭할 수 있는 아두이노용 릴레이 실드가 판매되고 있긴 하지만 케이스는 없다. 따라서 실드 형태의 제품을 사용할 때는 사용에 주의가 필요하며 특히 고전압 선이 노출되지 않도록 주의해야 한다.

여기서 잠깐! **AC 전력 전송**

가정에서는 AC(Alternating Current) 전원을 사용한다. DC(Direct Current) 전원과 달리 AC 전원은 50~60Hz의 주파수를 가지고 있다.(정확한 주파수는 국가에 따라 달라질 수 있다.) 전압 역시 국가에 따라 차이가 있다. 북아메리카와 중앙아메리카는 110V에서 127V 사이 전압을 사용하며 흔히 120V라고 이야기한다. 일본은 100V를 사용하며 이외의 대부분의 나라에서는 220V에서 240V 사이 전압을 사용하고 흔히 230V라고 이야기한다. 노트북 컴퓨터나 스마트폰 충전기와 같은 장치들은 모든 전압과 모든 주파수에서 동작하도록 설계되어 있지만, 다른 장치들은 특정 전압이나 특정 주파수만을 고려하여 만들기도 한다. 예를 들어 브러시형 AC 모터에서는 AC 전원의 주파수와 진폭이 모터의 회전 속도와 밀접한 관계를 가지므로 특정 전압에서 사용하도록 설계되어야 한다.[3]

3 옮긴이_ 이 책에서는 우리나라에서 사용하는 110V와 220V를 기준으로 설명한다.

AC는 DC와 비교했을 때 효율적으로 원거리 전송이 가능하고 쉽게 전압을 높이거나 낮출 수 있으므로 가정용 전원과 원거리 전송용으로 사용되고 있다. 변압기는 AC 전압을 높이거나 낮추는 용도로 사용한다. 변압기에 대한 상세한 동작 원리는 이 책의 범위를 벗어나지만, 간단하게는 전류의 방향이 바뀌면 변압기 내부 코일의 권선 수 비율로 정해지는 입력 전압과 출력 전압 사이에서 전자기 에너지가 전달되도록 해서 전압을 높이거나 낮추어 준다는 것으로 설명할 수 있다. 발전소에서는 115,000V 이상의 아주 높은 전압으로 변전하여 송전하고 지역 변전소에서는 다시 110V나 220V로 전압을 낮춰 가정에 공급한다.

전력은 전압과 전류를 곱한 값으로 계산된다. 많은 전류가 흐르면 저항에서 열의 형태로 많은 에너지가 소비된다. 높은 전압과 낮은 전류로 송전하면 얇은 전송선을 사용할 수 있고 전송선이 길어져도 열에 의한 에너지 소비가 적다. 변전소를 거쳐 가정과 가까워질수록 전압은 낮아진다. 전력은 보존되어야 하므로 발전소에서 보낸 전력에서 열에 의한 손실을 뺀 전력을 보존하기 위해서는 전류가 커져야 한다. [그림 15-8]은 발전소에서 가정까지 전력이 공급되는 과정을 나타낸 것이다.

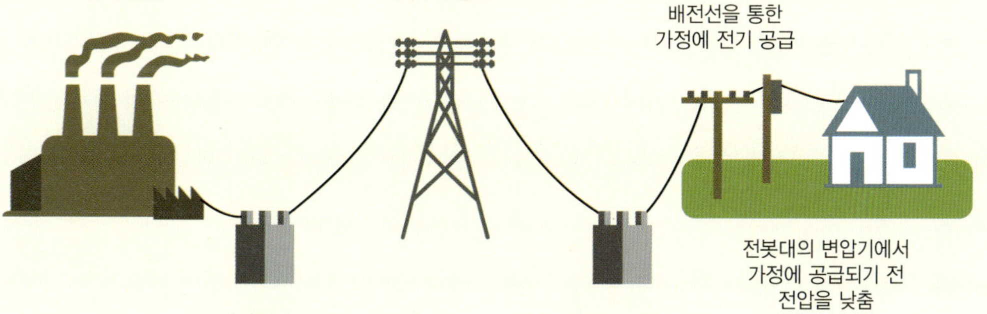

[그림 15-8] AC 전력 전송(출처: Energy Information Administration, eia.gov)

1. 가정의 AC 전원

가정이나 사무실에 공급되는 AC 전원은 전원선(line), 중성선(neutral), 접지선(earth) 등 3개의 선을 통해 콘센트와 조명기구로 연결된다. DC 전원과 마찬가지로 AC 전원도 폐회로를 따라 흐른다. DC 전원에서 전원선은 양극에, 중성선은 음극 또는 **디지털 그라운드**에 해당한다. 접지선은 보호 목적으로 사용되며 단어 의미 그대로 가정 내 전기 배선함을 통해 땅속 깊숙이 박힌 금속 막대나 수도 배관 등에 연결되어 지구(지면)와 연결되어 있다. 전기제품에서는 접지선을 금속 케이스에 연결한다.

전기제품이 오작동하여 콘센트 전압이 전기제품의 금속 인클로저에 연결될 때 접지선은 가장 낮은 전압을 갖는 지점, 즉 지구로 작은 저항값을 가지는 경로를 형성한다. 접지선을 통한 경로가 형성되지 않아 전기가 지구로 흘러 들어가지 못하면 인체가 도체 역할을 하여 전류가 인체를 통해 흐르게 되므로 오작동하는 전기제품을 만질 때 감전될 수 있다. 따라서 접지선이 연결되지 않은 장치는 이중 절연이 되어 있어야 한다. 즉 높은 전압이 가해지는 부분과 사용자가 만질 수 있는 부분 사이에 보호 목적으로 두 층의 절연층을 두어야 한다. 스마트폰을 위한 AC USB 어댑터가 이중 절연된 제품의 예다. 반면 데스크톱 컴퓨터에는 보호 목적으로 접지선이 금속 인클로저에 연결되어 있을 것이다.

나라별로 AC 전선에 사용하는 색상 코드가 다르다. 이 책에서는 안전상의 이유로 케이스가 있는 AC 릴레이 사용을 권장하므로 AC 케이블을 직접 연결해야 할 필요는 없다. 미국에서는 전원선(전원선은 'Hot' 또는 'Live'라고도 한다.)에 검정색 피복을 사용하고 중성선에 흰색 피복을 사용하며 접지선에 초록색 피복을 사용한다.[4] 단극 릴레이는 전원선에 연결하여 사용해야 하며 중성선에 연결해서는 안 된다.

2. 릴레이의 동작 원리

이 예제에서는 AC를 사용하는 전등을 기계식 릴레이를 사용하여 제어하는 방법을 살펴본다. 릴레이는 전자기 원리를 사용하여 (AC 전등과 같은) 고전압 고전류 장치를 (아두이노에 포함된 마이크로컨트롤러와 같은) 저전압 저전류 장치를 사용하여 제어하기 위해 흔히 사용된다. 이때 제어 대상이 되는 장치와 제어하는 장치는 전기적으로 분리되어 있다. 릴레이는 모양, 크기, 정격, 구성 등에서 다양한 종류가 있다. 릴레이는 ON과 OFF를 제어하는 스위치 형태가 기본이지만 여러 개의 연결을 동시에 제어할 수 있도록 만들어진 제품도 있다. 또한 기존의 연결을 끊기 이전에 새로운 연결을 공통 입력에 연결하도록 하는 제품도 있으며 이러한 '끊기 전 연결(make before break)' 원리는 통신 시스템에서 사용된다. 예제에서 사용하는 Digital Loggers, Inc.의 IoT 전원 릴레이는 보호용 케이스가 있고 제어 기능 구현을 위한 선들이 연결되어 있다. 보호 케이스 내부에 있는 단극 쌍투(SPDT, Single Pole Double Throw) 릴레이 동작 방식은 다음과 같다.

- 제어 입력이 HIGH(5V)면 전류는 공통(common) 입력 핀에서 'normally OFF'로 표시된 콘센트로 흐른다.
- 제어 입력이 LOW(0V)이면 스위치가 전환되어 'normally ON'으로 표시된 콘센트로 흐른다.

SPDT 릴레이의 공통 핀은 전원 릴레이에 연결된 AC 전원선에 연결되어 있다. [그림 15-9]는 IoT 전원 릴레이의 내부 연결을 간략하게 나타낸 것이다.

앞에서 설명한 AC 전원을 위한 3개의 선은 모두 전원 입력 단자를 통해 IoT 전원 릴레이로 연결된다. 흰색은 중성선, 검정색은 전원선, 초록색은 접지선이다. 3개의 연결선 중 접지선과 중성선은 모든 콘센트에 연결되고 전원선은 SPDT 릴레이의 공통 핀에 연결된다.

4 옮긴이_ 우리나라에서도 피복의 색상을 정하기 위해 여러 가지 규정이 사용되었지만 2021년 1월 1일부터 한국전기설비규정이 개정되면서 전원선은 갈색, 중성선은 청색, 접지선은 녹색과 황색 교차를 사용하게 되었다.

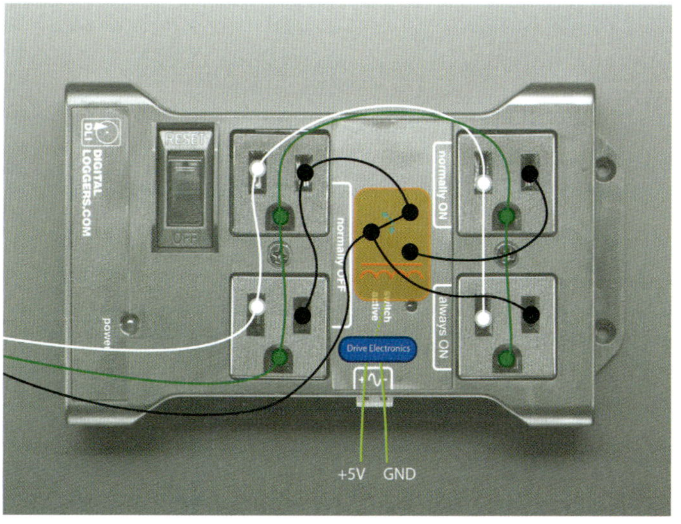

[그림 15-9] 릴레이의 결선 방식(출처: Adafruit, adafruit.com)[5]

[그림 15-9]에서 5V 신호는 IoT 릴레이의 제어 입력에 연결한다. 제어 신호는 [그림 15-9]의 가운데 있는 주황색 코일(수평선과 그 아래 연속된 반원으로 표시)을 통해 전류가 흐르도록 제어한다. 제어 입력은 광학적으로 절연된 트랜지스터의 스위칭 동작을 제어함으로써 전원 입력 단자로 들어오는 전류가 'normally ON'과 'normally OFF' 중 한 곳으로 흐를 수 있도록 한다.

기계식 릴레이의 코일에 전류가 흐르면 전류 변화는 전자기장의 변화를 가져오고 이를 통해 스위치(그림 가운데 3개의 검정색 점으로 표시되어 있고 스위치에는 초록색 점선 화살표로 스위칭 동작을 나타내고 있다.)를 조작한다. 5V 제어 입력이 가해지면 스위치는 [그림 15-9]의 상태를 유지하여 전원선을 'normally OFF'로 표시된 콘센트로 연결한다. 5V 제어 입력이 가해지지 않으면 릴레이의 코일에 전류가 흐르지 않으며 스위치는 디폴트 상태로 돌아가 전원선을 'normally ON'으로 표시된 콘센트로 연결한다. 'normally ON'은 디지털 입력이 LOW, 즉 디폴트 상태일 때 콘센트로 전류가 흐르는 것을 나타낸다. 제어선을 연결하고 제어 신호를 가하면 릴레이 스위치가 동작하는 소리를 들을 수 있는데 이는 기계식 릴레이를 사용하기 때문이다.

3. 릴레이 제어 프로그램

앞에서 사용했던 코드에 디지털 핀의 출력을 제어하는 코드만 추가하면 릴레이를 제어할 수 있다. 하지만 출력 상태를 알고 있다면 전등이 켜지거나 꺼질 때 다른 멜로디를 재생하는 것도 가능하므로 이를 전등을 제어하는 코드에 적용해 보자. 리모컨의 버튼을 누를 때마다 값이 반전되는 논리형 상태변수를 추가한다. 버튼을 누르면 상태변수의 값을 반전시키고 이에 따라 연결한 피에조 버저를 통해 다른 멜로디를 재생하고 전등을 제어하면 된다. [코드 15-3]에는 설명한 기능이 추가되어 있다. 멜로

5 옮긴이_ 'always ON'은 릴레이의 영향을 받지 않는 콘센트를 의미한다. 즉 릴레이 동작과 무관하게 항상 전원이 연결되는 콘센트다.

디 재생을 간단히 하기 위해 전등이 켜질 때는 멜로디를 구성하는 음을 순서대로 재생하고 전등이 꺼질 때는 음을 역순으로 재생하도록 하였다. 음을 역순으로 재생하기 위해서는 `for()` 루프에서 인덱스가 감소하도록 하면 된다. `for(int i = 0; i < 3; i++)` 문장에서 `i`는 0에서 시작하고 1씩 증가하여 3이 될 때까지 반복한다. 반면 `for(int i = 2; i >= 0; i--)` 문장에서 `i`는 2에서 시작하고 1씩 감소하여 0과 같아질 때까지 반복한다. 이를 통해 `notes[]` 배열에 있는 음을 순방향 또는 역방향으로 재생할 수 있다.

코드 15-3 RF 무선 통신을 사용한 전등 제어 15-3_lamp_remote.ino

```
// RF 통신을 사용하여 전등 원격 제어

// 모멘터리 형식의 RF 수신기가 사용된 것으로 가정한다.
// M4 모멘터리 형식 RF 수신기는 푸시 버튼과 유사한 방식으로 동작한다.
// 리모컨의 버튼이 눌린 상태이면 수신기 모듈의 D2 핀은 HIGH 상태가 되고
// 리모컨의 버튼이 눌리지 않은 상태이면 수신기 모듈의 D2 핀은 LOW 상태가 된다.

#include "pitches.h"      // 음높이를 정의하는 헤더 파일 포함

// 수신기 모듈의 "D2" 핀이 연결된 아두이노 입출력 핀 번호
const int TRIGGER_PIN = 13;

const int SPEAKER = 9;    // 스피커 연결 핀
const int LAMP = 2;       // 전등 제어 핀

// 재생할 멜로디의 음 높이 배열
int notes[] = {NOTE_E3, NOTE_A4, NOTE_C5};

// 밀리초 단위의 음길이 배열
int times[] = {250, 250, 250};

// 전등의 디폴트 상태는 OFF
bool lamp_on = false;
void setup()
{
  pinMode(LAMP, OUTPUT);          // 전등 제어 핀을 출력으로 설정
  digitalWrite(LAMP, lamp_on);    // 전등은 꺼진 상태로 시작
}

void loop()
{
  // 버튼이 눌리면 전등의 상태를 바꿈
  if (digitalRead(TRIGGER_PIN))
```

```
    {
      lamp_on = !lamp_on;          // 전등 제어를 위한 변수 상태 반전
      digitalWrite(LAMP, lamp_on);// 전등을 현재 상태로 설정
      // 전등의 상태 변화 방향(ON->OFF 또는 OFF->ON)에 따라 다른 멜로디 재생
      if (lamp_on)
      {
        // 전등이 켜질 때의 멜로디 재생 : 순방향
        for (int i = 0; i < 3; i++)
        {
          tone(SPEAKER, notes[i], times[i]);
          delay(times[i]);
        }
      }
      else
      {
        // 전등이 꺼질 때의 멜로디 재생 : 역방향
        for (int i = 2; i >= 0; i--)
        {
          tone(SPEAKER, notes[i], times[i]);
          delay(times[i]);
        }
      }
      // 멜로디 재생이 끝난 후에도 버튼이 눌러진 상태에 있으면 버튼을 뗄 때까지 대기
      // 리모컨 신호에 대한 디바운싱 효과를 얻을 수 있음
      while (digitalRead(TRIGGER_PIN));
    }
  }
```

[코드 15-3]을 아두이노에 업로드한 후 다음 절에서 회로에 릴레이를 연결해 보자.

4. 아두이노에 전등과 릴레이 연결

소프트웨어는 준비가 되었으므로 이제 회로를 구성해 보자. 릴레이 박스에 AC 전원을 연결하고 릴레이 박스와 아두이노를 연결해야 한다. 릴레이 박스에 전원이 연결되지 않은 상태에서 초록색 단자 박스를 꺼낸다. 단자를 풀고 점퍼선을 연결한 후 단자를 조이면 릴레이 박스에 제어선 연결은 끝난다. 제어선 중 양극은 아두이노의 2번 핀에 연결하고 음극은 아두이노의 그라운드에 연결한다.

아두이노 역시 전원이 필요하다. 프로그램이 업로드되었다면 컴퓨터에서 아두이노를 분리하고 USB AC 어댑터를 준비한다. 아두이노에 USB 어댑터를 연결한 후 릴레이 박스의 'always ON' 콘센트에 연결한다. 릴레이 박스에 전원을 연결하고 스위치를 켠 후 제어하고자 하는 전등을 'normally OFF'

콘센트 중 하나에 연결한다. 전등에 별도로 전원 스위치가 있다면 켜진 상태에 두어야 한다. 모든 연결이 끝났으면 [그림 15-10]과 비슷하게 보일 것이다.

[그림 15-10] 아두이노에 릴레이를 사용하여 전등 연결

전등을 제어하기 위한 준비는 모두 끝났다. 리모컨의 버튼을 눌러 전등이 켜지고 아두이노에서 멜로디가 재생되는 것을 확인해 보자. 다시 한번 리모컨 버튼을 누르면 전등이 꺼지면서 켜질 때와는 다른 멜로디가 재생될 것이다.

Note RF 통신을 통해 아두이노로 AC 전원을 사용하는 전등을 제어하는 동영상은 exploringarduino.com/content2/ch15에서 확인할 수 있다.

요약

- 라디오는 전자기 스펙트럼에서 특정 주파수를 사용하여 변조한 정보를 송수신할 수 있다.
- 전송 방법에 따라 사용하는 주파수는 달라지며 지역에 따라 사용하는 주파수는 달라질 수 있다.
- 무선으로 전송되는 키 누름 데이터를 사용하여 아두이노의 기능을 간단하게 제어할 수 있다.
- RF 리모컨의 키 누름 데이터를 통해 멜로디 재생을 제어함으로써 무선 초인종을 만들 수 있다.
- 가정용 전자제품은 대부분 AC 전원을 사용한다.
- 릴레이를 사용하면 저전력의 마이크로컨트롤러로 고전력을 사용하는 전자제품을 켜고 끌 수 있다.
- 아두이노로 RF 신호를 수신하고 이를 이용하여 릴레이를 제어함으로써 무선으로 AC 전원을 사용하는 전등을 켜거나 끌 수 있다.

CHAPTER

16

블루투스 연결

CONTENTS

필요한 부품

- Adafruit Feather 32U4 Bluefruit LE
- A-마이크로B 타입 USB 케이블
- 브레드보드
- 점퍼선
- 220Ω 저항
- 10kΩ 가변저항(또는 아날로그 센서)
- 5mm 빨간색 LED
- USB 포트에 연결할 수 있는 5V 1A 전원 공급장치
- 제어가 가능한 AC 전원 릴레이 모듈 (Digital Loggers, Inc.의 IoT 전원 릴레이)
- AC 사용 전등
- 스크류 드라이버
- BLE를 지원하는 스마트폰 (아이폰 또는 안드로이드폰)

들어가기 전에

RF 통신을 통해 아두이노로 1비트의 데이터를 무선으로 전송하는 것은 처음에는 신기해 보일 수 있지만, 곧 별것 아닌 것처럼 느껴질 수 있다. 노트북 컴퓨터, 스마트폰, IoT 장치 등을 통해 알고 있는 것처럼 무선 통신으로 훨씬 많은 것을 할 수 있다. 이 장에서는 세계적으로 가장 많이 사용되고 있는 무선 통신 표준의 하나인 블루투스에 대해 알아본다. 블루투스 기술을 사용한 예는 헤드셋, 키보드, 마우스, 컴퓨터, 스마트폰, 비콘 등 수없이 많다.

SECTION 01

블루투스의 이해

블루투스는 단거리, 점대점 무선 통신의 표준 중 하나로 흔히 접할 수 있는 용어지만 잘못 사용되고 있는 경우도 많다. 실제로 블루투스는 기기에 따라 다르게 구현되므로 블루투스를 지원한다고 이야기할 때 오해가 생길 수 있다. 따라서 블루투스를 사용하는 소프트웨어 구현 방법을 이야기하기 전에 블루투스 버전, 프로파일[1], 용어 등에 대해 알아볼 필요가 있다.

1. 블루투스 표준과 버전

블루투스는 전기전자기술자협회(IEEE, Institute of Electrical and Electronics Engineers)에 의해 IEEE 802.15.1로 표준화되었으며, 현재 블루투스 관련 기술은 블루투스 SIG(Special Interest Group)에서 관리하고 있다.

Note 블루투스는 IEEE에서 개발하여 관리하고 있는 많은 표준 중 하나다. 이외에도 IEEE에서 관리하는 표준 중 흔히 볼 수 있는 것들로는 와이파이(IEEE 802.11), PoE(Power of Ethernet, IEEE 802.3), 다양한 유닉스 운영체제 사이의 호환성과 이식 가능성을 높이기 위한 POSIX(Portable Operating System Interface, IEEE 1003), 파이어와이어(FireWire, IEEE 1394) 등이 있다.

블루투스는 버전이 바뀌면서 진화해 왔고 버전이 바뀔 때마다 새로운 요소가 도입되거나 성능이 향상되었다. 첫 번째 버전은 시리얼 연결을 무선으로 대체하는 것을 주목적으로 1998년 발표되었다. 시리얼 연결에는 지금까지 아두이노에서 컴퓨터로 메시지를 출력하기 위해 사용했던 유선 통신도 포함된다. 2004년 블루투스 2.0에서는 빠른 전송속도를 지원하였으며 현재 가장 쉽게 찾아볼 수 있는 디지털 오디오 전송을 위한 방법이 소개되었다. 블루투스 헤드폰의 페어링 문제를 해결하기 위해 검색을 해본 적이 있다면 이미 많은 사람이 비슷한 경험을 했다는 것을 쉽게 알 수 있을 것이다. 애초 블루투스는 오디오 스트리밍을 염두에 두고 만들어지지 않았으므로 이전 버전과의 호환성을 유지하면서 오디오 스트리밍용 하드웨어 및 소프트웨어 관련 내용을 추가하는 것이 블루투스 SIG에서도 쉬운 일은 아니었다. 2004년 버전 2.0, 2009년 버전 3.0이 발표되고 많은 무선전화기에서 블루투스를 채용함으로써 핸즈프리 헤드셋은 인기를 얻기 시작했다.

지금까지 발표된 블루투스 버전 중 가장 중요한 것이 2013년 발표된 블루투스 4.0일 것이다. 블루투스 4.0에서 소개된 저전력 블루투스(Bluetooth Low Energy, BLE 또는 BTLE)는 블루투스 관련 제

1 옮긴이_ 블루투스 프로파일(profile)이란 블루투스 무선 통신을 사용하는 기기들 사이에 데이터를 주고받기 위해 정해진 표준 통신 규약, 즉 프로토콜을 말한다.

품에서는 '블루투스 스마트'라고 불렸다. BLE는 블루투스를 블루투스 클래식(Bluetooth classic)과 저전력 블루투스의 2개로 나눔으로써 활용 가능성을 높였다.

블루투스 클래식은 이전 버전과 호환되며, 빠른 전송속도, 오디오 스트리밍과 같이 넓은 대역폭을 사용하는 프로파일 지원, 적은 전력 소비 등이 특징이다. 저전력 블루투스는 블루투스 클래식보다 훨씬 적은 전력을 소비하고, 좁은 대역폭만 사용하며, 배터리로 동작하는 간단한 장치를 위해 만들어졌다. 심박 모니터링 장치, 환경 센서, 스마트홈 리모컨 등이 저전력 블루투스를 사용한 예에 속한다. 이들 장치는 오디오 스트리밍과 같이 많은 데이터를 계속해서 전송하지 않는다. BLE를 사용하는 장치는 적은 데이터를 간헐적으로만 전송하고 나머지 시간은 대기 상태에 있다.

블루투스 클래식과 BLE는 모두 이전 장에서 살펴본 2.4~2.5GHz의 ISM 대역을 사용한다. 블루투스 클래식과 BLE를 모두 구현한 블루투스 칩은 블루투스 클래식의 오디오 프로파일을 사용하는 무선 헤드폰에 사용할 수 있으며 심박 모니터링 장치와 같이 BLE를 사용하는 간단한 장치에도 사용할 수 있다. 이 장에서 아두이노와 함께 사용하는 블루투스 칩은 Nordic Semiconductor에서 만든 칩으로 BLE만 지원한다.

2. 블루투스 프로파일과 BLE GATT 서비스

블루투스에서 프로파일을 사용하는 이유를 이해하기 위해서는 인터넷을 사용하는 방법과 비교해 보는 것이 좋다. 컴퓨터는 인터넷 서비스 제공자(ISP, Internet Service Provider)를 통해 물리적으로 인터넷에 연결되어 있다. 컴퓨터를 네트워크에 연결하기 위해서는 모뎀과 라우터가 필요하며 유선 이더넷이나 무선 와이파이를 통해 연결할 수 있다. 이처럼 물리적으로 연결된 컴퓨터에서 데이터를 전송하는 방법은 상황에 따라 달라진다.

컴퓨터에서 네트워크 연결을 기반으로 다양한 작업을 수행하기 위해서는 여러 서비스, 시스템, 프로토콜 등이 필요하다. 예를 들어 DNS는 컴퓨터에서 IP 주소와 URL을 상호 변환하기 위해 사용되고, HTTPS는 브라우저에서 웹 페이지를 안전하게 읽어 표시할 수 있도록 해 준다. FTP는 원격 서버에서 파일을 내려받을 수 있도록 해주며, SMTP는 이메일을 보낼 수 있도록 도와준다. 블루투스 프로파일은 웹 서비스와 비슷하게 동일한 물리적 연결을 사용하는 서로 다른 통신 방법에 해당한다. 통신을 수행하는 두 장치가 같은 프로파일을 사용한다면 두 장치는 서로 대화할 수 있다.

어떤 프로파일을 사용할 수 있는가는 사용하는 장치에 따라 달라진다. 블루투스 헤드폰은 오디오 스트리밍을 위해 A2DP(Advanced Audio Distribution Profile)를 지원할 것이고 FTP(File Transfer Protocol)를 지원하지는 않을 것이다. 두 개의 블루투스 장치를 연결할 때 장치들은 서로 사용하는 프로파일에 관한 정보를 교환한다. 이러한 과정을 통해 스마트폰은 블루투스 헤드폰을 통해 음악을 재생할 수 있지만, 블루투스 기능이 있는 초인종으로는 음악을 재생할 수 없다는 것을 구별할 수 있다.

BLE에서 새롭게 포함된 프로파일 중 하나로 GATT(Generic Attribute) 프로파일이 있다. GATT는 블루투스 통신을 지원하는 장치 사이에서 정보를 교환하기 위한 자료 구조를 정의하기 위해 사용된다. A2DP와 같은 프로파일은 주로 한 방향으로 오디오 데이터를 스트리밍하지만, GATT 프로파일은 형식이 정해진 작은 데이터를 간헐적으로 보내기 위해 사용된다.

프로파일에는 하나 이상의 서비스가 포함되며 GATT 프로파일에도 작고 간헐적인 데이터를 사용하는 여러 서비스가 포함되어 있다. GATT 프로파일에는 블루투스 SIG에서 정의한 여러 가지 서비스도 존재하지만, 자신만의 서비스를 만들 수도 있다. GATT 서비스에는 혈압 모니터링 서비스, 배터리 모니터링 서비스, 환경 모니터링 서비스 등이 포함된다.

이 장에서 사용하는 BLE 모듈은 Nordic Semiconductor에서 UART 통신을 에뮬레이션하는 GATT 서비스를 구현해 놓았으므로 이 서비스를 사용하면 간단하게 스마트폰과 아두이노 사이에 통신이 가능하다. 이 서비스는 앞에서 살펴보았던 시리얼 통신과 비슷한 방법으로 사용할 수 있다.

SECTION 02

아두이노와 스마트폰 사이의 통신

블루투스 통신에 관한 기본적인 내용을 이해했다면 블루투스 통신이 가능한 아두이노 보드와 스마트폰을 연결해 보자. 이 장에서는 Adafruit의 Feather 32U4 Bluefruit LE 보드를 사용한다. 아두이노와 호환되면서 BLE 통신을 지원하는 보드는 여러 종류가 있지만, Adafruit의 제품이 라이브러리와 튜토리얼 등을 체계적으로 지원하고 있어 사용하기가 쉽다. 이 장에서 사용하는 보드의 이름에 포함된 '32U4'는 아두이노 레오나르도에서 접한 기억이 날 것이다.

32U4는 아두이노 레오나르도에 사용된 마이크로컨트롤러이므로 이 장에서 사용하는 보드 역시 아두이노 레오나르도와 대부분 호환된다. 한 가지 중요한 차이는 Feather 보드가 3.3V 논리 레벨을 사용한다는 점으로 HIGH는 5V가 아니라 3.3V로 나타난다. Feather 보드에 5V를 사용하는 센서나 주변 장치를 연결하고자 한다면 레벨 변환기를 사용해야 한다. 일부 장치는 3.3V와 5V를 모두 지원하므로 데이터시트를 먼저 확인하자. Feather 보드는 BLE 모듈과 32U4 마이크로컨트롤러 기반의 아두이노를 하나의 보드로 만들어 놓은 것으로 BLE 실드를 아두이노에 연결한 것과 차이가 없지만 하나의 보드에 두 가지 기능이 합해져 있으므로 시스템을 작은 크기로 만들 수 있다.

1. BLE를 통한 센서 데이터 읽기

처음 사용해 볼 것은 가장 간단한 센서라고 할 수 있는 가변저항이다. [그림 16-1]과 같이 가변저항의 바깥쪽 2개 핀을 Feather 보드의 3.3V와 그라운드에 연결하고 가운데 핀은 A0 핀에 연결한다. 아두이노를 위한 프로그램에서는 가변저항 값을 BLE를 통해 브로드캐스트[2]할 것이다.

2 옮긴이_ 브로드캐스트는 연결 없이 주변의 장치들에게 작은 크기의 데이터를 전송하는 것을 말한다. 브로드캐스트를 통해 데이터를 보내면 여러 장치가 동시에 같은 데이터를 받을 수 있다. 이러한 특징은 TV 방송(broadcast)을 생각해 보면 쉽게 이해할 수 있다.

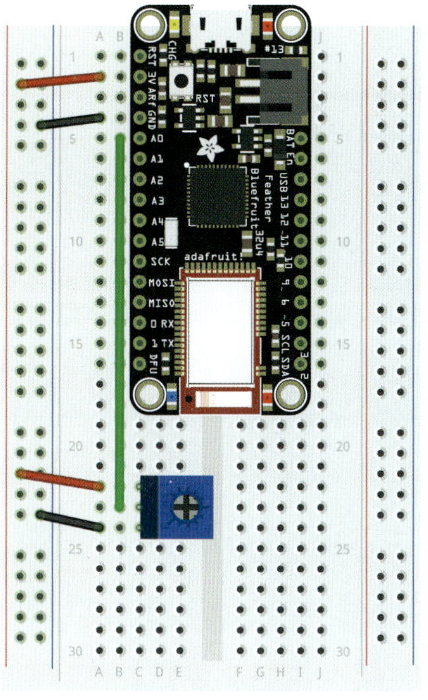

[그림 16-1] 가변저항이 연결된 Feather BLE 보드

▪ 아두이노 IDE에 서드파티 보드 지원 파일 추가

아두이노 IDE에 새로운 라이브러리를 추가하는 방법은 이미 살펴보았다. 이 장에서 사용하는 보드는 아두이노에서 만든 보드가 아니며 아두이노 보드와 완전히 호환되는 보드 역시 아니다. Adafruit의 Feather 보드를 '아두이노 호환' 보드라고 이야기하는 것은 아두이노 IDE를 사용하여 프로그램을 작성할 수 있고, 아두이노 라이브러리를 사용할 수 있으며, 공식 아두이노 보드에서 사용할 수 있는 장치를 대부분 사용할 수 있다는 의미다. Feather 보드를 아두이노 IDE에서 사용하기 위해서는 보드 지원 파일을 아두이노 IDE에 추가로 설치해야 한다.

이전 버전 IDE에서는 새로운 보드의 지원 파일을 설치하기가 쉽지 않았지만, 최신 버전의 아두이노 IDE에는 서드파티 하드웨어를 지원하기 위한 파일을 자동으로 설치하는 방법이 추가되었다. 아두이노 IDE에서 [파일] → [환경설정] 메뉴 항목을 선택한다. 환경설정 대화상자 아래쪽 '추가적인 보드 매니저 URLs' 텍스트 상자에 다음 URL을 입력한다.

```
https://adafruit.github.io/arduino-board-index/package_adafruit_index.json
```

URL을 입력한 것이 [그림 16-2]다.(경로의 길이가 길어 그림에서는 URL의 시작 부분이 표시되지 않았다.)

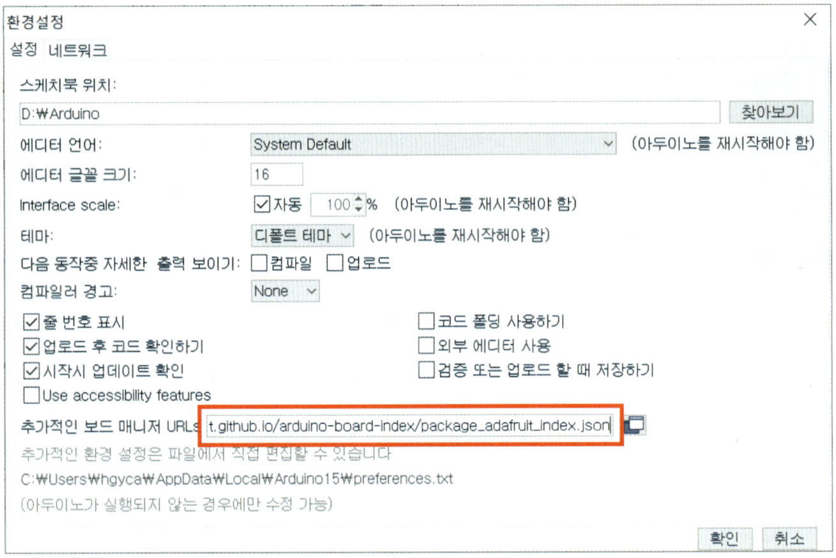

[그림 16-2] 추가적인 보드 매니저 URL이 입력된 아두이노 IDE의 환경설정 대화상자

[확인] 버튼을 누르면 아두이노 IDE는 지원 파일을 내려받을 수 있는 보드 목록에 해당 URL에서 찾을 수 있는 보드 목록을 추가한다. [툴] → [보드: XXX] → [보드 매니저...] 메뉴 항목을 선택한다.(이때 XXX는 현재 선택하여 사용하고 있는 보드를 나타낸다.) 보드 매니저 대화상자에서 타입을 'Contributed'로 선택하고 AVR을 검색창에 입력하면 [그림 16-3]과 같이 Adafruit 보드를 지원하는 파일을 확인할 수 있다. [설치] 버튼을 눌러 'Adafruit AVR Boards' 지원 파일을 설치하면 [툴] → [보드: XXX] → [Adafruit Boards] 메뉴 항목을 확인할 수 있다.

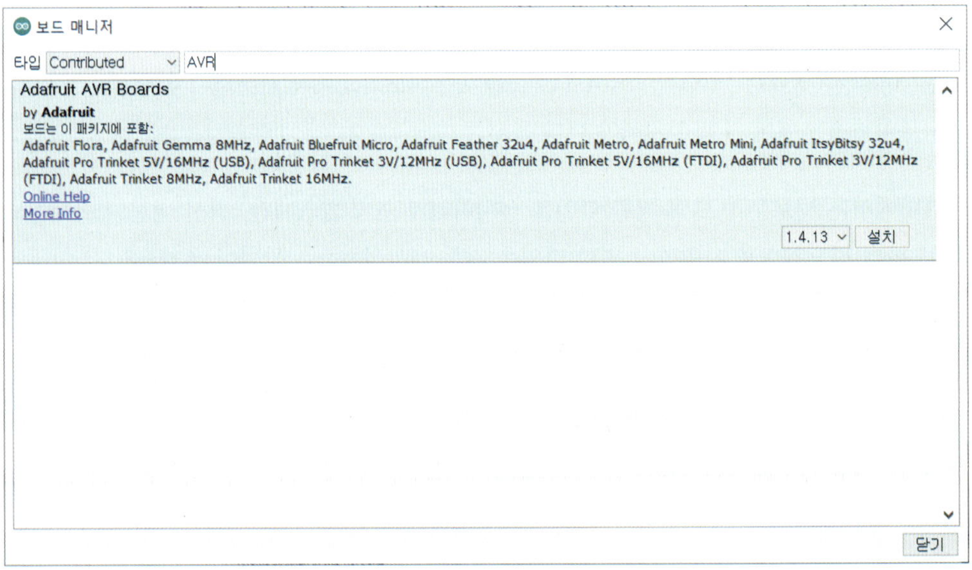

[그림 16-3] 아두이노 IDE의 보드 매니저

윈도우 운영체제를 사용하는 경우라면 Feather 보드를 위한 드라이버를 설치해야 할 수 있다.(다른 운영체제는 드라이버를 설치하지 않아도 된다.) Adafruit에서는 Adafruit 보드용 드라이버 설치 파일을 제공하고 있으므로 필요한 경우 blum.fyi/adafruit-windows-drivers에서 내려받아 설치하면 된다. 드라이버 설치가 끝나면 Feather 보드 사용을 위한 준비는 끝난다. 준비가 끝났으면 [툴] → [보드: XXX] → [Adafruit Boards] → [Adafruit Feather 32u4]를 선택하자.

▪ BLE 모듈 라이브러리 설치

Feather 보드를 위한 프로그램을 작성해 보자. 보드를 USB 케이블로 컴퓨터에 연결하면 [툴] → [포트] 메뉴 아래에 Feather 보드가 연결된 포트 번호가 나타난다. Feather 보드에 해당하는 포트 번호를 선택하자. Feather 보드는 하나의 보드에 2개의 마이크로컨트롤러가 포함되어 있다. 그중 BLE 인터페이스를 담당하는 Nordic BLE 모듈은 nRF51 시리즈 마이크로컨트롤러를 사용하여 만들어졌고 Adafruit에서는 Bluefruit라고 부르고 있다. BLE 모듈에는 이 장에서 사용할 시리얼 에뮬레이션 GATT 서비스를 포함하여 여러 BLE 서비스를 제공하는 펌웨어가 설치되어 있다. BLE 모듈은 Feather 보드에서 아두이노 부분에 해당하는 32U4 마이크로컨트롤러와 SPI 인터페이스를 통해 연결되어 있다.

먼저 11장에서 살펴본 방법으로 Adafruit의 nRF51 라이브러리를 설치해야 한다. [스케치] → [라이브러리 포함하기] → [라이브러리 관리...] 메뉴 항목을 선택하고 라이브러리 매니저에서 `Adafruit nRF51`을 검색하여 Adafruit BluefruitLE nRF51 라이브러리를 설치한다. 라이브러리가 설치되면 Feather 보드에 포함되어 있는 nRF51 기반의 BLE 모듈을 사용하여 간단하게 통신을 수행할 수 있다.

▪ Feather 보드 프로그래밍

Feather 보드를 프로그래밍할 때는 Feather 보드가 아두이노 부분과 BLE 모듈의 두 부분으로 구성되어 있다는 점을 생각해야 한다. Feather 보드에서 작성해야 하는 프로그램은 아두이노를 위한 것이다. BLE 모듈에는 아두이노와 SPI 인터페이스를 통해 명령 수신을 기다리는 펌웨어가 설치되어 동작하고 있다. 첫 번째 아두이노 프로그램은 다음과 같이 동작을 확인하는 것이 목적이다.

1. BLE 모듈에 연결한다.
2. BLE 모듈이 아두이노에서 보낸 명령을 정상적으로 수신한다.
3. BLE 모듈을 디폴트 상태로 리셋하고 BLE 모듈에 임의의 브로드캐스트 이름을 할당한다. 설정한 이름은 스마트폰을 BLE 모듈에 연결하였을 때 스마트폰에 나타나는 이름이다.
4. 스마트폰이 연결될 때까지 기다린다.
5. 스마트폰이 연결되면 가변저항값을 가능한 빨리 스마트폰으로 전송한다.

먼저 BLE 모듈에 연결하기 위해서는 Adafruit의 BLE 라이브러리를 포함한 후 BLE 객체를 생성해야 한다. 32U4 Feather 보드의 경우 BLE 모듈은 아두이노의 SPI 핀으로 연결되어 있고 칩 선택, 인터럽트, 리셋 핀은 각각 32U4의 8, 7, 4번 핀으로 연결되어 있다. BLE 객체를 생성하고 초기화할 때 이들 핀 번호를 매개변수로 지정해야 한다. 사용하는 핀 번호를 변경할 수 없지만 핀 번호를 매개변수로 지정해야 하는 것은 BLE 기능만을 제공하는 모듈에서도 같은 라이브러리를 사용하기 때문이다. 핀은 임의로 지정할 수 있으므로 BLE 기능만을 제공하는 모듈을 아두이노 보드에 연결하여 사용할 때도 아래 예제에서와 같은 방법으로 프로그램을 작성할 수 있다. 헤더 파일을 포함하고 객체를 생성하는 과정은 다음과 같다.

```
// nRF51 SPI 라이브러리 포함
#include “Adafruit_BluefruitLE_SPI.h”

// 32U4 Feather 보드에서 nRF51 칩은 하드웨어 SPI 핀에 연결되어 있다.
// BLT 객체를 생성할 때는 칩 선택(CS, 8), 인터럽트(IRQ, 7), 리셋(RST, 4) 등
// 3개 연결 핀만 매개변수로 지정하면 된다.
Adafruit_BluefruitLE_SPI ble(8, 7, 4);
```

두 번째로, BLE 모듈을 연결하고 BLE 모듈이 명령을 정상적으로 수신하는지 확인해 보자. BLE 라이브러리에서는 `begin()` 함수를 통해 BLE 모듈이 SPI 인터페이스를 통해 명령을 수신하도록 설정한다. `ble`라는 이름의 `Adafruit_BluefruitLE_SPI` 객체를 생성하였으므로 `setup()` 함수에서 생성한 객체를 통해 `begin()` 함수를 호출해 보자.

```
ble.begin();
```

`begin()` 함수는 아두이노가 BLE 모듈을 성공적으로 초기화하였는지를 논리값으로 반환한다. 따라서 `if()`문을 사용하여 초기화 성공 여부를 확인하고, 초기화에 실패하였다면 프로그램 실행을 중지해야 한다. 객체 생성 단계에서 핀 번호를 잘못 지정하는 것이 객체 초기화에 실패하는 흔한 예다. 아두이노에는 프로그램 실행을 중지하는 함수가 없으므로 프로그램 실행을 완전히 정지하기 위해서는 `while(1);`과 같이 무한 루프를 사용해야 한다.

```
// BLE 모듈에 연결
Serial.print(F(“Initializing BLE Module...”));
if (!ble.begin())
{
   Serial.println(“”);
   Serial.println(F(“Couldn’t connect to nRF51 Module.”));
```

```
    while (1);
  }
  Serial.println(F("Ready!"));
```

이 코드에서는 시리얼 통신을 위한 초기화가 이루어져 있어 디버깅 메시지를 연결된 컴퓨터로 출력할 수 있다고 가정하고 있다. 만약 begin() 함수가 false를 반환하면 메시지를 시리얼 모니터로 출력하고 프로그램 실행을 멈춘다.

세 번째 목적은 BLE 모듈을 디폴트 상태로 리셋하고 새로운 이름을 지정하는 것이다. 새로운 이름을 지정하고 모듈을 다시 시작하면 지정된 이름은 (전원이 주어지지 않은 경우에도 내용이 유지되는) 비휘발성 메모리에 저장되므로 이름을 변경하고 싶은 경우에 한 번만 해주면 된다. 하지만 프로그램을 시작할 때마다 이름을 다시 설정해도 문제가 되지는 않는다. 이는 디폴트 상태로 리셋하는 공장 초기화의 경우도 마찬가지다. 공장 초기화는 모듈의 설정을 변경하여 정상적으로 동작하지 않는 경우에만 필요하다. 하지만 공장 초기화를 통해 항상 같은 상태에서 시작하는 것을 보장하므로 복잡한 설정이 필요한 경우라면 디버깅 목적으로 프로그램이 시작될 때마다 시행하는 것도 나쁘지 않다. 모듈의 공장 초기화를 위해서는 factoryReset() 함수를 사용하면 된다.

```
ble.factoryReset()
```

장치의 이름을 설정할 때는 AT 명령을 사용한다. AT는 'Attention(주의)'의 약어로 블루투스 통신을 위한 모뎀과 같은 장치에 특별한 명령어를 보내고 명령어를 수신한 장치에서는 일반 데이터와는 다르게 처리해야 한다는 것을 알려주기 위해 사용한다. 특별한 명령어와 일반 데이터는 같은 통신 인터페이스를 통해 모뎀 장치로 보내지며 Feather 보드는 SPI 인터페이스를 사용한다. 블루투스 모뎀의 내부 설정을 변경하는 명령을 AT로 시작하는 문장으로 모뎀에 전송하면 모뎀은 AT 이후 문장을 원격 장치로 보내는 일반적인 데이터가 아닌 특별한 명령으로 해석한다. 블루투스 모뎀의 브로드캐스트 이름을 바꾸기 위해 사용하는 명령은 GAPDEVNAME이다. 따라서 모뎀의 이름을 바꾸기 위해서는 다음과 같이 문자열로 나타내지는 AT 명령을 블루투스 모뎀으로 전송하면 된다.

```
ble.print("AT+GAPDEVNAME=");
ble.println("Jeremy's Sensor");
```

위의 코드는 장치의 이름을 'Jeremy's Sensor'로 변경하기 위한 것으로 첫 번째 줄은 AT 명령을 나타내고 두 번째 줄은 AT 명령의 파라미터를 나타낸다. 모듈을 초기화할 때와 마찬가지로 모듈을 리셋하고 이름을 바꾸는 문장을 if()문 내에서 사용하면 블루투스 모듈에서 정상적으로 원하는 동작이 수행되었는지 확인할 수 있다.

```
// 모듈의 공장 초기화
Serial.print(F("Resetting to Defaults..."));
if (!ble.factoryReset())
{
   Serial.println("");
   Serial.println(F("Couldn't reset module."));
   while (1);
}
Serial.println(F("Done!"));

// AT 명령으로 브로드캐스트 이름 설정
Serial.print(F("Setting Device name..."));
ble.print("AT+GAPDEVNAME=");
ble.println("Jeremy's Sensor");
if (!ble.waitForOK())
{
   Serial.println(F("Could not set name."));
   while (1);
}
ble.reset();            // 바뀐 이름이 적용되도록 모듈 리셋
Serial.println(F("Done!"));
```

F() 매크로를 사용하면 내용이 바뀌지 않는 정적 문자열을 마이크로컨트롤러의 RAM 대신 플래시 메모리에 저장하여 사용할 수 있었다는 점을 기억할 것이다. waitForOK() 함수는 블루투스 모듈이 명령을 수신하고 그 명령이 유효할 때 true를 반환한다. 예를 들어 GAPDEVNAME을 GAPDIVNAME이라고 잘못 썼다면 블루투스 모듈은 명령을 인식하지 못할 것이고 waitForOK() 함수는 false를 반환한다. 이름을 설정한 후 reset() 함수는 블루투스 모듈을 다시 시작하여 새로운 이름이 비휘발성 메모리에 저장되도록 한다.

이제 모듈 설정을 완료하였으니 loop() 함수 내에 포함될 코드를 작성해 보자. loop() 함수가 실행될 때마다 프로그램에서는 스마트폰과 모듈이 연결되어 있는지 확인하고, 아날로그 센서값을 읽어 연결된 스마트폰으로 센서값을 전송한다. 스마트폰과 모듈이 연결되어 있지 않다면 loop() 함수가 다시 실행되기 전에 스마트폰과 모듈이 다시 연결될 때까지 대기한다. 블루투스 모듈이 스마트폰에 연결되어 있는지는 isConnected() 함수를 사용하여 알아낼 수 있다. isConnected() 함수가 false를 반환하면 대기 루프로 진입하여 1초를 기다린 후 연결을 다시 검사하고, true를 반환하면 loop() 함수 내의 코드 실행을 계속한다.

```
// 스마트폰과 블루투스 모듈이 연결되어 있지 않으면 연결될 때까지 대기
if (!ble.isConnected())
{
  Serial.print("Waiting to connect to a smartphone...");
  while (!ble.isConnected())
  {
    delay(1000);
  }
  Serial.println("Connected!");
}
```

마지막으로 실제 데이터를 전송하는 부분을 살펴보자. 아날로그 센서를 읽는 것은 이미 앞에서도 여러 번 살펴보았다. 센서값을 읽은 후에는 센서값을 `Serial` 객체가 아니라 `ble` 객체의 `print` 함수를 통해 블루투스 모듈로 보낼 수 있다. 블루투스 모듈로 데이터를 전송한 후에 AT 명령과 함께 사용했던 `waitForOK()` 함수를 사용하면 전달한 데이터가 블루투스 모듈에 전달되고 블루투스 모듈이 데이터 수신을 확인할 때까지 대기할 수 있다.

```
// 가변저항값 읽기
int val = analogRead(POT);

// BLE의 시리얼 통신 에뮬레이션을 통해 데이터를 BLE 모듈로 전송
ble.println(val);

// BLE 모듈이 데이터 수신을 확인할 때까지 대기
ble.waitForOK();
```

위의 코드들을 모두 모아 블루투스 모듈을 설정하고 아날로그 센서값을 블루투스를 통해 보내도록 만든 것이 [코드 16-1]이다. 이 코드에는 디버깅을 위한 시리얼 출력과 LED를 점멸하는 코드가 추가되었다.

코드 16-1 BLE 연결을 통한 센서 데이터 전송 16-1_BLE_sensor.ino

```
// BLE 연결을 통해 가변저항값을 전송

// nRF51 SPI 라이브러리 포함
#include "Adafruit_BluefruitLE_SPI.h"
```

```
// 32U4 Feather 보드에서 nRF51 칩은 하드웨어 SPI 핀에 연결되어 있다.
// BLT 객체를 생성할 때는 칩 선택(CS, 8), 인터럽트(IRG, 7), 리셋(RST, 4) 등
// 3개 연결 핀만 매개변수로 지정하면 된다.
Adafruit_BluefruitLE_SPI ble(8, 7, 4);

// BLE 모듈 설정이 필요한 경우 true로 설정한다.
// true로 설정되면 공장 초기화 후 브로드캐스트 이름을 변경한다.
// true로 설정하여 매번 설정을 진행하여도 문제가 되지는 않는다.
// 한 번 설정한 이후 다시 설정하지 않으려면 false로 설정하면 된다.
const bool PERFORM_CONFIGURATION = true;

// 스마트폰에서 BLE 장치가 보여지는 이름
const String BLE_NAME = "Jeremy's Sensor";

// 가변저항을 A0 핀에 연결
const int POT = A0;

// 내장 LED는 13번 핀에 연결되어 있음
const int STATUS_LED = 13;

void setup(void)
{
  // LED 연결 핀을 출력으로 설정
  pinMode(STATUS_LED, OUTPUT);

  // 시리얼 모니터로 디버깅 정보 출력
  Serial.begin(9600);

  // 32U4는 하드웨어로 지원되는 USB 인터페이스를 가지고 있으므로
  // BLE 모듈을 초기화하기 전에 시리얼 모니터와 연결되어야 한다면
  // 아래 문장을 주석으로 처리하지 않고 그대로 두어야 한다.
  // 시리얼 모니터를 사용하지 않거나 배터리로 동작하는 경우라면
  // 아래 문장을 주석으로 처리하는 것이 좋다.
  while (!Serial);

  // BLE 모듈에 연결
  Serial.print(F("Initializing BLE Module..."));
  if (!ble.begin())
  {
    Serial.println("");
    Serial.println(F("Couldn't connect to nRF51 Module."));
    while (1);
  }
  Serial.println(F("Ready!"));
```

```
  // 초기화가 지정된 경우 BLE 칩을 공장 초기화한다.
  // 설정이 잘못되어 BLE 모듈이 정상적으로 동작하지 않는 경우
  // 모듈의 공장 초기화를 통해 복구할 수 있다.
  // 공장 초기화 후에는 브로드캐스트 이름을 설정한다.
  if (PERFORM_CONFIGURATION)
  {
    // 모듈의 공장 초기화
    Serial.print(F("Resetting to Defaults..."));
    if (!ble.factoryReset())
    {
      Serial.println("");
      Serial.println(F("Couldn't reset module."));
      while (1);
    }
    Serial.println(F("Done!"));

    // AT 명령으로 브로드캐스트 이름 설정
    Serial.print(F("Setting Device name..."));
    ble.print(F("AT+GAPDEVNAME="));
    ble.println(BLE_NAME);
    if (!ble.waitForOK())
    {
      Serial.println(F("Could not set name."));
      while (1);
    }
    ble.reset();          // 바뀐 이름이 적용되도록 모듈 리셋
    Serial.println(F("Done!"));
  }

  // 명령 모드에서 데이터 모드로 전환
  ble.setMode(BLUEFRUIT_MODE_DATA);
}

void loop(void)
{
  // 스마트폰과 블루투스 모듈이 연결되어 있지 않으면 연결될 때까지 대기
  if (!ble.isConnected())
  {
    Serial.print("Waiting to connect to a smartphone...");

    while (!ble.isConnected())
    {
      delay(1000);
    }
```

```
        Serial.println("Connected!");
    }

    // 가변저항값 읽기
    int val = analogRead(POT);

    // 시리얼 모니터로 가변저항값 출력
    Serial.print(F("Analog Value: "));
    Serial.print(val);
    Serial.print(F("\tSending..."));

    // BLE의 시리얼 통신 에뮬레이션을 통해 데이터를 BLE 모듈로 전송
    // 데이터 전송 중 LED 켬
    digitalWrite(STATUS_LED, HIGH);
    ble.println(val);

    // BLE 모듈이 데이터 수신을 확인할 때까지 대기
    ble.waitForOK();
    Serial.println(F("OK!"));
    digitalWrite(STATUS_LED, LOW); // 전송 완료 후 LED 끔
}
```

모든 기능이 정상적으로 동작하는지 확인해 보자. 시리얼 디버깅 기능을 통해 출력되는 메시지를 확인할 수 있으며 프로그램이 시작될 때 공장 초기화를 시행할지 여부도 선택할 수 있다. [코드 16-1]을 Feather 32U4 Bluefruit LE에 업로드하자. 32U4 칩에는 USB 인터페이스가 포함되어 있으므로 디버깅 출력을 보기 위해서는 시리얼 모니터가 연결되기 전에 스케치를 시작하면 안 된다. 따라서 `while(!Serial);` 문장으로 시리얼 모니터가 연결되기를 대기하고 있어야 한다. `while(!Serial);` 문장에 의한 Feather 보드의 동작은 컴퓨터에 따라 달라질 수 있으며 다음 'ATmega32U4의 USB 인터페이스'를 참고하면 된다.

여기서 잠깐! ATmega32U4의 USB 인터페이스

8장에서 살펴본 것처럼 아두이노 우노에 사용된 ATmega328P가 USB-시리얼 변환 기능을 위해 별도의 칩을 사용하는 것과 달리 ATmega32U4 마이크로컨트롤러에는 USB 인터페이스가 포함되어 있어 별도의 칩을 사용하지 않는다. 따라서 컴퓨터와의 시리얼 통신은 아두이노 우노와는 다른 방법으로 진행된다. 아두이노 우노에서, 시리얼 모니터가 연결되지 않은 상태에서 `Serial.println()` 문장을 실행하더라도 프로그램 실행에는 문제가 없으며 보내진 데이터는 버려진다. ATmega32U4는 시리얼 포트를 활성화

하고 연결이 되지 않은 상태에서 데이터를 전송하면 보내진 데이터는 송신 버퍼에 저장된다. 이때 정확한 동작은 운영체제에 따라 약간씩 차이가 있을 수 있다. 스케치를 실행할 때 동작이 멈춘다면 스케치를 실행하기 전에 아두이노 IDE에서 시리얼 모니터를 연 상태로 두거나 Feather 보드를 다른 컴퓨터에 연결하여 테스트해 보는 것이 좋다. 두 가지를 모두 해 보는 것도 방법이다. 시리얼 모니터로 메시지를 출력할 필요가 없다면 `while(!Serial)`, `Serial.begin()`, `Serial.print()`, `Serial.println()` 등의 문장을 모두 없애버리면 된다. 프로그램이 완성된 후 Feather 보드에 배터리를 연결한 경우라면 시리얼 통신 부분은 필요하지 않은 경우가 대부분이다.

Feather 보드에 스케치를 업로드한 후 시리얼 모니터를 열면 [그림 16-4]와 같은 결과를 얻을 수 있다. `while(!Serial);` 문장으로 인해 스케치가 시작되더라도 시리얼 모니터를 열기 전에는 스케치가 대기 상태에 있다는 점은 기억해야 한다.

[그림 16-4] 모듈 초기화 이후 시리얼 모니터 출력

BLE 모듈에 스마트폰 연결

Adafruit에서는 BLE 모듈과의 통신에 사용할 수 있는 안드로이드와 아이폰용 애플리케이션을 제공하고 있다. 애플리케이션을 만드는 것은 이 책의 범위를 벗어나는 일이지만 Adafruit에서 애플리케이션의 소스 코드를 오픈 소스로 공개하고 있으므로 GitHub에서 소스 코드를 내려받아 동작 방식을 살펴보거나 수정하여 사용할 수 있다. 애플리케이션의 소스 코드는 blum.fyi/bluefruit-app-code에서 내려받을 수 있다.

아이폰 앱스토어나 안드로이드 플레이스토어에서 Adafruit Bluefruit LE Connect를 검색하여 스마트폰에 설치한다. 애플리케이션을 처음 실행하면 위치와 블루투스에 대한 권한을 허용해야 한다. 권한을 허용하면 [그림 16-5]와 같은 애플리케이션의 메인 화면을 볼 수 있다.

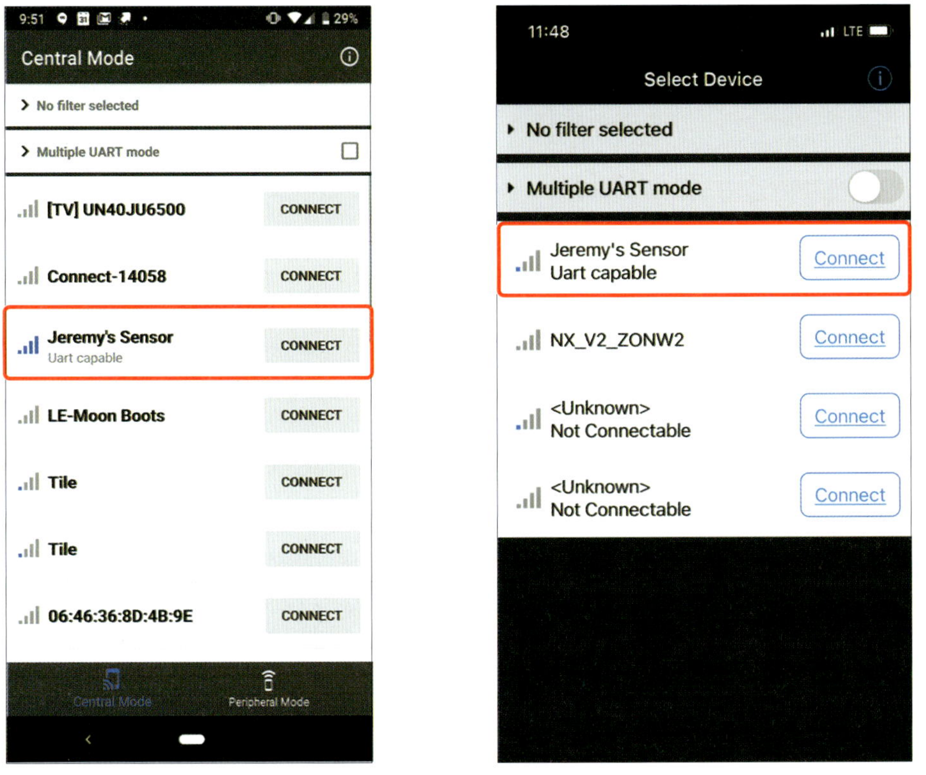

(a) 안드로이드폰 (b) 아이폰

[그림 16-5] Adafruit Bluefruit LE Connect 애플리케이션 메인 화면

Feather 보드에서 프로그램이 정상적으로 동작하고 있다면 아두이노 IDE의 시리얼 모니터에는 'Waiting to connect to a smartphone...' 메시지가 출력되어 있을 것이며 스마트폰 애플리케이션에서는 BLE 모듈의 이름으로 설정한 'Jeremy's Sensor'를 확인할 수 있다. [그림 16-5]에서 아이폰과 안드로이드폰 모두 BLE 모듈이 검색되어 나타나고 있음을 확인할 수 있다. 이름 옆에 나타나는 [CONNECT] 버튼을 눌러보자. 애플리케이션은 모듈의 펌웨어 버전을 자동으로 검사하여 업데이트가 가능한 경우에는 [그림 16-6]과 같이 펌웨어 업데이트 알림 창을 보여준다.

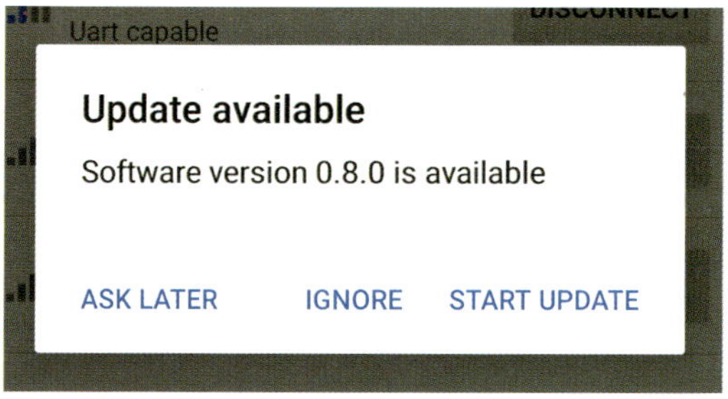

[그림 16-6] BLE 모듈의 펌웨어 업데이트 알림

업데이트가 필요한 경우라면 펌웨어를 업데이트하도록 하자. 이 업데이트는 BLE 모듈에 설치되어 있는 펌웨어 업데이트로, BLE 통신을 담당한다. 업데이트가 끝나면 다시 모듈에 연결해야 한다. BLE 모듈에 연결되면 스마트폰과 BLE 모듈의 연결을 알려주기 위해 Feather 보드의 파란색 LED가 켜진다. 데이터 전송이 시작되면 빨간색 LED 역시 켜지고 시리얼 모니터에는 아두이노에서 스마트폰으로 전송하는 데이터가 [그림 16-7]과 같이 출력된다.

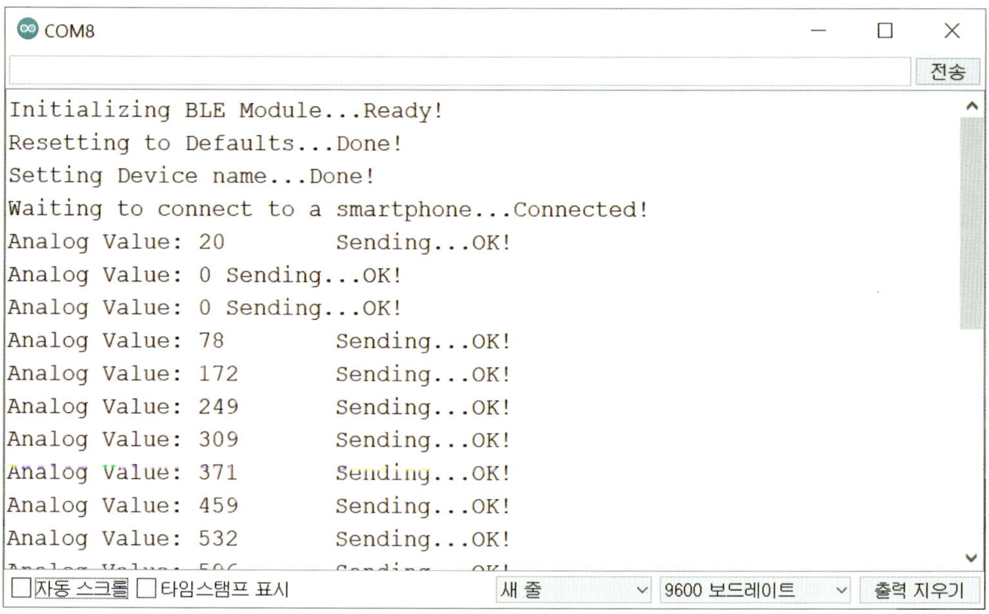

[그림 16-7] 데이터 전송을 나타내는 시리얼 모니터

애플리케이션에는 아두이노에서 스마트폰으로 전송한 데이터를 시각화하는 기능이 포함되어 있다. 애플리케이션에서 [Plotter] 버튼을 누르면 데이터를 그래프로 확인할 수 있다. 가변저항을 돌리면서 [그림 16-8]과 같이 그래프의 모양이 실시간으로 변하는 것을 확인해 보자.

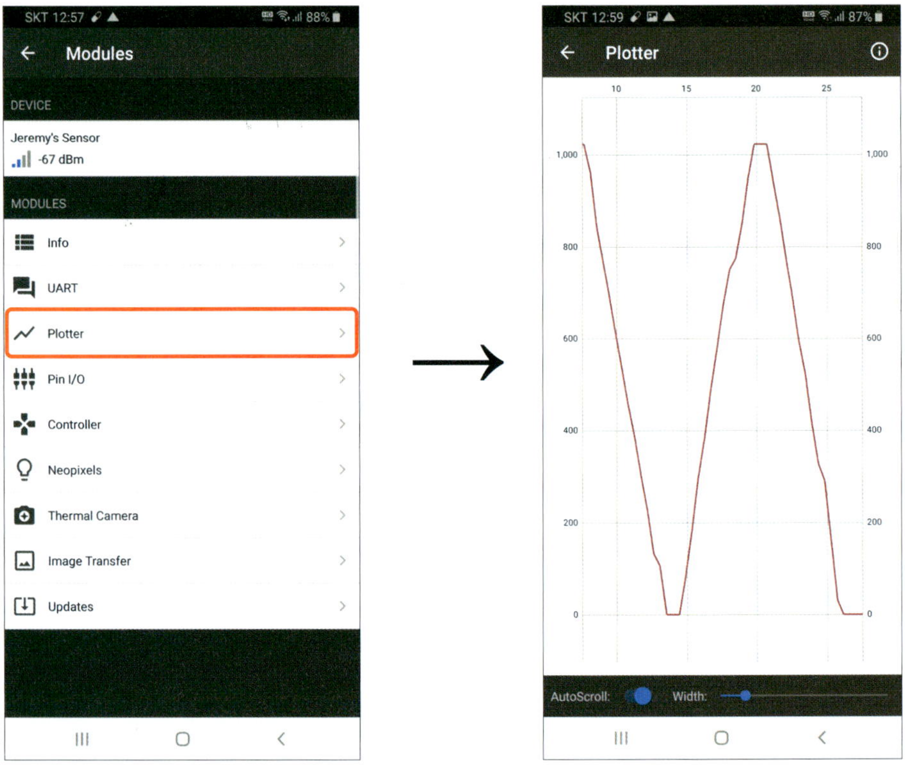

[그림 16-8] 데이터 플로팅 기능 사용

Note BLE를 통해 센서 데이터를 시각화하는 데모 동영상은 exploringarduino.com/content2/ch16에서 확인할 수 있다.

A0 핀에 다른 아날로그 센서를 연결해 보자. 거리 센서나 조도 센서를 연결했을 때도 비슷한 동작을 확인할 수 있을 것이다.

2. BLE를 통해 스마트폰에서 명령 전송

아두이노에서 스마트폰으로 데이터를 전송하는 방법을 살펴보았다. 그렇다면 반대 방향은 어떨까? 스마트폰에서 아두이노로 데이터를 보내는 것도 가능할까? 당연히 가능하다. [그림 16-9]와 같이 150Ω이나 220Ω의 전류 제한 저항을 통해 아두이노의 5번 핀에 LED를 연결하자. [그림 16-9]에는 없지만 가변저항을 그대로 두어도 무방하다.

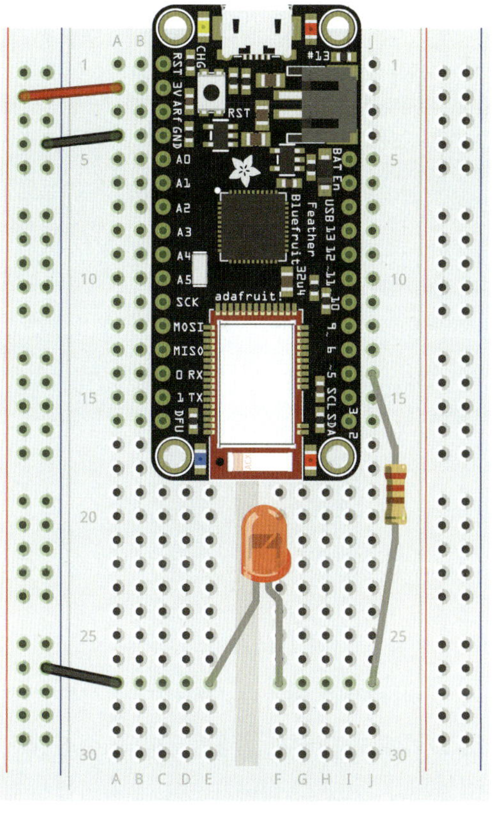

[그림 16-9] Feather 보드에 LED 연결 회로(Fritzing으로 작성)

▪ 명령 문자열의 해석

Adafruit에서 제공하는 Bluefruit 애플리케이션은 연결된 BLE 모듈로 텍스트 기반의 명령을 전달할 수 있는 UART 모드를 지원한다. UART 모드를 사용하면 LED를 켜거나 끄고 LED의 상태를 알아내기 위해 일상 언어를 텍스트 기반으로 전송할 수 있다. 아두이노로 전송하는 텍스트 기반 문자열에서 키워드를 검사하면 간단한 자연어 처리를 흉내 내 볼 수 있다. 스마트폰에서 실행되는 음성 지원 애플리케이션과 같은 복잡한 자연어 처리는 기계 학습과 복잡한 언어 모델을 사용하고 있으며 이는 이 책의 범위를 벗어난다. 간단하게 특정 키워드를 찾아내는 방법을 사용하면 "Turn on the LED" 또는 "Turn off the LED now"와 같은 문장을 아두이노로 전송하고 아두이노에서 원하는 작업을 수행하도록 할 수 있다.

`loop()` 함수가 실행될 때마다 `ble.available()` 함수를 사용하여 수신한 데이터가 있는지 검사한다. 수신한 데이터가 있다면 `cmd = ble.readStringUntil('\n')` 문장으로 `\n`이 나올 때까지 문자열을 읽어 `cmd` 변수에 저장한다. Adafruit의 Bluefruit 애플리케이션은 명령을 줄 단위로 구분할 수 있도록 자동으로 새 줄 문자(\n)를 추가하여 전송한다. 수신된 문자열은 먼저 `cmd.toLowerCase();` 함수로 소문자로 변환한다. 이렇게 하면 대소문자와 무관하게 키워드 검색을 통해 명령을 파악할 수

있으므로 "Turn the LED on"과 "Turn the led on"을 모두 같은 의미를 갖는 문장으로 해석할 수 있다.

```
// 수신 데이터가 있으면 읽어 LED 제어 명령을 찾아낸다.
while (ble.available() > 0)
{
  // 새 줄 문자를 만날 때까지 수신 데이터를 읽어 버퍼에 저장한다.
  cmd = ble.readStringUntil('\n');

  // 소문자로 변환하여 대소문자 관계없이 명령을 인식할 수 있도록 한다.
  cmd.toLowerCase();

  // 명령어 해석과 그에 따른 LED 제어 코드를 다음에 추가한다.
}
```

문자열을 수신하면 어떤 동작을 수행해야 하는지 결정하기 위해 문자열을 해석해야 한다. 이때 몇 개의 키워드만을 고려한다. 먼저 키워드 "red"나 "led"가 명령 문자열 내에 존재하는지 검사하고 해당 키워드가 존재하면 해석을 시작하는 단계로 들어가 LED 상태를 어떻게 변경할 것인지 결정한다. 해석을 시작하면 "on", "off", "toggle" 등의 키워드를 찾는다. 이들 중 하나가 명령 문자열에서 발견되면 그에 따라 LED 상태를 변경한다. 이들 키워드가 발견되지 않으면 현재 LED의 상태를 알려주는 것으로 끝낸다. "red"나 "led"가 존재하지 않으면 알 수 없는 명령이 입력되었음을 알려준다. [표 16-1]은 명령 문자열의 예와 그에 따른 동작을 나타낸 것이다.

[표 16-1] 자연어를 사용한 명령 문자열의 예

명령	동작	설명
"**Red** light **on**"	빨간색 LED 켜기	**Red**에 의해 해석이 시작되고 **on**에 의해 LED를 켠다.
"**Toggle** the **LED**"	빨간색 LED 상태 반전	**LED**에 의해 해석이 시작되고 **Toggle**에 의해 LED 상태가 반전된다.
"Turn **on** that **LED**!"	빨간색 LED 켜기	**LED**에 의해 해석이 시작되고 **on**에 의해 LED를 켠다.
"What's the **LED** state"	현재 LED 상태 출력	**LED**에 의해 해석이 시작되지만, LED 상태 제어를 위한 키워드를 발견할 수 없으므로 LED의 상태를 알려준다.
"What's up?"	알 수 없는 명령임을 출력	**red**나 **LED**가 발견되지 않으므로 해석이 시작되지 않는다.
"Turn the light **off**"	알 수 없는 명령임을 출력	**off** 키워드가 포함되어 있지만, **red**나 **LED**가 발견되지 않으므로 해석이 시작되지 않는다.

[표 16-1]을 염두에 두고 데이터를 수신하여 그에 따른 동작을 결정하는 코드를 작성할 수 있다.

```
// 수신 데이터가 있으면 읽어 LED 제어 명령을 찾아낸다.
while (ble.available() > 0)
{
  // 새 줄 문자를 만날 때까지 수신 데이터를 읽어 버퍼에 저장한다.
  cmd = ble.readStringUntil('\n');

  // 소문자로 변환하여 대소문자 관계없이 명령을 인식할 수 있도록 한다.
  cmd.toLowerCase();

  // "red" 또는 "led" 문자열이 발견되면 해석을 시작한다.
  if (cmd.indexOf(F("red")) != -1 || cmd.indexOf(F("led")) != -1)
  {
    // "on" 포함 여부 검사
    if (cmd.indexOf(F("on")) != -1)
    {
      led_state = HIGH;
      reply = F("OK! The LED has been turned on.");
    }

    // "off" 포함 여부 검사
    else if (cmd.indexOf(F("off")) != -1)
    {
      led_state = LOW;
      reply = F("OK! The LED has been turned off.");
    }

    // "toggle" 포함 여부 검사
    else if (cmd.indexOf(F("toggle")) != -1)
    {
      led_state = !led_state;
      if (led_state) reply = F("OK! The LED has been toggled on.");
      else reply = F("OK! The LED has been toggled off.");
    }
    // "red" 또는 "led"가 포함되어 있지만 LED 제어 키워드가 포함되어 있지 않음
    else
    {
      if (led_state) reply = F("The LED is currently on.");
      else reply = F("The LED is currently off.");
    }
```

```
        // LED 상태 설정
        digitalWrite(CTRL_LED, led_state);
    }
    else
    {
        reply = F("Command not understood.");
    }
}
```

위의 코드는 reply와 led_state가 전역변수로 스케치의 첫머리에서 초기화되어 있다고 가정한다. 이 코드에서 중요한 함수 중 하나가 indexOf() 함수로, 매개변수로 주어진 문자열을 검색하여 처음 발견된 위치를 반환한다. 문자열에서 특정 위치를 나타내는 인덱스는 0부터 시작한다. 예를 들어 "Hello Jeremy!"라는 문자열에 indexOf("Jeremy") 함수를 적용하면 H의 인덱스가 0이므로 반환되는 값은 6이 된다. 지정한 문자열을 찾을 수 없는 경우에는 –1을 반환한다. 따라서 indexOf() 함수가 반환하는 값이 –1이 아니라는 것은 지정한 문자열, 즉 키워드가 명령 문자열 내에 포함되어 있다는 것을 의미한다. [표 16–1]의 명령 문자열 중 하나를 위의 코드에 적용하여 결과를 살펴보자.

위의 코드에서 LED 상태와 reply 변수값이 결정되면 이를 스마트폰으로 알려주면 된다.

```
// 수신한 명령 문자열에 대한 응답 전송
ble.println(reply);
Serial.print(F("Replied With: "));
Serial.println(reply);
ble.waitForOK();
digitalWrite(STATUS_LED, LOW);
```

▪ BLE 장치에 자연어로 명령 내리기

명령 문자열을 해석하는 코드에 [코드 16–1]에서 사용한 BLE 모듈 설정과 연결 부분을 추가하고, LED의 상태를 저장하는 상태변수와 BLE 모듈의 응답을 위한 변수를 추가하자. [코드 16–1]과는 다른 동작을 하므로 브로드캐스트 이름을 바꾸는 것도 생각할 수 있다. [코드 16–2]는 아두이노에 연결된 LED를 자연어로 표현된 명령 문자열로 제어하는 코드다.

Tip Nordic의 BLE 칩은 UART 전송 서비스를 위해 20바이트 크기의 버퍼를 제공하고 있다. 따라서 20바이트보다 긴 문자열을 전송하는 경우에는 문자열 뒷부분이 버려진다. 시리얼 모니터에 잘린 문자열이 출력된다면 명령 문자열을 20바이트 이내로 전송해야 한다. [표 16-1]에 있는 예들은 모두 20바이트 이내의 명령 문자열이다.

코드 16-2 BLE 연결을 통한 LED 제어 16-2_BLE_led.ino

```
// BLE 연결을 통해 LED 제어

// nRF51 SPI 라이브러리 포함
#include "Adafruit_BluefruitLE_SPI.h"

// 32U4 Feather 보드에서 nRF51 칩은 하드웨어 SPI 핀에 연결되어 있다.
// BLT 객체를 생성할 때는 칩 선택(CS, 8), 인터럽트(IRG, 7), 리셋(RST, 4) 등
// 3개 연결 핀만 매개변수로 지정하면 된다.
Adafruit_BluefruitLE_SPI ble(8, 7, 4);

// BLE 모듈 설정이 필요한 경우 true로 설정한다.
// true로 설정되면 공장 초기화 후 브로드캐스트 이름을 변경한다.
// true로 설정하여 매번 설정을 진행하여도 문제가 되지는 않는다.
// 한 번 설정한 이후 다시 설정하지 않으려면 false로 설정하면 된다.
const bool PERFORM_CONFIGURATION = true;

// 스마트폰에서 보이는 BLE 장치의 이름
const String BLE_NAME = "Jeremy's LED";

// 내장 LED는 13번 핀에 연결되어 있음
const int STATUS_LED = 13;

// 제어할 LED는 5번 핀에 연결되어 있음
const int CTRL_LED = 5;

// LED 상태와 제어 및 반환 문자열을 위한 변수
bool led_state = LOW;
String cmd = "";
String reply = "";

void setup(void)
{
  // LED 연결 핀을 출력으로 설정하고 LED를 끔
  pinMode(STATUS_LED, OUTPUT);
  digitalWrite(STATUS_LED, LOW);
  pinMode(CTRL_LED, OUTPUT);
  digitalWrite(CTRL_LED, led_state);

  // 시리얼 모니터로 디버깅 정보 출력
  Serial.begin(9600);
```

```
// 32U4는 하드웨어로 지원되는 USB 인터페이스를 가지고 있으므로
// BLE 모듈을 초기화하기 전에 시리얼 모니터와 연결되어야 한다면
// 아래 문장을 주석으로 처리하지 않고 그대로 두어야 한다.
// 시리얼 모니터를 사용하지 않거나 배터리로 동작하는 경우라면
// 아래 문장을 주석으로 처리하는 것이 좋다.
while (!Serial);
// BLE 모듈에 연결
Serial.print(F("Initializing BLE Module..."));
if (!ble.begin())
{
  Serial.println("");
  Serial.println(F("Couldn't connect to nRF51 Module."));
  while (1);
}
Serial.println(F("Ready!"));

// 초기화가 지정된 경우 BLE 칩을 공장 초기화한다.
// 설정이 잘못되어 BLE 모듈이 정상적으로 동작하지 않는 경우
// 모듈의 공장 초기화를 통해 복구할 수 있다.
// 공장 초기화 후에는 브로드캐스트 이름을 설정한다.
if (PERFORM_CONFIGURATION)
{
  // 모듈의 공장 초기화
  Serial.print(F("Resetting to Defaults..."));
  if (!ble.factoryReset())
  {
    Serial.println("");
    Serial.println(F("Couldn't reset module."));
    while (1);
  }
  Serial.println(F("Done!"));

  // AT 명령으로 브로드캐스트 이름 설정
  Serial.print(F("Setting Device name..."));
  ble.print(F("AT+GAPDEVNAME="));
  ble.println(BLE_NAME);
  if (!ble.waitForOK())
  {
    Serial.println(F("Could not set name."));
    while (1);
  }
```

```
    ble.reset();        // 바뀐 이름이 적용되도록 모듈 리셋
    Serial.println(F("Done!"));
  }

  // 명령 모드에서 데이터 모드로 전환
  ble.setMode(BLUEFRUIT_MODE_DATA);
}

void loop(void)
{
  // 스마트폰과 블루투스 모듈이 연결되어 있지 않으면 연결될 때까지 대기
  if (!ble.isConnected())
  {
    Serial.print("Waiting to connect to a smartphone...");
    while (!ble.isConnected())
    {
      delay(1000);
    }
    Serial.println("Connected!");
  }

  // 수신 데이터가 있으면 읽어 LED 제어 명령을 찾아낸다.
  while (ble.available() > 0)
  {
    // 명령 문자열을 수신하여 처리하는 과정에서 상태 LED를 켠다.
    digitalWrite(STATUS_LED, HIGH);

    // 새 줄 문자를 만날 때까지 수신 데이터를 읽어 버퍼에 저장한다.
    cmd = ble.readStringUntil('\n');
    Serial.print(F("Received Command: "));
    Serial.println(cmd);

    // 소문자로 변환하여 대소문자 관계없이 명령을 인식할 수 있도록 한다.
    cmd.toLowerCase();

    // "red" 또는 "lcd" 문자열이 발견되면 해석을 시작한다.
    if (cmd.indexOf(F("red")) != -1 || cmd.indexOf(F("led")) != -1)
    {
      // "on" 포함 여부 검사
      if (cmd.indexOf(F("on")) != -1)
      {
        led_state = HIGH;
        reply = F("OK! The LED has been turned on.");
      }
```

```
        // "off" 포함 여부 검사
        else if (cmd.indexOf(F("off")) != -1)
        {
          led_state = LOW;
          reply = F("OK! The LED has been turned off.");
        }

        // "toggle" 포함 여부 검사
        else if (cmd.indexOf(F("toggle")) != -1)
        {
          led_state = !led_state;
          if (led_state) reply = F("OK! The LED has been toggled on.");
          else reply = F("OK! The LED has been toggled off.");
        }

        // "red" 또는 "led"가 포함되어 있지만 LED 제어 키워드가 포함되어 있지 않음
        else
        {
          if (led_state) reply = F("The LED is currently on.");
          else reply = F("The LED is currently off.");
        }

        // LED 상태 설정
        digitalWrite(CTRL_LED, led_state);
      }
      else
      {
        reply = F("Command not understood.");
      }

      // 수신한 명령 문자열에 대한 응답 전송
      ble.println(reply);
      Serial.print(F("Replied With: "));
      Serial.println(reply);
      ble.waitForOK();
      digitalWrite(STATUS_LED, LOW);
    }
  }
```

[코드 16-2]를 컴파일하여 Feather 보드에 업로드하고 시리얼 모니터를 열면 [그림 16-4]와 같은 상태에 있을 것이다. 스마트폰에서 Adafruit Bluefruit 애플리케이션을 열고 Jeremy's LED라는 이름의 BLE 장치에 연결한다. 스마트폰이 BLE 모듈에 연결되면 시리얼 모니터에서 연결되었다는 메시지를

확인할 수 있다. [그림 16-10]에서 UART 메뉴를 선택하면 BLE 모듈과 메시지를 주고받을 수 있는 채팅 애플리케이션과 비슷한 인터페이스가 나타난다. [표 16-1]의 예와 비슷한 명령 문자열을 입력하면 BLE 모듈에서의 응답을 스마트폰에서 확인할 수 있다. LED를 켜거나 끄는 명령 문자열을 전송하면 빨간색 LED가 그에 따라 반응하는 것을 확인할 수 있으며, Feather 보드의 USB 커넥터 옆에 있는 빨간색 LED가 명령 문자열을 수신할 때 켜지는 것도 확인할 수 있다. [그림 16-10]은 스마트폰의 애플리케이션을 통해 명령 문자열을 전송하고 그 결과를 수신한 것으로, 시리얼 모니터에서도 같은 내용을 확인할 수 있다.

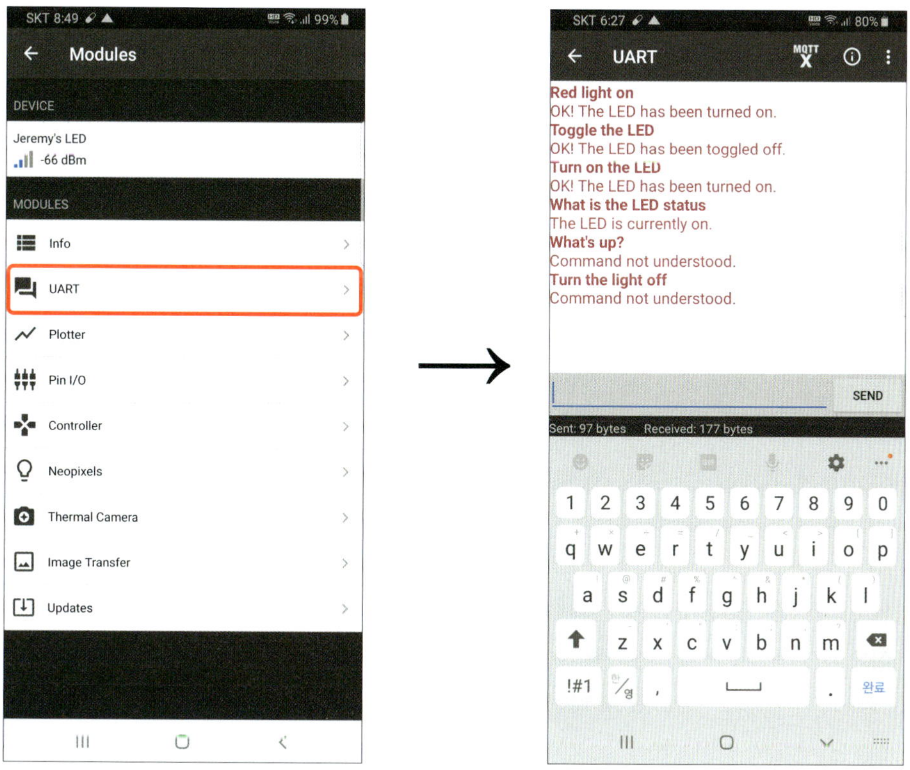

[그림 16-10] BLE를 통한 명령 문자열 전송

최신 스마트폰들은 음성 인식으로 키 입력을 대신하는 기능이 있으므로 별도의 음성 인식 소프트웨어 없이도 음성으로 LED를 제어할 수 있다. Bluefruit 애플리케이션에서 UART 서비스를 열고 LED 세어 명령을 말해 보자.

Note BLE를 통해 LED를 제어하는 데모 동영상은 exploringarduino.com/content2/ch16에서 확인할 수 있다.

SECTION 03

블루투스로 AC 전등 제어

이전 장에서 AC 릴레이를 아두이노와 RF 통신으로 연결하여 전등을 제어하는 방법을 살펴보았다. 블루투스 통신으로 같은 작업을 수행해 보자. 이 예에서는 UART 통신 애플리케이션 대신 AT 명령어와 전송 전력을 사용하여 전등에 다가가면 전등이 자동으로 켜지고 전등에서 멀어지면 전등이 자동으로 꺼지도록 해볼 것이다.

1. 스마트폰과 BLE 장치의 페어링 방법

채팅 애플리케이션처럼 아두이노로 메시지를 전달하는 것도 재미있지만 블루투스 통신을 사용하여 제어하는 가장 편리한 방법이라고 이야기할 수는 없다. 만약 연결된 AC 장치가 일정 거리 내에 있다면 자동으로 신호를 보낸다고 생각해 보자. 이 경우 스마트폰은 거리를 측정하는 센서와 같은 역할을 하게 된다. 이러한 방법으로 집에 있을 때는 전등에 불이 켜지고 집 밖으로 나가면 불이 꺼지도록 하거나 또는 방을 나가면 TV가 자동으로 꺼지게 할 수 있다. 이 장의 마지막 프로젝트에서는 이전 장에서 사용한 릴레이 박스를 사용하여 집에 있을 때만 전등에 불이 켜지도록 하는 스마트 조명을 만들어 볼 것이다.

이 장의 첫머리에서 블루투스는 저전력 블루투스와 블루투스 클래식이라는 서로 다른 두 가지로 구성되어 있다고 이야기했다. 이 장에서 사용하는 블루투스 모듈은 저전력 블루투스만 지원한다. 스마트폰에서 두 가지 블루투스 통신은 서로 다른 방법으로 처리된다. 블루투스 클래식에서 블루투스 장치는 **페어링**이 필요하다. 페어링이란 스마트폰에서 헤드폰과 같은 특정 블루투스 장치를 기억하도록 하는 과정을 말한다. 기억하고 있는 장치에 전원이 주어지고 범위 내에 있으면 스마트폰은 자동으로 그 장치에 연결할 수 있다. BLE 장치의 동작 방식은 이와는 차이가 있다. BLE 장치가 스마트폰에 연결될 때 BLE 장치는 지원하는 서비스 목록을 스마트폰에 제공한다. 스마트폰과 BLE 장치가 같은 서비스를 지원하는 경우 BLE 장치는 서비스에 대한 인터페이스를 **노출**(expose)하여 스마트폰이 이 인터페이스를 통해 통신할 수 있도록 한다. BLE 장치가 페어링에 필요한 GATT 서비스를 노출하지 않으면 운영체제 레벨에서 스마트폰은 BLE 장치와 페어링할 수 없다. 이처럼 특정 서비스를 노출하지 않았을 때 BLE 장치와의 페어링 과정은 BLE 장치 제조사에서 제공하는 전용 애플리케이션을 통해서 가능하며 특히 아이폰의 경우에는 전용 애플리케이션이 필요하다.

이러한 제한을 우회하여 연결 설정 과정을 간단히 할 수 있는 방법이 존재한다. 이 방법을 사용하면 아이폰이나 안드로이드폰의 전용 애플리케이션이 없어도 아두이노에서 스마트폰이 근처에 있는지를 알아낼 수 있다. 아이폰과 안드로이드폰에는 모두 HID(Human Interface Device) 프로파일을 노출하고 있을 때 BLE 장치와 페어링할 수 있는 옵션이 있다. HID 프로파일을 사용하는 예로는 무선 키보드가 있다. HID 키보드를 위한 BLE 서비스를 활성화하면 아두이노는 무선 키보드로 동작한다. 스마트폰의 블루투스 모듈은 HID 키보드로 설정된 장치를 발견하고 블루투스 클래식을 사용하는 장치와 같은 방법으로 페어링할 수 있도록 해 준다. 스마트폰이 페어링된 장치와 일정 거리 내로 접근하면 자동으로 연결된다. 아두이노 프로그램에서는 스마트폰과의 연결을 검사하면서 연결되거나 연결이 끊어질 때 전등을 켜거나 끄면 된다.

2. 접근 제어를 위한 프로그램 작성

Feather 보드에 전등을 연결하기 전에 하나의 LED를 제어하기 위해 사용했던 [그림 16-9]의 회로를 다시 테스트해 보자. LED 제어에 문제가 없다면 LED 제어에 사용했던 연결선을 릴레이 제어를 위한 연결선으로 사용하면 된다. 이때 LED는 그대로 두어도 된다.

앞의 예제에서 사용했던 코드를 일부 수정해 보자. 먼저 `BLE_NAME`을 새로운 기능에 맞도록 "Smart Lamp" 등으로 수정하자. 다음으로 `PERFORM_CONFIGURATION` 상수와 이를 사용하는 `if()`문은 없애도 무방하다. 스마트 전등을 위한 아두이노는 항상 동작하고 있고 끄는 경우는 거의 없을 것이므로 매번 재설정한다고 해서 문제 될 것은 없다. 접근 정도를 나타내기 위해 `POWER_LEVEL` 상수를 다음과 같이 추가한다.

```
// 동작 범위를 제어하기 위한 전력 레벨 상수 설정
// 사용할 수 있는 옵션값 : -40, -20, -16, -12, -8, -4, 0, 4
// 숫자가 클수록 연결 범위는 늘어난다.
const int POWER_LEVEL = -20;
```

`POWER_LEVEL` 상수는 새로운 AT 명령인 `AT+BLEPOWERLEVEL`에서 사용되며 BLE 장치의 전송 전력을 제어하기 위해 사용한다. 작은 값을 선택하면 연결 범위는 줄어들고 큰 값을 선택하면 연결 범위는 늘어난다. 실제 적용 환경에서 상숫값을 변경하면서 테스트한 후 적절한 값을 선택하면 된다. 상숫값을 변경하면 전등이 켜질 때 스마트폰과 전등 제어장치의 거리가 달라지므로 원하는 거리에 따라 상숫값을 선택하면 된다. 위에서 선택한 –20은 집으로 돌아갈 때 스마트폰이 현관문 앞에 다다르면 아두이노와 스마트폰이 연결되고 전등이 켜지는 거리를 실험적으로 선택한 것이다. 만약 현관문으로 통하는 계단을 올라가고 있을 때 전등이 켜지기를 원한다면 –20보다는 큰 –12나 –16 정도의 값을 사용하면 된다. 장치 이름을 설정한 후 새로운 AT 명령을 사용하여 전송 전력 레벨을 설정한다.

```
// 전력 레벨 설정
Serial.print(F("Setting Power level..."));
ble.print(F("AT+BLEPOWERLEVEL="));
ble.println(String(POWER_LEVEL));
if (!ble.waitForOK())
{
   Serial.println(F("Power Level Setting Error."));
   while (1);
}
Serial.println(F("Done!"));
```

전송 전력이 설정된 후에는 BLEKEYBOARDEN AT 명령을 사용하여 HID 키보드 서비스를 시작하도록 설정한다.

```
// HID 키보드 프로파일 활성화
// 전용 애플리케이션 없이 연결이 가능하도록 하기 위해 필요하다.
Serial.print(F("Enabling HID Keyboard..."));
ble.println(F("AT+BLEKEYBOARDEN=1"));
if (!ble.waitForOK())
{
   Serial.println(F("Could not enable HID Keyboard Profile."));
   while (1);
}
Serial.println(F("Done!"));

ble.reset();              // 바뀐 설정이 적용되도록 모듈 리셋
```

setup() 함수에서 전송 전력과 키보드 프로파일을 설정한 후 loop() 함수는 BLE 장치가 연결되면 제어 핀으로 HIGH를 출력하고, BLE 장치 연결이 끊어지면 제어 핀으로 LOW를 출력한다.

```
if (ble.isConnected())
{
   // BLE 장치와 연결된 경우 전등 켜기
   digitalWrite(LAMP_PIN, HIGH);
}
if (!ble.isConnected())
{
   // BLE 장치와 연결이 끊어진 경우 전등 끄기
   digitalWrite(LAMP_PIN, LOW);
}
```

스마트폰이 BLE 모듈과 연결할 수 있는 거리 내로 들어가면 자동으로 스마트폰과 BLE 모듈이 연결되고 전등을 켜는 신호가 출력된다. 스마트폰이 BLE 모듈의 신호 전송 거리 밖으로 나가면 아두이노는 연결이 끊어진 것을 알아내고 전등을 끄는 신호를 출력한다. [코드 16-3]은 앞에서 설명한 코드들로 스마트폰의 움직임에 따라 자동으로 전등을 켜거나 끄도록 한 것이다.

Warning 실험 중인, 검증되지 않은 소프트웨어를 방치해 두어서는 안 된다. 이 예제는 AC를 사용하는 전자제품을 제어하며 원하는 동작을 얻기 위해서 디버깅이 필요할 수 있다. 또한 이 예제는 다른 사람이 블루투스 장치에 연결하고 전자제품을 제어하는 것을 막을 수 있는 안전장치가 없기 때문에 실험 중인 소프트웨어가 동작하도록 내버려 두는 것은 바람직하지 않다. 사용하지 않을 때는 아두이노에 공급되는 전원을 차단해 주는 것이 안전하다.

코드 16-3 BLE 연결을 통한 전등 자동 제어 16-3_BLE_smart_lamp.ino

```
// 스마트폰의 연결 상태에 따라 자동으로 램프 제어

// nRF51 SPI 라이브러리 포함
#include "Adafruit_BluefruitLE_SPI.h"

// 32U4 Feather 보드에서 nRF51 칩은 하드웨어 SPI 핀에 연결되어 있다.
// BLT 객체를 생성할 때는 칩 선택(CS, 8), 인터럽트(IRG, 7), 리셋(RST, 4) 등
// 3개 연결 핀만 매개변수로 지정하면 된다.
Adafruit_BluefruitLE_SPI ble(8, 7, 4);

// 스마트폰에서 BLE 장치가 보여지는 이름
const String BLE_NAME = "Smart Lamp";

// 동작 범위를 제어하기 위한 전력 레벨 상수 설정
// 사용할 수 있는 옵션값 : -40, -20, -16, -12, -8, -4, 0, 4
// 숫자가 클수록 연결 범위는 늘어난다.
const int POWER_LEVEL = -20;

// 전등 제어를 위한 핀
const int LAMP_PIN = 5;

void setup(void)
{
  // 전등 제어 핀을 출력으로 설정하고 전등을 끔
  pinMode(LAMP_PIN, OUTPUT);
  digitalWrite(LAMP_PIN, LOW);

  // 시리얼 모니터로 디버깅 정보 출력
  Serial.begin(9600);
```

```
// 32U4는 하드웨어로 지원되는 USB 인터페이스를 가지고 있으므로
// BLE 모듈을 초기화하기 전에 시리얼 모니터와 연결되어야 한다면
// 아래 문장을 주석으로 처리하지 않고 그대로 두어야 한다.
// 시리얼 모니터를 사용하지 않거나 배터리로 동작하는 경우라면
// 아래 문장을 주석으로 처리하는 것이 좋다.
// while (!Serial);

// BLE 모듈에 연결
Serial.print(F("Initializing BLE Module..."));
if (!ble.begin())
{
  Serial.println("");
  Serial.println(F("Couldn't connect to nRF51 Module."));
  while (1);
}
Serial.println(F("Ready!"));

// 모듈의 공장 초기화
Serial.print(F("Resetting to Defaults..."));
if (!ble.factoryReset())
{
  Serial.println("");
  Serial.println(F("Couldn't reset module."));
  while (1);
}
Serial.println(F("Done!"));

// AT 명령으로 브로드캐스트 이름 설정
Serial.print(F("Setting Device name..."));
ble.print(F("AT+GAPDEVNAME="));
ble.println(BLE_NAME);
if (!ble.waitForOK())
{
  Serial.println(F("Could not set name."));
  while (1);
}
Serial.println(F("Done!"));

// 전력 레벨 설정
Serial.print(F("Setting Power level..."));
ble.print(F("AT+BLEPOWERLEVEL="));
ble.println(String(POWER_LEVEL));
if (!ble.waitForOK())
```

```
    {
      Serial.println(F("Power Level Setting Error."));
      while (1);
    }
    Serial.println(F("Done!"));

    // HID 키보드 프로파일 활성화
    // 전용 애플리케이션 없이 연결이 가능하도록 하기 위해 필요하다.
    Serial.print(F("Enabling HID Keyboard..."));
    ble.println(F("AT+BLEKEYBOARDEN=1"));
    if (!ble.waitForOK())
    {
      Serial.println(F("Could not enable HID Keyboard Profile."));
      while (1);
    }
    Serial.println(F("Done!"));

    ble.reset();            // 바뀐 설정이 적용되도록 모듈 리셋
}

void loop(void)
{
    if (ble.isConnected())
    {
      // BLE 장치와 연결된 경우 전등 켜기
      digitalWrite(LAMP_PIN, HIGH);
    }
    if (!ble.isConnected())
    {
      // BLE 장치와 연결이 끊어진 경우 전등 끄기
      digitalWrite(LAMP_PIN, LOW);
    }
}
```

[코드 16-3]에서 `while(!Serial);` 문장을 주석으로 처리한 것은 아두이노에 전등을 연결한 후에는 컴퓨터에 연결하지 않고 사용할 것이기 때문이다. 주석으로 처리하지 않은 경우 시리얼 모니터가 연결되어 있지 않다면 프로그램은 이 문장에서 계속 시리얼 모니터 연결을 기다리는 상태가 되어 더이상 진행되지 않는다.

3. 스마트폰 페어링

안드로이드폰과 아이폰 모두 페어링 과정은 비슷하다. 다만 두 운영체제 모두 잦은 업데이트로 인해 여기서 설명하는 방법으로는 페어링이 이루어지지 않을 수도 있다. 페어링이 정상적으로 이루어지지 않는다면 인터넷을 검색해 보기를 추천한다. 먼저 [코드 6-3]을 Feather 보드에 업로드하자. 시리얼 모니터를 통해 초기화 과정을 확인하고 싶다면 `while(!Serial);` 문장의 주석 처리를 제거하면 된다.

▪ 안드로이드폰 페어링

스마트폰에서 '설정' 애플리케이션을 연다. [연결] → [블루투스] 항목을 차례로 선택하면 블루투스 장치와의 연결을 관리하는 페이지를 볼 수 있다. Feather 보드에 [코드 16-3]이 업로드되어 있고 전원이 주어져 있다면 '연결 가능한 디바이스' 목록에서 'Smart Lamp'라는 이름의 장치를 찾을 수 있다. 'Smart Lamp'를 선택하면 장치가 연결되어 '등록된 디바이스' 목록에 나타난다. '등록된 디바이스' 목록에서 'Smart Lamp' 장치를 선택하면 장치와 연결된다. [그림 16-11]은 'Smart Lamp' 장치를 등록하는 과정을 보여준다. 스마트폰의 블루투스 통신 기능을 껐다가 켜기를 반복하면 'Smart Lamp'와 연결되었다 끊어지기를 반복하며 그에 따라 블루투스 모듈의 LED가 꺼지고 켜진다. (장치가 일정 범위 내에 있을 때 자동으로 연결되는 기능은 스마트폰에서 지원해야 한다.) 실제 LED가 켜지고 꺼지기까지는 몇 초의 지연이 발생할 수 있다.

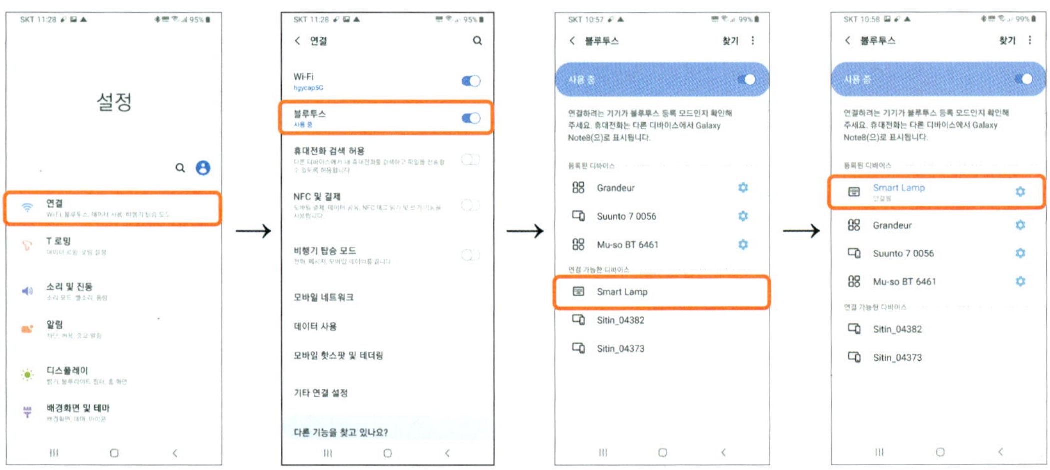

[그림 16-11] 안드로이드폰에서의 페어링

▪ 아이폰 페어링

아이폰의 경우도 페어링 과정은 비슷하다. '설정' 애플리케이션에서 '블루투스'를 선택하면 주변에 있는 블루투스 기기를 자동으로 검색하기 시작한다. '기타 기기'에서 연결하고자 하는 장치를 찾아 선택하면 페어링이 이루어지고 '나의 기기'에 선택된 장치가 연결된 상태로 나타난다. [그림 16-12]는 이 과정을 보여준다.

가끔씩 한번에 연결이 되지 않는 경우가 있으므로 페어링 하는 과정에서 연결이 끊어지면 다시 시도해 보자. 이는 안드로이드폰의 경우도 마찬가지다. 블루투스 모듈은 2개의 장치에 동시에 연결될 수는 없지만, 페어링된 장치를 기억하고 있으므로 여러 장치와 페어링 과정 없이 자동으로 연결할 수 있다.

Warning [코드 16-3]은 페어링에서의 보안이나 인증 부분은 고려하지 않고 있다. 따라서 연결 가능한 범위 내에 있는 누구나 BLE 장치에 연결하고 전등을 제어할 수 있다. 이 예제는 실습용이므로 가정이나 사무실에서 실제로 사용할 제어 시스템을 생각한다면 보안 기능은 필수다. 특히 사람이 없을 때도 장치가 동작하도록 하려면 그 위험성을 생각해야 한다. 보안을 강화하는 방법의 하나는 스마트폰에서 BLE 장치와의 연결을 관리하는 애플리케이션을 만들고 장치를 제어하기 위한 인증 코드를 입력하도록 하는 것이다. 보안 기능을 가진 스마트폰 애플리케이션을 만드는 것은 이 책의 범위를 벗어나므로 책에서는 다루지 않는다.

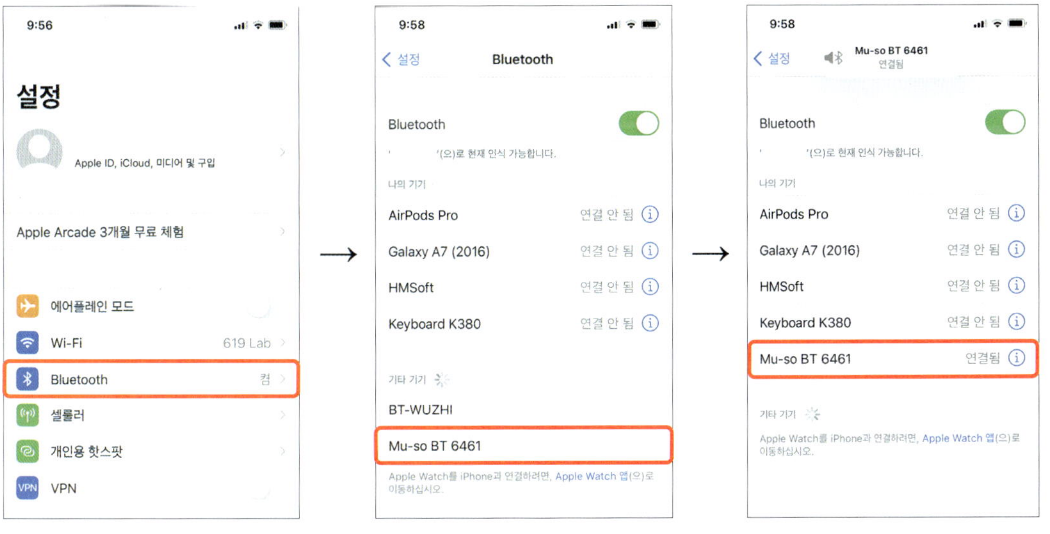

[그림 16-12] 아이폰에서의 페어링

4. 근처에 가면 반응하는 전등 만들기

스마트폰을 페어링하고 코드가 동작하는 것을 확인했다면 실제로 전등을 연결해 보자. 먼저 전송 전력을 원하는 거리에 맞게 조절해야 한다. 전등이 켜지거나 꺼지도록 하는 위치를 선택하고 전송 전력을 바꾸면서 원하는 거리에 적당한 전력을 선택하면 된다. 전등이 켜지거나 꺼지는 데는 약간의 지연이 있을 수 있으며 전자기 간섭으로 항상 같은 거리에서 동작하지는 않는다는 점을 생각해야 한다. 릴레이 제어 핀을 Feather 보드의 5번 핀에 연결하자. 5번 핀은 LED 제어를 위해 사용한 것과 같은 핀이다. 릴레이 박스의 음극 제어 핀을 아두이노의 그라운드에 연결해야 한다는 점도 잊어서는 안 된다. 릴레이 박스를 연결하면 [그림 16-13]과 비슷하게 보일 것이다.

준비는 끝났다. 스마트홈에 들어가거나 나와 보면서 전등이 자동으로 켜지거나 꺼지는지 확인해 보자.

[그림 16-13] 릴레이 박스와 연결된 Feather 보드

Note BLE를 사용하여 거리에 따라 자동으로 제어되는 전등의 데모 동영상은 exploringarduino.com/content2/ch16에서 확인할 수 있다.

요약

- 블루투스 통신에는 여러 버전과 여러 동작 모드가 있지만 모두 2.4GHz 무선 통신 채널을 사용한다.
- 대부분의 최신 스마트폰을 포함하여 많은 스마트 장치들이 클래식 블루투스와 저전력 블루투스 중 하나 또는 두 가지 모두를 지원한다.
- BLE를 통해 UART 인터페이스를 에뮬레이션할 수 있다.
- BLE를 사용하여 블루투스 장치에서 스마트폰으로 데이터를 전송할 수 있다.
- 연결된 BLE 장치로 명령을 보내기 위해 스마트폰을 사용할 수 있다.
- 간단한 문장 해석 알고리즘을 통해 기본적인 자연어 처리를 사용할 수 있다.
- 블루투스 모뎀을 포함하는 모뎀 장치를 설정하기 위해서 AT 명령을 사용할 수 있다.
- BLE에는 기본적으로 보안성이 없으므로 허가를 받은 사람만 연결할 수 있는 시스템을 만들기 위해서는 보안을 위한 소프트웨어를 구현해야 할 수 있다.

CHAPTER

17

와이파이와 클라우드

CONTENTS

필요한 부품

- Adafruit Feather M0 Wi-Fi
- A-마이크로B 타입 USB 케이블
- 브레드보드
- 점퍼선
- 220Ω 저항(4개)
- 4.7kΩ 저항(2개)
- 5mm 공통 양극 방식 RGB LED
- 피에조 버저
- USB 포트에 연결할 수 있는 5V 1A 전원 공급 장치(선택)
- I^2C 방식 4자리 7세그먼트 디스플레이
- 와이파이 네트워크 접속이 가능한 계정 (라우터 관리자 권한이 필요할 수 있음)

들어가기 전에

이 장은 이 책의 마지막 장이다. 아두이노를 우주로 보낼 수 없다면 아두이노를 인터넷에 연결하는 것이 전 세계와 이어지는 가장 빠른 길일 것이다. 그렇지만 인터넷에 연결하는 것이 그렇게 쉬운 일은 아니다. 최근 흔히 접할 수 있게 된 사물인터넷에 아두이노를 연결하는 방법을 설명하기 위해서는 한 권의 책으로도 모자랄 것이다. 아두이노를 인터넷에 연결하는 여러 방법을 모두 다루는 것은 쉽지 않으므로 이 장에서는 아두이노 또는 사물인터넷 장치를 인터넷에 연결하여 동작시키는 방법과 와이파이 기능을 포함하고 있는 아두이노를 사용하여 웹 페이지를 서비스하고 클라우드의 데이터를 사용하는 방법에 대해 알아본다. 특히 네트워크의 구조, 웹 페이지를 제공하는 방법, 서드파티 웹 기반 API를 사용하는 방법 등을 중심으로 알아본다.

SECTION 01

인터넷과 아두이노

인터넷의 동작 원리를 이 장에서 모두 설명하는 것은 불가능하므로 이 장에서는 [그림 17-1]을 바탕으로 아두이노와 인터넷의 관계를 생각해 보자.

처음에는 내부망인 지역 네트워크를 대상으로 할 것이다. 지역 네트워크에서 동작하는 경우 웹 브라우저와 아두이노가 유선 연결이나 와이파이 무선 연결을 통해 같은 라우터에 연결되어 있을 때만 서로 통신이 가능하다. 지역 네트워크에서 통신이 가능해지면 다음은 라우터를 통해 전 세계 어디든(적어도 인터넷이 연결된 곳이면 어느 곳이든) 아두이노가 접근하여 서비스를 사용하는 방법을 살펴볼 것이다.

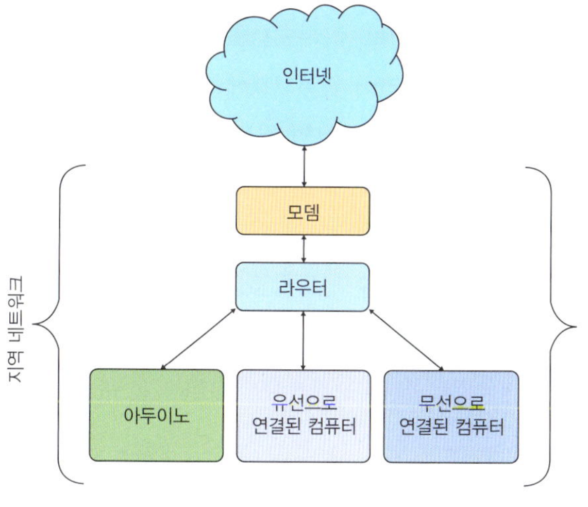

[그림 17-1] 인터넷과 지역 네트워크의 관계

1. 네트워킹 용어

아두이노로 인터넷에 연결하기 전에 네트워킹에 사용되는 용어들을 정리해 보자. 다음은 이 장의 내용을 이해하는 데 필요한 용어, 개념, 약어 등을 설명한 것이다.

인터넷, 월드 와이드 웹, 클라우드

우리가 흔히 접하게 되는 인터넷, 월드 와이드 웹, 클라우드는 사실 서로 다른 말이다. 이 단어들이 때로는 같은 의미로 사용되긴 하지만 정확한 의미를 알고 있다면 도움이 될 것이다.

인터넷은 전 세계에 연결되어 서로 통신할 수 있는 물리적인 네트워크를 말한다. 1960년대에 처음 개념이 정립된 ARPANET은 미국의 ARPA(Advanced Research Projects Agency)에서 시작한 프로젝트였다. 전 세계 대학들과 연구소를 연결하고 있던 ARPANET은 우리가 알고 있는 인터넷으로 서서히 발전하였다. 인터넷은 물리적인 계층과 한 지점에서 다른 지점으로 데이터를 전송하는 데 사용하는 프로토콜을 정의하고 있지만 1990년대까지 웹 사이트라는 개념은 포함되어 있지 않았다. 유럽 입자물리연구소(CERN)의 연구자들이 하이퍼링크 페이지 개념을 소개하면서 오늘날의 **월드 와이드 웹**이 만들어졌다. 월드 와이드 웹은 인터넷을 기반으로 동작하는 많은 애플리케이션 중 하나일 뿐이다.

클라우드는 상대적으로 최근에 등장한 용어로 지역 네트워크(인트라넷)에서 공용 인터넷으로 네트워크 서비스가 옮겨가는 것을 가리킨다. 상업적인 서비스 측면에서 클라우드는 사무실 내의 네트워크 파일 저장소에서 구글 드라이브나 드롭박스와 같은 인터넷 기반의 네트워크 서비스로 옮겨가는 것을 의미한다.

클라우드는 애플리케이션 소프트웨어 사용 방식도 변화시키고 있다. 마이크로소프트 워드와 같이 로컬 컴퓨터에서 실행되던 대부분의 소프트웨어가 고속 인터넷 연결이 가능해짐에 따라 인터넷 기반의 저장소, 즉 클라우드에서 실행되고 있다. 구글 독스(Google Docs)는 로컬 컴퓨터가 아닌 구글 서버, 즉 클라우드에 저장되어 있는 워드 문서를 클라우드에 있는 워드 호환 프로그램을 사용하여 편집할 수 있도록 해 준다. 클라우드 서비스의 가장 큰 장점은 로컬 컴퓨터의 연산 능력에 대한 의존도를 줄이고, 원격지에 있는 여러 개의 서버를 하나의 컴퓨터처럼 사용할 수 있도록 해 줌으로써 필요하다면 상상 이상의 엄청난 데이터 처리 능력을 갖춘 원격 컴퓨터를 로컬 컴퓨터처럼 사용할 수 있다.

IP 주소

인터넷 프로토콜(IP, Internet Protocol) 주소는 인터넷에 연결된 장치를 구별할 수 있도록 해 주는 고유한 주소다. 가정에서는 사설 IP 주소와 공인 IP 주소, 2종류의 IP 주소가 사용된다. 가정이나 사무실에서 [그림 17-1]과 같이 라우터를 사용하고 있다면 지역 네트워크에 연결된 모든 장치는 사설 IP 주소를 사용하며, 사설 IP 주소를 사용하는 장치들은 지역 네트워크 내에서만 서로 데이터를 교환할 수 있다. 라우터나 모뎀은 공인 IP 주소를 가지고 있으며 이 주소가 인터넷에서 의미 있는 주소다. 인터넷의 다른 부분에서 라우터 뒤의 지역 네트워크에 있는 장치로 데이터를 전송하고자 한다면 네트워크 주소 변환(NAT, Network Address Translation)을 사용해야 한다.

▪ 네트워크 주소 변환

전 세계의 모든 장치가 하나의 IP 주소를 가지기에는 사용할 수 있는 IP 주소의 개수가 부족하다. 또한 일부 사용자들은 자신의 컴퓨터나 네트워크 장치를 인터넷상의 다른 장치로부터 숨기고 싶어 하기도 한다. 이런 이유로 라우터는 사설 IP 주소를 사용하는 지역 네트워크를 인터넷으로부터 분리할 때도 사용한다. 만약 인터넷을 통해 지역 네트워크에 연결된 장치 중 하나에 접근하려고 한다면 라우터의 NAT를 사용해야 한다. NAT를 사용하면 원격 장치에서 라우터로 지역 네트워크에 있는 장치와 통신하라는 요청을 보낼 수 있다. 이 장의 뒷부분에서 아두이노를 웹에 연결할 때 NAT를 사용한다.

Note 이 책에서는 xxx.xxx.xxx.xxx 형식으로 4개의 숫자가 연결되어 있고 각 숫자는 0~255 값을 가지는 IPv4 주소를 사용한다. IPv4 주소는 4,294,967,296(2^{32})개를 사용할 수 있다. 하지만 현재 IPv4 주소는 모두 사용되어 남아있지 않으므로 IPv6 주소로의 전환이 이루어지고 있다. IPv6 주소는 3.4×10^{38}(2^{128})개를 사용할 수 있다.

▪ MAC 주소

IP 주소와 달리 MAC 주소는 전 세계적으로 유일한 주소다.(사실 같은 MAC 주소를 사용하는 기기가 존재할 수 있지만 흔하지는 않으므로 유일하다고 가정한다.) MAC 주소는 물리적인 네트워크 인터페이스에 할당되는 주소로, 할당된 이후에는 변경할 수 없다. 새로 구입한 컴퓨터의 와이파이 모듈에는 유일한 MAC 주소가 할당되어 있고 이더넷 어댑터에도 유일한 MAC 주소가 할당되어 있다. 이처럼 MAC 주소는 하드웨어에 할당된 주소이므로 네트워크에서 물리적인 시스템을 구별하는 용도로 사용할 수 있다. 네트워크 장치 생산자는 IEEE에서 사용하지 않은 MAC 주소를 할당받아 생산한 장치에 MAC 주소를 할당해야 한다.

▪ HTML

HTML(Hypertext Markup Language)은 웹용 언어로 웹 페이지를 구조화하여 나타내기 위해 사용한다. 이 장의 뒷부분에서는 버튼과 슬라이드바를 포함하고 있는 간단한 HTML 형식의 웹 페이지를 아두이노에서 웹 브라우저로 제공하는 예제를 확인할 수 있다.

▪ HTTP와 HTTPS

HTTP(Hypertext Transfer Protocol)는 월드 와이드 웹을 통해 통신하는 데 사용하는 프로토콜로, 웹 브라우저에서 흔히 사용된다. HTTP는 웹을 통해 전달하는 메시지 중 일부분으로 일련의 헤더 정보를 정의하고 있다. 헤더에는 요청이 성공적으로 수신되고 승인되었는지에 대한 정보와 함께 웹 페이지를 표시하는 방법을 정의하고 있다. HTTPS는 SSL(Secure Sockets Layer)을 통해 HTTP를 사용하는 보안이 강화된 방법이다. 대부분의 웹은 클라이언트와 서버 사이에 주고받는 모든 데이터를 암호화하는 보안이 강화된 표준을 사용하고 있다.

▪ GET/POST

GET과 POST는 원격 웹 서버에 정보를 전송하기 위해 사용하는 두 가지 방법이다. jeremyblum.com/?s=arduino와 같은 URL은 GET을 사용한 방법이다. GET을 사용하는 URL은 물음표 뒤에 일련의 변수 정의가 함께 나온다. 위의 예에서는 변수 `s`의 값이 `arduino`로 설정되어 있다. 서버에서 이 URL을 수신하면 변수값으로 검색을 수행한 후 그 결과 페이지를 반환한다. jeremyblum.com/?s=Adafruit과 같이 변수의 값을 다르게 지정하면 브라우저에 나타나는 페이지가 달라지는 것을 볼 수 있다.

POST 역시 비슷하지만, 정보가 URL을 통해 눈으로 확인할 수 있는 형태로 전달되는 것이 아니라 눈에 보이지 않는 백그라운드에서 전송된다. 이러한 방법은 민감한 정보를 숨기거나 페이지에 중요한 정보가 포함되어 있어 페이지에 대한 링크를 허용하지 않을 때 주로 사용된다.

▪ DHCP

DHCP(Dynamic Host Configuration Protocol)는 장치를 지역 네트워크에 쉽게 연결할 수 있도록 해 준다. 편리한 점은 와이파이 네트워크나 유선 네트워크에 연결할 때마다 라우터가 장치에 연결하기 위해 사용하는 IP 주소를 직접 설정하지 않아도 된다는 것이다. 그렇다면 라우터는 데이터를 연결된 장치로 어떻게 전달할 수 있을까? 네트워크에 연결될 때 라우터는 DHCP를 통해 사용할 수 있는 IP 주소를 동적으로 할당한다. 이러한 동적 할당은 연결하고자 하는 네트워크 구성에 대한 정보를 요구하지 않으므로 네트워크 설정이 간단해진다. 하지만 DHCP를 통해 할당된 IP 주소를 알아내야 하므로 아두이노와 통신하는 것이 복잡해질 수는 있다.

▪ DNS

DNS는 도메인 네임 시스템(Domain Name Sysyem)의 약자로, 숫자로 이루어진 IP 주소와 문자로 이루어지는 주소 사이의 변환을 담당한다. 인터넷에서 연결할 수 있는 모든 웹사이트는 웹에서의 위치를 나타내는 고유의 IP 주소를 가지고 있다. 브라우저의 주소창에 google.com을 입력하면 DNS 서버는 문자열로 구성된 URL에 해당하는 IP 주소를 DNS 테이블에서 검색하고 이를 컴퓨터의 브라우저로 알려준다. 그러면 브라우저는 IP 주소를 통해 구글 서버에 접속할 수 있다. DNS는 숫자로 이루어진 IP 주소 대신 알파벳으로 이루어진 친숙한 이름을 통해 웹사이트에 접속할 수 있도록 해준다. DNS와 웹사이트의 관계는 스마트폰에서 실제 전화번호와 내가 설정한 이름의 관계와 비슷하다.

2. 클라이언트와 서버

이 장에서는 와이파이 기능이 포함된 아두이노를 클라이언트나 서버로 동작시키는 방법을 살펴본다. 인터넷에 연결된 모든 장치는 클라이언트이거나 서버로 동작하며 두 가지 역할을 모두 하는 경우도 있다. **서버**는 그 이름에서도 알 수 있는 것처럼 정보를 요청하면 네트워크를 통해 요청한 컴퓨터에 요청한 정보를 제공하는 기능을 한다. 서버에 요청하는 정보에는 웹페이지, 데이터베이스 정보, 이메일 등이 포함된다. **클라이언트**는 데이터를 요청하고 그 결과를 서버로부터 받는 장치를 말한다. 컴퓨터의 브라우저에서 인터넷을 검색하는 경우 브라우저가 클라이언트로 동작한다.

3. 와이파이 통신이 가능한 아두이노

이 장의 모든 예제는 ATWINC1500 칩을 사용한 Adafruit Feather M0 Wi-Fi 보드를 사용한다.(이후로는 Feather 보드, Feather, 또는 아두이노라고 언급한다.) 와이파이 연결과 네트워킹 소프트웨어는 간단히 설명하기는 어려우므로 이 책에서는 위의 보드만을 대상으로 한다. 이 책에서 사용하는 보드 이외에도 와이파이 연결이 가능한 아두이노 보드는 많다. 와이파이 기능이 포함된 아두이노 보드들은 이 책에서 사용하는 보드와는 다른 와이파이 칩셋을 사용할 수 있으며 이 책의 예제들로는 같은 동작을 확인하지 못할 수 있다. 따라서 이 장에서는 Feather 보드가 아닌 보드를 사용해도 가능한 한 같은 결과를 얻을 수 있도록 범용적인 기능을 중심으로 설명하였다.

Feather 보드는 이전 장에서 사용한 AVR 마이크로컨트롤러가 아닌 Atmel의 Cortex M0+ 마이크로컨트롤러를 사용하고 있다. Cortex 마이크로컨트롤러는 AVR 마이크로컨트롤러에 비해 연산 능력이 높고 다루기도 어려운 것이 사실이다. 하지만 아두이노 IDE와 컴파일러는 모든 복잡한 내용을 추상화하여 숨기고 있으므로 AVR 마이크로컨트롤러를 사용하는 아두이노 보드와 거의 같은 방법으로 사용할 수 있다. 지금까지 사용했던 AVR 마이크로컨트롤러를 사용한 아두이노 보드 프로그램과 다른 점을 찾기는 쉽지 않을 것이다.

SECTION 02

웹을 통한 아두이노 제어

먼저 아두이노를 웹 서버로 동작하도록 만들어 볼 것이다. HTML로 만들어진 웹 페이지와 전용 와이파이 라이브러리를 사용하여 아두이노를 와이파이 네트워크에 연결하고 제공하는 웹 페이지를 통해 입출력 핀을 제어하는 방법을 살펴볼 것이다. 아두이노에서 제공하는 웹 페이지에는 버튼이 포함되어 있어 RGB LED의 색상을 변경하거나 스피커로 재생되는 음의 주파수를 변경할 수 있다. 웹 페이지를 통해 아두이노를 제어하는 방법은 쉽게 확장할 수 있으므로 아두이노에 보다 친숙해진다면 다른 장치를 아두이노에 연결하고 웹 페이지를 통해 제어하는 것도 가능하다.

1. 입출력 제어 하드웨어 설정

Feather 보드에 핀이 납땜되어 있지 않으면 핀을 납땜한 후 브레드보드에 연결하자. 아두이노로 만든 서버에는 테스트용 장치를 연결하고 웹을 통해 이들 장치를 제어해 볼 것이다. 웹을 통한 제어에는 공통 양극 방식의 RGB LED와 피에조 버저나 스피커를 사용한다. LED와 피에조 버저는 [그림 17-2]와 같이 연결하자. RGB LED는 5, 10, 11번 핀에 연결하고 피에조 버저나 스피커는 A5 핀에 연결한다. 아날로그 입력 핀은 디지털 출력 핀으로도 사용할 수 있다는 점을 기억할 것이다. 피에조 버저와 LED에는 150Ω 또는 220Ω의 전류 제한 저항을 연결해야 한다는 점도 잊지 말아야 한다.

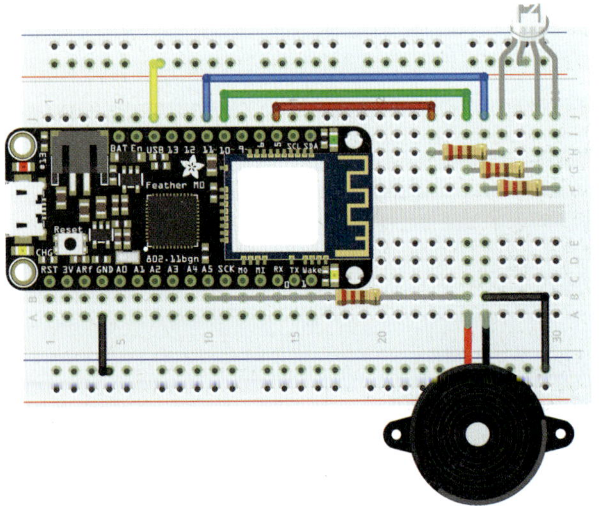

[그림 17-2] RGB LED와 피에조 버저를 연결한 아두이노 와이파이 서버 회로(Fritzing으로 작성)

이 장에서 사용하는 Feather 보드는 3.3V의 논리 레벨을 사용한다. LED의 공통 양극 핀을 Feather 보드의 'USB' 핀에 연결하면 USB 인터페이스를 통해 5V 전원이 연결된다. 따라서 앞에서 5V 전원에서 LED를 동작시키기 위해 사용했던 전류 제한용 저항과 같은 크기의 저항을 사용할 수 있다. 만약 Feather 보드의 '3V' 핀에 LED를 연결하여 사용한다면 같은 정도의 밝기를 얻기 위해 작은 크기의 저항을 사용해야 한다.

먼저 Feather 보드의 하드웨어 디자인을 살펴보자. Adafruit 홈페이지 blum.fyi/feather-wifi-pinout에서 자세한 내용을 확인할 수 있다. 주의해야 할 점 중 하나는 디지털 9번 핀이 아두이노의 A7번 핀과 같은 핀이며 배터리 전압을 모니터링하기 위한 저항 분배기로 연결되어 있다는 점이다. 따라서 A7번 핀에 가해지는 전압은 변화가 심해 LED를 구동하는 용도로 사용하기에 적합하지 않다. 2, 4, 7, 8번 핀은 하드웨어 SPI 핀과 함께 보드 내에 포함되어 있는 와이파이 칩셋과 통신하는 용도로 사용된다.

2. Feather 보드 사용을 위한 아두이노 IDE 준비

이전 장에서 아두이노 IDE에 서드파티 보드 지원 파일을 설치하는 방법을 살펴보았다. 지원 파일 설치는 두 단계로 이루어진다. 먼저 '환경설정'의 보드 URL에 지원 파일에 대한 경로를 추가하고 보드 매니저 대화상자에서 사용하고자 하는 보드를 검색하여 지원 파일을 내려받는다. 설치 과정은 [그림 16-2]와 [그림 16-3]을 참고하면 된다.

Adafruit 보드를 위한 URL을 16장에서 추가하였다면 URL을 추가하는 과정은 생략할 수 있다. 16장의 '아두이노 IDE에 서드파티 보드 지원 파일 추가' 절을 참고하여 URL을 추가하도록 하자. URL을 추가하였으면 [툴] → [보드] → [보드 매니저...] 메뉴 항목을 선택한다. 이전 장에서는 ATmega32U4를 포함하는 Adafruit AVR 보드를 검색하였다면 이번 장에서는 SAMD를 검색하고 [그림 17-3]에 보이는 아두이노와 Adafruit의 지원 파일을 **모두** 설치한다. 지원 파일을 설치하고 나면 보드 리스트에서 'Adafruit Feather M0'를 확인할 수 있다.

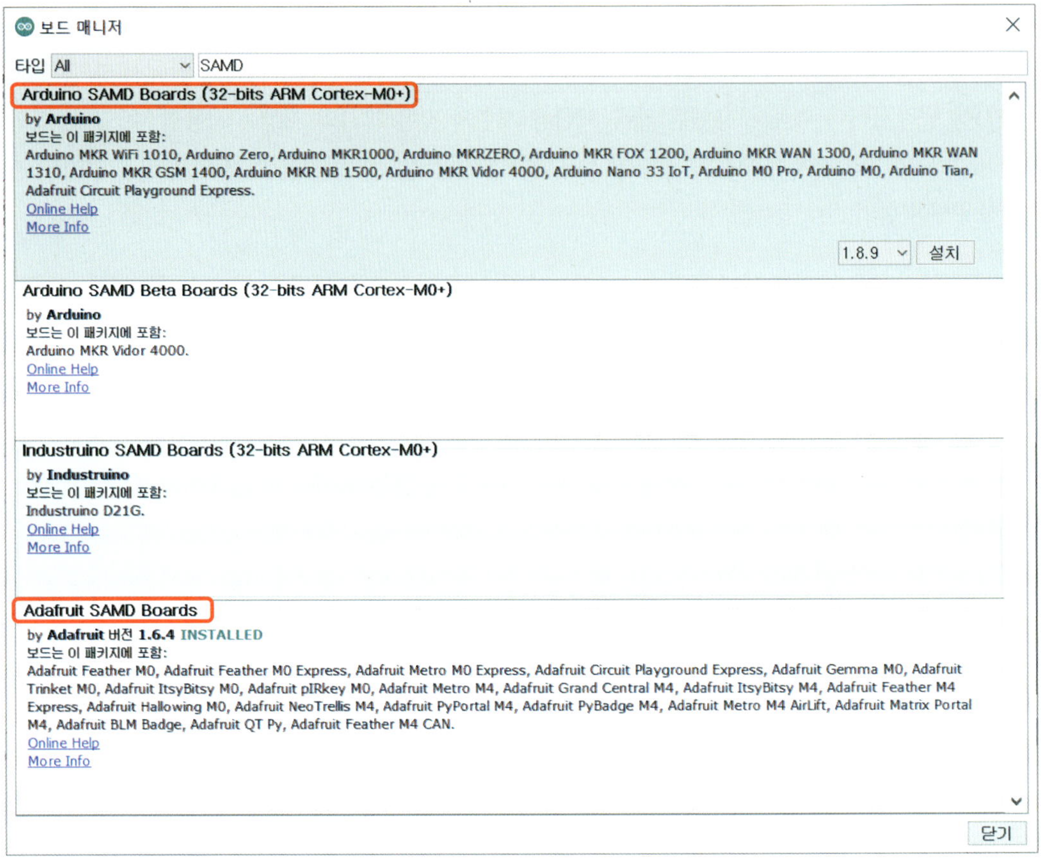

[그림 17-3] 아두이노와 Adafruit의 SAMD 보드 지원 파일 설치

이 장에서 사용하는 보드는 윈도우용 드라이버가 필요할 수 있다. 이전 장에서도 Adafruit 보드 드라이버 파일을 설치하는 방법을 설명하였다. 필요하다면 blum.fyi/adafruit-windows-drivers에서 설치 파일을 내려받아 설치하면 된다.

마지막으로 Feather 보드에서 사용하는 WINC1500 칩과의 인터페이스를 위한 아두이노 라이브러리를 설치해야 한다. [스케치] → [라이브러리 포함하기] → [라이브러리 관리...] 메뉴 항목을 선택하고 `WINC1500`을 검색하여 [그림 17-4]에 보이는 WiFi101 라이브러리를 설치하자.

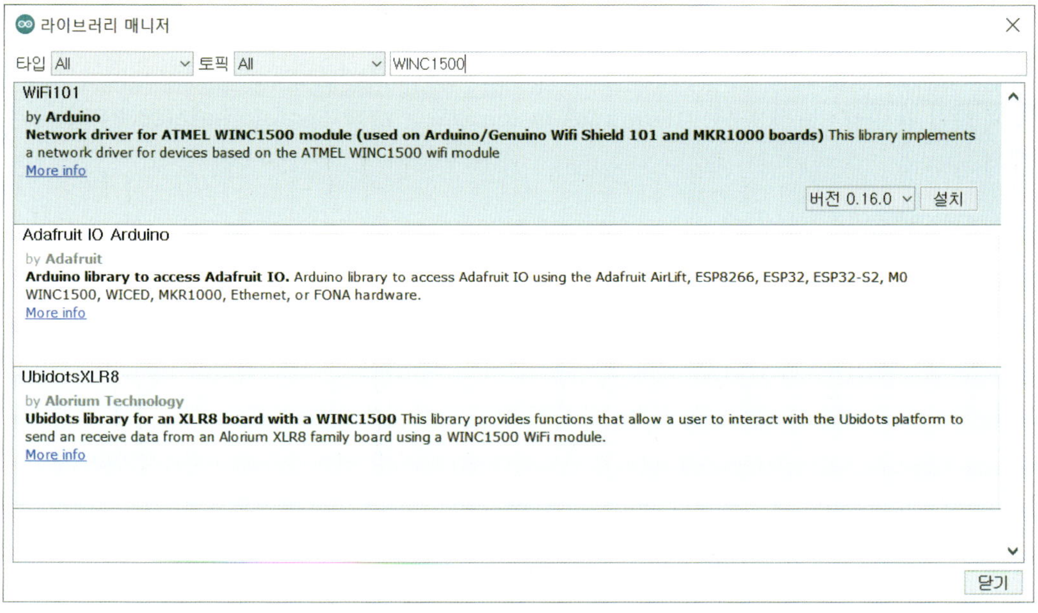

[그림 17-4] WiFi101 라이브러리 설치

3. 와이파이 라이브러리와 와이파이 모듈 펌웨어의 호환성 검사

Feather 보드에 포함된 WINC1500 칩은 그 자체로 와이파이 연결 및 통신과 관련된 작업을 담당하는 작은 컴퓨터다. WINC1500 칩에는 마이크로컨트롤러가 포함되어 있으며 마이크로컨트롤러에는 와이파이 관련 작업을 담당하는 펌웨어가 설치되어 있다. 앞에서 설치한 와이파이 라이브러리는 아두이노 IDE에서 프로그램을 작성하는 대상이 되는 Cortex M0+ 메인 마이크로컨트롤러가 WINC1500 칩 내부의 마이크로컨트롤러와 통신할 수 있도록 해준다. 두 마이크로컨트롤러가 통신하기 위해서는 Cortex M0+ 마이크로컨트롤러에서 실행되는 라이브러리가 WINC1500 칩의 마이크로컨트롤러에서 이해할 수 있는 명령을 전송해야 한다. 하지만 WINC1500 칩의 마이크로컨트롤러에 설치된 펌웨어와 WiFi101 라이브러리 버전이 호환되지 않는다면 통신이 불가능할 수 있다. Feather 보드를 오래전에 구입하고 WiFi101 라이브러리를 지금 설치했다면 정상적인 통신이 어려울 수도 있다.

▪ WINC1500의 펌웨어 버전 검사

프로그램을 작성하기 전에 WINC1500에 연결하여 펌웨어 버전을 검사하는 간단한 스크립트를 작성하여 설치한 라이브러리와 호환되는지를 검사해 보자. WINC1500 칩이 반응하지 않거나 오래된 펌웨어 버전을 반환한다면 펌웨어를 업데이트해야 한다.

[파일] → [예제] → [WiFi101] → [CheckWifi101FirmwareVersion] 메뉴 항목을 선택하여 예제를 연다. 예제의 `setup()` 함수에는 Feather 보드의 와이파이 모듈이 사용하는 핀 번호를 지정하기 위해 아래와 같이 한 줄을 CheckWiFi101FirmwareVersion 코드의 17행 `Serial.begin(9600)` 위[1]에 추가하자.

```
WiFi.setPins(8, 7, 4, 2);
```

추가한 문장은 와이파이 모듈의 칩 선택, 인터럽트, 리셋, 활성화를 위한 연결선이 M0+ 마이크로컨트롤러의 8, 7, 4, 2번 디지털 핀에 연결되어 있음을 라이브러리에 알려준다. 위의 문장을 추가하고 Feather 보드에 코드를 업로드한 후 시리얼 모니터를 열어 보자. 라이브러리 버전과 펌웨어 버전이 호환된다면 모든 준비는 끝난 것이다. 만약 [그림 17-5]와 같이 버전이 호환되지 않는다는 메시지가 출력된다면 와이파이 모듈의 펌웨어를 업데이트해야 한다.

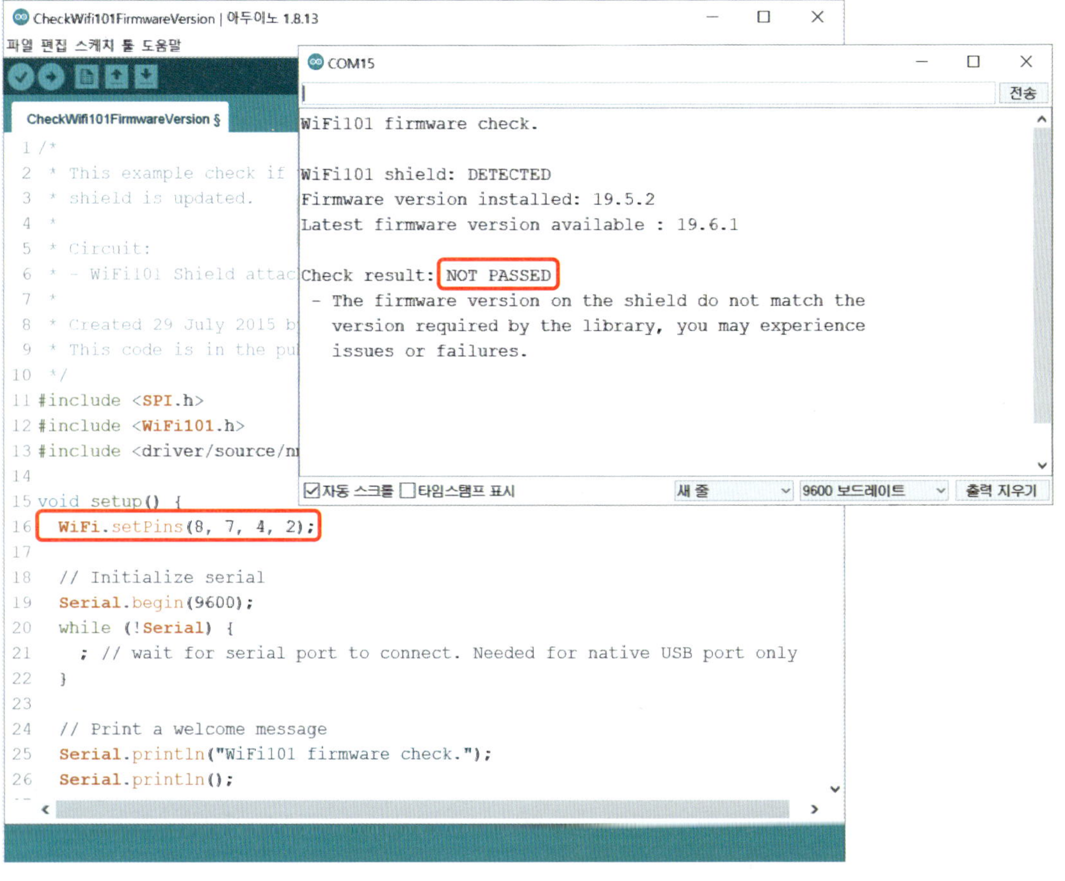

[그림 17-5] 핀 설정 추가와 펌웨어 호환 검사

1 옮긴이_ [그림 17-5]에서는 핀 설정을 위한 문장을 추가하여 `Serial.begin(9600)` 문장이 19행에 표시되어 있다.

▪ WINC1500의 펌웨어 업데이트

펌웨어가 호환되지 않는다는 오류가 발생하면 Feather 보드를 사용하기 전에 보드의 와이파이 모듈에 있는 펌웨어를 업데이트해야 한다. Adafruit에서는 펌웨어 업데이트에 대한 자세한 설명을 제공하고 있다.(blum.fyi/feather-wifi-update) 설명에 따라 펌웨어를 업데이트하고 다시 펌웨어 검사 스케치를 업로드하자. 이때 핀을 설정하는 문장을 추가하는 것을 잊지 말자. 펌웨어가 성공적으로 업데이트되었다면 펌웨어의 호환성 검사에 성공했다는 메시지가 뜰 것이다.

4. 아두이노 서버 스케치 작성

아두이노에 웹 서버를 위한 코드를 작성하는 단계는 4단계로 나누어 생각해 볼 수 있다. 첫 번째는 Feather 보드를 와이파이 네트워크에 연결하고 IP 주소를 할당받는 것이다. 두 번째는 간단한 웹 서버를 구축하여 HTTP 요청이 어떤 형태로 서버에 주어지는지 확인하고 주어진 HTTP 요청을 해석한 후 그에 대한 응답을 보내는 것이다. 세 번째는 아두이노가 제공할 간단한 웹 페이지를 디자인하는 것이다. 마지막으로 웹 페이지를 생성하고 하드웨어를 제어하는 코드를 웹 서버 스케치에 함께 넣어 완전한 웹 서버를 만드는 것이다.

▪ 네트워크 연결과 DHCP를 통한 IP 주소 할당

DHCP를 사용하면 아두이노의 와이파이 라이브러리로 안전하게 와이파이 네트워크에 연결할 수 있다. 코드를 살펴보기 전에 그 절차에 대해 알아보자. 프로그램 첫머리에는 Feather 보드의 와이파이 모듈과 통신하기 위해 SPI와 와이파이 라이브러리를 포함해야 한다. 와이파이 연결 상태를 관리하기 위한 전역 변수를 선언하고 흔히 SSID라고 부르는 연결할 와이파이 네트워크의 이름 및 비밀번호를 저장할 변수 역시 선언해야 한다. 이 장에서는 무선 와이파이 네트워크에서 흔히 사용되는 보안 방식인 WPA 또는 WPA2를 사용하는 것으로 가정하며 가정이나 사무실에서 사용하는 소규모 네트워크는 이 방식이 주로 사용된다.

`setup()` 함수 내에서는 와이파이 칩셋의 연결 핀을 설정하고 지정한 와이파이 네트워크로 무선 연결을 시작한다. 이전 장에서와 마찬가지로 USB 시리얼 모니터가 연결되기 전까지 프로그램 실행을 정지하기 위해 `while(!Serial);` 문장을 사용한다. 시리얼 모니터가 연결되면 Feather 보드는 와이파이 네트워크에 연결되고 DHCP를 통해 할당받은 IP 주소를 출력한다. [코드 17-1]을 업로드하고 결과를 확인해 보자.

코드 17-1 와이파이 네트워크 연결 17-1_connect_to_wifi.ino

```
// WINC1500 칩을 사용하는 Feather M0 보드를 와이파이 네트워크에 연결

#include <SPI.h>
#include <WiFi101.h>

// 와이파이 네트워크 정보 : 네트워크 이름(SSID)과 비밀번호
const char WIFI_SSID[] = "네트워크 이름";
const char WIFI_PASSWORD[] = "네트워크 비밀번호";

// 연결 상태를 나타내기 위해 내장 LED 사용
const int ONBOARD_LED = 13;

// 와이파이 액세스 포인트와의 연결 상태 관리
int wifi_status = WL_IDLE_STATUS;

void setup()
{
  // 와이파이 칩을 위한 연결 핀 설정
  WiFi.setPins(8, 7, 4, 2);

  // LED 연결 핀을 출력으로 설정하고 끈 상태로 둠
  pinMode(ONBOARD_LED, OUTPUT);
  digitalWrite(ONBOARD_LED, LOW);

  // 시리얼 인터페이스 시작
  Serial.begin(9600);

  // M0는 하드웨어로 지원되는 USB 인터페이스를 가지고 있으므로
  // 와이파이 모듈을 초기화하기 전에 시리얼 모니터와 연결되어야 한다면
  // 아래 문장을 주석으로 처리하지 않고 그대로 두어야 한다.
  // 시리얼 모니터를 사용하지 않거나 배터리로 동작하는 경우라면
  // 아래 문장을 주석으로 처리하는 것이 좋다.
  while (!Serial);

  Serial.print("Connecting to: ");
  Serial.println(WIFI_SSID);
  WiFi.setTimeout(5000);      // 와이파이 연결을 위해 최대 5초 대기
  while (wifi_status != WL_CONNECTED)
  {
    wifi_status = WiFi.begin(WIFI_SSID, WIFI_PASSWORD);
  }
```

```
    Serial.println("Connected!\n");
    // 와이파이 네트워크에 연결되었으면 내장 LED를 켬
    digitalWrite(ONBOARD_LED, HIGH);

    // DHCP를 통해 할당받은 IP 주소 출력
    IPAddress ip = WiFi.localIP();
    Serial.print("This Arduino's IP is: ");
    Serial.println(ip);
    Serial.println("");
}

void loop()
{
    // 아무런 작업도 하지 않음
}
```

Note 아두이노 IDE에서 Feather M0 보드에 코드를 업로드할 때 문제가 발생한다면 부트로더로 자동으로 진입하는 데 문제가 있었을 수 있다. 부트로더로 강제로 진입하도록 하려면 Feather 보드의 리셋 버튼을 더블클릭하면 된다. 빨간색 LED가 깜빡이기 시작하면 보드가 부트로더 모드에 진입하였다는 의미다. 부트로더 모드에 진입하면 컴퓨터와 연결된 포트 번호가 바뀌므로 아두이노 IDE에서 보드의 포트를 다시 선택하고 코드를 업로드하자. 업로드가 끝난 후에도 선택된 포트 번호를 다시 바꾸어야 할 수 있다.

[코드 17-1]을 Feather 보드에 업로드하자. 이때 스케치의 위쪽에 있는 네트워크 정보는 사용 환경에 맞게 수정해야 한다. 스케치에서는 빨간색 내장 LED 역시 제어하고 있다. 와이파이 네트워크에 성공적으로 연결되면 빨간색 LED가 켜진다. 시리얼 모니터를 열면 와이파이 네트워크에 연결되고 [그림 17-6]과 같이 할당된 IP 주소가 출력된다. [그림 17-6]에서는 'hgycap'이라는 무선 네트워크에 연결하고 있으며 비밀번호는 'voltaire'다.(볼테르(Voltaire)는 언론의 자유를 옹호한 18세기 철학자로 언론의 자유는 월드 와이드 웹에서도 중요한 신조 중 하나다.)

아두이노가 와이파이 네트워크에 연결되면 'ping' 명령[2]으로 지역 네트워크의 요청에 응답하는 것을 확인할 수 있다. 아두이노와 같은 지역 네트워크에 연결된 컴퓨터에서 명령 프롬프트나 터미널 프로그램을 열고 `ping xxx.xxx.xxx.xxx` 명령을 실행하면 아두이노가 ping 요청에 응답을 보낸다.(이때 `xxx.xxx.xxx.xxx`에는 아두이노에 할당된 IP 주소를 지정하면 된다.) ping 명령은 거의 모든 운영체제에서 사용할 수 있다. [그림 17-6]은 아두이노가 ping 명령에 3~6ms 지연 시간을 가지면서 응답하는 것을 보여준다.

2 옮긴이_ ping은 'Packet INternet Groper'의 약어로, 네트워크 상태를 확인하기 위해 사용하는 명령어다. ping 명령은 지정한 주소를 가지는 대상 컴퓨터로 작은 크기의 데이터를 보내고 대상 컴퓨터로부터 이에 대한 응답 메시지를 수신하면 이를 바탕으로 대상 컴퓨터의 작동 여부와 대상 컴퓨터까지 도달하는 네트워크 상태를 파악하여 보여준다.

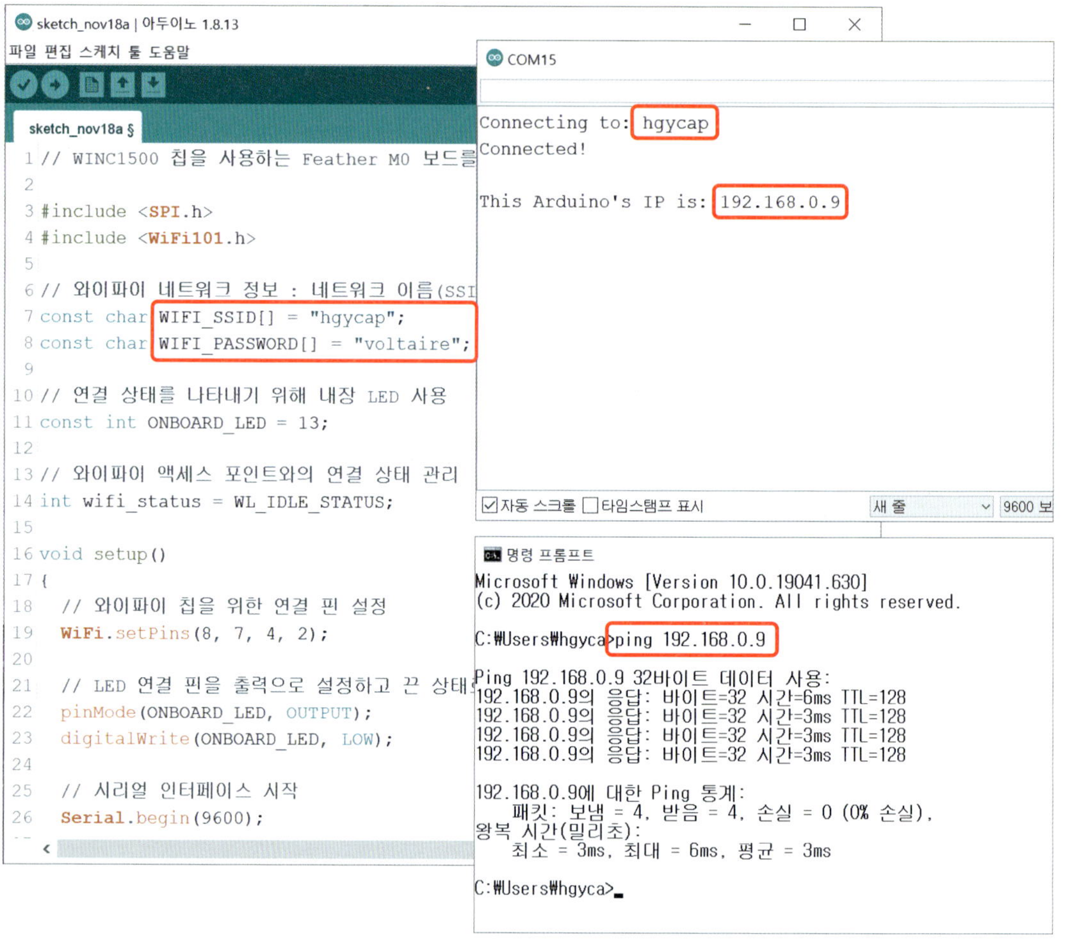

[그림 17-6] 와이파이 네트워크에 연결된 아두이노와 ping 명령에 대한 응답

Warning [그림 17-6]처럼 '0% 손실'이라는 메시지가 나오지는 않지만 아두이노가 와이파이 네트워크에 연결된 것으로 나온다면 사용하고 있는 지역 네트워크가 클라이언트 사이 ping 명령이나 연결을 차단하도록 설정된 경우일 수 있다. 이는 접속하는 클라이언트가 개별적으로 웹에 접속하는 것은 허용하지만 지역 네트워크를 통해 클라이언트끼리 통신하는 것은 금지하는 게스트 네트워크(guest network)에서 흔히 볼 수 있는 보안 설정이다. 아두이노에서 웹 페이지를 서비스하기 위해서는 네트워크 관리자에게 문의하거나, 가정용 라우터라면 설정을 변경하여 게스트 네트워크 설정을 해제해야 한다.

▪ 간단한 웹 서버 코드 작성

아두이노를 와이파이 네트워크에 연결하는 데 성공했으므로 간단한 HTTP 서버를 구축하여 요청을 받아들이고 응답을 보내는 방법을 알아보자.

가장 간단하게 서버는 클라이언트의 요청을 대기하고 있다가 요청을 받으면 응답을 보내면 된다. 처음부터 서버가 요청을 해석하고 이해하지 않아도 된다. 우선은 요청을 받았다는 것을 알아내고 빈 페이지를 응답으로 보낼 수 있으면 된다.

loop() 함수 내에서 아두이노는 클라이언트가 서버로 접속하기를 기다린다. 브라우저가 웹 서버에 접속하여 웹 페이지를 요청하는 경우와 같이 클라이언트가 연결되면 아두이노 웹 서버는 수신되는 데이터를 읽어 HTTP 요청이 완료될 때까지 기다린다. HTTP 요청은 빈 줄을 수신하면 끝난다. 브라우저가 보내는 HTTP 요청의 형식을 이해하기 위해 서버가 수신한 데이터는 시리얼 모니터로 출력할 것이다. HTTP 요청이 완료되면 아두이노는 요청을 성공적으로 수신했음을 브라우저로 알려주기 위해 응답 코드 200을 사용한다.

여기서 잠깐! HTTP 응답 코드

HTTP는 클라이언트의 요청에 서버가 응답할 때 사용할 수 있는 다양한 응답 코드를 정의하고 있다. 모든 응답에는 응답 코드가 포함되어 있어야 하며 이를 수신한 클라이언트는 응답 코드를 통해 반환된 데이터를 어떻게 해석할지 결정한다. 흔히 볼 수 있는 응답 코드에는 404가 있다. 요청한 페이지를 찾을 수 없을 때 웹 서버는 404를 응답 코드로 보낸다. 만약 exploringarduino.com/bad-page를 방문하면 응답 코드 404를 받아 오류 페이지로 넘겨진다.(redirect) 요청한 페이지가 존재하고 서버가 요청을 처리할 수 있다면 응답 코드 200과 함께 브라우저에 표시할 페이지 정보를 데이터로 받게 된다.

응답 코드와 함께 서버는 브라우저로 HTTP를 사용하고 있음을 알려주고 보내는 데이터의 형식을 나타내는 정보도 전송한다. HTTP 응답 헤더의 예는 다음과 같다.

```
HTTP/1.1 200 OK
Content-Type: text/html
```

헤더가 끝나면 빈 줄이 보내지고 HTML로 만들어진 웹 페이지의 내용이 이어서 보내진다. HTTP 응답만을 검사한다면 헤더만 전송할 수 있고 브라우저에는 아무런 내용도 표시되지 않는다. [코드 17-2]는 서버 코드의 예로 헤더만을 응답으로 보내고 있다.

코드 17-2 간단한 서버 17-2_bare_minimum_server.ino

```
// 아두이노를 사용한 간단한 서버
// 일부 코드는 Tom Igoe가 작성한 아두이노의 예제에서 발췌하여 사용하였음

#include <SPI.h>
#include <WiFi101.h>
```

```
// 와이파이 네트워크 정보 : 네트워크 이름(SSID)와 비밀번호
const char WIFI_SSID[] = "네트워크 이름";
const char WIFI_PASSWORD[] = "네트워크 비밀번호";

// 연결 상태를 나타내기 위해 내장 LED 사용
const int ONBOARD_LED = 13;

// 서버는 HTTP 표준 포트인 80번 포트로 클라이언트 요청 대기
WiFiServer server(80);

// 와이파이 액세스 포인트와의 연결 상태 관리
int wifi_status = WL_IDLE_STATUS;

void setup()
{
  // 와이파이 칩을 위한 연결 핀 설정
  WiFi.setPins(8, 7, 4, 2);

  // LED 연결 핀을 출력으로 설정하고 끈 상태로 둠
  pinMode(ONBOARD_LED, OUTPUT);
  digitalWrite(ONBOARD_LED, LOW);

  // 시리얼 인터페이스 시작
  Serial.begin(9600);

  // M0는 하드웨어로 지원되는 USB 인터페이스를 가지고 있으므로
  // 와이파이 모듈을 초기화하기 전에 시리얼 모니터와 연결되어야 한다면
  // 아래 문장을 주석으로 처리하지 않고 그대로 두어야 한다.
  // 시리얼 모니터를 사용하지 않거나 배터리로 동작하는 경우라면
  // 아래 문장을 주석으로 처리하는 것이 좋다.
  while (!Serial);

  Serial.print("Connecting to: ");
  Serial.println(WIFI_SSID);
  WiFi.setTimeout(5000);      // 와이파이 연결을 위해 최대 5초 대기
  while (wifi_status != WL_CONNECTED)
  {
    wifi_status = WiFi.begin(WIFI_SSID, WIFI_PASSWORD);
  }
  Serial.println("Connected!\n");
  // 와이파이 네트워크에 연결되었으면 내장 LED를 켬
  digitalWrite(ONBOARD_LED, HIGH);
```

```
    // 서버 시작
    server.begin();
    Serial.println("Server Started!");

    // DHCP를 통해 할당받은 IP 주소 출력
    IPAddress ip = WiFi.localIP();
    Serial.print("Control this Arduino at: http://");
    Serial.println(ip);
    Serial.println("");
}

void loop()
{
    // 클라이언트 요청 검사
    WiFiClient client = server.available();

    // 클라이언트(브라우저)의 요청을 서버가 수신한 경우
    if (client)
    {
        // 클라이언트가 연결되어 있으면 줄 단위로 데이터를 수신
        while (client.connected())
        {
            // 수신 데이터를 줄 단위로 읽음
            String incoming_line = "";
            // do-while 루프를 사용하여 첫 번째 문자를 수신하여 저장하기 전에는
            // 형식 검사가 이루어지지 않도록 함
            do
            {
                while (!client.available());      // 바이트 데이터 수신 대기
                char c = client.read();           // 수신 데이터 읽기
                incoming_line += c;               // 현재 줄에 이어 붙이기
            } while (!incoming_line.endsWith("\r\n"));

            Serial.print(incoming_line);          // 줄 단위 데이터 출력

            // 현재 수신한 줄이 '\r'과 '\n'만으로 이루어진 빈 줄인 경우
            // HTTP 요청 데이터 수신이 끝남
            if (incoming_line == "\r\n")
            {
                // HTTP 요청에 대해 코드 200을 사용하여 응답 전송
                client.println("HTTP/1.1 200 OK");
                client.println("Content-type:text/html");
                client.println();
```

```
            // 현재 클라이언트와의 연결 종료
            delay(50);
            client.stop();
        }
    }
  }
}
```

[코드 17-1]과 마찬가지로 프로그램 시작 부분의 와이파이 네트워크 정보를 사용하고자 하는 네트워크에 맞게 수정해야 한다. `loop()` 함수의 동작은 앞에서 설명한 것과 같다. 브라우저에서 아두이노로 요청을 보내면 `while(client.connected())` 루프 내로 진입하고 한 번에 한 줄씩 데이터를 읽는다. 루프 내에서는 지금까지 사용했던 `while()` 루프가 아니라 `do ... while()` 루프를 사용하고 있다. `while()` 루프와 달리 `do ... while()` 루프는 루프의 조건을 검사하기 전에 1번은 실행된다. 위의 예제에서는 `\r\n`으로 한 줄을 **완전히** 수신하였는지 검사하고 있으므로 `do ... while()` 루프를 사용하여 문자가 수신된 이후에 줄의 끝을 검사하였다.

한 줄이 수신되면 시리얼 모니터로 수신한 줄을 출력한다. 빈 줄이 수신되면(`incoming_line == "\r\n"`) HTTP 요청이 끝났음을 알 수 있고 앞에서 설명한 것처럼 코드 200을 사용하여 응답을 보내면 된다.

[코드 17-2]를 Feather 보드에 업로드하고 시리얼 모니터를 연다. 웹 브라우저를 실행하고 아두이노의 시리얼 모니터에 출력된 주소를 주소창에 입력하자. 이때 컴퓨터는 아두이노와 같은 지역 네트워크에 유선 또는 무선으로 연결되어 있어야 한다. 아두이노 서버는 데이터 없이 응답 코드 200만을 반환하므로 브라우저에는 아무 내용도 출력되지 않는다. 아두이노의 시리얼 모니터에는 브라우저가 보낸 요청 메시지가 출력된다. 브라우저에서 아두이노의 주소를 한 번 입력할 때마다 서버가 한 번 이상의 요청을 받는 이유는 브라우저가 자동으로 웹 페이지의 즐겨찾기 아이콘을 표준 경로인 `/favicon.ico`로 요청하기 때문이다. [그림 17-7]은 아두이노 서버에서 수신하는 데이터의 예를 보여준다.

루트 페이지[3]를 요청하면 GET을 사용한 요청에서는 경로를 `/`로 설정하며 이는 [그림 17-7]의 시리얼 모니터 출력에서 확인할 수 있다. 서버가 반환하는 웹페이지에 폼(form)[4]을 추가하고 브라우저에서 폼을 클릭하면 GET에 인자가 적용되어 `GET /?L=10 HTTP/1.1`과 같은 형식으로 서버로 전달된다. 서버에서는 인자를 해석하여 클릭된 폼을 찾아내고 그에 따라 다른 동작을 수행할 수 있다. 예를 들어

3 옮긴이_ 로컬 컴퓨터에서와 마찬가지로 서버에서 제공하는 홈페이지 역시 HTML 문서들이 디렉터리 형식으로 계층 구조를 가지면서 저장되어 있다. 루트 페이지는 HTML 문서가 저장된 디렉터리의 최상위 디렉터리인 '/'에 해당하며 브라우저에 서버의 주소를 입력했을 때 접근하는 디렉터리가 된다.

4 옮긴이_ 폼은 웹 페이지에서 사용자의 입력을 받기 위해 사용된다. 폼 내에서는 텍스트 상자, 버튼, 체크박스, 라디오 버튼 등의 다양한 사용자 인터페이스 요소를 사용하여 사용자 입력을 받을 수 있다.

`L=10`은 아두이노의 10번 핀에 연결된 LED의 상태를 반전시키는 명령처럼 사용할 수 있다. 이제 이러한 기능을 가능하게 하도록 HTML의 폼을 만드는 방법을 살펴보자.

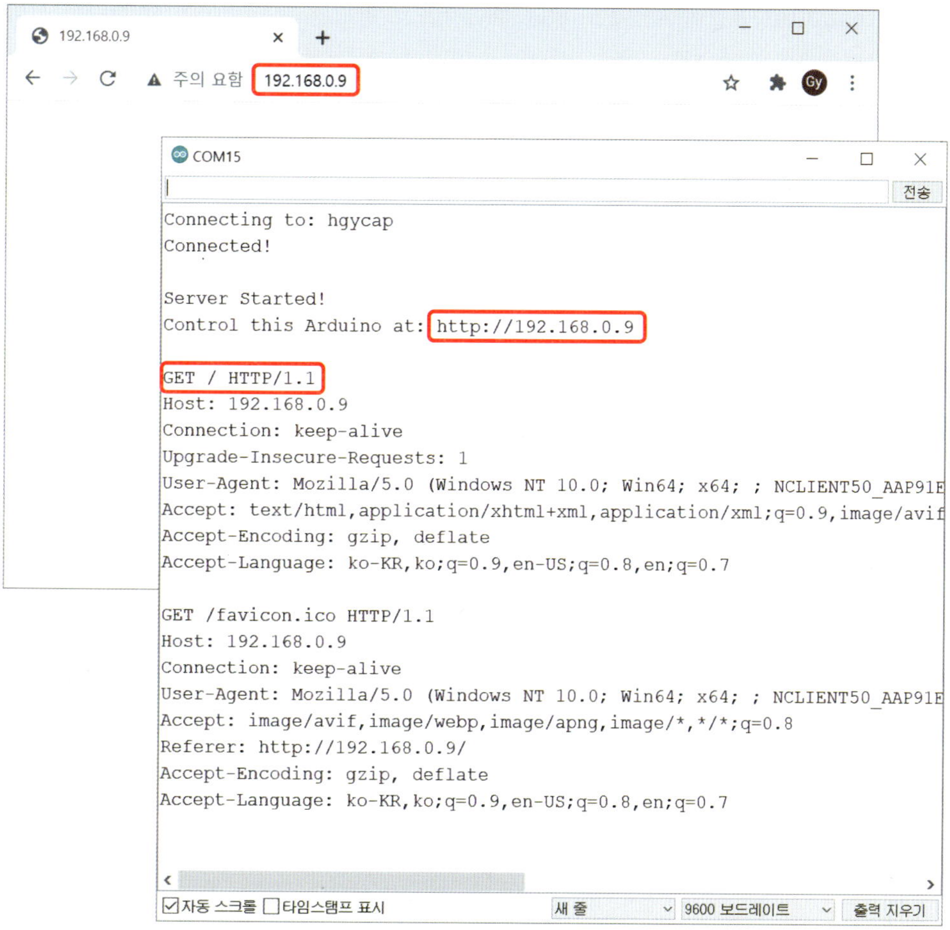

[그림 17-7] 아두이노에서 동작하는 서버가 수신하는 HTTP 요청

여기서 잠깐! 간단한 웹페이지 디자인

아두이노가 HTTP 응답으로 웹 페이지 데이터를 보내기 전에 원하는 형식으로 웹 페이지가 표시되는지 확인하기 위해 아두이노를 위한 코드와 별개로 간단한 웹 페이지를 만들어 보는 것이 좋다. 이 예제에서 사용하는 웹 페이지는 LED 상태를 반전시키는 버튼과 스피커에서 재생하는 음의 주파수를 조절하기 위한 슬라이드바가 포함된다. 이들 사용자 인터페이스 요소를 나타내기 위해서는 HTML의 `form` 태그를 사용하며 앞에서 설명한 것처럼 브라우저에서 서버로 데이터를 전달하기 위해 HTTP의 GET 프로토콜을 사용한다. 아직은 서버에서 GET의 인자에 대한 동작을 구현하지 않았으므로 웹 페이지를 디자인하고 클릭한다고 해서 아두이노에서 LED가 반전되거나 하지는 않겠지만, 버튼을 클릭하면 브라우저의 URL에 GET 명령 인자가 추가되는 것은 확인할 수 있다.

자주 사용하는 텍스트 편집기를 열고 *.html 확장자를 가지는 새 파일을 만들자. 흔히 사용되는 텍스트 편집기 중 하나인 Sublime Text는 HTML 태그를 다른 색으로 보여주는 기능을 제공하며 모든 운영체제를 지원하므로 텍스트 편집기를 선택하기 어렵다면 사용해 보기를 추천한다. 파일 이름은 중요하지 않으므로 test.html과 같이 지정해도 된다. 아두이노로 만드는 웹 서버는 작고 간단한 서버이므로 HTML의 모든 규칙을 따르지는 않을 것이며 <body>나 <head>와 같은 일반적으로 사용하는 몇몇 태그도 사용하지 않을 것이다. 이들 태그를 생략한다고 하더라도 브라우저에서 표시되는 방법에는 차이가 없다. 새로 만든 HTML 파일에 [코드 17-3]을 입력하자.

코드 17-3 HTML 폼 페이지 17-3_server_form.html

```
<form action='' method='get'>
  <input type='hidden' name='L' value='5' />
  <input type='submit' value='Toggle Red' />
</form>

<form action='' method='get'>
  <input type='hidden' name='L' value='10' />
  <input type='submit' value='Toggle Green' />
</form>

<form action='' method='get'>
  <input type='hidden' name='L' value='11' />
  <input type='submit' value='Toggle Blue' />
</form>

<form action='' method='get'>
  <input type='range' name='S' min='0' max='1000' step='100' value='0'/>
  <input type='submit' value='Set Frequency' />
</form>
```

이 HTML 페이지는 4개의 폼을 포함하고 있으며 각 폼은 <form ...>과 </form> 태그 사이에 위치하고 있다. <form>은 폼의 시작을 나타내고 </form>은 폼의 끝을 나타낸다. 각 폼의 내부에 포함된 <input ... /> 태그는 폼을 서버로 제출할 때 서버로 어떤 데이터가 전송될 것인지 나타낸다. LED 토글 버튼은 변수 L에 출력을 토글하려는 핀 번호에 해당하는 값을 연결하고 GET을 통해 서버로 전달한다. 위의 HTML 코드를 아두이노 스케치에 삽입할 때는 숫자로 정해져 있는 핀 번호를 핀을 나타내는 상수로 바꾸는 것이 편리하다. form 태그의 action 요소에 빈 문자열('')이 지정된 것은 변수가 서버로 전달되면 서버가 같은 페이지를 다시 보낸다는 의미다. input 태그에서 hidden은 제출(submit) 버튼이 눌러졌을 때 변수 L이 서버로 보내진다는 것을 나타낸다.

주파수 슬라이드바를 만들기 위해서는 HTML5의 입력 요소 중 하나인 range를 사용한다. range는 범위가 정해진 슬라이드바를 웹페이지에 보여준다. 웹페이지에서는 100단위로 움직이는 슬라이더를 사용하여 주파수를 선택하고 이 값은 제출(submit) 버튼을 누를 때 변수 S의 값으로 서버로 전달된다. range를 지원하지 않는 이전 버전의 브라우저라면 슬라이드바가 아니라 입력 상자로 표시될 수 있다. [코드 17-3]으로 만들어진 페이지를 확인하기 위해 브라우저를 실행하자. 이 책에서는 구글 크롬을 추천한다. 크롬에서 Ctrl + O(윈도우)나 Cmd + O(OS X) 버튼을 눌러 파일 열기 대화상자를 실행하고 저장한 HTML 파일을 선택한다. 아마도 [그림 17-8]과 비슷한 형태의 웹페이지를 확인할 수 있을 것이다.

아무 버튼이나 누르면 브라우저의 URL 창에 주소에 GET 방식으로 추가된 변수를 확인할 수 있다. [그림 17-8]에서는 [Toggle Blue] 버튼을 눌렀을 때 변수 L에 파란색 LED가 연결된 11번 핀이 값으로 추가되어 있는 것을 볼 수 있다.

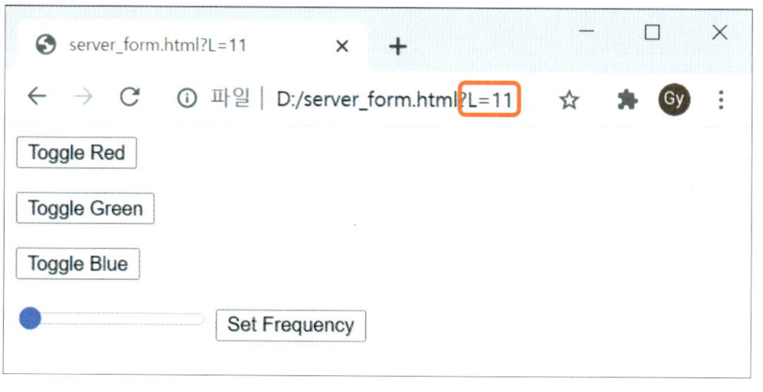

[그림 17-8] 크롬에서 웹페이지 테스트

여기서 잠깐! 지금까지 살펴본 내용으로 웹 서버 스케치 만들기

이제 위에서 만든 웹페이지 코드를 서버 스케치에 포함시켜야 한다. 서버 스케치는 와이파이 네트워크에 연결하고, IP 주소를 할당받고, 위에서 만든 웹페이지를 클라이언트의 요청이 있을 때 전송하고, 웹페이지의 폼에서 GET 명령을 통해 수집한 데이터에 따라 적절한 하드웨어 제어 동작을 수행한다.

이제 앞에서 살펴본 내용을 바탕으로 아두이노용 서버 프로그램을 만들 수 있다. [코드 17-4]는 RGB LED와 스피커 제어를 문제없이 수행한다. 앞에서 배운 예를 확장하여, GET 명령을 통해 다른 제어 기능을 쉽게 추가할 수 있다. 추가하고 싶은 제어 기능을 구현하는 코드가 위치할 곳은 [코드 17-4] 내에 표시되어 있다.

코드 17-4 웹 서버 17-4_web_control_server.ino

```
// 아두이노 웹 서버를 통해 LED와 피에조 버저 제어
// 일부 코드는 Tom Igoe가 작성한 아두이노의 예제에서 발췌하여 사용하였음

#include <SPI.h>
#include <WiFi101.h>

// 와이파이 네트워크 정보 : 네트워크 이름(SSID)과 비밀번호
const char WIFI_SSID[] = “네트워크 이름”;
const char WIFI_PASSWORD[] = “네트워크 비밀번호”;

// 연결 상태를 나타내기 위해 내장 LED 사용
const int ONBOARD_LED = 13;

// HTML 폼을 통해 제어할 핀 번호
const int RED = 5;
const int GREEN = 10;
const int BLUE = 11;
const int SPEAKER = A5;

// 서버는 HTTP 표준 포트인 80번 포트로 클라이언트 요청 대기
WiFiServer server(80);

// 와이파이 액세스 포인트와의 연결 상태 관리
int wifi_status = WL_IDLE_STATUS;

void setup()
{
  // 와이파이 칩을 위한 연결 핀 설정
  WiFi.setPins(8, 7, 4, 2);

  // LED 연결 핀 설정
  pinMode(ONBOARD_LED, OUTPUT);
  digitalWrite(ONBOARD_LED, LOW);
  pinMode(RED, OUTPUT);
  digitalWrite(RED, HIGH);    // 공통 양극 방식 RGB LED로 HIGH를 출력하면 꺼짐
  pinMode(GREEN, OUTPUT);
  digitalWrite(GREEN, HIGH);  // 공통 양극 방식 RGB LED로 HIGH를 출력하면 꺼짐
  pinMode(BLUE, OUTPUT);
  digitalWrite(BLUE, HIGH);   // 공통 양극 방식 RGB LED로 HIGH를 출력하면 꺼짐

  // 시리얼 인터페이스 시작
  Serial.begin(9600);
```

```
  // M0는 하드웨어로 지원되는 USB 인터페이스를 가지고 있으므로
  // 와이파이 모듈을 초기화하기 전에 시리얼 모니터와 연결되어야 한다면
  // 아래 문장을 주석으로 처리하지 않고 그대로 두어야 한다.
  // 시리얼 모니터를 사용하지 않거나 배터리로 동작하는 경우라면
  // 아래 문장을 주석으로 처리하는 것이 좋다.
  while (!Serial);

  Serial.print("Connecting to: ");
  Serial.println(WIFI_SSID);
  WiFi.setTimeout(5000);      // 와이파이 연결을 위해 최대 5초 대기
  while (wifi_status != WL_CONNECTED)
  {
    wifi_status = WiFi.begin(WIFI_SSID, WIFI_PASSWORD);
  }
  Serial.println("Connected!\n");
  // 와이파이 네트워크에 연결되었으면 내장 LED를 켬
  digitalWrite(ONBOARD_LED, HIGH);

  // 서버 시작
  server.begin();
  Serial.println("Server Started!");

  // DHCP를 통해 할당받은 IP 주소 출력
  IPAddress ip = WiFi.localIP();
  Serial.print("Control this Arduino at: http://");
  Serial.println(ip);
  Serial.println("");
}

void loop()
{
  // 클라이언트 요청 검사
  WiFiClient client = server.available();

  // 클라이언트(브라우저)의 요청을 서버가 수신한 경우
  if (client)
  {
    // 클라이언트가 연결되어 있으면 줄 단위로 데이터를 수신
    String command = "";
    while (client.connected())
    {
      // 수신 데이터를 줄 단위로 읽음
      String incoming_line = "";
```

```
// do-while 루프를 사용하여 첫 번째 문자를 수신하여 저장하기 전에는
// 형식 검사가 이루어지지 않도록 함
do
{
  while (!client.available());     // 바이트 데이터 수신 대기
  char c = client.read();          // 수신 데이터 읽기
  incoming_line += c;              // 현재 줄에 이어 붙이기
} while (!incoming_line.endsWith("\r\n"));

Serial.print(incoming_line);        // 줄 단위 데이터 출력

// GET에 의한 요청 수행
// "GET /?L=10 HTTP/1.1"과 같은 형식을 가지는 데이터 해석
if (incoming_line.startsWith("GET /?"))
{
  // "L=10" 형식의 명령 분리
  command = incoming_line.substring(6, incoming_line.indexOf("
HTTP/1.1"));
}

// 현재 수신한 줄이 '\r'과 '\n' 만으로 이루어진 빈 줄인 경우
// HTTP 요청 데이터 수신이 끝남
if (incoming_line == "\r\n")
{
  // 완료된 요청에 대해 폼 페이지를 응답으로 전송
  // 응답 코드 200 : 요청을 정상적으로 수신하였음을 나타냄
  client.println("HTTP/1.1 200 OK");
  client.println("Content-type:text/html");
  client.println();


  // 빨간색 LED 토글 버튼을 누른 경우
  client.print("<form action='' method='get'>");
  client.print("<input type='hidden' name='L' value='" + String(RED) + "' />");
  client.print("<input type='submit' value='Toggle Red' />");
  client.print("</form>");

  // 초록색 LED 토글 버튼을 누른 경우
  client.print("<form action='' method='get'>");
  client.print("<input type='hidden' name='L' value='" + String(GREEN) + "' />");
  client.print("<input type='submit' value='Toggle Green' />");
  client.print("</form>");
```

```
// 파란색 LED 토글 버튼을 누른 경우
client.print("<form action='' method='get'>");
client.print("<input type='hidden' name='L' value='" + String(BLUE) + "'/>");
client.print("<input type='submit' value='Toggle Blue' />");
client.print("</form>");

// 스피커를 위한 재생 주파수 조정 슬라이드바
client.print("<form action='' method='get'>");
client.print(
  "<input type='range' name='S' min='0' max='1000' step='100' value='0'/>");
client.print("<input type='submit' value='Set Frequency' />");
client.print("</form>");

// 다른 하드웨어 제어를 위해 다른 폼을 여기에 추가할 수 있음

// HTTP 응답의 끝을 나타내기 위한 빈 줄
client.println();

// 현재 클라이언트와의 연결 종료
delay(50);
client.stop();


// 수신된 명령에 따라 하드웨어 제어
if (command.startsWith("L="))
{
  int led_pin = command.substring(2).toInt();
  Serial.print("TOGGLING PIN: ");
  Serial.println(led_pin);
  Serial.println("");
  digitalWrite(led_pin, !digitalRead(led_pin));
}
else if (command.startsWith("S="))
{
  int speaker_freq = command.substring(2).toInt();
  Serial.print("SETTING SPEAKER FREQUENCY TO: ");
  Serial.println(speaker_freq);
  Serial.println("");
  if (speaker_freq == 0) noTone(SPEAKER);
  else tone(SPEAKER, speaker_freq);
}
```

```
            // 다른 명령 처리를 위해 'else if' 문을 추가할 수 있음

        }
      }
    }
  }
```

[코드 17-4]는 앞에서 설명한 모든 제어 기능을 포함하고 있다. 프로그램 시작 부분의 와이파이 네트워크 정보는 사용하고자 하는 네트워크에 맞게 수정해야 한다는 점을 잊지 말아야 한다. 코드가 간단해지도록 아두이노는 [코드 17-3]에서 만든 웹페이지를 통해 발생하는 모든 요청에 응답을 보내도록 하였다. 또한 [코드 17-3]과 같이 핀 번호를 지정할 때 숫자를 사용하는 대신, 문자열과 핀 번호를 나타내는 변수를 연결하여 사용함으로써 핀 번호를 쉽게 변경할 수 있도록 하였다. 클라이언트로부터 요청 데이터를 한 줄 읽을 때마다 `if (incoming_line.startsWith("GET /?"))` 문장을 통해 아두이노에서 수행해야 할 제어 명령을 찾아내고 명령어 부분만을 `command` 변수에 저장한다. 모든 요청 데이터를 수신하고 응답 데이터를 전송한 후에 `command` 변수에 저장된 명령에서 명령에 해당하는 문자(LED의 경우에는 `L`, 스피커의 경우에는 `S`)와 값을 찾고 그에 따라 LED나 스피커를 제어한다. [코드 17-4]를 아두이노에 업로드하고 시리얼 모니터를 실행하여 HTTP 요청과 그에 따른 하드웨어 제어 결과를 확인해 보자.

5. 지역 네트워크의 내부와 외부에서 아두이노 제어

서버 동작을 확인하였고, 아두이노는 네트워크에 연결되어 IP 주소를 할당받았으므로 브라우저에서 아두이노로 접속하여 하드웨어를 제어할 수 있다. 먼저 지역 네트워크를 통해 하드웨어를 제어해 보고 지역 네트워크 바깥에서 아두이노로 접속하기 위해 라우터의 포트 포워딩(port forwarding)을 사용하는 방법을 알아보자.

▪ 지역 네트워크를 통한 아두이노 제어

웹 페이지를 통한 제어가 정상적으로 동작하기 위해서는 컴퓨터와 아두이노가 유선 또는 무선으로 같은 지역 네트워크에 연결되어 있어야 한다. 자주 사용하는 브라우저를 실행하고 브라우저의 URL 창에 아두이노에 할당된 IP 주소를 입력해 보자. 앞에서 디자인한 [그림 17-8]과 같은 형태의 페이지를 확인할 수 있을 것이다. 여러 색상의 LED를 켜거나 끄기 위해 버튼을 눌러 보자. 슬라이드바를 움직이고 [Set Frequency] 버튼을 눌러 스피커에서 재생되는 음의 주파수를 조정해 보자. 웹 페이지에서 버튼을 누를 때마다 아두이노에서는 누른 버튼에 따라 색상이나 소리가 바뀌는 것을 확인할 수 있을 것이다. 시리얼 모니터에는 클라이언트가 보낸 HTTP 요청이 출력된다. GET 명령은 브라우저의 URL 입력 창을 통해 아두이노 서버로 전달된다는 점을 기억하자.([그림 17-9] 참조.)

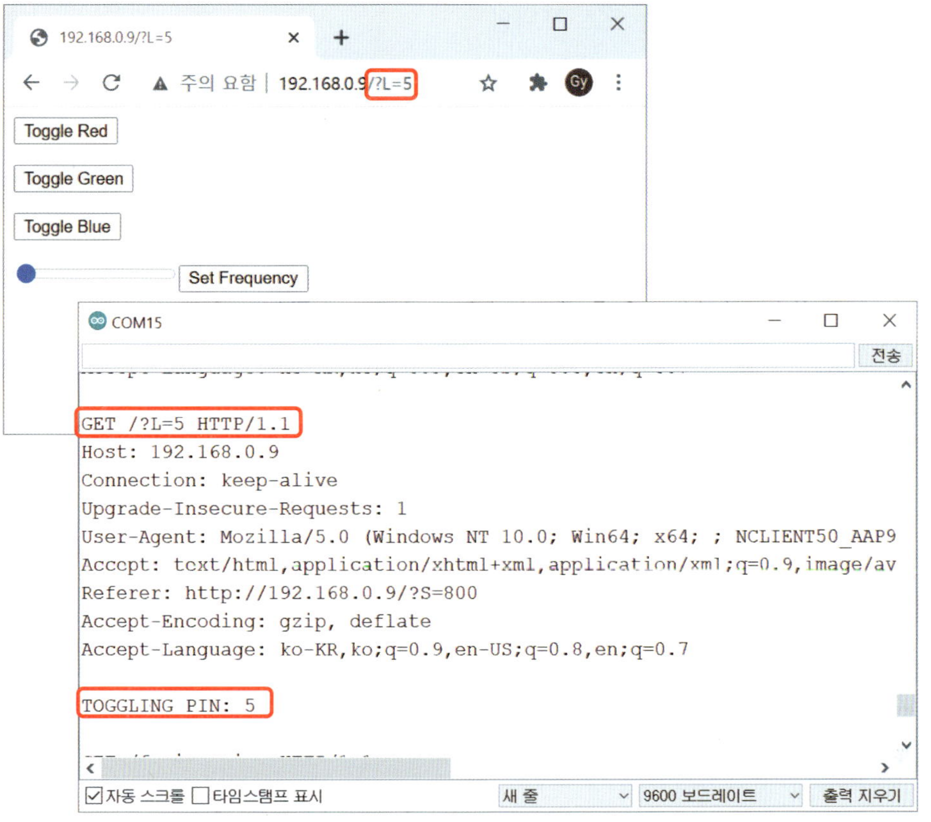

[그림 17-9] 하드웨어 제어를 위해 아두이노에서 제공하는 웹페이지와 시리얼 디버깅

여기서 잠깐! 전등을 제어하는 방법은 몇 가지가 있는가?

이전 두 장에서 AC 전원을 사용하는 전등을 RF 리모컨과 블루투스의 근접 정도를 사용하여 제어하는 방법을 살펴보았다. 아두이노로 구현한 서버 예제를 확장하여 이전 장의 예제들과 마찬가지로 AC 전원을 사용하는 전등을 릴레이를 사용하여 제어할 수 있도록 해 보자.

지역 네트워크를 통해 아두이노에 연결된 빛과 소리를 제어할 수 있었다면 다음 절의 설명을 참조하여 인터넷 어디에서나 아두이노에 접속하여 빛과 소리를 제어할 수도 있다.

Note 지역 네트워크를 통해 아두이노에 연결된 하드웨어를 제어하는 데모 동영상은 exploringarduino.com/content2/ch17에서 확인할 수 있다.

▪ 인터넷을 통해 아두이노를 제어하는 포트 포워딩

앞에서 같은 지역 네트워크에 연결된 경우 컴퓨터로 아두이노를 제어할 수 있다는 것을 살펴보았다. 하지만 지역 네트워크 바깥에 있는 컴퓨터에서 아두이노를 제어하는 것은 불가능하며 이는 아두이노가 연결된 IP 주소가 라우터에 의해 차단된 사설 IP 주소이기 때문이다. 지역 네트워크 바깥에서 아두이노를 제어하기 위해서는 지역 네트워크 바깥에서 라우터를 거쳐 제어하고자 하는 장치까지 경로를 만들어야 한다. 이를 위해서는 다음 3단계 작업이 필요하다.

1. 아두이노에서 사용할 DHCP 주소를 고정된 주소로 정한다.
2. 라우터의 외부 포트를 아두이노로 연결된 내부 포트로 포워딩한다.
3. 공유기를 동적 DNS 업데이트 서비스에 연결한다.

Warning 이 절에서 설명하는 각 단계는 고급 기법으로, 사용하는 라우터에 따라 아주 많은 차이가 있을 수도 있다. 최대한 일반적인 내용을 설명하겠지만, 어느 정도 라우터 관리에 관한 지식을 가지고 있다고 가정할 것이다. 라우터에 따라 각 단계에서 필요한 내용은 인터넷을 검색해 보기를 추천한다. 만약 지금까지 라우터의 관리자 페이지에 로그인해 본 적이 없었다면 이 과정은 건너뛰는 것이 좋다. 관리자 페이지를 잘못 설정하면 네트워크 설정이 엉망이 될 수 있다. 일부 라우터는 포트 포워딩과 동적 DNS 업데이트 사용을 위해 필요한 모든 기능을 지원하지 않는다. 네트워크 관리에 익숙하지 않다면, 지금은 지역 네트워크를 통한 제어에 만족하도록 하자.

- **라우터 로그인**: 먼저 라우터의 관리자 페이지에 로그인한다. 관리자 페이지는 네트워크의 게이트웨이 IP 주소를 통해 접근할 수 있다. 대부분의 가정용 네트워크 설정에서 게이트웨이 IP 주소는 아두이노에 할당된 사설 IP 주소의 앞에서부터 점으로 구분된 세 부분의 숫자와, 마지막에 1을 덧붙인 주소로 구성된다. 예를 들어 아두이노의 IP 주소가 192.168.0.141이었다면 게이트웨이의 IP 주소는 항상 그렇지는 않지만 192.168.0.1일 가능성이 크다. 게이트웨이 주소를 브라우저 주소창에 입력하고 관리자 페이지에 접속할 수 있는지 확인한 후 라우터 관리자 페이지에 로그인 정보를 입력하여 로그인한다. 라우터 관리자 페이지 로그인 정보는 무선 네트워크에 접속하기 위한 정보(SSID와 비밀번호)와는 다르다는 점을 기억해야 한다. 관리자 페이지 로그인 정보를 디폴트값에서 변경한 적이 없다면 라우터의 설정 매뉴얼이나 라우터에 부착된 스티커에서 로그인 정보를 찾을 수 있다.

  위의 방법으로 관리자 페이지에 접근할 수 없다면 게이트웨이의 IP 주소를 직접 확인해야 한다. 윈도우를 사용한다면 명령 프롬프트에서 `ipconfig` 명령을 실행하여 기본 게이트웨이 주소를 확인할 수 있으며 지역 네트워크를 넘어 인터넷으로 연결하기 위해 이 주소가 사용된다. 맥을 사용한다면 [시스템 환경설정] → [네트워크] → [고급...]을 선택하고 TCP/IP 탭을 눌러 라우터 주소를 사용하면 된다. 리눅스에서는 터미널을 열고 `route -n` 명령을 통해 얻을 수 있는 목록에서 0이 아닌 마지막 게이트웨이 주소를 사용하면 된다.

- **아두이노를 위한 DHCP 주소 예약**: 라우터의 관리자 페이지에 로그인하였으면 DHCP 주소를 예약하는 옵션을 찾는다. DHCP 주소를 예약하면 특정 MAC 주소를 갖는 장치가 라우터에 연결될 때마다 항상 같은 사설 IP 주소가 할당된다. 예약된 IP 주소는 지정한 MAC 주소의 장치가 현재 접속 중이 아니어도 지정한 MAC 주소 이외의 주소를 갖는 클라이언트에는 할당되지 않는다. 아두이노의 DHCP 주소를 예약하면 다음 단계에서 웹을 통해 받은 데이터가 항상 아두이노로 전달되도록 보장할 수 있다.

  옵션을 찾았으면 현재 아두이노가 사용하고 있는 IP 주소와 Feather 보드의 와이파이 모듈에 부착된 스티커에 인쇄된 MAC 주소를 연결하면 된다.([그림 17-10] 참조.) 변경한 설정을 반드시 적용해야 하며 이를 위해서는 라우터를 다시 시작해야 할 수 있다. 설정이 완료되면 라우터와 아두이노를 다시 시작하고 아두이노가 다시 시작되었을 때 이전에 사용하던 IP 주소와 같은 IP 주소가 할당되었는지 확인하면 된다.

[그림 17-10] Feather 보드의 와이파이 모듈에 인쇄된 MAC 주소

- **80번 포트를 아두이노로 포워딩**: 아두이노에 변하지 않는 IP 주소를 할당하였으므로 인터넷에서 들어오는 데이터를 사설 IP 주소로 연결해 주면 되는데, 이를 포트 포워딩이라고 한다. 포트 포워딩은 인터넷으로 연결된 라우터의 외부 포트로 들어오는 데이터를 특정 사설 IP 주소로 전달하는 것을 말한다. 80번 포트는 HTTP 통신에서 사용되는 디폴트 포트이므로 이 포트를 사용하면 된다. 라우터 관리자 페이지에서 해당 옵션을 찾아 라우터의 80번 외부 포트를 아두이노에 할당한 사설 IP 주소의 80번 포트로 포워딩한다. 라우터에 따라서는 포트 범위를 지정해야 하는 경우가 있으며 이런 경우에는 80-80과 같이 지정하면 된다. 이제 라우터의 80번 포트로 들어오는 모든 데이터는 아두이노로 포워딩된다.
- **동적 DNS 업데이트 서비스 사용**: 마지막 단계는 인터넷에서 라우터에 어떻게 접속할 것인지를 설정하는 것이다. 상업용 네트워크에 직접 연결된 라우터를 사용하거나 비싼 요금의 가정용 인터넷 연결을 사용한다면 정적(static) 공인 IP 주소를 사용하고 있을 수 있다. 하지만 가정에서 정적 IP 주

소를 사용하는 경우는 거의 없다. 확신할 수 없다면 인터넷 서비스 제공업체(ISP, Internet Service Provider)에 문의해 보면 된다. 만약 정적 IP 주소를 사용하고 있다면 구글에서 'What is my IP'를 입력하면 사용 중인 IP 주소를 알려준다. 정적 IP 주소를 사용하고 있으면 인터넷 어디에서든 할당받은 IP 주소를 통해 아두이노로 데이터를 보낼 수 있다. 필요하다면 도메인 이름을 구입하고 DNS 서버를 설정하여 IP 주소가 아닌 URL을 통해 아두이노에 연결하는 것도 가능하다.

하지만 대부분은 동적(dynamic) 공인 IP 주소를 사용하고 있을 것이다. ISP는 며칠 또는 몇 주마다 할당되는 IP 주소를 변경한다. 따라서 오늘 사용하고 있는 IP 주소를 알고 있고 그 주소를 통해 아두이노에 접근할 수 있다고 하더라도 내일도 같으리라는 보장이 없다. 이를 해결하는 방법이 동적 IP 서비스를 사용하는 것이다. 라우터에서 실행되는 작은 프로그램을 통해 제공되는 이 서비스는 주기적으로 공인 IP 주소를 검사하고 원격 웹 서버에 알려준다. 원격 웹 서버는 myarduino.ddns.net과 같이 사용하고 있는 도메인 이름에 대응하는 공인 IP 주소를 갱신함으로써 URL을 사용하는 경우 IP 주소가 바뀌어도 항상 같은 곳으로 연결되도록 해준다.

최근 판매되는 많은 라우터는 특정한 동적 DNS 서비스 지원 기능을 내장하고 있으므로 사용하는 라우터가 지원하는 동적 DNS 서비스를 선택해야 한다. 동적 DNS 서비스 중에는 무료로 사용할 수 있는 서비스도 있지만, 연회비를 내는 서비스도 있다. 라우터의 관리자 페이지에서 사용하고자 하는 서비스에 계정을 생성하고 라우터와 연결한다. 연결이 끝나면 라우터에 할당되는 공인 IP 주소가 변해도 아두이노에 원격으로 접속할 수 있다. 라우터가 동적 DNS 서비스를 지원하지 않는 경우라면 라우터에서 실행되는 것이 아니라 지역 네트워크에 연결된 컴퓨터에서 실행되는 클라이언트 프로그램을 사용하는 방법도 있다.

공인 IP 주소나 동적 DNS 서비스를 사용하는 URL이 결정된 후에는 브라우저에 IP 주소나 URL을 입력하여 아두이노에 접속할 수 있다. IP 주소나 URL을 알고 있는 사람이라면 누구나 접속할 수 있다.

Warning **네트워크 보안** 앞의 예제에서 아두이노를 위해 작성한 서버 스케치에는 보안 기능이 포함되어 있지 않다. 특정 포트를 외부로 공개하면 공인 IP 주소나 동적 DNS URL을 알고 있는 사람은 누구나 아두이노에 접속하여 아두이노를 제어할 수 있다. 따라서 이런 방법은 중요한 업무에서는 사용하지 않는 것이 바람직하다. 인터넷에 아두이노를 연결하는 경우 그에 따른 위험은 스스로 책임져야 한다.

SECTION 03

웹 API 인터페이스

앞에서 아두이노를 웹 서버로 동작시키고 지역 네트워크나 인터넷을 통해 입출력 핀을 제어하기 위한 웹 인터페이스를 사용하는 방법을 살펴보았다. 이외에도 아두이노를 웹과 연결하는 방법에는 API(Application Programming Interface)를 통해 아두이노를 클라이언트로 사용하는 방법이 있다. API는 서비스 제공자가 프로그램을 통해 서비스에 접속하여 데이터를 주고받을 수 있도록 해 주는 인터페이스를 말한다. 회사나 기관에서 제공하고 있는 API 중 흔히 접할 수 있는 것 중에는 다음과 같은 것들이 포함된다.

- 구글 지도(Google Maps) API는 개발자들이 구글 지도 데이터를 애플리케이션에서 사용할 수 있는 방법을 제공한다.
- GitHub API는 GitHub에 저장된 소프트웨어 프로젝트에 접근하는 방법을 제공한다. 예를 들어 GitHub API를 사용하면 Exploring Arduino를 위한 GitHub 저장소에 코드를 업데이트할 때 자동으로 exploringarduino.com에서 내려받을 수 있는 코드 역시 업데이트되도록 할 수 있다.
- 필립스의 Hue API는 가정의 웹 기반 조명 제품을 원격으로 제어하는 방법을 제공한다.
- NASA API는 우주와 관련된 영상을 프로그램으로 검색하고 내려받는 방법을 제공한다.
- 페이스북 API는 페이스북의 로그인 정보를 사용하여 개발한 웹 서비스에 로그인할 수 있는 방법을 제공한다.

1. 날씨 API 사용

마지막 예제에서는 openweathermap.org에서 제공하는 OpenWeather API를 사용하여 지역의 온도 정보를 실시간으로 보여주는 디스플레이를 만들 것이다. OpenWeather 프로젝트는 무료로 사용할 수 있는 날씨 API를 통해 전 세계의 실시간 날씨 정보를 제공하고 있다. 무료 버전은 1분에 최대 60번의 API 호출을 사용할 수 있어, 1분에 한 번 업데이트되는 이 책의 프로젝트에 사용하기 충분하다.

여기서 잠깐! **1분에 60번 이상 날씨 정보가 필요한 사람은 누구일까?**

API를 제공하는 회사에서는 다른 회사에서 API를 사용하여 다른 통합 서비스를 제공할 수 있도록 하는 경우가 있다. 아이폰을 위한 날씨 애플리케이션을 개발한다면 애플리케이션에서 OpenWeather에 접속하고 API를 사용하여 날씨 정보를 표출할 수 있다. 개발한 애플리케이션을 한 명만 사용한다면 문제가 없을 수 있지만 1만 명이 동시에 애플리케이션을 사용한다면 어떻게 될까? 애플리케이션에서 OpenWeather로 날씨를 요청할 때는 모두 동일한 개발자의 API 키를 사용하게 된다.(API 키에 대해서는 뒤에서 다시 살펴본다.) 사용자들이 모두 같은 순간에 날씨 정보를 요청하지 않는다고 해도 요청은 금세 1분에 60번을 넘어설 것이고 애플리케이션 개발자는 더 많은 횟수의 API 사용을 위해 돈을 지불해야 할 것이다. 그렇지만 실험을 위해서만 사용하고 API 키를 애플리케이션과 함께 배포하지 않는다면 무료 서비스로도 충분히 프로젝트를 수행해 볼 수 있다.

API는 계속 바뀌고 있으므로 이 책을 읽고 있을 때 OpenWeather API를 사용하는 방법은 이 책의 내용과는 차이가 있을 수 있다. 따라서 마지막 예제에서는 API를 사용하기 위한 일반적인 방법들을 설명한다. 이 설명은 API 키를 사용하여 데이터에 접근하고 구조화된 데이터를 반환하는 모든 API에 적용할 수 있다. 좋은 API는 버전 관리가 잘 되는 API로, 버전이 바뀐 경우에도 사용한 버전을 명시하면 명시한 버전에서의 동작을 보장하므로 오랜 기간 동안 사용할 수 있다.

API 서비스 사용을 위한 계정 생성

OpenWeather API를 사용하기 위해서는 먼저 서비스에 가입해야 한다. openweathermap.org에 접속하여 계정을 생성한다. 다른 API를 사용하고자 한다면 해당 사이트에 계정을 생성하면 된다. 계정을 생성하고 인증을 수행하면 로그인할 수 있다.

로그인한 후에는 [API keys] 탭을 선택한다. [그림 17-11]은 API 키 페이지를 나타낸 것으로, 계정을 생성할 때 디폴트 키가 하나 자동으로 생성되어 있으므로 별도로 생성하지 않아도 된다. [API keys] 탭을 열어두는 것이 좋은 이유는 날씨 정보를 얻기 위해 프로그램에서 키 값이 필요하기 때문이다. API 키는 고유한 값으로 OpenWeather 서버에서 사용자를 인증하기 위해 사용한다.

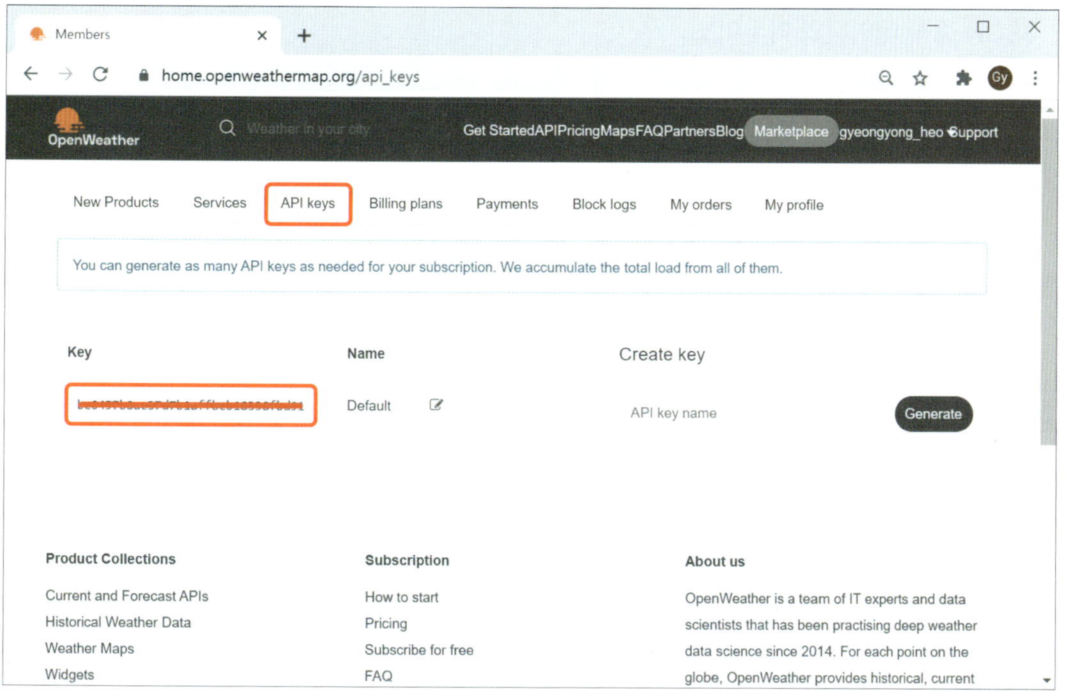

[그림 17-11] openweathermap.org의 API 키 관리 페이지

▪ API 구조 이해

API는 서로 다른 회사에서 사용하고 있는 서비스 사이에 통신이 가능하고 효율적인 방법으로 데이터를 주고받을 수 있도록 하자는 목적으로 만들어졌다. 이러한 목적을 달성하기 위해서는 몇 가지 요구 조건을 만족해야 한다.

1. API는 데이터를 요구하거나 업로드하는 서비스를 인증할 수 있어야 한다.
2. API는 일관되고 프로그램에서 쉽게 파악할 수 있는 형식으로 데이터를 제공해야 하며 필요한 정보 전송을 위해서는 가능한 한 적은 저장소와 대역폭을 사용해야 한다.
3. API는 API를 사용하는 서비스를 계속할 수 있도록 하위 호환성을 가지고 있어야 한다.
4. 인증된 API 사용자는 허가된 정보에만 접근할 수 있어야 한다.

이러한 조건을 만족시키기 위해 API는 직렬화가 가능한 데이터 형식과 키 또는 토큰 기반의 인증 시스템이라는 두 가지 기술을 사용한다. openweathermap.org 사이트에 가입하면 자동으로 디폴트 API 키가 주어진다. API 키는 집 열쇠와 마찬가지이므로 다른 사람과 함께 사용해서는 안 되며 자신의 프로젝트에서만 사용해야 한다.

■ JSON 형식 데이터와 아두이노

흔히 사용되는 직렬화가 가능한 데이터 형식의 하나가 JSON(JavaScript Object Notation, '제이슨'이라고 발음한다)이다. 이름에서 알 수 있는 것처럼 JSON은 자바스크립트 언어에서 연유하였지만, 지금은 대부분의 프로그래밍 언어에서 사용되고 있다. JSON 형식은 사람이 읽기 쉬운 형식이면서도 프로그램으로 쉽게 해석할 수 있는 형식이므로 API에서 반환하는 데이터를 구조화하기 위해 널리 사용되고 있다.

'직렬화'한다는 것은 어떤 의미일까? 직렬화란 복잡하고 계층 구조를 갖는 데이터를 1차원 형태의 문자열 형식으로 변환하는 것을 말한다. JSON 형식으로 표현된 복잡한 데이터는 문자열로 쉽게 변환할 수 있으며 그 반대의 경우도 마찬가지다. 문자열로 변환된 데이터는 특별한 프로토콜을 사용하지 않고도 클라이언트와 서버 사이에서 전송할 수 있다. 이 책에 대한 정보를 JSON 형식으로 나타낸 간단한 객체를 생각해 보자.

```
json_object = {
   "title" : "Exploring Arduino",
   "author_first" : "Jeremy",
   "author_last" : "Blum",
   "edition_list" : [1, 2],
   "num_chapters" : 17
}
```

위의 JSON 객체(json_object)에는 5개의 키-값 쌍이 포함되어 있다. 그 중 3개는 문자열, 1개는 숫자 리스트, 그리고 나머지 하나는 숫자로 이루어져 있다. 객체에서 개별 항목은 다음과 같이 알아낼 수 있다.

```
book_title = json_object["title"]
```

JSON 객체는 객체 내에 객체를 계층적으로 포함할 수 있으므로 복잡한 데이터를 구조화하여 나타내는 것이 가능하다. JSON 형식으로 표현된 데이터를 HTTP 연결을 통해 전송하기 위해서는 다음과 같이 JSON 객체를 문자열 형식으로 직렬화하면 된다.

```
{"title":"Exploring Arduino","author_first":"Jeremy","author_last":"Blum","edition_
list":[1,2],"num_chapters":17}
```

직렬화한 문자열을 수신한 쪽에서도 키와 값을 분리하는 콜론(:)과 항목을 분리하는 쉼표(,)를 통해 관련된 정보를 쉽게 찾아낼 수 있다. 이 장에서는 JSON 아두이노 라이브러리를 사용할 것이며 이를 통해 날씨 API에서 반환하는 데이터에서 필요한 정보를 쉽게 얻어올 수 있다.

▪ 날씨 데이터 획득 및 해석

API를 사용하여 날씨 데이터를 얻어오기 위해서는 먼저 API 서버의 해당 엔드 포인트(end point)로 정보를 요청해야 하며 이때 인자 역시 지정해야 한다. API 서버는 여러 개의 엔드 포인트를 통해 서로 다른 정보를 제공하는 경우가 대부분이다. 예를 들어 `/user` 엔드 포인트가 정보를 요청한 사용자 정보를 제공한다면 `/data` 엔드 포인트는 서비스를 통해 제공하는 실제 데이터를 제공하는 식이다.

앞에서 살펴본 것과 마찬가지로 날씨 정보 역시 GET 명령을 통해 얻을 수 있다. 이 예제에서는 선택한 특정 도시의 현재 날씨를 얻어와 사용하며, 이를 위해서는 기본 URL에 날씨 서비스를 위한 엔드 포인트와 GET 명령을 위한 인자를 추가하여 사용하면 된다. openweathermap.org/current의 설명에 따르면 현재 날씨를 얻어오는 방법은 다음과 같다.

```
api.openweathermap.org/data/2.5/weather?q={city_name}
```

이때 `{city_name}`은 선택한 도시 이름으로 바꾸어야 한다. 엔드 포인트에 따라 GET 명령의 인자가 달라지기도 하지만 일부 인자는 모든 API 요청에서 공통으로 사용된다. 예를 들어 `units` 인자는 모든 API 요청에서 사용할 수 있는 인자로 섭씨온도 또는 화씨온도를 선택하기 위해 사용한다. 단위를 나타내는 인자를 지정하지 않으면 켈빈(Kelvin) 온도가 반환된다.

모든 요청에는 `appid` 인자를 지정해야 하며 API 키를 지정하기 위해 사용한다. API 키를 통해 서비스 제공자는 API 사용을 관리하여 사용량에 따라 사용료를 부과하며 허가되지 않은 요청은 무시한다. 이들 인자를 모두 추가한 URL은 [그림 17-12]와 같다.

GET 명령을 사용하는 URL로 날씨 정보를 얻어오는 아두이노 프로그램을 작성하기 전에 요청 결과를 브라우저에서 확인해 보자. 요청에 대한 응답은 JSON 객체로 주어진다. [그림 17-12]의 API 요청을 브라우저의 URL 창에 복사해서 붙여넣는다. 이때 `appid`에는 openweathermap.org에서 찾을 수 있는 개인의 API 키를 입력해야 한다. 또한 `Busan`은 원하는 도시 이름으로 바꾸면 된다. [그림 17-13]과 비슷한 결과를 API 요청에 따른 응답으로 얻을 수 있을 것이다.

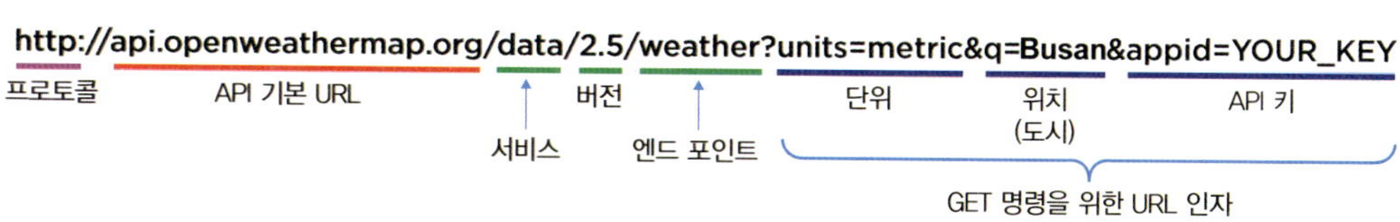

[그림 17-12] API 요청의 구성

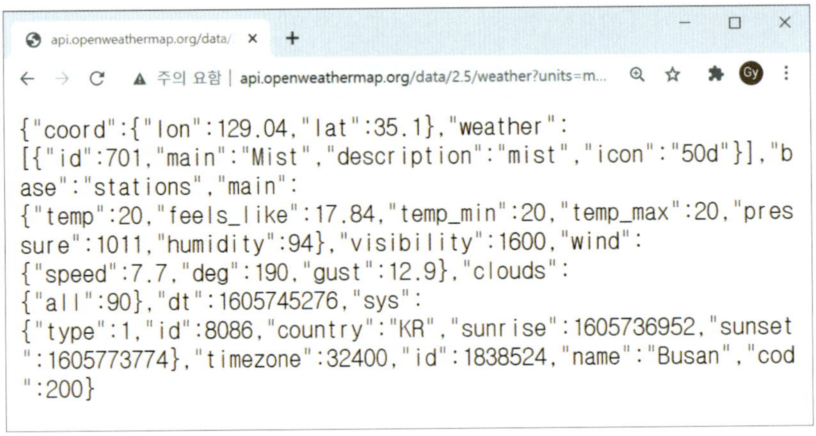

[그림 17-13] 브라우저에서 얻은 API 응답

[그림 17-13]을 보면 API 키는 인증을 받은 키이고 요청이 형식에 맞다는 사실을 알 수 있다. 하지만 브라우저에 표시된 결과를 읽고 이해하기는 쉽지 않다. 인터넷에서 JSON Pretty Printer[5]를 검색하여 API 응답 결과를 복사해 넣으면 JSON 형식의 데이터 구조를 확인할 수 있다.

```
{
  "coord": {
    "lon": 129.04,
    "lat": 35.1
  },
  "weather": [
    {
      "id": 701,
      "main": "Mist",
      "description": "mist",
      "icon": "50d"
    }
  ],
  "base": "stations",
  "main": {
    "temp": 21,
    "feels_like": 20.63,
    "temp_min": 21,
    "temp_max": 21,
    "pressure": 1010,
    "humidity": 88
  },
```

5 옮긴이_ https://jsonformatter.org/json-pretty-print

```
  "visibility": 4800,
  "wind": {
    "speed": 5.1,
    "deg": 190,
    "gust": 10.3
  },
  "clouds": {
    "all": 75
  },
  "dt": 1605746306,
  "sys": {
    "type": 1,
    "id": 8086,
    "country": "KR",
    "sunrise": 1605736952,
    "sunset": 1605773774
  },
  "timezone": 32400,
  "id": 1838524,
  "name": "Busan",
  "cod": 200
}
```

계층적으로 표현된 내용을 살펴보면 현재 온도는 ["main"]["temp"] 변수에 저장되어 있다는 것을 알 수 있다. 이외에도 다양한 날씨 정보가 포함되어 있으므로 필요한 경우 사용할 수 있다. API GET 요청을 서버로 보내고 응답에서 필요한 데이터를 찾아내는 방법을 살펴보았으므로 Feather 보드가 이를 자동으로 수행할 수 있도록 해 보자.

▪ 웹을 통해 아두이노로 지역 날씨 알아내기

브라우저의 URL 창에 입력한 것과 같은 방법으로 아두이노가 GET 요청을 자동으로 보내도록 프로그램을 작성하는 것은 앞의 예제에서 아두이노에 서버를 동작시킨 것과 비슷하다. 여전히 WiFi101 라이브러리를 사용하지만, 이 예제에서는 아두이노를 서버가 아니라 클라이언트로 설정할 것이다. API 요청을 위한 URL을 구성하고 API 서버로 요청을 보낸 후 응답으로 받은 직렬화된 JSON 객체에서 필요한 정보, 즉 현재 온도를 찾아내는 과정이 필요하다. 서버에서 받은 직렬화된 문자열을 JSON 객체로 변환하고 필요한 정보를 찾아내는 것은 아두이노를 위한 JSON 라이브러리를 사용하면 간단하게 해결할 수 있다.

먼저 아두이노 JSON 라이브러리를 설치하자. 아두이노 IDE에서 라이브러리 매니저를 열고 '타입'은 '아두이노'를 선택한 후 `Arduino JSON`을 검색한다. 검색 결과 중에서 [그림 17-14]에 보이는 아두이노의 공식 Arduino_JSON 라이브러리를 설치한다.

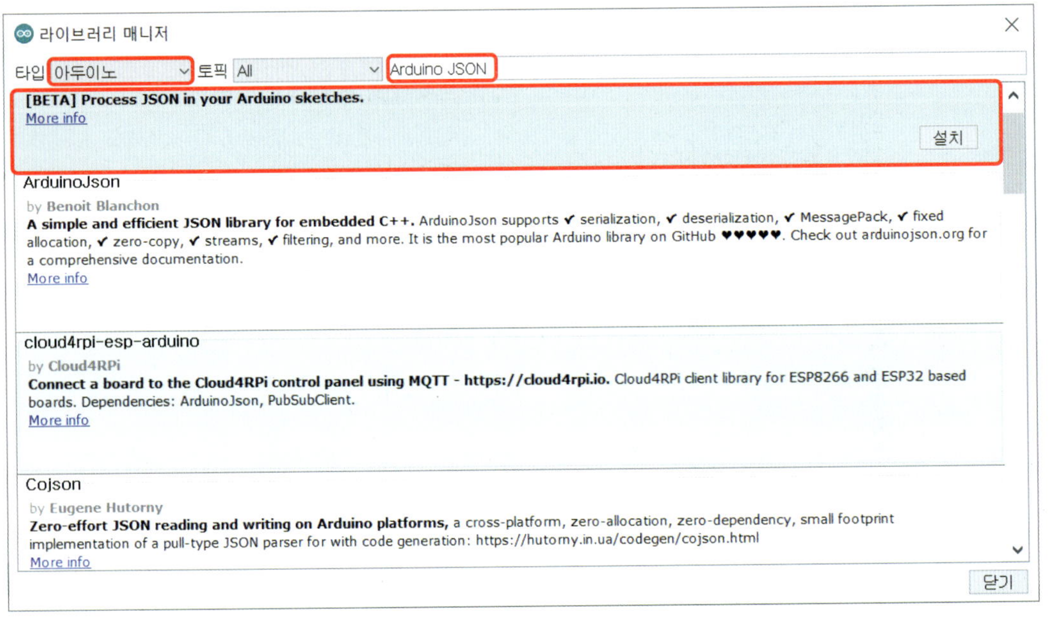

[그림 17-14] 아두이노 JSON 라이브러리 설치

스케치는 앞의 예제에서 작성한 와이파이 연결 코드에서 시작하자. 아두이노 JSON 라이브러리를 `#include <Arduino_JSON.h>` 문장으로 포함한다. API 요청을 구성하는 데 필요한 값을 저장하는 상수 변수도 정의한다.

```
const char SERVER[] = "api.openweathermap.org";
const char HOST_STRING[] = "HOST: api.openweathermap.org";
const String API_KEY = "PUT YOUR API KEY HERE";
const String CITY = "Busan";        // 원하는 도시 이름으로 수정
const String UNITS = "F";           // F(화씨) 또는 C(섭씨)
```

`setup()` 함수에서 와이파이 연결을 설정한 후 클라이언트로 API 서버에 연결하는 코드는 다음과 같다.

```
String api_units = "metric";
if (UNITS == "F")
{
  api_units = "imperial";
}
```

```
String request = "GET /data/2.5/weather?units=" +
                 api_units +
                 "&q=" +
                 CITY +
                 "&appid=" +
                 API_KEY +
                 " HTTP/1.1";

// 서버에 연결하고 API 요청 전송
if (client.connect(SERVER, 80))
{
  client.println(request);
  client.println(HOST_STRING);
  client.println("Connection: close");
  client.println();
}
```

위의 코드에서는 선언한 상수 변수를 사용하여 API 요청을 위한 URL을 구성하고 HTTP 연결의 표준 포트인 80번 포트로 서버에 연결한다. 요청을 보낸 후 서버에서 직렬화된 JSON 문자열을 응답으로 받고 이를 해석하면 된다.

```
// 서버 응답 대기
while (!client.available());

// '{'로 시작되는 JSON 객체를 수신하기 전에 서버에서 수신한 헤더 데이터는
// 사용하지 않지만, 디버깅을 위해 헤더 데이터를 시리얼 모니터로 출력한다.
while (true)
{
  char h = client.read();
  if (h == '{') break;
  Serial.print(h);
}

// JSON 형식 데이터 수신이 시작되면 문자열로 저장
String json = "{";
do
{
  char c = client.read();
  json += c;
} while (client.connected());
client.stop();
```

```
JSONVar api_object = JSON.parse(json);
Serial.println(“Raw JSON:”);
Serial.println(api_object);
double temp = (double) api_object[“main”][“temp”];
Serial.print(“Temperature = “);
Serial.print(temp);
Serial.println(UNITS);
```

while() 루프에 포함되는 코드가 없는 경우 지정한 조건을 만족할 때까지 프로그램 실행을 일시 정지할 수 있다는 점을 기억할 것이다. 이를 이용하여 서버에서 클라이언트로 데이터를 보낼 때까지 대기한다. 데이터 수신이 시작되면 열린 중괄호({)로 시작되는 JSON 형식 데이터를 수신하기 전까지의 HTTP 헤더 데이터는 버린다. 위의 코드에서는 HTTP 사용에서 발생할 수 있는 오류를 검사하지는 않지만, 프로그램 동작에 문제가 있을 때 디버깅에 사용할 수 있도록 헤더 데이터를 시리얼 모니터로 출력한다. 예를 들어 잘못된 API 키를 사용하면 [그림 17-15]와 같이 원격 서버는 요청을 거부하고 오류 코드 401 클라이언트로 전송할 것이다.

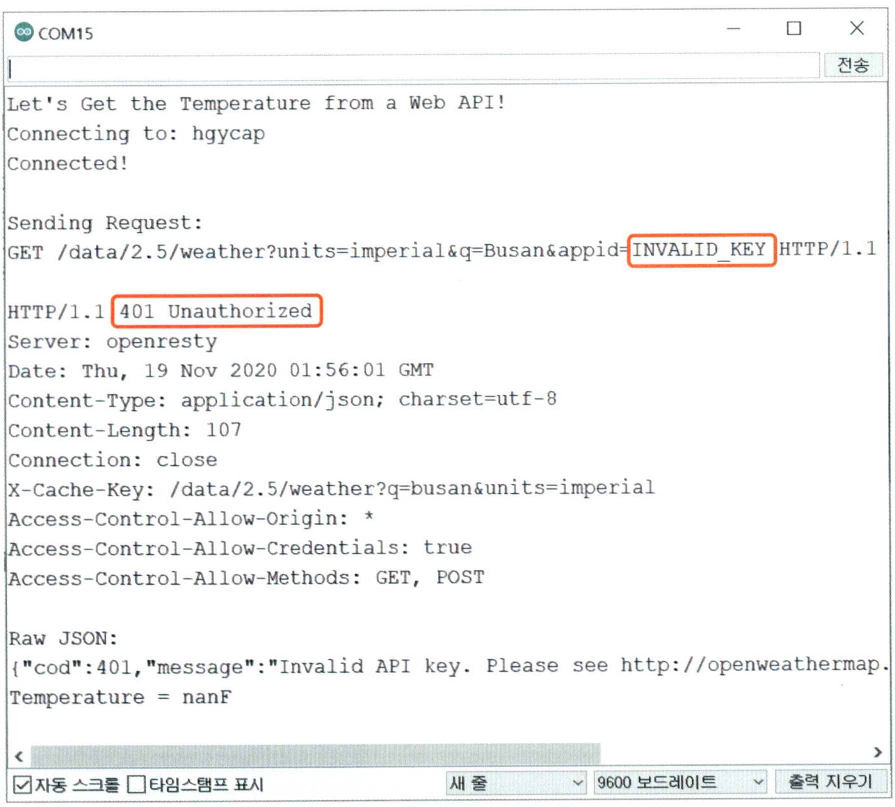

[그림 17-15] 잘못된 API 키 사용에 따른 오류

앞의 예제에서 사용했던 do ... while() 루프와 마찬가지로 수신되는 데이터는 수신이 끝날 때까지 문자열에 덧붙여진다. 마지막으로 JSON.parse() 함수는 직렬화된 JSON 객체를 구조화하여 JSON 객체에 포함된 각 변수의 값을 확인할 수 있도록 해준다. double temp = (double) api_object["main"]["temp"]; 문장은 double형 실수 변수인 temp에 API 응답으로 받은 JSON 객체에 포함된 온도를 대입해 준다. 마지막으로 온도를 시리얼 모니터로 출력한다.

앞에서 다룬 코드들에 디버깅 메시지를 추가한 것이 [코드 17-5]다. [코드 17-5]는 API 요청을 서버로 보내고 API 응답에서 지정한 도시의 온도 데이터를 찾아내어 시리얼 모니터로 출력한다.

코드 17-5 웹에서 실시간 날씨 얻기 17-5_web_weather.ino

```
// 웹에서 실시간 날씨 데이터를 얻어 출력하기

#include <SPI.h>
#include <WiFi101.h>
#include <Arduino_JSON.h>

// 와이파이 네트워크 정보 : 네트워크 이름(SSID)과 비밀번호
const char WIFI_SSID[] = "네트워크 이름";
const char WIFI_PASSWORD[] = "네트워크 비밀번호";

// API 요청을 위한 상수
const char SERVER[] = "api.openweathermap.org";
const char HOST_STRING[] = "HOST: api.openweathermap.org";
const String API_KEY = "사용자의 API 키";
const String CITY = "Busan";        // 원하는 도시 이름 지정
const String UNITS = "F";           // F(화씨) 또는 C(섭씨)

// 연결 상태를 나타내기 위해 내장 LED 사용
const int ONBOARD_LED = 13;

// 아두이노는 클라이언트로 동작
WiFiClient client;

// 와이파이 액세스 포인트와의 연결 상태 관리
int wifi_status = WL_IDLE_STATUS;

void setup()
{
  // 와이파이 칩을 위한 연결 핀 설정
  WiFi.setPins(8, 7, 4, 2);
```

```
// LED 연결 핀 설정
pinMode(ONBOARD_LED, OUTPUT);
digitalWrite(ONBOARD_LED, LOW);

// 시리얼 인터페이스 시작
Serial.begin(9600);

// M0는 하드웨어로 지원되는 USB 인터페이스를 가지고 있으므로
// 와이파이 모듈을 초기화하기 전에 시리얼 모니터와 연결되어야 한다면
// 아래 문장을 주석으로 처리하지 않고 그대로 두어야 한다.
// 시리얼 모니터를 사용하지 않거나 배터리로 동작하는 경우라면
// 아래 문장을 주석으로 처리하는 것이 좋다.
while (!Serial);

Serial.println("Let's Get the Temperature from a Web API!");

Serial.print("Connecting to: ");
Serial.println(WIFI_SSID);
WiFi.setTimeout(5000);      // 와이파이 연결을 위해 최대 5초 대기

while (wifi_status != WL_CONNECTED)
{
  wifi_status = WiFi.begin(WIFI_SSID, WIFI_PASSWORD);
}
Serial.println("Connected!\n");
// 와이파이 네트워크에 연결되었으면 내장 LED를 켬
digitalWrite(ONBOARD_LED, HIGH);

// API 요청 준비
String api_units = "metric";
if (UNITS == "F")
{
  api_units = "imperial";
}
String request = "GET /data/2.5/weather?units=" +
                 api_units +
                 "&q=" +
                 CITY +
                 "&appid=" +
                 API_KEY +
                 " HTTP/1.1";

// 서버에 연결하고 API 요청 전송
if (client.connect(SERVER, 80))
```

```
    {
      Serial.println("Sending Request: ");
      Serial.println(request);
      Serial.println("");
      client.println(request);
      client.println(HOST_STRING);
      client.println("Connection: close");
      client.println();
    }

    // 서버 응답 대기
    while (!client.available());

    // '{'로 시작되는 JSON 객체를 수신하기 전에 서버에서 수신한 헤더 데이터는
    // 사용하지는 않지만, 디버깅을 위해 헤더 데이터를 시리얼 모니터로 출력한다.
    while (true)
    {
      char h = client.read();
      if (h == '{') break;
      Serial.print(h);
    }

    // JSON 형식 데이터 수신이 시작되면 문자열로 저장
    String json = "{";
    do
    {
      char c = client.read();
      json += c;
    } while (client.connected());
    client.stop();
    JSONVar api_object = JSON.parse(json);
    Serial.println("Raw JSON:");
    Serial.println(api_object);
    double temp = (double) api_object["main"]["temp"];
    Serial.print("Temperature = ");
    Serial.print(temp);
    Serial.println(UNITS);
}

void loop()
{
  // setup() 함수에서 한 번만 데이터를 얻어 표시하므로 loop() 함수는 비어 있다.
}
```

스케치를 Feather 보드에 업로드하자. Feather 보드는 USB 케이블로 컴퓨터에 연결되어 있으면 되고 다른 장치는 연결할 필요가 없다. 코드에서 와이파이 연결 정보와 API 키 값은 수정해야 한다는 점도 잊지 말자. 온도 단위는 `imperial`의 경우 화씨, `metric`의 경우 섭씨를 나타낸다. 스케치를 업로드한 후 시리얼 모니터를 열면 [그림 17-16]과 같은 결과를 확인할 수 있다.

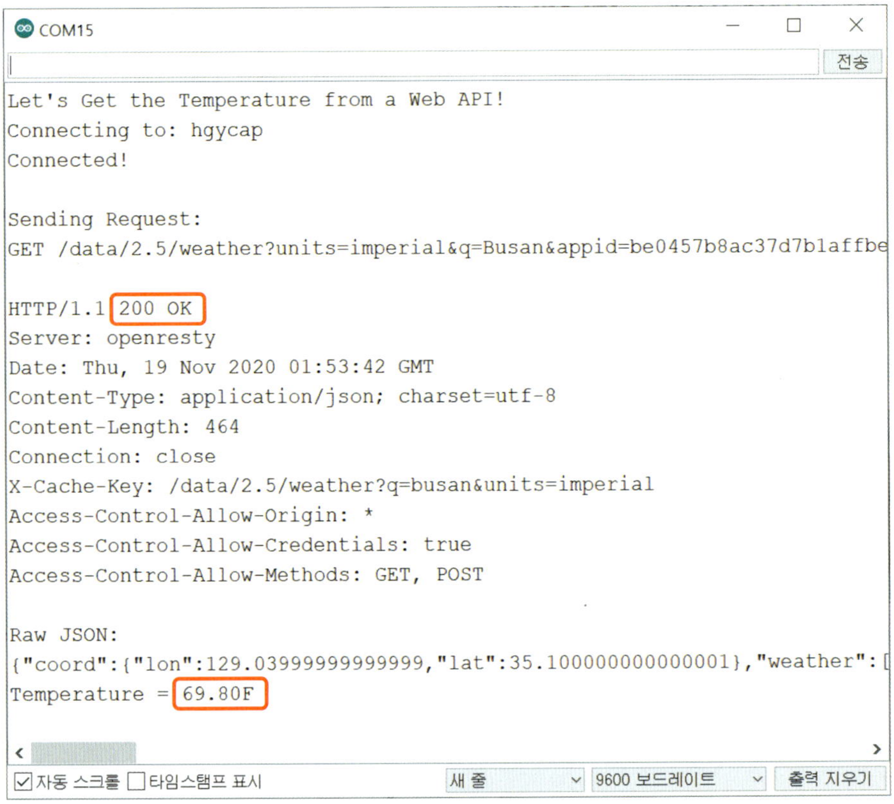

[그림 17-16] 아두이노에서 API 요청에 성공하여 온도가 출력된 결과

2. 실시간 온도 표시장치

아두이노가 웹 API를 통해 통신하고 데이터를 받아 와 JSON 형식 데이터에서 필요한 정보를 찾아내는 데 성공하였으니 여기에 온도를 표시할 수 있는 하드웨어를 추가해 보자. 컴퓨터가 이미 인터넷에 연결되어 있으므로 시리얼 모니터로 온도를 출력하는 것은 그다지 쓸모가 없다. 7세그먼트 표시장치를 아두이노 Feather 보드에 연결하여 지역의 현재 온도를 컴퓨터의 도움 없이 표시하도록 해 보자. Adafruit에서는 I^2C 통신을 사용하는 1.2인치 4자리 7세그먼트 표시장치를 판매하고 있다. I^2C 통신은 2개의 연결선만 사용하면 되므로 연결이 간단하다.

빛의 확산을 조절하기 위해 플라스틱판이나 종이를 7세그먼트 표시장치 위에 덧씌우면 와이파이로 연결된 그럴듯한 온도 표시장치를 만들 수 있다. 실시간으로 온도를 확인할 수 있으면 외출할 때 외투를 챙겨 나가야 할지 결정할 수 있을 것이다. [그림 17-17]은 실시간 온도 표시장치의 예다.

[그림 17-17] 실시간 온도 표시장치

7세그먼트 표시장치 연결

7세그먼트 표시장치를 제어하는 코드를 추가하기 전에 먼저 아두이노 Feather 보드에 7세그먼트 표시장치를 연결해 보자. 이 책에서 추천하는 Adafruit의 대형 4자리 7세그먼트 표시장치에는 I^2C 통신을 위한 드라이버 칩이 포함되어 있다. 7세그먼트 표시장치는 다음과 같이 Feather 보드에 연결하면 된다.

- 'IO'로 표시된 핀은 3.3V에 연결하며 I^2C 통신에서 사용할 논리 레벨을 결정하기 위해 사용한다. 이 핀에 가해지는 전압은 I^2C 통신에서 풀업 저항에 가해지는 전압으로 논리 HIGH 전압을 나타낸다. Feather 보드는 3.3V를 사용하고 안정적인 동작을 위해서는 풀업 저항을 추가로 연결하는 것이 좋으므로('I^2C 통신 연결선 튜닝' 설명 참조) 이 핀은 반드시 Feather 보드의 3.3V에 연결해야 한다.
- '+' 핀은 USB로 표시되어 있는 5V에 연결한다. 이 전압은 7세그먼트 표시장치의 LED에 공급되는 양의 전압을 나타낸다. 7세그먼트 표시장치의 각 세그먼트는 2개의 LED가 직렬로 연결되어 있으므로 3.3V가 아니라 5V를 사용한다. 직렬로 연결된 2개 LED 구동에는 높은 전압이 필요하기 때문이다.
- '–' 핀은 그라운드에 연결한다.
- 'D' 핀은 Feather 보드의 I^2C 데이터 핀(SDA)에 연결한다.
- 'C' 핀은 Feather 보드의 I^2C 클록 핀(SCL)에 연결한다.

여기서 잠깐! I²C 통신 연결선 튜닝

이 장에서 사용하는 7세그먼트 표시장치의 I²C 연결선에는 이미 10kΩ의 풀업 저항이 포함되어 있다. 10장에서 I²C 통신이 오픈 드레인 구조를 사용하므로 데이터와 클록 연결선에 풀업 저항을 연결해야 한다는 것을 설명하였다. I²C 통신은 짧은 거리에서의 통신을 목적으로 한다. 따라서 먼 거리에서의 사용을 위해서는 입출력 핀의 구동 능력, 풀업 저항의 크기, 버스의 커패시턴스 등도 고려해야 한다. 게다가 Feather 보드의 M0+ 마이크로컨트롤러에서 사용하는 Cortex 구조의 경우 이전 장에서 사용한 AVR 구조보다 I²C 통신에서 발생할 수 있는 데이터 결함이나 타이밍 문제에 더 신경을 써야 한다.

[그림 17-18]은 앞에서 설명한 방법으로 Feather 보드에 7세그먼트 표시장치를 연결한 후 데이터와 클록 신호를 관찰한 것으로, 파란색으로 표시되어 있다. 주황색으로 표시된 것은 4.7kΩ의 풀업 저항을 추가로 연결한 후 데이터와 클록 신호를 관찰한 것이다.

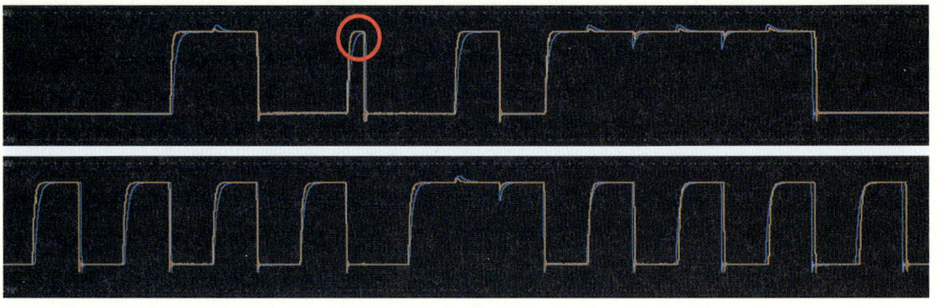

[그림 17-18] 강한 풀업 저항을 사용한 경우와 사용하지 않은 경우의 I²C 신호

빨간색 원으로 표시된 곳을 자세히 살펴보자. 풀업 저항이 추가되지 않은 파란색 신호의 경우 상승 시간이 길다. 펄스의 폭이 좁다면 펄스가 LOW로 다시 떨어지기 전에 충분히 빨리 전압이 상승하지 못해 HIGH로 인식되지 못할 수 있다. 주황색 신호는 강한 풀업 저항이 사용되어 상승 시간이 줄어들고 따라서 펄스 폭이 좁은 경우에도 HIGH로 인식되기에 충분히 긴 시간을 얻을 수 있다.

정확한 동작은 보드에 따라 달라질 수 있고 연결선의 길이, 브레드보드와 연결선의 커패시턴스 등에 따라서도 달라질 수 있다. 하지만 내장된 10kΩ 저항은 Feather 보드로 7세그먼트 표시장치를 구동하기에 약한 풀업 저항인 것은 확실하다. [그림 17-19]의 회로에서 볼 수 있는 것처럼 강한 풀업 저항을 추가하여 연결선의 커패시턴스에 의해 발생하는 커패시턴스를 상쇄시키고 신호의 상승 시간이 충분히 빨라지도록 해야 7세그먼트 표시장치가 정상적으로 동작할 수 있다. 이 예제에서는 4.7kΩ의 추가 풀업 저항으로 안정적인 동작을 확인할 수 있었다. 안심할 수 없다면 I²C 연결선을 가능한 한 짧게 하는 것을 추천한다.

Feather 보드에 7세그먼트 표시장치를 연결하고 앞에서 설명한 것처럼 강한 풀업 저항을 추가하면 [그림 17-19]와 같은 회로가 된다.

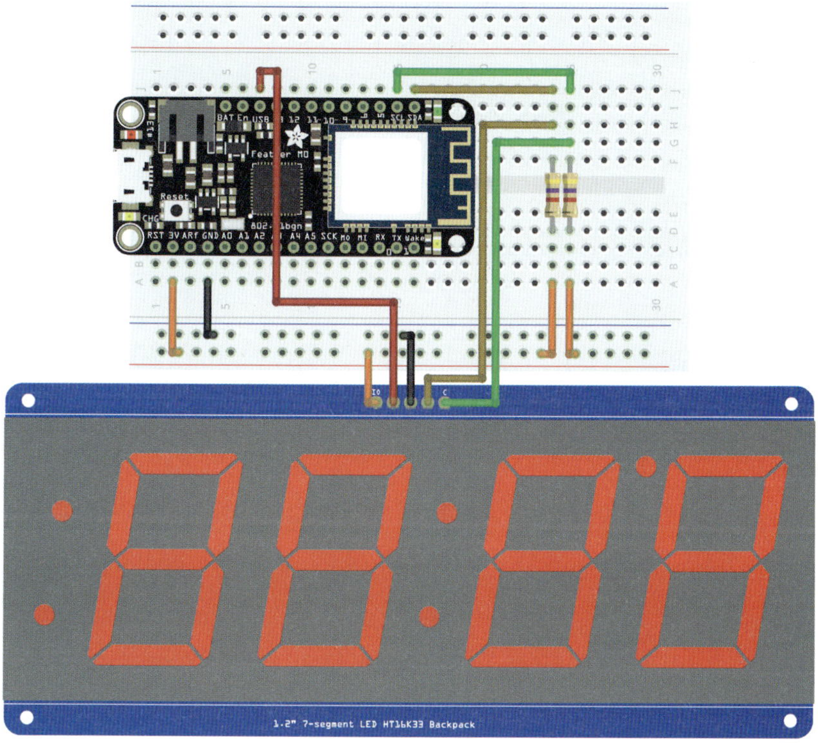

[그림 17-19] Feather 보드와 7세그먼트 표시장치 연결 회로 (Fritzing으로 작성)

▪ 7세그먼트 표시장치에 온도 데이터 표시

웹에서 온도 데이터를 얻어오는 스케치에 7세그먼트 표시장치를 제어하여 온도를 나타내는 숫자를 7세그먼트 표시장치에 나타낼 수 있도록 해 주는 라이브러리를 추가하자.

아두이노 IDE의 라이브러리 매니저에서 `Adafruit GFX`와 `Adafruit LED Backpack`을 검색하여 2개의 라이브러리를 설치하자. 설치할 라이브러리는 [그림 17-20]과 [그림 17-21]에서 확인할 수 있다.

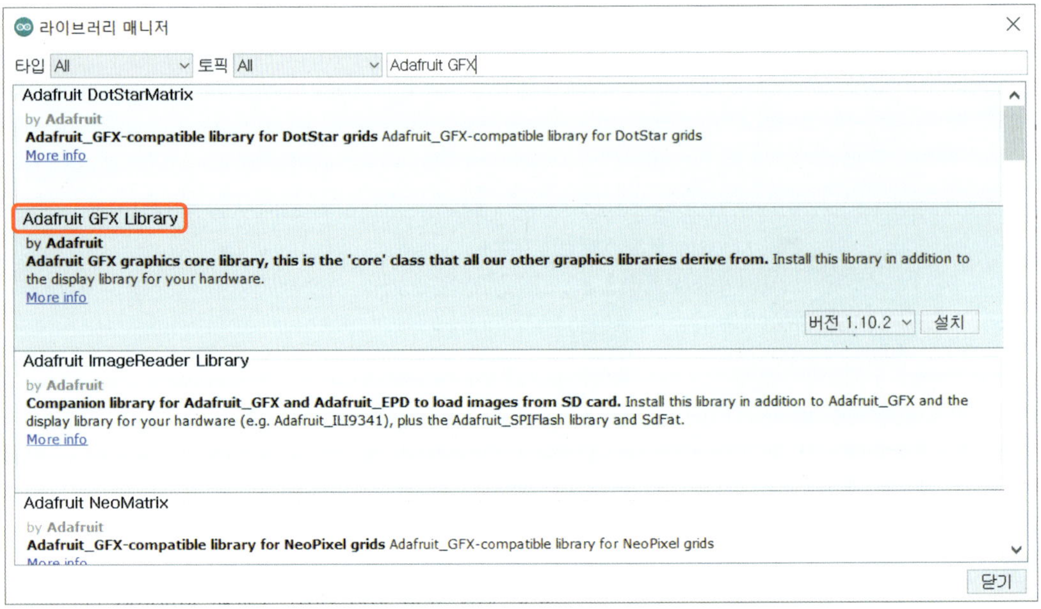

[그림 17-20] Adafruit GFX 라이브러리 설치

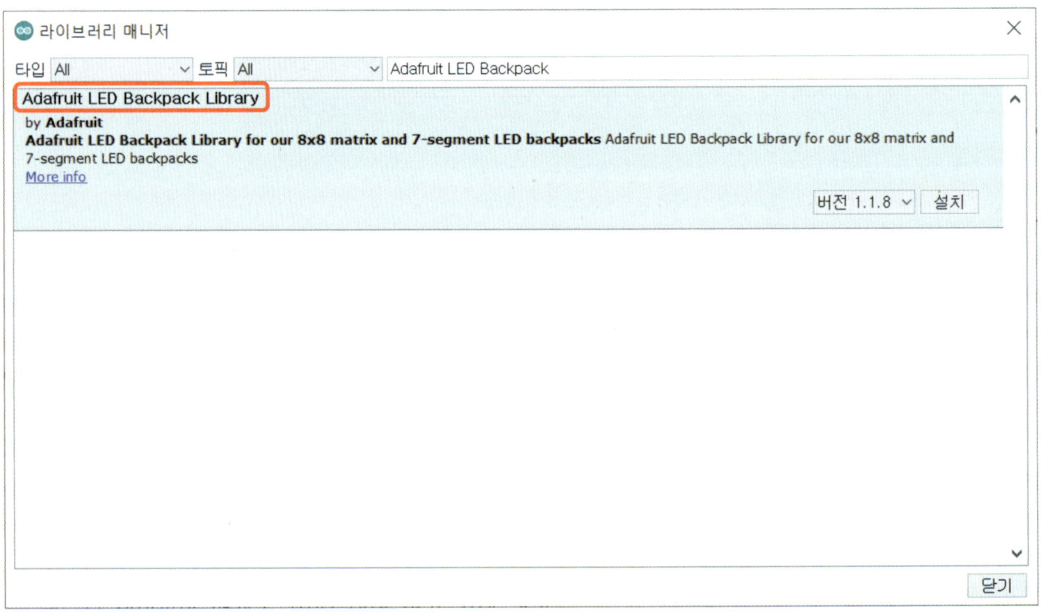

[그림 17-21] Adafruit LED Backpack 라이브러리 설치[6]

스케치의 첫머리에 다음과 같이 사용할 라이브러리를 포함하는 코드를 추가한다.

6 옮긴이_ Adafruit LED Backpack 라이브러리를 설치할 때 관련된 여러 개의 라이브러리를 설치하라는 대화상자가 나타날 수 있다. 대화상자가 나타나면 관련된 라이브러리를 모두 설치하도록 'Install all'을 선택하면 된다.

```
#include <Adafruit_GFX.h>
#include <Adafruit_LEDBackpack.h>
```

7세그먼트 표시장치로 데이터를 출력하기 위해 7세그먼트 표시장치 객체 역시 생성해야 한다.

```
Adafruit_7segment seven_seg_display = Adafruit_7segment();
```

웹에서 받은 온도 데이터는 7세그먼트 표시장치에 나타내기 전에 나타낼 값으로 변환해야 한다. 7세그먼트 4자리 중 처음 세 자리는 정수로 반올림한 온도를 나타내기 위해 사용하고 마지막 자리는 'F'나 'C'의 온도 단위 기호를 표시하기 위해 사용한다. 음수를 나타내기 위한 마이너스 기호 역시 한 자리가 필요하므로 이 예제에서는 −99에서 999 까지의 온도를 표시할 수 있다. 따라서 제일 먼저 온도를 정수로 반올림하고 범위를 제한해야 한다.

```
int temp_round = constrain(round(temp), -99, 999);
```

7세그먼트 표시장치에 숫자를 표시하는 함수는 숫자를 오른쪽에 정렬한다. 하지만 이 예제에서는 가장 오른쪽 자리에 온도 단위 기호를 표시해야 한다. 가장 간단한 해결 방법은 정수로 반올림한 온도에 10을 곱하는 것이다. 10을 곱하면 가장 오른쪽 자리에 0이 표시되지만, 7세그먼트 표시장치의 드라이버 칩으로 표시할 데이터를 전송하기 전에 온도 단위 기호를 덮어쓰면 해결할 수 있다.

```
seven_seg_display.print(temp_round * 10);
```

다음은 도 기호(°)를 표시해 보자. 이 장에서 사용하는 7세그먼트 표시장치에는 온도 기호를 나타내기에 적당한 위치에 작은 동그라미로 나타나는 LED가 포함되어 있다.

```
seven_seg_display.writeDigitRaw(2, 0x10);
```

이 코드에서는 십육진수 값을 Digit 2에 출력한다. Digit 0은 첫 번째 숫자를, Digit 1은 두 번째 숫자를, Digit 2는 7세그먼트 표시장치에서 부가 정보를 표시하기 위한 5개 LED를, Digit 3은 세 번째 숫자를, Digit 4는 네 번째 숫자를 나타낸다. Digit 2에 0x10을 출력하면 온도 기호에 해당하는 LED가 켜진다.

마지막으로 "F"나 "C"를 마지막 자리에 표시해 보자. 원한다면 온도를 갱신할 때마다 온도가 다른 단위를 사용하여 번갈아 표시되도록 할 수도 있다.

```
if (UNITS == "F")
{
  seven_seg_display.writeDigitRaw(4, 0x71);  // "F" 출력
  UNITS = "C";                               // 다음 출력은 섭씨로 출력
}
else
{
  seven_seg_display.writeDigitRaw(4, 0x39);  // "C" 출력
  UNITS = "F";                               // 다음 출력은 화씨로 출력
}
```

"F"와 "C"를 나타내기 위해 필요한 십육진수 값은 라이브러리의 소스 코드에서 찾을 수 있다. 7세그먼트 표시장치에 숫자 이외의 문자와 기호를 나타내기 위해 필요한 데이터는 blum.fyi/led-backpack-number-codes를 참고하면 된다.

loop() 함수의 마지막 부분에 1분 지연 시간을 두어 API 서버에 계속해서 정보를 요청하지 않도록 한다. 지연 시간을 두지 않으면 잦은 API 요청으로 무료 사용량을 초과하게 되고, 서버에서 요청이 계속되는 IP 주소를 차단할 수도 있다. 마지막 예제의 코드는 [코드 17-6]과 같다.

코드 17-6 웹에서 실시간 날씨 정보를 얻어 디스플레이에 표시 17-6_web_weather_display.ino

```
// 웹에서 실시간 날씨 데이터를 얻어 7세그먼트 표시장치에 온도 표시하기

#include <SPI.h>
#include <WiFi101.h>
#include <Arduino_JSON.h>
#include <Adafruit_GFX.h>
#include <Adafruit_LEDBackpack.h>

// 와이파이 네트워크 정보 : 네트워크 이름(SSID)과 비밀번호
const char WIFI_SSID[] = "네트워크 이름";
const char WIFI_PASSWORD[] = "네트워크 비밀번호";

// API 요청을 위한 상수
const char SERVER[] = "api.openweathermap.org";
const char HOST_STRING[] = "HOST: api.openweathermap.org";
const String API_KEY = "사용자의 API 키";
const String CITY = "Busan";      // 원하는 도시 이름 지정
String UNITS = "F";               // F(화씨) 또는 C(섭씨)

// 연결 상태를 나타내기 위해 내장 LED 사용
```

```
const int ONBOARD_LED = 13;

// 7세그먼트 표시장치 객체 생성
Adafruit_7segment seven_seg_display = Adafruit_7segment();

// 아두이노는 클라이언트로 동작
WiFiClient client;

// 와이파이 액세스 포인트와의 연결 상태 관리
int wifi_status = WL_IDLE_STATUS;

void setup()
{
  // 와이파이 칩을 위한 연결 핀 설정
  WiFi.setPins(8, 7, 4, 2);

  // LED 연결 핀 설정
  pinMode(ONBOARD_LED, OUTPUT);
  digitalWrite(ONBOARD_LED, LOW);

  // 7세그먼트 표시장치의 I2C 주소 설정
  seven_seg_display.begin(0x70);

  // 시리얼 인터페이스 시작
  Serial.begin(9600);

  // M0는 하드웨어로 지원되는 USB 인터페이스를 가지고 있으므로
  // 와이파이 모듈을 초기화하기 전에 시리얼 모니터와 연결되어야 한다면
  // 아래 문장을 주석으로 처리하지 않고 그대로 두어야 한다.
  // 시리얼 모니터를 사용하지 않거나 배터리로 동작하는 경우라면
  // 아래 문장은 주석으로 처리하는 것이 좋다.
  // while(!Serial);

  Serial.println("Web-Connected Temperature Display");

  Serial.print("Connecting to: ");
  Serial.println(WIFI_SSID);
  WiFi.setTimeout(5000);      // 와이파이 연결을 위해 최대 5초 대기
  while (wifi_status != WL_CONNECTED)
  {
    wifi_status = WiFi.begin(WIFI_SSID, WIFI_PASSWORD);
  }
  Serial.println("Connected!\n");
  // 와이파이 네트워크에 연결되었으면 내장 LED를 켬
```

```
  digitalWrite(ONBOARD_LED, HIGH);
}

void loop()
{
  // API 요청 준비
  String api_units = "metric";
  if (UNITS == "F")
  {
    api_units = "imperial";
  }
  String request =  "GET /data/2.5/weather?units=" +
                    api_units +
                    "&q=" +
                    CITY +
                    "&appid=" +
                    API_KEY +
                    " HTTP/1.1";

  // 서버에 연결하고 API 요청 전송
  if (client.connect(SERVER, 80))
  {
    Serial.println("Sending Request: ");
    Serial.println(request);
    Serial.println("");
    client.println(request);
    client.println(HOST_STRING);
    client.println("Connection: close");
    client.println();
  }

  // 서버 응답 대기
  while (!client.available());

  // '{'로 시작되는 JSON 객체를 수신하기 전에 서버에서 수신한 헤더 데이터는
  // 사용하지는 않지만, 디버깅을 위해 헤더 데이터를 시리얼 모니터로 출력한다.
  while (true)
  {
    char h = client.read();
    if (h == '{') break;
    Serial.print(h);
  }
```

```
// JSON 형식 데이터 수신이 시작되면 문자열로 저장
String json = "{";
do
{
  char c = client.read();
  json += c;
} while (client.connected());
client.stop();
JSONVar api_object = JSON.parse(json);
Serial.println("Raw JSON:");
Serial.println(api_object);
double temp = (double) api_object["main"]["temp"];
Serial.print("Temperature = ");
Serial.print(temp);
Serial.println(UNITS);

// 온도 정보를 시리얼 모니터에 표시
int temp_round = constrain(round(temp), -99, 999);
Serial.print("Displaying: ");
Serial.print(temp_round);
Serial.println(UNITS);

// 오른쪽 정렬로 표시되므로 10을 곱해 왼쪽으로 한 자리 이동
// 오른쪽 끝에는 "C"나 "F"의 온도 단위 기호 표시
seven_seg_display.print(temp_round * 10);

// 온도 기호 표시
seven_seg_display.writeDigitRaw(2, 0x10);

// 온도 단위 기호 표시
if (UNITS == "F")
{
  seven_seg_display.writeDigitRaw(4, 0x71);     // "F" 출력
  UNITS = "C";                                  // 다음 출력은 섭씨로 출력
}
else
{
  seven_seg_display.writeDigitRaw(4, 0x39);     // "C" 출력
  UNITS = "F";                                  // 다음 출력은 화씨로 출력
}

// 7세그먼트 표시장치로 출력
seven_seg_display.writeDisplay();
```

```
    // 온도 정보를 다시 얻어오기 전에 1분 대기
    Serial.print("Waiting one minute before next check.");
    for (int i = 0; i < 60; i++)
    {
      Serial.print(".");
      delay(1000);            // 1초 대기
    }
    Serial.println("");
    Serial.println("");
}
```

와이파이 연결 정보와 API 키 값은 이전 예제와 마찬가지로 수정해야 한다. 또한 온도를 확인하고자 하는 도시 이름도 수정해야 한다. 코드에서는 시리얼 모니터가 연결되기를 기다리는 문장은 주석으로 처리했다. 따라서 완성한 온도 표시장치에 전원을 연결하고 와이파이에 연결이 가능한 위치라면 어디에나 두고 실시간으로 온도를 확인할 수 있다.

Note 웹에서 실시간으로 온도 데이터를 받아 이를 7세그먼트 표시장치에 나타내는 데모 동영상은 exploringarduino.com/content2/ch17에서 확인할 수 있다.

완성한 온도 표시장치가 동작하는 것을 확인했다면 이제 웹 API를 통해 얻을 수 있는 다른 데이터를 활용하는 방법을 생각해 보자. 스피커를 연결하여 태풍이 다가올 때 경고 방송을 하거나, 전등을 연결하여 일몰 시간에 맞춰 켜고 일출 시간에 맞춰 끄는 것은 어떤가? 이외에도 날씨 정보는 다양한 프로젝트에서 활용할 수 있을 것이다.

요약

- 인터넷에서는 IP, DHCP, DNS, MAC 등 많은 약어가 사용되고 있다.
- 인터넷에 연결된 장치는 클라이언트 또는 서버로 동작할 수 있다.
- HTML을 사용하여 폼을 나타낼 수 있고, 폼을 사용하면 웹을 통해 아두이노를 제어할 수 있다.
- 아두이노를 간단한 웹 서버로 동작시킬 수 있다.
- 서드파티 데이터 서비스를 이용하기 위해 API를 사용할 수 있다.
- 아두이노에서 API를 사용하여 정보를 요청하고 JSON 형식의 응답을 받을 수 있다.
- 아두이노에서 직렬화된 JSON 문자열을 구조적인 형태로 변환하고 필요한 정보를 추출할 수 있다.
- I^2C 통신을 안정적으로 수행하기 위해서는 풀업 저항의 크기를 조정해야 할 수 있다.
- 서드파티 라이브러리를 통해 I^2C 통신을 사용하는 4자리 7세그먼트 표시장치를 제어할 수 있다.

부록 데이터시트와 회로도 이해하기

아두이노 보드의 핵심은 흔히 MCU라고 이야기하는 마이크로컨트롤러에 있다. 여기서는 데이터시트를 읽고 이해함으로써 마이크로컨트롤러를 이해하는 방법을 다룬다. 아두이노 보드에 사용되는 모든 마이크로컨트롤러의 특징을 설명하지는 않고, 마이크로칩에서 제작하고 아두이노 우노에 사용되는 ATmega328P 마이크로컨트롤러를 중심으로 설명한다. 데이터시트를 읽고 이해하는 것 외에도 회로도를 이해하는 방법을 배우는 것 역시 중요하다. 부록에서는 아두이노가 실제로 동작하는 방법을 보다 잘 이해할 수 있도록 아두이노 우노의 회로도를 자세히 살펴볼 것이다.

1. 데이터시트 읽기

데이터시트를 읽는 능력은 엔지니어가 갖추어야 할 중요한 소양 중 하나다. 구입할 수 있는 대부분의 전자부품은 기술 사양과 사용 방법 등에 관한 정보를 포함하고 있는 데이터시트를 제공하고 있다.

▪ 데이터시트 살펴보기

마이크로칩/아트멜의 ATmega328P 마이크로컨트롤러의 데이터시트를 예를 들어보자. ATmega328P는 아두이노 우노와 그 호환 보드에서 사용되는 마이크로컨트롤러다. 대부분의 데이터시트는 검색을 통해 쉽게 찾을 수 있다. ATmega328P의 데이터시트를 보고 싶다면 인터넷에서 `ATmega328P datasheet`를 검색해 보자. 검색 결과 상단에 제조사(microchip.com) 홈페이지에서 제공하는 PDF 파일 링크가 나타날 것이다. 공식 아두이노 보드에 사용되는 ATmega328P의 데이터시트는 아두이노 홈페이지(arduino.cc)의 하드웨어 페이지에서도 찾아볼 수 있다. 데이터시트를 내려받았으면 처음 몇 페이지를 자세히 살펴보자.([그림 A-1] 참고.) 대부분의 데이터시트는 처음 몇 페이지에 마이크로컨트롤러의 특징을 요약하여 보여준다.

MICROCHIP

ATmega48A/PA/88A/PA/168A/PA/328/P

megaAVR® Data Sheet

Introduction

The ATmega48A/PA/88A/PA/168A/PA/328/P is a low power, CMOS 8-bit microcontrollers based on the AVR® enhanced RISC architecture. By executing instructions in a single clock cycle, the devices achieve CPU throughput approaching one million instructions per second (MIPS) per megahertz, allowing the system designer to optimize power consumption versus processing speed.

Features

- High Performance, Low Power AVR® 8-Bit Microcontroller Family
- Advanced RISC Architecture
  - 131 Powerful Instructions – Most Single Clock Cycle Execution
  - 32 x 8 General Purpose Working Registers
  - Fully Static Operation
  - Up to 20 MIPS Throughput at 20MHz
  - On-chip 2-cycle Multiplier
- High Endurance Non-volatile Memory Segments
  - 4/8/16/32KBytes of In-System Self-Programmable Flash program memory
  - 256/512/512/1KBytes EEPROM
  - 512/1K/1K/2KBytes Internal SRAM
  - Write/Erase Cycles: 10,000 Flash/100,000 EEPROM
  - Data retention: 20 years at 85°C/100 years at 25°C(1)
  - Optional Boot Code Section with Independent Lock Bits
    - In-System Programming by On-chip Boot Program
    - True Read-While-Write Operation
  - Programming Lock for Software Security
- QTouch® library support
  - Capacitive touch buttons, sliders and wheels
  - QTouch and QMatrix™ acquisition
  - Up to 64 sense channels
- Peripheral Features
  - Two 8-bit Timer/Counters with Separate Prescaler and Compare Mode
  - One 16 bit Timer/Counter with Separate Prescaler, Compare Mode, and Capture Mode

- Real Time Counter with Separate Oscillator
- Six PWM Channels
- 8-channel 10-bit ADC in TQFP and QFN/MLF package
  - Temperature Measurement
- 6-channel 10-bit ADC in PDIP Package
  - Temperature Measurement
- Programmable Serial USART
- Master/Slave SPI Serial Interface
- Byte-oriented 2-wire Serial Interface (Philips I^2C compatible)
- Programmable Watchdog Timer with Separate On-chip Oscillator
- On-chip Analog Comparator
- Interrupt and Wake-up on Pin Change

- Special Microcontroller Features
  - Power-on Reset and Programmable Brown-out Detection
  - Internal Calibrated Oscillator
  - External and Internal Interrupt Sources
  - Six Sleep Modes: Idle, ADC Noise Reduction, Power-save, Power-down, Standby, and Extended Standby
- I/O and Packages
  - 23 Programmable I/O Lines
  - 28-pin PDIP, 32-lead TQFP, 28-pad QFN/MLF and 32-pad QFN/MLF
- Operating Voltage:
  - 1.8 - 5.5V
- Temperature Range:
  - -40°C to 85°C
- Speed Grade:
  - 0 - 4MHz@1.8 - 5.5V, 0 - 10MHz@2.7 - 5.5.V, 0 - 20MHz @ 4.5 - 5.5V
- Power Consumption at 1MHz, 1.8V, 25°C
  - Active Mode: 0.2mA
  - Power-down Mode: 0.1μA
    - Power-save Mode: 0.75μA (Including 32kHz RTC)

[그림 A-1] ATmega328P 데이터시트의 처음 두 페이지(출처: Microchip Technology Incorporated)

데이터시트의 처음 몇 페이지를 훑어보는 것만으로도 마이크로컨트롤러에 대해 많은 정보를 얻을 수 있다. ATmega328P 마이크로컨트롤러에는 10,000번 정도 프로그램을 업로드할 수 있고 (아두이노의 경우에는 5V에서 동작하지만) 1.8V에서 5.5V 사이의 전압에서 동작할 수 있다는 것을 확인할 수 있다. 이외에도 입출력 핀의 수, 제공되는 특별한 기능(하드웨어로 제공되는 SPI, I^2C 인터페이스 등), 아날로그 디지털 변환기(ADC)의 해상도 등에 관한 정보를 얻을 수 있다.

하나의 데이터시트에서 같은 클래스에 속하는 여러 개의 제품을 설명하는 것이 일반적이다. ATmega328P의 데이터시트에서도 ATmega48, 88, 168 마이크로컨트롤러에 대한 설명이 포함되어 있다. 이들 마이크로컨트롤러는 데이터시트의 [Table 2-1]([그림 A-2])에 설명된 내용을 제외하면 대부분 기능이 같다.

Device	Flash	EEPROM	RAM	Interrupt Vector Size
ATmega48A	4KBytes	256Bytes	512Bytes	1 instruction word/vector
ATmega48PA	4KBytes	256Bytes	512Bytes	1 instruction word/vector
ATmega88A	8KBytes	512Bytes	1KBytes	1 instruction word/vector
ATmega88PA	8KBytes	512Bytes	1KBytes	1 instruction word/vector
ATmega168A	16KBytes	512Bytes	1KBytes	2 instruction words/vector
ATmega168PA	16KBytes	512Bytes	1KBytes	2 instruction words/vector
ATmega328	32KBytes	1KBytes	2KBytes	2 instruction words/vector
ATmega328P	32KBytes	1KBytes	2KBytes	2 instruction words/vector

[그림 A-2] 데이터시트에서 설명하고 있는 마이크로컨트롤러 사이의 차이점(출처: Microchip Technology Incorporated)

Note 실제로 ATmega328P 데이터시트는 수백 페이지 분량으로, 그 내용을 전부 설명하려면 별도로 한 권의 책이 필요할 수 있다. 여기에 많은 부분을 다룰 수 없으므로 나머지 부분에서는 참고해야 할 중요한 몇 가지 부분만을 이야기한다.

데이터시트는 일반적으로 PDF 형태로 제공되며 북마크 기능을 제공하므로 원하는 내용을 쉽게 찾을 수 있다. 아두이노에 관심이 있다면 입출력 포트, 타이머, 시리얼 통신 인터페이스 등의 정보에 관심이 있을 것이다. 그중 하나로 데이터시트의 입출력 부분에 있는 [Figure 14-1]([그림 A-3])을 살펴보자.

[그림 A-3]과 같은 회로도는 데이터시트 전반에 등장하며 아두이노가 실제로 동작하는 방법에 대한 정보를 제공해 준다. [그림 A-3]을 보면 모든 입출력 핀에는 과전압으로부터 입출력 핀을 보호하기 위해 보호 다이오드가 연결되어 있다는 것을 알 수 있다. 또한 입출력 핀에 연결된 커패시터(C_{pin})가 핀에 가해지는 값이 변할 때 상승 또는 하강 시간을 결정하는 데 영향을 미친다는 것도 알 수 있다.

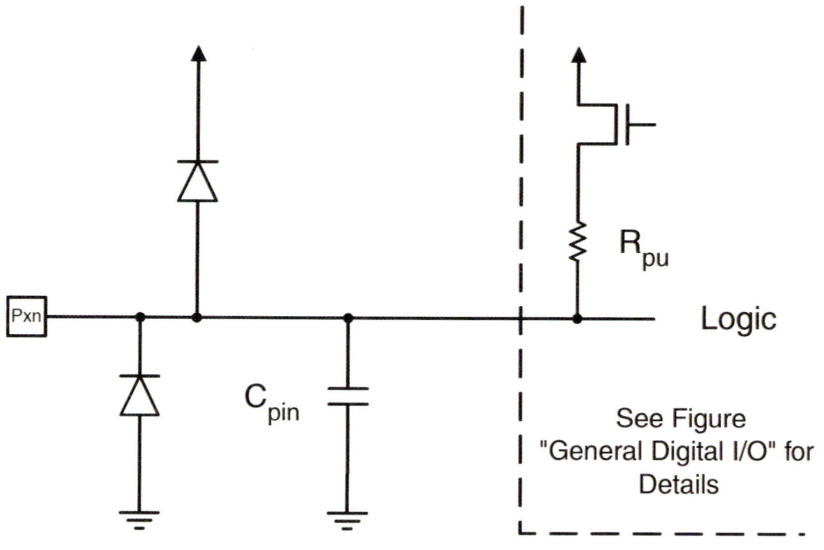

[그림 A-3] 입출력 핀 회로도(출처: Microchip Technology Incorporated)

▪ 부품의 핀 배치 이해하기

데이터시트에는 장치의 핀 배치도가 포함되어 있으며 이를 통해 각 핀의 기능을 설명한다. 마이크로컨트롤러의 경우 하나의 핀이 여러 기능을 수행할 수 있으므로 핀 배치도를 이해해야 각 핀을 통해 수행할 수 있는 작업을 정확히 알 수 있다. ATmega328P의 핀 배치도([그림 A-4])를 살펴보자. 아두이노 우노의 핵심이라 할 수 있는 ATmega328P 마이크로컨트롤러의 핀 배치도를 이해하면 다음 절에서 살펴볼 아두이노 우노의 회로도를 쉽게 이해할 수 있다.

[그림 A-4]에서 볼 수 있는 것처럼 하나의 마이크로컨트롤러를 다양한 형태의 패키지로 만들어 판매하는 것은 흔한 일이다. 전통적으로 전자부품은 PCB(Printed Circuit Board)의 홀에 납땜하는 이중 직렬 패키지(DIP, Dual Inline Package) 형태로 만들어졌다. 하지만 최근에는 PCB에 홀이 필요하지 않은 표면 실장 장치(SMD, Surface Mount Device) 패키지 형태로 바뀌고 있다. SMD 패키지는 자동화 장치를 사용하여 부품을 원하는 위치에 배치할 수 있고 오븐을 사용하여 납땜할 수 있다는 장점이 있다. 따라서 SMD 패키지를 사용하면 빠르고 저렴하게 전자제품을 생산할 수 있다. SMD 패키지의 장점에 대해서는 242페이지의 '장치 소형화와 SMT' 설명을 참고하면 된다.

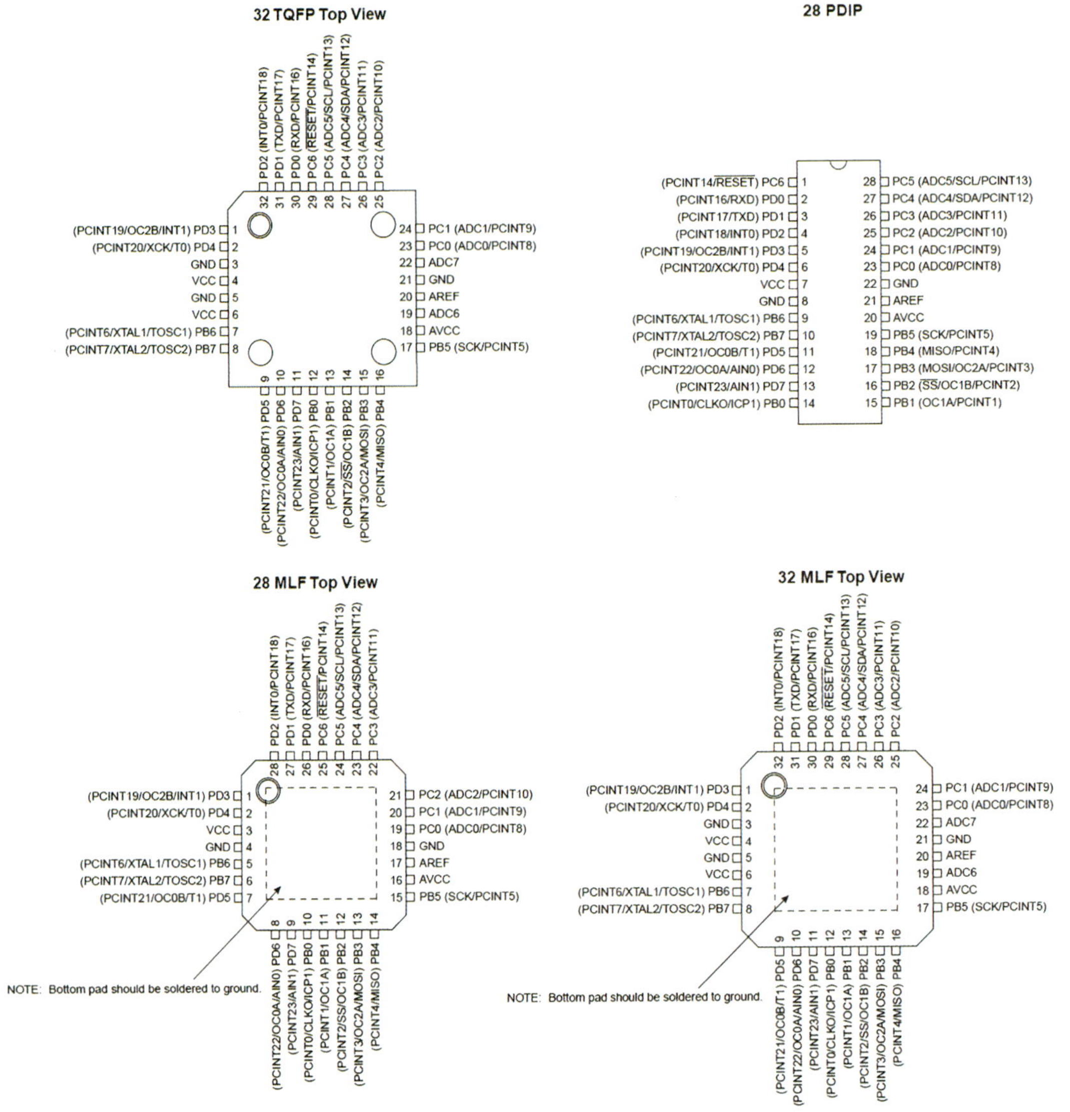

[그림 A-4] ATmega328P 핀 배치도(출처: Microchip Technology Incorporated)

사용하고 있는 아두이노 우노에는 대부분 DIP 형태의 ATmega328P 칩이 사용되고 있을 것이고 SMD 형태의 칩을 사용한 예도 있을 것이다. 어떤 패키지를 사용하든 패키지 내부에는 같은 실리콘이 포함되어 있으며 형태만 다를 뿐이다. DIP 패키지의 경우 배치도에서 윗부분에 있는 반원은 실제 칩에서도 같은 위치에서 반원을 확인할 수 있다. 아두이노 우노를 살펴보면 ATmega328P 칩에서 확인할 수 있는 반원 왼쪽 첫 번째 핀이 1번 핀인 것을 알 수 있다. DIP 형태가 아닌 SMD 형태의 칩에서는 패키지의 귀퉁이에 점으로 1번 핀의 위치를 표시한다.

핀 배치도에서는 약어로 핀 이름을 나타내고 있는 경우를 볼 수 있다. 그 의미는 다음과 같다.

- VCC는 칩에 공급되는 전압을 나타낸다. 아두이노 우노에서 VCC는 5V다.
- AVCC는 ADC에 공급되는 전압으로 VCC와는 별개다. 다만 아두이노 우노에서는 VCC와 마찬가지로 5V가 주어진다.
- AREF는 ADC에서 사용하는 기준 전압을 나타낸다. AREF가 별도의 핀으로 제공되므로 5V 미만의 원하는 전압을 ADC를 위한 기준 전압으로 사용할 수 있다.
- GND는 그라운드 연결을 나타낸다.

나머지 핀은 범용 입출력 핀이다. 아두이노에서는 각 핀에 고유 번호를 부여하고 있으므로 포트를 나타내는 알파벳이나 포트 내 비트 번호를 나타내는 숫자는 신경 쓰지 않아도 된다.

괄호 내의 이름은 핀의 다른 기능을 나타낸다. 예를 들어 PD0와 PD1 핀은 시리얼 통신(USART)에서 수신(RX)과 송신(TX) 핀으로 사용될 수 있으며, PB6와 PB7 핀은 크리스탈 연결(XTAL)을 위해 사용할 수 있다. 아두이노 우노에서는 외부 16MHz 세라믹 레조네이터가 XTAL 핀에 연결되어 있으므로 PB6와 PB7 핀을 범용 입출력 핀으로 사용할 수 없다.

핀의 이름을 이해하기가 어렵다면 핀 이름을 데이터시트에서 검색해 보자. 관련 내용을 쉽게 찾아볼 수 있다. ATmega328P 마이크로컨트롤러의 핀과 아두이노 우노의 핀 헤더 사이의 연결은 아두이노 홈페이지에서 확인할 수 있다. 아두이노 홈페이지의 blum.fyi/arduino-uno-pin-map 페이지를 방문하거나 [그림 A-5]를 확인해 보자.

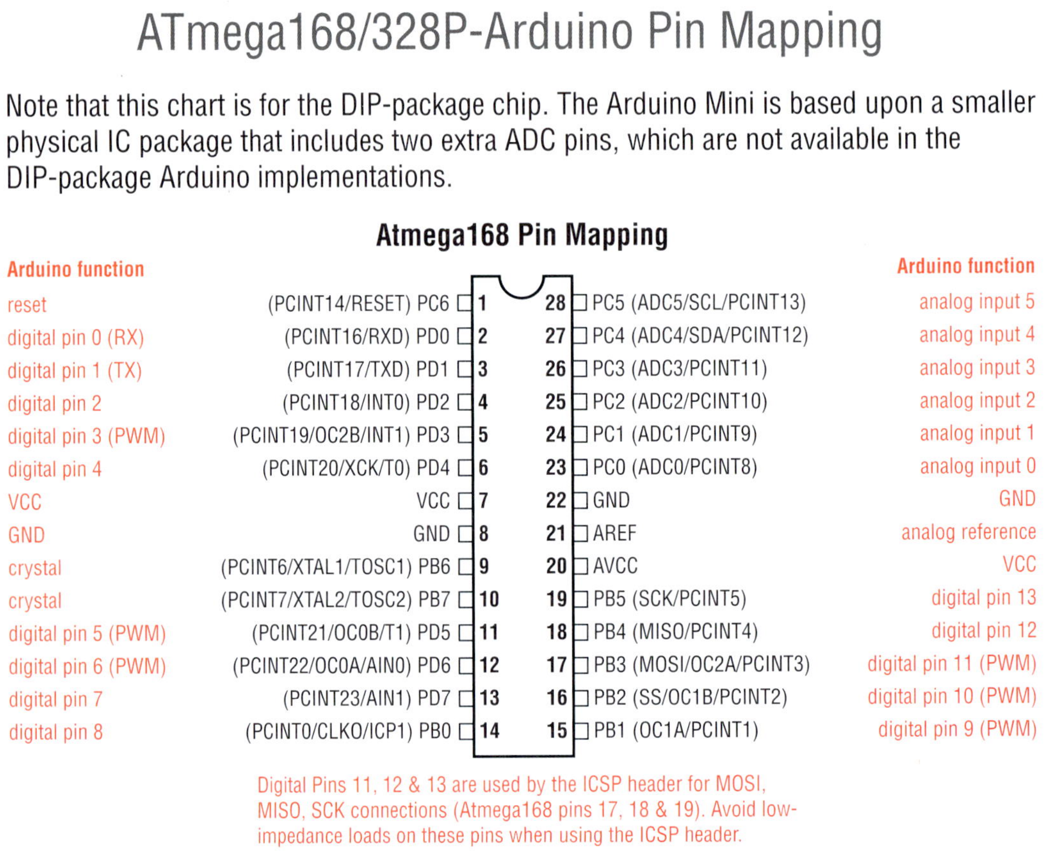

[그림 A-5] 아두이노 우노와 ATmega328P 칩의 핀 연결[1](출처: Arduino, arduino.cc)

2. 아두이노 회로도 이해

전자장치의 설계 방법을 배우는 좋은 방법의 하나는 아두이노와 같은 기존 제품의 회로도를 분석하는 것이다. [그림 A-6]은 아두이노 우노의 회로도를 나타낸다.

[그림 A-6]에 보이는 모든 부품을 실제 아두이노 우노에 있는 부품과 대응시킬 수 있는가? 회로도에서 ZU4로 표시된 ATmega328P 마이크로컨트롤러와 그 핀부터 살펴보자. 오른쪽의 큰 칩이 ATmega328P로, [그림 A-5]를 참고하면 ATmega328P의 포트 또는 핀이 아두이노에서 사용하는 핀 번호로 어떻게 대응되는지 쉽게 확인할 수 있다.

1 옮긴이_ 최신 아두이노 우노는 ATmega328 마이크로컨트롤러를 사용하고 있다. 하지만 이전 버전에서는 ATmega168을 사용한 예도 있고 ATmega328과 ATmega168의 핀 배치는 같으므로 아두이노 홈페이지의 그림에서도 ATmega168을 기준으로 표시하고 있다.

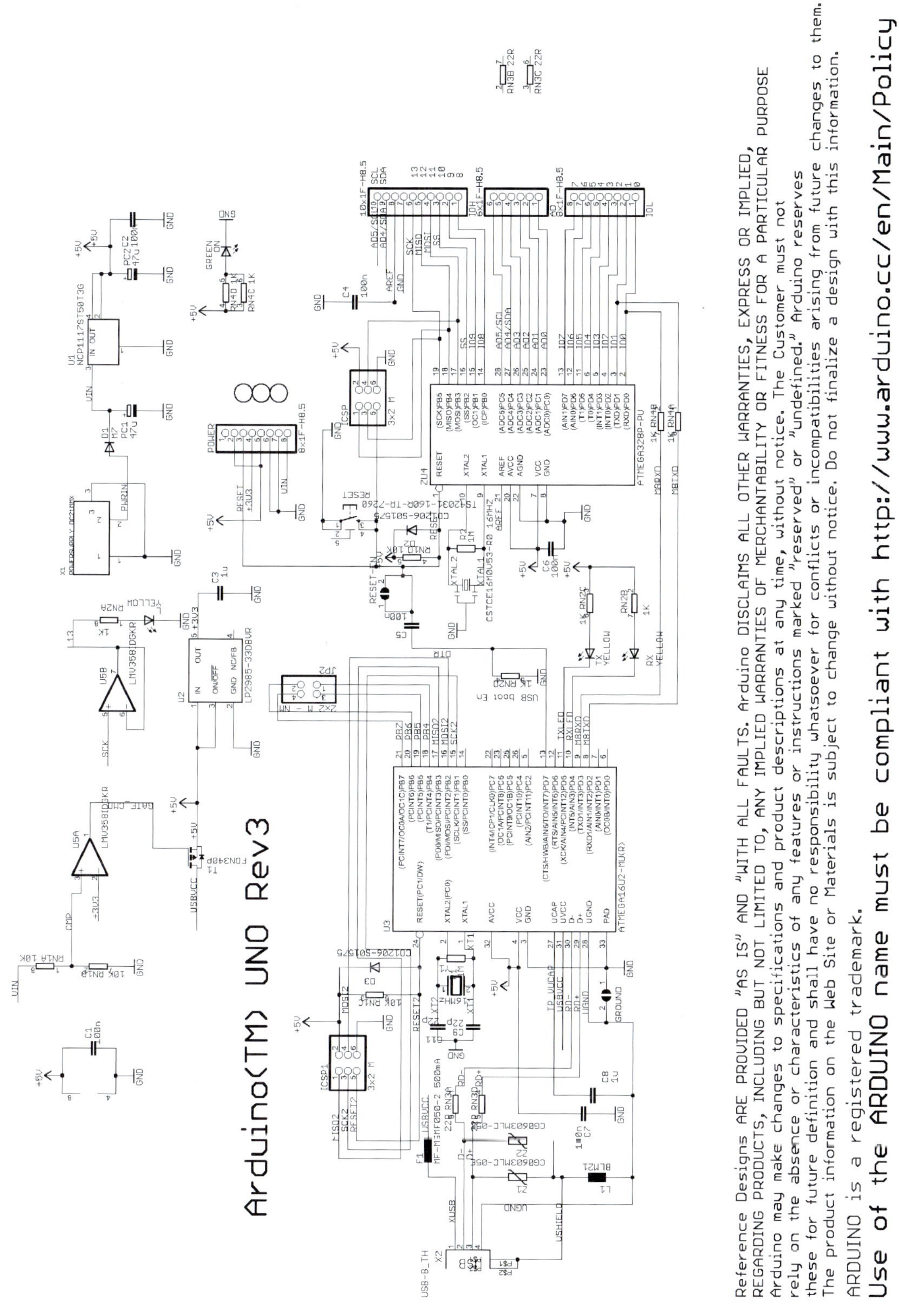

[그림 A-6] 아두이노 우노 R3 회로도(출처: Arduino, arduino.cc)

앞에서 PD0와 PD1 핀이 USART의 TX와 RX 핀으로 연결된다는 점을 이야기했다. 회로도에서 PD0와 PD1 핀은 아두이노 우노에서 USB-시리얼 변환을 위해 사용된 16U2 칩의 해당 핀으로 연결된 것을 확인할 수 있다. 아두이노 우노의 13번 핀에는 저항을 통해 LED가 연결되어 있다는 것을 알고 있다. 아두이노 13번 핀은 ATmega328P의 PB5 핀에 해당한다. 하지만 회로도에서 PB5 핀에는 LED가 연결되어 있지 않다. LED는 어디에 있을까? 회로도에서는 실제로 연결선을 그리지 않고 연결된 두 지점에 같은 라벨을 사용하여 연결되는 것을 표시하는 경우가 있다. 회로도에 모든 연결선을 표시하면 회로도가 복잡해져 알아보기가 어려워질 수 있기 때문이다. PB5 핀의 경우 마이크로컨트롤러 쪽에 SCK라는 라벨이 표시되어 있으며, 같은 이름의 라벨을 회로도의 위쪽 버퍼에서 찾을 수 있다. 버퍼에는 저항과 LED가 연결되어 있다.

찾아볼 수 있는 회로도 대부분은 이와 비슷하게 실제 선을 연결하지 않고 라벨을 사용하여 만든다. 복잡한 회로도라면 여러 페이지에 걸쳐 나타내야 할 수 있으며 페이지 사이의 회로 연결을 나타내기 위해서도 라벨이 사용된다. 신호가 어디에서 와서 어디로 가는지 이해할 때까지 아두이노 우노의 회로도를 분석해 보자. 회로도의 부품 중 얼마나 많은 부품을 아두이노 우노에 있는 부품과 대응시킬 수 있는가?

Index